U0831824

珠海市文物保护文库

南海探古

肖一亭文物考古文集

肖一亭 著

文物出版社

北京 · 2016

图书在版编目（CIP）数据

南海探古：肖一亭文物考古文集 / 肖一亭著. —北京：文物出版社，2016.12

ISBN 978-7-5010-4852-6

Ⅰ. ①南… Ⅱ. ①肖… Ⅲ. ①南海—考古—文集 Ⅳ①K872.6-53

中国版本图书馆 CIP 数据核字（2016）第 297869 号

南 海 探 古

肖一亭文物考古文集

著　　者：肖一亭

责任编辑：谷艳雪　张若衡
封面设计：张希广
版式设计：邹　琰
责任印制：张　丽

出版发行：文物出版社
地　　址：北京市东直门内北小街 2 号楼
邮　　编：100007
网　　址：http://www.wenwu.com
邮　　箱：web@wenwu.com
经　　销：新华书店
印　　刷：北京鹏润伟业印刷有限公司
开　　本：710mm×1000mm　1/16
印　　张：31.75
版　　次：2016 年 12 月第 1 版
印　　次：2016 年 12 月第 1 次印刷
书　　号：ISBN 978-7-5010-4852-6
定　　价：188.00 元

本书版权独家所有，非经授权，不得复制翻印

目录 Contents

Ⅰ考古研究

南海北岸先秦濒海与河岸聚落 …… 3
南海岛民史前生态与文化特征 …… 26
珠海澳门早期历史文化特点 …… 44
南海沿岸岩画的断代研究 …… 67
关于岭南考古学研究的两个问题 …… 91
生态环境与珠江三角洲古文化 …… 102
澳门珠海史前文化探索 …… 110
珠海澳门史前史的重建 …… 123
从高栏岛宝镜湾遗址看珠澳史前先民的生产生活 …… 133
鱼群的洄游与南海早期先民 …… 144
宝镜湾出土石坠的研究 …… 154
沙丘遗址出土的玦与环砥石 …… 194
沙丘遗址中的烧灶和灶具 …… 211
岭南古牙璋研究述评 …… 231
岭南玉石器的初步研究 …… 245
珠海与中国早期海洋文化 …… 258
先秦时期的珠海地区 …… 267
考古学文化区系类型问题的学习和探索 …… 312
江西古代文明的起源 …… 320
江西新石器时代晚期文化探索 …… 331
萍乡杨岐寺唐碑校勘记 …… 342
曼德拉岩画的特点与文化价值 …… 355
先秦时期的南海岛民·引言 …… 363
南海北岸史前渔业文化·引言 …… 367

目录 Contents

Ⅱ 文物与保护研究

珠海历史文化的传承与弘扬 …… 373

珠海文化遗产保护新进展 …… 387

建设具有特色充满活力的珠海特区博物馆 …… 396

广东文化遗产(石刻卷)·概述 …… 402

Ⅲ 历史名人与考古人物

清末民初珠海人的民主共和追求 …… 415

容闳的维新中国活动 …… 426

唐绍仪研究述论 …… 437

岭南考古的先行者——杨式挺 …… 461

一位执著的考古学家——张镇洪 …… 470

Ⅳ 附录·专访

海洋考古的嚆矢 …… 479

海洋文化研究新视角 …… 482

细说南海史前渔业文化　探寻珠海海洋文明 …… 485

容闳新解 …… 491

珠海找到海洋文明的传承 …… 495

I

考古研究

南海北岸先秦濒海与河岸聚落

南海北岸属于气候变化最为敏感的地区之一。气候变化引起海平面变化，进而产生海侵与海退。全新世以后，一些靠海较近的丘陵上的山包，成了海中的岛屿，滨线的北移，使一些原本离海较远的地方成为海边。生态环境产生变化，使这里的居民生成了一种不同于内陆地区人类的生活方式，留下了具有特色的早期南海海洋文化。

一、聚落的类型

南海北岸发现的先秦居住遗址主要有洞穴遗址、台地遗址、贝丘遗址、沙丘遗址等类型。早期居民以洞穴为主要栖息地。旧石器时代早期这里就有人类生存活动，旧石器时代中晚期，这里是世界早期人类活动的重要地区，发现相当多的人类化石。更新世末至全新世初期的文化遗存更是普遍发现，并有着广泛的同质性。这种同质性具体表现是：与大熊猫—剑齿象动物群化石及稍晚的现代哺乳动物群标本伴生的打制砾石石器、局部磨制石器、穿孔石器，以及一定数量的骨角器，广泛出现的螺壳堆积亦是这类文化的特征之一。在人类经济活动刺激下，华南全新世初期的石器加工工业也朝着适应渔猎的方向发展，穿孔石器、磨制刃部的石器和燧石小石器的出现反映出这种变化[1]。在许多遗址之中发现软体类、鱼类、两栖类、龟鳖类及哺乳动物。年代较早的洞穴遗址可分为三类：一是人类的住地；二是人类活动的遗址；三是偶尔遗存有人类化石的洞穴。距今一万年左右的三亚落笔洞遗址是南海早期人类活动的一个重要洞穴遗址。在洞穴遗存的堆积物中，发现了大量的水生软体动物遗骸，堆积十分密集。距今10000年至8000年左右的广东南澳县象山遗址是重要的台地遗址。丘岗上发现细石器为代表的遗存，具有海洋文化特征。象山细石器以燧石为主要原料，形体细小，一般长、宽不超过3厘米，多用不规则形薄石片加工制成，也有部分长条形、三角形石片[2]。这些工具有海洋渔猎文化的特点。

新石器时代中晚期以后的南海北岸，古文化遗址主要是沙丘遗址和贝丘遗址。

（一）沙丘遗址

所谓沙丘遗址，也就是人类在海湾沙丘上生存活动的遗址。许多沙堤遗址都在海湾中，在两个岬角之间。在岬角内，海浪会逐渐减弱变成微波，能将有机物推向岸方，逐渐形成海滩，再堆积成沙滩，由于沙堤遗址附近一般都有溪水流入大海，故在咸水、淡水之间，形成一个咸淡水混合环境，这种含有大量有机物质的肥沃土地，其表面有汇螺科腹足动物的食物，而较深土层又有 Proclave Kocha 类的软体动物存在，而在溪水入海口的低咸度环境中又有大量的牡蛎，这些蚌蚝类的软体动物正是居于隐蔽沙堤的人类捕捞的对象。目前，在沙丘遗址之中发现了居住房屋、烧灶、陶窑、制玉手工作坊、铸铜作坊、墓葬（有的地方还发现相关的大型墓地）、石刻岩画和大批的陶器、石器、玉石器等生产工具、生活用品及装饰品。海湾沙丘是新石器时代濒海居民的重要栖息地。良好的自然环境、丰富的鱼类、藻类、贝类等自然资源，使先民们以此为

南海鱼类资源丰富

安身立命之地。

台山新村遗址

在南海北岸，以环珠江口地区为中心，大量发现沙丘遗址。据初步统计，在珠海、澳门、中山、新会，香港、深圳、番禺等地目前已经发现的沙丘遗址达数百处。在澳门这个弹丸之地就发现 5 处，而珠海则已经发现 81 处，在珠江口东岸的香港、深圳等地大量发现。在珠江口中段的番禺、海南岛东岸的陵水、上海的马桥、福建、台湾等地也有沙丘遗址发现[3]。海湾沙丘遗址可以分为两种大的重要的类型，一种是沙堤—潟湖类型沙丘遗址，另一种是山前坡地型沙丘遗址[4]。

沙丘遗址之中有相当数量属于沙堤—潟湖类型，如台山腰古新村沙丘遗址；珠海淇澳岛的东澳湾、后沙湾、婆湾、南芒湾；珠海三灶岛的草堂湾、洲仔湾；珠海东澳岛的南沙湾及香港的涌浪遗址、澳门的黑沙遗址、深圳的咸头岭遗址等属于这种类型。遗址位于海湾之中，前有海水，中有沙堤，后有山岗，在沙堤与山岗之间有一片潟湖，人类主要在沙堤上生活。这类遗址大都分布于二、三级沙堤上，遗址地层的土质以沙为主，沙土中的黏土相对较少。沙堤遗址在考古发掘的实践中，往往会遇到探方壁倒塌的情况，近年来，深圳李海荣等学者开始在考古发掘过程中使用探方壁喷胶加固[5]的方法，解决了这一难题。

香港涌浪遗址属于沙堤—潟湖类型沙丘遗址。涌浪西北面向海，其余三面为高 100 米以内的低山丘陵环抱。湾内的陆地呈瓢把形，北窄南宽，南北长约 450 米、北部宽约 60~80 米、南部宽达 200~300 米。由山丘至海岸，地表走势分为三级台阶，呈平缓状向大海倾斜。地质堆积包含有近代海滩沉积、高位海滩沉积、阶地冲积和洪积物、山坡冲积和山坡坡积等多种地质地带。第一级台阶海拔高 5 米以下，属近代海滩沉积。第二级台阶为高位海滩沉积（俗称上升沙堤），地表海拔高度 5~7 米。第三级台阶则南北分区不尽相同，北区为山坡坡积地带，地表海拔高度在 7 米以上，土壤的基质为黏土，南区第二、三级台阶之间还有一片古潟湖，属山坡冲积物地质，海拔高度 3~5 米；然后才是第三级台阶，为阶地冲积物和洪积物地带，土壤为未分选的夹砾石粉沙和沙。遗址地处天然海湾内第二级、第三级台阶的高位海滩沉积和山坡坡积地质地带。

台山腰古新村沙丘遗址，是迄今我国发掘面积最大的沙丘遗址，属于沙堤—潟湖类型。遗址发掘面积 8000 平方米。新村沙丘遗址位于广东省台山市赤溪镇腰古湾西侧的第二级临海沙堤上，海拔约 6 米。遗址所在沙堤长度约 1 千米，近南北向分布。古代遗存主要分布在沙堤北部、中南部和南部三个相对独立的区域内，总面积约 1.2 万平方米。遗址保存情况理想，文化堆积厚度 0.6~1.5 米。遗址东向腰古湾、其余三面为海拔 100~300 米的低丘陵环绕，沙堤的南北两侧分别有山溪流过，沙堤西侧为潟湖。这一新石器时代的遗存，是以咸头岭为代表的彩陶之后和以古耶遗址为代表的一类遗存之前，存在于珠江三角洲地区的一种新的考古学文化遗存。以夹砂绳纹釜、圜底钵和灰白陶圈足罐、圈足盘等为典型器物的遗存年代距今约为 5300~4500 年，在彩陶遗存和几何印纹陶遗存间起着承上启下的关键作用。

山前坡地型沙丘遗址，同样是海湾沙丘遗址。珠海高栏岛宝镜湾遗址、淇澳岛小沙澳湾遗址，澳门阿婆央遗址属于这一类。山前坡地型沙丘遗址位于海湾之中，前有海水，中有沙滩，后有坡地山岗。人类主要活动、居住地点是在与沙滩相连的坡地上。海湾山侧有山水（淡水）流出，可供先民饮用，而沙滩一侧也或有潟湖。与沙堤遗址相比，这类坡地型遗址中的地层堆积不像沙堤遗址那样松散，地层中的泥质更多，因而地层堆积比较清晰；而相对稳定的地层堆积也反映人类在这种环境中有更为稳定生活的自然条件。

宝镜湾遗址发掘

宝镜湾位于珠海高栏岛西南部的南迳湾的海湾之中，是南迳湾东部的一个小湾，海湾作弧形，长约 300 米，沙滩长约 100 米，湾口朝西南。共发掘揭露 500 余平方米。在长期的考古调查中，在宝镜湾沙滩上多次找到史前时期的陶片。大自然的造化使宝镜湾成为一个天然良港，可惜沙丘遗址在正式考古发掘之前，在填海建港时已经毁掉，最近几次发掘点主要是连着沙丘的山坡地。坡度一般的斜度有 11~16 度。该岛是人类的良好栖息地，水源充沛，土地肥沃，食物丰富。在遗址中已经发现大量先民在风化岩石上或生土中凿出的建房柱洞，发现当时制作玉石器的作坊，发现大量的陶器、石器，在遗址周围还发现多处石刻岩画。

沙丘遗址所在海湾的湾口朝向，几乎朝东南西北各方向都有。以向东、东南、西南者居多。如珠海淇澳岛的后沙湾、牛婆湾、婆湾、南芒湾等沙丘遗址都位于该岛的东部，而海湾湾口也主要朝东；三灶岛的草堂湾遗址、东湾仔北遗址朝东南，不过宝镜湾遗址和咸头岭遗址的湾口则是朝西南，香港地区的涌浪遗址朝西北。

（二）贝丘遗址

贝丘遗址是人类居住遗址的一种，以包含有大量的先民食用后遗弃的贝壳为特征。在贝壳的文化层之中夹杂着其他动物遗骸和石器、陶器等文化遗物，还往往发现房基和墓葬。据袁靖先生统计，我国沿海地区已发现贝丘遗址 200 多处 [6]。广东省已经发现 70 多处，两广相加已达 150 处，占全国的 75% [7]。贝丘遗址的最大特点就是地层堆积中的大量贝壳。大型的贝丘遗址中贝壳可达几百吨。贝壳的种类有：河蚬（Cordiculaflu-minea）、胡桃蛤（*Nucula* sp）、文蛤（*Meretrix* sp）、缢蛏（*Sinonvacula* sp）、牡蛎（*Ostrea* sp）、蚶（*Arca* sp）、海月（*Piacuna* sp）、镜蛤（*Dosinia* sp）、丽蚌（*Lamprotula* sp）、楔蚌（*Cuneopsis* sp）、圆田螺（*Cipangopalupina* sp）、环棱螺（*Bellamya* sp）、蜒螺（*Nerita* sp）、锥螺（*Turritlla* sp）等，动物类遗骸有鱼类、两栖类（如鳄、鳖、龟等）和陆栖脊椎动物（如象、牛、猪、狗、猕猴、鹿等）以及飞禽类动物。

广西学者将贝丘遗址进一步划分为洞穴贝丘、河旁贝丘、海滨贝丘等类型[8]。据蒋廷瑜先生研究，广西境内目前发现86处贝丘遗址，其中洞穴型贝丘遗址42处，河旁型贝丘遗址33处，海滨型贝丘遗址11处。洞穴型贝丘：都在岩洞内或岩厦下，这类洞穴遗址与旧石器时代的洞穴遗址不同，除了洞口位置相对较低外，其文化堆积中富含软体动物介壳，所含动物遗骸还没有石化。较为重要的遗址有盖头洞遗址、白莲洞遗址、庙岩遗址、甑皮岩遗址、鲤鱼嘴遗址等，大都分布在桂北地区。河旁贝丘遗址，是人类从山区向河边台地发展的结果，他们以淡水鱼类和介壳类水生动物为主要食物来源，同时开始粗放农业。这类遗址因地表暴露大片粉白色蚌壳和螺壳，当地老百姓称之为“螺蛳山”“螺蛳地”，遗址多高出附近河流面3~20米，在临河面往往被河水冲刷，暴露出很厚的贝壳堆积层剖面。地表往往可以采集到石器、骨器、蚌器、陶片和动物遗骸等。代表性遗址如邕宁顶蛳山遗址、西津遗址、秋江遗址、豹子头遗址、江西岸遗址等。这类遗址主要分布在桂南郁江一带。海滨贝丘，主要分布在近海的地区。这类遗址一般都有较厚的文化堆积层，有的可以分出上、下两层，其中包含大量打制石器、磨制石器、骨蚌器、夹粗砂陶片。石器以具备尖端厚刃的蚝蛎啄、手斧状石器为典型，器形简单、粗陋，陶器都是夹砂粗陶，饰绳纹、篮纹，或挂红色陶衣。代表性遗址主要有亚菩山遗址、马兰嘴遗址、杯较山遗址。

据黄启善先生介绍，广西史前洞穴遗址的人类，在选择居住地时，以洞口朝南或朝东为居住地，这样可以避风寒，而洞口距地面不是很高，方便出入，又可以防止猛兽的夜袭。同时，离江河水源不远，也为捕捞作业提供了方便。他们是广西古老的渔民。广西河旁贝丘遗址主要分布在大河拐弯处，或大小河流汇合的三角嘴上，一般前临江，后靠山，附近有较开阔的平地高出水面3~20米。

广西南部邕江、郁江、浔江沿线及以南的大部分地区是比较靠近海的地区，新石器时代文化主要存在顶蛳山文化、大龙潭、石足山、亚菩山、马兰嘴、独料等几种文化类型[9]。

广东学者李平日等先生按照贝壳属种的组合特征，将贝丘遗址细分为三种类型：即河岸型贝丘、海湾型贝丘和河—潮型贝丘。它们分别代表三种不同的地理环境[10]。

1. 河岸型贝丘，贝壳主要来自以径流为主的河道中。贝类以淡水种为主，如河蚬、圆田螺、丽蚌等，而以河蚬最为丰富，半咸水种或广盐性属种数量较少，咸水种属数量较少，咸水种基本不见。这类贝丘反映先民当时主要从事河上捕捞和采集，居住地离海较远。

2. 海湾型贝丘，贝壳主要来源于河口或海湾地区。贝类以半咸水种或广盐性属种为主，如牡蛎、蚶、蛤等。这类贝丘反映了当时先民的经济活动范围主要在河口和海湾一带，居住地就在海湾或离海岸较近的地区。

3. 河潮型贝丘，介于上述两种贝丘类型的过渡类型。这类贝丘反映了先民的经济活动范围主要在河口附近受咸潮影响的潮流段。

北京学者赵辉、袁靖等先生从遗址地貌状况，将贝丘遗址归纳为三种类型[11]：

1. 丘岗型，遗址绝大多数位于小山的山岗上，相对高度为十余米，也有个别遗址位于西樵山的山腰处，距地面的相对高度为180米左右。这些遗址所据的山势均呈孤立状，其周围相当大的范围内都是平地。

2. 台地型，遗址位于海拔较高、范围相当大的台地上，遗址所在地稍高于周围的平地，相对高度有2~3米左右。

3. 海岸型，遗址位于距离现在的海岸线不太远的地方。

在这三种类型中以台地型数量最多，丘岗型次之，海岸型最少。

广东的珠江三角洲地区，贝丘遗址主要分布在中北部。重要的贝丘遗址有高明古耶、高要蚬壳洲[12]、茅岗[13]、三水银洲[14]、东莞蚝岗[15]、村头[16]、石排圆洲[17]、南海鱿鱼岗[18]、佛山河宕[19]、大同灶岗[20]、西樵山镇头（第七地点）[21]等。

广西地区，属于海滨贝丘遗址，主要分布在南部沿海，经过试掘的有东兴亚菩山和马兰嘴山两处。两遗址位于临海河口地带的小山岗上，在包含大量贝壳的文化层中，发现了较多的打制石器、少量的磨制石器和夹砂陶片，打制石器有蚝蛎啄、砍砸器、手斧状石器、三角形石器、网坠等，尤以蚝蛎啄最富代表性[22]。河旁贝丘遗址集中在以南宁地区为中心的扶绥、武鸣以东，横县以西的左右江、邕江及其支流附近地区。经过试掘的主要有邕宁顶蛳山遗址[23]、邕宁长塘遗址、豹子头遗址[24]、横县西津遗址、扶绥江西岸遗址、扶绥敢造遗址等。

在珠江三角洲地区，先秦时期的沙丘遗址与贝丘遗址有大体的分布范围，沙丘遗址大都在环珠江口地区的海岛或近海的海湾上，主要在香港、澳门、深圳、珠海及中山的南部、台山南部濒海地区，而珠江三角洲的中段，东莞、佛山、中山北部则多为贝丘遗址[25]。河岸型和河潮型贝丘遗址主要分布于三角洲上游地区也就是成陆比较早的区域。在西、北江三角洲，其分布范围大致在南海九江—佛山—广州一线的西北。在东江三角洲其分布主要集中在东莞石龙以东以北地段。河岸型和河潮型贝丘遗址的分布地段虽然没有明显界限，但河潮型遗址相对集中于该区域的下游地段。

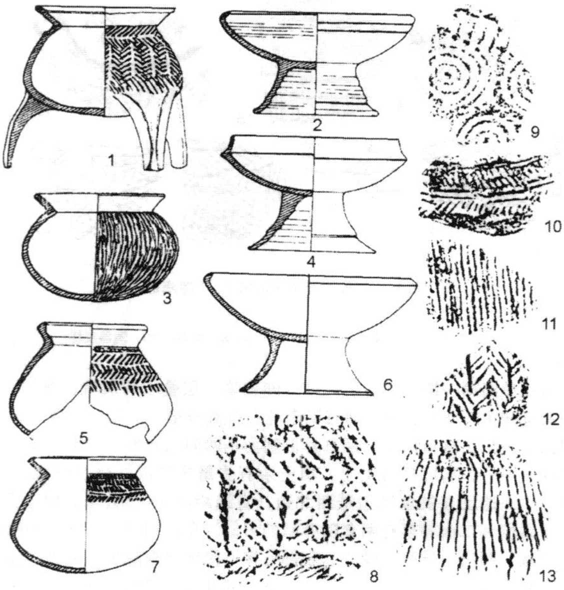

三水银洲出土陶器

二、聚落的发展与变迁

很明显，岭南地区包括南海沿岸地区新石器时代的文化序列还不是很清楚。目前还没有一个较为统一的看法。但是随着材料的不断增多，研究的更加深入，不久的将来，一个较为清晰的文化谱系一定会呈现出来。这里我们可以暂时将南海北岸分为西、中、东三个区段来观察。西段以广西南部和广东西部为主：新石器时代早期可以邕宁顶蛳山贝丘遗址一期为代表，年代在距今 10000 年左右；新石器时代中期以邕宁顶蛳山贝丘遗址二、三期为代表的顶蛳山文化为代表，年代在距今 8000~7000 年；晚期分为二类：一类为大石铲文化，另一类为那坡感驮岩遗址和早期岩洞葬 [26]；中段以珠江三角洲地区为主 [27]：新石器时代早期遗存，目前还没有发现。新石器时代中期以咸头岭遗址为代表分为 5 段三期 [28]，1~3 段为第一期，4 段为第二期，5 段为第三期。第 1 段上限距今 7000 年，第 2 段下限距今 6600 年前后，第 3~4 段大致在距今 6400~6200 年前后，第 5 段距今 6000 年前后或再晚一些。蚝岗一期、后沙湾等遗存填补咸头岭 3–4 段之间的缺环，由此构成咸头岭文化的三期 6 段；晚期，环珠江口地区以香港涌浪遗址、珠海宝镜湾遗址为代表，珠三角中部贝丘遗址以蚝岗遗址、村头遗址为代表，年代在距今 5000~3500 年 [29]。东段以粤东地区与福建西南部为主：早期的象山文化是一种细石器文化，以距今 8000 年以上的

咸头岭遗址

咸头岭遗址出土陶器

"南澳象山文化遗址"为代表，它与福建闽南的"漳州史前文化"为同一系统；新石器时代中期，以潮安"陈桥文化遗址"为代表，距今约6000~5500年，仍与闽南的文化同时；新石器时代晚期，以普宁后山文化遗址为代表，距今3500年前后，商代中后期到西周前期，以浮滨文化为代表，年代稍晚于后山遗址，距今约3400~2900年。历经20余年的调查、发掘、研究，它不但在广东的潮阳、潮安、普宁、揭阳、大埔、丰顺、南澳等地发现，另在福建闽南地区的漳州、泉州等地也有颇多遗址的存在。它分布的范围在榕江、韩江、九龙江、晋江四个流域。

广东南澳岛象山遗址发现的细小石器在金山和深澳吴平寨两地点也有发现，"无论是原料或是形制、类型、制作方法，都与漳州文化的石制品毫无二致，同属于一个考古学文化"[30]，这种细小石器在丰顺县汤家屋有发现[31]，在广州番禺飘风山也发现两件燧石器打制石片石器[32]。年代大致在距今13000~8000年。这反映了这些使用细小石器族群在南海北岸活动的足迹。

居住于海岛海湾及濒海岸边海湾的沙丘上的先民，与居住于河旁台地上形成贝丘遗址的先民们是从何而来？历来是人们关注的一个问题。著名考古学家严文明教授在《深圳咸头岭——2006年发掘报告·序》[33]一文中提出了一种可能："大家知道在地质时代的更新世有一次大冰期，最冷的时候叫盛冰期，大约发生在15000年以前。那时，全世界的海平面比现在低 130 多米。中国的海平面据研究比现在低 150 米，甚至更低。那时广东海岸线要往南推进约 200 千米，珠江可能要流到现在的东沙群岛附近出海。由于天气寒冷，北方的人可能会往南迁移。原来海边的人也可能跟着海岸的变迁而南移，现在的大陆架上应该有不少居民。等进入全新世，海面上升，海岸线向北退缩，海边的居民自然也要跟着退缩。所以咸头岭文化的居民，如果不是全部，也应该有相当部分是从南面现在的大陆架上一代一代地逐渐迁移过来的。他们还是喜欢住在海边，过着与内陆居民不一样的生活。只不过在海里无法进行考古工作（水下很难发现新石器时代的遗址），因此也无法得到证实，也是一种猜想，我希望是一个合理的猜想。”

在沙丘遗址的考古实践中，常常遇到间歇层现象。所谓间歇层，是指上下两个文化层之间存在的不包含任何文化遗物的纯土（沙）层。“间歇层”一词，是由 1988 年至 1989 年在深圳大黄沙遗址所发现的一种地层现象，而被首先提出来的[34]。在环珠江口两侧的海湾沙丘遗址之中，间歇层现象较为常见。在珠海的后沙湾、草堂湾、小沙澳湾，深圳的咸头岭、大黄沙，香港的深湾、石壁东湾、涌浪南、芦须城、马湾东湾仔、下白泥吴家园，澳门的黑沙、路环岛街区临时停车场等遗址中都发现有间歇层。这些间歇层普遍为纯净、松散的黄色沙土，厚度在 20~140 厘米之间。沙丘遗址之中客观存在的间歇层现象能说明什么问题呢？人们已经在思考这一现象所能反映的人类生存环境和人类的文化，这是一种好的开端。不过，一些学者将沙丘遗址中的间歇层与沙丘先民的季节性居住活动相联系，将遗址中的间歇层现象作为先民在沙丘上作季节性生活，没有在此长期居住的重要根据之一；也有一些学者主要根据一些遗址中存在间歇层的情况，推定在距今 5000~4000 年之间由于海平面升高，环珠江口地区有 500~700 年时间没有人类居住，认为这一地区存在一个文化的“缺环”。1997 年，肖一亭发表《关于岭南考古学研究的两个问题》[35]，指出沙丘遗址中的间歇层不能作为沙丘先民是否为季节性居民的依据。他将沙丘遗址中间歇层的形成分为突发性堆积和缓慢堆积两种。突发性堆积是在很短的时间内形成的，这个时间可能是一天，也可能是几天，而缓慢堆积则可能经历了几百年。而季节性活动遗址一般指一年之中的某个季节居住而某个季节又不在这里居住的遗址。如果要从间歇层中反映季节性居住，则不知需要多少间歇层才能说明其事，而沙丘遗址之中的间歇层一般只有一、二层。突发性堆积而成的间歇层，反映出人类居住这一地方期间，遇上了一次灾害性天气；而缓慢堆积而成的间歇层，则反映这一地方的人类居住了一段时间之后，由于各种原因离开了这里，使之这里在一个较长的时间之内没有人类居住，此后又有人类在这一地方生活的情况。间歇层的存在对说明沙丘遗址是否为季节性的问题上，起不到什么作用。

1997年，安志敏先生发表《香港考古的回顾与展望》[36]，提出："从考古学史上着眼，以1933年最初发掘的典型遗址命名为大湾文化，可能是比较恰当的。它的共同特征是，陶器以圜底器和圈足器最发达，尤以彩陶的圈足盘最具特色。夹砂陶居大宗，泥质陶次之，主要纹饰包括绳纹、刻划纹和彩陶等。泥质白陶数量较少，以戳印、刻划和浅浮雕式的篦印纹为特点。石器有磨制的斧、锛和打制的尖嘴手斧，也有砾石制成的石锤和砥石等，其中以拍制树皮布的有槽石拍尤具特色。遗址中的居住面、柱子洞和窖穴等建筑遗迹，表明当时已经形成定居的聚落。"

1997年，商志䜨、李果先生在《论香港新石器时代沙丘遗址的两个问题——兼论环珠江口新石器时代特点的共同性》[37]一文中，将沙丘遗址区分为主要遗址和次要遗址两种，并通过分段来认识沙丘遗址的季节性问题。"总而言之，在相当于环珠江口地区新石器时代沙丘遗址前期的时候，贝丘、沙丘两类遗址的遗存面貌、生态背景、经济类型以及聚落都具有一定的特色，其先民大体过着一种具有相当迁移性的渔猎、采集为主的生活。地层中贝壳堆积的多少是划分这两类遗址的一般标准，但那只是地层堆积的形式不同，并不一定表示文化内涵的或性质的不同。"

商氏认为："到了相当于环珠江口新石器时代沙丘遗址后期的时候，这两类遗址逐渐显示出很大的不同，似乎走上了不同的发展道路。""贝丘遗址的定居性要比沙丘遗址高得多，部分已经成为较为稳定的居住遗址。"而"由于沙丘遗址农耕不发达，先民们以捕捞为主要生产方式，只有逐鱼而居，而不能太久地定居"。不过商氏也注意到"近年来在环珠江口地区的沙丘遗址不仅发现有柱洞、灶坑、灰坑，还有房基和堆积的红烧土，在其附近有墓葬”。他把这种情况解释为“一定时间居住的生活方式”。对于遗址的划分，商氏认为：“一些较大的沙丘遗址，遗存较丰富，沿用时间较长，稳定性较高，自然条件相对较好，是沙丘遗址的主体，可称之为主要遗址。其代表有大湾、深湾、东湾、涌浪、大黄沙、后沙湾、草堂湾等处，均从前期一直沿用至后期；咸头岭、龙穴、东澳湾、沙螺湾岬角、扒头鼓等遗址则只在前期或后期使用。长期沿用的最主要原因当是这些遗址所处的自然环境较好。”

香港东湾仔北遗址

1999年，香港邹兴华先生对东湾仔北史前时期墓葬进行研究后，肯定沙丘遗址上有固定的居民。在《论香港东湾仔北遗址史前墓葬的考古学意义》[38]一文中，邹氏指出：“华南沿海地区众多的沙堤遗址中发现的新石器时代文化遗存，究竟是先民长期在沙堤上生活而留下来？抑或只是先民季节性的、短暂的在沙丘和沙堤上活动而留下？一直是考古学者争论的问题。由于以往在沙堤遗址所进行的发掘一般规模都较小，而出土的文化遗存都不甚丰富，故学术界的主流意见都认为沙堤是先民季节性的活动场所，但亦有学者持相反的意见，如肖一亭就认为沙堤遗址不应只是先民季节性的活动居址。而数年前本人在讲到马湾沙柳塘湾沙堤遗址的考古收获时，亦赞同当时学术界主流学说，认为新石器时代晚期先民，以珠江三角洲河口湾内大型贝丘遗址如三水银洲、南海灶岗、鱿鱼岗，以及东莞村头等作长期生活基地，他们可是随着鱼汛的出现，才季节性地跑到珠江三角洲外众多海岛的滨海沙堤上活动。随着 1997 年东湾仔北史前墓地和元朗下白泥大型史前房屋的发现，上述的观点是有修订的必要了。”邹兴华认为，东湾仔北墓地能反映当时居民是长期定居在沙堤上的因素有三个：

首先是墓葬分布的规律性。在 19 座新石器时代墓葬中，除 3 座墓向不明外，就只有一座东西向墓，其余 14 座皆为南北向的。在 8 座可辨头向的墓葬中，6 座头向南，2 座头向北。而且各墓的间距颇为平均，约 4~5 米左右。当中只有两墓有上下叠压现象，如果先民不是长期在马湾岛上生活，并把东湾仔北沙堤定为他们的墓葬区，决不会出现布局如此规律化的墓地。此外，石壁东湾仔发现的 6 座墓葬，墓主的头部亦以向南为主。由此可知，生活在香港的新石器时代晚期先民，很可能属同一个族群，故他们死后都盛行同一种葬俗即以头南脚北、单人仰身直肢葬为主。

其次是二次葬墓的出现。东湾仔北发现的 19 座新石器时代晚期墓中，有 3 座明显是二次葬墓，因墓内人骨出现错位的现象。我国史前时代的二次葬，分布范围广，几乎遍及全国各地。最早出现于黄河流域，约 7000 多年以前已发现二次葬，在仰韶文化遗址内盛行，但到了龙山文化时期已基本消失。华南地区二次葬最早见于广西甑皮岩遗址，距今约 7000 年。到 4000 多年前的新石器时代晚期，粤北的石峡遗址和粤西的乌骚岭遗址亦发现大量二次葬墓，可知二次葬风俗一直在我国周边的少数民族地区保留。由于二次葬是将死者的尸骨进行两次或以上的安葬，需要一段较长的时间才能完成迁葬的过程，因此二次葬这种风俗，应该是在有固定居址的族群才会出现。东湾仔北发现的 3 座二次葬墓，正好说明当时先民是以马湾岛为定居的地方。

其三就是小孩墓的比例很大。在东湾仔 15 个人骨标本中，死亡年龄不超过 10 岁的有 6 个。占总数的 40%，其中两个更是小于一岁半的婴儿，如果说当时先民只是为了追逐食物资源而季节性地跑到海岛的沙堤上来活动的话，按理不应带着小孩而来，因为当时的航海工具简单，技术原始，从珠江河口湾内的基地大老远跑到河口湾外的岛屿进行渔猎绝不是一件容易的事，而且航海的风险很大，带着小孩一起去航海，更会增加危险性，因此推测这些小孩应该是在马湾岛上土生土长的先民所生的孩子，他

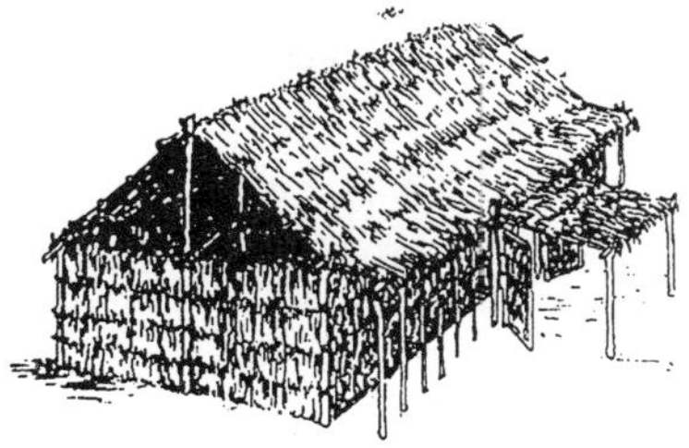

F1 外观复原示意图

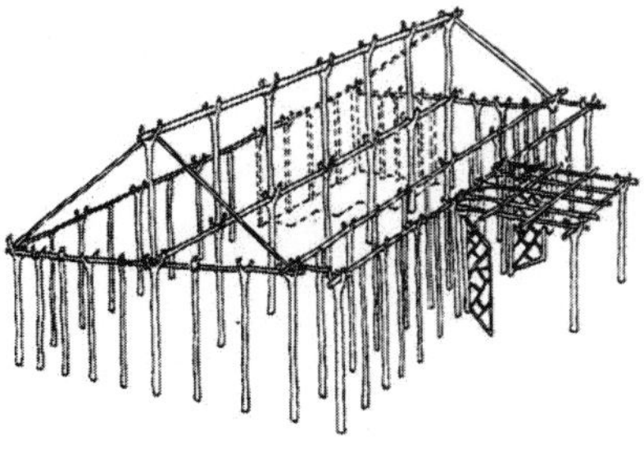

F1 建筑结构复原示意图

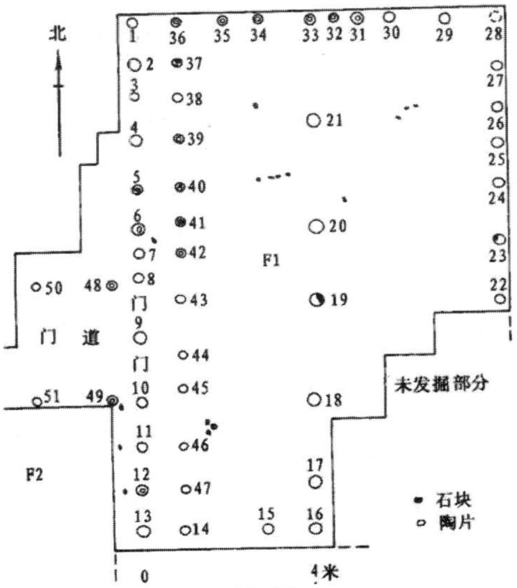

F1、F2 平面图
1~50. 柱洞

香港吴家园夯土房基及复原示意图

（据区家发、莫稚《香港元朗下白泥吴家园沙丘遗址的发掘》）

们长期在沙堤上生活。由于生活艰苦，小孩的夭折率很高。

邹氏还援引香港下白泥遗址的考古发现：“此外，香港元朗下白泥沙堤遗址发现的大型建筑的柱洞和夯土层，更是长期定居于沙堤上的铁证。”下白泥遗址是 1997 年香港古物古迹办事处组织第二次香港考古遗址普查时，由区家发带领的调查队发现。同年 11 月至翌年 1 月，区家发组织香港考古学会会员在遗址进行试掘，揭露面积约 130 平方米。在新石器时代晚期的文化层内，共发现 2 座相毗连的夯土房基。房基是用泥土和沙土相间层层夯实，厚达 40 厘米。一号房基长方形，南北宽 12.5 米，东西长 8.5 米。房基内发现 51 个排列整齐的柱洞，据柱洞位置复原，那是一间前面出廊的长方形悬山顶式大型房屋，面阔 6 间，进深 2 间，面积达 107.5 平方米。区家发认为这大房子可能是氏族首领的居所或氏族公共活动的场所。此外，香港古物古迹办事处于 1994 年和 1997 年在屯门龙鼓滩沙堤遗址的抢救性发掘中，亦曾在新石器时代晚期的文化层内发现约 30 个排列整齐的柱洞，推测可能是长方形的干栏式建筑遗迹。由于这些大型建筑遗迹的发现，可以肯定地说，当时先民是长期在沙堤上定居和生活的。

1999年香港东湾仔北遗址被评为全国十大考古发现之一，在香港古物古迹办事处编印的宣传小册子上，指出通过这一遗址的考古发掘，已经证明沙丘遗址上有稳定的居民。

1999年，区家发、莫稚发表《香港元朗下白泥吴家园沙丘遗址的发掘》[39]，全面介绍吴家园遗址发掘成果，特别是这里发现的两座夯土房基。文中指出："此遗址的面积达10000余平方米，不难推想当时这里是一处颇具规模的村落。""距今4000多年的新石器时代晚期沙丘遗址中夯筑泥沙土房基的出土，是南中国以及东南亚史前沙丘遗址考古中的首次发现，也是香港回归祖国之后史前考古的重大发现。它最终将改变长期以来人们所认为的香港居民'居无定所'，沙丘遗址是原始居民季节性的流动住地，以及'南方原始住形式是干栏式建筑'等陈旧观念。从而开拓了香港以及南中国史前沙丘遗址考古的广阔前景，意义重大。"

2001年，朱非素研究员发表论文《试论石峡遗址与珠江三洲古文化的关系》[40]，文中提到有关沙丘遗址的问题："二十世纪八十年代中期，笔者曾参加过珠海市和珠江口内外、香港以南岛屿考古调查和部分遗址考古发掘工作，认为当时海岛上发现的遗迹和遗物，是居住在珠江三角洲腹地古代居民作季节性捕捞生产活动遗留下的，海岛周围是浩瀚的大海，相互之间交往比较困难，本身无法形成一个文化整体的观点。随着近十几年来考古新发现证明，这一观点显然是片面的，有待进一步完善。"并提出："粤北石峡文化；珠江三角洲中心地区银洲一组、鱿鱼岗一期、圆洲一二组；珠江口岛屿涌浪上文化层等；三个地区不同地理环境，代表着新石器时代晚期后段三种不同的考古学文化，它们之间在同时期内进行过文化交流，又各具特色，有各自发展变化的轨迹……"从对沙丘遗址的反思，到将粤北、珠江三角洲中心地区、环珠江口地区新石器时代晚期的考古学文化分为三支既有联系又相区别的考古学文化，把环珠江口地区新石器时代晚期文化单列，实际上已经认可环珠江口地区有一个相对独立的文化圈，新石器时代晚期，海岛海湾的沙丘遗址上已经有了较稳定的居民。

虽然南海北岸先秦濒海与河岸聚落的内部布局情况，目前还不是很清

深圳屋背岭墓地

晰，但是，这里发现有比较明晰的功能分区情况则反映这里的先秦聚落的布局是有一定规律的。南海西樵山遗址为大型细石器工具制造场；澳门黑沙遗址、珠海宝镜湾遗址都发现有专门的玉石器制作场；香港东湾仔北遗址、深圳屋背岭遗址都发现较为集中的墓葬、排列有序的墓地。这里的建筑有干栏式建筑和地面建筑两种。干栏式建筑中还有中发现有半搭式干栏建筑[41]，在斜坡地上（一侧较高），采用凿崖为柱洞的做法。即一侧以矮柱落入高坡地的崖石上，另一侧则立有高柱。其上铺木板形成屋面；地面建筑中有普通地面建筑，有夯土房基的筑台建筑，有卵石垒墙的石建筑。半搭式干栏建筑在珠海高栏岛宝镜湾遗址中都有发现。这个遗址在揭露的500余平方米的面积中，发现大量的与建房有关的柱子洞，几乎每一个发掘探方都有发现。这些柱子洞有的是在风化岩上凿洞，凿痕都十分清晰，先民对此是下足了功夫；有的直接在生土中挖掘，或穿过文化堆积地层挖掘。柱洞内填土由于夹杂木柱腐烂后的遗留，与周围土色相比显得稍微深一些。部分柱洞填土中还发现加固柱子用的石块和陶片，有的在柱洞底部垫有石块。在一些柱洞的附近，还发现红烧土面，其中一部分可能是烧灶[42]。

台山腰古新村遗址反映当时聚落明显存在空间上的功能分区。第一发掘区的南部和东部是房屋建筑区，北部和西部为生产生活区。房屋建筑区内发现大量的柱洞，一些柱洞围成较为规则的圆形或长方形，这是当时房屋建筑的基本平面形态。同时现场的一些线索显示，当地新石器时代晚期居民的住房应该是干栏式建筑。发现的新石器时代晚期遗存文化堆积厚度在1~2米之间，层位关系清楚。6层古代人类活动面上下叠压，由厚度约15~40厘米不等的沙层分隔，极为宝贵。这些活动面保存好、面积大，单个活动面的面积均不小于1500平方米。石砧、石料、石核、石片、砺石以及半成品和成品的石器，散落分布在每一个活动面上。柱洞、灰坑、灶等炊煮遗迹和遗物也可以看得很清楚。炊煮遗迹和遗物的发现，表明人类在这里生过火、煮过饭、储藏过东西；而从锛、网坠等石器成品和半成品，以及石砧等工作面，石杵、石锤、砺石等制作工具，河卵石等石料这一系统完整的石器生产体系的发现，则可以看出这里生产之繁盛。

三、渔业为核心的生业形态

距今一万年左右的三亚落笔洞遗址洞穴遗存的堆积物中，发现了大量的水生软体动物遗骸，堆积十分密集。水生动物计有7目24种，其中螺壳约有7万个之多，有些经火烧过。说明当时人们重视对水生动物的利用，捕捞经济比较兴旺发达，当时人类有广泛的取食范围，人们对水有较好的适应、了解和利用[43]。

距今10000~8000年左右，广东南澳县象山细石器为代表的遗存具有海洋文化特征。“象山细石器以燧石为主要原料，形体细小，一般长、宽不超过3厘米，多用不规则形薄石片加工制成，也有部分长条形、三角形石片。石器的制造工艺以在侧缘打落小石片和进行第二步加工（单向加工为主，也有采用交互打击或错向加工等方法）。石器不注意形态的规范而表现出很大的随意性。曾骐先生认为：“这些石器适合于滨海地区人类进行近海捞捕、滩涂采集等生产活动。”在象山顶，采集到不少贝类、蚌壳的标本，被认为这里有可能是该时期人类聚居活动的地点。象山发现的细小石器材料中，缺乏可与西樵山细石器相对比的各种细石核、细长石片，不可能属西樵山细石器系统，而保留更多的旧石器时代风貌，年代上比西樵山细石器为早[44]。

先秦时期，南海先民广泛使用凹石器、蚝蛎啄、有段石锛、有肩石斧、网坠、沉石、石锚等渔业特点明显的生产工具。在环珠江口的沙丘遗址中，也发现一批属石器制造场性质的遗迹。据曾先生统计[45]，有香港的万角咀、春勘湾、深湾、龙鼓滩、白芒、涌浪、沙螺湾、芦须城、东湾，澳门的黑沙[46]，珠海的宝镜湾[47]、锁匙湾及近年来发现的珠海棠下环，香港的西贡蚝涌[48]、沙下等处。其中蚝涌石器制造场对研究石器工业的制作、工场的布局、规模、生产等程序、工艺特色提供了新的宝贵的资料。

沙丘先民的主要经济活动是捕捞鱼、虾、贝类等水产物。也主要为了取得这些食物，他们在沙丘上安营扎寨。遗址中出土大量用于捕鱼、捕虾的网坠和食后抛弃的鱼类骨骸，就是这种经济的反映。由于单一的食物种类总是带有一定的季节性，在捕鱼的淡季，人们必须依靠其他经济来补充。于是，采集和狩猎成为先民经济的一个重要内容。但仅此还是不够的，为了获得较稳定的收成，已经开始了农业生产。多处新石器时代遗址中都出土石犁等农具和石磨盘、石磨棒等碾米或加工淀粉类植物的工具。这些都是沙丘先民进行农业生产的证明。沙丘先民居于海湾，面对大海，在他们的背后往往有广大的丘陵和潟湖。他们所在的海岛也不是弹丸之地，常有几平方千米，甚至几十平方千米，其中不少肥沃的可供先民农业耕作的土地。

渔网用于海洋捕捞，是一个具有划时代意义的进步，新石器时代中期，网鱼还只是小打小闹，在距今4000多年前，网鱼技术已经完全成熟，并形成规模生产。珠海宝镜湾先民大规模使用渔网捕鱼，该遗址中出土一千多件渔网的网坠和几十件比普通网坠更大的沉石，网坠成堆出土，或39件或24件一堆，显示出当时渔网编织时一个完整网具中包含网坠的可能数量。大量出土网坠的地点还见于香港涌浪遗址、珠海平沙棠下环遗址等地点，另外，在珠海宝镜湾遗址、珠海荷包岛锁匙湾遗址、香港涌浪遗址、香港东湾遗址等地都出土多件可能用于船锚的大型石器。这些情况足以说明这一地区、这一时期的先民，有发达的渔业经济。

华南地区已经发现不晚于距今12000年前陶容器[49]。与渔猎采集经济相适应，陶釜是史前时期渔业先民主要的炊器，中原地区大量使用的鼎、鬲在这里较少出现。属于新石器时代中期的咸头岭文化时期，陶器种类主要有圈足盘、釜、罐、钵、豆、尊、壶、器座等。以夹砂陶为大宗。釜为敞口鼓腹、圜底、饰绳纹。釜的延续时间很长，数量也很多，器形和纹饰始终没有发生大的变化。在很大程度上，这种圜底釜作为一种文化特质，比起其他的要素在华南沿海新石器文化系统中更具有代表性，并构成鲜明的文化特点。这一时期也出现一些彩绘陶与白陶。这里是印纹陶技术发明与广泛使用的地区之一，丰富的陶器装饰纹使这里的陶器装饰十分有特色；有肩石器、有段石器、凹石器、蚝蛎啄、穿孔石器以及蚌壳制成的网坠、刀、鱼钩等工具较多地被先民使用，成为南海先民生产工具的特色；粤东地区是有段石器的主要分布区；珠江三角洲、桂南、粤西与海南岛地区是有肩石器的主要分布区，西樵山遗址是有肩石器的主要制作场[50]。史前时期珠江三角洲地区先民大量使用玉石制成的玦，常用的材料有水晶、石英石、石英脉、玉髓、玛瑙、灰岩等等。玦，最初是一种挂在耳上的装饰，由于制作精美，后来也较多用于祭祀活动。这里出土用于祭祀的礼器还有石钺、石圭、玉琮和玉（石）璋等；在广西泛北部湾地区，顶蛳山文化之后，新石器时代晚期出现一种大石铲的遗存，较具特色。这种形体硕大、造型美观、形制独特、结构合理、制作精致的大石铲，起源于前期的有肩石斧，是当地的骆越先民为适应原始农业发展的需要而发明制作的一种生产工具，随着社会的发展和祀祭仪式的需要，有一部分巨型石铲演变成专用于祭祀的礼器[51]。

宝镜湾岩画中刻下的海船，高明古耶发现的船桨，是史前时期人类征服海洋的重要工具的见证。石刻岩画是环珠江口地区的重要史前遗存，珠海、香港、澳门等地发现多处石刻岩画，在广西境内发现较多图绘的岩画。其中珠海宝镜湾岩画，是南中国目前发现面积最大，内容最为丰富的早期石刻岩画。史前岩画是渔业先民的艺术杰作，它记录了先民们的兴趣爱好与精神追求。而南海北岸先秦时期大量发现的玉石器及玉石器制作作坊，则反映了玉石文化与中国早期海洋文化的紧密关系。

南海北岸及邻近岛屿上居住的早期海洋族群，在认识海洋、依靠海洋、适应海洋的过程中创造了早期渔业文化，这是早期海洋文化的重要部分，也是探索中国文明起源的一个新领域。

注释：

[1] 乔晓勤：《华南海洋文化的形成与发展》，《岭南考古研究》第 4 辑，中山大学岭南考古研究中心编，2004 年，香港。

[2] 南澳县海防史博物馆、中山大学韩江流域考古课题组（曾骐执笔）：《广东南澳县象山新石器时代遗址》，《考古与文物》1995 年第 5 期。

[3] 在番禺南沙鹿颈湾地方，发现一处环珠江口地区最靠北的沙丘遗址，海南岛陵水县发现一处较西的沙丘遗址，而上海马桥则是长江三角洲的沙丘遗址。台湾炽坪垅、福建壳丘头等沙丘遗址中因同时也发现贝壳所以学者也将其称为贝丘遗址。

[4] 也有少量连岛沙堤，其上也有人类活动遗物，但这类遗址一般只是人类活动地点，而难以作为居住聚落地点。

[5] 李海荣在咸头岭遗址发掘中采用喷一层经过稀释的无色透明的建筑用胶；魏峻在新村遗址发掘中采用喷一层经过稀释的玻璃水的方法加固沙体，有异曲同工的效果。

[6] 袁靖：《关于中国大陆沿海地区贝丘遗址研究的几个问题》，《考古》1995 年第 12 期。

[7] 黄启善：《广西史前贝丘遗址的研究》，岭南考古研究专业委员会第七次学术年会宣读论文，2008 年 3 月 29 日，中山大学西苑。

[8] 何乃汉：《广西贝丘遗址初探》，《考古》1984 年第 11 期；何乃汉：《广西贝丘遗址续探》，《广西文物》1988 年第 1 期。蒋廷瑜：《广西贝丘遗址的考察研究》，《广西民族研究》1997 年第 4 期。黄启善：《广西史前贝丘遗址的研究》，岭南考古研究专业委员会第七次学术年会宣读论文，2008 年 3 月 29 日，中山大学西苑。

[9] 李珍：《广西新石器时代考古七十年述略》，广西壮族自治区文物工作队编《广西考古文集——纪念广西考古七十周年专集》，科学出版社，2006 年。

[10] 李平日、乔彭年、郑洪汉、方国祥、黄光庆等：《珠江三角洲一万年来环境演变》，海洋出版社，1991 年。

[11] 赵辉、袁靖：《珠江三角洲地区史前遗址调查》，《中国文物报》1995 年 11 月 26 日。

[12] 广东省博物馆等：《高要县龙一乡蚬壳洲贝丘》，《文物》1991 年第11 期。

[13] 广东省博物馆等：《广东高要县茅岗水上木构建筑遗址》，《文物》1983 年第12 期。

[14] 广东省文物考古研究所等：《广东三水市银洲贝丘遗址发掘简报》，《考古》2000 年第 6 期。

[15] 广东省文物局等：《东莞蚝岗遗址博物馆》，岭南美术出版社，2007 年。

[16] 广东省文物考古研究所等：《东莞村头遗址第二次发掘简报》，《文物》2000 年第9 期。

[17] 广东省文物考古研究所等：《广东东莞市圆洲贝丘遗址的发掘》，《考古》2000 年第 6 期。

[18] 广东省文物考古研究所等：《广东南海市鲋鱼岗贝丘遗址的发掘》，《考古》1997 年第6 期。

[19] 杨式挺等：《试论佛山河宕遗址的重要发现》，《文物集刊》第 3 期，文物出版社，1981 年。

[20] 广东省博物馆：《广东省南海县灶岗贝丘遗址发掘简报》，《考古》1984 年第3 期。

[21] 广东省博物馆：《广东省南海县西樵山遗址》，《考古》1983 年第12 期。

[22] 蒋廷瑜：《广西考古四十年概述》，《考古》1998年第11期。

[23] 中国社会科学院考古研究所广西工作队等：《广西邕宁县顶蛳山遗址的发掘》，《考古》1998年第11期。

[24] 中国社会科学院考古研究所广西工作队等：《广西南宁市豹子头遗址的发掘》，《考古》2003年第10期。

[25] 世事无绝对，在广州番禺也曾经发现过沙丘遗址，鹿颈村沙丘遗址。这是比较靠北的一处沙丘遗址。

[26] 何安益、彭长琳：《从晓锦遗址看新石器时代洞庭湖区与珠江流域原始文化的交往》，《广西考古文集》，文物出版社，2004年。

[27] 关于珠江三角洲先秦文化分期的文章较多，重要的如朱非素：《广东新石器时代考古若干问题的探讨》（《广东出土先秦文物》1984年香港出版），杨式挺：《广东新石器时代文化及相关问题的探讨》（《史前研究》1986年第1~2期），李岩：《珠江三角洲地区新石器时代晚期至青铜时代早期文化遗存的分期》（Journal of Southeast Asian Archaeology，No.9,1989，第23~33页），李子文发表《珠江口沙丘遗址的考古实践与认识》（《广东省博物馆馆刊》第2辑，第121~128页），邹兴华先生发表《珠江三角洲史前文化分期》（《岭南古越族文化论文集》，香港市政局，第40~55页），曾骐先生发表《环珠江口两侧的史前文化》（载《东南亚考古论文集》，香港大学美术博物馆，1995年，第285~293页），商志䜩、毛永天两位先生发表《香港地区新石器文化分期及与珠江三角洲地带的关系》（《考古学报》1997年第3期）。

[28] 李海荣、刘均雄先生：《深圳咸头岭新石器时代遗址与珠江三角洲地区相关遗址的分期与年代》（《东南考古研究》第四辑，厦门大学出版社）。将咸头岭文化分三期6段，一期包括1~3段，二期包括4~5段，三期包括6段。珠江三角洲地区晚于咸头岭文化的遗存，距今6000~4000年，可以分为四期。分别为1. 虎地遗址（包括深湾遗址F层第二组、东湾北遗址第一期、沙头角新村遗址中文化层B和A层、西湾遗址、古耶遗址第一阶段的遗存）其年代上限接近咸头岭V段，下限在距今5500年前后；2. 过路湾遗址上区的遗存，年代大体在距今5500~5000年前后；3. 宝镜湾遗址一期的1~2段，年代上限距今5000年前后，下限在距今4800年前后；4. 宝镜湾遗址二期（包括东湾L4层、龙鼓滩遗址T2L3层的遗存）年代上限距今4800年或稍后，下则超过距今4000年。

[29] 台山新村遗址，是以咸头岭为代表的彩陶之后和以古耶遗址为代表一类遗存之前，存在于珠江三角洲地区的一种新的考古学文化遗存。以夹砂绳纹釜、圜底钵和灰白陶圈足罐、圈足盘等为典型器物的遗存年代距今约为5300~4500年，在彩陶遗存和几何印纹陶遗存间起着承上启下的关键作用。

[30] 邱立诚、张镇洪：《广东旧石器考古展望》，《岭南考古研究》第5辑，2006年香港考古学会出版；尤玉柱主编：《漳州史前文化》，福建人民出版社，1991年。

[31] 邱立诚：《广东丰顺县先秦遗存调查》，《文物与考古》1998年3期。

[32] 邱立诚：《对广东旧石器时代晚期文化的探索》，《旧石器时代论集——纪念水洞沟遗址发现八十周年》，文物出版社，2006年。

[33] 深圳市文物考古鉴定所编著：《深圳成头岭——2006年发掘报告》，文物出版社，2013年，严文明作序。

[34] 商志䜣、李果：《论香港地区新石器时代沙丘遗址的两个特点》，《中原文物》，1997年第2期。

[35] 《南方文物》1997年第4期。

[36] 《考古》1997年第6期。

[37] 《中原文物》1997年第2期。

[38] 英德市博物馆、中山大学人类学系、广东省博物馆编：《中石器文化及有关问题研讨会论文集》，广东人民出版社，1999年。

[39] 《考古》1999年第6期。

[40] 《广东省文物考古研究所建所十周年文集》，岭南美术出版社，2001年，第41页。

[41] 在宝镜湾遗址中有发现。

[42] 广东省文物考古研究所、珠海市博物馆编著，邱立诚、肖一亭主编：《珠海宝镜湾——海岛型史前文化遗址发掘报告》，科学出版社，2004年。

[43] 郝思德、黄万波编：《三亚落笔洞遗址》，南方出版社，1998年。

[44] 南澳县海防史博物馆、中山大学韩江流域考古课题组（曾骐执笔）：《广东南澳县象山新石器时代遗址》，《考古与文物》1995年第5期。

[45] 曾骐：《论史前时期石器制造场》，《岭南考古研究》第3辑，中山大学岭南考古研究中心编。

[46] 邓聪、郑炜明：《澳门黑沙》田野考古报告专刊（一），中文大学出版社，1996年。

[47] 广东省文物考古研究所、珠海市博物馆编著，邱立诚、肖一亭主编：《珠海宝镜湾——海岛型史前遗址发掘报告》，科学出版社，2004年。

[48] 邹兴华：《香港西贡蚝涌抢救性发掘收获丰富》，《中国文物报》1999年7月25日第58期。

[49] 傅宪国：《广西新石器时代早期文化及人类生业形态》，《考古学的过去、现在与未来——中国与世界国际学术研讨会论文》，广西临桂大岩遗址、桂林甑皮岩遗址发现距今12000年前的陶容器。

[50] 曾骐：《珠江文明的灯塔——南海西樵山古遗址》，中山大学出版社，1995年。

[51] 覃义生、覃彩銮：《大石铲遗存的发现与研究》，《广西民族研究》2001年第4期。

（原载《海洋遗产与考古》第二辑，科学出版社，2015年）

南海岛民史前生态与文化特征

一、沧海桑田，气候环境变化敏感区

在这篇小文中，本人拟就早期南海岛民[1]的环境适应与文化特征作一探讨，与诸位学者交流。当拟好这一题目，开始写作时，又有些犹豫了。南海北岸的许多岛屿，其实有时并不是岛，而是丘陵上的山峰。

以珠海为例，根据相关研究[2]：

距今40000~32500年前，除唐家岩体、牛筋头岩体、黄杨山岩体等与现代基本一致外，其他低平地则为河谷平原。

距今32500~22000年前，第一次海侵沿河谷进入大陆，海侵方向沿现在的磨刀门水道北上，拱北、香洲、湾仔等沿海地带没入海中。

距今22000~7500年前的玉木冰晚期为海退时期，海水逐渐退出大陆，至15000年前最低海面时期，海水全部退出大陆。现在的平沙农场南部、拱北、九洲港附近，当时为台丘地形。而前山水道、鸡啼门水道、磨刀门水道的位置已与现河道的分布大体一致。最低海平面形成之后，在现南屏广生围一带又有海水入侵。

距今7500~5000年前的第二次海侵时期，全市除丘陵台地外其余皆为海水所淹没。距今5000~2500年前，金鼎、香洲、九洲港及拱北沿海地区发现局部海退，原海相环境为河相环境。而前山水道以西，除今平沙农场南部外，仍为海水所浸。

距今2500年前以来，又有较大规模海侵，除金鼎、拱北一带以河流作用为主外，其他地区仍为海水所浸。

唐代至德二年（757年）建立香山镇，宋绍兴二十二年（1152年）建立香山县，到明代以前，珠江口西岸现在的珠海、中山等地都还是海中的一群孤岛[3]。到清初，香山的西北部和东北部相继成陆，一些主要的岛屿逐渐与大陆相连接。

珠海市现在地貌类型有山地、丘陵、平原和海岛。陆地地势平缓，倚山傍海。陆地上的山地丘陵台地平原为纵横交错的河网分割。珠海每年平均总径流量达 3412 亿立方米，注入南海的泥沙量年均 8800 万吨，滩涂以年均 52 米的速度不断向外延伸，其中磨刀门滩涂年均向外推达 72.9 米。

珠海三四万年以来海侵、海退变化过程，对认识南海北岸及附近岛屿生态具有一定的普遍意义。而我们从中可以认识到：1. 南海北岸及附近岛屿是环境变化最为敏感的地区之一。气候的变化、地壳运动变化引起的海侵与海退变化，使这一地区在海岛与丘陵之间轮回；2. 不同的时期，这里的人类活动环境不尽相同，掌握气候变化的历史曲线，关注本地区地貌的抬升、下沉变化情况，掌握海侵、海退的滨线，有利于我们根据地形，寻找不同时期的人类活动遗存；3. 海侵与海退的变化规律，对我们了解这里人类不同时期的文化特点、文化传播及走向有帮助。

二、渔猎采集，主要的生存之道

南海北岸发现的居住遗址主要有洞穴遗址、台地遗址、贝丘遗址、沙丘遗址等类型。年代较早的洞穴遗址可分为三类：一是人类的住地；二是人类活动的遗址；三是偶尔遗存有人类化石的洞穴。这里旧石器时代早期就有人类生存活动，虽然目前尚未发现旧石器时代早期的人类化石，但是百色地区发现的旧石器制作年代可能早到更新世的早、中期（百色 T4 的年代约为距今 70~80 万年开始并延续到 30 万年前左右）。属于旧石器时代中期的早期智人阶段的人类化石和活动遗址及旧石器时代晚期的晚期智人化石及活动遗址则有大量发现，甚至在香港、深圳地区都有旧石器遗存发现，反映这里是世界早期人类活动的重要地区。据统计，至 2004 年底为止，广西已经发现的古巨猿、古人类化石、旧石器地点达 134 处，其中露天地点超过 100 处，洞穴地点约 30 处，巨猿化石地点 5 处，古人类化石的地点多达 22 处，人类化石和文化遗物共存的地点 8 处，石器地点 115 处。这些地点分布遍及广西大部分地区。其年代早到旧石器时代初期，晚到旧石器时代末期 [4]。根据黄启善先生介绍 [5]：在柳江、来宾、灵山、隆林等四个县，发现代表七个人类个体的头骨、肢骨、体骨等的骨化石。另外，在荔浦、都安、柳州、柳江、桂林、田东、隆林、靖西、忻城等地发现人牙化石 20 余枚。广西的柳江人、麒麟山人、灵山人、德峨人、那来洞人、都乐人、水岩东洞人、干淹人、九楞山人、白莲洞人、甘前洞人、宝积岩人、定模洞人、宾山人、龙洞人、牛岩洞人、九头山人。

广东地区已发现旧石器时代人类活动遗址多处，人类化石在曲江、封开、罗定等地有发现，其中最为著名的是粤北地区的韶关马坝人，他被称之为中国早期智人的一个典型代表。此外，在粤西封开峒中岩、罗沙岩和苹塘下山洞也有人类化石发现，被称之为封开人 [5]。

在邻近南海的地区内，还有多处重要遗址发现。1991 年以来，广东文物考古工作者在广州、深圳、佛山、河源及所属的若干县（市），发现了多处旧石器地点，采集到刮削器、砍砸器、尖状器等打制石器和石制品一批，有的地点还有薄刃斧、大尖状器和手斧。除了洞穴中发现旧石器之外，还在阶地上发现砾石石器。近年在中国香港也有关于旧石器时代遗址发现的报道 [7]。

香港深涌黄地峒遗址，是一处人类的石器制造场。位于香港东部的西贡半岛北岸，是一处台地（坡地）形遗址。东起黄地峒山西麓 50~60 米等高线处，西至企岭下海潮带以下的浅海，宽 100 多米，南起鳌鱼头，北至深涌码头南约 600 米处，长约 300 米，从山坡到海滩富集大量石料和石制品。遗址所处基岩为早侏罗纪赤门海峡组的泥岩和砂岩，呈黄色—黄红色，上覆硅凝灰岩，浅灰—灰黑色，质地坚硬，是生产石制品的主要石料。根据光释光测年显示，深涌黄地峒遗址有两个时期的遗存，早期遗存距今约 4 万年，即旧石器时代晚期；晚期遗存为距今 6800 年，即新石器时代中期。在该遗址调查与试掘中，在潮间带与山坡之间，发现岩块、石核、石片（目的石片、废片）、石块、半成品、石器（成品），共 3261 件。其中大体可辨识的石器有 156 件，可以分为 9 类：锛形器达 90 件、刮削器 25 件，尖状器 14 件，手斧 9 件，砍砸器 8 件，镞形器 3 件，锥形器 3 件，手镐 2 件，雕刻器 2 件。在器物组合上，可以分为两套：A “锛形器+刮削器+手镐”；B “镞形器+雕刻器+长石片”[8]。

距今一万年左右的三亚落笔洞遗址是南海早期人类活动的一个重要遗址，在洞穴遗存的堆积物中，发现了大量的水生软体动物遗骸，堆积十分密集。水生动物计有 7 目 24 种，其中螺壳约有 7 万个之多，有些经火烧过。说明当时人们重视对水生动物的利用，捕捞经济比较兴旺发达，当时人类有广泛的取食范围，人们对水有较好的适应、了解和利用 [9]。

距今 10000~8000 年左右，广东南澳县象山细石器为代表的遗存具有海洋文化特征。“象山细石器以燧石为主要原料，形体细小，一般长、宽不超过 3 厘米，多用不规则形薄石片加工制成，也有部分长条形、三角形石片。石器的制造工艺以在侧缘打落小石片和进行第二步加工 (单向加工为主，也有采用交互打击或错向加工等方法)。石器不注意形态的规范而表现出很大的随意性。曾骐先生认为：“这些石器适合于滨海地区人类进行近海捞捕、滩涂采集等生产活动。”在象山顶，采集到不少贝类、蚌壳的标本，被认为这里有可能是该时期人类聚居活动的地点。象山发现的细小石器材料中，缺乏可与西樵山细石器相对比的各种细石核、细长石片，不可能属西樵山细石器系统，而保留更多的旧石器时代风貌，年代上比西樵山细石器为早 [10]。

更新世末至全新世初期的文化遗存普遍发现，并有着广泛的同构型。这种同构型具体表现是：与大熊猫—剑齿象动物群化石及稍晚的现代哺乳动物群标本伴生的打制砾石石器、局部磨制石器、穿孔石器，以及一定数量的骨角器，广泛出现的螺壳堆积亦是这类文化的特征之一。在人类经济活动刺激下，华南全新世初期的石器加工工业也朝着适应渔猎的方向发展，穿孔石器、磨制刃部的石器和燧石小石器的出现反映出这种变化 [11]。在许多遗址之中发现软体类、鱼类、两栖类、龟鳖类及哺乳动物。

三、贝丘沙丘，南海岛民的适应选择

贝丘遗址与沙丘遗址是人类对于生活环境的一种合理适应。

1. 贝丘遗址的形成与类型

贝丘遗址是人类居住遗址的一种，以包含有大量的先民食用后遗弃的贝壳为特征。在贝壳的文化层之中夹杂着其他动物遗骸和石器、陶器等文化遗物，还往往发现房基和墓葬。据袁靖先生统计，我国沿海地区已发现贝丘遗址 200 多处[12]。广东省已经发现 70 多处，广西已经发现 80 处[13]，两广相加已达 150 多处，南海沿岸贝丘遗址占全国的 75%。贝丘遗址的最大特点就是地层堆积中的大量贝壳。大型的贝丘遗址中贝壳可达几百吨。

贝壳的种类有：河蚬（Cordiculafluminea）、胡桃蛤（*Nucula* sp）、文蛤（*Meretrix* sp）缢蛏（*Sinonvacula* sp）、牡蛎（*Ostrea* sp）、蚶（*Arca* sp）、海月（*Piacuna* sp）、镜蛤（*Dosinia* sp）、丽蚌（*Lamprotula* sp）、楔蚌（*Cuneopsis* sp）、圆田螺（*Cipangopalupina* ap）、环棱螺（*Bellamya* sp）、蜒螺（*Nerita* sp）、锥螺（*Turritlla* sp）等，动物类遗骸有鱼类、两栖类（如鳄、鳖、龟等）和陆栖脊椎动物（如象、牛、猪、狗、猕猴、鹿等）以及飞禽类动物。

广西学者将贝丘遗址进一步划分为洞穴贝丘、河旁贝丘、海滨贝丘等类型[14]。洞穴型贝丘：都在岩洞内或岩厦下，这类洞穴遗址与旧石器时代的洞穴遗址不同，除了洞口位置相对较低外，其文化堆积中富含软体动物介壳，所含动物遗骸还没有石化。较为重要的遗址有盖头洞遗址、白莲洞遗址、庙岩遗址、甑皮岩遗址、鲤鱼嘴遗址等，大都分布在桂北地区。河旁贝丘遗址，是人类从山区向河边台地发展的结果，他们以淡水鱼类和介壳类水生动物为主要食物来源，同时开始粗放农业。这类遗址因地表暴露大片粉白色蚌壳和螺壳，当地老百姓称之为“螺蛳山”、“螺蛳地”，遗址多高出附近河流面 3~20 米，在临河面往往被河水冲刷，暴露出很厚的贝壳堆积层剖面。地表往往可以采集到石器、骨器、蚌器、陶片和动物遗骸等。代表性遗址如邕宁顶蛳山遗址、西津遗址、秋江遗址、豹子头遗址、江西岸遗址等。这类遗址主要分布在桂南郁江一带。海滨贝丘，主要分布在近海的地区。这类遗址一般都有较厚的文化堆积层，有的可以分出上、下两层，其中包含大量打石器、磨制石器、骨蚌器、夹粗砂陶片。石器以具备尖端厚刃的蚝蛎啄、手斧状石器为典型，器形简单、粗陋，陶器都是夹砂粗陶，饰绳纹、篮纹，或挂红色陶衣。代表性遗址主要有亚菩山遗址、马兰嘴遗址、杯较山遗址。

史前洞穴遗址的人类，在选择居住地时，以洞口朝南或朝东为居住地，这样可以避风寒，而洞口距地面不是很高，方便出入，又可以防止猛兽的夜袭。同时，离江河水源不远，也为捕捞作业提供了方便。他们是广西古老的渔民。河旁贝丘遗址主要分布在大河拐弯处，或大小河流汇合的三角嘴上，一般前临江，后靠山，附近有较开阔的平地高出水面 3~20 米。广西南部邕江、郁江、浔江沿线及以南的大部分地区是比较靠近海的地区，新石器时代文化主要存在顶蛳山文化、大龙潭、石足山、亚菩山、马兰嘴、独料等几种文化类型[15]。

广东学者李平日等按照贝壳属种的组合特征，将贝丘遗址细分为三种类型：河岸型贝丘、海湾型贝丘和河—潮型贝丘。它们分别代表三种不同的地理环境[16]。

河岸型贝丘，贝壳主要来自以径流为主的河道中。贝类以淡水种为主，如河蚬、圆田螺、丽蚌等，而以河蚬最为丰富，半咸水种或广盐性属种数量较少，咸水种属数量较少，咸水种基本不见。这类贝丘反映先民当时主要从事河上捕捞和采集，居住地离海较远。

海湾型贝丘，贝壳主要来源于河口或海湾地区。贝类以半咸水种或广盐性属种为主，如牡蛎、蚶、蛤等。这类贝丘反映了当时先民的经济活动范围主要在河口和海湾一带，居住地就在海湾或离海岸较近的地区。

河—潮型贝丘，介于上述两种贝丘类型的过渡类型。这类贝丘反映了先民的经济活动范围主要在河口附近受咸潮影响的潮流段。

北京学者赵辉、袁靖等从遗址地貌状况，将贝丘遗址归纳为丘岗型、台地型、海岸型等三种类型[17]。丘岗型，遗址绝大多数位于小山的山岗上，与地面的相对高度为十余米，也有个别遗址位于西樵山的山腰处，距地面的相对高度为180米左右。这些遗址所据的山势均呈孤立状，其周围相当大的范围内都是平地；台地型，遗址位于海拔较高、范围相当大的台地上，遗址所在地稍高于周围的平地，相对高度有2~3米左右；海岸型，遗址位于距离现在的海岸线不太远的地方。他们认为，在这三种类型中以台地型数量最多，丘岗型次之，海岸型最少。

贝丘遗址的延续时间很长，说明一些人类较长时间采用这种生存方式，有趣的是，在田野考古实践中发现，早期的螺壳一般不完整，中期的比较完整，而晚期的一般螺尾被敲去，恰似今天食用螺。

2. 沙丘遗址的形成与类型

距今6000多年前，海平面在现今的高度上保持相对稳定，这时，在南海北岸及其岛屿上形成了众多的海湾，这些海湾多属于河口湾类型，径流自陆域带来的泥沙较多，在海口或湾口形成拦门沙或拦江沙，海湾的地理环境使这里成为鱼类生物聚集地，资源相对丰富，一些海湾沙丘或沙堤上，开始有人类活动，并形成具有特点的史前时期沙丘遗址。这类遗址主要分布于现今珠江三角洲前缘、海滨或海岛的海湾地带，珠海、澳门、香港、深圳、中山等地共有数以百计的沙丘遗址[18]。在海南的陵水，广西的防城港和粤西的新会、粤东的海丰、南澳县等地沿海也发现有沙丘遗址。沙丘遗址主要分为两种类型，一种是沙堤—潟湖类型，另一种是山前坡地型。这两种类型都在海湾中形成，所以统称为海湾沙丘遗址[19]。

沙堤—潟湖类型沙丘遗址，也就是沙堤遗址。这种提法很普遍，学术界甚至一度将所有的沙丘遗址都统称为沙堤遗址。遗址位于海湾之中，前有海水，中有沙堤，后有山岗，在沙堤与山岗之间有一片潟湖，人类主要在堤上生活。香港涌浪新石器时代遗址、澳门黑沙遗址是这种类型的遗址典型代表。山前坡地型沙丘遗址与沙堤—潟湖类型沙丘遗址同样，都是在海湾之中，但有两点不同：一是沙丘后没有潟湖；二是沙丘与相连的山前坡地，都可能是人类主要活动场所。珠海宝镜湾遗址、珠海平沙棠下环遗址是这种类型的遗址典型代表。另外，在一些地方还发现在连岛沙堤上也有遗址发现，比如香港的铜鼓遗址。

目前发现年代最早的沙丘遗址为深圳咸头岭遗址，可达距今6800年[20]，最晚的沙丘遗址可能延续到汉代。较大量的沙丘遗址集中在距今6000~2800年之间。近年考古发掘实践中，在沙丘遗址里发现许多曾经相对稳定的史前人类活动聚落。如珠海宝镜湾遗址，这个遗址中发现了人类居住的房屋，有些柱洞是在基岩上凿出来的，花费很大的工夫，这里还发现有手工作坊、祭祀地点、烧灶，大量精美的玉石器、石器、陶器。其中网坠出土上千件，遗址附近有大型石刻岩画[21]。再就是香港元朗白泥吴家园沙丘遗址，这里发现两处相邻的夯土房屋，其中一间房（F1）南北宽12.5米，东西进深8.5米，总面积达106多平方米，夯土房基经七层1~1.5厘米厚的灰黑土，六层4~5厘米厚的灰沙土分层夯实。根据柱洞分布，发掘者复原出一座“面阔6间，进深3间，前面出廊的悬山式顶的长方形可以间成一厅四房的有两扇大门和夯土房基的大型房子”。发掘者指出：“F1、F2这两座相邻的夯土房基的发现，使我们有可能判断，这里会是一处古人类聚居规模大、时间长、定居稳固的村落遗址。”[22]发现居住房屋的遗址很多，珠海宝镜湾、小沙澳湾；深圳叠石山、咸头山；香港元朗白泥吴家园、东湾、扒头鼓、大湾；台山腰古新村等都在沙丘遗址中发现有住房遗迹，有干栏式建筑，有地面建筑；有普通地面建筑，又有夯土台建筑、河卵石墙建筑；有长方形建筑，又有圆形建筑。在深圳屋背岭、香港东湾等遗址发现商时期的墓葬群。反映先民们在海边的定居生活。当然，不是每一处沙丘遗址都是先民们稳定的聚落，相当数量的小型的沙丘遗址只是人们的短期的居地、营地或活动地点。

3. 沙丘遗址与贝丘遗址的关系

贝丘先民与沙丘先民食物来源都主要是从水中获取，捕鱼和采集是主要的生产活动。

在珠江三角洲地区，沙丘遗址与贝丘遗址不同：

（1）地理位置上：沙丘遗址多分布于偏南的地点，遗址堆积沙质土为主。贝丘遗址分布较偏北[23]。

(2) 遗址类型与埋藏上：沙丘遗址中贝壳的数量相对较少，鱼类遗骸较多，且多数为海生属种，打鱼用的网坠出土较多。贝丘遗址中地层堆积较多的贝壳。先民的采集贝类食物的活动较为突出，攫取贝类是重要的食物来源。

沙丘先民也采集和食用贝类，例如在香港的东湾仔、深湾、白曹湾等遗址之中都有成堆的贝壳出土。在香港蚝涌、珠海宝镜湾等遗址之中就曾发现大量用于开启蚝壳的尖状石器——蚝蛎啄。

沙丘遗址中贝壳发现较少，与他们采蚝开蚝的地点及其处理贝壳的方式有关。自古以来，环珠江口地区的海岛海湾的先民就有在海边就地取蚝肉的习惯，并不全是将蚝整个取回住地。在《广东新语》中有记载，这里的先民用烟熏火烤，使附于在石壁上的蚝张开口，而蚝民直接夹取蚝肉[24]。另一方面，即使有部分牡蛎被带回住地，由于近海，海水也较易将贝壳冲走。在珠江三角洲中段的先民则有人工种蚝养的传统，并习惯于将蚝采回家中再开壳取肉。于是大量的蚝壳堆于居住地及附近而形成贝丘。

沙丘遗址与贝丘遗址相同之处较多：

(1) 人类体质特征相同。人类学家对属于沙丘遗址的东湾15座墓葬的残存人骨进行了艰苦的修复、鉴定和可能性限度的测量，东湾仔人具有长而窄的颅形，眉弓和眉间突度发育适度，具有额部丰满、低眶、低面、阔鼻、齿槽颌突、铲形门齿等特点。东湾人平均高度为162.8厘米，骨骼鉴定与比较显示了东湾人与华南、珠江三角洲、福建同时代的居民如甑皮岩人、河宕人、昙石山人一样，有热带区域种族的相似特征，属蒙古南亚人种。

(2) 都有拔牙习俗。距今4500年后，沙丘遗址先民中开始流行拔牙的风俗。曾骐先生认为：这种拔牙的习俗起源于距今6500年的山东大汶口文化之中，距今6000~5200年的马家浜文化、崧泽文化也开始出现，而广东、福建拔牙习俗的发现，要晚至距今4500~3500年[25]。

(3) 葬俗相同。在珠江三角洲地区，沙丘遗址与贝丘遗址先民都是采用长方形土坑竖穴墓。

(4) 陶器、石器特征大体相同。沙丘遗址与贝丘遗址文化的遗存有着相当的相似性，特别是珠江三角洲中下游地区的贝丘遗址，既表现出同时代特征，又表现出文化的联系。特别是在新石器时代中期的彩陶时期。目前在珠江三角洲地区出土彩陶的遗址，属于沙丘遗址的有如：香港大湾、春坎湾、蟹地湾、南丫岛深湾、铜鼓洲，澳门黑沙，珠海后沙湾、宝镜湾、赤沙湾、棠下环、金鼎东岸，深圳小梅沙、大梅沙、大黄沙、咸头岭，海丰汕尾沙坑北，中山龙穴、水井口等遗址；属于贝丘遗址的有如：增城金兰寺、东莞篁村蚝村、肇庆蚬壳洲遗址等[26]。后沙湾遗址一期出土的彩陶有圈足盘、罐等，采用赭红色彩，圈足盘的圈足、罐的口沿是主要的施彩部位，器形内外施彩，图案为与海水有关的条状纹、波浪纹组成，在圈足盘的圈足上，彩与镂孔和划纹相组合，而罐只发现尖唇、侈口、卷沿的上部，肩以下残，领部三周或内彩一二周带纹。中山龙穴遗址出土有丰富的彩陶，完整器为盘和碗，施赭红色彩，条带状纹饰，更有特点的是，器物的表面图案上，多了锯齿状饰，在圈足上，锯齿状纹饰中还有小圆镂孔，其下有一条直线划纹，彩陶多施于磨光红陶上，少数是在白陶衣上绘暗红彩，多数是在器表上施彩，少数内外施彩。中山白水井遗址也出有大量的彩陶片，这个遗址只发掘 53 平方米，文化层厚 50 厘米，共计出土陶片 1008 片，其中彩陶计 540 片。比例占到 53%以上[27]，彩陶为泥质陶，以砖红胎彩陶偏多，而灰白胎彩陶也有相当的比例。与后沙湾遗址一样，与彩陶相伴的还有装饰有压印纹饰的白陶。有人将这一时期的文化归纳为同一文化[28]。不过，新石器时代晚期，环珠江口地区的沙丘遗址与珠江三角洲中段的贝丘遗址文化面貌开始呈现各自的特点。

沙丘遗址与贝丘遗址相重合的情况在福建与台湾都有发现[29]。南海沿岸及岛屿海湾遗址中也应当有这种情况，今后需要引起注意。

四、南海岛民史前文化的特点

岭南地区包括南海沿岸地区新石器时代的文化序列还不是很清楚，目前还没有一个较为统一的看法。这里我们暂时将南海北岸分为西、中、东三个区段来观察。西段以广西南部和广东西部为主：新石器时代早期可以邕宁顶蛳山贝丘遗址一期为代表，年代在距今10000年左右；新石器时代中期以邕宁顶蛳山贝丘遗址二三期为代表的顶蛳山文化为代表，年代在距今8000~7000年；晚期分为二类：一类为大石铲文化，另一类为那坡感驮岩遗址和早期岩洞葬[30]；中段以珠江三角洲地区为主：新石器时代早期遗存，目前还没有发现；新石器时代中期，以深圳咸头岭遗址为代表，年代为距今7000~5000年间；晚期，环珠江口地区以香港涌浪遗址、珠海宝镜湾遗址为代表，珠三角中部贝丘遗址以蚝岗遗址、村头遗址为代表年代在距今5000~3500年。东段以粤东地区与福建西南部为主：早期的象山文化是一种细石器文化，以距今8000年以上的“南澳象山文化遗址”为代表，它与福建闽南的“漳州史前文化”为同一系统。新石器时代中期，以潮安“陈桥文化遗址”为代表，距今约6000~5500年，仍与闽南的文化同时。新石器时代晚期，以普宁后山文化遗址为代表，距今3500年前后的，商代中后期到西周前期，以浮滨文化为代表，年代稍晚于后山遗址，距今约3400~2900年。历经20余年的调查、发掘、研究，它不但在广东的潮阳、潮安、普宁、揭阳、大埔、丰顺、南澳等地发现，另在福建的闽南地区的漳州、泉州等地也有颇多遗址的存在。它分布的范围在榕江、韩江、九龙江、晋江四个流域。先民们在各个时期呈现出不同的文化特点。

（一）新石器时代早期

这一地区许多地点还是属于丘陵地带，在印纹陶出现之前，早期新石器文化是以打制石器和绳纹粗陶为代表的。早期以砾石石器为主，其特色是以天然砾石作为原材料，用直接或间接打击法加工而成，未经磨制[31]。砾石石器延续使用的时间很长。南海西樵山石器制造场是一处跨越几千年、规模大和相对稳定的石器制造场。盛产燧石、霏细岩，经历了制造细石器、双肩石器两个阶段，特别是生产双肩石器的中晚期，规模越来越大，其产品跨越珠江三角洲，外运环珠江口甚至整个两广地区，形成一种外向型的生产中心[32]。打制石器占绝大多数，局部磨光（即刃部磨光）

的石器占少数，通体磨光的石器偶有出现。制陶技术很粗糙大多数是泥片贴塑的；陶器胎质相当厚，火候也低，以绳纹粗陶为代表。骨、角器制造和使用更为普遍。穿孔石器和蚌器工具使用相当广泛。种植和驯养已出现。埋葬习俗为屈肢蹲葬。

（二）新石器时代中晚期

这一地区许多地方已经成为岛屿。生产活动有渔猎、采集、制陶、制玉、制生产工具、纺织，还有一定的农业。

1. 聚落与房屋特点

事实上，以沙丘作为居民的聚落，其本身就是南海岛民的一个较突出的特点。先民们在这里生存、繁衍、劳动、生息，创造了较具特色的早期海洋文化。沙丘遗址有的是较固定的聚落，有的是短期的营地。先民们与大海有着割舍不断的情怀。而因地制宜的房屋建筑，干栏式建筑、半搭式建筑、地面建筑、夯土台建筑、卵石墙建筑反映出先民的适应性。

2. 工具特点

大量的捕鱼工具出土，是南海北岸及近岸岛屿上居民古文化的一个重要特点。先民广泛使用凹石器、蚝蛎啄、有段石锛、有肩石斧、网坠、沉石、石锚等渔业特点明显的生产工具。首先这些工具大都是就近生产的。在环珠江口的沙丘遗址中，也发现一批属石器制造场性质的遗迹。如香港的万角咀、春勘湾、深湾、龙鼓滩、白芒、涌浪、沙螺湾、芦须城、东湾，澳门的黑沙[33]，珠海的宝镜湾[34]、锁匙湾及近年来发现的珠海棠下环，香港的西贡蚝涌[35]、沙下等处。其中蚝涌石器制造场对研究石器工业的制作、工厂的布局、规模、生产等程序、工艺特色提供了新的宝贵的数据。

凹石器：南海先民较多使用一种表面有凹窝的石器，我们将其称之为“凹石器”，它主要用于加工硬壳类食物。在凹窝上正好放置小型贝类食品，在用石锤砸击时可以稳定加工物，不会滑走。凹窝一般通过尖状石器锤啄而成，有的体形较大，表面啄有一个或多个凹窝，可以作为石砧使用；有的体形较小，一面或二面有凹窝，正好握在手上，作石锤使用。这是先民长期使用的一种特有的工具。有研究者指出，它是流行于南沿海地区采集—渔猎经济中的一种加工工具。凹石的使用年代在距今6500年至1000年之间，时间跨度较长，它的浓厚的地区特点反映了南部中国闽台、粤地区密切的联系。是渔民早期工具的一个特点[36]。

蚝蛎啄：蚝蛎啄是水边居民为开启蚝类水生物而发明的一种石质工具。外形上看，往往是一件打制的尖状石器。蚝蛎等贝类生物附着在礁石上，也是用这种尖状石器将其敲下来。在香港蚝涌遗址，发现40多件各式尖状石啄。发掘者认为，制造地点在蚝涌河口出海口处，这里是咸淡水习性蚝类繁殖的理想之地，蚝是这里的主要采集对象，开凿蚝类硬壳的尖状器，是这个制造场的确定产品当有它的实用意义。蚝蛎啄在东莞、深圳、珠海、澳门等沿海地区古遗址中最为常见，而粤东的潮安陈桥村贝丘遗址也以蚝蛎啄和彩陶为其特点。

网坠、沉石、石碇（石锚）：这里大部分遗址出土的网坠，都是用河卵石作简单加工而成的。亚腰形石网坠是最为常见的形制，利用扁平椭圆河卵石，打出对称的两个缺口，以便于系绳。其特点是：（1）石网坠相对较大。从珠海宝镜湾遗址出土石网坠的统计研究中我们知道：在1096件常规网坠中，重量在51~330克之间的中型网坠，数量达1022件，占总数的93%，在中型网坠中，又以重量70~250克之间的网坠居多，有861件，占中型网坠的84%。重量在25~50克之间的小型网坠有12件，占总数的1.08%，重量在331~500克之间的大型网坠有62件，占总数的5.6%。如果我们再从网坠的长度观察，可以发现：长度在6~10厘米之间的网坠有897件，占82%，而长度小于6厘米的网坠只有39件，占3.5%；长度大于10厘米的网坠有160件，占总数的14.5%。以上数据可知，网坠的长度一般是在6~10厘米之间。除了常规网坠之外，宝镜湾遗址出土59件重量大于500克的坠形石器，我们称之为沉石[37]。沉石也是渔网的部件，与常规形制的网坠的使用方法大体相同，并常与其配合使用，只是其数量相对较少。有时，沉石也可以单独使用。沉石在选材上与网坠大体相同，只是重量更重。（2）石网坠数量相对较多。珠海宝镜湾遗址中发掘面积为500平方米范围内，出土常规网坠1096件，沉石59件，穿孔网坠39件，密度相当大，说明当时的数量相当的多。而且还不是孤证，在香港涌浪遗址、珠海平沙棠下环遗址也都发现800件以上的石网坠。

骨、牙、角器：较多使用。从佛山河宕遗址可以看出，这类质地的器物主要种类有锛、凿、矛、镞、切割器、针、锥、叉，还有鹿角、象牙器。骨料主要是兽骨包括象牙骨料，这是河宕贝丘遗址经济生产生活的反映。骨镞达25件，形式多样，尤以三棱圆体圆铤最具特色。8件骨针中，有2件较大型，形式特殊，磨制精致，一件长13厘米，首端钻两孔，末端尖圆，发掘者推测其“可能用于纺织渔网”[38]。

有肩石器：新石器时代中期开始出现有肩石器，到新石器时代晚期盛行于东南沿海地区。有肩石斧、有段石锛、有肩有段石锛，在这一地区大量出现。

3. 生活用具特点

陶釜是主要的炊器。长江流域与中原地区常见的陶鼎，在这一地区极为少见。属于新石器时代中期的咸头岭文化时期，陶器种类主要有圈足盘、釜、罐、钵、豆、尊、壶、器座等。以夹砂陶为大宗。釜为敞口鼓腹、圜底、饰绳纹。釜的延续时间很长，数量也很多，器形和纹饰始终没有发生大的变化。在很大程度上，这种圜底釜作为一种文化特质，比起其他的要素在华南沿海新石器文化系统中更具有代表性，并构成鲜明的文化特点。这一时期也出现一些彩绘陶与白陶。

4. 服饰生活特点

使用树皮布做衣服是岭南地区的一个特点。所谓树皮布（Bark Cloth，Bast Cloth，Tapa）是一种采用拍打技术对树皮进行加工而制成的布料。将树皮的纤维经过湿润后进行长时间拍打，使韧皮纤维交错在一起，成为片状的树皮布料，并且还可采用拍打的方法将不同的细小布料连接成较大的布料。树皮布与纺织布的经纬织造技术系统属于完全不同的两个系统。近年来，在环珠江口地区大量发现石拍。香港中文大学邓聪教授对此问题做了较深入研究[39]。新石器时代晚期，这一地区的若干遗址之中发现纺轮，显示纺织布的应用。南海渔业先民曾以草为衣，史书上称这种衣服为“卉服”，《赤雅·卉服》：“南方，草木可（一本有以字）。衣者，曰卉服。绩其皮者，有勾芒布、红蕉布。弱锡衣，苎麻所为。”

5. 断发文身的习俗

“断发文身”是古代越人的特有习俗，这是与中原地区居民不同之处。所谓断发，即“剪发使短，帽首低冠，而不束发加冠之一意”。越人还在身上文饰龙蛇。古文献中记载，《左传》哀公七年：“越，方外之地，剪发文身之民也。”《淮南子·齐俗训》说“中国冠笄，越人赞发”。春秋战国以后，在某些越人活动地区也出现椎髻之俗[40]。《史记·陆贾传》南越王赵佗行“椎髻之俗”。《论衡·率性》上说：“南越王赵佗，本汉贤人也，化南夷之俗，背叛王制，椎髻箕坐，好之若性。”这些记载虽然出现在春秋至汉代，但一种习俗的形成一定有其渊源，当可以向前追溯。

此外，南海北岸地区先秦时期曾经出土大量玉质、石质的礼器与饰件，种类有如琮、钺、圭、璋、矛、戈、璜、管、环、珠、坠、玦等。出土这些物品的遗址主要为香港涌浪遗址，珠海宝镜湾遗址、草堂湾遗址，澳门黑沙遗址，深圳大梅沙遗址、屋背岭遗址等。以玦的数量最多。

南海先民创作了大量石刻岩画，在珠海、澳门、香港、广西及福建、台湾等地都发现不少史前岩画。岩画造型趋于图案化，表现了神灵崇拜、天体崇拜、生殖崇拜等内容。这些岩画主要由越族先民所作。

南海岛民史前文化有着自己的特点，它既是岭南文化的组成部分，又是中华早期海洋文化的一个重要标本。

注释：

[1] 本文探讨的南海岛民，主要是分布在岭南沿岸及近海岛屿的史前居民。

[2] 《中国国情丛书——百县市经济社会调查·珠海卷》，中国大百科全书出版社，1998年，第5页。

[3] 《永乐大典》引陈大震《南海志》（1408条）：香山为邑，海中一岛耳，其地最狭，其民最贫。

[4] 谢光茂：《广西旧石器时代考古回顾与瞻望》，见广西壮族自治区文物工作队编：《广西

考古文集——纪念广西考古七十周年专刊》，科学出版社，2006年。

[5] 黄启善：《广西旧石器考古述略》，《岭南考古研究》第3辑，中山大学岭南考古研究中心编，2003年。

[6] 邱立诚：《广东旧石器时代的人类及其文化》，见《史前考古学新进展——庆贺贾兰坡院士九十华诞国际学术讨论会论文集》，科学出版社，1999年。

[7] 吴伟鸿、王宏、谭惠忠、张镇洪：《香港深涌黄地峒遗址试掘简报》，《人类学学报》2006年第1期。

[8] 张森水、吴伟鸿编：《2006年香港考古重大发现——西贡黄地峒旧石器时代晚期遗址》，中国评论学术出版社，2010年。

[9] 郝思德、黄万波编：《三亚落笔洞遗址》，南方出版社，1998年。

[10] 南澳县海防史博物馆、中山大学韩江流域考古课题组（曾骐执笔）：《广东南澳县象山新石器时代遗址》，《考古与文物》1995年第5期。

[11] 乔晓勤：《华南海洋文化的形成与发展》，《岭南考古研究》第4辑，中山大学岭南考古研究中心编，2004年，香港。

[12] 袁靖：《关于中国大陆沿海地区贝丘遗址研究的几个问题》，《考古》1995年第12期。

[13] 黄启善：《广西史前贝丘遗址的研究》，《岭南考古研究》第7辑，中国评论学术出版社，2008年。蒋廷瑜先生研究，广西境内目前发现86处贝丘遗址，其中洞穴型贝丘遗址42处，河旁型贝丘遗址33处，海滨型贝丘遗址11处。见蒋廷瑜：《广西贝丘遗址的考察研究》，《广西民族研究》1997年第4期。

[14] 何乃汉：《广西贝丘遗址初探》，《考古》1984年第11期；何乃汉：《广西贝丘遗址续探》，《广西文物》1988年第1期。蒋廷瑜：《广西贝丘遗址的考察研究》，《广西民族研究》1997年第4期。黄启善：《广西史前贝丘遗址的研究》，《岭南考古研究》第7辑，中国评论学术出版社，2008年。

[15] 李珍：《广西新石器时代考古七十年述略》，广西壮族自治区文物工作队编《广西考古文集——纪念广西考古七十周年专集》科学出版社，2006年。

[16] 李平日、乔彭年、郑洪汉、方国祥、黄光庆等：《珠江三角洲一万年来环境演变》，海洋出版社，1991年。

[17] 珠江三角洲地区考古调查小组赵辉、袁靖：《珠江三角洲地区史前遗址调查》，《中国文物报》1995年11月26日。

[18] 香港地区新石器时代和青铜时代遗址共118处，绝大部分散布在海岸地带，大部分又分布在香港地区的西部，即靠近珠江口、伶仃洋的沿岸（商志䄻、吴伟鸿：《香港地区史前考古与生态环境的研究》，《东南文化》1997年第2期，第24页）。珠海发现先秦古遗址77处（肖一亭：《珠海澳门史前文化探索》，《文物》1999年第11期。第64页。近年又发现3处，现总共80处。深圳先秦时代遗址（包括古遗物采集点）157处《深圳7000年——深圳出土文物图录》，文物出版社，2006年，第1页）。大都属于沙丘遗址。

[19] 某些联岛沙堤上也曾发现人类活动遗迹，只是较少形成聚落。

[20] 《深圳7000年——深圳出土文物图录》，文物出版社，2006年。

[21] 广东省文物考古研究所、珠海市博物馆编（邱立诚、肖一亭主编）：《珠海宝镜湾——

海岛型史前文化遗址发掘报告》，科学出版社，2004 年。

[22] 区家发、莫稚：《元朗下白泥吴家园沙丘遗址调查试掘工作报告》，《香港考古学会会刊》第十四期。

[23] 世事也无绝对，在番禺鹿颈南沙地方也发现一处沙丘遗址，这个遗址的纬度比一些贝丘遗址的纬度还高。

[24] 屈大均《广东新语》："香山无蚝田，其人率于海旁石岩上打蚝，蚝生壁上，高至三丈，水干则见，以草烧之，蚝见火爆开，因夹取其肉，味极鲜美……"

[25] 曾骐：《东湾仔拔牙——兼论我国东南洞沿海拔牙文化区》，《广东省文物考古研究所建所十周年文集》，岭南美术出版社，2001 年。

[26] 还有一些贝丘遗址地点也曾经出土彩陶，不过其形状花纹风格与前列者相距甚远，且与印纹陶相同存。如南海通心岗、南海 NKG 地点、佛山河宕、南海灶岗、南海鱿鱼岗、西樵山螺岗等，可能属于晚期的彩陶，与上述彩陶不同。

[27] 杨式挺等：《从中山龙穴及白水井发现的彩陶谈起》，《南中国及邻近地区古文化研究》，香港中文大学出版社，1994 年。

[28] 有人称之为"大湾文化"；有人称之为"咸头岭文化"，其分布区域和文化特点大体相同。

[29] 在海湾沙丘遗址中大量出现贝壳的情况在福建沿海及台湾有发现，如平潭壳丘头遗址、马祖列岛的炽坪垅遗址。

[30] 何安益、彭长琳：《从晓锦遗址看新石器时代洞庭湖区与珠江流域地区原始文化的交往》，《广西考古文集》，文物出版社，2004 年。

[31] 吕烈丹：《岭南地区的砾石石器与经济形态》，《岭南考古研究》第 6 辑，中国评论学术出版社，2007 年。

[32] 曾骐：《论史前时期石器制造场》，《岭南考古研究》第 3 辑，中山大学岭南考古研究中心编。

[33] 邓聪、郑炜明：《澳门黑沙》田野考古报告专刊（一），中文大学出版社，1996 年。

[34] 广东省文物考古研究所、珠海市博物馆编（邱立诚 肖一亭主编）：《珠海宝镜湾——海岛型史前遗址发掘报告》，科学出版社，2004 年。

[35] 邹兴华：《香港西贡蚝涌抢救性发掘收获丰富》，《中国文物报》1999 年 7 月 25 日。

[36] 广东省南澳县海防史博物馆（曾骐、黄迎涛执笔）：《广东南澳县东坑仔古遗址》，《东南文化》1991 年第 6 期，第 184 页。

[37] 清人沈同芳著述的《渔业历史》和近人张振东、杨金森编著的《中国海洋渔业简史》（北京海洋出版社，1983 年）等书中，对捕鱼网具都有所介绍。网坠有时被称为沉子，而系网坠的缆绳称为沉子纲。在沉子之间或网的两端，常配有沉石。沉子和沉石的区分，是它们的重量不同，沉石更大、更重，使用的数量相对较少，而网坠（沉子）较小、较轻，使用的数量相对更多。沉子和沉石在重量上区分具有相对性，是就具体的渔网个体而言的。沉子和沉石到底该多重，并没有明确的规定。针对宝镜湾遗址出土坠形石器的具体情况，我们从重量上划出两条线，将其区分开来。小于 500 克的坠形石器归入网坠，把大于 3800 克的坠形石器归入石锚统计。

[38] 广东省博物馆、佛山市博物馆编（杨式廷主编）：《河宕遗址——1977 年冬至 1978 年夏发掘报告》，广东人民出版社，2006 年。

[39] 邓聪：《史前蒙古人种向海洋的扩散——岭南树皮布文化发现及其意义》，《东南文化》2000年第11期。

[40] 对于越人既行断发又行椎髻的习俗，有学者认为是地域性差别和族别不同，如蒙文通先生的《越史丛考》（人民出版社，1983年）。不过，厦门大学吴绵吉先生考证认为："断发是自古以来的传统习俗，而椎髻是春秋才开始的，战国到汉代比较流行。甚至后者还可能不是产生于越人本身，而是受外族影响的结果。春秋战国以来，越人同其他邻族来往渐多，受邻族的影响也渐大。《战国策·赵策》（二）载：'黑齿雕题。冕冠林缝，大吴之国'这种冠带之俗，大概来自于中原。"见《百越民族文化》第十章，《百越的生活习俗》，中国社会科学出版社，1988年版。

（原载《马祖列岛与海洋环境文化研讨会论文集》，台湾，2012年）

珠海澳门早期历史文化特点

16世纪中叶以来，珠江西岸形成了一条中西文化交流的特殊通道：即学术界所指的“珠澳中西文化走廊”。“这里不仅成为中西方两种文明开启对话与沟通的桥梁，更成为近代中国思想启蒙和社会革新的重要发源地，对推动中国近代文明的进程产生了重大影响”[1]。如果我们将视线前移，观察澳门开埠之前的澳门与珠海经济社会与文化关系，就会发现，这里也曾经是一片热土。珠澳先民共同参与了中国早期海洋文明的创造与传播，参与了早期海上通道的开通，见证了宋末元初最为惨烈的海上大战，珠海澳门地区居民几千年来就有着难以割断的血肉联系。

2006年11月至2007年2月，时任澳门艺术博物馆馆长吴卫鸣先生[2]组织考古调查队，在路环岛展开全面考古调查，复查黑沙、竹湾和九澳等地点，发现了阿婆央和路环市区两处新的考古地点。路环市区船铺街发现明、清青铜器时代早期和新石器时代晚期文物层。此外，在路环市区东侧山坡阶地也进行了地表勘察和考古钻探。2012年8~9月，由澳门文化局文化财产厅委托澳门艾奕康有限公司于邻近的船铺街公园进行了考古调查，发现清代中晚期土坑墓、新石器时代晚期的陶器残片及石英岩的环（玦）毛坯、砂岩砺石等先民遗物。2013年11~12月澳门文化局文化财产厅委托澳门艾奕康有限公司在澳门船铺街临时停车场进行考古试掘。在G1K4和L2探方中发现新石器时代晚期文化层和大量文化遗物。在L2的第四层，发现新石器时代晚期的人类活动面，发现两个火塘，多件石器、陶釜，其中还有可以复原的陶釜。这些发现为探讨和揭示澳门、珠海早期历史文化的特点提供了新的资料。

一、珠海澳门早期历史探索

澳门珠海的历史到底有多长？在古代的文献中找不到答案，近年的书籍中又有不同的提法。最早提珠海历史有6000~5000年的，是1991年广东人民出版社出版的《珠海考古发现与研究》。在这本文集中，发表了李子文执笔的《淇澳岛后沙湾遗址发掘》考古报告。李先生提出后沙湾遗址所作热释光年代测定数据偏晚了[3]。根据地层学、类型学的初步研究，他“暂将后沙湾第一期遗存的年代范围推定在距今6000~5000年之间”[4]。后来的许多考古发掘与研究已经表明，在当时的条件下得出这个结论，是十分恰当的，可惜一直未引起人们重视。提出珠海有四五千年历史的，是1995年出版的《珠海市文物志》（广东人民出版社）。在该书的概述中说：“据考古发现，珠海最早有人类活动的时间可上溯到四五千年前。”文中还重点提到了后沙湾、草堂湾两处新石器时代遗址和中国科学院广州地理研究所用热释光对后沙湾遗址出土的彩陶进行测试的年代数据等。2007年珠海出版社出版的《珠海市文物志》（修订本），还是沿用上述提法，未作修改，很是遗憾。

1999年，珠海一些学者的研究论文中已采用珠海历史6000年的提法。在《澳门、珠海史前文化探索》[5]一文中，肖一亭提出：“早在距今6000年前，在环珠江口地区的一部分海岛、海湾沙丘上已经有一些相对稳定的先民，他们依靠海洋、征服海洋、创造和积累了丰富的海洋生活的经验。”“珠海、澳门目前发现最早的古文化遗址为距今6000年左右，但这并不意味着此前这一地区就没有人类活动。”2004年，由珠海市文化广电新闻出版局（版权局）邀请省内知名专家编写《珠海历史文化资源评估报告》，2005年，珠海市博物馆《珠海历史文化大型图片展览——历史的足迹》中也都采用了珠海历史6000年的提法。当时主要依据是对考古资料的类型学地层学研究。同时，由于周边的香港、深圳、澳门等地都提当地历史6000年[6]，近年来，深圳咸头岭遗址的大面积的考古发掘与深入研究，深圳历史被推到距今7000年[7]。研究者以此为基础对珠江三角洲

从海上看澳门路环，这里保存有新石器时代人类活动遗址

路环市区船铺街发现新石器时代晚期人类活动面，有灶、陶釜、石器等遗迹遗物发现

地区相关遗址进行了系统分期，排出了明确的年代序列，在这个序列中，珠海后沙湾一期属于咸头岭第一期Ⅲ段和第二期Ⅳ段之间。年代在距今6400~6200之间。这一排序得到学界的认可，珠海历史6000年也得到学界的普遍认同[8]。

1999年，香港中文大学邓聪教授在《历史研究》发表的一篇文章中指出："澳门考古工作起步甚晚，但考古资料显示，距今6000多年前起，澳门就一直有人类在活动和繁衍。澳门黑沙出土的彩陶盘时期的文化遗存，其来源与环珠江口以至长江流域的新石器文化有着密切的关系"[9]。

澳门考古可以追溯到1972年7月15日至16日间，当时香港考古学会的一些业余考古爱好者，在路环进行地表的调查工作，分别在竹湾、黑沙、路环村及九澳湾等五个地点发现了史前及唐宋遗物。1973年，香港考古学会在黑沙遗址进行试掘调查。1977年及1985年，香港考古学会再次在黑沙先后组织两次调查发掘工作。1995年1月，香港中文大学中国考古艺术研究中心与澳门大学中文系在澳门基金会的支持下，在澳门路环黑沙遗址发掘，发现了新石器时代两个不同时期的文化层。在距今约4000年前遗址中确认了一处红烧土与砾石构筑遗址，共伴出土还有一些水晶玉石饰物制作相关工具和坯[10]。2006年底，香港中文大学应邀对澳门黑沙再次进行考古发掘。2007年澳门艺术博物馆组成联合考古队，珠海、香港、广州中山大学的学者们与澳门同行在路环岛进行考古调查。在今威斯汀酒店前的坡地（小地名为阿婆央）、黑沙公园外的一个货场（小地名为大王庙）及路环市区船铺街发现史前遗址，并进行了小型考古

澳门阿婆央遗址发现建房留下的柱子洞，似有一定规律

路环市区出土过类似牛栏洞遗址的绳纹陶片

2013年底，澳门路环市区临时停车场考古调查与试掘现场

试掘。在阿婆央遗址发现较多的建房时留下的柱子洞，有一定规律。当为干栏式建筑的遗存。大王庙在褐红色沙土地层发现少量彩陶。

在路环市区，虽然只发掘一条探沟，但在彩陶层下发现没有文化遗物的纯沙层（考古上或称之为“间歇层”），其下还有更早的一种薄胎绳纹灰陶片，从地层上看，要早于彩陶层，从形制上看，与英德牛栏洞出土的一种薄胎绳纹陶有一定的相似性，让人联想两者之间的时代关联，这为珠江口西岸找到更早的人类活动历史提供了可考的线索，目前路环市区船铺街的考古调查与发掘，正由澳门文化局文化财产厅组织专业人员深入进行，并已取得较大收获。

珠海的考古调查工作，在20世纪60年代就已经开始，正式的考古发掘始于1980年，考古工作者首次对珠海拱北西瓜铺、老虎沟遗址进行试掘，此后又对淇澳岛后沙湾遗址、东澳湾遗址、三灶岛草堂湾遗址、香洲棱角咀遗址、平沙棠下环遗址、高栏岛宝镜湾遗址、淇澳岛小沙澳湾遗址等进行了多次考古试掘或正式发掘，揭露出十分丰富的古人类活动的遗迹遗物，填补了珠海澳门几千年历史的空白。

珠海、澳门在距今6000~5000年前，属于新石器时代中期的沙丘遗址中，发现了当时人们使用的彩陶圈足盘、白陶豆和夹砂绳纹陶罐等生活用品。有代表性的文化遗物遗迹主要在珠海淇澳岛后沙湾第一期遗存，平沙棠下环遗址第一期、三灶草堂湾等遗存；澳门的黑沙遗址下层、路环市区船铺街底层中发现。这一时期广东的部分地区一些氏族、部落正经历母系氏族社会繁荣时期。当时妇女在生产、生活中处于主要地位，氏族、部落的首领主要由妇女担任，妇女处于受尊敬的地位。婚姻生活中，对偶婚和对偶家庭流行[11]。

大约距今5000年以来，珠江流域的一些氏族部落进入到父系氏族社会。当时生产力水平提高了，男女在生产中所处的社会地位发生变化，男子成为生产的主要承担者。生产品有了剩余，私有观念逐渐发展，把财产留给自己的亲生子女，成为相当多男子的要求，于是对偶婚逐渐为一夫一妻制所替代，妻随夫居，世系按父方计算，男子成为家庭主人，形成父系家长制家庭，父系氏族部落或部落联盟。新石器时代晚期珠海地区的生产力水平达到了一个高峰。渔业生产呈现出前所未有的大规模、高水平，人口大幅增长，居民的定居地点星罗棋布。在精神方面，一批祭祀活动遗迹出现，石刻岩画，斜刃形石钺、平首圭、水晶玦等礼器为先民所制作与使用。新石器时代晚期，陶器的制作技术有所提高。陶器器类依陶质有夹砂陶与泥质陶两种，其中夹砂陶的器类较多，有釜、杯、器盖、豆、盆、圈足盘、罐、钵、圈足碗、器座、鼎、炉箅、条形器和支脚等；泥质陶的器类较少，仅见豆、圈足盘、罐几种。但是，这一时期反映了前段的先进性与后段的滞后性不平衡特点。珠海澳门地区的新石器时代要延续到距今3500年，这时中原地区已经进入夏代甚至早商时期。

二、珠海澳门先秦时期的文化特点

（一）独特的沙丘遗址曾是早期人类的聚落

距今一万年前后，最后一次冰期结束，海平面逐渐上升，海水浸没大片土地。到距今六七千年前，海平面在现今的高度上保持相对稳定，这时，珠海澳门等地也已经从早先的丘陵地带，成了今天所见的岛屿。当时，在南海北岸及其岛屿上形成了众多的海湾。海湾的避风条件和海湾附近丰富的鱼类资源、植物资源，给人类提供足以维持生息、繁衍的食品，海湾沙丘附近平缓的浅海便于人们入海捕捞，一些海湾沙丘附近有足够的淡水资源能维持其生存的需要。这时，一些海湾沙丘或沙堤上，开始有人类活动，并形成具有特点的史前时期沙丘遗址。这类遗址主要分布于现今珠江三角洲前沿、海滨或海岛的海湾地带，珠海、澳门、香港、深圳、中山等地共有数以百计的沙丘遗址，在海南岛的陵水、广西的防城港和粤西的新会、粤东的海丰、南澳县等地沿海也有部分沙丘遗址发现。沙丘遗址主要有两种大的重要的类型，一种是沙堤—潟湖类型沙丘遗址，另一种是山前坡地型沙丘遗址。两种类型的沙丘遗址都是在海湾中形成，也统称为海湾沙丘遗址 [12]。

从距今6000多年前一直到距今3000年前的三千多年的时间当中，珠

2007 年 1~2 月，澳门艺术博物馆考古队在路环岛阿婆央遗址考古调查与试掘。发现石网坠、石碇、陶釜等遗物及烧灶、柱洞等遗迹

海澳门的先民大都选择海湾沙丘作为他们的聚落地点，在海湾沙丘及其就近的坡地上生存、繁衍、劳动、生息，创造珠海澳门的史前文化。迄今在珠海已找到这类遗址 81 处，澳门发现 5 处。先民们在海湾沙丘上经历了新石器时代中期、新石器时代晚期，甚至一直生活到青铜时期。在沙丘遗址中发现了先民们的居住房屋、手工作坊、烧灶、石器制造场，大量的生活用具和生产工具。沙丘遗址反映的海洋文化是一种与中原农耕文化、北方地区游牧文化不同的古文化类型，有鲜明的特点。

环珠江口地区史前时期先民大都生存在海湾沙丘上，而这一时期处于珠江三角洲中段的居民也因为大量采集介壳类生物作为食物，而在居住地形成贝丘，由于在贝丘上保存有古人生活的遗迹遗物，而形成现在所见的贝丘遗址。其实，在珠海等地海湾沙丘上生活的先民们，也食用蚝、蚶、蚬等介壳类生物，只是较少将蚝整个带回驻地，多数是在海边就近取肉，壳被水部走，或埋入沙中，较少在住地留下蚝壳。

（二）发达的海洋捕捞业堪称南海之最

用渔网在海边捕鱼，可以说是一个划时代的进步。捕鱼网在中原地区发现较早，在新石器时代早期已经发明，主要用于江河或小溪。在珠海澳门等南海沿岸使用的时间当在距今 5000 年前，大量使用为距今 4000 年前后。在澳门路环岛黑沙遗址、阿婆央遗址及珠海高栏岛宝镜湾遗址、平沙棠下环遗址、荷包岛锁匙湾遗址等众多遗址中发现大量当时先民使用的渔网部件——网坠。当时珠海澳门等地先民使用的渔网一般比内陆地区的要较大一些。渔网的主体用植物织成，网衣的上部有浮子纲，这是一种用于系浮子的绳，浮子用木头或竹子制成，下有沉子纲，即系网坠、沉石的绳子，其上系上石网坠，间隔着绑上一些较网坠更大的沉石。这样，渔网可以在水中形成一堵较长网墙。

经过几千年后，当时用植物编成的渔网难以保存下来，但是作为渔网的部件网坠则在这里大量发现。珠海发现的网坠普遍都个体较大些。形制也较多，先民们大都利用天然河砾石作为网坠的主要材料。亚腰形石网坠是最为常见的形制，利用扁平椭圆河卵石，打出对称的两个缺口，以便于系绳。由于河卵石不完全规整，为了系绳时找到平衡点，先民们还发明了一个缺口、三个缺口、四个缺口、磨一周凹槽等多种类型的网坠。在宝镜湾等一些遗址中，还发现利用石块（不只是河卵石）作整体加工而成的石网坠。网坠作为渔网的部件，它的发现说明当时渔网的存在，这是一种优良的捕鱼手段，虽然新石器时代中期的仰韶文化时期，在中原地区捕鱼网在中就已经较为普遍，但是，南海沿岸网坠相对较大，数量较多。从珠海宝镜湾遗址出土石网坠的统计研究中我们知道：在 1096 件常规网坠中，重量在 51~330 克之间的中型网坠，数量达 1022 件，占总数的 93%，在中型网坠中，又以重量 70~250 克之间的网坠居多，有 861 件，占中型网坠的 84%。重量在 25~50 克之间的小型网坠有 12 件，占总数的 1.08%，重量在 331~500 克之间的大型网坠有 62 件，占总数的 5.6%。在考古发掘中，还发现 24 个网坠一堆，或 38 个网坠一堆的情况，可能反映当时一个渔网上的网坠数量。有 24 个的，也有 38 个的。

从网坠的长度观察，可以发现：长度在 6~10 厘米之间的网坠有 897 件，占 82%，而长度小于 6 厘米的网坠只有 39 件，占 3.5%；长度大于 10 厘米的网坠有 160 件，占总数的 14.5%。以上数据可知，网坠的长度一般是在 6~10 厘米之间。这个长度与重量本身就要大于在江河中捕鱼的网坠。

除了常规网坠之外，宝镜湾遗址出土 59 件重量大于 500 克的坠形石器，我们称之为沉石 [13]。沉石也是渔网的部件，与常规形制的网坠的使

珠海宝镜湾遗址出土沉石重量统计表

重量（100 克）	5~6	6~8	8~10	10~15	15~25	25~37
数量（件）	13	15	5	9	11	6

用方法大体相同，并常与其配合使用，只是其数量相对较少，更不似网坠需要几十个配合使用（现在的捕鱼网所需的网坠数以百计）。有时，沉石也可以单独使用。沉石在选材上与网坠大体相同，只是重量更重。

目前国内还没有哪一个古文化遗址发现如此众多且分类齐全的网鱼工具。

宝镜湾先民除了渔业生产外，采集是相当重要的经济来源。海边的介壳类海生物，海边和附近山边的根茎类食物、可以捕捉到的飞禽走兽都可能用来补充生命所需营养，使用凹石器、蚝蛎啄等采集渔业工具。而住地附近的一些肥沃的土地，也开始用为农业的用地。先民们开始有意识种植一些农作物。这时生产工具中发现镢等一批较大型的翻土工具。同时大量的砺石、石锛、石斧也较多出土，特别是石锛，数量达 147 件，可用于加工淀粉类食物的工具石磨盘和石球也有使用。

（三）先秦时期南海之滨的知礼部族

距今五六千年前后，这一地区的居民开始使用彩陶与白陶作为祭祀活动的用品。在距今 4500 年前后，环珠江口西岸的澳门、珠海海边和岛屿上的居民热衷于制作玉石礼器和装饰品。制作玉石礼器的专业作坊在澳门黑沙、珠海高栏岛宝镜湾、平沙棠下环遗址中被发现。这些地点发现包括制作玦的玉石材质原料、坯、半成品、成品、废品、附产品、工具砺石等大量反映制玉的物品。研究发现当时的制作过程中，采用了较高技术含量的切割技术、钻孔技术、抛光技术。制品包括玉环、玉玦、玉璜、石圭和石钺等。其中最大量的是玉石玦。玦是一种环形的器物，与“环”不同的是，玦在“环”上开出一个缺口。这个缺口使玦穿入耳垂成为可能。佩戴时先将缺口朝上套入耳垂，穿过耳垂上的事先开好的穿孔，再旋转玦，使玦的缺口朝下，这就佩戴好了。在香港东湾仔北遗址的考古发掘过程中，人们已经发现玦在人头骨的两侧近耳处出土，说明在先秦时期，玦确实是一种实用的耳饰，先民的审美意识在耳朵上下了不少工夫。珠海本身不是一个出产玉石的地区。这里的玉石器，事实上都不是严格意义上的玉器，而只能是美石，从石质看，主要有脉石英、石英岩、板岩、页岩、玉髓、水晶、蛇纹石、高岭石、粉砂岩、玛瑙、泥灰岩、角岩、凝灰岩、花岗岩泥岩、片岩、透闪石等石材，这些石料在南海北岸较为常见。

平首圭和石钺在宝镜湾遗址中发现，是作为礼器使用的。圭，本来也是一种斧，原始社会晚期开始成为一种礼器，在周代是一种主要的礼器。《周礼·春官·大宗伯》中说："以玉作六器，以礼天地四方……以青圭礼东方……""以玉作六瑞，王执镇圭，侯执信圭，伯执躬圭……"在珠海宝镜湾遗址中出土一件圭，制作也是相当的光滑精美，为青灰色板岩制造，通体磨光，长条形，部面呈长方形，一端有穿孔，为单面钻，孔径一面大一面小。圭的通长28厘米，宽4.3~4.7厘米，厚1厘米，孔径1~1.2厘米，由于石质不硬，只能作为礼器用途。

石钺，在广东石峡文化中有较多发现，在珠海宝镜湾遗址、香港涌浪遗址中都有发现。石钺原本是一种大斧，从原始农具中演化而来。商周时期作为一种青铜兵器，并多用于仪仗、装饰和军权的象征。宝镜湾遗址中发现两件石钺，可以明显看出都是没有实际用途的礼仪用品。器形非常

石圭

珠海宝镜湾出土，礼器，长28、宽4.7、厚1厘米

石钺

珠海宝镜湾出土，礼器，长19、宽7.4、厚0.35厘米

薄，最大厚度只有0.35厘米，其中一件（编号T11③B）长19、宽7.4厘米，表面非常光滑，肯定经过抛光处理，三面锋刃，刃部锋利，为透闪石质，头上钻了一个穿孔，是单面钻而成，一面大一面小，孔径0.85~0.65厘米。穿孔应当是石钺用于装柄固定的。香港涌浪遗址出土的石钺与珠海宝镜湾遗址出土的石钺，形制作法都基本相似，只是尺寸上稍有大小。珠海宝镜湾遗址与香港涌浪遗址出土的石钺与粤北石峡文化中出土的石钺形式、制法与石质都有相同处。

2006年11月，在黑沙遗址中发掘出一个玉石窖藏，在探方3A中发现的3号灰坑，集中出土大量石英、水晶材料和饰物制品，数量多达78件。同一文化层中，出土大量石英、水晶材料和饰物半成品，多达100多件；还有作为工具的石锤、琢磨器砾石等。在制造玉器的过程中，先民们使用了一种叫环砥石的旋转机械——辘轳承轴器，这一种中部呈圆柱形，一端磨细如陀螺。历年来在黑沙发掘出土石英环、玦等玉器残件数以百计，有如此大量集中的玉石器出土，不可能仅仅是生产自用的礼器，这还是一个史前时代的玉石作坊。相关的玉器制作情况在澳门阿婆央遗址、路环市区遗址等地也有发现。

岩画实际上也是一种礼制的反映。珠海岩画在高栏岛宝镜湾和平沙连湾两地发现。宝镜湾共发现5处7幅：为天才石、宝镜石、大坪石、藏宝

宝镜湾藏宝洞东壁岩画

洞、太阳石等岩画。有学者认为[14]，珠海这批岩画都是原始、古朴、神秘的石刻岩画，从风格特点和技法上大致能够分成三种：第一种为直观写真的图画，以大坪石岩画为代表。用原始的雕刻手法，直观地记录海边欢庆大船归来的场景；第二种为表意象形图画，以天才石和宝镜石岩画为代表。雕刻技法虽然古朴、简单，但已经有所进步，使用石锤、石凿、石斧、石锛敲凿刻画而成，粗细不均，掌握不准，弯直不当；第三种为神秘抽象的图案画，以藏宝洞东、西壁岩画为代表。

宝镜湾东壁岩画最为重要，为南中国地区目前发现石刻岩画中保存最完好、内容最丰富的一幅早期岩画。画长 5 米、高 2.9 米，岩画中人物和船的形状最为突出，对水的表现很丰富。刻出的人物，性别特征较为明显。从岩画的右上角到左下角，依次凿刻有三艘海船，船下和船侧凿有海波纹。作为渔民重要生产工具的海船是这一岩画的重要组成部分，岩画中的人物，采用了两种表现手法，一种是剪影式的没骨法，有的人物身体（上半身）就像是一个倒三角形，这与 5000 多年前的秦安大地湾地画人物的表现手法一致，只是制作方法有异，大地湾地画是绘出来的，而宝镜湾岩画是敲琢出来的；采用剪影式的没骨法凿刻的人物，主要集中在藏宝洞东壁岩画的左上部和中部；第二种人物表现手法是凿出人物的轮廓线，用这种方法凿刻出的人物一般个体比较明显，其站立者大都拖着一条或长或短的尾。不管这条尾是否是男根，都是一种写实的风格，并具有早期岩画的风格。在岩画的右侧有一位“戴牛角面具”之人，手臂弯曲，手掌向上微举，双脚跨开，裆部一条尾巴（男根?）作舞蹈状，在此人的右侧有一位头戴装饰作半躺状的女人，胸前挂着一件装饰品，两眼直勾勾地看着他，在这组画中，人物的动感非常强，表现出了男女交媾前那种愉悦的心情和企盼的神态。人类对自身的生存与繁衍从来就十分重视，当人类的智力发展到足以认识自身的生育能力对人类繁衍生存的作用时，崇拜生殖祈求多产的信仰和仪式便出现了。宝镜湾岩画中的这一些内容表明了当时先民对生殖的重视。在宝镜湾岩画中，多处人物都是以舞蹈的形式出现，大都是举着手作舞蹈状，足跨开或作剪状。中国古代历史上，巫、舞、武都含有舞蹈的意思。在原始社会晚期，舞蹈往往用于巫术。当时掌握和精通舞蹈等艺术的人，主要还是这些与原始宗教有关的巫师。在宝镜湾藏宝洞东壁岩画中，有相当的内容是人们围绕着船舞蹈的，其中明显有先民们祈求航海平安和渔获丰收的意念。著名岩画研究专家陈兆复先生研究认为："珠海宝镜湾虽然发现得晚，但从规模的宏大，内容的丰富和艺术的完整性来说，不仅是东南沿海岩画之最，在全国岩画的中也是非常突出的。"[15]

在珠海除了高栏岛宝镜湾岩画之外，还有一处连湾山葫芦石岩画，位于珠海金湾区平沙镇连湾山北坡的葫芦坑，在一处高出土面约 25 米的岩石上刻有葫芦形图案而得名。

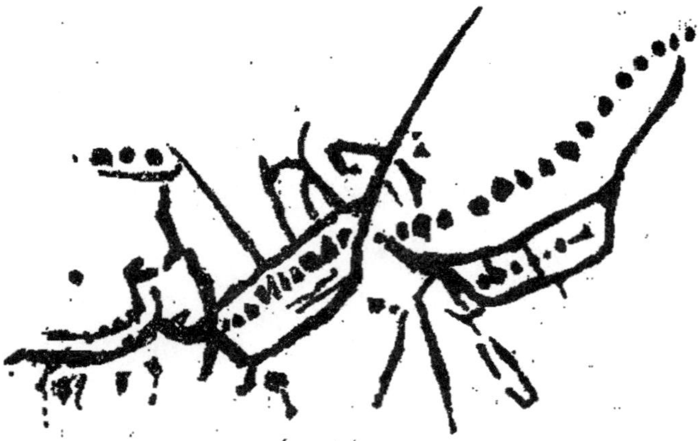
澳门石刻

澳门岩画实际上曾有两处，在今澳门威斯汀酒店附近，可惜已被破坏。1982 年，在澳门寇娄岛发现一处棋盘岩刻，其图形和香港石壁等地的石刻相似。1985 年，专业人员肯定澳门岩刻上的小圆穴是人工所为，小圆穴直径 10 厘米，深约 5 厘米，整个图像很模糊，看起来像器皿，也可能是带着桅杆的船只。

（四）珠澳拉开了广东早期青铜时代序幕

广东早期青铜文化的资料发现很早[16]，但是早期的青铜器可确认的数量却不多，目前还没有可确认的属于商时期的青铜器。珠海发现了一批铸造铜器的石模具——铸铜石范，被认为是广东最早的青铜文化证据。在粤港地区已经有近 20 个地点发现铸铜石范。其中香港 9 处，珠海 6 处，中山1处，惠阳1处，揭西1处。珠海在平沙棠下环遗址发现1件制斧1件制斤石范、斗门乾务缯船埔遗址发现一件制斧（一说是凿）石范，淇澳岛亚婆湾遗址采集到3件制斧石范1件制钺石范；淇澳岛南芒湾、南屏白沙坑等两地各发现1件制钺石范；东澳岛南沙湾遗址发现1件制斧石范。这些石范均为石质，多为砂岩，有的因石质不好，经铜液灼烧，而后又长时间埋在土中，有一定程度风化。都是磨制而成，背面呈弧形，范面平整，内为铸器的形状。器形中类除珠海发现的斧、钺、铲凿三种石范外，在其他地方还发现钩、铃、镞等的石范。

平沙棠下环遗址最引人注目的发现是这件制作铸铜青铜长身斧的石模子，它由粉红色砂岩制成，通长14.5厘米，最宽5.6厘米，厚2.3厘米。

铸铜石范

南屏白沙坑铸铜斧石范（左）长9.6、宽4.9、厚2.3厘米。淇澳岛亚婆湾铸铜斧石范（右）长14.5、宽9.6、厚4.2厘米

其中一面磨制平整，另一面呈弧形，两端磨平。顶端有浇注口，为双合范的一半。制出的斧长11.2、刃宽3.7厘米。石范有明显经过浇注使用的呈灰黑色烧痕。另一件制斤石范与前者大体相同，磨制精细，正面近铲形，刃口处有凸棱背面有内凹，可惜已残，残长4.3、宽6.2厘米。由于该物出

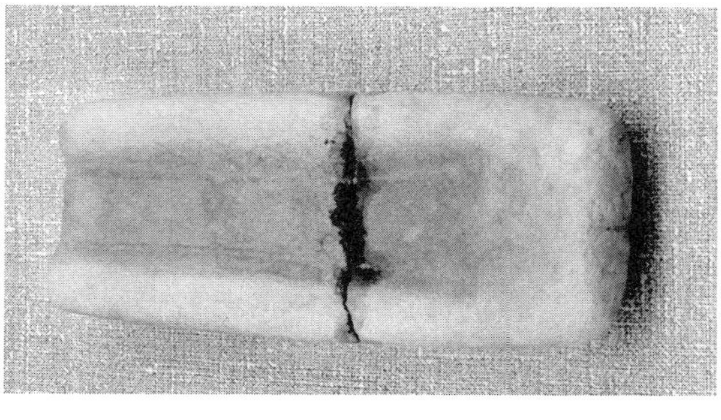

平沙出土铸铜石范

铜短剑（匕首）

南屏发现，战国武器。长 21.8 厘米　有把有格，剑身中间有一凹槽。

铜斧

拱北西瓜铺遗址采集，战国时期，铜质，长 9.2、刃宽 6.6 厘米，长方銎，弯月形刃，两端微上翘。

土于商时期地层，被认为是广东最早使用青铜器的直接证据 [17]。淇澳岛亚婆湾发现的 3 件制斧石范为红砂岩制成，均为半范，另一半缺失。器顶有浇注口，荡内有黑色浇铸痕迹。从其中较完整的一件可以看出，铸出来的铜斧銎部微凹，器身微束，刃口呈弧形。石范长 14.5、宽 9.6、厚 4.2 厘米。另一件器形稍小，斧部为直銎，可惜只是残件。

珠海发现一批西周到春秋战国时期青铜器制品。其中金鼎外沙发现铜镞、铜钺，鸡山发现铜环，南屏发现铜短剑（匕首），拱北关闸发现铜斧。

南屏发现铜短剑被称之为一字格剑，这种剑广泛分布于云南、广西及越南，尤其以云南、越南最集中，广东地区较罕见，为环珠江口地区仅存的一字剑，柄身合铸，剑身有脊，圆首扁茎，与云南同类剑相近，属于战国时代，反映珠江三角洲与西南及中南半岛的关系 [18]。

拱北西瓜铺发现的这件铜斧，长方銎，近銎口处一周宽带，正锋，圆刃，刃口两端微上翘，属于战国时期[19]。

金鼎外沙发现的铜钺，刃作扇形，为战国时期；这里发现的镞，为双翼，长 6.2 厘米，器体虽小，仍属宽体型。

由于青铜时代的珠海甚至广东都有没有发现采铜炼铜遗址，这里发现的铜器铜料的来源均应来自外地。珠海澳门在广东青铜时代的早期具有重要的地位，这里发现相当多的商时期的古文化遗址，其中一些遗址被学界称之为“当时诸海岛之间的中心聚落”[20]。这里出土和采集到一批反映广东早期青铜器铸造的工具。珠海地区商时期大量古文化遗址发现反映当时人口的繁荣景象。但是，此后这一地区人口逐渐减少，考古资料发现这里西周至春秋战国时期的古文化遗址与遗物在逐渐减少。这种情况，一些学者认为与当时的气候条件有关。随着气候的变化，海边的生态一度恶化，先民们慢慢退出他们熟悉的海湾沙丘，另谋生路。

三、珠澳先民参与了早期海上通道的开发

考古表明，先秦时期环珠江口地区居民与东南亚地区已经有了文化的联系。珠海澳门的先民们有意无意之中参与开通了一条从环珠江口至东南亚的海上通道。

宝镜湾遗址出土石锚

在新石器时代，居于海边的渔民已经会制造和使用渔船，在宝镜湾岩画上的海船图案，遗址中大量用于海上捕捞的网坠的出土，也足以说明这一

点。古文献上说的“刳木为舟，剡木为楫。舟楫之利以济不通，致远以利天下”的情况[21]，已经在这里出现。更为令人惊讶的是，珠海人在4000多年前，已经解决了海上停船的技术难题。宝镜湾遗址中出土一件重达18.5千克的石锚。该石锚由花岗岩质的椭圆形砾石加工而成。长径33、短径27、厚13厘米，沿着短轴外部凿出一周深深的用于系绳的凹槽，这是迄今为止所发现的南海地区先秦时期最大的一件石锚。在珠海平沙棠下环遗址中也出土一件石锚，与宝镜湾遗址所出石锚相比，形状与制法都大体相似，只是形体稍小而已，年代稍晚些。

澳门阿婆央先秦遗址出土石网坠

澳门阿婆央先秦遗址出土石锚

中国在历史上曾是一个航海非常发达的国家。使用石锚是中国早期航海的一大特色，史书不乏记载。但石锚最初发明于何时，则没有明确的答案。人们在谈论中国早期航海的时候，经常举的例子是1955年在广州先烈路出土的一件陶船。该船的船尾设舵，船头吊着一件石锚。秦汉时期在广州已经能够造载重五六十吨的大船。而且文献记载在公元前2世纪的西汉，中国船队已远航印度洋。要说这么大，能航行这么远的船没有锚，那是不可思议的。可以肯定地说这些船上有锚。但需要说明的是，秦汉时期的锚也不是最早的。因为在近年来的考古发掘和研究中，我们已经在香港、珠海等地找到了距今4000年前的史前时期大石锚。

我国长期以来都把石锚称之为碇，碇字也可写成“椗”或“矴”，是船停泊时沉落水中用于稳定船身的石块，因其作用等同于后来的锚，所以也把它称为石锚。现在都还有一些渔民习惯把起航称之为“起碇”，把停泊称之为“下碇”。唐代有一种税叫“下碇税”。宋代《宣和奉使高丽图经》中有关于碇的使用的记载，说“矴设在船头，穿以藤绳，用绞车升降。矴石两旁夹以木钩，近山抛泊，放矴钩住水底。碰到风涛紧急时，还要加两个附矴在大矴左右。”据此可知，南海近年来出土的石锚在实际使用中还可能有木钩作配件。

珠海和香港出土的古石锚，外形凿成椭圆形，表面加工粗糙，没有钻孔，只是腰部凿出一道用于系藤索的深槽。但是，它的发现，证明距今4000年前的南海先民已掌握和使用石锚这一泊船技术，这实在是一件了不起的事情。航海的船在珠海宝镜湾岩画中可以看到，船的两头上翘，船下有海涛。这是中国考古所见较早的海船。

“居住在海滨和海岛上生活的越人，实际上是开发海上航路的先驱，他们的后代很可能是汉代丝绸之路最早的一批开拓者。”[22] “中国南方地区和东南亚一带的远古居民，从新石器时代起，就有较为密切地联系，至少到三千多年前的商周时代，中国南方发达兴盛的几何形印纹陶就曾经传播到南洋一带，给这些地区的陶器制作工艺以一定的影响。”[23]

珠海澳门先秦时期的玉石玦、印纹陶等礼器和生活用器，双肩石锛、双肩石斧等生产工具及树皮布的制作技术等文化因素，在稍晚的南亚、东南亚地区有发现。反映这里不仅是早期文化的原创地，也曾经是文化的输出地。

注释：

[1] 徐惠萍：《“珠澳中西文化走廊”的价值与启示》，《南方日报》2010年1月3日。

[2] 吴卫鸣，澳门特别行政区文化局局长

[3] 后沙湾遗址第6层陶片标本热释光年代测定数据为：距今4828±483年。由广州地理研究所中心实验室测定，编号为89040。受标本采集与设备技术的影响，热释光测年数据误差较大，单一测年数据更只能提供参考。考古学上往往根据地层学与器物类型学所得出的相对年代与多个测年数据的绝对年代进行综合考虑，得出遗址的参考年代结论。

[4] 李子文：《淇澳岛后沙湾遗址发掘》，《珠海考古发现与研究》，广东人民出版社，1991年。

[5] 肖一亭：《澳门、珠海史前文化探索》，《文物》1999年第11期。

[6] 1995年，香港古物咨询委员会、古物古迹办事处编印的宣传小册都有同一口号：“香港文物六千年，齐心保护迈向前”。在香港博物馆等地的历史文物展览中也这样写：“香港历史悠久，可远溯至六千年前，而不同的历史时期，亦先后留下不少文物及古迹，成为本港的历史见证。”

[7] 深圳市博物馆出版：《深圳7000千年——深圳出土文物图录》，文物出版社，2006年。

[8] 朱非素：《从考古发现看先秦时期的珠海社会概况》，《珠海文化遗产图集》，珠海出版社，2008年，第3页。

[9] 邓聪：《澳门历史新结构》，《历史研究》（双月刊）1999年第6期。

[10] 邓聪、郑炜明编：《澳门黑沙》，香港中文大学出版社，1996年。

[11] 《广东通史》广东高等教育出版社，1996年第一版，第56页。

[12] 某些连岛沙堤上也曾发现先民活动的遗迹遗物。

[13] 清人沈同芳著述的《渔业历史》和近人张振东、杨金森编著的《中国海洋渔业简史》（北京海洋出版社，1983年版）等书中，对捕鱼网具都有所介绍。网坠有时被称为沉子，而系网坠的缆绳称为沉子纲。在沉子之间或网的两端，常配有沉石。沉子和沉石的区分，是它们的重量不同，沉石更大、更重，使用的数量相对较少，而网坠（沉子）较小、较轻，使用的数量相对更多。沉子和沉石在重量上区分具有相对性，是就具体的渔网个体而言的。沉子和沉石到底该多重，并没有明确的规定。针对宝镜湾遗址出土坠形石器的具体情况，我们从重量上画出两条线，将其区分开来。小于500克的坠形石器归入网坠，把大于3800克的坠形石器归入石锚统计。

[14] 徐恒彬、梁振兴等：《高栏岛宝镜湾石刻岩画与古遗址的发现与研究》，见《珠海考古发现与研究》，广东人民出版社，1991年。

[15] 20世纪中国文物考古发现与研究丛书《古代岩画》，文物出版社，2002年。

[16] 早在20世纪30~40年代，在香港与粤东地区都曾发现铸铜石范。

[17] 李岩：《广东青铜时代早期遗存诸问题浅析——从珠海棠下环出土石范谈起》，《东南亚考古论文集》，香港大学美术博物馆，1995年。

[18] 李世源、邓聪主编：《珠海文物集萃》，香港中文大学中国考古艺术研究中心出版，2000年，第151页。

[19] 邱立诚：《珠海青铜文化初识》，《珠海考古发现与研究》，广东人民出版社，1991年，第278页。

[20] 朱非素：《从考古发现看先秦时期珠海的社会概况》，《珠海文化遗产图集》，珠海出版社，2008年，第4页。

[21] 《易·系辞下》。

[22] 广东省文物管理委员会等编：《南海丝绸之路文物图集》，广东科技出版社，1991年，第3页。

[23] 周广明、彭适凡：《试论南方地区印纹陶与环中国海区域关系》，《南方文物》2006年第2期。

（原载《第二届珠澳文化论坛论文集》，社会科学文献出版社，2011年。收入本集时内容稍有增补）

珠海、澳门新石器时代与先秦古遗址一览表

澳门				
序号	遗址名称	遗址地点	时代	备注
1	九澳	路环岛	新石器、青铜	JHKAS
2	竹湾	路环岛	新石器、青铜	JHKAS
3	黑沙	路环岛	新石器、青铜	《澳门黑沙》
4	路环村	路环岛	新石器、青铜	澳门艺术博物馆考古调查队
5	阿婆央	路环岛	新石器、青铜	澳门艺术博物馆考古调查队
珠海				
1	赤沙湾	大横琴岛西南沙丘上	新石器	《珠海考古》第75页
2	二横琴	横琴岛东南部二横琴湾沙丘上	新石器	陈振忠等调查
3	下村	小横琴南侧的沙丘上	新石器	《文物图集》第84页
4	红旗村	横琴码头北坡	新石器	《珠海考古》第77页
5	南环（南沙湾）	横琴南面沙丘	青铜	《珠海文物》第29页
6	深井	横琴岛西南深井湾沙丘连山坡	新石器	梁振兴等调查
7	后沙湾	淇澳岛东北后沙湾沙丘	新石器	《珠海考古》第3页
8	东澳湾	淇澳岛东部东澳湾沙丘	新石器	《珠海考古》第324页
9	金星门	淇澳岛西南部山坡	新石器、青铜	《珠海文物》第38页
10	南芒湾	淇澳岛南部沙丘	新石器、青铜	《珠海考古》第64页
11	亚婆湾	淇澳岛南部沙丘，与南芒湾相邻	青铜	《珠海考古》第57页

12	牛婆湾	淇澳岛北部	青铜	《珠海考古》第 138 页
13	草堂湾	三灶岛东部的海湾沙丘	新石器	《珠海考古》第 23 页
14	洲仔湾	三灶岛黄竹山北面海湾沙丘	新石器	《珠江三角洲》第83 页
15	英表山	三灶岛海澄英表村南海湾连山坡	新石器	《珠海文物》第 23 页
16	榄坑	三灶岛榄坑村海湾沙丘	新石器	《珠海文物》第 40 页
17	青湾	三灶岛定家湾海湾沙丘	新石器	《珠海考古》第 72 页
18	宝镜湾	高栏岛西南部宝镜湾沙丘连山坡	新石器、青铜	《珠海考古》第 281 页
19	飞沙村	高栏岛飞沙村码头山坡上	新石器	《珠海文物》第 40 页
20	锁匙湾	荷包岛东北部笼桶湾沙丘	新石器	《珠海文物》第 40 页
21	庙湾	荷包岛沙丘	青铜	《珠海考古》第 192 页
22	大树挖	荷包岛村庄与大湾之间	青铜	《珠海文物》第 40 页
23	大南湾	荷包岛南部沙丘	新石器	陈振中等调查
24	烂塘	前山镇南沙村东沙丘	新石器	《珠海文物》第 28 页
25	南沙湾	前山镇南沙村西南	新石器	《珠海考古》第 34 页
26	猫地	前山鹅槽山北麓的集水湾内	新石器、青铜	《珠海考古》第 125 页
27	水涌	前山镇造贝村西沙丘	新石器	《珠海考古》第 125 页
28	造贝	前山镇造贝村东南山麓连沙堤	新石器	《珠海考古》第 121 页
29	婆石围	拱北炮台山西端沙丘	新石器	《珠海文物》第 36 页
30	西瓜铺	拱北海滨	新石器、青铜	《珠海考古》第 333 页
31	老虎沟	拱北海滨	新石器、青铜	《珠海考古》第 333 页
32	关闸口	拱北海滨	新石器、青铜	《珠海考古》第 333 页
33	水涧山南坡	拱北海滨	新石器、青铜	《珠海考古》第 333 页
34	银海新村	拱北海滨	新石器、青铜	《珠海考古》第 333 页
35	棱角咀	今珠海海滨泳场沙丘	新石器、青铜	《珠海考古》第 46 页
36	横仔坑	前山镇界涌村	新石器	《珠海考古》第 113 页
37	银坑	唐家湾南面海边沙丘	新石器	《珠海考古》第 166 页

38	蛇洲	唐家湾银坑村东北蛇洲岛沙丘	新石器	《珠海考古》第166页
39	蚝田岛	唐家湾银坑村东北蚝田岛沙丘	新石器	《珠海考古》第166页
40	鸡山	唐家湾西南部沙丘	新石器	《珠海考古》第106页
41	神前	神前村与契爷岭山坡	新石器	《珠海文物》第38页
42	大坞环	唐家镇东约2千米	新石器	《珠海考古》第104页
43	后门涌	唐家镇后环村东侧沙丘	青铜	《珠海文物》第26页
44	大基湾	南水岛东部海湾沙丘	新石器	《珠海考古》第86页
45	揶家咀	南水文湾山北坡	青铜	《珠海考古》第84页
46	菠萝山	南水旧村西侧坡地	新石器	《珠海文物》第30页
47	营地山	平沙管理区北水分场北水旧村东面	新石器	《珠海文物》第30页
48	大老沟	平沙连湾山海湾沙丘	新石器	《珠海文物》第31页
49	下连湾	平沙区卫东分场沙丘	新石器	《珠海文物》第41页
50	长江咀	平沙区卫东分场沙丘	新石器、青铜	《珠海文物》第31页
51	水井口	平沙大虎村	新石器	《平沙文物》第6页
52	棠下环	平沙南沙分场	新石器、青铜	《文物》1998-10
53	缯船埔	斗门乾务镇湾口村西南	青铜	《南方文物》1997-4
54	马山	斗门五山镇东南300米	青铜	《南方文物》1997-4
55	新棠	斗门井岸	新石器	《珠海三角洲》第83页
56	井岸镇	斗门镇沙丘	新石器	《珠海三角洲》第81页
57	网山	斗门五山镇沙丘	新石器	梁振兴等调查
58	官涌村	斗门六乡镇	新石器	梁振兴等调查
59	大赤坎	斗门赤坎村	青铜	梁振兴等调查
60	大东湾	内伶仃岛沙丘	新石器	《深圳考古》第88页
61	南湾	内伶仃岛沙丘	青铜	《深圳考古》第87页
62	担杆头	担杆岛沙丘	新石器	梁振兴等调查
63	石冲湾	外伶仃岛沙丘	新石器、青铜	《珠海文物》第195页
64	十五湾	桂山岛	新石器	《珠海文物》第194页

65	庙湾仔	东澳岛庙湾仔沙丘连坡地	新石器、青铜	梁振兴等调查
66	南沙湾	东澳岛	新石器	《珠海考古》第80页
67	铲湾	小万山岛东北部	新石器	《珠海文物》第30页
68	沙煲地	南屏镇黑面将军山南麓海湾沙丘	新石器	《珠海考古》第152页
69	白沙坑	南屏镇黑面将军山西麓海湾沙丘	新石器、青铜	《珠海考古》第148页
70	烟墩湾	南屏至洪湾水闸公路南侧沙丘坡地	新石器、青铜	《珠海考古》第145页
71	蟹地角	南屏镇山前沙地	新石器、青铜	《珠海考古》第157页
72	北山	南屏镇北山村至东桥村沙丘	青铜	《珠海文物》第39页
73	梅花山	南屏十二村沙丘	新石器	《珠海文物》第39页
74	染沟埔	金鼎东南部沙丘	新石器	《珠海考古》第98页
75	白沙	金鼎东南部沙丘	新石器	《珠海考古》第98页
76	外沙	金鼎官塘山以北沙丘	新石器、青铜	《珠海考古》第91页
77	布袋湾	白沥岛布袋湾沙丘	新石器、青铜	陈振忠等调查
78	小沙澳湾	淇澳岛小沙澳湾沙丘连坡地	新石器、青铜	肖一亭等调查
79	蟹钳湾	南水岛蟹钳湾沙丘	新石器	杨华芳等调查
80	蟹钳咀	高栏岛蟹钳咀沙丘	新石器	陈振忠等调查
81	大陂头	下栅大陂头	新石器	肖一亭等调查

南海沿岸岩画的断代研究

岩画（Rock Art）是一种跨越地区和民族的世界性的文化和语言，在没有文字的古代，岩画往往是人类记述自身历史和交流思想的主要方式。南海渔业先民也创作了大量石刻岩画，在南海沿岸地区的珠海、澳门、香港、广西及福建、台湾等地都发现不少史前岩画。岩画造型趋于图案化，表现了神灵崇拜、天体崇拜、生殖崇拜等内容。这些岩画主要由越族先民所作。而这些岩画的断代问题，一直困扰着研究工作的推进。

一、南海沿岸的早期岩画

（一）香港的石刻岩画

香港的岩画发现较早，1819 年的《新安县志》就有“石壁画龙，在佛堂门，有龙形，刻于石壁”的记载。新安县清代属广州府，位于新界之北，一般认为县志所记石刻当指东龙石刻，这是香港最大的一处石刻，“虽然我们现在看来那图案并非龙形。”[1]其后，香港又发现多处石刻岩画。

1. 大屿山石刻

（1）下石壁石刻。早在 1939 年，陈公哲先生在香港大屿山，根据村民提供的线索，在一个离岸约 300 多米，叫沙岗背的地方发现了一幅岩画，石刻位于东面的低岩上，岩高 0.57、阔 2.34 米，海拔 5~6 米，上面刻有方雷纹 6 个。陈氏称之为“石壁回纹（古称雷纹）”，并认为“此为广东摩崖中之最古者”。关于具体的年代，陈氏认为与沙岗背遗址之中新石器时代的遗物一致，“其年代约在四五千年以前”[2]。后来的一些研究者，把这一岩画中最大图形称之为六个正方形的螺纹，高 60、宽 40 厘米，旁边是另一个正方螺形、一个螺形及一个同心圆形 [3]。

（2）上石壁石刻。1962 年在山谷石壁上又发现上石壁石刻，海拔高度约 350 米，刻在一块扁平圆石上面，图形是由细小方格组成的两个正方形，长度分别是 17 厘米和 24 厘米。其中一个正方形内有米字线条。

2. 蒲台岛石刻

蒲台岛是香港南面的一个荒僻的小岛。1960 年发现石刻，刻在向海崖壁，离开水面约 5 米。主体石刻的面积为 130×50 厘米和 90×45 厘米。蒲台石刻多是弯曲的线条，在弯曲内加上圆穴点，杨春棠以为这一图案风格“有点像原始阶段‘鸟书’”。

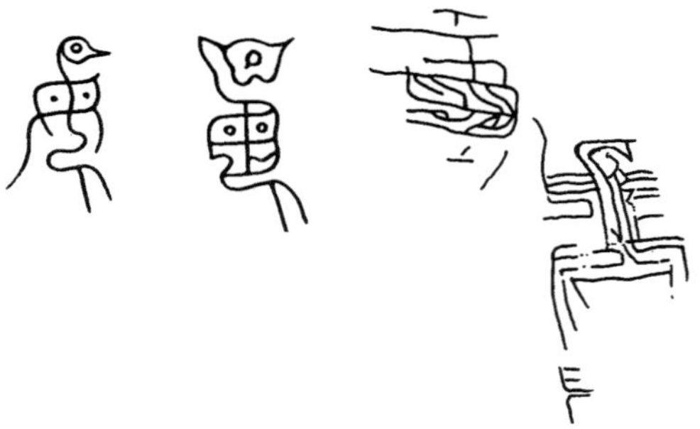

图 1　蒲台石刻

（据杨春棠《香港石刻的意义》。图 2~5 同此）

3. 窖西洲石刻

1976 年在窖西洲岛北岸发现，离海只有 2 米。石刻的面积只有 40×60 厘米，其螺形石刻图形与蒲台岩刻有相似之处。

图 2　嚳西洲（左）、长洲（右）石刻

4. 香港长洲石刻

位于香港长洲岛东南部，离海岸线 4 米，另外约 3 米外还有一处小型的石刻，面积 30×50 厘米。风化特别严重，难以辨清楚石刻的真正图形，但风格上，类似于蒲台石刻，也主要由弯曲线纹和小圆穴点组成。

5. 东龙石刻

如前文所述，在 1819 年的《新安县志》已经有了记载，东龙是一个小岛，面对佛堂门，岛上有圆石很突出，离开水面只有 4~5 米，石刻在圆石上，高 180、底宽 240 厘米，一条自然形成的裂纹把岩刻分成两部分。石刻分两个图形，主要是弯曲的线条组成，右边的图形很像一只鸟，有头部、翅膀、尾巴和爪。左边的图形十分抽象，可以看出几只眼睛和一些难以分辨的形象 [4]。《新安县志》称之为“龙”，有学者认为是鸟捕鱼的情景 [5]，或认为是一个带头饰的人面 [6]。杨春棠以为是左边的图形是张大口咬人的“虎”，虎已经吃下人的躯干，虎口还见人的头部。

图 3　东龙石刻

图 4　黄竹坑

图 5　大浪湾石刻

6. **黄竹坑石刻**

黄竹坑位于香港岛南面，距海边约有 1000 多米，在一个小溪旁边，海拔约 35 米。这一石刻的主要内容，也是螺形的弯曲线纹。

7. **大浪湾石刻**

大浪湾石刻是香港保存最为完整的一处石刻。位于大浪湾边，可俯瞰大浪湾，1970 年发现，1976 年香港实施古物古迹条例后，成为最早受保护的古迹。石刻距海面 5~6 米，面积 90×180 厘米。图形以弯线和曲线组成，形状抽象，中央花纹像有双眼的人形或兽形，杨春棠认为，主体图形类似龟、或鳖、或蛤的象形，也有的人认为是有眼的蛇头形象 [7]。

8. **龙虾湾石刻**

龙虾湾位于香港西贡郊区，1978 年在此发现 4 处共 6 幅岩刻。这些石刻的纹饰与大浪湾及蒲台的两石刻相近，都是由飘忽的线条及鸟兽形图案组成，而整个纹饰中可清楚地见到一些形如“眼睛”的图案。由于石刻长期受到风雨侵蚀，所以有人怀疑这石刻可能是自然侵蚀的结果，而非人工刻凿[8]。

（二）珠海的石刻岩画

珠海高栏岛宝镜湾先秦时期的岩画，一共 5 处 7 幅。1989 年，珠海市博物馆的工作人员根据当地群众提供的线索，在这里找到了 4 处 6 幅岩画，1998 年在宝镜湾遗址发掘期间，在风猛鹰山顶又发现一处。

宝镜湾是南迳湾的一个小湾，因湾中的一块石头上刻有圆形的“宝镜”而得名，海湾作弧形，长约 800 米，其中沙滩约 400 米。与宝镜湾相连的是风猛鹰山坡，岩画就分布在沙滩和山坡之上。发现者根据当地流传的习惯名称，分别为称之为天才石、宝镜石、大坪石、藏宝洞岩画等。

1. **天才石岩画**

天才石岩画位于宝镜湾沙滩的南端，高出海面 5 米，岩石长 7、宽 4~5、高 5 米，岩石

图 6　珠海宝镜湾岩画的外部环境
（肖一亭摄）

顶部呈灰黑色，下部呈褐色，斜面凿出一个船形，两个人形和三个看不清的图形。有人认为，两个人形，像汉字中的“天才”二字，故有“天才石”之称。徐恒彬先生认为：“石刻中的二个人形并非‘天才’二字，而是两个向前奔走的人，上面的人头较长向天仰视，下面的人头稍小向前注视，两人手臂平直，两腿向前大步奔走，后腿用力蹬。”[9]两个人形的左上部有一个船的图形，船头细长尖翘，头顶装饰之类的物体，有人认为是船桅和帆，船尾呈方形，船下刻水波花纹。人形的高度在25.5~26.5 厘米之间，船长85 厘米。

图 7　宝镜石岩画（杨珊摄）

2. 宝镜石岩画

位于沙滩松林间，为露出地面的岩石一角，呈三角形，底长 2.7 米，右边最高 1.1 米，岩石中部刻一个圆形，似一古镜，故有“宝镜石”之称，圆形直径40 厘米。在圆圈的西侧，刻有水和云形纹饰。宝镜石对面是芒卵岛，当地人有“东日映西日，宝镜照芒卵”的传说。

图 8　大坪石岩画（杨珊摄）

3. 大坪石岩画

图 9　宝镜湾藏宝洞东壁岩画（杨珊摄）

大坪石位于风猛鹰山半腰，在藏宝洞顶部南边，大石平斜向阳，东面 5 米，南北 3.3~4.3 米，经过长期日晒雨淋，风化比较严重，岩画大部分都已经模糊，只有部分依稀可见，徐恒彬先生认为：岩画的中心内容围绕着一条大船，船头有龙头似的装饰，船高 0.35、长 1.5 米，船前聚集 20 多个人物和少量动物，表现出船停岸边，人在岸边绕着船欢庆，“内容应该是大船出海归来。”

4. **藏宝洞岩画**

藏宝洞位于山腰，由一巨大的花岗岩石崩裂而成，裂隙之上覆盖三块大石，形成岩厦。北部有一个洞口进入，中间通天，洞长 8、宽 1.5~2.6、高约 4 米左右，洞口处的宽度仅为 0.85 米，洞底有少量堆积，南端有火烧土痕迹。洞中刻有东壁岩画、西壁岩画和东壁侧的一幅小型岩画。

东壁岩画最为重要，为珠江口地区目前发现岩画中保存最完好、内容最丰富的一幅早期岩画。画长 5、高 2.9 米，岩画中人物和船的形状最为突出，对水的表现很丰富。人物的刻画采用了两种手法：一种是没骨法，一种是刻出轮廓。如果从头这一岩画的右上角与左下角为对角线，将这一幅岩画分为两部分，则可以看出没骨法的人物主要集中于左边，而轮廓法的人物主要集中于右侧。用轮廓法刻出的人物，性别特征较为明显，有的明显露出男根，有的则可推定为女性。从岩画的右上角到左下角，依次凿刻有三艘海船，船下和船侧凿有海波纹。

西壁岩画稍作仰状，风化严重，岩画多朦胧不清，难以显现和恢复石刻本来面目。从残存的部分线条观察，石刻残高 1.5、宽 4.5 米，雕刻有船、人物等图形，还有横、竖、弯、斜的线条。

图 10　宝镜湾太阳石岩画（陈小鸿摄）

5. **太阳石岩画**

在风猛鹰山顶，一组三叠石的

岩石上，有一圆形的图案，直径 45~64 厘米。一说认为是表示“太阳”的意思。

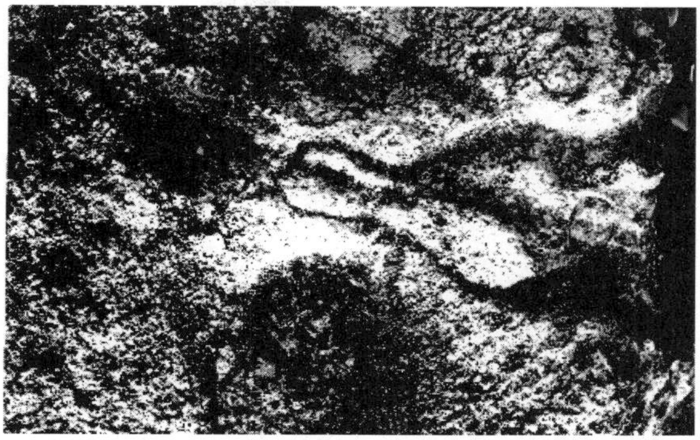

图 11　珠海连湾葫芦石岩画

在珠海除了高栏岛宝镜湾岩画之外，还有一处连湾山葫芦石岩画，位于珠海市金湾区平沙镇连湾山北坡的葫芦坑，在一处高出土面约 25 米的岩石上刻有葫芦形图案而得名。据梁振兴先生介绍：岩石平斜向北，石面上凿刻有 3 组图案，分别为 A 组的长颈形葫芦图案，宽约 0.9、高 0.65 米；B 组的连环形葫芦图案，宽 1.6、高 0.75 米，C 组的连线形图案，宽1.2、高 0.8 米。每组图案旁边均凿有一个洞。距离葫芦石岩画西边 200 米的地方，有一处沙丘遗址，这里采集到青铜时代的绳纹陶釜、云雷纹泥质陶罐残片。

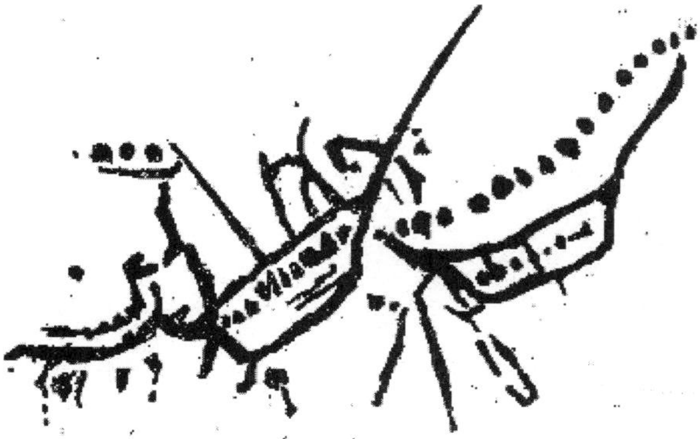

图 12　澳门石刻
（据陈兆复《中国岩画发现史》）

1992 年 8 月，中央民族大学教授岩画专家陈兆复到连湾山葫芦石考察，认为葫芦岩画是古代先民祭海时所创作的印记岩画，是先民向海洋进军、开辟海洋事业的历史见证 [10]。

（三）澳门的石刻岩刻

1982 年，在澳门寇娄岛发现一处棋盘岩刻，其图形和香港石壁等地的石刻相似。1985 年，专业人员肯定澳门岩刻上的小圆穴是人工所为，小圆穴直径 10、深约 5 厘米，整个图像很模糊，看起来像器皿，也可能是带着桅杆的船只。

二、南海沿岸早期岩画的特点

南海沿岸的岩画大都是石刻岩画。与广西左江、四川、云南、贵州、福建等地的岩画有所不同。这些地区的岩画大都是绘制而成的，主要以红色涂绘，颜料是以赤铁矿粉调合牛血等而成的。南海沿岸属于花岗岩的分布地区，相当多花岗岩，岩刻大都刻在其上，但也有部分岩刻是刻在霏细石英斑岩（香港石壁）、细粒长石英砂岩（香港蒲台）、石英斑岩（香港窖西洲）等岩石上的。从岩画的岩石上或在岩画附近，与该岩画同类的岩石上采集标本，进行硬度测定，结果，香港及珠海刻有先秦岩画的岩石硬度，均在莫氏 6.5 度以下。其中宝镜湾藏宝洞东壁岩画的岩石硬度最低，只有莫氏 3 度。主要原因是表层风化严重，这一幅岩画的岩面微呈府状，表层风化后没有被水及时冲走，风化层保存下来，因而岩画表层的图像也较为清晰地保存了下来；香港窖西洲岩画的硬度最高，有 6.5 度。

关于香港岩刻，陈兆复先生认为，最大特点就在于内容上都是一些抽象的图形 [11]。有两种纹样：一种是几何形，包括圆圈、螺纹、正方螺纹等，一种是不定形的抽象花纹。大浪湾岩画刻的中央纹样，可能是一个动物图案，下面刻有螺形纹，而“脸部”的左边则是同心圆。在蒲台，剥落处左边的抽象花纹下端，有长菱形数个，而穿过剥落处，则有一连串的螺形纹。下石壁石刻点也差不多有同样的圆形和螺形纹样，在长洲也有类似的抽象图形，但最引人注目的是所谓“眼”的蛇头形曲线，在石刻的中心部位的上端形成一对，约略与大浪湾的岩刻相似。东龙的岩刻，虽然与其他地方有些不同，但那螺纹和上端紧密交织着曲线以及其他细节，都指出香港岩刻彼此之间的确存在密切的关系。

珠海的岩画，徐恒彬等先生认为都是原始、古朴、神秘的石刻岩画，这些石刻岩画的风格特点和技法明显不同，大致能够分成三种 [12]：第一种为直观写真的图画，以大坪石岩画为代表。用原始的雕刻手法，直观地记录海边欢庆大船归来的场景；第二种为表意象形图画，以天才石和宝镜石岩画为代表。雕刻技法虽然古朴、简单，但已经有所进步，使用石锺、石凿、石斧、石锛敲凿刻画而成，粗细不均，掌握不准，弯直不当；第三种为神秘抽象的图案画，以藏宝洞东、西壁岩画为代表。这些分析都抓住了岩画的特点，很有见地。

三、南海沿岸岩画的断代研究

（一）南海沿岸岩画的断代研究的现状

香港岩画的年代断定，许多学者都有所涉及，如香港秦维廉先生在1976年出版的《香港古石刻——源起及意义》一书中就提出，香港岩刻的年代，即使不能完全定为新石器时代晚期，也可以肯定是青铜时代的作品，即公元前约2000~1200年。他的主要依据是当地出土的陶器和青铜器上的几何纹样的风格特点。他还具体提到蒲台的石壁岩刻，他认为，青铜时代早期陶器有一种花纹是复杂多重螺纹，而这种图案的某些变化，就与蒲台的石壁岩刻的图案十分相似。中央民族大学陈兆复教授在1992年出版的《中国岩画发现史》[13]一书，广东省博物馆黄静先生新近发表的《粤港澳岩画浅析》论文[14]，都基本沿用上述观点。

珠海高栏岛宝镜湾岩画研究重要论文，早期主要有徐恒彬、梁振兴先生的《高栏岛宝镜湾石刻岩画与古遗址的发现与研究》，在该文中对宝镜湾遗址发现的四处六幅岩画年代作了判断："大坪石""天才石"和"宝镜石"三幅岩画[15]的年代与遗址时代应该一致，属于新石器时代晚期；藏宝洞东壁、西壁岩画年代要更晚一些，其年代"应属于广东青铜器时代"，"时代可能不晚于春秋时代"[16]。

以往学者对于南海沿岸岩画年代都有初步断定，而且，现在看来当时大部分岩画的年代断定还是比较准确的。但是，由于还没有专门的文章讨论岩画年代问题，在其他行文中又着墨过少，未作更细致的阐述与科学的考证，使我们在遇到业界、媒体和社会人士反问：这岩画的年代是怎么定下来的？有什么依据？难以列出令人信服的证据，这也是客观事实。岩画的年代断代，是中国岩画研究遇到的最大难题，也是世界性难题[17]。世界上已有130多个国家和地区发现有岩画分布，岩画学研究已成为当今国际上的热门学科。但是，岩画的断代问题始终是困扰岩画学研究发展的难题之一。国内同仁呼吁科技考古界朋友施以援手，加大研究力度[18]。近年来，国内一些单位已经开始了有益的探索，如包头市运用计算机技术测定古代岩画年代的研究[19]，青海省运用微腐蚀断代[20]，但总的来说，这些都还处于实验阶段，要全面解决问题，还要假以时日。而南海沿岸早期岩画的断代研究，由于珠海宝镜湾遗址的考古发掘与研究可能向前推进一步。

（二）宝镜湾藏宝洞东、西壁岩画，可作为这一地区岩画断代的突破口

1. 独特的地理位置，为岩画断代提供条件

宝镜湾岩画所在的高栏岛是一个面积35平方千米的海岛，它是高栏列岛的主岛。当距今6000年前，海平面达到今天的高度之时，这里就成为一群孤悬于海中的岛屿，岛的四面都是海水。从高栏岛到南水岛（另一大岛，现今已与大陆相连）最近处也有9千米。高栏岛经过十多年的文物调查与考古发掘，已经在岛上发现了三处新石器时代晚期至夏商时期的古文化遗址。除宝镜湾遗址之外，在与其相邻的铁炉湾以及稍远的高栏岛东北部的飞沙村也都发现了大体同时代的古文化遗址，只是比宝镜湾遗址面积更小、文化遗存更零散。值得注意的是，在这个岛上还没有发现属于两周时期的遗迹遗物。甚至在这个岛上连汉代的遗址也少见。藏宝洞岩画发现之初，洞中堆积了一层很厚的土。在其中发现的夹砂陶片则为宝镜湾遗址中常见的陶片，完全有可能为当时先民在此凿刻岩画或进行某种祭祀活动时的遗存。

宝镜湾藏宝洞东、西壁岩画，是南中国最大、内容最丰富的早期岩画，它不是先民的即兴之作，不可能一蹴而就，而是经过认真地创作，经

过长期而艰苦的凿打才成就的一幅鸿篇巨制。藏宝洞实际上只是一块巨大的花岗岩石崩裂而成，而山顶滚落的几块巨石压在石缝的顶部，形成一个不完全闭合的岩洞，洞长 8、宽 1.5~2.6、高 4 米左右。巨石的崩裂面相当平整，东壁平面微俯，西壁平面微仰，在崩裂面的两侧都有先民凿刻的岩画。东壁岩画宽 5、高 2.9 米，由于呈俯状，没有受到雨水的直接冲刷，保存相对较好，是中国南方地区面积最大、内容最丰富的一幅早期岩画。而西壁岩画由于作仰状，受到雨水的冲刷，在大自然的剥蚀下，画面显得模糊不清。宝镜湾藏宝洞东西壁岩画的风格一致，两幅作品定为同一时代应无异议。藏宝洞岩石为花岗岩，这种岩石由石英、长石、黑云母等三种物质在高温下合成。藏宝洞岩画线条繁缛，线条的宽度大都在 3~4 厘米之间（最窄处为 1 厘米），凿刻深度也大都为 1 厘米，其凿刻难度和工作量可以想见，制作这样大型的岩画，需要花费相当长的时间，不可想象会有外人专程到此制作，只可能是居住于宝镜湾遗址的先民在此制成的。宝镜湾遗址中发现大量建房柱子洞，其中一部分就是直接在坚硬的花岗岩（基岩）上凿洞，需要费很大工夫来建造房子。其中出土丰富的生产工具、生活用具，证明宝镜湾居民在这里已经有了相对稳定的居住。

2. 宝镜湾岩画是用尖状石器凿制的

解决宝镜湾岩画年代问题的重要一步，是破译其制作工具和手法，这个问题曾长期困扰我们，是断定其年代的一个关键所在。前往宝镜湾参观岩画的人可以说是络绎不绝，人们在赞叹宝镜湾岩画丰富的内容、独特的风格和先民们巨大创造力的同时，对岩画的年代往往心存疑虑：在花岗岩上凿刻这样大型的图案，没有金属工具行不行？有的学者进一步提出：宝镜湾东西壁岩画“有可能使用了青铜工具”[21]。当然，用“有可能”这样的不确定词，说明这些学者采取了比较审慎的态度；其实，这都是由于我们对宝镜湾古代先民的创造能力估计过低、对宝镜湾岩画所在地花岗石的硬度不明所致。其实宝镜湾藏宝洞东、西壁岩画没有使用青铜工具，理由如下：

① 从青铜器出土的情况来看。在宝镜湾遗址考古调查与考古发掘之

中，目前尚未发现过青铜器。虽然这里出土了数以千计的石器和数以万计的陶器残片，但是，在这里还没有发现过青铜器及与此有直接关系的物品。

② 珠海虽然有过青铜器出土的记录，如珠海平沙棠下环遗址商时期遗存[22]、淇澳岛亚婆湾遗址[23]、南芒湾遗址[24]、南屏白沙坑遗址[25]、东澳岛南沙湾遗址[26]、斗门县缯船埔遗址[27]，都出土或采集过有使用痕迹的铸造青铜器的石范，在范内有明显的黑色浇铸痕。但是从年代上看，宝镜湾遗址的相对年代，早于上述这类出土青铜器或铸铜石范的遗址。宝镜湾遗址主体遗存的年代在后沙湾一期与二期之间，其下限不晚于早商。在宝镜湾出土的印纹陶片，其年代也可以早到后沙湾二期[28]。

③ 由于青铜器是一种相当贵重的物品，常用来制作礼器，即使是有青铜器，会否用来凿岩石，都实在要打一个问号。

④ 通过对岩画刻槽仔细观察，我们还没有看出金属锐器的凿痕。

事实上用金属工具与用石器制作岩画，其效果是不完全一样的。宝镜湾岩画刻槽的边沿是凸凹不平的。刻槽的底部也是凸凹不平，有石英、长石、黑云母等颗粒被整个儿抠出来的感觉，其刻槽剖面呈“∪”状。这些与晚期用金属凿出的风格是不一样的。在藏宝洞东壁岩画的下侧，有“莫劳心”“金一万”“银无钱金百千钱”等刻字，在东壁岩画的左部下有“即交”二字及多个不成字的刻文。从这些字的内容看，大都与好事者在此寻宝有关。在南方沿海地区，流传着清代海盗张保仔藏宝一事。高栏岛宝镜湾的岩画实际上很早就被寻宝者所发现，人们误以为这是张保仔的藏宝图，想按图索骥找到财宝，结果当然只能是一场空，于是也就只有在此发发感叹的份了。岩画下面这些文字就是这些寻宝者用金属锐器所凿刻出来的。其刻槽剖面呈“∨”状，刻槽的边沿也显得光滑、平直，且刻槽的宽度都只有 1~2 厘米，这都与早期岩画不一样。

宝镜湾岩画不是用青铜工具刻凿出来的。但是，到底是用什么工具制作出来的呢？只有一种可能性，这就是用石质工具[29]。要证明宝镜湾藏宝洞东西壁岩画是用石器做工具制作出来的，光凭推测当然是不够的，需要拿出更多的确凿证据。

什么石头可以凿花岗岩呢？花岗岩是构成大陆地壳的主要岩石之一，

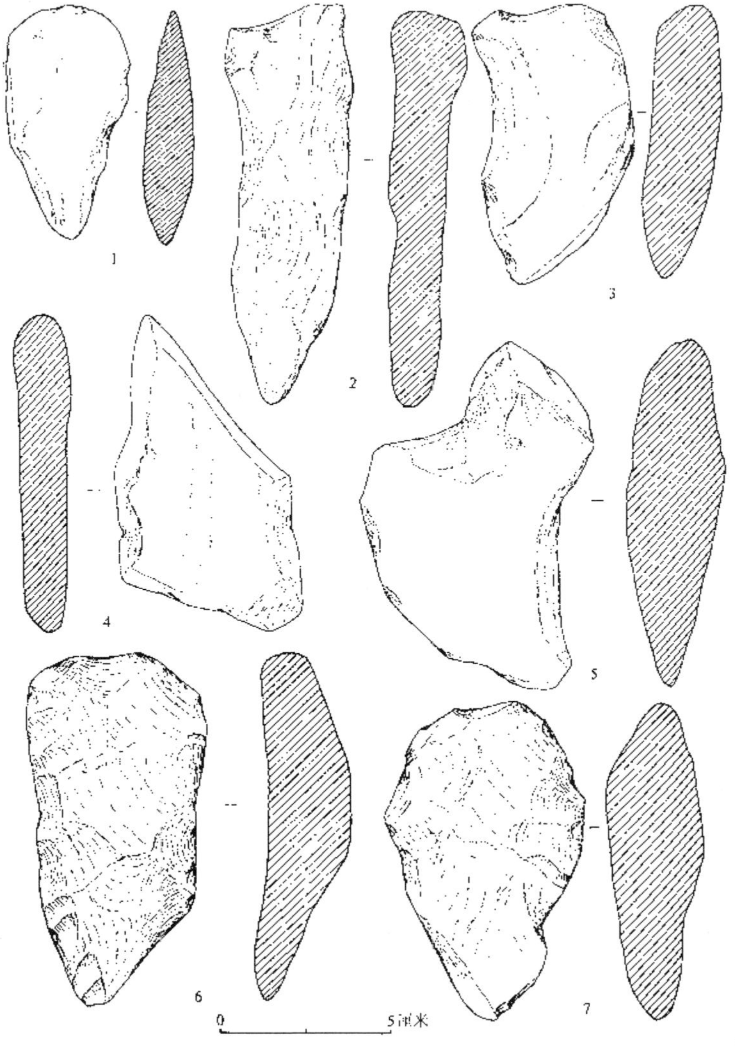

1.T17③A:023　2. T1③A:53　3. T10③B:49　4. T6②:68
5. T28④A:56　6. T11③B:208　7. T6②:67

图 13　宝镜湾遗址发现尖状石器

广泛分布于不同时代的褶皱带和前寒武纪地质区，尤其在中国东南，花岗岩出露面积达 20 余万平方千米，占这一地区总面积的五分之一 [30]。一般来讲花岗岩质地坚硬，以至于在形容某人思想古板、顽固不化时，也用“花岗岩脑袋”来比喻。

我们在宝镜湾遗址发掘资料的整理工作过程中，我们将尖状的石器分成一个单独的类别，这种打制的石器在珠江三角洲地区的考古发掘中大都解释为加工蚝的工具——蚝蛎啄，前几次的宝镜湾遗址发掘简报中也采用了这一说法。整理中发现，有的“蚝蛎啄”比重、硬度都特别大，不同一般；而一些花岗岩石质的沉石、网坠、砺石则反而比重较轻。经过岩石鉴定，其中有两件为石榴石夕卡岩、6件石英片岩、1件堇青岩，多件角岩和其他变质砂岩类。另外，在宝镜湾遗址中出了十余件穿孔的石器，有些石器明显是人工凿打穿孔的。我尝试着用这些尖状器凿打从宝镜湾遗址采集到的花岗岩石料和砂质岩石料，发现其中的几件变质砂岩、石英片岩的尖状器，可以轻而易举地在这些砾石上对凿出一个穿孔来。这使我明白：原来尖状器的用途不只是用于开启蚝，还可以用于加工石器等。用这类尖状石器去凿岩画不也是同样的道理吗？这件事对我们有所启发。

我们邀请在珠海工作，专攻岩石鉴定的原成都地质学院的副教授李水平先生，一同到高栏岛宝镜湾遗址进行实验考古。

考虑到宝镜湾岩画已公布文物保护单位，我们在宝镜湾遗址保护区之外，在不显眼处，选择若干处与宝镜湾岩画相同的花岗岩石进行实凿。

首先，我们以质地较硬的比重较大砾石作为石料，然后使用另一块砾石对该石料进行直接的加工打击，使之成为尖状石器。在凿刻方式上，采取三种方法：

① 直接琢打法。根据预先设定的图案，手持尖状石器直接对花岗岩石进行垂直琢打。首先集中琢打一个点，再从这个点出发，沿着图案的线条方向琢出线槽。再用刃部较平的尖状石器，在线槽内（与线槽的一致方向）来回搓动，进行修边修底。

② 间接琢打法。左手掌尖状器，右手持石锤或木棒锤击尖状器。

③ 在作业前用水泼在工作面上，并在操作过程中不断加水。

凿刻结果是：

① 直接琢打法较间接琢打法更为实用。间接琢打法难以奏效：用石锤打尖状器，或是石锤崩裂，或是尖状器损坏；用木棒锤打尖状器，虽然尖状器的尖部易于把握，但是力度则往往被尖状器吸收，且木棒也易打烂。

② 工具中以石英石、角岩、石英片岩、变质砂岩等制作的尖状器，

可以在较短的时间内在花岗岩上琢打出一条槽，由于技术方面的原因，最初琢打出来的线条一般不是很规整，槽的中部较边沿更深，剖面呈“∪”型。不过，如果再用平窄刃的尖状石器在槽中来回搓动，就可以达到宝镜湾古老岩画的效果。

③ 在工作面上加水，或在凿打和搓动时加水，可以减少尘土飞溅和噪音。将尖状石器镶于木棒的一端，就更为省力，又能保证其琢打点的准确性，但目前在宝镜湾遗址中出土的尖状石器中还没有发现装柄的痕迹。

珠海的花岗岩石形成于燕山造山运动时期，宝镜湾所在的高栏岛南部为燕山造山运动的早期第三次侵入的斑状黑云花岗岩。这一地区的花岗岩中长石的含量大都在60%~70%，而石英的含量都少于30%。由于长石的硬度不如石英大，再加上这里的花岗岩石的斑晶较粗，结合也不是十分紧密，经珠海地质勘探院测定宝镜湾一带的花岗岩石的抗压强度在148~263Mpa [31]。特别是暴露在地表的花岗岩石，由于大都已经不同程度地风化，所以实际上这些花岗岩石的硬度并不像我们想象的那么大。根据我们对在宝镜湾岩画附近岩石的测定 [32]，宝镜湾岩画表面由于严重风化，目前的硬度只有摩斯3度。岩石的风化程度与其所在的位置和小环境有关，虽然是同一种花岗岩，表面风化的程度不相同，其硬度也会有较大的差别。宝镜湾所在的风猛鹰山表面，布满巨大的花岗岩石，由于雨水，一些岩石风化层被不断冲走，其表面的硬度虽有所降低，但仍然相当硬，而在藏宝洞中，由于环境相对稳定，虽然风化的速度较慢，但是其东、西壁的表面风化层得以较好保存，因而这一地方的硬度特别低，就目前的手感和近日一些好事者在藏宝洞岩画旁破坏性的划痕看，藏宝洞岩画的表面硬度充其量也就是摩氏3~4度。宝镜湾藏宝洞东、西壁岩画与“大坪石”“宝镜石”等另外几处岩画表现出不同的风格，当与岩石硬度有一定的关系。

宝镜湾遗址居民对花岗岩石进行加工的还反映在使用的器具上。在遗址中发掘出土5件经过认真加工的花岗岩质的石支脚。支脚是一种灶具，一般三个一组，用以支撑釜、锅一类炊器，在炊器的底部形成一定的空间，用以烧火炊煮食物。这些石支脚的一侧都有火烧的烟炱，是经过使用的实用器具。其中有一件非常特别，除制作精良外，在石支脚的一侧凿有一个腰长11、底宽3、深0.3厘米的等腰三角形。按常理，用于支撑炊器只需找几块天然石块稍加敲打也就可以了，想要讲究一点的话，用泥土制作一些陶支脚也就已经够奢侈的了（宝镜湾遗址中出土了一些陶支脚），但是为什么宝镜湾先民要费这么大的工夫来制作这些石质支脚呢？我们认为：① 宝镜湾先民在这个地方是作长期打算的，不是在此作短暂停留，他们认为有这个必要；② 先民们在打捞、采集之余有较多的空闲时间，可以用来从事一些非生产性的活动；③ 也是最重要的一点，说明先民们当时已经掌握了从花岗岩石料的切割、打磨成形，到刻凿凹槽的全套技术，并能得心应手地运用，因而可以制作花岗岩的石支脚。属于花岗岩质的制品，在宝镜湾遗址还发现环砥石和砺石，这两种都是制作玉石环、玦的工具。环砥石是一种用于加工环、玦内孔的工具，在器物的一头的乳状突都有明显的旋转痕迹。花岗岩制品还用于其他生产工具，在宝镜湾遗址中出土的石网坠、石沉子、石锚、穿孔石器等，都有用花岗岩石制成的。宝镜湾遗址中出土的玉石器、半成品、废品、副产品、坯料、原材料、工具等有一百余件，在这里发掘的两座新石器时代晚期的墓葬（祭祀坑?）中，也发现有用玉石玦和水晶原料随葬的实例。证明这一地区不仅是一个玉石器的制造工场，而且也是一个举行祭祀活动的场所。通过宝镜湾遗址的资料整理和研究工作，我们对宝镜湾先民的技术水平有了一个初步的了解。现在，我们丝毫不怀疑宝镜湾先民具有这种巨型岩画的创造能力，宝镜湾先民已经在实际的生活中认识到这些石头的硬度的差别，并能熟练地使用石制工具，他们已经有把花岗岩石玩于指掌的能力，在这样一个地方发现同时代的岩画也就不足为奇了。宝镜湾出土的尖状石器对岩画制作的可行性，使宝镜湾藏宝洞东、西壁岩画的年代推定，有了一个新的基础。

3.“岩晒”对宝镜湾岩画的断代作用有限

在对石刻岩画进行断代时，也曾经有人把对岩石风化程度（岩晒）的考察作为一个重要的根据。不过在宝镜湾岩画的断代时就要分别不同的情况。因为藏宝洞中岩石风化的程度与完全暴露于山表的岩石的风化程度是有很大差别的，就是同在藏宝洞中，岩石的朝向与局部环境也对其有很大的影响。曾有人提出，藏宝洞东壁岩画在发现时图像比十几年后的今天清晰得多，如果以这样的风化速度计算，宝镜湾藏宝洞岩画过不了多久就有可能难辨其形。进而怀疑这一批岩画没有这么古老的年代。其实，宝镜湾岩画本身而言，在发现之前的一个相当长时间中，都保持一种相对稳定的状态，时间对于这一岩画来说并无特殊的意义，而这一岩画发现之后，特别是对岩画表面的清洗和拓片，改变了其长期形成的原有的保护层，因而加速了其风化的速度；另外，岩画加速风化的原因除由于工业发展改变了大气环境外，宝镜湾小环境的改变也是一个相当重要的原因。风猛鹰山葱郁的树木和藏宝洞中的填土都对岩画的保护可能起到过重要的作用。但是近年来在珠海宝镜湾兴建大型油码头，放炮炸山取石，植被遭砍伐，整个风猛鹰山成了一个秃头。沙土流失严重，岩石完全裸露，风化程度加快。另外，同一地方的不同面，其风化程度也有差异：藏宝洞东、西壁岩画的风格一致、年代相近，这是学术界没有异议的，但其风化的程度则相差很大，这明显是由于西壁岩画作仰状，受到雨水的直接冲刷，而东壁岩画作俯状，画面受到保护。由此可知，决定岩画的风化程度，除了时间之外，还与许多因素有关。陈兆复先生在《中国岩画发现史》中也曾指出："一些研究者想要根据'岩晒'的程度来确定作品的年代，这是不大可能的，因为岩晒的形成还有许多现在不容易掌握的因素。""岩晒的发展依靠许多现在还无法计算和无法控制的因素，如日照、湿度等，这些因素即使在同一个岩画点也都会有所不同，更不应说在各个岩画点之间了。"

4. **岩画图形与遗址年代密切相关**

宝镜湾岩画是南越先民的历史文化载体，不管从文化的角度还是审美的角度，都蕴藏着珍贵的价值。而岩画内容的释读及年代的确定是确定其价值的关键。考古学是一门实证的科学，但实物往往是不会自己说话的，除了历史时期少量有铭文的物品，都需要通过合理解释，来阐发、释读古代遗迹遗物中所蕴藏的文化信息。在这里，我们不对于宝镜湾岩画的内容作全面的分析，只是就宝镜湾岩画的一些图案与宝镜湾遗址的年代做初步的探讨。

① 徐恒彬等先生在《高栏岛定镜湾石刻岩画与古遗址的发现与研究》一文中，正确地排除了藏宝洞东壁岩画中属于近代人所作“莫劳心”“金一万”“银无钱金百千钱”“既交”及“出入”等与张宝仔传说有关的刻字。并根据石刻岩画的风格特点和技法将宝镜湾岩画分为直观写真的图画、表意形图画、神秘抽象的图案画等三种，这一分析是很有见地的，我们都赞同。

但在根据这三种不同风格和技法确定年代时，问题可能还要复杂一些。首先看神秘抽象的图案画，它的内容较为复杂，但年代是否就较晚呢？从事物产生和发展的逻辑思维看，总是经历从简单到复杂、从原始到成熟的过程。简单的事物出现得较早，而相对复杂的事物出现得较晚。人类的艺术创作上也是如此：从一般意义上来说，直观写真的图案较之神秘抽象的图案画的出现年代要早，反过来说，抽象神秘的图案出现得较晚，这是一个客观规律。但必须指出，这个规律仅仅阐明了事物产生的逻辑顺序。而事实上，当一种成熟、复杂的事物出现之后，原始、简单的事物并没有完全消失，而往往是与复杂、成熟的事物长期并存，这样的客观事实告诉我们：在一定的时期内，就某一个具体的事物而言，当简单和复杂的事物都已经出现时，成熟、复杂的事物并不一定较原始、简单的事物更晚，它们可能同时，也有可能更早，三种可能都是存在的。我们还知道：神秘、抽象的图案并不是青铜时代才开始产生的，在新石器时代，甚至更早的旧石器时代晚期，先民们就已经掌握这种表现手法。

② 从整体效果上看，宝镜湾东、西壁岩画虽然纹饰显得繁缛，同样具有某种神秘色彩，但是，它与商周时期青铜器纹饰上的那种威严肃穆的风格相距甚远。在宝镜湾岩画中还没有典型的云雷纹，更没有“F”型纹饰，所见的是水波纹的变体。

在宝镜湾藏宝洞东壁岩画中确实有卷云纹，这在该石刻右上部的船上方刻画的一对卷云纹最为明显。但是，云纹并不是青铜时代的专利，云纹在新石器时代晚期大量为先民们所采用。在良渚文化的玉琮、玉璧上云纹和神人兽面纹经常配合使用。

③ 从具体的内容看。作为渔民重要生产工具的海船是这一岩画的重要组成部分，岩画中的人物，采用了两种表现手法，一种是剪影式的没骨法，有的人物身体（上半身）就像是一个倒三角形，这与5000多年前的秦安大地湾地画人物的表现手法一致，只是制作方法有异，大地湾地画是绘出来的，而宝镜湾岩画是敲琢出来的；采用剪影式的没骨法凿刻的人物，主要集中在藏宝洞东壁岩画的左上部和中部；第二种人物表现手法是凿出人物的轮廓线，用这种方法凿刻出的人物一般个体比较明显，其站立者大都拖着一条或长或短的尾。不管这条尾是否是男根，都是一种写实的

图14　宝镜湾岩画图形与陶器纹样

1. 藏宝洞东壁岩画上的海船和船下的海浪花纹

2~11. 宝镜湾遗址陶片上的刻划纹

风格，并具有早期岩画的风格。在岩画的右侧有一位“戴牛角面具”之人，手臂弯曲，手掌向上微举，双脚跨开，裆部一条尾巴（男根?）作舞蹈状，在此人的右侧有一位头戴装饰作半躺状的女人，胸前挂着一件装饰品，两眼直勾勾地看着他，在这组画中，人物的动感非常强，表现出了男女交媾前那种愉悦的心情和期盼的神态。人类对自身的生存与繁衍从来就十分重视，当人类的智力发展到足以认识自身的生育能力对人类繁衍生存的作用时，崇拜生殖祈求多产的信仰和仪式便出现了。宝镜湾岩画中的这一些内容表明了当时先民对生殖的重视。在宝镜湾岩画中，多处人物都是以舞蹈的形式出现，大都是举着手作舞蹈状，足跨开或作剪状。中国古代历史上，巫、舞、武都含有舞蹈的意思。在原始社会晚期，舞蹈往往用于巫术。当时掌握和精通舞蹈等艺术的人，主要还是这些与原始宗教有关的巫师。在宝镜湾藏宝洞东壁岩画中，有相当的内容是人们围绕着船舞蹈的，其中明显有先民们祈求航海平安和鱼获丰收的意念。

④ 宝镜湾遗址中出土的陶器如釜、罐、器盖、杯等，都装饰有刻画的花纹，其中采用刻纹为主要手法而形成的浮雕式花纹装饰风格，陶器上的刻划海浪纹、太阳纹（圆圈纹）、卷云纹图案与宝镜湾岩画的凿刻纹样极为接近，表现手法如出一辙。

（三）宝镜湾藏宝洞东、西壁岩画的年代在距今4000年前

既然我们已经认识到宝镜湾岩画与遗址之间的密切联系；确定宝镜湾藏宝洞东、西壁岩画的年代在宝镜湾遗址年代范围之内。现在要考虑的问题是，到底这些岩画是在这一遗址上生活的那一个阶段的居民的杰作?

宝镜湾遗址面积达两万平方米，从1997年10月以来至2000年5月，经过一次试掘和三次正式的考古发掘，揭露面积近500平方米，出土了丰富的遗迹遗物。宝镜湾遗址发现四个大的地层和多组具有叠压打破关系的遗迹单位。以这些地层、灰坑、墓葬的叠压、打破关系为基础，对遗址中出土的上万陶片（几十件经复原的陶器）和2000余件石器进行类型学研究，将其分为三期[33]。遗址的主体年代在后沙湾一期与二期之间。

宝镜湾遗址第一期文化的陶器，有圜底釜、平底杯、覆钵形器盖及各

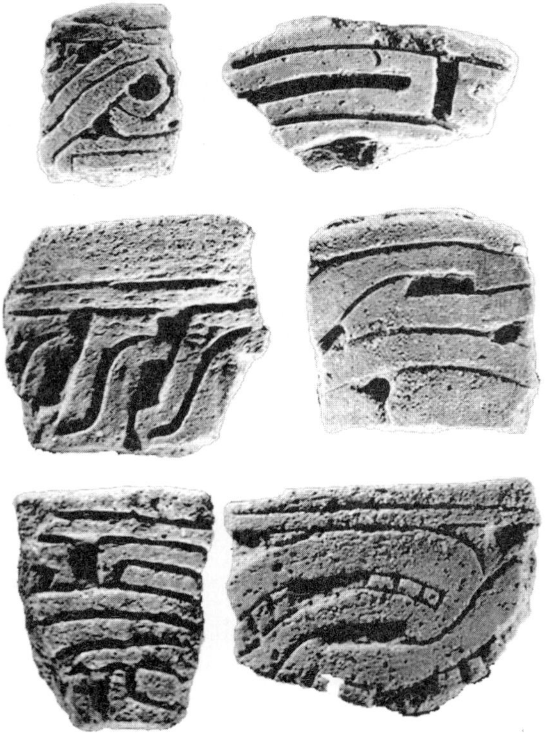

图 15　宝镜湾陶器纹样

（据李世源、邓聪主编《珠海文物集萃》）

种盆、盘、豆、碗、罐等，以夹砂陶为主，泥质陶少。纹饰以刻纹、划纹为主，还有戳印纹，纹饰多呈带状，有勾连折角横 S 纹、波浪纹、弧线纹等。其中与宝镜湾岩画风格相近的浮雕式刻划纹就在第一期出现，但这种划纹在第二期中仍然继续使用；第二期的划纹中以水波纹为大宗，这类水波纹与宝镜湾岩画中的水波状线条更为一致。另外，从遗址出土的石器分析，那些可以直接用于凿打岩石的尖状石器、人工穿孔的石坠、规整讲究的石支脚和大型沉石器（石锚）等，都在第二期与第三期出现，有的数目相当多。我们采取保守一点的看法，宝镜湾藏宝洞岩画的年代，当在宝镜湾遗址第二、第三期之间。

从绝对年代看。由于在宝镜湾遗址中没有发现大块的木炭，根据著名考古学家严文明先生的建议，我们挑选了四块该遗址中出土的附有烟炱的陶釜残片，交北京大学加速器质谱实验室进行加速器质谱（AMS）碳-14

测试。结果，从第②层到第④层的四个数据依次逐渐加大，其年代范围均在距今（以 1950 年为起点）4360~4090 年之间。因此，我们认为将宝镜湾东、西壁岩画的年代定在距今 4000 年前较为妥当。

学术界普遍认为与珠海相邻近的地区目前所发现的石刻，都要晚于珠海宝镜湾岩画。香港大学艺术博物馆的杨春棠先生研究认为，香港的石刻比起珠海的宝镜湾石刻年代要稍晚，“若将珠海和香港两地的石刻比较，不单只是创作时代上有差距，也可能两地的石刻其实出自两个不同的部落，因为它们表达的形象方法，布局和结构均不同。香港石刻已经有文字的雏形，珠海则显然写实多了，它的凿刻年代应该较早。”[34]徐恒彬先生也认为珠海高栏岛宝镜湾岩画较香港岩画的年代要早：“从人和动物图案形象比较生动，具有一定的写实性分析，藏宝洞东西壁比香港的单纯图案花纹类型的石刻时代要早一些。”我们赞同这一分析。

珠海宝镜湾岩画的断代研究如果为学术界认可，则可以作为南海沿岸岩画年代研究的一个坐标点，据此可制定南海沿岸岩画的年代的大体框架。

（本研究属于肖一亭主持的国家文物局文物保护科学和技术研究课题[合同编号：2003024]《先秦时期南海渔业文化研究》。）

注释：

[1] 陈兆复：《中国岩画发现史》，上海人民出版社，1991 年。

[2] 《考古学报》，1957 年第 5 期。陈氏还认为，从大陆、岭南和南海地区的文化交流看，早在商周时期，双方已有往来，互有影响，特别是大陆对南海地影响更甚，因此石刻的年代当接近大陆有关的石刻。

[3] 杨春棠：《香港石刻的意义》，《东南亚考古论文集》，香港大学美术博物馆，1995 年。

[4] 陈兆复：《中国岩画发现史》，上海人民出版社，1991 年，第 212 页。

[5] 秦维廉：《香港石刻——源起及意义》，香港，基督教中国宗教文化研究社，1976 年。

[6] 李洪浦：《论中国东南地区的岩画》，《东南文化》1994 年第 4 期。

[7] 秦维廉：《香港岩刻——源起及意义》，香港，1976 年。

[8] 白德：《香港文物志》，香港市政局，1991 年。

[9] 徐恒彬、梁振兴等：《高栏岛宝镜湾石刻岩画与古遗址的发现与研究》，《珠海考古发现与研究》，广东人民出版社，1991 年。

[10] 政协珠海市委员会编：《珠海文化遗产图集》，珠海出版社，2008 年。

[11] 《中国岩画发现史》，上海人民出版社，1991 年。

[12] 徐恒彬、梁振兴等：《高栏岛宝镜湾石刻岩画与古遗址的发现与研究》，《珠海考古发现与研究》，广东人民出版社，1991 年。

[13] 陈兆复：《中国岩画发现史》，上海人民出版社，1991 年，第 213~214 页。

[14] 广东省博物馆网站·学术研究·文论集锦。

[15] “天才石”“宝镜石”“大坪石”等三处岩画，由于侵蚀严重加上图案简单，始终没有引起学术界的重视。

[16] 徐恒彬、梁振兴：《高栏岛宝镜湾石刻岩画与古遗址的发现和研究》，《珠海考古发现与研究》，广东人民出版社，1991 年。陈兆复的《中国岩画发现史》、盖山林的《中国岩画》等书中也都收录了这一岩画；1989 年，陈振忠在《澳门日报》发表一篇短文《宝镜湾岩画又有新证据》，称在宝镜湾遗址发现了属于商周时期的印纹陶片。经研究表明，宝镜湾遗址的新石器时代晚期遗存之中就已经出现了方格突点纹等印纹陶片，该遗址之中的印纹陶纹饰与后沙湾二期所出陶片相类似。近年有李世源先生的《宝镜湾岩画判读》。

[17] 刘晓莉、张钦：《岩画断代：神奇大自然留下的难题》，新华网 2008 年 12 月 07 日 09:27。

[18] 郭宏、赵静：《岩画断代研究——科技考古学领域中一个亟待解决的问题》，《文物保护与考古科学》2005 年，第 17 卷，第 2 期。

[19] 新华网呼和浩特 2 月 19 日电（白冰）由包头博物馆和包头市科技情报所的科研人员共同研究的“运用计算机技术测定古代岩画年代的研究实验”日前获得成功。这项技术属国内外首创，填补了岩画断代方法上的一项空白。

[20] 汤惠生：《岩画断代技术手段的检讨——兼论青海岩画的微腐蚀断代》，《南京师大学报》2002 年第 4 期。

[21] 徐恒彬、梁振兴等：《高栏岛宝镜湾石刻岩画与古遗址的发现与研究》，《珠海考古发现与研究》，广东人民出版社，1991 年。

[22] 李岩：《广东青铜时代早期遗存诸问题浅析——从珠海棠下环出土石范谈起》，《东南亚考古论文集》，香港大学艺术博物馆，1995 年。

[23] 唐振雄、李子文：《淇澳岛亚婆湾、南芒湾遗址调查》，《珠海考古发现与研究》，广东人民出版社，1991 年。

[24] 唐振雄、李子文：《淇澳岛亚婆湾、南芒湾遗址调查》，《珠海考古发现与研究》，广东人民出版社，1991 年。

[25] 赵善德：《南屏镇白沙坑、沙煲地遗址调查》，《淇澳岛亚婆湾、南芒湾遗址调查》，《珠海考古发现与研究》，广东人民出版社，1991 年。

[26] 梁振兴等：《东澳岛南沙湾遗址调查》，《淇澳岛亚婆湾、南芒湾遗址调查》，《珠海考古发现与研究》，广东人民出版社，1991 年。

[27] 梁振兴调查发现。

[28] 关于后沙湾二期的年代问题，北京大学赵辉先生在《珠江三角洲地区几何印纹陶的出现和文化的发展》一文中有论及：“……既然后沙湾二期遗存面貌和如此大范围的龙山期遗存都有一致性，所以，它在三角洲地区出现的时间既不会早于距今 4500 年以前，也不会晚于公元前

2000年。”

[29] 徐恒彬先生早就指出：宝镜湾“大坪石”“天才石”“宝镜石”是石器工具制作的；在“珠海宝镜湾遗址与岩画研讨会”上，邱立诚曾提出宝镜湾岩画“用石质工具或硬物材料打凿是可以的”。

[30] 《中国大百科全书·地质学》，中国大百科全书出版社，1992年。

[31] 《中华人民共和国珠海区域地质综合调查报告·基础地质》，《荷包岛幅》，广东省地质矿产局，1992年。

[32] 1. 2001年4月，珠海市地质勘探院实验室测定的一个藏宝洞岩画附近的岩石标本，摩斯相对硬度3；2. 同年7月，中山大学地球科学系第四纪环境研究室郑卓教授对宝镜湾石刻附近的岩石标本作切片和镜下鉴定，将其定名为中粗粒黑云母二长花岗岩。

[33] 广东省文物考古研究所、珠海市博物馆编著（邱立诚、肖一亭主编）：《珠海宝镜湾——海岛型史前文化遗址发掘报告》，科学出版社，2004年。

[34] 杨春棠：《香港古石刻的意义》，《东南亚考古论文集》，香港大学美术博物馆，1995年。

（原载《三峡论坛》2010年第4期）

关于岭南考古学研究的两个问题

本文想讨论两个问题，第一，主要讨论岭南地区新石器时代晚期重要的一支考古学文化：石峡文化的属性，文中也会涉及其与珠江三角洲古文化及其他考古学文化的关系；第二，想就沙丘遗址有关现象谈些粗浅看法。

一、关于石峡文化的属性

在广东新石器时代晚期文化研究中，有这样一种观点，认为这时期存在两种迥然不同的文化遗存：一种是以珠江三角洲新石器时代晚期遗存为代表的“土著文化”；另一种是以石峡文化为代表的“外来文化”[1]。

笔者认为，广东新石器时代晚期存在着的是既有联系又各具特色的两种考古学文化，他们分别代表了广东以稻作经济为主和以渔猎经济为主的两种不同的经济文化类型。珠江三角洲古遗存所代表的原始文化是一种典型的海洋文化，而石峡文化则正处在大陆文化向南发展，海洋文化向北进军的交接地带，从而文化面貌呈现出多样性、复杂性。把这样二种不同经济类型的文化人为地区分为“土著文化”“外来文化”是欠妥的。

（一）粤北地区很早就已经有人类活动

早在距今10000~8000年前，在粤北、粤西北地区就有人类活动。考古发现这一地区存在一种以砾石砍斫器为主要特征的旧石器时代向新石器早期过渡的文化遗存。主要遗址有阳春独石仔[2]和封开黄岩洞[3]。先民们开始对切割器、斧形器的刃部及骨角蚌器采用磨光技术。还能制造穿孔石器（或称“重器”）。当然，打制的砍斫器、刮削器、石锤、石砧仍然为主。只是没有发现陶器。大约距今7000多年前，在这一地区出现了一种“青塘类型”[4]文化，在遗址堆积层中，含有大量敲去尾部的田螺介壳和现生动物化石（轻微石化），出现了广东目前所见最早的陶器：夹砂红褐陶，素面或绳纹，有的施红陶衣。可惜因太破碎看不出器形。这时的石器虽仍然以打制的砍砸器为主，但已出现较多的磨刃斧锛形器和少量磨刃鹿角凿形器及穿孔蚌形器。有研究者认为：“从青塘出土的三角形两边刃砍砸器到独石仔出土的三角形单面刃砍砸器这一重要线索，可以看到青塘类型似是独石仔—黄岩洞类型的部分承袭和发展。”[5]

当人们面对青塘类型与石峡文化之间年代上的缺环感到茫然的时候，1985年在石峡遗址发现了早于石峡1期墓葬的文化层，被学者称之为“前石峡文化”[6]遗存。据发掘者透露，这类文化遗存中的陶器有夹砂陶和泥质陶两大陶系。夹砂陶表面饰细绳纹、划纹、刺点纹；泥质陶饰有圆圈纹、指甲纹、镂孔。夹砂陶有一种夹细砂的直口鼓腹罐、器形不大，口颈和器身以饰细绳纹、蓖划纹为主，泥质陶有一种矮圈足盘，橙黄皮，有的经磨光。圈足上施小圆镂孔和刺点纹，另一类是橙黄或灰褐陶罐类，器形较大，质地疏松。在这一层的居址中发现栽培稻谷壳和“炭化”稻米。这层年代估计在距今6000~5500年前。这一发现为“石峡文化”渊源的探索打开了一个突破口。

（二）以粤北为中心的广大地区是石峡文化的温床

如前所述，在石峡文化形成之前粤北地区的先民已经掌握稻作农业技术。这些农作技术无疑是从长江中游地区传播过来的，因为那里是中国乃至世界的农业发源地，发现了世界最早的一批农业遗迹。而且农业文化一直十分发达。到石峡文化时期，粤北地区的农业文化也产生了巨变，突出地表现在农业生产工具的改进。据统计，石峡遗址下层及Ⅰ、Ⅱ、Ⅲ期墓葬出土石制生产工具约300件。其中可视作农业生产工具的有弓形石镢18件，扁平磨光石铲37件，占石制生产工具的18.3%；后者在长江中下游、东南沿海同时代的新石器时代文化中均为常见的农业生产工具。石峡出土的石铲外面呈弧形，里面平凹，刃部锐利。弓背形石镢是一类适应当地环境的掘土工具，器身厚重长身，两端磨刃，两面平直，背面弓背隆起，正面中部便于安装T形把柄，使石镢作丁字镐使用，十分适宜华南山地红壤土的垦殖[7]。其他生产工具的制作也十分规整。

为适应稻米食用的需要，石峡文化先民制作了形制多样的陶器，夹砂陶有盘形鼎、釜形鼎、盆形鼎、釜、罐、鬶、子口圈足甑等，其中鬶和甑较少见。泥质陶器有三足盘、圈足盘、豆、壶、罐、杯、盆形鼎、盂、觯形器，纹饰多为素面，也有部分饰划纹、弦纹、绳纹、附加堆纹和镂孔，还有少量几何形拍印纹。曾骐先生认为：构成石峡文化陶器独特风格的是以三足盘、圈足盘、盘形鼎、夹砂盖豆、带子口圈足壶组成的器物群。

玉器大量使用是石峡文化中一大特征，据统计，在石峡发掘的41座墓中，共出土163件玉器。种类有琮、璧、瑗、玦、璜、镯、珠、管锥形器、绿松石饰、玉片等。虽然在赣江流域玉琮、玉璜、玉玦也有零星发现，但数量比石峡要少得多。当然，这里还未发现过江浙地区良渚文化中那种玉器大墓。

石峡文化的中心地是粤北地区，在曲江、始兴、翁源、连平、仁化、英德、南雄等县都发现和发掘了数十个属于这一文化的遗址，同时在粤西的封开也有发现。近年来，在珠江三角洲平原的三水白泥银洲发现了类似石峡文化的三足釜形鼎，泥质橙黄陶豆等一批既有石峡文化特征，又有珠江三角洲新石器时代晚期文化特征的陶器[8]。

（三）石峡文化是一种具有自身特点的相对独立的考古学文化

石峡文化作为一种考古学文化有其自身特征和相对的独立性，许多学者卓有成效的研究使这一文化得到学术界的普遍认可。但是，如果把石峡文化理解为“外来文化”不仅否认了它在岭南地区形成的这一事实，而且也忽视了其文化特点。

不错，石峡文化与赣江流域新石器时代晚期文化、湖北龙山文化、良渚文化、山东龙山文化有着千丝万缕的姻亲关系，但不可能在这些地区和文化中找到直接的血亲关系。因为：

1. 石峡文化并不是在其他什么地方形成后移到岭南来的，更不可能是各种文化因素在短期内走同一条路线传过来的，它是在“前石峡文化”的基础上，通过不断改进的同时吸收、交流各周边地区文化而形成的。虽然石峡文化中的文化因素大都可以在周边的文化中找到相近或相似的例子，但是石峡文化所包含的诸多文化因素是周边任何一个考古学文化所不能完全包含和替代的。就说石峡文化的墓坑烧烤现象，虽然在樊城堆类型文化的新余拾年山遗址中也有发现[9]，除此之外，在安徽梅县塞墩、大汶口文化的邹县野店、石家河文化的房县七里河，以及黄冈螺蛳山等处也有这种烧燎墓坑的迹象。但是，没有哪个遗址、哪种文化有石峡文化这样普遍，几乎有70%的墓经过烧烤成红烧土硬面。有趣的是：在环珠江口地区，比石峡文化早的新石器时代中期及与石峡文化年代相当的遗址中也流行一种人骨火烧现象[10]。两种现象是否有内在联系，引人深思。

2. 石峡文化与长江中下游文化交流是水陆并进，四面出击。学术界早就注意到石峡文化与周边文化交流的路线。早在20世纪80年代初，朱非素女士就提出了陆路交流路线，她认为：“从地理形势分析，石峡文化的先民可能是通过五岭隘口进入赣江流域河流平原，北经鄱阳湖区，再沿着长江中游平原到达太湖流域。或是良渚文化的氏族部落顺着这条通道，和石峡文化原始居民交往。”并指出：“倘若今后江西省境内发现新石器时代的玉琮或石珠，这条交流的路线就更加明确了。”[11] 果然，在近年的考古发掘中江西在郑家坳、拾年山等遗址中都相继出土了玉琮。但是，问题还没有就此了结。因为同时在广东沿海地区的海丰县田墘贝丘遗址中也发现了精美的玉琮、环。在玉琮上镂刻兽面纹，刻纹极细，其风格与良渚反山墓地出土玉琮相似，在稍晚的香港南丫岛、珠海平沙棠下环等遗址中也出土大量精美的玉器。这种情况喻示着良渚文化也完全有可能从东南沿海走水路与石峡文化进行交流。吴汝祚先生就曾指出：“海道是石峡文化居民与海岱史前文化区居民进行交往的主要通道，这条通道虽有季节性，但相对比较方便，不像陆路需要经过长途跋涉，困难较多。”还指出：“石峡文化居民北上或海岱史前文化区居民南下，太湖地区的海滨一带是必经之路。因此，石峡文化居民与太湖史前文化区居民的交往路线，可能也是与海岱史前文化区居民一样，以海道为主。”[12] 虽然有学者否认石峡文化与大汶口—龙山文化有直接的联系，认为在东南沿海只与良渚文化有直接关系[13]，但这条海上通道是不可忽视的。而且陆路也不只一条。早在新石器时代中期，大溪文化就曾与岭南地区发生过联系，环珠江口地区的彩陶与白陶，从纹饰到造型都明显受大溪文化（汤家岗类型）影响，何介均先生认为：大溪文化主要是由沅水到广西境内西江，再向东南推进进入岭南的[14]。“在湖南湘乡岱子坪遗址第一期遗存中，明显可见石峡文化因素。因此，湖南应有接近石峡文化的遗址。特别是湘南的岭南地区，如宜章等地，属珠江支流北江所经，极有可能有石峡类型的遗址……”[15] 由此说明，湖南中南部地区与广东有直接的文化联系。

（四）正确认识石峡文化与周边诸文化的关系

石峡文化与江西、湖南、湖北、浙江、广西、福建甚至江苏、山东等地的新石器晚期文化都有过直接或间接、双向或单向的交流和影响，苏秉琦先生认为:“石峡文化有自己的特征。”“它与江西、苏南、浙北诸文化具有许多共性，说明它们之间的关系特别密切。”[16] 但是，他认为与石峡文化关系最为密切的是鄱阳湖—赣江流域新石器文化。他在《考古学文化的区系类型问题》一文中，把“鄱阳湖—珠江三角洲为中轴的南方地区”作为当时划分的中国六大区域之一[17]。杨式挺先生进一步把樊城堆文化与石峡文化之间的关系推测为:“赣江—北江区”同一原始文化系统的两种类型[18]。中山大学梁钊韬先生也认为：“很可能这时期赣江流域和北江中上游地区的文化发生全面接触而达到融合，进而构成同一文化体系。”[19] 与以上观点不同，一些学者比较注意石峡文化与东南沿海原始文化的关系。吴汝祚先生认为：石峡出土的鬶、觯形器和高足杯，是石峡居民受到大汶口—龙山文化影响下产生的，石峡的镞，镞身的横断面绝大多数呈菱形。这一特点，与龙山文化的石镞相类同。他比较了良渚文化和崧泽文化的贯耳壶、琮、璜、钺等器物论证石峡文化居民与海岱、大湖地区之间，不仅在良渚、崧泽文化时期已有交流，而且可以上溯到崧泽下层的马家浜文化时期[20]。

有的学者甚至提出："石峡文化其实是良渚文化的一个亚区，是良渚文化部族向西南扩张迁徙的结果。"同时还说："石峡文化，不是广东自身发展的传统文化，对广东的原始文化没有较大的影响，不能视为代表原始社会经济文化的一个发展的阶段。"[21]

笔者认为：不管是"赣江—北江"原始文化系统也好，良渚文化及其亚区系统也好，研究者都各自以为掌握了足够的"证据"，有了当然的"道理"，但正是从这样两种对立的、让人无所适从的观点中，我们更加清楚地看到，石峡文化作为一种相对独立的考古学文化，其文化因素的多样性，其特点的开放性和不可替代性。

实际上，石峡文化与东南部地区其他文化之间诸多因素是地理条件、经济生活形态及社会发展阶段相近在考古学上的反映。良渚文化、樊城堆文化、湖北龙山文化等与石峡文化一样，都是以农业经济为主，农作物以水稻为主。在生产中，为适应以水稻为主的农作物生产，一批相同功用、形制相近的农具也就产生了；在生活中，为适应稻米食用而产生了相应的炊煮器、储藏器。如果我们在这个层次上进行归纳总结，东南地区稻作经济文化的特点就昭然若揭，它与北方旱地农业区在生产方式、生活方式以及生产工具、生活用品，进而在风俗习惯等各方面都反映出明显的差异。但是，东南地区稻作经济文化区与考古学文化既有联系又有区别，它本身不是一个考古学文化而是多个相近的考古学文化群体的组合。以一个考古学文化来一统纵横 1000 多千米的广大地区新石器时代晚期文化是不切实际的。苏秉琦先生早就谈到："我国东南沿海地区的新石器诸文化，尽管它们呈现出许多相似之处，存在明显的共性，这只能说明在当时它们之间有比较密切的关系，而不能说它们属于一个某种的人们共同体，它们之中各个地区、各个块块的社会历史文化的发展必然还是在它们各自的范围内，按照历史唯物主义的法则，按照它们各自的社会关系和文化传统而发展的。"[22] 这是十分精辟的论述。基于这些认识，笔者不同意把石峡遗址为代表的这类文化遗存归入良渚文化之中，甚至也不同意把它列为良渚文化的亚区。笔者认为：在东南地区各个块块和地区的划分中应当考虑的有：江浙、长江中游、岭南和闽台等几个文化区。

如果说东南稻作经济文化区是东南地区的普遍性的话，那么，作为特殊性，在南海边沿，以珠江三角洲为中心的地区，始终存在一块以渔猎为主要经济的地区。由于这一带贝类、鱼类资源极为丰富，先民们始终没有发达的农业。生产工具中打鱼用的网坠大量出现；生活用品中陶器以夹砂陶釜为主，兼有钵、罐、盘等，虽然，在新石器时代中这里先民使用过一种彩陶圈足盘和白陶被学者认为来自大溪文化（汤家岗类型）。但就这种文化的总体而言，它是岭南早期新石器文化的延续。创造珠江三角洲新石器文化的先民与石峡文化先民是同祖的，只是留在西北江流域的先民随着环境的变化和外来文化影响，创造出了以农耕经济为主的一支独立的考古学文化——石峡文化。

总之，石峡文化在广东有其渊源，以粤北为中心的广大地区是它的温床。石峡文化与周边文化的交流是多渠道多方向的，这里正处在长江文明向南、海洋文明向北的一个交汇点，文化因素呈现多样性。石峡文化中已显露出岭南文化开放性、兼容性特征的端倪。石峡文化不是“外来文化”。以“石峡式盆形鼎”为首的一群陶器和烧烤墓坑等诸多文化现象，使石峡文化具有自己的特色，形成不可替代的整体面貌。石峡文化与珠江三角洲新石器时代晚期文化是既有联系又有区别的两支考古学文化，他们共同创造了岭南的新石器时代晚期文化。

二、关于沙丘遗址的思考

1995 年在“东南亚考古研讨会”上，我们曾提出“沙丘遗址不应只是季节性活动居址”[23] 的观点，引起了热烈的讨论。首先要指出的是我们提出沙丘遗址不只是季节性居址的观点时，并不否认沙丘先民与贝丘先民的联系。我们已经注意到 80 年代杨式挺先生提出“西樵山文化”[24]、近年来邓聪先生提出“大湾文化”[25]都是将整个珠江三角洲作为一个文化区域来认识的。尽管也有学者提出把 6000~5000 年前珠江口及两侧岛屿、海湾的沙丘文化概括为“咸头岭文化”[26]，认为这时期环珠江口地区有一种独立的考古学文化。而且，沙丘上有较稳定的聚落这一观点的提出并得到学术界认可，在客观上对“咸头岭文化”的立论提供了一定的基础。但我们怎么也割断不了沙丘先民与贝丘先民的联系。同饮一江水的珠江流域先民，其交往密切是无法否认的。关于间歇层问题，所谓“间歇层”是指存在于上下两个文化层（或扰乱层）之间，不含文化遗物的纯土（沙）层。间歇层在沙丘遗址中较为常见。它已引起了一些学者的重视，但间歇层能反映的问题，还有进一步探讨的必要。

我们以珠海后沙湾遗址的地层为典型例子来认识“间歇层”。该遗址共分⑥层，其中第③、⑤层为间歇层。发掘报告将该遗址分为二期。第二期包括②、④文化层，其中②、④文化层中间虽然间歇着不含文化遗物的第③层，但是②、④文化层“代表了本期文化发展早、晚两个阶段，以器物形态观察，两组陶器的演变环节相扣较紧……故本期二组遗存应当前后衔接，时间距离不大”。第一期为第⑥层所包含的文化遗物，第一期与第二期之间间歇着第⑤层。后沙湾遗址的分期工作，学术界未提出异议。从该遗址的地层关系中我们可以得到这样的信息；间歇层的形成有突发性堆积和缓慢堆积两种情况。该遗址中的第③层就应该是突发性堆积的典型例子。因为间歇层上下两个文化层所表现的风格特征是“前后衔接”的，创造第②层文化堆积和创造第④层文化堆积的人们当是同一批人，至少也是同一族人。由于台风在很短的时间之中形成较厚的堆积，这种情况确实是存在的。1993 年秋，本人在珠海洲仔海湾泳场，就感受到台风的搬运力。一夜之间，沙堆增高几十厘米，向前推进几十米。横扫海边简易棚架。但是台风过后，人们又开始在此游泳。虽然这种台风被称之为“百年不遇”，但千百年的沙丘生涯，先民们完全可能碰上这种情况。

后沙湾第⑤层情况则稍见复杂，但它们形成应该是经历过一段较长的时间。由于被第⑤层相间隔的上下两个文化层“其陶器群反映出各自不同的文化面貌，属于两个不同的时代、不同文化性质的考古学文化遗存”[27]。这说明创造第④层文化堆积的人们离开后沙湾后，过了一段较长的时间，才有另一批人来此生活经营，而作为间歇层的第⑤层，其形成应是缓慢堆积而成的。但在这种缓慢堆积的过程之中也可能经历了一次甚至几次突发性堆积。在珠海三灶草堂湾遗址中也有类似后沙湾第⑤层这样性质的间歇层。该遗址也分为六层。其中第④层为间歇层。该遗址被分为二期，⑤、⑥层为第一期文化遗存，③层为第二期文化遗存。被④层间歇开的二期“器物反映出各自不同的文化面貌，表明其属两个不同的时代、不同文化性质的遗存”[28]。

以上情况表明：仅以间歇层的存在，我们无法判断是否是季节性居住。通常的遗址中间歇层只不过一二层。如果真要能从地层上看出季节性的话，应该一年一层才对，这对于某些经过几十、上百年的遗址来说，就要分出上百个地层，这实际上在史前考古发掘中是不可能做得到的。甚至可以说我们还无法在地层上精确到某一年。除非是历史时期考古中发现有纪年意义的物品，这种情况也只能表现个别年份。因此，在沙丘考古中，我们既要重视间歇层现象，但也不夸大它所发出的信息。

在评价西樵山石器对环珠江口影响程度之前，我们想考察一下珠江口地区几处重要遗址的出土石器情况。先看珠海的后沙湾遗址，该遗址仅第二期出土有石器，器形有锛、凿、网坠、石球、穿孔石器和砺石，共16件。从石质看：细砂岩石器5件，分别为锛、凿；粗砂岩石器4件，全为石球；灰色板岩1件，为穿孔石饰；红色砂岩3件，为砺石；天然卵石3件。从统计数据看，主要是砂岩，其次是卵石，少量灰岩。珠海草堂湾遗址的情况也相类似，以砂质岩为主。

再看深圳大黄沙遗址[29]，共出土石器93件，有斧、锛、圆饼、拍、坯、石片、砺石、砧、敲砸器等。石料以河卵石居多，主要有砂岩，变质砂岩、板岩、石英石等。深圳大鹏咸头岭沙丘遗址[30]，共出土188件石器，石料主要为变质砂岩、砂岩、板岩。

以上情况说明，在环珠江口的大部分遗址中，先民都主要采用当地常见的石料，如河卵石、砂岩，变质砂岩、板岩、石英石等制成生产工具，西樵山石料占极少数。我们无意讨论沙丘先民与贝丘先民是否创造同一种考古学文化，只是以为环珠江口地区出现一些西樵山石器也是正常的事，不管是贝丘先民从珠江三角洲中段携带这些石器南下在沙丘定居，还是沙丘先民乘船北上西樵山采石制器，这少量的石器，与沙丘先民是定居还是季节性居住并无直接关系。

注释：

[1] 吴曾德等：《论新石器时代珠江三角洲区域文化》，《考古学报》1993年第2期。

[2] 邱立诚等:《广东阳春独石仔新石器时代洞穴遗址发掘》，《考古》1982年第5期。

[3] 宋方义等:《广东封开黄岩洞洞穴遗址》，《考古》1983年第1期。

[4] 广东省文管会:《广东翁源县青塘新石器时代遗址》，《考古》1961年第11期。

[5] 杨式挺:《广东新石器时代与毗邻原始文化的关系》，《中国考古学会第七次年会论文集》，1989年。

[6] “前石峡文化”遗存的发掘简报还未正式发表，所见为研究者论文中所引用。

[7] 曾骐:《石峡新石器遗址的文化因素分析》，《纪念马坝人化石发现三十周年文集》，文物出版社，1988年。

[8] 朱非素:《广东考古新发现的几点思考》，《东南亚考古论文集》（香港大学），1995年。

[9] 刘诗中等:《江西新余拾年山遗址》，《考古学报》1991年第3期。

[10] 据统计，环珠江口地区新石器时代中期墓发现50座，均无明显墓坑，发现代表23个个体的人体碎骨，其中约有代表11~14人体骨骼经火烧，晚期墓中也有这种习俗。

[11] 朱非素:《石峡文化墓葬所反映的若干问题》，《中国考古学会第三次年会论文集》，文物出版社，1981年。

[12] 广东博物馆编：《纪念马坝人化石发现三十周年文集》，文物出版社，1988年。

[13] 黎家芳：《石峡文化与东南沿海原始文化的关系》，《南中国及邻近地区古文化研究》（香港中文大学），1994年。

[14] 何介均:《环珠江口史前彩陶与大溪文化的关系》，《南中国及邻近地区古文化研究》（香港中文大学），1994年。

[15] 何介均:《湖南新石器时代文化的分区研究》，苏秉琦主编：《考古学文化论集》，第1辑，文物出版社，1987年。

[16] 苏秉琦:《石峡文化初论》，《文物》，1978年，第7期。

[17] 苏秉琦：《苏秉琦考古学论述选集》，文物出版社，1984年。

[18] 杨式挺:《石峡文化类型遗存的内涵、分布及其与樊城堆文化的关系》，《纪念马坝人化石发现三十周年文集》，文物出版社，1988年。

[19] 梁钊韬、张家钊:《简论南岭南北地区新石器时代晚期文化的关系——兼析“石峡类型”的文化结构》，《纪念马坝人化石发现三十周年文集》，文物出版社，1988年。

[20] 吴汝祚:《试论石峡文化与海岱、太湖史前文化区的关系》，《纪念马坝人化石发现三十周年文集》，文物出版社，1988年。

[21] 邓聪、区家发:《环珠江口史前考古刍议》，《环珠江口史前文物图录》（香港中文大学），1991年。

[22] 苏秉琦：《苏秉琦考古学论述选集》，文物出版社，1984年。

[23] 肖一亭：《沙丘遗址不应只是季节性居址》，《东南亚考古论文集》（香港大学），1995年。

[24] 杨式挺:《试论西樵山文化》，《考古学报》1985年第1期。

[25] 邓聪:《大湾文化试论》，《南中国及邻近地区古文化研究》（香港中文大学），1993年。

[26] 李松生:《试论咸头岭文化》,《深圳考古发现与研究》,文物出版社,1994年。

[27] 李子文:《淇澳岛后沙湾遗址发掘》,《珠海考古发现与研究》,广东人民出版社,1991年。

[28] 梁振兴、李子文:《三灶草堂湾遗址发掘》,《珠海考古发现与研究》,广东人民出版社,1991年。

[29] 文本亨、谌世龙:《深圳市大黄沙遗址发掘简报》,《深圳考古发现与研究》,文物出版社,1994年。

[30] 彭全民等:《深圳市大鹏咸头岭遗址发掘简报》,《深圳考古发现与研究》,文物出版社,1994年。

(原载《南方文物》1997年第4期)

生态环境与珠江三角洲古文化

生态环境是人类赖以生存和发展的基础，生态环境的变迁，在很大程度上决定人们在一个地方居住、活动的可能与否，而不同环境中产生和发展的人类文化往往打上了环境的烙印。文化越是原始，越是落后，人类对生态环境的依赖性越强，因而从文化上反映的环境影响越是明显。

环境与人类文化的密切关系，使人们越来越明确地意识到，不能脱离生态环境来研究人类文化。随着环境考古学的兴起，岭南的一些学者也开始有意识地从事这一方面的研究。最近文物报刊登的论文《生态环境对广东省先秦聚落分布与文化的影响》[1]就是一次有益的尝试。其对广东先秦文化研究的开创性意义自不待言。把先秦时期的人、人的文化放在当时特殊的生态环境中去认识，总结其分布的规律，分析其文化走向，无疑更容易得到接近事实的结论。但是也无须讳言，由于这一方面的研究属于草创时期，对一些现象所做的解释，自然还会有一些值得需要完善和讨论之处。这里主要讨论几个问题：1. 能否在珠江三角洲地区找到距今6000年前的古文化遗址；2. 珠江三角洲距今6000年前的先民是否都是从南岭南麓的低山丘陵迁移而来的；3. 珠江三角洲原始文化与粤北古文化的关系是怎么样的。

一、珠江三角洲地区能找到距今6000年前的古文化遗存

学术界有一种意见认为：现在只能在五岭南麓的低山丘陵，而不能在珠江三角洲发现距今6000年前的文化遗址了。因为在最后冰期为大陆架平原的珠江三角洲，至冰后期的大西洋期，已由于海侵而变成大海湾。

之后的500年间，海平面有过一次轻微的下降，然后就相对稳定在现代水平上。这样珠江三角洲才自北而南逐渐形成。

在珠江三角洲找到距今6000年前的古文化遗址确实有难度，但是不是真的不能够找到早于6000年的文化遗址了呢？答案是否定的。从考古地层学基本原理看，晚期的地层中虽然可能包含有早期的遗物，但是晚期地层绝不可能由早期人类直接活动而形成。换句话说，古代人只能生存于古代（即那时的当代），而不能生存于现代。同样的道理，在珠江三角洲形成之前，不可能有人生存在珠江三角洲，因为人类不可能生存于未来的环境中。如果我们把“珠江三角洲”的涵盖，限定在距今6000年以来形成的珠江三角洲冲积地。在6000年以来堆积而成的土地上，没有也不可能找到早于6000年人类活动遗址，这很好理解，而且是显而易见的。问题之一在于珠江三角洲并不是距今6000年来形成的，其形成经历了一个较长过程；问题之二在于我们必须清楚在6000年来形成的冲积平地上找不到早于6000年的人类活动的遗址，并不等于说这一地区在6000年前就没有人类活动，就没有人类活动的遗址，这是两回事。对这一问题认识的关键在于我们如何在动态中，运用发展与联系的观点把握珠江三角洲的形成过程与人类活动的关系。

首先，珠江三角洲的形成、发育过程很长，可以早到30000年前，经历了古珠江三角洲、老珠江三角洲和新珠江三角洲几个阶段[2]。据地理学家研究，珠江三角洲的地貌轮廓，是在白垩纪三大盆地（三水、东莞、新会盆地）的基础上形成的。珠江三角洲的基地地貌是在第三纪至晚更新世早期（由于喜马拉雅山造山运动大面积间歇性抬升及断陷运动）形成。地质工作者经过碳十四测年，确定了早期的淤积层。由于全球的气候变迁和海平面的升降变化，珠江三角洲经过了三次海侵和海退，并在这一过程中逐渐发育起来。与海侵和海退有直接关系的是气候的冷暖交替。珠江三角洲晚更新世以来，经历过三次冷期（距今30000年、20000~10000年、5000~2500年）及其间的三次暖期（距今28000~21000年、6300~6150年、2350~1390年）。在海侵时期，大部分陆地变成海湾，原来陆地上的山丘变成了珠江口外的海岛，海退时期又露出大片陆地。从地理学、气候学的研究成果看，这一带气候和植被也是非常适合于人类生存的[3]。今天所见的珠江三角洲地区，在晚更新世至早全新世时期，都是与大陆相连的陆地。我们无法排除其在原来的环境中生存的可能性，而且早期的人类活动遗址在粤北地区已经有了较多的发现[4]。

其次，在现代珠江三角洲平原之上，一些山丘，在6000年前，由于海侵和海退的变化，有时是大陆上的山丘，有时是海边的岛屿，这些山丘并没有因海水上涨而淹没，也没有因珠江三角洲的沉积而覆盖，在这些岛屿之上，有淡水存在，有可供生存的自然资源。

再次，从珠江三角洲西岸形成的具体过程看，虽然总的趋势是从西北往东南方向推进，但是，这并不意味西北地方全都比东南地方成陆早，其推进是不平衡的。中山大学近岸海洋研究所的吴超羽教授曾告诉笔者，位于珠江三角洲中段的顺德一带，其成陆时间较之中山、珠海的某些地方还要晚，当时珠江口外的一些岛屿对西江带入的泥沙有相当的阻碍作用，一些泥沙在岛前堆积，并逐渐露出水面而成陆。事实上，这在古代文化遗址的发现与研究中也可以得到印证。

从理论上来讲，作为大陆时期，这一地区有人类活动是可能的，即便是海侵，这里的海岛上仍然可以居住一部分人，并不是完全没有人类活动可能，著名民族学家凌纯声教授早在20世纪60年代初就曾经提出："中国最古老的基层文化是海洋文化，其发源于东亚大陆沿海岛屿与大陆中间的所谓亚洲地中海带。"[5]地理学家李平日先生曾经指出："如果将来发现6000年以上的文化遗存，很可能在较高的地方，如山丘、台地，而不大可能在现今的平原上。"[6]

从实际上来讲，海侵使大部分人类活动遗址沉入海底，而珠江冲积物又在其上盖上一层厚厚的沉积。减少了我们找到早期遗址的机会，但并不是距今6000年前的文化已销声匿迹。近年来，随着工作的深入，认识的提高，一些禁区已经被打破，关于6000年前珠江三角洲地区人类活动遗址发现的报道已不鲜见。在珠江三角洲东岸，香港大屿山东湾遗址的底层，发现了一种只有打制石器、而没有陶器的文化遗存，被认为是属于新石器时代早期的文化堆积。邓聪先生认为："东湾遗址底砾层上面所发现的石器群仍以砍砸器为主要特征，代表中国东南部石器传统重要一环，是香港地区目前所见最古老的文化。我们估计其年代可能在距今7000年以前。”[7]日本考古学家加藤晋平教授也认为，在更新世末至全新世中期约一万年之间，在中国南部沿海生活着以捕渔业为生的人类分支，东湾底层砾石面的石器文化是其中一个代表。在新石器时代中期，深圳的咸头岭遗址和大黄沙遗址的碳十四测年数据都有超过6000年的记录：大梅沙工业区遗址第2层出土木炭标本，经测定为距今6050年，经树轮校正为6895年±85年；另一个是大黄沙遗址第4层出土的炭化粮食标本，测定为距今5600年，树轮校正为6255±170年。对于咸头岭遗址的年代，这一批数据出来之初，学者们还显较为保守，不太敢用。但是，随着研究工作的深入，新的考古发现不断地涌现，现在一些学者已经认定把珠江东岸的深圳的人类活动历史推到了距今7000年[8]。尽管目前对于香港东湾，深圳大黄沙、咸头岭、大梅沙遗址甚至整个环珠江口地区史前文化的年代分期与框架研究并没有取得完全一致的意见，但是这一地区从理论与实际上找到早于距今6000年的文化遗址可能性是毋庸置疑的。

二、环珠江口地区先民的来源

既然在珠江三角洲地区冲积底层、近海的水下、原来的山丘（而在海平面上升后已经成为海岛的边沿）可能找到7000年前的人类活动遗迹遗物，那么，对于第二个问题：在珠江三角洲南部的海岛和海湾的居民，是否是在距今6000年前后才从五岭南麓的低山丘陵南迁的？提出并回答这个问题并不是否定珠江口地区史前时期可能有一部分人来自粤北地区，因为几千年来，文化交流、人类的迁移无时不在发生。但环珠江口地区现在所见的距今6000年前后的文化遗存，有的就是原在此地的居民所创造的，而且已经形成自己的文化特点。珠江三角洲新石器时代文化遗存主要有贝丘和沙丘遗址两种类型。贝丘遗址多分布于珠江三角洲的顶部和中部地区，特别是在咸淡水混合交接的地点，这里淡水、咸水、半咸水或广盐性属种的贝类十分丰富，先民采集食用的贝壳堆积成丘；沙丘遗址主要分布于环珠江口地区海岛、海岸的海湾沙丘之上，沙丘或与潟湖相连，或与山坡相连。这一带的早期居民以捕捞为生，农业生产不发达，是大海、是水、是当时的地理环境影响并哺育了当时生产力水平低下的先民的文化。

当第四纪冰期过去，天气回暖，自然环境开始变得更适于人类生存，人类的自身繁衍加快了她的进程。在全球范围内，这一时期的人类活动遗址在成倍地增长，气温回升在朝着有益于人类生存的同时，由于环境的变迁，也给局部地区的人类带来了灾难性的打击。气温升高是海平面上升的直接原因。当海平面上涨，原海边的陆地大量被海水淹没，原来在平地上的山丘变成了海上的岛屿。大量原有居民失去了生活的家园，或举家北迁，或因不适应新的环境而消亡。

但也不能忽视，当时已经有人找到了新的生活支点，他们有的在海岛海湾安营扎寨，打鱼为生，兼及采集、狩猎和一定的农业，形成并留下沙丘（沙堤）遗址；有的在江河边或江河入海口的陆地大量采集贝类作为食物，进而形成大量含有大量贝壳和文化遗物的贝丘遗址。或许这是因为海平面的上涨，不像江河中发大水，一夜之间淹没了整个村庄；或许因为海平面上升虽然势不可挡，却是以一种不易察觉的速度缓慢提升。为适应海平面上升，人们很自然地就近往高处迁。当海水上升使原来的高地变成了一个海岛之时，人们北迁的路也就更加艰难了。物竞天择，适者生存。在珠海的淇澳岛后沙湾、高栏岛宝镜湾、三灶岛草堂湾，香港东湾，澳门黑沙湾，深圳咸头岭、大梅沙等地，都可能有一些早期的居民顽强地生存下来了，并留下了一些遗迹遗物。

三、珠江三角洲古文化与粤北文化的关系

中国的文化是多元一体的，以鄱阳湖—珠江三角洲为中轴的南方地区[9]，为一个相对独立的文化区，而粤北和珠江三角洲[10]都是这一文化区中的重要组成部分。在这个层面把“五岭南麓的低山丘陵”和“现代珠江三角洲”地区的史前先民称之为“同宗的一南一北两支先民”是比较好理解的。但是从考古学文化的层面上把握事物特质时，就可以了解到这一

南一北两地，在新石器时代中晚期，虽然有不少共同的因素，但是，它们分属于不同的考古学文化。

最近，朱非素女士在研究粤北石峡遗址与珠江三角洲古文化关系时提出："由于南北两地居民赖以生存的地理环境有较大区别，南部海岛深湾4层、草塘湾一期、东湾③④层出土河卵石打制的石器、夹砂陶直腰或亚腰器座是石峡一期不见的。陶釜器表刻划纹饰，圈足上刻划、镂孔、小圆圈戳印纹的手法相似，花纹图案却有别，其中差异是显而易见的，究其原因，创造者是两地不同的群体。相似之处，除了文化间交流和影响的因素之外，更多可能是同时代所具有的共同特征。"[11]我们认同这种观点。在这里，朱氏虽然没有明确说明创造粤北石峡文化和创造珠江三角洲古文化这两群人是否为同宗，但是她已经明确指出，粤北地区古文化与珠江三角洲地区古文化是两个不同的文化群体，是既有联系又有区别的两个文化群体。在新石器时代中期早段，珠江三角洲地区的居民就与粤北地区、长江中下游地区有过较密切的文化交流。这里出土的彩陶、白陶圈足盘，从形制、制法、纹饰、风格特点等各个方面都与长江流域大溪文化同类器物有着明显的相似性。何介钧、任式楠、邓聪等先生对此都有专文论述，甚至还涉及其传播路线的推定[12]。同时，学术界已经认识到珠江三角洲某种文化因素与另外一些地区某种文化因素的相似性，并没有影响这一地区的史前文化作为独立的文化现象存在。在新石器时代中期，这一地区整体上以绳纹夹砂陶为特征，陶质粗糙，流行圜底器，不见三足器，陶器的基本组合为釜、罐、圈足盘、圈足盆、钵、器盖、器座、筒形杯、碗、支脚等，纹饰方面，从制纹手法上看，刻纹、划纹和贝印纹都颇具特色，其纹饰图案也相当丰富，斜线、曲折、水波、三角、菱形、连弧等纹饰常见，还有编织纹、附加堆纹等。彩陶和白陶虽然很有特点、很精致，并能起到一定的时代标尺的作用，但是，在整个遗址出土陶器片中所占的比例是很少的。这样，我们从这一地区的文化遗存中可以分出两套不同系统的文化遗物，一套是外来的，一套是本地的。外来系统的文化因素较为明显，包括那种彩陶和白陶为代表的文化因素；本地的文化因素中，既有已经被海侵淹没的或尚未找到的但又是可以推想到的原有文化的传统，又与粤北地区文化有着千丝万缕的联系。现有研究表明，不仅珠江三角洲地区史前时期各个不同阶段有其明显的时代风格，而且在这一地区内的不同区段，考古学文化的面貌有其自身的特点，以至在珠江三角洲地区从时间上可以分出两种以上考古学文化，在地域上还可以分出两种以上不同的文化类型。

珠江三角洲环境与古文化的研究表明，虽然距今6000~5000年是珠江三角洲重要的沉积阶段，但是，在新石器时代，这一地区人们活动的历史已经超过6000年，虽然海侵与海退的环境变化严重影响这一地区的人类生活，但人类在这一地区也并不完全被动响应。作为一种会使用工具的动物，特别是作为一种有理性的动物，人类具有其能动的作用，他们在适应环境、利用环境的同时，在一定程度上还影响环境与改造了环境，在这一过程中，先民们在这一地区创造并形成了具有自身特点的海洋文化。

注释：

[1] 赵善德：《生态环境对广东省先秦聚落分布与文化的影响》，《中国文物报》2001年2月23日。

[2] 黄镇国：《珠江三角洲——形成、发展、演变》，科学普及出版社广州分社，1982年。

[3] 著名历史地理学家曾昭璇先生在《岭南文史》2001年第1期发表《珠江文化在我国文化带中的地位》，从历史地理的角度，确认更新世时期人类在今珠江三角洲所在地区活动的可能性。曾先生认为："更新世时，珠江三角洲伸至今离岸240千米之远，达到东沙群岛北卫滩西北30千米处海底，西至海岛东面190千米在海底。最深处为160千米附近。分三期形成，即今日大陆架实成为一大平原区，并且西连北部湾水下平原，东连韩江三角洲水下古三角洲。这是南海沿岸一片平野之区，为古人类活动良好场所，因为广东尚未见冰川沉积物存在，说明这个古沿海三角洲平原气候也是很好的地点。"

[4] 广东阳春独石仔，英德青塘洞穴，英德牛栏洞等地已经发现属于旧石器时代至新石器时代早期的文化遗存。

[5] 凌纯声：《太平洋上的中国远古文化》，《大陆杂志》第23卷第11期，转引邓聪《大湾文化试论》，香港中文大学中国考古艺术研究中心编：《南中国及邻近地区古文化研究》，中文大学出版社，1994年。

[6] 李平日：《六千年来珠海地理环境》，《珠海考古发现与研究》，广东人民出版社，1993年。

[7] 邓聪：《古代香港历史的新发现》，《历史研究》1997年第3期。

[8] 杨耀林：《深圳咸头岭史前文化遗存初步研究》，《广东省文物考古研究所建所十周年文集》，岭南美术出版社，2001年；叶杨：《深圳新石器时代考古》，《深圳博物馆开馆十周年纪念文集》，中华书局，1998年；另，广州中山大学商志䜭、毛永天先生将香港新石器时代中期的年代上限定在公元前4500年（见《香港地区新石器文化分期及与珠江三角洲地带的关系》，《考古学报》1997年第3期）。

[9] 苏秉琦：《关于考古学文化的区系类型问题》，《文物》1981 年第 5 期。

[10] 指狭义的珠江三角洲。

[11] 朱非素：《试论石峡遗址与珠江三角洲古文化的关系》，《广东省文物考古研究所建所十周年文集》，岭南美术出版社，2001 年。

[12] 何介钧：《环珠江口的史前彩陶与大溪文化》，任式楠：《论华南史前印纹白陶遗存》，邓聪、黄韵章：《大湾文化试论》，以上三文均见于《南中国及邻近地区古文化研究》，香港中文大学，1994 年。

（原载《东南文化》2001 年第 1 期）

澳门珠海史前文化探索

澳门位于珠江口西侧。澳门地区由澳门半岛、氹仔岛、路环岛组成。澳门半岛与珠海拱北陆地相连。事实上，澳门、珠海及目前仍孤悬于珠江口的一些岛屿，在一段相当长的时期都与大陆相连。据地质学的研究结果，在距今一万多年以前，海平面比现今低100多米，到距今8000多年以前，海平面还比现今低20多米，南海海面达到现今的高度是在距今6000年左右，这时的珠海和澳门才成为孤悬于海中的岛屿。但是，到距今4000年左右，澳门已成为半岛，连接珠海与澳门的莲花茎已经形成。

一

对这一地区史前文化的探索，开始于20世纪50年代的后期，当时的广东省博物馆文物工作队与中山大学历史学系组成的联合调查队，在珠海发现了一批古文化遗址[1]。限于当时的情况，“简报中将一百多处遗址采集的遗物混在一起叙述，从而无法分清各处遗址的内涵和特点。”[2]尽管如此，这次调查还是给了我们一个信息，在珠江西岸的南端，可能在新石器时代有人类活动。

1972年7月，香港考古学会的一些考古工作者到澳门进行考古调查。在路环岛的竹湾、黑沙、黑沙北、路环村和九澳等5个地点发现了史前及唐宋时期的遗物。在竹湾西部的岩阴及谷地，发现了一些夹砂绳纹、夹砂几何印纹陶及风化严重的残石玦[3]，证明澳门地区在史前时期也有人类活动。

1977年10月和1985年6月，应澳门贾梅士博物馆的邀请，香港考古学会派秦维廉副研究员为领队，对黑沙遗址进行了两次发掘，揭露面积达150平方米，发现了专门制造石质装饰品“玦环饰物”的场所，发现了石英核材料、环和环形相套的半成品和一件完整的内缘凸起的石环（T字形石环）。另外出土了一件可以复原的彩陶镂孔圈足盘及夹砂陶罐的口沿残片。陶器纹饰有绳纹、间断绳纹、曲折纹、席纹、细密的凸点纹等。在1985年的发掘中还发现可以分为两个不同时期的地层堆积。

1995年1月，由澳门大学、澳门基金会、澳门海岛市政厅等单位筹划，香港中文大学中国考古艺术研究中心与澳门大学中文系的部分师生组成考古队，对黑沙进行了考古发掘，发现了一批水晶石环玦及其原料、一件完整的制作环玦的钻磨工具（内环砥）及其遗迹[4]。虽然发掘面积只有32平方米，由于严格划分地层，所以发现的遗迹遗物具有重要意义。

20世纪80年代初，珠海开始有了正规的考古发掘。1980年，广东省博物馆在珠海拱北与澳门交界的1.5千米长的海湾沙丘上发现了5处古人类活动遗址，并对其中的西瓜铺、老虎沟等2处遗址进行了试掘，揭露面积50多平方米[5]。此后，在珠海陆续发现大量的古文化遗址[6]。1985年，广东省博物馆会同北京大学考古实习队，对淇澳岛东澳湾遗址进行发掘，揭露面积140平方米[7]。1989年，广东省博物馆对淇澳岛后沙湾遗址进行试掘，揭露面积108平方米[8]，同年7月，又对三灶岛草堂湾遗址进行试掘，揭露面积145平方米[9]。1991年，广东省文物考古研究所对香洲棱角咀进行试掘，揭露面积196平方米[10]。1994年广东省文物考古研究所对珠海平沙棠下环遗址进行大面积发掘，揭露面积1500平方米[11]。1997年底至1999年初，广东省文物考古研究所与珠海市博物馆对珠海高栏岛宝镜湾遗址进行了3次发掘，揭露面积近500平方米[12]。珠海、澳门发现的古文化遗址大部分是海湾沙丘遗址，山岗遗址也大都分布于与海湾沙丘或是沙堤相连的坡地上。大量古文化遗址的发现以及科学的考古发掘，为了解这一地区史前文化面貌提供了珍贵的实物资料。

二

珠海、澳门目前发现最早的古文化遗址为距今6000年左右，但这并不意味着此前这一地区就没有古人类活动。近年在广州、深圳等地已有关于旧石器时代遗物发现的报道，新石器时代早期的洞穴遗址在粤北地区也有多处发现。由于这时珠澳地区与大陆完全相连，先民们到达这里也是可能的。不过，由于海平面的上升，即使先民的遗迹能保存一部分的话，也大都在现在的海平面之下。

20 世纪 70 年代，苏秉琦先生提出中国考古学文化区系类型问题，将赣江鄱阳湖地区与珠江三角洲为中轴的南方地区划分成为一个大区。当时珠江三角洲地区的考古工作还不像今天这样全面展开，还难以做更细致和深入的研究。20 世纪 80 年代中期，杨式挺先生注意到珠江三角洲地区的古文化遗存与粤北地区的石峡文化有所区别，于是提出“西樵山文化”，将包括珠海、澳门在内，以狭义的珠江三角洲为中心的广大地区，自新石器时代中期至晚期的物质文化遗存概括为一个文化，并将其分为早、中、晚三期。与此同时，朱非素女士也提出，广东地区新石器时代晚期的考古学文化可以分为四个区域来认识，即粤北区、粤东区、珠江三角洲区及沿海港湾、雷州半岛和海南岛地区”[13]。

随着珠江三角洲考古工作的展开，特别是深圳咸头岭遗址的大面积发掘，人们认识到“咸头岭一类遗存年代上早于河宕文化，而且在文化内涵上与河宕文化有着密切的传承关系”，于是提出“咸头岭文化”的考古学文化命名[14]。这样，珠江三角洲地区新石器时代中期考古学文化以“咸头岭文化”为代表，晚期以“河宕文化”为代表的基本框架为许多考古学者所接受。而“西樵山文化”作为考古学文化名称，逐渐被淡化。有的学者试图以“大湾文化”来概括距今 6000~5000 年时期珠江三角洲地区新石器时代文化[15]；也有学者提出“后沙湾类型文化”[16]，尽管名称不一，但并没有本质的突破。也有的学者提出用以咸头岭遗址为代表的一类文化概括距今 6000~5000 年分布于珠江口两侧岛屿、海湾沙丘上的文化遗存[17]。

此外，对这一地区文化遗存进一步分期工作也已展开，曾骐先生将环珠江口地区史前文化分为六期，初步架构起从距今 6000~3500 年间这个地区的考古学编年序列[18]，其他学者也有着文论述珠海史前文化序列的[19]。

珠海、澳门地区新石器时代中期具代表性的考古学文化遗存，有澳门黑沙下文化层、珠海淇澳岛后沙湾第一期、三灶草堂湾第一期、平沙棠下环下层，荷包岛锁匙湾遗址虽未经过正式发掘，但从调查材料看，也似有中期的遗存。

根据1985年的统计，黑沙遗址下文化层的泥质陶占73%，其中素面及带刻划的黄红陶占37%，彩绘黄红陶占32%，精制素面陶占4%；绳纹夹砂陶占27%。陶器种类有盘、碗等。1977年，还出土了一件能复原的彩陶圈足盘，盘足上有1个镂孔，镂孔下刻划斜向浪花纹，并绘红彩。在珠海淇澳岛后沙湾遗址中也出土了类似的器物。根据黑沙遗址陶片所附木炭的 ^{14}C 测定，距今年代为5700±100年。

后沙湾遗址位于珠海淇澳岛东北部的一个弯月形海湾，遗址的文化堆积2~3米，可以分为两期，第一期以第6层出土遗迹遗物为代表。出土陶片相当丰富，有夹砂陶和泥质陶两大系，各占54%和46%。夹砂陶以灰褐色陶为主，纹饰以绳纹为主，细绳纹次之，并有少量编织纹；泥质陶陶色以米黄色为大宗，红陶和白陶均很少，陶器花纹以彩绘为主，此外有少量绳纹、细绳纹、刻划纹、镂孔、压印纹等。彩陶均施赭红色彩，部分涂有白陶衣，主题纹样为条带纹、水波纹，偶见点线纹，主要施于器表，也有少量内外兼施。器种有盘、釜、罐、钵、豆等，以米黄色陶的圈足盘为大宗。制法均为手制，主要用泥片贴筑法，器形较为规整。后沙湾第一期的陶片热释光测定年代为4828±483年。

草堂湾遗址位于珠海三灶岛东部的一个呈南北走向的弯月形海湾。草堂湾第一期文化遗存的陶片比较丰富，分夹砂陶和泥质陶两大陶系，以夹砂陶为大宗，约占总数的92%，泥质陶较少，仅占8%左右。夹砂陶以红褐色为主，灰黑陶、红陶次之。泥质陶有米黄、红、灰赭色。胎土多未经认真淘洗，普遍夹有细砂。

陶器纹饰有绳纹、细绳纹、麻点纹、条纹、贝划纹、编织纹、压印纹、戳印圈点和镂孔。陶器均为手制，流行圜底器、圈足器，器种有釜、圈足盘、罐、器座等。草堂湾一期出土的石器有尖状器和砺石等。

珠海平沙棠下环遗址位于珠海平沙区马尾的东南坡，遗址的第5层为新石器时代堆积。属于这一期的陶器夹砂陶占2/3以上，其余为泥质陶。

夹砂陶陶胎较薄，胎质粗松，火候低，含砂多，孔隙大。以灰黑色胎陶为大宗。极少红褐胎陶。纹饰以细密的绳纹居多，也有戳印、刻划等纹饰。器物多为手制，以泥片贴塑法为主，可辨认的器种主要有釜。泥质陶胎薄质软，火候低，胎色以橙黄为主，次为橙、灰白。素面较多，另有红褐色的彩绘、刻划、戳印、镂孔等装饰纹样。可辨认的陶器有彩陶圈足盘。该期还出土了一些圆饼形石器。珠海、澳门地区新石器时代晚期至夏商时期的代表性遗存有后沙湾遗址第二期、草堂湾第二期、平沙棠下环、高栏岛宝镜湾、棱角咀、东澳湾、水井口、西瓜铺、老虎沟。这一时期的陶器组合虽仍然为釜、罐、支脚、器座、豆、杯、钵、炉箅，但是开始出现印纹陶、石镞、纺轮等。陶器以手制为主，也出现一些轮修或轮制陶器。

后沙湾第二期文化（遗址 2、4 层）陶器，夹砂陶占绝大多数，以灰黑、褐色为主，泥质陶有灰、橙黄两色。器表纹饰有绳纹、条纹、长方格纹、叶脉纹、凸弦纹、刻划纹、戳印纹、方格曲折纹、云雷纹、曲折纹、方格条纹、附加堆纹等；陶器种类有釜、罐、器座、支脚、箅形器等，以釜为大宗，器物多属泥条盘筑法制成，釜罐类的口沿见轮修迹象。石器发现较少，有锛、凿、网坠、石球、穿孔石饰、砺石等。该期中的第 4 层陶片热释光测定年代为距今 3898±390 年。

草堂湾第二期遗存出土遗物较少，陶器以夹砂陶为主，占 87.5%，余为泥质陶。夹砂陶质粗胎厚，所掺砂粒粗细不匀，陶色以灰黑色和褐色为主。泥质陶有灰陶、橙黄陶两种，胎质薄，普遍夹细砂。纹饰有绳纹、条纹、曲折纹、方格纹、长方格纹等。主要器种有釜、钵、罐、豆、器座、箅形器等。器物多为手制，釜口部有轮修，陶器烧造火候比第一期高。石器有锛、陶拍、网坠、石锤、石球、穿孔石器、砺石等。

宝镜湾遗址面积达 2 万平方米。根据第二次发掘材料，遗址可分为 4 个大的地层。陶器以夹砂陶为大宗，占总数的 95%以上，泥质陶较少。陶器纹饰以刻划最具特色，主体花纹以水波纹为主，还有目纹、S 形纹、圆圈纹、弦纹、斜线纹，以及由这些纹饰组成的图案。此外，还有叶脉纹、附加堆纹、曲折纹、橘皮纹、凸弦纹、席纹、方格纹、戳印纹、圈点纹、梯格纹，少量的镂孔、菱格凸点纹，篮纹在一些质地较硬的泥质灰陶上也常使用。陶器种类有釜、罐、豆、钵、盘、杯、筒、器盖、碗、器座、盆、鼎等，陶器多圜底器、圈足器，少平底器、三足器。遗址最底层出土的陶器有明显的后沙湾一期的因素，出土的2件泥质灰白陶彩陶圈足盘，在戳印的花纹槽内填红彩。但其大部分遗存的年代当在后沙湾二期。该遗址中出土石锚以及大量的网坠、沉石等捕鱼工具，还有石镢、梯形石斧、有肩石斧、梯形石锛、双肩石锛、有段石锛、石刀、石球、石棒、砺石等。

棱角咀遗址3、4层为未被扰乱的文化层。陶器以夹砂陶为大宗，占总数的91.59%，以灰色为主，陶色不匀，或为灰中杂褐色，或灰中杂黑色。夹砂陶以粗绳纹为主，还有少量大方格纹、蓖点纹和素面纹；泥质陶以橙黄色为主，纹饰主要为各种几何纹，拍印规整，种类有曲折纹、小方格纹、云雷纹、圈点纹、弦纹、镂孔、圈点弦纹组合纹和圈点曲折组合纹等。陶器烧造火候不高，但造型较为规整，手制、轮制兼用，流行圜底器、圈足器，不见凹底器、三足器，器种有釜、罐、盘（豆）、器盖、器座、小杯、炉条和纺轮等，以釜为大宗。石器种类有锛、砍砸器、球、锤、砧、砺石等。

珠海南沙湾遗址中夹砂陶占90%，砂褐陶为主，又有夹粗砂和夹细砂之分。以绳纹为主，素面和条纹次之，还有少量篮纹和篮、绳组合纹，制法一般采用泥条盘筑法；泥质陶多为橙黄色，陶胎松散，偶见火候较高的陶片。纹饰有重圈凸点纹、曲折纹、云雷曲折组合纹和菱格凸点纹和弦纹，还出现少量几何印纹陶。陶器种类有釜、罐、钵、豆和炉条等，石器有斧、铸、网坠等。

平沙棠下环遗址属于这一时期的文化遗存相当丰富，有灶坑、石器加工作坊、石砌活动面等，出土有石器、陶器、玉器、水晶器。陶器中夹砂陶占总数的80%以上，胎质粗松、火候不高，灰黑陶占90%以上，还有少量红褐陶。

纹饰以交错绳纹为主，有的压印橄榄状槽痕。

此外尚有曲折纹、凹方块纹、篮纹、叶脉纹、弦纹、编织纹等，陶器均手制，釜类的口部有的经过轮修。

以圜底器为主，有釜、钵、豆、罐、烤炉、炉箅、支脚、器座等；泥质陶胎质较软，多为橙黄陶、橙红陶，也有灰白陶和黑皮陶。常见的几何印纹陶纹饰有菱格凸点纹、曲折纹、长方格纹、叶脉纹、云雷纹等，主要器种有折肩罐、圈足罐、圈足盘、豆、钵等，流行圈足器。石制生产工具主要有网坠、镢、斧、铸、凿、刀、锤、砧、砺石、磨石、石范、圆饼等；武器有戈、矛、镞等；装饰品有环、坠饰以及半成品和废料等。

珠海平沙水井口遗址分为5层，其中第3、4层为新石器时代晚期遗存。陶器90%以上为夹砂陶，种类有釜、豆、罐，泥质陶不足10%，仅有罐一种。制法为手与轮制兼用，纹饰以绳纹为大宗，还有条纹、复线菱格纹、刺点纹、指甲痕纹等，石器中有锛、网坠、钻、凹面砾石等。遗址中还发现一个由3块大砾石组成的品字形烧灶，灶内残存炭灰和破碎的陶釜。

东澳湾遗址中发现一些似为陶窑遗迹的烧土和堆石遗存；陶器以夹砂陶为主，占93.23%，纹饰以粗绳纹为大宗，也有少量的条纹、方格纹、梯格纹；泥质陶流行曲折纹、叶脉纹、云雷纹、方格纹、涡云纹等几何形印纹，陶器种类有釜、罐、钵、豆、三足器、支脚、炉条、纺轮等，以釜的数量最多，且可分为翻沿釜、侈口釜、窄沿釜、宽沿釜等4种。石器多通体磨光，有石斧、钵、凿、矛、网坠和石环等，还发现一件穿孔蚌器。第3层。陶片的热释光测定年代为3570±180年。

三

对事物特质的把握，往往需要从各个不同的层面入手。珠澳史前文化作为中华古文化的一个重要组成部分，从大的区域看，属于以鄱阳湖—珠江三角洲为中轴的南方地区；但如果在这一区域中再进行深一层次的研究则可以发现，岭南地区与鄱阳湖赣江流域地区又有其各自的特点，可以进而分为两个不同的区域。在新石器时代中晚期，岭南地区的粤西北地区文化圈与狭义的珠江三角洲区域文化面貌又有明显的差异，同样可以分为两个区域；由于环珠江口地区的沙丘遗址与珠江三角洲中段的贝丘遗址在经济形态和文化面貌上的某些不同，一些学者主张在此基础上进一步划分出环珠江口文化圈。关于珠澳地区史前文化的源头，应该主要还是岭南地区早期文化的继承与发展。

珠江三角洲地区陶器的组合主要是圜底器、圈足器，如釜、罐、钵、豆、器座、支脚等。陶器烧成温度不高，后沙湾第 6 层泥质白陶片和泥质红陶片，经测试烧成温度为 650 摄氏度。陶器均为手制。学术界早就注意到，石峡遗址下层出土的 3 万多片陶片中“圈足盘占四千多片……这类镂孔矮圈足盘的形制与珠江三角洲沿海一带新石器时代中期的矮圈足盘、彩陶圈足盘颇为相似”[20]。一些学者直接指出：“存在着这么一种可能，即新石器时代早期，生活于西北江流域的先民们，随着自然环境的变化和生活环境的变化，一部分先民，从西、北江流域顺江而下，来到了珠江三角洲。”[21] 同时，我们也无法否认这一地区与长江中游地区的某些联系，珠澳地区出土的一些彩陶、白陶，与大溪文化汤家岗类型的同类器物有着明显的相似之处。一般认为“当与长江流域的大溪文化有关，因为两者的时代、分布区域和文化因素等都比较接近，尤以陶器中的彩陶和白陶具更多的共性”。不过，“大溪文化也只能是源头之一”[22]。何介钧先生进而就彩陶与白陶的传播路线做了研究，认为大溪文化的因素是从沅水转道西江往东南推移，进而到达环珠江口地区的[23]。在沅水流域早于或相当于大溪文化时期的诸遗址中均出土一定数量的彩陶，且在广西屏南县石足山遗址出土大量上红陶衣的陶片，刻划和戳印的平行弦纹、短线段纹、波折纹、蓖点纹，“其图案和风格接近于洞庭湖区大溪文化，更接近于沅水流域，也相似于环珠江口各遗址所出”，在西江流域的高要蚬壳洲遗址出土了与珠江三角洲相似的彩陶。可惜这两处遗址的年代都没有早于环珠江口地区的彩陶文化遗存的迹象，如果年代上能明显早于环珠江口地区彩陶文化遗存，则说服力更强一些。而且，还有一个现象值得注意，也就是在环珠江口彩陶遗存的分期排队中，在珠江口西侧偏南的澳门黑沙遗址，较稍偏北的后沙湾遗址、中山龙穴遗址年代还更早；似乎有由南渐北的感觉，在珠江口东侧也有类似的情况。

创造澳门黑沙下文化层的先民与创造珠海后沙湾一期的先民都在泥质

陶表面精心彩绘图案，都生产和使用一种白陶盘和经彩绘的圈足镂孔盘，采用的图案都主要表现流水和浪花，反映了对水的向往和崇敬。

澳门发现的古文化遗址与环珠江口地区一致，居址都选择在海湾沙丘或沙堤上，其湾口多向东、东南、西南方向，居址附近有可饮的淡水（山泉、溪流），遗址中的包含物不像中原地区那样丰富，从陶器的组合来看，以夹砂陶釜为主，兼有罐、钵、盘等，并可以分为对应的几个期，其文化发展是同步的，风格也明显相同。一方水土养一方人，珠海、澳门史前时期先民靠海为生，主要经济活动是打鱼，珠澳地区古遗址中出土的网坠数量相当多，在珠海高栏岛宝镜湾遗址发掘揭露的近 500 平方米中，出土各类网坠达 900 多件，珠海平沙棠下环遗址揭露面积 1500 平方米，出土网坠达 800 件，这些网坠大都是用天然的河卵石制成，在椭圆形扁平的河卵石两侧琢出两个小缺口用以缚绳，网坠的大小不一，一般长 7~10 厘米左右，较大的有 20 厘米，小的仅 4 厘米。有的较大的网坠在两端的两侧琢出 4 个用于缚绳的小缺口。也有一种凹槽形网坠，这种网坠较扁平的猪腰形网坠稍厚，在石头的中部琢出或者磨出一道凹槽用以缚绳。当时的先民还使用过围网，并可能使用过拖网或刺网。

在珠海宝镜湾等遗址中出土一种较一般网坠厚重的网坠形石器——沉石，许多沉石的制作较一般的网坠更为考究，表面光滑，器形规整，椭圆形卵石的腰部琢磨出一道便于系绳的凹槽。这类沉石系于网上沉于水底，用于加固渔网。

在珠海高栏岛宝镜湾遗址和平沙棠下环遗址，相当于后沙湾二期的文化堆积中，都有石锚出土。在珠海荷包岛、香港涌浪遗址、香港大屿山沙螺湾呷角东侧，都有石锚发现。其中较大的一件石锚（98ZBT6：27）为椭圆形，花岗岩质，腰间凿出一道深深的槽，长径 33、短径 27、厚 14 厘米，重 18.5 千克。珠海及环珠江口地区发现的距今 4000 年左右的石锚，是中国南海目前所见最早的石锚[24]。

我们不能想象珠澳史前先民整天都是吃鱼，除了打鱼之外，采集和狩猎也应该是重要的食物来源。首先是贝类的采集。在珠江三角洲中段的佛山、东莞、新会、中山北部一带分布的史前文化遗址大都是贝丘类遗址，先民们食用后抛弃的贝壳堆积成山，形成这一地区古文化遗址的一大特点。

珠海地区虽然没有发现成堆的贝壳类，但宝镜湾等遗址中出土不少用于开启蚝壳的尖状石器——蚝蛎啄。这类石器大都为打制而成，为变质粉砂岩质，长条形，一端打成尖状，另一端也经加工以便把握，有的在尖部打磨。除牡蛎之外在环珠江口地区还有很多可以食用的软体动物。由于这一带地处亚热带地区，“三冬无夏，四季长春”，岛上的植物相当茂盛，有许多可以食用的植物根茎和果实，其中板栗之类的硬壳果实常常被先民所食用。遗址中出土大量“凹形石器”和石砧。凹形石器为一种椭圆形的手握工具，在相对平整的一面凿出一个浅窝，在浅窝周围一般有明显的使用中形成的麻点痕迹。

石砧的形体稍大于凹石，也是在石头上琢出一个浅窝，硬壳食物放置于其上不至于滚动，在浅窝的周围也有明显的使用痕迹。在稍晚的遗址或堆积中还发现石镞和石矛，在宝镜湾等遗址中还出土过通体磨光、锋刃锐利、横断面为扁平和三棱形的箭镞。这样规整的箭镞，说明当时的弓箭有相当的威力。珠江三角洲史前时期的野生动物较多，而鹿和猪则常常成为先民的美餐，至于山鸡、野兔，则现在岛上都时常可见。

农业经济也是珠澳先民经济的重要补充。在珠海宝镜湾遗址发现多件用于掘土的大型石镢，数量众多可能用于研磨脱壳的圆形、椭圆形、长条形的石磨球、石磨棒和石磨盘等。在香港、深圳等地多处类似的沙丘遗址中出土石犁和石磨棒等碾米工具，这类物品被当作农业经济的一个重要证据。珠澳先民当时的农业情形，现在难得其详。但文献记载，远古时期这里的农业中有一种骆田，也就是后人所说的架田。南北朝时北魏著名地理学家郦道元《水经注》引《交州外域记》记载：“交趾昔未有郡县之时，土地有雒田。其田从潮水上下，民垦食其田，因名曰雒民。”清代《汉唐地理书钞》辑收失传的晋代裴渊《广州记》云：“交趾有骆田，仰潮水上下，民垦食其田。”珠澳地区史前先民能制作较精致的玉石器。在澳门黑沙遗址发现水晶、石英质的环、玦及半成品、原料，大量的制玉工具如用于磨光表面的各种不同粗细的砺石，以及与制玉有关的作坊遗迹。在澳门路环村、竹湾也都发现环、玦残器。在珠海高栏岛宝镜湾遗址、平沙棠下环遗址中都有大量玉石、水晶器出土，出土玉石圭、玉石钺、环、玦、璜、坠饰，以及半成品、石料、制玉工具等。东澳岛遗址出土残石环。鸡山遗址、南屏烟墩环遗址、横琴红旗村遗址曾采集到多件石芯、石环。先民们已经掌握从玉石的鉴别、采集、开料、琢磨、加热、研磨、钻孔到抛光一整套相当专业化的工艺流程。从澳门黑沙、珠海宝镜湾遗址发现的玉石器作坊和出土的玉石制品的数量来看，这里生产的物品还不只是为满足自己的使用，有可能用来交换。

珠海、澳门地区都发现有先秦时期的岩画。在珠海宝镜湾遗址周围，发现 4 处、6 幅岩画，其中最重要的岩画为藏宝洞东壁岩画，该画高 2.9、长 5 米，画面以云集于海面的船为中心，刻画出舞蹈和祭祀场面。徐恒彬先生认为这是“祈求祖先和神灵保佑在海上航行平安、捕捞丰收、氏族兴旺”，与宗教、信仰和祭祀有关的岩画[25]。也有学者直指宝镜湾岩画为“古越人平安航海祈祷图”[26]。海湾沙丘遗址的研究，是一个世界性的课题。在一个相当长的时期，学术界将这类遗址均定为季节性的居址。但是，近年来这种认识有所改变。一些学者意识到，起码在环珠江口地区的一些海岛海湾遗址上曾经有人类定居[27]，因从这一类型文化遗址的生态环境、经济状况、住房形制、制陶工艺、石器生产、纺织、玉石器等装饰和礼仪用品，以及夏商时期的铸铜等诸方面综合来看，这种观点能够成立，而且这一地区越来越多房屋基址、手工业作坊、墓葬的发现更坚实了这一观点的基础。在沙丘遗址的发掘与研究中经常见到间歇层，也就是地层堆积中，在上下两个文化层之间，存在着一层或若干层不包含文化遗物的纯土层，学术界也一度把这一现象作为沙丘先民季节性居住的一个证据。实际上，间歇层的形成有突发性堆积和缓慢堆积两种，而在缓慢堆积之中往往有一次或多次突发性堆积，它与先民是否是季节性居住并无直接的关系[28]。另外，西樵山石料石器有少量在环珠江口地区出现，也与季节性居住无必然联系。有人定居，才有利于形成自己特色的文化。早在距今 6000 年以前，在环珠江口地区的一部分海岛、海湾沙丘上，已经有一些相对稳定的先民，他们依靠海洋，征服海洋，创造和积累了丰富的海洋生活的经验，这些粤北地区先民甚至与更远的长江流域先民有着血肉联系和广泛的文化交流，他们开垦了珠澳大地，创造了具有特色的海洋文化。

注释：

[1] 广东省博物馆：《广东中部低地区新石器时代遗存》，《考古学报》1960年第2期。

[2] 朱非素：《珠海考古研究新成果》，《珠海考古发现与研究》，广东人民出版社，1991年。

[3] Field，*Survey of Coioans*,《香港考古学会会刊》第4期，Kelly w. 1973.

[4] 邓聪、郑炜明：《澳门黑沙》，田野考古报告，香港中文大学，1996年。

[5] 杨耀林、徐恒彬：《珠海拱北新石器与青铜器遗址的调查与试掘》，《考古》1985年第8期。

[6] 《珠海、澳门新石器时代与先秦古遗址一览表》，见本书第63页。

[7] 李岩等：《广东珠海市淇澳岛东澳湾遗址发掘简报》，《考古》1990年第9期。

[8] 李子文等：《淇澳岛后沙湾遗址发掘》，《珠海考古发现与研究》，广东人民出版社，1991年。

[9] 梁振兴等：《三灶草堂湾遗址发现》，《珠海考古发现与研究》，广东人民出版社，1991年。

[10] 龙家有等：《香洲棱角咀遗址发掘》，《珠海考古发现与研究》，广东人民出版社，1991年。

[11] 邓宏文等：《珠海平沙棠下环遗址发掘简报》，《文物》1998年第7期。

[12] 张之恒、陈振忠：《珠海高栏岛宝镜湾遗址试掘简报》，《东南文化》1990年第2期。第一次发掘与第二次发掘的材料正在整理之中。（补注：2004年科学出版社正式出版，《珠海宝镜湾——海岛型史前考古遗址发掘报告》）

[13] 朱非素：《广东新石器时代考古若干问题探讨》，《广东出土先秦文物》，1984年香港出版。

[14] 李伯谦：《广东咸头岭一类遗存浅识》，《东南文化》1992年第4期。

[15] 邓聪：《大湾文化试论》，《南中国及邻近地区古文化论文集》，香港中文大学，1993年。

[16] 区家发：《浅谈长江中下游诸原始文化向广东地区的传播与消亡》，《岭南古越族文化论文集》，香港市政局，1993年。

[17] 李松生：《试论咸头岭文化》，《深圳考古发现与研究》，文物出版社，1994年。

[18] 曾骐：《环珠江口两侧的史前文化》，《东南亚考古论文集》，香港大学美术博物馆，1995年。

[19] 朱非素：《珠海考古研究新成果》；李子文：《珠海史前文化序列初论》。以上两文均见《珠海考古发现与研究》，广东人民出版社，1991年。

[20] 杨式挺：《石峡文化类型遗存的内涵、分布及其与樊城堆文化的关系》，广东省博物馆编：《纪念马坝人化石发现三十周年文集》，文物出版社，1988年。

[21] 古运泉：《从经济形态探索珠江三角洲先秦文化之源》，《东南亚考古论文集》，香港大学美术博物馆，1995年。

[22] 安志敏：《香港考古的回顾与展望》，《考古》1997年第6期。

[23] 何介钧：《环珠江口的史前彩陶与大溪文化》，《南中国及邻近地区古文化研究》，香港中文大学，1992年。

[24] 肖一亭：《南海早期石锚》，《澳门日报》1998年4月19~20；《世界学术文库》，第一集493页，世界学术文库出版社，1998年12月。

[25] 徐恒彬等：《高栏岛石刻岩画与古遗址的发现和研究》，《珠海考古发现与研究》，广东人民出版社，1991年。

[26] 姜永兴：《古越人平安航海图——珠海宝镜湾摩崖石刻探秘之一》，《海洋文化论集》，广东人民出版社，1997年。

[27] 肖一亭：《海湾沙丘遗址不应只是季节性的居址》，《东南亚考古论文集》，香港大学美术博物馆，1995年。

[28] 肖一亭：《关于岭南考古学研究的两个问题》，《南方文物》1998年第4期。

（原载《文物》1999年第11期）

珠海澳门史前史的重建

珠海与澳门半岛陆地相连，自古为南越之地。秦始皇统一中国，设立三十六郡，这里属南海郡，汉初属南越国，汉武帝时属番禺县，东晋时属东莞县，唐代设立香山镇，地点在今珠海山场一带，管理今中山、珠海（包括澳门）的大部分地区，南宋绍兴二十二年（1152年）设立香山县。明朝中叶以后，葡萄牙人租居澳门，鸦片战争后，葡萄牙依据不平等条约进一步侵占澳门。

珠澳地区在正史的记载少得可怜，犹如凤毛麟角。史料严重的失衡完全不能全面而真实地反映这一地区历史文化全貌。珠海、澳门史前史需要重建，地下埋藏的文物遗迹就是宝贵的史料，考古学研究为我们开辟了重建史前史的重要途径。

一、珠澳地区的考古发现与发掘

（一）澳门的考古发现与发掘

澳门的考古工作开始于1972年7月，当时香港考古学会的一些业余考古爱好者应澳门市政府的邀请，到澳门进行考古调查。在路环岛的竹湾、黑沙、黑沙北、路环村和九澳等五个地点发现了史前及唐宋历史时期的遗物[1]。在竹湾西部岩阴及谷地，发现了一些夹砂绳纹、夹砂几何印纹陶及风化的残玦饰。在黑沙南部也就是现在黑沙公园的范围内，发现带磨痕的砺石、细砾石尖状器、夹砂粗陶、几何印纹陶、汉至六朝的五铢钱、唐宋的青釉陶、清朝的铜钱等。在黑沙北部，除了发现粗砂陶和几何印纹陶外，还发现1件双肩石器和3件制作加工石玦环的钻磨砥石工具等。在路环村也发现有夹砂陶和印纹陶片，还有大残石玦（直径 7、内孔径约 4.6 厘米）和玉髓小刮削器等，在九澳（Khao）地点，同时也发现有夹砂粗陶、印纹陶及唐宋青釉瓷片。

这一发现给人一个明确的信息，澳门地区早在新石器时代晚期就已经有人类活动。

为了进一步探明澳门先民的历史文化，考古工作者在 1977 年以后，又先后四次对黑沙遗址进行发掘 [2]。

黑沙遗址位于澳门三岛中最南的路环岛东南角，这里风景秀丽，有一个自东北向西南延伸的沙堤。

1985 年 6 月和 1977 年 10 月，应澳门贾梅士博物馆的邀请，香港考古学会派巴德博士（BevelS.M）和秦维廉（Willam Mealham）副研究员为领队，对黑沙遗址进行两次发掘，揭露面积达 150 平方米，在这里发现了专门制造石装饰品“环饰物”的场所，发现了石英核材料、环和环形相套的半成品和 1 件完整的内缘凸起的石环（T 字形石环）。还出土了 1 件可以复原的彩陶镂孔圈足盘，及夹砂陶釜罐的口沿残片。陶器纹饰有绳纹、间断绳纹、曲折纹、席纹、细密突点纹等。在 1985 年的发掘中还发现了可分为两个不同时期的地层堆积。

1995 年 1 月，由澳门大学、澳门基金会，澳门海岛市政厅等单位筹划，香港中文大学中国考古艺术研究中心与澳门大学中文系的部分师生组成的考古队，对黑沙遗址进行了一次考古发掘 [3]。发现了一批水晶石环块及其原料，1 件完整的制作环玦的钻磨工具（内砥石）及生活遗迹。

（二）珠海的考古发现与发掘

1980 年，原广东省博物馆杨耀林、徐恒彬等先生在珠海市拱北的海滨一带，发现了新石器时代至商周时期遗址。这个遗址的南部连着澳门，延绵 1.5 千米的范围内都有遗迹遗物发现。广东省博物馆和珠海市图书馆联合考古队，选定地层保存较好的西瓜铺和老虎沟西南坡进行试掘 [4]，揭露面积 50 多平方米。出土了釜、罐、缶、尊、钵等陶器；斧、锛、网坠、石球、砍砸器等石器及 3 件作为装饰品的石环。这里曾出土 1 件青铜斧，器口长方，弯月形刃，近銎口处一道凸棱。

拱北遗址的发现与发掘，使珠海的考古学研究有了一个良好的开端。

1983 年以后，全市性的文物普查工作，使一大批史前古文化遗址被发现。1985 年在反复勘查的基础上，广东省博物馆会同北京大学考古实习队，对淇澳岛东澳湾遗址进行发掘[5]，揭露面积 140 平方米，发现了红烧土和石块组成的遗迹和大量陶器、石器。陶器以灰陶为主，夹砂陶占 93.23%，泥质陶占6.76%，夹砂陶以绳纹为大宗，少数条纹、方格纹、梯格纹，泥质陶流行曲折纹、叶脉纹、云雷纹、方格纹等。陶器种类有釜、罐、钵、豆、器座、支脚、箅形器（炉箅）、纺轮；石器磨制精细，多通体磨光，计有石锛、斧、凿、镞、矛、环、网坠等。石锛形制多样：有肩有段石锛、有肩石锛、有段石锛、梯形（常形）锛等。年代相当于中原的夏商之际。

1989 年，广东省博物馆对淇澳岛后沙湾遗址进行试掘[6]，发掘面积 108 平方米，地层堆积分 6 层，②、④、⑥层为含文化遗物的文化层，③、⑤层为不含文化遗物的纯土层（或称“间歇层”）。划分为早晚二期。第一期文化（第⑥层），仅见手制陶器一类。出土陶片比较丰富，夹砂陶占 54%，泥质陶占 46%，夹砂陶以褐色为主，器表以绳纹为主，少量编织纹和素面；泥质陶以米黄陶为大宗，红陶和白陶所占比例均很小，纹饰以彩绘为主，约占 34%，少量绳纹、细绳纹、镂孔、编织纹、刻划纹、压印纹等，彩陶饰赭红彩，纹样有条纹、水波纹、点线纹。彩陶花纹多与刻划纹、镂孔构成组合纹饰。器形器类有盘、釜、罐、钵、豆等。盘、釜居多。发掘者推定年代在距今 6000~5000 年之间。

后沙湾第二期文化（第②、④层），遗物以陶器为大宗。夹砂陶占 86.3%，以黑色和黑褐色为主。泥质陶以灰色居多。纹饰有绳纹、条纹、长方格纹、叶脉纹、凸弦纹、刻划纹、戳印纹、方格曲折纹、云雷纹、曲折纹、方格条纹等。器物造型仍流行圜底器、圈足器，有釜、罐、器座、支脚、炉条等。多以泥条盘筑法制成，有轮修痕迹。石器发现较少，有锛、凿、网坠、石珠、穿孔石饰、砺石等。发掘者推定年代在距今 4000~3500 年之间。

同年7月，对三灶岛草堂湾遗址进行了试掘[7]，揭露面积145平方米。发现了与淇澳岛后沙湾一期大致衔接的草堂湾第一期文化遗存。草堂湾遗址地层堆积分6层，③⑤⑥为文化层，②④层为纯沙土层，分为两期。第一期陶器均为手制，以夹砂红褐陶、灰黑陶为主，盛行绳纹麻点纹、条纹。刻划纹多与绳纹、条纹或镂孔构成组合纹样。陶器特征与后沙湾一期有许多相似之处。如器物组合基本相同，主要器类都是釜、钵、罐、圈足盘，纹饰和造形特征相似，但草堂湾一期不见彩陶出土，年代稍晚于后沙湾一期。

草堂湾二期与第一期之间有较大的缺环，陶器多属手制轮修，以夹砂黑陶和褐陶为主，陶器口沿加慢轮修整。夹砂陶绝大多数饰绳纹，泥质陶流行几何形印纹，时代相当于中原夏商时期。

1991年对香洲棱角咀遗址进行发掘[8]，揭露面积196平方米，陶器手制与轮制兼用，陶片断面呈“千层糕”状，当为贴塑法制成。以灰陶灰褐陶为主，夹砂陶流行绳纹，有少量大方格纹、篦点纹，泥质陶饰各种几何形印纹，拍印规整。

1994年以后，在珠海平沙棠下环遗址进行大面积发掘[9]，三次发掘，揭露面积近2000平方米。出土了丰富的文化遗物。从新石器时代到商周时期，这里的先民从爱好绘画，喜欢在陶器上绘彩，到精于制作玉石器。断续在此生活了几千年。

目前，仅在珠海境内发现的史前文化遗址就达77处（经正式发掘或试掘的9处）。由此可知，几千年前这一带居民点已是星罗棋布。

二、对珠海澳门史前史的初步认识

（一）珠澳远古文化同根

据地理学家的研究，在距今一万多年以前（7~1万年末次冰期），全球的气候比今天冷得多，终年积雪的区域比今天大三倍，海平面比现今低100多米。此后气温升高，海水迅速上涨到距今8000年左右，海水仍较现在低20多米[10]。那时珠海、澳门、路环、横琴仍当为相连的大陆。当时华南各地的先民光顾上述地区也是情理中的事。可惜由于海水继续上涨，大片土地被淹没，也许还因为考古工作不够细致，使我们至今都没有在珠海、澳门地区找到当时的人类活动遗址。

海平面达到今天的高度，并保持相对稳定的时间是距今6000年左右。而这时珠海三角洲尚未淤积至此，珠海、澳门与珠江三角洲相距颇远，其间为一很大的海湾，此后的一段相当长的时间，这里与大陆不相连，成为河口外的岛屿。

令人欣喜的是，距今6000~3000年间的人类活动遗址被大量发现。据统计环珠江口地区就达370余处[11]。考古调查与发掘研究证明，这一带先民的文化面貌有明显的共性。

创造黑沙下文化层的先民和创造淇澳岛后沙湾第一期文化的先民们都是一群爱好艺术的人们。他们在泥质陶表面精心彩绘图案，他们都生产和使用一种白陶盘和经彩绘的圈足镂孔盘。据杨式挺先生统计，在珠江三角洲和港澳地区，有9个县市共24个遗址出土彩陶镂孔矮圈足盘[12]。彩陶图案主要表现流水和浪花，反映了先民对水的热爱和崇敬。

创造黑沙上文化层的先民中，有一批善于制玉的能工巧匠。与此同时，在珠海平沙棠下环也有一批这样的先民。他们已掌握了玉石鉴别、采集、切割、打制、研磨、穿孔和抛光的全套工艺流程。

澳门所发现的古文化遗存，同环珠江口地区一致。这些先民大都将居址选择在海湾沙丘（或沙堤）上，其湾口多向东、东南和西南方向，居址附近有可饮的淡水（山泉、溪流），遗址的文化堆积一样较薄，并可以分为对应的几个时期，其文化发展是同步的，风格也明显相同。考古学界将珠江三角洲划成一个文化圈，与闽台文化圈、江浙文化圈、长江中游文化圈相对应，并根据其文化特点和延续时间，名之为“大湾文化”“涌浪二期文化”等考古学文化[13]。珠海、澳门的远古文化则是组成珠江三角洲文化圈的重要一环。

（二）珠澳地区远古时期有人定居

在珠江三角洲地区目前已发现上百处沙丘遗址。主要分布在珠海、澳门、深圳、香港，大多在珠江口的南端，而珠江三角洲中段，如中山北部、顺德、东莞、番禺等地则广泛分布着贝丘遗址，在粤北地区则全为山岗或台地遗址。在相当长的一段时期中，人们不相信沙丘上有人定居，在一些学者的论文中，在粤港的各大博物馆陈列中，都把沙丘遗址称之为“季节性活动遗址”。在香港，人们把这一时期的先民称之为“船民”。“以船只为家，他们经常登陆作短暂的居留”（《香港文物志》）。有的学者明确指出，沙丘遗址可能是冬春季节性聚落，每年到台风季节人们又回到大陆的大本营，甚至直接指出珠江三角洲中部的贝丘遗址就是沙丘居民的大本营。

1995 年，在香港大学召开的“东南亚考古研讨会”上，我们曾提出“沙丘遗址不应只是季节性活动居址”的观点[14]。从这一类型文化遗址的生态环境、经济状况、住房形制、制陶工艺、石器生产、纺织、装饰品特色和铸铜等诸方面加以论证，引起了热烈讨论。不少学者表示赞同。此后，随着香港、珠海、深圳、澳门等地众多房屋基址、手工业作坊、墓葬等的发现与公布，更加坚实了这一观点的基础。在四五千年以前，在环珠江口地区的海岛、海湾沙丘上，已有一些相对稳定居住的先民。他们开垦了珠澳大地，创造了较有特色的海洋文化。

（三）珠澳先民的生产活动

从珠海、澳门及环珠江口地区同时同类古文化遗址的考古发现与研究可知，原始社会晚期至相当于中原商周时期，生活在沙丘上的珠澳先民，主要的生产活动是捕鱼与采集，当时也当有一定的农业，在一段时期中还有较发达的手工业。

先民们捕鱼经常使用的工具是渔网。1994 年在珠海平沙棠下环遗址发掘 600 平方米，出土网坠竟有 400 余件。网坠一般采用椭圆形河卵石制成，在河卵石的两腰琢打出缺口以便系绳。先民们驾船出海，捕捞硬头石鳃、断斑石鲈、海豚、大魟鱼等。遗址中出土不少这些鱼类的遗骸。

为了生产的需要，先民们还制造出各种石质生产工具：斧、锛、凿、刀、石球、石锤、穿孔石器等。先民们制造这些石器首先是选择合适的石料，如变质砂岩、沙质岩、板岩、石英岩等，这些是本地大量存在的石料；也使用少量霏细岩，这种材料当采自南海西樵山。先民根据用途，将石料打制成坯，然后磨制成器。有的使用抛光技术。有的为了装柄和穿绳，使用了对钻技术钻孔。因而当时一些先民的石器既美观又实用。

先民们狩猎时主要采用的是箭镞和木棍，也可能使用过一种叫“摔器”的大型攻击器。它是先民们在磨制的大型穿孔石器上系一根藤，遇到攻击目标时持藤将穿孔石器飞速旋转，瞄准机会击之。这种工具除了在环珠江口地区使用外，在赣中地区也见出土过。

在深圳、香港等地的多处类似的沙丘遗址中出土石犁等农具和石磨棒、石磨盘等碾米工具[15]。在珠海出土大量石球，可能也是碾米工具。由此可知，当时珠海、澳门先民的经济活动中有农业生产。

珠澳先民在商周时期已开始使用铜器，虽然在澳门本土没有发现当时的青铜器，但在珠海及相邻的地区却有不少发现：出土铜器主要有铜刀、铜镞、铜斧等，而且还出土大量用于铸造青铜器的石范。1994 年春夏之际，广东省考古研究所在珠海棠下环遗址发掘出 1 件石范。该物出土被称之为“是对广东青铜时代考古的一大贡献”。因为这是广东地区目前唯一经科学发掘出土的石范[16]。与该范伴出的陶器、石器及地层关系，可以确定该物的年代范围。这件铸铜石范由粉红色砂岩制成，范长 14.2、最宽 5.6、厚 2.3 厘米，其中一面磨制平整，另一面呈弧形，两端磨平，顶端有浇铸口，为双面合范的一半。该范可以铸成铜斤，即长身斧，器长 11.2、刃宽 3.2 厘米。该范边缘部分呈灰黑色，当为实际铸造过铜斧的石范。在珠海地区，除平沙出土这件石范之外，在文物普查工作中还采集多件。淇澳岛亚婆湾遗址 4 件；南芒湾遗址 1 件，南屏白沙坑 1 件，斗门乾务镇缯船埔 1 件，东澳岛南沙湾 1 件[17]。这些石范大都为斧、凿类石范。其中不少有黑色的浇铸痕。说明这些物品曾经使用铸造过铜器。淇澳岛亚婆湾、东澳岛南沙湾、斗门乾务镇缯船埔遗址采集的铸铜石范与平沙棠下环的年代应当接近。淇澳岛南芒湾、南屏白沙坑所出石范的年代被认为属西周时期，稍晚于平沙棠下环。在紧靠珠海的中山南朗龙穴遗址，也曾采集到两种石范[18]，分别为斧、凿。以上情况说明：珠海、澳门先民，在距今3000多年以前已开始使用铜器，并能自己铸造青铜工具。

（四）珠澳先民的生活与风格

珠海、澳门的先民在海滨、海岛的沙丘（沙堤）中断续生活了几千年之久。这是令人十分惊讶的事情，然而，这一地区大量科学发掘材料、调查材料和科学测年数据证明了这一点。大量的出土文物和珍贵的历史遗迹，展示了距今6000~3000年间先民的沙丘生活情景。

由于沙丘活动性较大，要保存和发现距今几千年前的房屋遗存实非易事。但功夫不负有心人，在环珠江口地区的香港、深圳、珠海等地均发现与居住有关的柱洞、灰坑、红烧土块。香港大屿山东湾发现排列有序的柱洞和火塘遗迹。1992年在香港大屿山扒头鼓发现20多处砾石遗迹，发掘者推测："可能与房子遗迹有关，估计年代在距今4000~3000年之间。1996年在香港南丫岛大湾遗址，揭露出年代在距今6000~5000年间的两处比较完整的居住遗迹。"[19]分椭圆形居住遗迹和方形房子居住遗迹。发现排列有序的柱洞、火塘、红烧土，在居住面上出土大量陶器和石器等。在珠海香洲棱角咀遗址，发现倒塌的木骨泥墙的红烧土块。这些红烧土块一面抹平，一面夹有竹、木或芦条之类的印痕。类似的红烧土块，在1995年澳门黑沙遗址的发掘中也有发现且分布较广。"红烧土均为沙堤以外搬入的黏土经火烧变硬后形成…… 一面有抹平修整痕迹，另一面较粗糙。"[20]与这种迹象共存的是一组花岗岩石，其上散布着破碎的夹砂粗陶片。以上情况告诉我们：当时建房先是在沙丘上立柱，柱子承重，然后在编织的竹木或芦条间墙壁上敷泥，居住面和墙壁经火烧烤烘干。房子内一般有河砾石堆砌成的灶塘。有的在柱子下垫上碎砾石和陶片。

生活在沙丘上的珠澳先民的生活还是比较丰富的，陶器是他们主要的炊具和食用器，陶釜用于炊煮食物，陶罐用于贮藏食物，陶盘、陶豆用于餐食。

先民们也不满于赤身裸体，或披羽戴皮的传统，开始自己纺纱织布缝制衣服了。在许多遗址中发现用于纺织的工具——纺轮。在一些遗址中还出土石拍。一些学者认为：这些石拍与先民制造树皮布有关[21]。

先民们会造船，他们常以舟代步。这也是南方民族的一个特点，难怪古代文献中记载“胡人便于马，越人便于舟”（《淮南子·齐训俗》）。虽然在澳门、珠海等地未发现当时船的实物，但先民们刻在崖石上的图画中却能看到破浪前进的大船[22]。

通过众多的考古学家的辛勤劳动，我们认为重建珠澳史前史，不仅是必要的，而且是可行的。珠澳地区早在距今6000~5000年以前就有人类活动。这些先民中有善于绘画的艺术家，有善于制玉的能工巧匠，还能铸造青铜器。他们艰辛地开发着南海。在历史的长河中，这一带先民也曾闪耀过灿烂的光芒。随着工作的深入，我们对珠澳史前史的认识将会更清晰、更深刻、更全面、更丰富。

注释：

[1] Kelly W. 1973. Field. *Survey of coioans*,《香港考古学会会刊》，第4期。

[2] 杨式挺：《略论澳门黑沙史前文化与珠江三角洲史前文化的密切关系》、《澳门教育、历史与文化论文集》，《学术研究》杂志社，1995年。

[3] 邓聪、郑炜明：《澳门黑沙》，香港中文大学出版社，1996年。

[4] 杨耀林等：《珠海拱北新石器与青铜器遗址的调查与试掘》，《考古》，1985年第8期。

[5] 李岩等：《广东珠海市淇澳岛东澳湾遗址发掘简报》，《考古》1990年第9期；《珠海考古发现与研究》，广东人民出版社，1991年。

[6] 李子文等：《淇澳岛后沙湾遗址发掘》，《珠海考古发现与研究》，广东人民出版社，1991年。

[7] 梁振兴等：《三灶草堂湾遗址发掘》，《珠海考古发现与研究》，广东人民出版社，1991年。

[8] 龙家有：《香洲区棱角咀遗址发掘》，《珠海考古发现与研究》，广东人民出版社，1991年。

[9] 发掘报告尚未发表。（补注：《珠海平沙棠下环遗址发掘简报》，《文物》1998年第7期）

[10] 李平日等：《珠江三角洲一万年来环境演变》，海洋出版社，1991年。

[11] 邓聪、郑炜明：《澳门黑沙》，香港中文大学出版社，1996年。

[12] 杨式挺：《略论澳门黑沙史前文化与珠江三角洲史前文化的密切关系》、《澳门教育、历史与文化论文集》，《学术研究》杂志社，1995年。

[13] 对珠江三角洲考古学文化命名，目前尚无一致意见：除上述二种外，还提出了“咸头岭文化”“河宕类型文化”“后沙湾类型文化”等多种。

[14] 肖一亭：《沙丘遗址不应只是季节性活动居址》，《东南亚考古论文集》，香港大学，

1995 年。

[15] 深圳博物馆编：《深圳考古发现与发掘》，文物出版社，1994 年。

[16] 李岩:《广东青铜时代早期遗存诸问题浅析——从珠海棠下环出土石范谈起》，《东南亚考古论文集》，香港大学，1993 年。

[17] 珠海市博物馆等编，朱非素主编：《珠海考古发现与研究》，广东人民出版社，1991 年。

[18] 珠海市博物馆等编，朱非素主编：《中山历史文物图集》，中山市博物馆编，1991 年。

[19] 邓聪:《古代香港历史的新发现》，《历史研究》1997 年第 3 期。

[20] 龙家有:《香洲区棱角咀遗址发掘》，《珠海考古发现与研究》，广东人民出版社，1991 年。

[21] 邓聪等:《大湾文化试论》，《南中国及邻近地区古文化研究》，香港中文大学，1994 年。

[22] 徐恒彬等:《高栏岛宝镜湾石刻岩画与古遗址的发现与研究》，《珠海考古发现与研究》，广东人民出版社，1991 年。

（原载《东南文化》1998 年第 4 期）

从高栏岛宝镜湾遗址看珠澳史前先民的生产生活

从美丽的海滨新城珠海市区驱车向西南行 48 千米，沿着宽阔的珠海大道跨过磨刀门，越过鸡啼门再从南水经联岛大堤就能到达高栏岛。高栏岛四面环海，距大陆最近处（北水）9.1 千米。十多年以前，从市区到高栏岛要过好多次渡。一天之内要想来回相当困难，近年在岛上兴建码头，架桥修路，交通已十分便捷。

宝镜湾遗址就位于该岛的西南部。据说因海湾中有一块岩石上刻有一个圆形的“宝镜”而得名，它是南迳湾中的一个小湾。紧靠宝镜湾的是高栏岛风猛鹰山，山麓与沙滩相连，在高出水面 10~70 米的山坡地带，分布多处岩画，在 10~20 米高度的斜坡上广泛分布人类的遗迹遗物，是一处文化内涵丰富的古人类活动遗址，面积达 2 万余平方米。

宝镜湾遗址于 1989 年在珠海市文物普查中发现 [1]，1997 年珠海市博物馆进行小面积试掘 [2]，1998 年初与该年年底，珠海市博物馆与广东省文物考古研究所进行两次正式发掘，揭露面积近 500 平方米。同时，在该遗址的边沿地区也开了一些小型的探沟，以增加对该遗址的整体认识 [3]。1999 年初，北京大学严文明教授到珠海参观了宝镜湾遗址，指出宝镜湾遗址文物丰富而有特点，相当重要，可能填补珠江三角洲考古某些年代上的缺环，要好好研究整理以确立和完善这一地区年代序列。高栏岛宝镜湾遗址的考古，为我们研究和复原环珠江口地区史前时期的历史面貌提供了新的资料。

在该遗址发掘的 26 个探方中，多个探方都发现与房屋有关的柱洞。这些柱洞的人工痕迹十分明显。由于高栏岛以红砂岩为主体，宝镜湾遗址文化层之下大都是半风化的岩石，不少柱洞在风化岩上开凿，其中 T6 的 D13 就是在岩石上开凿出来的，在洞的底部还发现 4 个其他硬物凿出的小窝。宝镜湾遗址发现4个文化层，几乎各层之下都发现有柱洞。也有部分柱洞未挖到生土层，其中一些洞的底部垫有砾石（如T6D5），或在柱洞的两侧加石块、陶片用以加固。柱洞的直径在10~30厘米之间，也有个别柱洞的直径达到50厘米。深度在10~60厘米之间。在T6之中还发现一些直径在14~18厘米的石块，其平整的一面朝上、凹凸面朝下，相距一米多，这种情况是否说明当时明柱与暗柱配合使用？值得注意。由于遗址所在位置呈斜坡状，且在遗址中未发现明显的房是一平面，据此推测，当时的住房是一种立柱的干栏式建筑。由于该遗址的延续时间较长，同一地方反复多次建房，要分辨当时房屋的结构形状确实困难较大，不过从分布于T6和T12中的部分柱洞看，似乎有一种圆形的房屋。在遗址中发现零星的芦骨泥墙土块，说明当时建房已经采用了这一技术。在遗址的中部有一条从风猛鹰山上流下来的泉水，迄今仍长流不枯，在此建设珠海港的民工还有人以此作为饮用水，正是这股清泉在4000多年以前就在滋润着我们的祖先。除此之外，在遗址之中还有一条水沟，也是从山上往下流的水沟，不过在这里的先民居住了一段时间以后就把它填掉了。这条水沟正好通过T16和T20，从东到西从上到下流过。除了经流遗址的泉水之外，在高栏岛还有多处淡水，可谓“水源充足”。

高栏岛宝镜湾遗址先民的生产活动主要是捕鱼。在几次发掘揭露的近500平方米面积之中竟出土网坠1000余件。一些网坠还成堆放置，其中T10中出土一堆达38件，T11中出土一堆24件。从目前发掘的情况看，在宝镜湾遗址几乎平均每平方米的范围内就有两件网坠。这些网坠大都是用天然的河卵石制成，在椭圆形扁平的河卵石的两侧琢出两个小缺口用以缚绳，网坠的大小不一，较大的网坠长径近20厘米，一般的在7~10厘米，较小的长径仅为4厘米。有的较大的网坠在两端的两侧琢出4个用于缚绳的小缺口。也有一种凹槽形网坠，这种网坠较扁平的猪腰形网坠稍厚。也多为河卵石，在石头的中部琢出或者磨出一道凹槽用以缚绳。这些网坠无疑是用来使渔网沉入水中，起到压住网边的作用，不过，从网坠的重量看，当时的渔网，不会是我们现在见到的在河塘中打鱼，一甩手，网在空中张开，沉入水中后提起网绳，网边慢慢内收，将鱼打上来的那种渔网。较多的可能是一种围网，一群人，提着一条长长的网，在海边围成一道网墙，将鱼围住，然后再慢慢内收；也可能会有一种相对固定的围网，将网绑在插入水中的木桩或竹竿上，上部用一些葫芦之类的东西用以增加浮力，下部是网坠使渔网垂直接触水底，以防鱼从网下溜走。除围网之外，当时的先民还可能使用过拖网和刺网，在遗址中出土一种较一般网坠厚重的网坠形石器，其作用当为沉石。许多沉石的制作较一般的网坠更为考究，表面光滑，器形规整，椭圆形卵石的腰部琢磨出一道便于系绳的凹槽，这类沉石在宝镜湾遗址中出土了 20 多件，沉石系于网上沉入水底，用于加固渔网。在 1998 年初还发现 2 件石船锚，石锚呈椭圆形，花岗石质，腰间凿出一道深深的凹槽，其中一件长径 33、短径 27、厚 14 厘米，凹槽宽 2.5~4、深 0.5~1.1 厘米（98ZBT6:27），另一件石锚长径 20、宽 14、厚 7.5 厘米（98ZBT9②A:6）；珠海平沙棠下环遗址也出土过一件石锚，形体与宝镜湾遗址出土石锚相似，只是器形小于宝镜湾的大石锚；与高栏岛相距仅 3.5 千米的珠海荷包岛，在 1998 年底的考古调查中，发现 2 件古石锚，也是花岗岩质，一大一小，大的长径 23、短径 14 厘米，小的长径 19、短径 11 厘米，与珠海宝镜湾遗址出土石锚不同的是，石锚用于系绳的凹槽是围长径一周；在香港新界屯门涌浪和大屿山沙螺湾岬角东侧出土和发现过砾石石锚，其中涌浪出土的石锚长径 20 多厘米，重 12 千克；大屿山石壁东湾新石器时代遗址曾出土一件外形呈三角形的石锚[4]，一端有穿孔，长 16.4 厘米。中国在历史上曾是一个航海非常发达的国家，使用石锚是中国早期航海的一大特色，历史文献中有较多关于石锚的记载，但是石锚最初发明于何时，则没有明确的答案。人们在谈论中国早期航海的时候，经常提到的是 1955 年在广州先烈路出土的一件东汉时期的陶船[5]，该船的船尾设舵，船头吊着一件船锚。20 世纪 70 年代在美国曾发现过 3 件石锚，一起是两件，分别为圆柱形和正三角形，在加利福尼亚拉斯维得半岛的浅海里发现，另一件是在加利福尼亚的麦得西诺小岬附近由美国地质局“先锋号”调查船打捞上来的。美国学者莫里亚蒂博士据此推定：这是在哥伦布之前中国人横渡太平洋的证据，是中国人最先到达美洲。而珠海宝镜湾和香港涌浪遗址出土的石锚则是目前所见中国南海最早的石锚[6]。在遗址中我们还没有发现渔船残骸和船桨，这或许是由于工作没有做到家。由于我们现在发掘的地点，是在距海平面10米以上，根据海洋地理学家的研究，珠江三角洲早在距今6000年以前，海平面已接近到现在的高度。先民们打鱼回来，就近将渔船推上沙滩，而没有将船扛上山坡。而当时的沙滩，在早年的基建中已经破坏，我们没能在此进行考古发掘；或许是由于千百年的风雨剥蚀，宝镜湾先民的船只根本就没能保存至今，好在遗址范围内的石刻岩画中刻有多条渔船，使我们能够了解一些当时的船体情况。高栏岛四面环海，岛岸曲折，大都为垒石岸和岩岸，自然条件决定了这里的居民是以打鱼为主要经济，时至今日，高栏岛的村民都一直保留有“女耕男渔”的习俗，“女的在家种田，男的出海捕鱼。”

采集经济也是高栏岛先民食物来源一个重要组成部分，首先是贝类的采集，在珠江三角洲中段的佛山、东莞、新会、中山一带分布的史前遗址大都是贝丘类的古文化遗址，先民们食用后抛弃的贝壳堆积成山，形成这一地区古文化遗址的一大特点。珠海宝镜湾遗址虽然没有发现成堆的贝壳类，但是遗址中出土不少用于开启蚝壳的尖状石器——蚝蛎啄。这种石器大都为打制而成，为变质粉砂岩质，长条形，一端打成尖状，另一端也经加工以便把握，有的在尖部打磨。在环珠江口地区有许多可以食用的软体动物，除牡蛎外，浅海生的贝壳有蚶、角贝、管角贝、湾锦蛤、泊螺、小塔螺、塔螺、白樱蛤、樱蛤；潮间带至浅海生的有露齿螺、小榧螺、织纹螺、红带织纹螺、珍珠贝、栉孔扇贝等不少都可以食用。今宝镜湾遗址发掘中很少发现贝壳，估计先民采集了贝类物质后就近在水边进行加工，贝壳被水冲走，或被埋入沙底。高栏岛上的植物也相当茂盛，这里地处亚热带地区，常受南亚热带季风侵袭，有许多可以食用的植物根茎和果实，其中板栗之类的硬壳果实常常被先民所食用。遗址之中出土了几十件“凹形石器”，这类椭圆形的石器直径在几厘米至十余厘米，在相对平整的一面凿出一个圆形的凹窝，也有不少是用网坠制作而成，如标本T9②B:134，为紫红色轻变质粉砂岩的椭圆形河砾石，长9.8、宽6.2、厚3.2厘米，两腰琢打出一对缺口，为标准的网坠，但是，在其中部琢打出一个浅窝，在浅窝及其周围有明显的使用中形成的麻点痕迹。这件凹形石器的另一侧，被用来作为砺石使用。可以想见，这件石器首先是作为网坠使用的，然后再被用来当作锤打物品的凹石和磨砺其他物品的砺石。与凹石相对应，这里还出土石砧，形体稍大于凹石，也是在石头上琢出一个浅圆窝，硬壳食物放置于其上时，不至于左右滚动，在浅窝的周围也明显有使用痕迹。在遗址中还出土 3 件石镞，分别为页岩质、粉砂岩质，通体磨光，锋刃锐利，横断面分别为扁平和三棱形，残长 4.2~4.8、宽 1.7~2 厘米。这样规整的石镞，反映当时的弓箭具有相当威力。这种远射兵器在狩猎与防卫中都有重要的作用。珠江三角洲地区史前时期野生动物较多，而鹿和猪则常常成为先民的美餐，至于山鸡、野兔，则现在岛上都还时常可见，只可惜遗址中很少留下残骸。

除渔猎之外，宝镜湾先民还是有少量的农业作为补充经济的。我们这样说，首先是因为这里出土了一些可用于农业的生产工具，在遗址中出土 4 件掘土用的大石镢，这些石镢长度都在 30 厘米以上，宽度也有 9 厘米，均为打制，局部经琢磨，背部弓起，腹部平齐似大石锛，这种大型掘土工具的发现，使我们有理由相信这种可能的存在。此外，梯形石斧、有肩石斧、梯形石锛、双肩石锛、有段石锛也都大量出土。据本人统计，迄今为止宝镜湾遗址出土石斧 56 件，石锛 154 件，石锛中除去部分细小者不能用于掘土之外，有一部分可用于农业。值得提出的是，在遗址中还出土 9 件大磨石。以标本 T8②B:27 为例，为粉红色砂岩，长 33、宽 31、厚 8 厘米，两面都被研磨成凹形，中间的厚度现只剩 3.2 厘米，有的磨盘在长期的使用中被磨穿，例如标本 T19③27，原来的厚度近 7 厘米，中间被研磨到只有 0.4 厘米的时候磨盘断成了几块而报废。笔者认为，这些石磨盘完全可用来研磨脱壳。与磨盘相配套遗址中出土 30 件圆形、椭圆形和长条形的石磨球、石磨棒，其中大部分为花岗岩质，有大有小，大的如标本 T1③:103，长径 14、短径 12.5 厘米；小的如标本 T1②:41，长径 7、短径 5.5 厘米，表面因滚动摩擦而显得相当的圆滑，也有部分为滚动研磨与平面擦动研磨相结合，如标本 T1②:94，原椭圆形的磨石，两侧被磨出两个平台。磨盘磨球（磨棒）作为原始的谷子脱壳工具在宝镜湾出现，说明农作物是先民食物的重要组成部分。石磨盘和石磨棒在珠江口东岸、深圳的多处沙丘遗址中曾经出土过[7]。这类物品也被当作农业经济的一个重要证据。在宝镜湾遗址中还出土一些一般性的生产工具， 如石刀、石钻、石锤、石饼、石铲、石凿、穿孔石器、砺石等。宝镜湾遗址中出土纺轮4件，其中3件是陶纺轮，1件为石纺轮。陶纺轮为灰褐色夹细砂陶，剖面呈梯形，素面无纹，直径在3.2~3.7厘米之间，厚度在0.8~0.9厘米之间，孔居中间；石纺轮（标本T11②:54）为细砂岩，剖面也是微呈梯形，直径4.5 厘米。另有2件，原定为石纺轮，看来还要打一个问号，比如标本T1②:12，为灰白色砂岩，圆形，直径7.5、厚度1.2厘米，中间有穿孔，孔径0.8 厘米， 此器较一般纺轮稍大；标本T11②:111，为白色石英石质，形状与常见的石芯没有两样，在石芯的中间钻孔，而且孔心偏于一侧，此当为石玦之废品。在宝镜湾遗址中，没有发现三灶草堂湾遗址中出土的那种带条纹的石拍（原简报称之为陶拍，认为是用于在陶器制作时拍打绳纹和条纹的一种工具[8]，一些学者认为这是一种制作树皮布的工具[9]），而出土了一件两面饰有浮雕的四个同心半圆相套纹饰的石拍（标本T24②:19），这是一件砂质岩的石器，上部圆弧，下部方正，侧面琢磨出一道便于装柄的凹槽，这件石器恐怕不是树皮布拍，而是用于加固和装饰陶器纹样的拍子，因为在遗址的一些陶器上出现过相应的纹饰，且岩质疏松，经不起用力拍打。纺轮的出现，证明当时宝镜湾先民已经能够纺纱织布了。

在宝镜湾遗址的第二次发掘中，发现3座墓葬，均为土坑竖穴墓，除一座为清代墓葬之外，有两座与遗址年代相同。其中98ZBM2、M3的层位，为第②层下打破第③层，M2为一圆角长方形墓，墓口长100、宽60厘米，墓口距地表40、墓底距地表100厘米。墓中随葬2件水晶，1件刻划纹筒形杯。M3呈椭圆形，墓口长64、宽46厘米，墓口距地表60厘米，墓底距地表96厘米，在墓的填土中埋有2件石网坠和1件较一般网坠更大的沉石，在墓中随葬有1件玉石玦，1件陶釜，1件精制的石沉子，1件尖状石器和2件水晶石料。陶釜是一件经过实际使用的器物，其底部布满烟炱，明显被用来炊煮过食物，这件陶釜属夹砂灰陶，圆唇侈口高领鼓腹圜底，口径12.5、最大腹径18、高17.5厘米，据容积推测，用此釜煮食物，一次至多够2人吃饱。墓中随葬9件物品竟有5件属捕鱼用具，也从另一个角度说明其在经济中所占的比重。值得注意的是两座墓葬的面积都很小，且未发现人骨，葬式尚不明确，是祭祀坑也未可知，尚值得研究。

宝镜湾遗址中出土较多的红烧土块，有的地方红烧土的分布较集中且范围大，特别是在 T19、T20、T24 的第 3 层，这种迹象更为明显。经本人观察，这些红烧土块除少量为木骨泥墙的烧土块外，大多数为一种陶条形器的碎块。陶条形器均为夹砂红陶和夹砂灰陶，完整的陶条形器在试掘中曾经出土过，横剖面大都为长方形，或圆角长方形，标本 T2②:16 长度为 38 厘米，宽度为 4.5~6 厘米，中间稍粗两头细圆。也有的陶条形器更粗更长，如标本 T8②A:53，宽 8、厚 5.2 厘米，残长 22 厘米，估计完整时的长度将会超过 40 厘米。有部分陶条形器的表面压印或刻划横向直条纹饰。关于这种物品的功用，当时被认为是陶杵，即舂米工具，不过在笔者看来这种判断有误。陶条形器在该遗址中出土了几百件，仅 1998 年第一次发掘的 8 个探方中就出土了 155 件，从陶条形器的中间受火较多，多次加温，局部被烧成铁青色，而两头受火较少，联系到陶条形器上的压印或划出的直条，此物当与窑、灶有关。在遗址中曾出土过炉箅残片，类似的炉箅在珠江口东岸的深圳有发现 [10]，珠海的东澳湾遗址和前山南沙湾遗址中出土有炉箅条残片 [11]，可惜在宝镜湾遗址中没有发现可以确认的灶炕和窑床，是否当时在露天烧窑制造陶器？遗址中出土 2 件石支脚和大量的陶支脚，其中一件石支脚为砂岩质（标本 H28:2），残长 15 厘米，上部为不十分规整的圆形，直径 15 厘米，残长 15 厘米，支脚的内侧凿出一个等腰三角形的浅槽，下边为 5 厘米，两脚长 13 厘米，槽深为 0.5 厘米；另一件石支脚为花岗岩质，下部残，只剩上部，也是上小下大，下部为方形，上部为椭圆形，石支脚起码也要有三个才能成为一套，三个大石支脚将一个大陶釜顶起，以便在陶釜下加柴烧火炊煮食物。以往的古文化遗址中陶支脚较为常见，而石支脚不多见，宝镜湾遗址中的这类物品的出现，是否能说明这批先民有在此长期生活的打算？

宝镜湾遗址文化堆积较厚，最厚处超过 2 米，而且出土有丰富的文化遗物，这是在环珠江口地区其他遗址中所不多见的，它是先民们在此长期生活的一个记录。陶器中95%以上为夹砂陶器，另有少量泥质陶，陶器的种类除上文提到的陶纺轮、陶支脚之外，有釜、罐、豆、钵、盘、杯、筒、器盖、碗、器座、盆、鼎等。陶器以灰陶釜为大宗，相当多的陶片上都有一层火熏的烟苔，其中一件大陶釜的口径为41厘米，最大径达50厘米，用这个釜煮满食品，恐怕供20多人吃饱都没有问题。陶器的器形多圜底器、圈足器，平底器和三足器都很少见。值得注意的是，遗址中出土两件泥质灰白陶彩陶圈足盘，从标本ZBH22:4器形上看，为敞口斜壁浅盘，盘底呈弧形，可惜圈足残断，只剩半截，从胎质与花纹装饰看，与珠海后沙湾C型圈足盘（标本T2⑥:5）相似，盘身戳印凹弦纹与各种纹饰，而宝镜湾遗址所出土的这两件器物的戳印花纹槽内明显填红彩，类似的花纹装饰在香港深湾遗址中有出土。这种情况预示着宝镜湾遗址年代的上限可能接近后沙湾遗址第一期，当然宝镜湾遗址的刻划纹陶器十分丰富，其特点十分明显，划纹装饰的部位一般在器物的表面，有的器物在领口内侧也划有纹饰，主体花纹以水波纹为主，还有目纹，S形纹饰，圆圈纹，斜线纹以及由这些纹饰组成的各种纹饰。有的则刻得又宽又深，几乎要将陶器的壁刻透，也流行在一层薄薄的附加堆纹之上划出并行的条纹组成的图案，压印纹饰在宝镜湾遗址中也较为流行。有的陶釜在口与颈肩处压印并列的长条形纹饰，也有的在器物腹部压印一种双线米字纹，此外还有叶脉纹、附加堆纹、曲折纹、橘皮纹、凸弦纹、席纹、方格纹、戳印圈点纹、梯格纹，少量的镂孔，棱格凸点纹、篮纹在一些质地较硬的泥质灰陶上也常使用。有的陶釜在口沿上钻洞穿绳，这一情况告诉我们，先民的炊煮方法，除了以支脚支起陶釜外，也有的是以支架悬挂着陶釜，下面加火。除了大量的大小不等的陶釜之外，还流行一种侈口高领矮圈足陶罐，这种陶罐身饰压印的曲折纹，有的压印纹饰很深，特别清楚，有的在压印纹饰后又将其抹平，其圈足的高度一般不超过1厘米，且圈足是在器形制好并压印好纹饰之后，再以一圈泥条附加于其底，因而圈足内的器底也有纹饰。宝镜湾出土的豆有黑皮陶和红陶两种，喇叭形的圈足上制出二层台，有的干脆制成竹节把式的圈足，其中黑皮陶豆为敞口深腹，有的豆腹部与圈足上各饰一条凸棱纹，圈足上钻有对称的两孔，一些红陶豆与红陶豆的表面在施好红陶衣之后，又打磨光滑。宝镜湾遗址的大部分陶器是手制而成的，少量器物似经过轮修，说明当时的先民已经有了专业制陶工具。

宝镜湾遗址出土大量的玉石器、制玉工具、半成品及石料。玉石器的种类有环、玦、璜、平首圭、钺、穿孔石饰；石质有水晶、玉髓、脉岩、石英石、页岩、透闪石等。水晶玦出土 5 件，其中完整水晶玦有 3 件。水晶纯清透明，通体打磨抛光，采用对钻技术打钻。石玦 14 件，石环 20 余件，用于加工环、玦内孔的环砥石出土 14 件，各种石芯、石饼 50 余件，还出土大量的石料。宝镜湾遗址第 2 次发掘中出土 3 件石钺，其中 2 件为透闪石质，厚度不超过 0.4 厘米，形状、质地与石峡遗址出土的同类器相近，另也有粉砂岩质的石钺与平首圭，这些石钺和石圭均属于礼器。环砥石的石质有花岗岩、石英石、砂质岩和水晶等多种，磨砺各种玉石器和工具的砺石在遗址中出土 100 余件。毫无疑问，这里曾一度是个大型的玉石器手工业作坊[12]。宝镜湾遗址范围内发现 4 处、6 幅岩画。最大的一幅长达 5 米，宽达 2.9 米，内容相当丰富。这些岩画大都是刻在巨大的花岗岩上，花岗岩的硬度这么大，先民们到底用什么工具，采用怎样的方法开凿岩画呢？虽然这个谜底始终没有揭开，但是，我们并不怀疑先民的创造力，因为他们早就能把相同硬度的花岗岩石制作成石支脚、环砥石和石锚，从切割石料、打磨成形到凿出凹槽，先民们把花岗岩石玩于指掌之中，已是得心应手。

4000 多年前，一群渔民泛舟渡海来到了高栏岛。他们不知道围着这个岛转了多少圈，最后在宝镜湾边停住了桨。或许是这里的景色太迷人，或许是这里的鱼儿太肥美，这群渔民在这里抛了锚，将小船推上沙滩，就在紧靠沙滩的山麓砍树凿洞，建起了干栏式的房屋。可以肯定，这群人中有会“看风水”的智慧老人，因为这里的地形是西面临海，东南面的山坡正好可以抵挡来自东南的台风；一股常年不息的清泉从居址中间流过，满足他们日常生活的饮用淡水。他们在这里过上了以打鱼为主要经济的生活。这一群人可能就来自珠江口的其他岛屿，因为他们的日常生活用品以及工具与周边地区遗址中出土的同类器物明显有着相同或相近的风格，既体现一个时代的特点，也体现了环珠江口地区史前文化的地域特点，当然也有可能是一批远方来客，到这里之后，与这一区域的其他居民频繁交往，文化上达到一定的融合，但陶器表面的刻划纹饰丰富且具特色，表现出宝镜湾先民文化上的个性。这是一批有惊人的创造力和丰富海洋经验的先民，大量的网坠、沉石反映捕鱼业已经是规模生产；石锚的发明又显示出先民解决了水上停船技术。陶器是先民用来炊煮食物、盛食和储藏的主要生活用器，陶器表面的划纹、印纹、附加堆纹既起到了美化和加固陶器的作用，又表现出先民的思想感情和兴趣爱好。一些陶器做工考究，纹饰繁缛，或施陶衣或填红彩，或以慢轮修整，这时的陶工已经是训练有素。遗址中一批可用于农业的生产工具和脱粒工具以及大量陶器的使用，反映农业也是这批先民经济的一个重要补充。玉石器的制作也已达到相当专业化的程度，从玉石的鉴别、采集、开料、琢器、研磨、钻孔到抛光整套工艺一环扣一环，而且生产的数量也相当多，似不是简单的自己使用，原始宗教在先民之中也很流行，除了制造和使用礼器钺、圭之外，一部分玉石和水晶的环、玦也被当作礼品献给神灵。在遗址范围内分布多处岩画，这都是原始宗教信仰的反映。

作为宝镜湾遗址的发掘者之一，笔者在这里只是介绍部分材料和一些粗浅看法。随着对这一遗址发掘出土的遗迹遗物的整理研究工作的深入，随着对作为环珠江口先民的历史文化载体的实物资料中所蕴藏信息的全面释读，一定会有新的更大的成果面世，对此我们深信不疑。

注释:

[1] 徐恒彬、梁振兴:《高栏岛宝镜湾石刻岩画与古文化遗址的发现与研究》，《珠海考古发现与研究》，广东人民出版社，1991 年。

[2] 珠海市博物馆:《广东珠海市宝镜湾遗址试掘简报》，《东南文化》1999 年第 2 期。

[3] 广东省文物考古研究所、珠海市博物馆:《珠海高栏岛宝镜湾遗址 1998 年第一次发掘简报》，《广东省文物考古研究所建所十周年文集》，岭南美术出版社，2001 年。广东省文物考古研究所、珠海市博物馆编（邱立诚、肖一亭主编）：《珠海宝镜湾海岛型史前文化遗址发掘报告》科学出版社，2004 年。

[4] 吴伟鸿:《珠江口史前遗址分布规律》，《香港考古学会会刊》第 14 期（1993-1997）。

[5] 徐恒彬等:《南海丝绸之路文物图集》，广东科技出版社，1991 年。

[6] 肖一亭:《南海早期石锚》，《澳门日报》1998 年 4 月 19~20 日。

[7] 莫稚:《深圳市考古重要发现》，广东省博物馆编：《广东文物考古资料选集》第一辑，

1989 年。

[8] 梁振兴等:《三灶岛草堂湾遗址发掘》，《珠海考古发现与研究》，广东人民出版社，1991 年。

[9] 邓聪等:《大湾文化试论》，《南中国及邻近地区古文化研究》，香港中文大学，1993 年。

[10] 深圳市博物馆：《深圳考古发现与研究》，文物出版社，1995 年。

[11] 广东省博物馆等：《广东珠海市淇澳岛东澳湾遗址发掘简报》，《考古》1990 年第 9 期；赵善德等:《前山镇南沙湾遗址发掘》，《珠海考古发现与研究》，广东人民出版社，1991 年。

[12] 肖一亭：《岭南史前玉石器的初步研究》，《南方文物》1998年第 4 期。

（原载《南方文物》1999 年第 2 期）

鱼群的洄游与南海早期先民

21世纪初，考古人员对珠江三角洲地区新石器时代沙丘遗址的发掘，发现大量的住房基址、墓葬群、石器制作场、作坊及生产工具、生活用品、装饰品甚至礼器出土；随着香港沙下等遗址又发现大量稻属植物硅酸体、栽种的葫芦科硅酸体、甚至稻米[1]，这些实物资料足以说明该地区在新石器时代就存在农业生产，沙丘遗址上曾有人定居、环珠江口地区曾经有过一个相对独立的文化圈。本文对沙丘先民在鱼群的洄游时是定居、还是季节性移居的问题作进一步探讨。

大部分鱼类都有洄游的习性，洄游是鱼类对亍环境的一种要求，通过迁移，寻找到适应鱼种生存繁殖的环境。鱼的洄游可分为生殖洄游、索饵洄游和越冬洄游三种情况。生殖洄游也叫产卵洄游，即从越冬场向产卵场迁移；索饵洄游也叫育肥洄游，是从产卵场或越冬场向索饵场迁移；越冬洄游也叫适温洄游，即从育肥场向越冬场迁移。鱼类的这种洄游，具有明显的规律性，鱼儿结群由某一处出发，沿着一定的路线进行有规律的、有周期的群游。

鱼类的这些生活习性，很早就有人观察到，并试图探索其与古人类文化的关系。20世纪60年代，香港地质学家苏泽霖在《地貌与考古学》中指出："沙丘遗址应属于渔捞的生产方式为主，香港海湾沙堤遗址多集中在西南部的岛屿，如大屿山、长洲、索罟群岛等，因此又与渔场分布有密切关系，因为捕鱼有季节性，鱼群又和海洋的流向有关，可以通过渔场捕捞的季节来推定海岸遗址所停避的时间。"[2]

近年还有学者提出，各渔场汛期皆异，假如史前遗址与渔业有关，那么，其四周聚落居停季节便有不同了。鱼类洄游受水温、盐度等因素左右，所以网捞某几种鱼类必然出现季节性迁移。于是出现逐鱼群而居的生活，因此各岛屿和大陆沿岸部分聚落有可能是季节性的。这些分析推演出这样一种情形：一群以打鱼为生的人，由于鱼的季节性洄游，打鱼人也跟着作季节性迁移。笔者认为，这种季节性迁移现象是有前提的。从时间上看，在先秦时期的适应性有限；从范围和程度上看，不能由此推导出南海的沙丘类型遗址是季节性居址。

生活在这里的人都要知道，南海北岸及海岛海湾附近，一年四季之中都不乏食物资源[3]，不需要为找食物随季节迁移；另一方面则受生产力水平的限制，当时生产工具简陋、渔业知识缺乏，为追随某几种经济鱼类，生产力水平还达不到使渔民在船上随季节性迁移的要求。

一、鱼群的季节性洄游，不影响渔民长年打鱼

鱼群有洄游的习性，但是不同的鱼种有着自己的洄游的周期、路线和场地，南海北岸特别是环珠江口地区，长年不乏鱼类资源。中国沿海自北向南划分为渤海、黄海、东海、南海四个海区，跨越温带、暖温带、亚热带、热带四个气候带。中国近海大陆架宽广，有长江、黄河、珠江、辽河等大小 5000 多条河流汇入。发源于台湾东南赤道海域的暖流，即著名的“黑潮”，自南向北流经中国海域，与北方的沿岸寒流相交汇。这样优越的自然条件造成中国近海的富饶渔场。中国近海渔场面积 150 万平方千米。主要渔场有：黄渤海渔场、吕泗渔场、大沙渔场、舟山渔场、南海沿岸渔场、东沙渔场、北部湾渔场、中沙渔场、西沙渔场、南沙渔场等。其中的黄渤海渔场、舟山渔场、南海沿岸渔场、北部湾渔场由于产量高，被称为中国的“四大渔场”。中国近海渔场有鱼类 1800 多种。主要经济鱼类 70 多种，包括大黄鱼、小黄鱼、带鱼、鲐鱼、鲳鱼、鳓鱼、鳗鱼、马鲛鱼、青鱼、鳗鱼、马面鲀、鲽鱼、石斑鱼、金枪鱼以及墨鱼（乌贼）、对虾、毛虾、梭子蟹、海蜇等。其中大黄鱼、小黄鱼、带鱼、墨鱼是中国人民喜欢食用而且产量较大的海洋水产品，被称为“中国四大海产”。

珠江口地区属于上述南海沿岸渔场，这里的鱼类资源十分丰富。珠江

是我国七大江河流域中最南部的河流。按照河川水量排序，珠江次于长江，位居第2位；按照河流生物和鱼类种属多样性排序，珠江高于长江，位居全国七大江河首位。根据水产部门的资料，中国内陆水域共有鱼类795种（包括亚种），珠江水系有鱼类381种（最新的统计有450多种），长江水系有370种，黄河水系仅有191种，东北黑龙江水系有175种，西部地区鱼类稀少，如新疆仅有50余种，西藏仅有44种。因而，珠江是我国陆地水域最富“生命”多样性的大江大河。此外，与珠江水系形成鱼类洄游关系的南海海域，生物种类资源也极为丰富。据《全国渔业资源调查和区划》统计，我国海洋鱼类有1694种。其中，南海北部大陆架海域的鱼类有1064种，东海大陆架海区的鱼类有727种，黄、渤海区的鱼类约有291种（其中常见的鱼类仅有159种）。不过，正如《珠海市志》所说，这一地区的“渔民千百年来习惯于在沿海各岛屿浅海山边作业，没有固定渔场”[4]。直到1957年8月，根据广东省委批转农村工作部《关于对待流动渔民若干政策问题的意见》对渔场所作的原则规定精神，珠海县首次制定渔场管理规则。从珠海的渔场看来，东起大鹏湾，西至荷包岛水深100米的水域，共有六个渔场，13个海区。总面积为1.52万平方千米，占水域面积2.7122万平方千米的56%。这里我们摘录有关珠海渔场的资料如下。

1. 内海渔场（即珠江口渔场）：从番禺县的龙穴岛南起至万山岛以西至荷包岛。渔场海区水深30米，主要产鱼类有曹白、马鲅、鲳鱼、红三，每年3~4月是鱼汛旺发季节，渔民俗称“三月水”，最高捕捞量为2万担。

2. 浅海渔场：从蚊洲底到荷苞横，水深30~40米的343、344海区是主要渔场位置。每年2~3月赤鱼群集，最高产量为10万担，这里每年8~10月又是鱼乃鱼的旺发季节，最高产量约有10万担。

3. 池鱼渔场：从万山至荷苞横，水深40~50米的344、371海区是主要渔场位置，每年1~4月是鱼汛旺季，本省渔船和福建、广西部分渔船近600艘，集中到这里生产。一般鱼汛期捕捞量为20~40万担，最高年产60万担，1980年以后鱼汛逐渐消失。

4. 中海渔场：万山横 40~80 米水深的 370、372、398、400 的 6 个海区是拖网作业的主要渔场，主产鱼类最大宗的是池鱼、南鲳、带鱼、目鱼、大眼鸡、红三、红线等；60~80 米水深的 398、399 两个海区还盛产羊鱼。渔场鱼汛分两期：春汛 3、4、5 月；秋汛 7、8、9 月。

5. 外海渔场：上 60 至二门外海 90~130 米水深 425、427、429 海区是主要渔场位置，这个渔场在 20 世纪 80 年代才开发，主要生产池鱼、丁鱼、红三、镁鱼、石斑等经济价值较高的鱼类，每年 7~10 月是鱼汛旺发期。

6. 虾场：蚊洲底至荷苞横 30~40 米水深的 343、344 海区是主要作业区，5~9 月为鱼汛期，每年在此海区作业捕捞量最高在 10 万担，同时 343、344 海区每年 4~6 月又是盛产鱿鱼的作业区。

以上六个渔场，13 个海区，最高年度捕捞量约 360 万担。此外，南水、横琴岛环岛四周浅海、淇澳岛浅海还盛产螃蟹；万山群岛、担杆列岛、高栏列岛盛产紫菜、江篱、海草等藻类；九洲、桂山等岛屿有贝类；各岛屿有石斑、立追、龙虾等经济价值高的鱼虾类。

广东地区渔场的划分与捕鱼工具的改进有较大的关系，根据《珠海市志》记载：1954 年以前，流动渔民只靠手摇橹、靠风帆出海生产。直到 1955 年，开始有很少一部分渔民使用机动渔船取代人力船和风力船。1957 年，机动渔船发展到渔船总数的 20%，60 年代，风帆被淘汰。

渔场划分之后的几年，渔网也进行了改进，以前用麻网，起网全靠人力。20 世纪 60 年代后，改用尼龙网，使用绞缆波起网。以前靠经验目测鱼群，60 年代后期，使用鱼探机。20 世纪 70 年代开始使用对讲机。海上与陆上可以互通鱼情，少数渔船还有雷达设备。20 世纪 80 年代使用无线电话、定位仪、导航仪等设备。

再看一看中山的相关材料。《中山市志》记载，明洪武二十四年（1391 年），全县共有渔户 2620 户，使用的渔具有大缯、小缯、缯门、竹箔、篓箔、滩箔、大箔、小箔、大河箔、小河箔、背风箔、方网、辏网、布箩、竹箩、鱼篮、蟹篮、大罟、竹箕等 19 种。

民国年间，中山捕捞作业使用的主要渔具有拖网、刺网、流网、张网、虾罟、拉罟网、插罟网、百袋罟、抛网、缯棚、缯、门缯、扒艇、大小钓具以及沉虾笼等。民国22年（1933年）有各种无动力渔船2004艘，主要在珠江口一带近海及内河捕捞鱼虾。30年代后期日军侵占珠江口一带后，肆行焚毁渔船，杀戮渔民。中山县的渔船相继逃至香港、澳门一带躲避。民国27~28年间，被日军焚毁渔船39艘，被害渔民达数十人。民国28年全县渔船减至600艘。

对于几千年前的海岛居民来说，沿岸的鱼已经足够其食用，没有必要到较远的地方去捕鱼。根据《珠海市志》记载："珠海20米等深线以内的海区，多港湾及岛屿，是各种鱼类、虾类产卵繁殖生长区，总面积1231平方千米。该区海底平坦，以软泥为主，亦有部分泥沙底质，沿岸受内陆河流入海的影响，有大量的有机物，饵料丰富，盐度较低，盐度变化与径流量多寡相关。主要鱼类有马鲅、鳓鱼（曹白）、鲥鱼（三黎）、棘头梅童鱼（黄皮）、七丝鲚（马鲚）、中国鲳（白鲳）、斑鰶（黄鱼）、鱲类、红眼鲈（盲曹）、石斑、狼段虎鱼（鱼乃鱼）、中华青鳞（青鳞）等。甲壳类有墨吉对虾、近绿新对虾、周氏新对虾、清蟹等。该区年产量35万担。"

近年来，随着捕鱼工具的改进，捕鱼技术的提高，捕捞强度超过了资源的再生能力，破坏了区域海洋生态平衡，优质鱼逐年减少。在古代，由于受产力水平限制，捕鱼还不足以对自然生态造成较大的破坏，加之没有农药，没有工业污水排放的污染，在沿岸环境给了鱼类良好的生存空间，特别

南海鱼类资源丰富

是在海湾地区，更是鱼类的良好栖息地。可以想象当时的鱼类资源是多么的丰富。

二、海岛上至今还生活着一群以打鱼为生的渔民

目前，在珠江口外的海岛上，还生活着以一家一户为单位的打鱼为生的渔民[5]。从他们独特的生活方式中，可以看到古老先民的生活影子。1998年至2000年，笔者对该地的渔民作了调查。高栏列岛位于珠海市香洲区西南部，主岛高栏岛距香洲48千米，扼崖门、虎跳门、鸡啼门的入海口，东面隔海与万山列岛相望，北邻南水岛，西临台山，南为南海。总面积为52.8平方千米。由高栏、荷包、大襟、大芒、三角山等5个大岛和29个小岛组成。是珠江以西的重要列岛。该列岛中高栏岛面积最大，故取名。整个岛屿面积35平方千米。该岛水源充沛、土地肥沃、食品丰富，是人类的良好栖息地。

高栏村的成年男人除了少数人进城做工外，大多数都是渔民。渔民陈国民告诉笔者：他们祖祖辈辈都在高栏岛周围打鱼为生，村里的渔民以前使用的都是手摇撸的渔船，近年来几乎各家都有一艘机动小渔船。由于高栏岛各个海湾近年来都被开发，或为码头或为游泳场，岛上的渔民才不得已到距高栏岛不远的荷苞岛附近海域打鱼。渔民一年四季都要出海打鱼，只有“情况特殊”的时候才不得不稍事休息。笔者曾细问何为“特殊情况”，告知为天太冷，或是风太大之时。从季节看来，太冷的天气无疑主要是冬天，而大风的时候大都在台风多发的夏、秋时节。不过，他们一年之中累计休息的时间也只有一二个月。也只是说，渔民们不是整个季节都休息，而是遇恶劣天气作短暂的休息。

像高栏岛这样以家庭为单位的个体渔民在南海北岸及岛屿具有一定的普遍性，由此可推知史前时期先民难以普遍或有意识地按上述黄花鱼洄游路线进行居地的迁移。

三、采集和农业是南海北岸及岛上居民生活的重要补充

高栏岛距南水镇陆地最近的地方都有 9 千米，根据 20 世纪 80 年代的人口调查资料，当时高栏岛上居住着 2809 人，有耕地 2480 亩，分 5 个自然村[6]。

村名	位置	人口	耕地（亩）
沙白石村	高栏岛东北麓	210	273
高栏村	南连铁炉村北接西坑村	902	876
西坑村	高栏岛西麓	96	108
飞沙村	高栏岛东麓	702	686
铁炉村	高栏岛南麓	554	316

20 世纪 80 年代以前，高栏岛上人均耕地将近一人一亩地。当时高栏岛上没有与大陆连接的淡水供水管道，不单是 2000 多人的生活用水要在岛上自给，二千多亩耕地的用水也都是从高栏岛自身的淡水解决，而且，相当多的耕地是水稻田。可见长期以来，高栏岛上的淡水资源相当丰富。

高栏岛居民有着与中原地区“男耕女织”不同的生活方式。岛上的农田主要由妇女来耕种，男人大都在外面打鱼。过着典型的“男渔女耕”的岛民生活。当时从珠海香洲去高栏岛需要花很长的时间，这里还是一个相当边远的地方。岛上村民过着自给自足的生活。直到 20 世纪 60 年代以前，为了保证人口的繁衍，高栏岛民还保留着古老的习俗。村里的女孩子在成年以后，就离开父母，搬到外面的公共场所去住，与其他同龄女子住在一起，直到他们找到如意郎君。

在香港东湾遗址、珠海宝镜湾等遗址中，都出土大量石磨盘和石磨球、石杵。宝镜湾遗址之中还出土长 30 厘米的石攫，反映出当时农业生产的可能性。特别是 2001 年至 2002 年间香港沙下遗址考古发掘与研究中，采用浮选、孢粉和植物硅酸体分析土壤和文化堆积中保存的植物遗

存。在这里发现并鉴定出完整的稻属植物硅酸体、栽种的葫芦科硅酸体、甚至人工栽培稻米[7]，2006年中国十大考古发现之一的广东高明古耶贝丘遗址之中也发现二十粒保存完好的稻谷，遗址之中还出土贝壳、陶釜、陶罐、石斧、木块和植物橄榄、动物骨骼以及南酸枣等。这个遗址的年代在距今4000多年前，当时这里也是大海的边缘。这些都显示当时南海先民已经有栽培植物的活动。海边和海岛上可供食用的动、植物十分丰富，为先民提供了良好的生存空间。

四、稳定的居民是流动渔民的依靠

很早以前，在我国两广、闽、浙滨海沿江水域，活动着一批百越的后裔，从宋代以来被称之为水上疍户，他们与西南太平洋及南海周围诸岛的民族继续保持联系，驾舟泛宅航行海洋。最早见于文献记载是《淮南子·说林训》的“使但吹竽，使氐厌窍，虽中节而不可听”。这里说的“但”就是“疍户”。《辞源》对“蜑户”有诠释：“亦作‘疍户’，本作‘但’，南蛮之一种……今闽粤沿海尚有之，以舟楫为家，以渔为业，亦名‘龙户’。”说明“蜑户”“疍户”“但”“龙户”都是指水上人家。宋人范成大《桂海虞衡志·志蛮》云：“蜑，海上水居蛮也，以舟楫为家。采海物为生，且生食之。入水能视，合浦珠池蚌蛤，惟食能没水采取，……”宋代地理书《太平寰宇记》记载：“疍户生于江海，住于舟船，随潮来往，捕鱼为生。”该书的卷一五七、卷一六九提到，广州之新会县及琼州符江口等地均有水上蜑户；《舆地纪胜》卷一二四琼海条：“蜑户以船为生，居无室庐，专以捕鱼自赡。”苏东坡贬谪广东及海南岛，他的诗、文中常有“蜑”“蜑户”“蜑坞”“蜑子船”“蜑酒”“蛮风蜑雨”“蜑叟”等与蜑有关的词句。反映宋代岭南地区不少以船为家的水上人家。珠江口地区时至今日都还有不少以船为家的“船民”。但是这些船民的存在，不能说明沙丘遗址的先民属于季节性的居民。理由如下：

1. 从年代上看，珠江口地区沙丘遗址的年代一般在距今6500余年至3000年前[8]，而文献记载的“疍户”出现较早的年代在汉代，大量出现在宋代。

2. 从船的大小和技术看，先秦时期的一般渔民的渔船还不具备以船为家的条件[9]。

3. 流动渔民的生活移动性较大，但是他们离不开岛上固定居民的补给，包括食品、淡水、生活必需品的补给。

4. 流动渔民的存在，与商品经济有关系。渔民打鱼为生，并不代表渔民一年到头都是吃鱼。渔民往往将捕捞的鱼卖给陆上居民，换取其他食品、生活用品。

5. 流动渔民一般都有相对固定的停靠港，修理、加固船只，躲避台风。

6. 流动渔民是经济发展到一定阶段、社会分工到一定程度时产生的。

7. 沙丘先民捕鱼、捞虾大都是在住所附近的海湾、山边。

随着人类由于科学技术程度的不断提高，特别是造船技术进步和现代科技的发展，对于各种鱼群洄游规律的掌握，从感性的、零碎的逐渐发展到理性的和全面。南海早期先民，由于各方面条件的限制，难以如同后代渔民般较长时间居于船上，更难以为了追捕某些经济鱼类大范围、长距离奔波。大量的早期居民只能就近在岛上、岸边捕捞鱼类拾取贝类，并以农业、采集和狩猎作为重要补充。宋代大量出现的以船为家的“疍民”“船民”在先秦时期的南海地区尚属少见。因而，鱼类的季节性洄游，在当时，并没有相应地产生大量的季节性居住的渔民。只要食物资源能够维持生计，居住于南海的大量沙丘、贝丘上的早期居民，应该大都还是具有相对稳定性的定居生活[10]。

注释：

[1] 《香港的远古文化——西贡沙下考古发现》，严文明：《序言》，香港康乐及文化事业署古物古迹办事处编制，2005 年 10 月。

[2] So.C.L,1969.Landforms and Archaeology, JHKASVI.

[3] 不同的鱼类，其季节性洄游的时间、路线也不尽相同。

[4] 珠海市地方志编纂委员会编：《珠海市志》，《第三十五编·流动渔民》，珠海出版社，2001 年，第 1013 页。

[5] 《珠海市志》第三十五篇，第二章记“建国前，流动渔民以一家一户为生产单位，是个

体的、分散的自然经济体制。一艘小渔艇便是一个经济单位，即流动渔民的经济实体是家庭艇、夫妻艇、亲属艇”。这种情况在海岛上还有保留。

[6] 《珠海地名志》，广东科技出版社，1989 年，高栏岛（第 122 页）：“全岛共有 2809 人，耕地 2480 亩，以渔农为主。”

[7] 《香港的远古文化——西贡沙下考古发现》，香港康乐及文化事务署古物古迹办事处编制，2005 年 10 月。

[8] 深圳咸头岭沙丘遗址有关测定数据显示：在环珠江口地区，沙丘遗址的最早年代可以向上推到距今近 7000 年前后。

[9] 珠海宝镜湾遗址之中，发现一件重量为 18.5 千克的先秦时期的石锚，为目前所见环珠江口地区最大的一件先秦石锚。这种石锚所能匹配的船的大小重量尚无研究，但可以肯定这个船的大小，也不足以使一家人在上面较长时间生活。

[10] 这里讲的“定居生活”是一个相对概念，是对应于曾经流行一时的“季节性生活”而言的。原先有学者认为，南海的沙丘遗址是先民在一年中的某个季节才在此生活的遗址。

（原载《东南文化》2007 年第 3 期）

宝镜湾出土石坠的研究

宝镜湾遗址[1]出土与航海捕鱼有关的石坠形器 1195 件，其器形的共同特点是都有利于系绳的缺口、凹槽或穿孔。根据重量的不同与形状特点，可以将其分为普通型常规石网坠、沉石、石锚、穿孔石坠等四个大类。在相当多的坠形石器上，还可以观察到长期系绳留下的勒痕。

一、石坠的形制

（一）常规石网坠

网坠，顾名思义是网的部件。通常网坠都不是单独使用，而是多件配合使用，系于编织而成的网衣边缘的绳索上，使网能张开或下沉，以达到网罗鱼类（猎物）的目的。宝镜湾遗址中出土常规石网坠共 1096 件，是目前国内单个遗址出土史前网坠最多的一个古文化遗址之一。以往的发掘报告中常将此类网坠统称为“亚腰形”网坠。事实上根据这批常规石网坠的材料来源、制法及系绳方法可以分别出若干类型。

A 型：利用天然扁平河卵石加工便于固定系绳的缺口（槽口）而成；

B 型：将石料进行整体加工整形后，再加工出便于固定系绳的缺口或

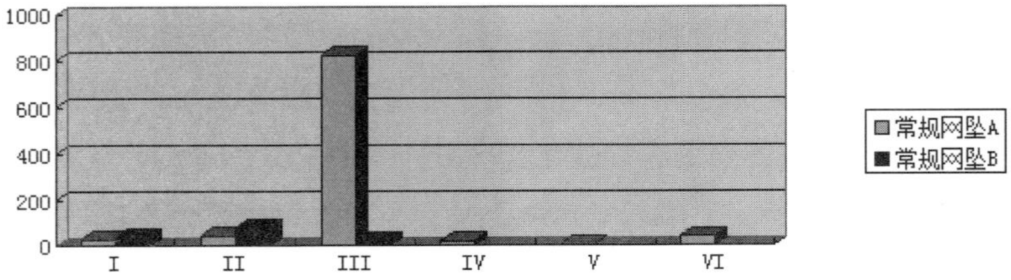

图一　常规网坠形制与数量

槽口。

在A、B两型之下又可以分出若干个亚型。

A型网坠共960件。是网坠中的最基本形制，以往考古发掘报告中常提到的亚腰形网坠，大部分都属于这一类。器形的加工，仅限于便于系绳的缺口和凹槽，对器形整体未进行加工。根据缺口的有无与多少及缺口制作方法的不同，可分为六型。

Aa型共28件。这是一种没有经人工加工的网坠。在椭圆形扁平的河卵石短径的一侧，虽无人工打凿的缺口，却有天然的便于系绳的凹槽，或是自然磕碰的粗糙边。这类网坠在判断上虽然有一定的困难，但是它的存在却是客观的。首先，在一部分这类网坠上有明显的系绳痕迹；其次，这类网坠有时夹在其他类型的网坠中成堆出土，可见先民们能充分利用天然石料。这类网坠的石料均为砂岩和花岗岩，重量在50~388克之间，长度在6~13厘米之间，宽度在3.1~8.1厘米之间。除大量的为扁平椭圆形之外，还有不规则形、近长方形、扁平长条形、圆角三角形、腰形等，其中有的还作为凹石器使用（如T19③B:38），也就是在网坠的一面或两面，有人工琢制的一个凹窝。标本T15④A:48，砂岩，扁平长条形，长10.8厘米，一侧天然内弧，有长期使用的磨痕（图二，1）；标本T27③B:06，砂岩，不规则形，长7厘米，利用天然凹口系绳；标本T9③B:72，花岗岩，近长方形，长9.7厘米，中部微凹，两腰有勒痕；标本T19③B:65，花岗岩，腰形，长8.8厘米，有一天然凹边（图二，2）；标本T13①:015，砂岩，长方形，长9.8厘米，在中部有一条自然形成的凹槽，其上有明显的勒痕（图二，3）。

Ab型共47件。这是一种只有一个人造缺口的网坠。均采用天然河卵石，重量在25~410克之间，长度在4.8~12.5厘米之间，宽度在3.5~8.1厘米之间。石料主要是砂岩和花岗岩。在选料方面，先民们尽量选取那些有天然凹口的扁平河卵石，再打制或磨制一个人工缺口，有的成为亚腰形网坠。缺口的打制方法有单面打击法、双面交复打击法、打琢和磨制等几种，缺口的宽度0.7~2.5厘米，深度在0.2~0.7厘米之间。器形有椭圆形、圆形、方形、桃形、腰形、不规则形、圆角长方形等。标本T11③B:172，

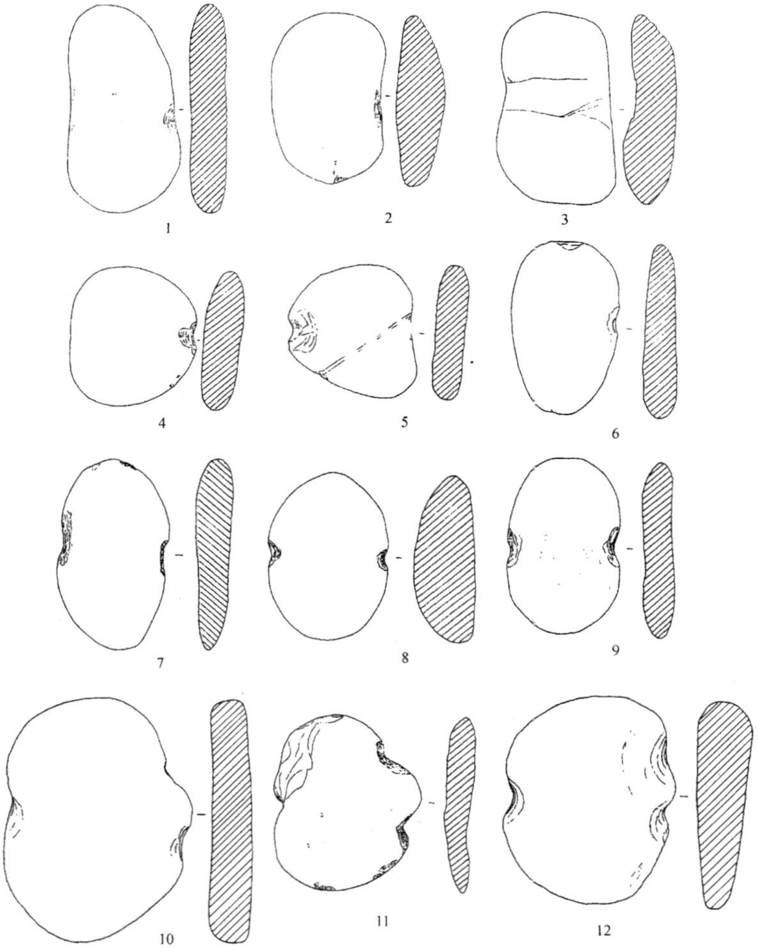

图二　网坠

1~3. Aa 型（T④A:48、T19③B:65、T13①:015）；4~6. Ab 型（T11③B:172、T21③A:26、T5①:37）；7~9. Ac 型（T20④A:28、T20④A:34、T9③B:69）；10~12. Ad 型（T1③A:041、T10③B:80、T17③A:015）

砂岩，椭圆形，长 7.1 厘米，缺口采用双面打击法制成（图二，4）；标本 T21③A:26，砂岩，近圆形，长 6.8 厘米，缺口采用单面打击法制成，与人工缺口相对应，在另一侧有一个天然的凹口，并且可见明显的勒痕（图二，5）；标本 T1③A:35，砂岩，椭圆形，缺口采用单面打击法，也有明显的勒痕；标本 T5①:37，砂岩，腰形，长 8.9 厘米，缺口采用单面打击法制成

(图二，6)。这一类的网坠也有作凹石用的例子（如采:3)。

Ac 型共 815 件。其特点是在扁平河卵石的短径两侧，通过单面或双面直接打击、连打带琢或磨出两个便于系绳的缺口。这是网坠最为基本的一种类型，占全部网坠的近 80%。重量在 40~490 克之间。最大径在 4.5~14.9 厘米之间，宽度在 4~10.5 厘米之间；石料较为丰富，除大量的砂岩、花岗岩之外，还有角岩、片岩、泥岩、粉砂岩、火山岩、变质砂岩、凝灰质砂岩、黄铁矿岩、脉岩等。网坠的基本形状为椭圆形，也有圆角长方形、近腰形、不规则形、近方形、圆形、方形、桃形、四边形；横剖面绝大部分都是呈扁平椭圆形、圆角长方形、半圆形，也有少量横剖面呈三角形的；经在短轴上制出两个缺口后，其形态大都呈亚腰状。这类网坠中也有不少一器多用者，其中在网坠中部一面或两面有人工琢打的凹窝或有明显人工打琢的麻点痕的“凹石器”就有 40 件；作过砺石的有 10 件，其中一件（T9③B:134）既作过网坠，也作过凹石（石锤或石砧)，还作过砺石。标本 T20④A:28，砂岩质河卵石，呈扁平腰形，一边缺口经单面打击，另一边缺口经双面打击，器形规整，缺口处可观察到系绳的磨痕（图二，7)；T27④A:109，砂岩质，椭圆形，长 9.9 厘米，其中一个缺口为双面打击法制作，另一个缺口为单面打击法制作，在缺口上也可观察到长期捆绑的勒痕；T20④A:34，砂质岩，椭圆形，长 9 厘米，横剖面为半圆形，两个缺口均系打琢（图二，8)；T10③B:114，砂岩，椭圆形，两个缺口均为双面打击法制成；标本 T10③:11，砂岩，腰形，采用单面打击法制缺口；T9③B:69，砂质岩，桃形，长 8.1 厘米，其中一个缺口采用单面打击法制造，另外一个缺口采用双面打击法（图二，9)；标本 H25:9，花岗岩质，椭圆形，长 9.3 厘米，缺口经过双面打击法制成。

Ad 型共 21 件。这是一种制有三个缺口的网坠。在扁平河卵石的短径一侧有一个人工打制的缺口，而在另一侧则有两个人工打制的缺口，使网坠的一侧呈山字形，目前发现的这类网坠都是砂岩的，重量在 110~245 克之间，长度在 7.2~12.4 厘米之间；宽度在 5.7~8.5 厘米之间；T10③B:80，砂岩质，呈不规则形，三个缺口均系打琢，有明显的长期捆绑痕迹（图二，11)。T1③A:041，砂质岩，呈不规则形，长 8.7 厘米，一侧的 2

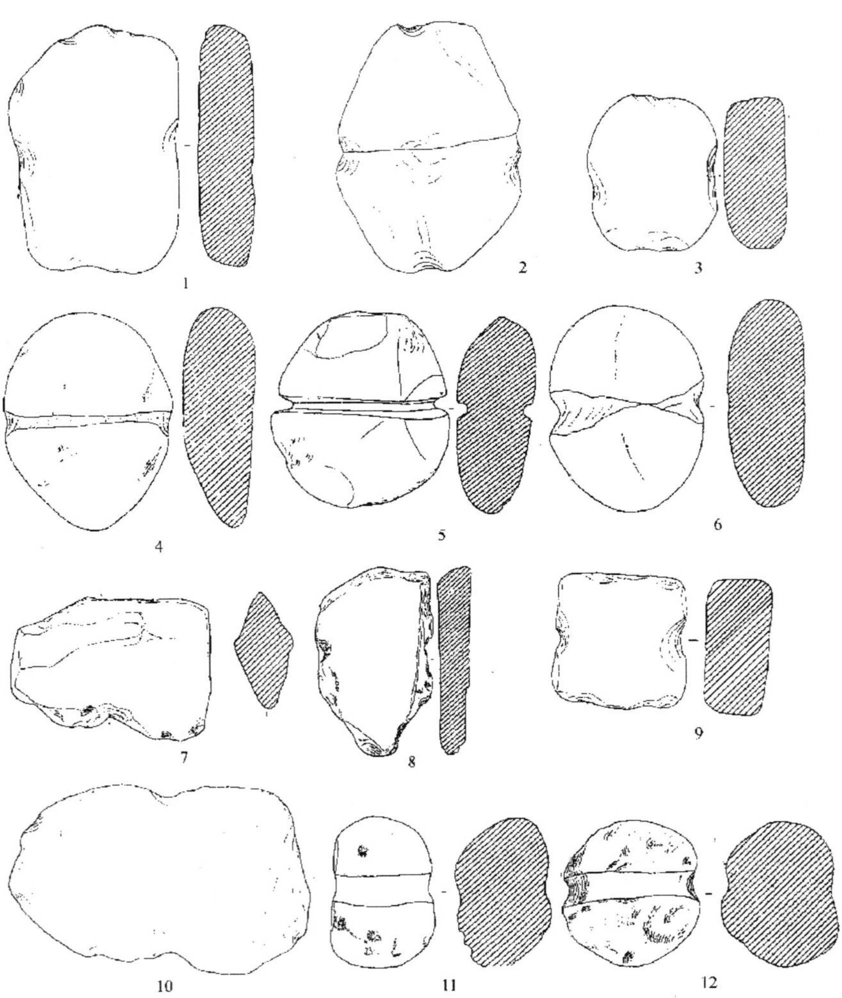

图三　网坠

1~3. Ae 型（T9③B:72、T27③B:35、T29④A:8）；4~6. Af 型（T15③A:70、T2①:2、T25③B:17）；7. Ba 型（T17③A:018）；8~10. Bb 型（T8③A:36、T11③B:218、T29③A:18）；11~12. Bc 型（T11③B:229、T14③B:35）

个缺口为单面打击法制成，另一侧的 1 个缺口为双面打击法制成（图二，10）；T17③A:015，砂岩质，重 110 克，近椭圆形，长 7.5 厘米，一侧的缺口为打琢而成，另一侧的 2 个缺口分别为单面打击法和双面打击法制成，3 个缺口均有明显的捆绑痕迹（图二，12）。

Ae 型共 8 件。这种网坠打凿有 4 个人工缺口。器物形状呈椭圆形和不规则四边形，石质有砂岩和花岗岩，重量在 77~320 克之间，长度在 6.1~9.95 厘米之间，宽度在 4.9~7.2 厘米之间，大部分网坠（7 件）缺口制作于长径和短径的顶端，也有一件将缺口制于两端。标本 T29④A:8，砂岩，椭圆形，重 95 克，长径 6.1、短径 4.9、厚度 2.4 厘米，在长径和短径的顶端各打琢出一个对称的缺口（图三，3）；标本 T9③B:72，花岗岩质，不规则四边形，长 9.7 厘米，缺口在四边的中部经琢打而成（图三，1）；标本 T27③B:35，砂岩，重 320 克，椭圆形，长 9.8 厘米，在长径和短径的顶端各打琢出一个缺口，在网坠的中部有一个凹窝，可能曾经为凹石，可惜已断成两截（图三，2）。

Af 型共 41 件。沿着器形的短径，打、琢或磨成一周或接近一周便于系绳的凹槽。此种网坠的制作显得相对规整考究。质地均为砂岩和花岗岩，重量在 30~435 克之间，长度在 4.7~10.6 厘米之间，宽度在 3.5~8.6 厘米之间；器形有扁平椭圆形、圆形、不规则形、圆角长方形、桃形和圆球形等，其中 3 件网坠还曾改作凹石器。T15③A:70，砂质岩，椭圆形，沿短轴打琢一周凹槽，槽口宽 0.8~1 厘米，深 0.15~0.2 厘米（图三，4）；标本 T25③B:17，砂质岩，椭圆形，沿短轴打琢槽口几近一周，槽宽在 1.4~1.6 厘米之间，槽深在 0.3 厘米（图三，6）；标本 T28④A:14，砂岩，正方形，长 5.6 厘米，在腰际磨出一道凹槽，槽口宽 0.25~0.7 厘米；标本 T2①:2，砂质岩，椭圆形，长 7.9 厘米，在短轴磨出一道深而规整的凹槽，槽宽 0.8、槽深 0.5 厘米（图三，5）；标本 T23①:2，花岗岩质，椭圆形，长 7.1 厘米，在短径磨制凹槽一周，槽口宽 0.8、深 0.3 厘米，这件网坠与一般不同的是在长轴的一端也有一个磨出的缺口。

B 型网坠共 136 件。这是一种对石料进行了整体加工的网坠。制造者往往将大石块加以整修，以达到网坠所需的重量大小和系绳的基本要求。这些大石块或是临时就近在岩石上砸下的，或是将较大的河卵石进行整体加工，也有一部分是使用过的穿孔石坠、砺石、凹石器等废物利用而成。根据系绳缺口的数量和制法，可以将 B 型细分为三个亚型。

Ba 型共 37 件。均为砂岩质和花岗岩质，形状绝大部分为不规则形，有一个人工打制的缺口。长度在 5~10.3 厘米之间，宽度在 2.9~7.5 厘米之间，这些网坠的缺口一般较大，一般都在2厘米以上，最大的缺口宽度达3.4厘米，当然也有少量小的缺口只有1.2厘米；重量在65~210克之间。标本T6②b:61，紫红色砂岩，属一块河卵石敲打加工而成，所剩仅有原石的三分之一，靠河卵石原边沿，有一个人工打制的缺口，采用单面打击法，从缺口的磨损情况看，这件网坠是由A型网坠加工而成，因为系绳的另一侧的磨痕并不是十分明显；标本T17③A:018，细砂岩，原料来自于大石块上剥落下来的石片，呈不规则形，长7.8厘米，缺口为单面打击法制成，缺口宽2、深0.45厘米（图三，7）；标本H20:02，砂岩，呈不规则形，系采用河卵石经过减重加工而成，在减重的过程中采用双面打击法制成一个便于系绳的缺口。

Bb型共79件。此型网坠的特点是石料整体加工并制有两个便于系绳的人工缺口。岩石除砂岩、花岗岩外，还有少量石英岩质，器形大部分都是不规则形，也有少量椭圆形、半圆形、方形、近方形等。从剖面上观察：除大量的扁平形外，也有少量属于三角形的网坠。重量在40~495克，长4.7~13.5、宽4.1~8.4厘米。标本M2:4，红砂岩质，半圆形，系由一块圆形的河卵石打掉一半而成，重485克，最大长度13.5、宽度8.4厘米，缺口经打凿而成；标本T15③A:18，砂岩，不规则形，系由一块条形河卵石敲去一截，再琢打出便于系绳的缺口而成，重495克，长12.7、宽9.5厘米；标本T11③B:218，砂岩，方形，长5.3厘米，系由一块状岩石打制而成，在一对边凿打凹槽（图三，9）；标本T29③A:18，花岗岩质，重400克，为一表面粗糙的石块经敲打而成，整体呈不规则形，剖面近三角形，两个系绳子缺口，一个是单面打击法制成，另一个为双面打击法制成，两个缺口由于长期系绳而呈一定圆弧，长9.5、宽8.7厘米（图三，10）；标本T8③A:36，砂岩质，系一块扁平片状石块打制而成，长10.7厘米，两缺口均为单面打击法制成（图三，8）。

Bc型共20件。此型网坠的特点是石料整体加工并在短径外围打琢或磨制一周凹槽。岩石主要为砂岩和花岗岩，器形整体加工方法主要是琢打，其表面都不似A型网坠那样光滑，重量在80~490克之间，长度在4.7~12.1厘米之间，宽度在4~8.2厘米之间，器形有椭圆形、球形、不规则形、方形、长条形等。标本T19③B:62，砂岩，表面经凿打而成，呈不规则形（整体轮廓接近椭圆），剖面近方形（两条直线对边，两条弧线对边），在短轴的两侧打凿系绳凹槽几近连成一周；标本T14③B:35，砂岩，球形，长8.2厘米，表面经打凿，并留有一道凹槽，绕球体一周（图三，12）；标本T11③B:229，砂岩，椭圆形球体，长6厘米，表面经打凿，凹槽经打磨而成（图三，11）；标本T19③B:36，砂岩，不规则形，在石料的一端打凿出一道凹槽。

（二）沉石

宝镜湾遗址出土的坠形石器中，有一批重量大于500克，我们将这些大于500克的石坠定名为沉石[2]。在宝镜湾遗址之中出土沉石共59件。沉石也是渔网的部件，与常规形制的网坠的使用方法大体相同，并常与其配合使用，只是其数量相对较少，更不似网坠需要几十个配合使用（现在的捕鱼网所需的网坠数以百计）。有时，沉石也可以单独使用。沉石在选材上与网坠大体相同，只是重量更重。我们将沉石分为两个形制。

Aa型沉石5件。这是一种只有一个人工打琢缺口的石器。岩质有花岗岩和砂岩两种，重量在615~3675克之间，长度在12.5~27厘米之间，宽度在8.5~12.5厘米之间，形状有圆形、不规则形、椭圆形等几种。标本T20③B:02，圆形，剖面呈椭圆形，砂岩，重1030克，单面打击法制出一

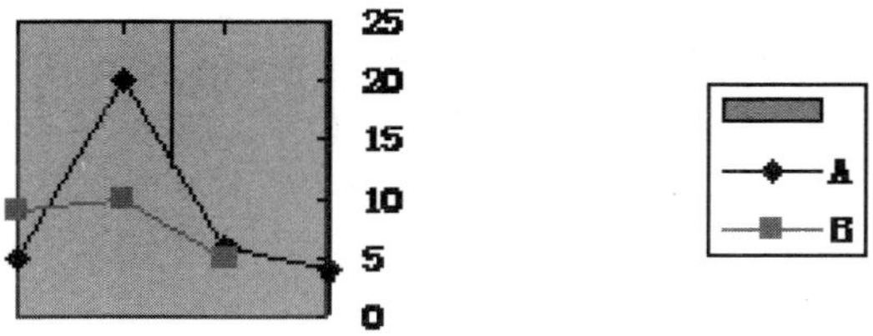

图四　沉石类型与数量

表1　沉石重量统计表

重量（100克）	5~6	6~8	8~10	10~15	15~25	25~37
数量（件）	13	15	5	9	11	6

个大的缺口，缺口很大，宽度有 11 厘米；标本 T9③B:02，不规则形，剖面呈三角形，花岗岩质，缺口经过打琢而成，这是本亚型沉石中最大的一件，重达 3675 克（图五，1）；标本 T12③A:80，椭圆形，花岗岩质，缺口经过双面打击法制成，这是本亚型沉石中最小的一件，只有 615 克重。标本 T7①:12，不规则形，砂岩质，缺口经双面打击法制成，虽然只有一个人工打制的缺口，但是另一边则利用天然的凹边，重 695 克；标本采:55，近椭圆形，花岗岩质，缺口经打琢，另一侧仅有绑痕，重 770 克。

Ab 型沉石 20 件。这是一种有两个人工打琢缺口的石器。岩质有花岗岩和砂岩两种，砂岩占三分之二。重量在 515~2295 克之间，长度在 9.5~18.5 厘米之间，宽度在 6.3~14 厘米之间，器形有椭圆形、腰形、圆形、四边形和不规则形，缺口的制作，分别采用了单面打击、双面打击、打琢和打琢磨几种不同的方法。标本 T10③B:83，椭圆形，砂岩质，重 1640 克，长径 17、短径 12.5、最大厚度 5.1 厘米，系绳槽口采用打琢法制成；标本 T11③B:119，椭圆形，花岗岩质，重量 1092 克，系绳缺口采用打琢方法制成；标本 T15③B:15，圆球形，花岗岩质，重量 2165 克，直径在 11.6~12.8 厘米之间，在球体的对应两边，分别琢打出一道宽 2.3~2.5、深 0.15、长 8~12.5 厘米的槽口；标本 T9③B:70，椭圆形，砂岩质，重 1735 克，长 18.5、宽 14、最大厚度 4.5 厘米，一对槽口均经打琢而成，宽度 2.3~2.8、深度 0.45、长度 4.1~4.4 厘米，这件沉石曾当作砺石使用（图五，2）；标本 T24③A:26，圆形，花岗岩质，重量 2295 克，缺口经过打琢，这是较重的一件 Ab 型沉石。

Ac 型沉石 6 件。这是一种制作相对规整的沉石。在河卵石的短轴外围，琢磨出一道系绳的凹槽，重量在 925~2936 克之间，长度在 10.6~19 厘米之间，宽度在 9.6~16 厘米之间，凹槽宽度在 1.8~2.9 厘米之间，4 件为花岗岩，2 件为砂岩。T15③A:29，椭圆形，砂岩质，重量 2340 克，短轴外围打琢一周槽口；T19③B:26，椭圆形，剖面也呈椭圆形，花岗岩质，整体磨光，重量 2140 克，在短轴外围磨制一道规整的凹槽，槽宽 2.1、深 0.8 厘米（图五，3）；宝采:61，椭圆形，剖面近圆形，重量 2936 克，沿短轴外围打琢一周槽口（图五，4）；H25:3，椭圆形，砂岩质，剖面呈椭圆形，重量 1950 克，沿短轴打琢一周凹槽。

Ad 型沉石 4 件。这是一种制有四个系绳缺口、交叉的两条凹槽，或者一周凹槽加两个缺口的沉石。这种沉石不单是一道系绳，而是用两道交叉或并行的绳索捆绑，重量在 1003~3275 克之间，长度在 19.5~12.5 厘米之间，形状有长条形与椭圆形两种，质相有花岗岩与砂岩两种。标本 T9②:6，椭圆形，剖面呈椭圆形，在长轴外围打琢一周凹槽，在短轴的两端各打琢一个系绳缺口，无疑这种沉石的系绳方法为成 90 度角的交错系绳（图五，5）；标本 T8③B:9，长条形，砂岩，重量 1003 克，在两端各打琢出两个系

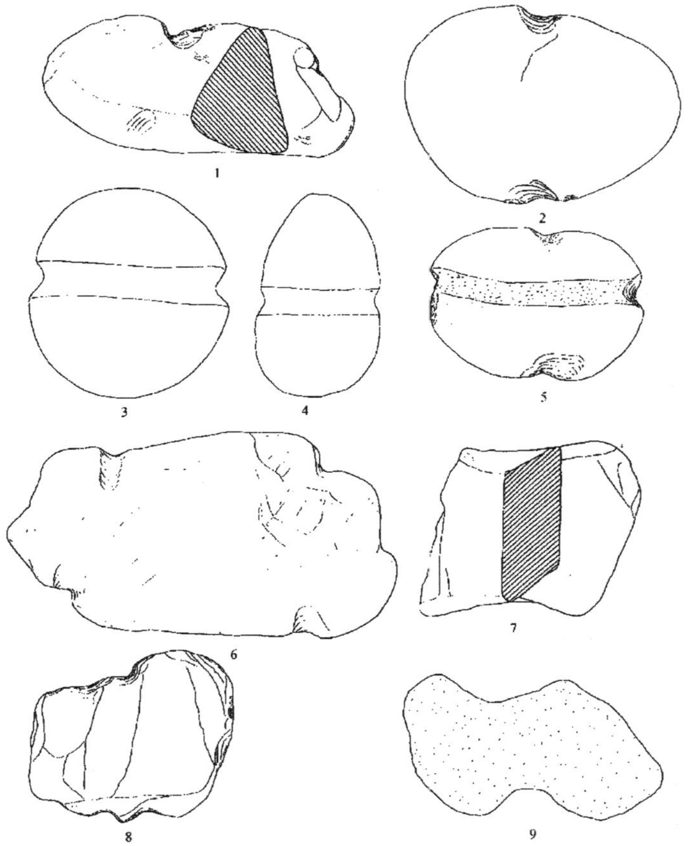

图五　沉石

1. Aa 型（T9③B:02）；2. Ab 型（T9③B:70）；3~4. Ac 型（T19③B:26、宝采:61）；5~6. Ad 型（T9②:6、T8③B:9）；7. Ba 型（T29①:5）；8. Bb 型（H25:7）；9. Bc 型（T10③B:75）

绳的缺口，共四个缺口，不排除两条并行绳索捆绑的可能（图五，6）。

B 型沉石共计 24 件。石质有花岗岩和砂岩两种，石料多采用块状岩石或经过海蚀的奇形岩石，根据缺口的数量和制作方法可分为三个亚型。

Ba 型沉石 9 件。这是只有一个经人工打制的系绳缺口的石器。器形有长方形、长条形、不规则形等多种，重量在 997~2631 克之间，长 12.7~18.1、宽 5.7~16.4 厘米，有的沉石还曾经当砺石使用过。标本 T1③A:95，长条形，砂质岩，重量 1025 克，最大长度 16.5 厘米，缺口经打琢而成；标本 T29①:5，不规则形，花岗岩，重量 2631 克，最大长度 18.1、宽度 16.4 厘米，缺口经打琢而成，宽度有 9 厘米（图五，7）。

Bb 型沉石 10 件。这种沉石都有两个人工打琢的系绳缺口。器形种类有不规则形、长方形、椭圆形，其中大部分都是不规则形。重量在 510~1746 克之间，长度 11.2~19、宽度 6.8~15 厘米，缺口宽度 1.2~5 厘米，也有部分沉石曾经当砺石使用过。标本 H25:7，由块状砂岩打制而成，呈不规则形，重量 1746 克，长度 19、宽 15.3、厚 4.1 厘米，在石块的两侧对应打琢出两个缺口，有明显长期使用的系绳磨痕（图五，8）。

Bc 型沉石 5 件。这种类型的沉石都有一周便于系绳的凹槽。重量在 505~3715 克之间，长 12~24.5、宽 8.2~17 厘米，器形分为不规则形和椭圆形两种，石料分花岗岩和砂质岩。标本 T10③B:76，不规则形，花岗岩质，重量 3715 克，长 23、宽 17 厘米，在腰部有一周自然凹口；标本 T10③B:75，不规则形，花岗岩质，重量 2713 克，长 24.5、宽 1、厚 8.1 厘米，粗糙打琢一周系绳缺口（图五，9）。

（三）石锚

出土一件。标本 T6②:27，由花岗岩质的椭圆形砾石加工而成。长径 33、短径 27、厚 13 厘米，重 18.5 千克，沿着短轴外部凿出一周深深的用于系绳的凹槽，凹槽宽 2.5、深 0.5~1.1 厘米（图六、图八，7），是迄今为止所发现的南海地区先秦时期最大的一件石锚。

图六　石锚（T6②:27）

（四）穿孔石坠

共出土穿孔石坠 39 件。虽然都是穿孔石坠，但有的石器是人工穿孔，有的则是自然穿孔。人工穿孔石坠从穿孔上可以看出有人工打凿加工的痕迹，而且都是孔表大，而孔内小，也就是穿孔的口径大于内径；自然穿孔的石器其穿孔表面光滑，有的内壁稍外弧（口径小于内径），看不到人工打凿痕迹，但往往有使用痕迹。根据是否为人工穿孔，我们将穿孔石坠分成 A、B 两型。

A 型穿孔石坠，是有一个经过人工加工而成的穿孔的石器。

B 型穿孔石坠，是一种只有自然穿孔的石器。

A 型穿孔石坠共 21 件。有的石器上既有人工穿孔，又有自然穿孔，碰上这类石器，我们也将其归属于这一类来统计。人工穿孔大都是对凿打孔。根据穿孔石坠的重量可以进一步划分为大、小两个亚型，以 500 克作为一条分界线，重量大于 500 克的人工穿孔石坠定为 Aa 型，重量小于 500 克的穿孔石坠定为 Ab 型。

Aa 型穿孔石坠共计 5 件。重量在 500~1410 克之间，长度在 12.6~19

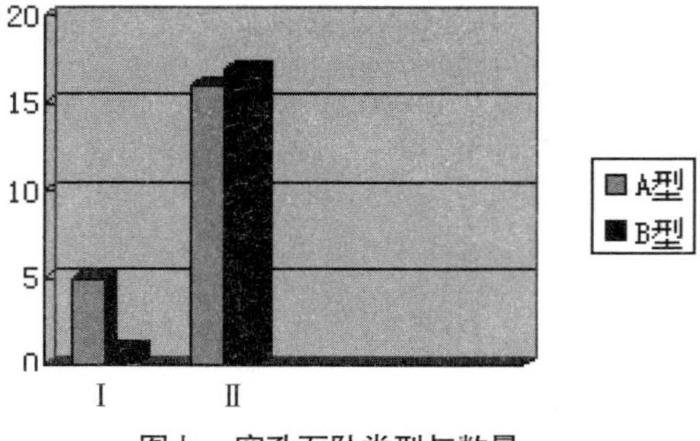

图七　穿孔石坠类型与数量

厘米之间。均为砂岩质，大部分原料为河卵石，也有少量为块状岩石。形状有圆形、近圆形、圆角三角形、不规则形等多种，穿孔采用对凿打孔，孔形大都呈不是十分规整的圆形，孔壁凸凹不平，孔表直径大，孔内直径小，孔表直径3.2~4厘米，孔内直径0.8~2.2厘米，除穿孔之外，有的还在石器的边沿打凿出一个缺口，与穿孔配合使用，便于系绳。这型石器大都有明显的使用痕迹。T11③B:118，近圆形，砾状砂岩质，重量735克，长径15.6、短径13.3、厚2.9厘米，对凿打孔，孔壁凸凹不平，无旋钻之同心圆，孔表大，孔内小，直径为3.2~1.1厘米，对凿接口居中，孔内有明显的勒系痕迹，穿孔位置偏于一侧边沿（图八，3）；T8③B:8，圆形，砾状砂岩，重量795克，长径13.7、短径13.5、厚3.7厘米，对凿打孔，孔壁凸凹不平，无旋钻之同心圆，孔接近椭圆，孔表大，孔的对凿接口处小，对凿接口基本居中，穿孔的位置在中部偏上，穿孔直径在此。3.3~0.8厘米之间，与穿孔对应，在边沿有一处单面打琢成的缺槽，缺槽与穿孔上有明显的长期系绑的痕迹（图八，2）；T21③A:32，圆角三角形，重1095克，边长19×13.2、厚度3.7厘米，对凿打孔，穿孔直径在4~1.8厘米之间，孔侧有一条凹槽，与孔配合便于系绳（图八，1）；T9②:66，扁平不规则形，由块状的砂岩制成，重量1410克，最大边长为19、厚度为3.4厘米，对凿打孔，对凿接口居中，穿孔呈椭圆形，孔壁凸凹不平，无旋钻之同心圆，在这块石器上还有多处海蚀凹陷；T9②:3，不规则形，砾状砂岩质，重量500克，长12.6、宽10.4、厚3.3厘米对凿打孔，孔呈椭圆形，孔壁凸凹不平，无旋钻之同心圆。

Ab型穿孔石坠共16件。重量在165~312克之间，长度在7.3~9.8厘米之间，穿孔的孔表直径在1.6~2.5厘米之间，孔内直径大都在0.5厘米左右，器形均为圆形或椭圆形，大部分都是对凿穿孔，有的在一侧边沿还有系绳的凹槽。T11③B:224，圆形，砾状砂岩，重208克，直径8.4厘米，孔圆形，对凿打孔，对凿接口居中，孔的位置不在器形的中部，而是偏于一侧，孔的直径为1.9~0.5厘米，而与之相对应在边沿琢出一道勒槽，以便于系绳；T18③B:70，圆形，砾状砂岩质，这是一件在制造过程中损坏的废品，从这件器物上可以更清楚地看到穿孔石坠的制造过程，孔采用对凿打制法，将通而未通，这件器物之所以打坏，在于其对凿打孔时偏位达到 0.5 厘米，而整个器形又较小；T11③B:177，圆形，砾状砂岩质，对凿打孔，未通，孔表的直径 1.6 厘米，这是一件尚未制成的穿孔石坠，类似的半成品、残器还有 8 件；T8①:1，圆形，砾状砂岩，重 288 克，对凿打孔，孔壁凸凹不平，对凿接口居中，凿通后再有旋修，在一侧边上打琢槽口便于系绳；采:90，近圆形，砾状砂岩，重量 165 克，孔呈椭圆形，对凿打孔，孔壁无旋修之同心圆，对凿接口居中，边沿一端有打琢勒槽，与穿孔配合便于系绳；H1:2，椭圆形，砾状砂岩（紫红色变质砂岩），重量 312 克，对凿打孔，孔未打通而将要通，是一件半成品。孔呈圆形，孔表直径 1.8 厘米；T1③A:17，椭圆形，长径 10.5、短径 7 厘米。砾状砂岩，对凿打孔，孔壁凸凹不平，无旋钻之同心圆，孔表大，孔内小，对凿接口居中，穿孔位置居中；T21③B:4，椭圆形残器，残长 6、宽 8.2、厚 2.2 厘米，砾状砂岩，单面打孔，未及凿通而器身已告破损，呈圆形，孔径 2.2、深 1.3 厘米。

B 型穿孔石坠共 18 件。这类石器没有人工穿孔，都是自然穿孔（或为海蚀，或为某种海洋生物作用所致）。有的穿孔石坠上的自然穿孔很多，或穿孔只穿到一半，或将通而未通，或只有一个浅浅的印痕，其深浅不一，大小各异。但是，只要其中有一个穿孔是穿透的，可以系绳的，并有一定的人工使用痕迹的话，我们就将其归入 B 型穿孔石坠。根据这类石器的大小，可以分为两个亚型，Ba 型穿孔石坠重量大于或等于 500 克，Bb 型穿孔石坠重量小 500 克。

Ba 型穿孔石坠仅 1 件。标本 T4②:4，砾状脉岩，重量 696 克，最长处 12.8、最宽处 10.8 厘米，呈不规则形，上部平直，下半部圆弧呈袋状，穿孔为天然形成，孔直径 1.5 厘米，位于器形的上部，呈圆形，孔的边沿勒痕明显。

Bb 型穿孔石坠共 17 件。均为砾状砂岩，重量在 35~350 克之间，长度在 4.15~11.9 厘米之间。器形有圆角三角形、长条形、圆形、椭圆形、不规则形等多种，大多数穿孔的位置都不是在中间，且穿孔均为斜穿，直径在 0.35~1.9 厘米之间。T19④A:22，圆角三角形，重 110 克，长边 9、

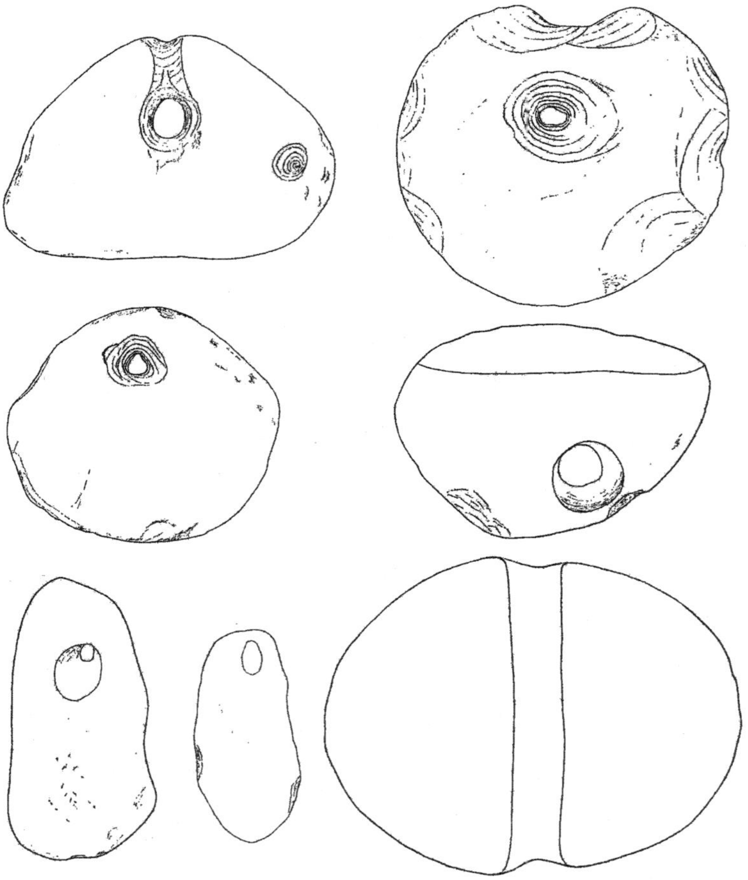

图八　穿孔石坠、石锚

1~6. 石坠（T21③A:32 T8③B:8. T11③B:118、T19④A:22、T14③B:44、T29③A:04）、7. 石锚（T6②:27）

短边6.3厘米，孔圆形，一面大一面小，孔位于一侧，孔壁斜穿，孔的一侧与对应的边上有明显的绑痕（图八，4）；标本T14③B:44，长条形，重68克，长8.7、宽4.1厘米，穿孔位于一端，孔一面大一面小，孔壁斜穿，内弧近直，孔边沿有明显绑痕（图八，5）；标本T29③A:04，长条形，穿插孔一面大，一面小，大的呈椭圆，小的呈圆形，孔壁斜穿，内弧直，孔位于一端，有明显绑痕（图八，6）。

二、石坠的制作与使用

（一）原料的采集

宝镜湾出土如此大数量的石坠形器，其原料来自何处，确实是一个需要回答的问题。由于80%以上的坠形石器是属于天然河卵石，因而首先要找到河卵石的来源处。其实，回答这个问题并不难。早在20世纪的90年代初，笔者就曾与同行一道前来宝镜湾考察，当时在南迳湾的现代化油码头还没有全面动工，整个南迳湾还是一个青山环抱、海水湛蓝的美丽的天然海湾。在宽阔的沙滩上有人搭起了一栋栋全部是用竹子和木板树皮作材料的小房子，供前来游泳和短暂度假的人休息、用餐。沙滩上的沙子特别均匀、干净。打赤脚踏在沙滩上走路或者跑步，脚板底下软软的，感觉特别舒服。在房子的北面，也就是南迳湾的偏北侧，有一大片地方地面布满了大大小小的河卵石，蔚为壮观。这是大自然的造化，绝非人力所能为。宝镜湾本是南迳湾南部的一个小湾，与河卵石堆相距不远，且零散的河卵石随处可见。另外，就在宝镜湾遗址之内，也有可能找到少量的天然卵石。风猛鹰山自然形成一条条山垅，宝镜湾遗址划分第一区和第二区之间的分界线，就是以两个山垅之间的水沟为标志。这条沟中有一股长年不息的山泉水，在这里我们也发现少量河卵石。宝镜湾网坠从石质上看，主要有砂岩和花岗岩、变质岩、角岩等，均为高栏岛附近常见的岩石。B型网坠的石料更为单纯，全部是花岗岩和砂岩质。而B型网坠在制作上虽然更为费事，但是原料则更容易寻找。由此可见，宝镜湾先民是就近采集石料加工网坠的。

（二）制作与使用

1. 制作

除了未经人工加工的Aa型网坠外，坠形石器的制作主要采用打制、琢制和磨制的方法。有时只用其中的一种方法，有时用其中两种方法，也有少量是三种方法一起用上。其中属于A型的网坠，都是采用天然河卵石作原材料，未对器形进行整体加工。这类型网坠制作的一个主要环节是在选料过程中挑选重量适中、大小合适、形状便于打制缺口的河卵石。加工只是在局部，也就是对系绳缺口或凹槽的加工制作。使用打制法制作网坠的缺口时，大部分采用单向打击法，也有一些采用双面交复打击法制成。从具体的制作方法看：首先，手持选好的石料，置于石砧的边沿（在这里，石砧可能是一处露出的基岩，也可能是另一块作网坠的石料），并稍伸出边沿（约1厘米左右），石料与石砧形成一个夹角，另一手持石锤，朝石料砸下。石锤也不必过于讲究，估计利用另一块制网坠的石料就可以完成，采用一件扁平石料的侧面，以大体垂直于石砧上石料的角度砸下，即可成其事。如果单面打击后，缺口还不够理想，可将石料翻一面，再打一次，这就是双面交复打击法的一种；另一种交复打击法，则是将石料竖起，立于石砧之上，用石锤从上方呈一定的角度砸下，再将石料转个向，再打。打击点位置是在侧面一个中心点。这种方法关键是掌握好角度和打击落点。如果直接打击法效果不佳，则可以采用尖状石器进行琢打，也就是用像鹤嘴一样的尖状石器，在缺口处反复琢打以成其事。琢打出来的网坠缺口，一般都较单面打击和两面打击法制出的缺口更为规整。也有的缺口在打琢之后还经过打磨修整。由于石料大都是采用椭圆形的扁平河卵石，砸打缺口的位置，根据网坠形制的不同稍有差异。Ab、Ac网坠都是在短轴的两端，Ad型网坠是在一侧有两个系绳缺口，在另一侧只有一个缺口；Ae网坠是在两侧分别制有两个缺口，或在四顶各有一个缺口；Af型网坠凹槽的制作方法以琢磨为主：或是完全琢制，或是琢后再磨，或是完全磨制凹槽；B型网坠和沉石的制作，是作过整体修整，石料不限于河卵石。从制作上看，整体制作都是打制，而缺口在制法上也有打制、琢制和磨制三种，而磨制方法主要用于Bc的凹槽制作。穿孔石坠的穿孔，是采用尖状器对凿打孔而成。宝镜湾遗址中96%以上的常规网坠是在河卵石或石料的短轴上系绳，如Aa型、Ab型、Ac型、Af型、Ba型、Bb型的全部，Bc型的大部分。根据我们的实验，系绳缺口之间的连线，大体就是网坠重心的中线：当绳子系好之后，网坠大体上是平衡的。也就是说，被网绳分割的网坠的两边，重量大体相等。这有利于提高网的质量，也反映先民制作网坠的技术十分熟练。不过，有的石料重心的平衡线并不是那么好找，或者虽然能找出来，但是因石料形状怪异而不好打出缺口，于是先民生产出 Ad 型网坠，这是一种制有三个缺口的网坠，这型网坠找到了修正平衡线的一个办法：在石料短轴的一端打凿出一个系绳缺口，而在另一侧打凿出两个缺口。这样网绳从两个缺口再系到一个缺口与网衣相连，从而使重心得到大体平衡。

对宝镜湾遗址出土的常规网坠的重量进行观察，可以得到以下表格所反映的内容：

宝镜湾出土常规网坠的重量与数量对应表

形制	重量（克）	数量（件）	形制	重量（克）	数量（件）
小型	25~50	12	中型	221~230	36
中型	51~60	18		231~240	36
	61~70	19		241~250	26
	71~80	34		251~260	15
	81~90	34		261~270	21
	91~100	46		271~280	13
	101~110	43		281~290	13
	111~120	64		291~300	22
	121~130	65		301~310	14
	131~140	70		311~320	14
	141~150	56		321~330	12
	151~160	66	大型	331~340	5
	161~170	40		341~350	5
	171~180	59		351~360	5
	181~190	50		361~370	3
	191~200	43		371~380	9
	201~210	46		381~390	6
	211~220	47		391~500	29

从以上表格我们可以看出，在1096件常规网坠中，重量在51~330克之间的中型网坠，数量达1022件，占总数的93%，在中型网坠中，又以重量70~250克之间的网坠居多，有861件，占中型网坠的84%。重量在25~50克之间的小型网坠有12件，占总数的1.09%，重量在331~500克之间的大型网坠有62件，占总数的5.6%。

如果我们再从网坠的长度观察，可以发现：长度在6~10厘米之间的网坠有897件，占82%，而长度小于6厘米的网坠只有39件，占3.5%；长度大于10厘米的网坠有160件，占总数的14.5%。以上数据可知，网坠的长度一般是在6~10厘米之间。

2. **使用**

网坠为网的部件，与网衣、网绳配合使用，组成一张完整的渔网。根据网的种类不同，有的网还配有浮子。虽然从现有出土的网坠看来，网坠的大小不一，形状各式各样，但根据我们能观察到的历史时期网的知识推测，宝镜湾先民在同一个网上使用的石坠，其形状风格大体一致，往往有一定数量重量相近的网坠配合使用。事实上这个推论在遗址的发掘材料中也能找到一定的证据。在宝镜湾遗址的发掘中，已经发现了四处成堆出土的网坠，在T10②A层中发现39件一堆的网坠，在T10③B层中发现24件一堆的网坠，在T27③B层中发现两堆网坠，其中一堆为20件，另一堆为34件。T10③B层中出土的24件一堆的网坠，均为Ac型网坠，重量在165~300克之间，平均重量为230克；T10②A层中发现39件一堆的网坠，大都是Ac型网坠，只有一件属于Bb型的网坠，且这两种网坠有一个明确的共同特点：都是在砾石或石块的短轴端部制出缺口，只有两个系绳缺口，其系绳方法都是一样的；从重量上看，最大的为270克，最小的120克，以170克左右的网坠居多。从大小尺寸看，长度都在7.6~11.5厘米之间，宽度在6.6~8厘米之间，厚度1.6~3厘米之间；T27③B层中出土的20件一堆的网坠，大都为Ac型网坠，总计重量为5395克，平均每件网坠的重量是270克，其中小的只有142克，大的有405克，而这个探方同一层位出土的另一堆网坠则个体较小，没有那么重，34件网坠总的重量为 4595 克，其中既有 Bb 型网坠，也有 Ac 型网坠。其中前者数量略多于后者。重量在 83~205 克之间，平均重量为 135 克。通过对这些成堆出土的网坠的观察，我们不能排除这四处成堆出土的网坠，代表四张渔网所用石网坠的可能性，换句话说，当时的一个渔网中有 39 个到 20 个不等的网坠，只是由于时间的久远，编织网的藤、麻或其他纤维早已灰飞烟灭，留下的只有这千古不变的石头。

穿孔石坠的用途，在学术界并不是十分明确。长江流域一些地方的学者曾将穿孔石坠解释为“重器”或“摔器”[3]。笔者相信在宝镜湾遗址中出土的穿孔石坠大都是与捕鱼有关的坠形石器[4]。由于宝镜湾遗址这批穿孔石坠大部分都有明显的捆绑痕迹，说明与穿孔石坠配合使用的是绳索。这类人工穿孔的石坠，都是孔表大孔内小；自然穿孔石坠，则大都是一面大一面小。而且我们应该明白一个基本原理：能穿过穿孔石坠的最大直径，只能够是穿孔的最小直径。宝镜湾遗址的穿孔石坠的实际穿孔直径都很小，测得这批穿孔石坠的最大穿过直径为 1.8 厘米（T21③A:32），且直径超过 1 厘米的只有 6 件，另外 33 件穿孔石坠内穿直径小于 1 厘米，其中大量的是在 0.6 厘米左右。这种情况，使我们完全可以排除这批石器用于松土工具——重石的可能性。当然，我们还不能完全排除其中部分穿孔石坠曾作为摔器使用过，但是，如果我们结合这里的地理环境与其他出土文物标本来看，这类石器用于打鱼的网上部件的可能性要大得多。Aa、Ba 型穿孔石坠由于重量都超过了 500 克，我们认为，当作为沉石使用；而与之相对应，Ab、Bb 型穿孔石坠的重量都小于 500 克，则当作为网坠使用。宝镜湾遗址之中出土的穿孔石坠明显有两种：一种是有用对凿法打制出的穿孔石坠；另一种是看不出打凿痕迹的穿孔石头，但仔细辨别，往往在其上可以发现使用的系绳痕迹。

需要说明的是，在宝镜湾遗址之中还出土一种不知用途的穿孔石头，在一件石头上常常有多处穿孔，有的孔深，有的孔浅，有的孔穿透，有的孔未能穿透，均未有凿打痕迹，而且孔壁都较为光滑。最初出现时，真不知先民用何种方法制作，以作何用。最初我们曾冒出一种想法：这些多孔石器是不是先民用来搞钻孔训练的？因而不在乎孔的深浅与大小，不在乎孔是否穿透。但对其钻孔方法始终不得其解，更没有想到这会是自然形成的孔。是一个偶然的机会解开了这个谜。1998年，珠海市博物馆一行人等参加香港的文物普查，在屯门附近一个名叫丫洲岛的小岛的海滩上，发现成片的难以数计的大量穿孔石头。这些石头的大小、形状、质地到孔的大小、形状、特点，都与宝镜湾遗址出土的同类穿孔石头接近。丫洲岛海滩由于海水的涨潮与退潮，一些有孔石头时而在水中浸泡，时而露出水面，俯身拾起这些有孔石头，偶尔还能发现藏在孔中的海生物。大自然的造化真是神奇，难道还有一种能钻石洞的海生物？不管这些洞是其中的海生物自己钻的，还是先前的其他海生物钻好的，海生物与这个海滩上的有孔石头关系密切是十分明显的。这样多到不可计数的有孔石头，已经足以说明自然穿孔石头在海岛海边有存在。有的已经为人类所用，或为沉石，或为网坠，有的用于我们不知道的用途，而大量的没有使用、加工痕迹的多孔石，还仅仅只能将其看成是一块块自然的有孔石头。

当时有绳子，这是一个不争的事实。大量的网坠、沉石和大型石锚的出土，特别是其上明显的绳索系痕，完全可以证明这一点。不过绳子的实物，目前还没有发现，不单是在珠海宝镜湾遗址之中没有发现，在周边的同时代遗址之中也尚未发现。好在这方面容易得到大家的理解：几千年的时间磨损，早已把先民精心编织的网衣和绳索化为灰烬。南方地区潮湿的气候条件，大量的梅雨、酸雨，植物纤维本身保存能力有限，加上发掘揭露的面积不是很大等等，都是没能发现网衣和绳索的理由。不过，虽然没有发现绳索的实物，但是其痕迹则随处可见，最为明显的是陶器表面的绳纹装饰，这是先民用绳索在陶器表面捺印出的纹饰，绳索的宽度约在0.3~0.5厘米之间，在一些陶器表面装饰的绳纹明显呈绞索状。此外，在一部分坠形石器的缺口或凹槽上，也可以看出绳索的捆绑痕迹，长期用绳索捆绑并在水中摩擦，使这一接触面更为圆钝，磨去了打制缺口时剥裂面可能留下的锋刃，比原先的粗糙面更为平整，或比原来的平整面更为光滑，因而与周围形成反差，这是用肉眼就可以看出来的明显变化。编织绳索的纤维，当是岛上就近大量存在或先民有意种植的。其中树皮也当是其来源之一。在宝镜湾遗址之中出土了四件可能与

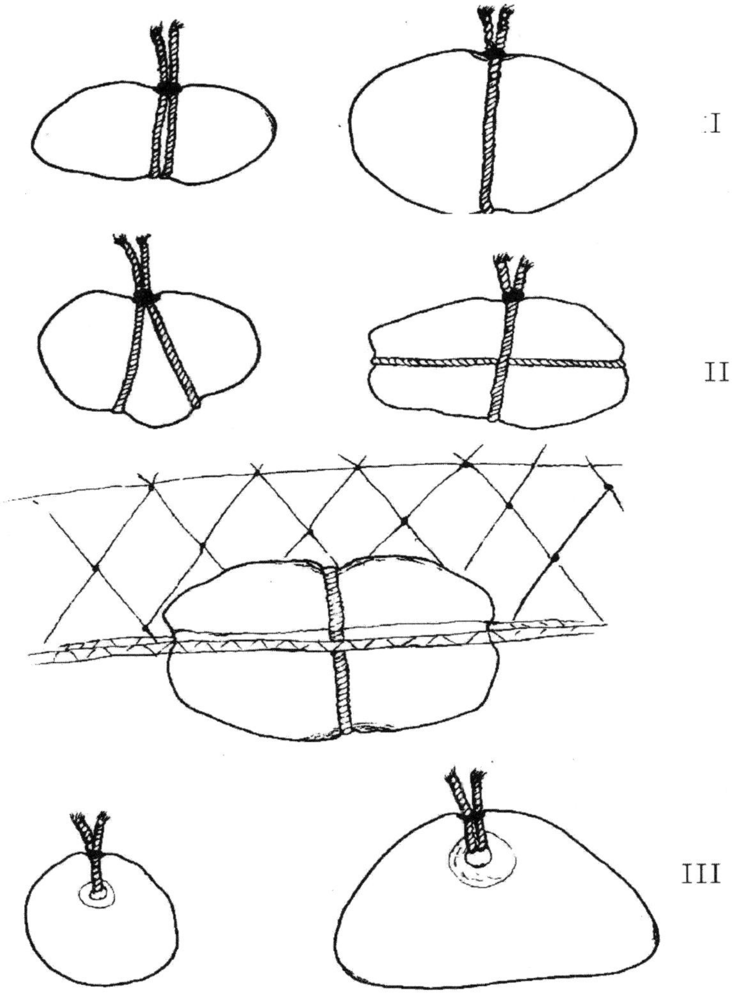

图九　石坠装着图

制造树皮布有关的石拍，这些石拍或有刻纹或为素面，在器身的侧面都有便于装柄的凹槽，采集树皮已经是先民们的一种生产活动。另外，在遗址之中还出土石纺轮、陶纺轮，这是一种用于纺织的工具，也可以作为当时编绳子的一个旁证。

坠形石器的系绳方法可以分为几群：

一群：Aa、Ab、Ac、Af、Ba、Bb、Bc 网坠或沉石；

二群：Ae、Ad 网坠或沉石；

三群：穿孔石坠。

其中一群的系绳方法均为绕短轴一周，这是网坠常见的、数量最多的一种系绳方法；二群的系绳方法则有些复杂。其中 Ad 网坠则是绳索绕过一侧的两个缺口，在另一侧的一个缺口上集中，再与沉子纲连接；Ae 网坠或沉石的系绳方法分为两种情况，一种是两侧面各有两个缺口的网坠，应采用对边的两对缺口分别系绳，分两条与沉子纲连接；另一种是四边各有一个缺口的网坠，则可能是绳索在短轴和长轴上呈十字交错捆绑状与沉子纲连接；三群的穿孔石坠是十分明显的，绳子穿过穿孔再与沉子纲相连。

三、石坠研究的现状

可以肯定，渔网出现在文字出现之前。我们知道自有文字以来，就有关于网的记载。最早的象形文字之中就有用网捕鱼的字形，一些先秦时期文献中也有关于网的记载：

《世本》载：网为伏羲氏所作。

《易·系辞下》载："作结绳而为网罟，以佃以渔。"

《书·盘庚上》载："若网在纲，有条不紊。"

《韩非子·外储说右下》载："善张网者引其纲，不一一摄万目而后得。"

《诗经·卫风》中记载了专门捕捞鲟鱼的大网。

《国语·鲁语》中记有捕鱼的小网。

捕鱼用的网是否为伏羲氏所作，现在当然不得而知。从考古发现的情况看，较早的记录是早于大溪文化的皂市下文化层出土的石网坠，年代在距今七八千年之间。新石器时代晚期，网坠的分布范围很广，从东北的黑龙江昂昂溪遗址到西南的拉萨曲贡遗址，从东部的良渚文化到西部的仰韶文化中都有关于网坠出土的报道。南海边上的先民也很早就已经懂得用网捕鱼。在宝镜湾，自有人活动以来就有了网坠，就有了渔网。

目前，在环珠江口地区发现石网坠的地点有珠海后沙湾遗址[5]、平沙棠下环遗址[6]、水井口遗址[7]、草堂湾遗址[8]、前山南沙湾遗址[9]、横坑仔遗址[10]、香洲棱角咀遗址[11]、东澳湾遗址[12]、亚婆湾遗址[13]、青湾遗址[14]、东澳岛南沙湾遗址[15]、水涌遗址[16]、南水挪家咀遗址[17]、拱北西瓜铺和老虎沟遗址[18]，中山张家边区珊洲遗址[19]、城区农科所[20]、中山翠亨平顶[21]，香港马湾东湾仔北遗址[22]、涌浪遗址[23]、元朗下白泥吴家园[24]、东湾遗址[25]、白芒遗址[26]，深圳咸头岭遗址[27]、鹦歌山山岗遗址[28]，台山铜鼓湾沙丘遗址[29]等。如果我们把视线扩大到东南沿海地区，在从北到辽宁的小珠山遗址[30]，南到福建昙石山文化遗址[31]，台湾圆山文化遗址、艺山文化遗址，海南陵水新村港湾遗址都有网坠发现的记录。发现的遗址虽然不少，但是目前还尚未见到有关石坠形器（网坠）研究的专门文章。只是在一些发掘报告或行文中简略提及坠形石器的分类，值得在此介绍的有以下几批：

1962年莫稚先生将广东东兴新石器时代贝丘遗址[32]中出土的38件“全部为河卵石制成”的网坠分成四式：

1式：两侧边缘的中央有一对凹缺，有长有短，共31件；

2式：两侧边缘上下有两对凹缺，只有长的一种，共5件；

3式：圆柱形，有一周横的凹槽，共1件；

4式：扁圆形，中央有一个对磨的钻孔，共1件。

1997年招绍赞先生将香港涌浪遗址出土的“一般利用天然卵石打制而成的”“网坠形石器”分成三式33：

Ⅰ式：两侧有打击缺口，周圈有磨出的浅槽；

Ⅱ式：两侧打击出缺口，器形有大小不同；

Ⅲ式：卵石周腰有一圈打凿的浅槽。

以上两种都是按其形状和制法分型，也有学者根据器物的尺寸大小进行分型。如：1998年古运泉先生等在《珠海平沙棠下环遗址发掘简报》中，将该遗址中出土的网坠按其尺寸分为大、中、小三种型：

1. 大型网坠，长12~17、宽10~15厘米。腰部缺口利用交复打击法制成；

2. 中型网坠，长7~9、宽5~7厘米。多用灰色砾石制成，亦有红色砂岩，腰部缺口一般为交复打击而成，也有单面打击的；

3. 小型网坠，长 4.5~5.5、宽 3.5~4 厘米。腰部缺口系单面打击而成，亦有个别为交复打击。

并指出，这些网坠“平面呈亚腰形，用砾石打出两个缺口制成”，“其中中型网坠数量最多，其次为大型，小型者较少”。

表三：珠江口及邻近地区出土石坠

	遗址	地点	形制	数量	时代	资料来源
1	咸头岭	深圳	Ac	不明	新石器	在咸头岭发掘简报中未见，而在商志䄄先生《环珠江口史前沙丘遗址的特点及有关问题》一文中提到，见《深圳考古发现与研究》第 162 页。
2	西丽湖水库西北山岗	深圳	Af、穿孔	各 1	新石器	杨耀林等《深圳先秦遗址调查与试掘》，《深圳考古发现与研究》第 71 页
3	南头后沙	深圳	穿孔	1	青铜	杨耀林等《深圳先秦遗址调查与试掘》，《深圳考古发现与研究》第 82 页
4	鹤地山	深圳	Ac 型沉石	不明	新石器	《岭南越族文化论文集》第 206 页
5	鹦歌山山岗遗址	深圳	Ac	1	新石器	杨耀林等《深圳先秦遗址表》，《深圳考古发现与研究》第 87 页
6	宝镜湾	珠海	各种石坠均有	1195	新石器	见本文
7	后沙湾沙丘遗址	珠海	Ac	3	新石器	李子文《淇澳岛后沙湾遗址发掘》，《珠海考古发现与研究》第 15 页
8	草堂湾遗址	珠海	Ac	3	新石器	梁振兴等《三灶草堂湾遗址发掘》，《珠海考古发现与研究》第 22 页
9	前山南沙湾	珠海	Ac	1	新石器	赵善德等《前山南沙湾遗址发掘》，《珠海考古发现与研究》第 36 页
10	香洲棱角咀	珠海	Ac、Bb	11	新石器	龙家有《香洲棱角咀遗址发掘》第 54 页、陈振忠等《香洲棱角咀遗址调查》第 164 页，均见于《珠海考古发现与研究》。
11	亚婆湾遗址	珠海	Ac	2	新石器、青铜	唐振雄等《淇澳岛亚婆湾遗址调查》，《珠海考古发现与研究》第 61 页
12	青湾遗址	珠海	Ac	2	新石器	赵善德《三灶岛考古调查》，《珠海考古发现与研究》第 72 页
13	东澳岛南沙湾遗址	珠海	Ac	1	新石器	梁振兴等《东澳岛南沙湾遗址调查》，《珠海考古发现与研究》第 81 页

14	南水椰家咀遗址	珠海		3	青铜	梁振兴等《高栏岛与南水镇考古调查》，《珠海考古发现与研究》第85页
15	北水营地山	珠海	Ac	2	新石器	梁振兴等《高栏岛与南水镇考古调查》《珠海考古发现与研究》第89页
16	水涌遗址	珠海	Ac	3	新石器	赵善德等《前山镇水涌、猫地遗址调查》，《珠海考古发现与研究》第125页
		珠海	穿孔网坠	2	新石器	
		珠海	陶质网坠	2	汉代	
17	前山横坑仔	珠海	Ac	1	夏商	李子文《前山横坑遗址调查》，《珠海考古发现与研究》第116页
18	南屏白沙坑	珠海	Ac	4	夏商	赵善德《南屏白沙坑沙煲地遗址调查》，《珠海考古发现与研究》第149页
19	东澳湾遗址	珠海	Ac	1	夏商	李岩等《广东珠海市淇澳岛东澳湾遗址发掘简报》，《珠海考古发现与研究》第331页
20	珠海平沙棠下环	珠海	Ac（主要）	数以百计	商时期	李岩《珠海平沙棠下环遗址发掘》,《文物》1998年第7期。古运泉先生告之“棠下环遗址中出土石网坠有800余件”。
21	斗门五山镇玉山村	珠海	Ac	数量不明	新石器	据考古调查采集所得（斗门博物馆陈列展览）
22	平沙水井口	珠海	Ac、Bb	16	新石器	《平沙出土宋元文物》，1993年，广东人民出版社。
23	西瓜铺、老虎沟	珠海	Ac	9	新石器、商周	杨耀林等《珠海拱北新石器与青铜器遗址调查与试掘》，《珠海考古发现与研究》
24	张家边区珊洲	中山	Ac	不明	夏商	《中国历史文物图集》
25	翠亨平顶	中山	陶质网坠	不明	汉代	《中国历史文物图集》
26	马湾东湾仔北	香港	Ac	1	新石器	邹兴华等《香港马湾仔北史前遗址发掘简报》，《考古》1999年第6期
27	东湾	香港	穿孔沉石	不明	新石器	参观所见
28	白芒	香港	Ab	不明	商时期	参观所见
29	涌浪	香港	锚\沉石\网坠	约800	新石器	《香港涌浪新石器时代遗址发掘简报》未公布统计数，承孙家荣告之共计800余件
30	南丫岛深湾	香港	Ac	5件以上	青铜	《岭南越族文化论文集》第217页

31	沙螺湾	香港	Ac、Af	不明	新石器	《岭南越族文化论文集》第 205 页
32	铜鼓湾	香港	Ac、Bb	2 件以上	新石器	《岭南越族文化论文集》第 217 页
33	元朗白泥吴家园	香港	Aa\Ab、Ac、Af	共 17 件	新石器	区家华等《香港元朗吴家园遗址的发掘》，《考古》1999 年第 6 期。其中有 Ac、A1 共 12 件“分布于一个平面上，甚似撒开的网”报告称其为“鱼虾网网坠”
34	沙下	香港	Ac		新石器、青铜	《中国文物报》2002 年 12 月 31 日
35	柳东公社独静村	柳州	Ac（主要）	4	新石器	黄云忠等《广西柳州新石器时代遗址调查与试掘》，《考古》1983 年第 7 期。
36	曾家村	柳州	Ac（主要）	12	新石器	同上
37	桂林甑皮岩	桂林	穿孔石器	4	新石器	巫惠民等《广西桂林甑皮岩洞穴遗址的试掘》以为碎土器。《考古》1976 年第 3 期
38	广东东兴贝丘遗址	东兴	Ac	31	新石器	莫稚《广东东兴新石器时代贝丘遗址》，《考古》1962 年第 2 期
			Ad	1		
			Ae	5		
			穿孔石器	1		
			Ad、Ac	数量不明		
39	番禺鹿颈村	广州	Ac	数量不明	商时期	参观所见
40	古井官冲碗山东	新会	Ac	不明	青铜	参观所见
41	铜鼓湾沙丘遗址	台山	Ac	8	新石器	冯孟钦《广东台山铜鼓湾沙丘遗址发掘》，《广东省文物考古研究所建所十周年文集》，岭南美术出版社，2001 年

以上材料可知，在史前时期，环珠江口及邻近地区，广泛使用扁平椭圆形卵石制成以“亚腰形”石网坠为主的坠形石器。

在以往研究的基础上，我们在宝镜湾遗址中又辨认出没有经过人工加工，但具有天然凹槽的 Aa 型网坠，有三个人工制造缺口的 Ad 型网坠，以及采用石料进行整体加工而制成的 Ba 型、Bb 型、Bc 型网坠，在穿孔石坠中，辨认出人工穿孔和自然穿孔的两种不同的穿孔石坠。Aa 型网坠是先民在河卵石中挑选出来的具有天然缺口或有便于系绳的粗糙边的一种网坠，由于没有人工凿打的痕迹，卵石上的系绳痕迹成为确定这种天然石头是否被用来作网坠的关键。B 型网坠在以往没有引起人们的重视，提到网坠人们首先想到的是那种用河卵石制成的“亚腰形”网坠。这是常规形网坠中数量最多的一个种类，而对其他种类未作细分，或根本不将其当成是网坠看待。不难理解：对于形制相当考究的磨光石斧、石锛、石凿、石镞、石矛、石刀等物品来说，人们能直接定性、定名，并将其当成一种常识性问题来处理，这是人们对这一类的石器有了较多的研究和认识，这些器物的名称已经是一个常识性的问题。而在判断加工简单的石制品是否为石器时，则往往从加工痕迹、使用痕迹上入手。事实上，在相当多的网坠上确实能观察到打制、琢制或磨制的痕迹，甚至还可能观察到长期使用的磨痕。但并不是每一件网坠都有明显的使用痕迹。因为使用痕迹往往是长期使用的标识，有的器物制好的时间不久，使用的时间不长，没有明显的使用痕迹，甚至有的器物根本未来得及使用，完全没有使用痕迹，但这种网坠又是客观存在的，不应当成乱石处理。我们认为考虑到石制品在遗址中出土的位置、器物组合情况，再就是大小合适，形制相似，并有便于系绳的缺口或槽口，经过仔细辨认，可将一部分这样的石制品归入网坠来统计，只是在辨认时要多加注意。Ba、Bb 型网坠的判断是网坠确定中的一个难点。B 型网坠在宝镜湾大量发现，而在其他地方少见，反映出两种可能：一种可能是这种制作方法为宝镜湾先民独特创造；另一种可能是其他遗址暂时还没有辨认出来，实际上是存在的。笔者倾向于第二种可能性。因为：一、在宝镜湾遗址之中 B 型网坠出现的年代较早；二、由于是打鱼族，交流的机会较多，不可能只有宝镜湾先民独享这种成果。

另外，在南海地区的一些遗址之中，还发现有使用海蚶壳制成的网坠[34]，这是一种较小形的网坠，将蚶壳的顶部击出圆孔，成串缚在小网上，用于捕捞小鱼虾，这种做法在一些地区前些年都还在使用。不过，在宝镜湾遗址之中目前还没有发现这种网坠。宝镜湾遗址石坠形器的系统分型分式，为其演变与发展特别是其年代分期打下了基础。

四、石坠的年代

宝镜湾遗址分为四个大的地层，还有一批具有叠压打破关系的遗迹单位。根据地层的叠压打破关系对遗址出土的上万陶片（几十件经过复原的陶器）和 2000 余件石器进行类型学研究，大体可以将陶器分为三期五段组，将石器分为三期：第一期以④B 层、④A 层及 H6、H8、H9、H20、H21、H22、H23、H26 等遗迹单位为代表；第二期以③B 层、③A 层及 H1、H2、H4、H5、H10、H14、H16、H19、H27、H28 等遗迹单位为代表；第三期以②层及 H15、H17、H25 等遗迹单位为代表。坠形石器也可以分为早、晚两个时期，早期为第一期，晚期为第二期和第三期。关于遗址的绝对年代，有四个加速器质谱（AMS）碳-14 测定数据。根据著名考古学家严文明先生的提议，我们在遗址中采集了四片附有烟炱的陶釜残片，交北京大学加速器质谱实验室、第四纪年代测定实验室进行加速器质谱质计数测年。其结果 1. T20④A（BA00069）BP4360±80；2. T16④A（BA00070）BP4260±90；3. T19③B（BA00071）BP4210±120；4. T14②（BA00072）BP4090±60[35]。据此可见遗址的主体年代在后沙湾一期与二期之间，年代范围在新石器时代晚期至夏商之际。

（一）常规网坠的出现时间

在一些较早的单位中就已经开始出土网坠。如在 H21、H20 等相当于陶器第一期前段年代的单位中曾出土 Ac 型、Bb 型等两种形制的网坠，共计 3 件。其中 Ac 型有 2 件、Bb 型网坠 1 件。在④A 层和 H8 等相当于陶器第一期后段的地层中，出土 Aa 型、Ab 型、Ac 型、Ad 型、Ae 型、Af 型、Ba 型、Bb 型网坠共 118 件，其中大量的是 Ac 型，其次是 Af 型有 6 件，其他各型只有 1~2 件。这种情况说明，在宝镜湾遗址石网坠的出现和使用是较早的。Bc 型网坠主要使用时间在第二期，第三期只有少量出土，而大部分常规的 A 型网坠都一直沿用到先民最后离开之时。

（二）穿孔石坠的使用时间

穿孔石坠在整个遗址的年代之中并不算很晚，在遗址中一些探方的第四层就已经开始发现穿孔石坠，这在遗址的年代分期中属于第一期后段，此后各地层之中都有发现。但是，不同形制的穿孔石坠其出现的年代有所不同，最早出现的是 Bb 型，这是一种自然穿孔而有人工使用痕迹的穿孔石坠。人工穿孔石坠 Aa 型、Ab 型和用于沉石的 Ba 型自然穿孔石坠的出现时间较晚，均在第二期才出现并延续到第三期。

（三）沉石的出现和使用年代

第一期仅在 T20④A 层有个别 Ac 型沉石出土，其他各型沉石都在第二期开始使用，并且为数不少。

（四）石锚的出现年代在第二阶段

总之，坠形石器分为早、晚两个时期：

早期：先民们就已经使用 Aa 型、Ab 型、Ac 型、Ad 型、Ae 型、Af 型、Ba 型、Bb 型网坠，并出现少量 Bb 型穿孔石坠和 Ac 型沉石；

晚期：以上各型坠形石器继续使用，并新出现了 Bc 型常规石网坠，沉石在这一阶段中开始大量出现：Aa 型、Ab 型、Ac 型、Ba 型、Bb 型均有出土；穿孔石坠中 Aa 型、Ab 型、Ba 型、Bb 型，四个形制全部都出现；大型石锚也在这一个时期出土，这一期的主要年代是距今 4000 多年。

另外，需要说明的是，在汉代以后这一带广泛使用陶质网坠[36]，并逐步取代常规石网坠的地位，而沉石、石锚则在一些地方仍然继续使用，此是后话。

五、几点认识

中国海洋文化的研究，不管在历史学研究、考古学研究，还是科学史研究领域都是一个十分薄弱的环节，特别是史前海洋捕捞业，由于材料发现少（特别是发表的材料少），目前，在国内还未见系统研究的专论[37]。而珠海宝镜湾遗址中大量石坠形器的出土，无疑为这一研究提供了一批珍贵的实物资料。

（一）四五千年前的大规模海洋捕捞活动

早在旧石器时代，人们就会徒手捉鱼、用石掷鱼、用木棒打鱼、用渔叉叉鱼、用弓箭射鱼，到新石器时代，先民们采用渔网捕鱼，则是技术上的一大进步。南海近海渔场约 40 万平方千米，范围分为四个大的区域：汕尾渔场（珠江口以东至汕头海面一带）、万山渔场（珠江口一带为主）、七洲洋渔场（珠江口以西至海南岛七洲洋铜鼓湾一带）、北部湾渔场。西沙、东沙、南沙群岛周围海域也是南海渔民的传统渔场。近海渔场区域海底平坦倾斜度缓慢，冬季多东北风，夏季多东南风，经济鱼类很多。宝镜湾遗址所在的高栏岛，是万山群岛中的一个小岛，这一带自古就是鱼群活动的重要场所，丰富的鱼类资源是先民充足的粮仓，为大规模的海洋捕捞提供了良好的自然条件。历史上海洋渔业以拖网活动为主，围网捕鱼、刺网捕鱼、钓鱼、定置渔业、杂渔业等各种渔业

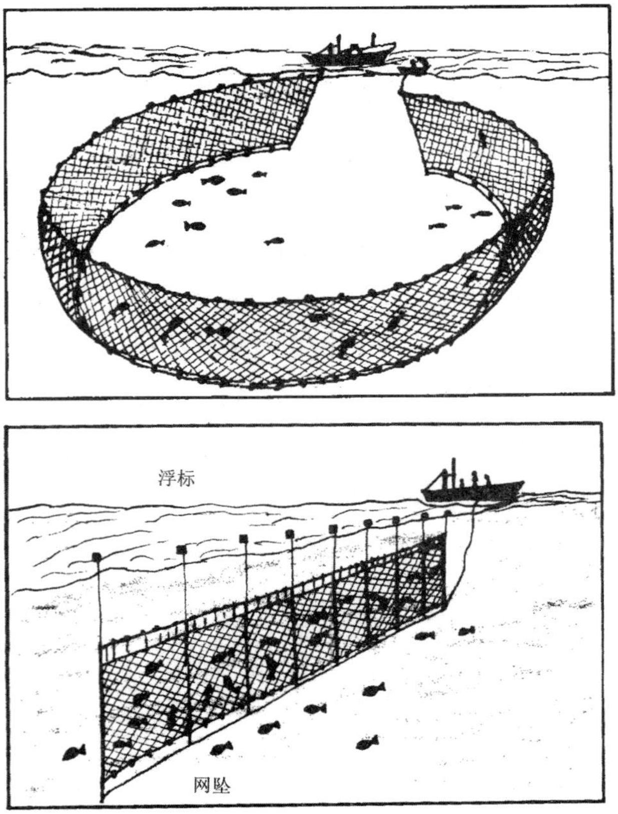

图十　近岸捕鱼示意图

方法大都派上用场。

围网捕鱼。近岸捐鱼的一种方法。一般在晚上由两只船进行，一艘大船上放置灯光吸引游鱼，另一小艇则拉着渔网绕一个圈围捕。

刺网捕鱼。近岸捕捉接近海床鱼类的方法。从渔船放下一道渔网，直达海床，当游鱼尝试穿越网孔时，易为网眼所困。

宝镜湾遗址是目前所见出土石坠数量最多、密度最大的史前遗址之一。这里出土石器共 2128 件[38]，这个数字还只是反映已经登记在册的那部分石制品。事实上，遗址中埋藏的石器数量大大超过这个数。一方面，是遗址并没有完全揭露，目前发掘揭露的实际面积只有 500 平方米，而遗址的面积可达 20000 平方米，发掘面积只占四十分之一。虽然说我们发掘的这一地点遗存较丰富，但在其周围尚未发掘揭露的地方还有大量文化遗存，这是毫无疑义的；另一方面，在已经发掘揭露的地点，我们也不能保证所有的石制品都被无一遗漏地采集，特别是一些石网坠，由于只是稍作加工，或者完全未加工，只有在细致的观察中才能看出其使用痕迹，被人遗漏的事是有的。指出这一点，我们更能真实地了解宝镜湾遗址之中所藏石器的丰富程度。宝镜湾遗址之中出土与航海捕鱼有关的坠形石器1195件，这意味着在宝镜湾遗址平均每一平方米范围内，就有 4~5 件石器，其中有 2~3 件是与渔业有关的坠形石器。宝镜湾遗址出土的坠形石器的总重量已超过 384 千克，这足以说明在这里居住的先民的经济类型和生产规模，进而认识这一地方在一个相当长的时期，曾为较稳定的聚落。当然，在这一地点生活的先民其捕鱼的规模、捕捞的技术进步都有过程。初期居民捕捞的规模没有中、晚期居民那么大。初期居民几乎还没有使用重量在 500 克以上的大型石坠——沉石，而在晚期居民那里，500~3800 克的沉石已经大量使用。更为明显的是有人工打凿穿孔的网坠和沉石在这一时期也都大量制作使用，而且在遗址中网坠成堆出土（24 件一堆）。在珠江口地区还有两处遗址出土网坠的数量相当多，一处是与宝镜湾遗址年代相近的香港涌浪遗址，另一处是年代稍晚的珠海平沙棠下环遗址，都分别出土 800 余件石网坠，可见先秦时期环珠江口地区的海洋捕捞生产已经有了相当的规模。

另外，这里也想顺便提一下，网坠在中原地区和长江流域也都有所发现，而且有的年代还相当的早。最近发表的属于内陆地区的山西垣曲小赵遗址的材料中就介绍了2件属于仰韶文化时期的网坠[39]，在陕西丹凤县巩家湾遗址中也发现龙山文化时期的网坠[40]，这些网坠也都是利用河卵石做原料制成，在两侧打凿出便于系绳子的缺口或磨出一道凹槽，这都与宝镜湾等海边遗址出土网坠相似，不同的是这些遗址中出土的网坠形体都较小，长度大都没有超过7厘米，更少发现大型的沉石和石锚（石碇），且网坠的数量都较少。虽然史前先民都以捕鱼作为食物的重要来源，但是从作业区域看，有江、河、湖与海的差别，从规模看有大小的区别。

（二）南海先民早在四千多年前就已经解决海上停船的技术难题

在新石器时代，居于海边的渔民已经会制造和使用渔船，这一点已经为河姆渡等遗址的考古发掘资料所证实。在宝镜湾遗址范围内大幅石刻岩画上的海船图案，遗址中大量用于海上捕捞的渔网坠的出土，也足以说明这一点，更为令人惊讶的是，在环珠江口一带的沙丘遗址之中石锚的发现，显示着在这一时期人们已经解决了海上停船的技术难题。

20世纪70年代末，美国圣地亚哥大学考古学家詹姆斯·莫里亚蒂博士给我国著名考古学家贾兰坡寄来一封信。信中说："由于一系列的新发现，开始提供了在哥伦布之前，中国人横渡太平洋航海的证据。"莫里亚蒂博士指的证据，就是中国的石锚。

据莫里亚蒂博士介绍：中国石锚在美洲新发现共有3件。是分两起发现的。一起是两件，分别为"圆柱形"和"正三角形"的人工制品。是在加利福尼亚拉斯维德半岛的浅海里发现的。另一起只一件，为"中间有孔的大圆石头"，石头上积聚了一层薄薄的锰矿外衣。它是在加利福尼亚的麦得西诺小岬附近，由美国地质局"先锋号"调查船打捞出来的。莫里亚蒂博士根据锰积聚率为1000年1毫米的原理推定，这些石锚年代约有二三千年的历史。由于在北美太平洋从未发现过这类人工制品，而在亚洲却有此类石制品作船锚的考古记载，莫里亚蒂博士说："毫无疑问，这是一个来自亚洲的早期船锚。”中国学者房仲甫先生根据这一发现写成《中国人最早到美洲的新物证》一文，他进一步推定“圆柱形石锚”的年代“可能是五世纪前后的船碇”。

中国在历史上曾是一个航海非常发达的国家。使用石锚是中国早期航海的一大特色，史书不乏记载。但石锚最初发明于何时，则没有明确的答案。人们在谈论中国早期航海的时候，经常举的例子是1955年在广州先烈路出土的一件陶船。该船的船尾设舵，船头吊着一件石锚。不过，如果以为这就是最早使用石锚的时间，那就大错特错。秦汉时期在广州已经能够造载重五六十吨的大船。而且文献记载在公元前2世纪的西汉，中国船队已远航印度洋。要说这么大，能航行这么远的船没有锚，那是不可思议的。可以肯定地说这些船上有锚。但需要说明的是，秦汉时期的锚也不是最早的。因为在近年来的考古发掘和研究中，我们已经在香港、珠海等地找到了距今4000年前的史前时期的大石锚。

香港大石锚，是在香港新界屯门西部海岸的涌浪遗址中发现的。这里是史前先民的一个良好居住地。涌浪湾西北面海，其余三面为低矮小丘环抱，在这个海湾的沙丘和坡地上，广泛分布着先民的遗迹遗物。1974年被发现后作过多次复查，近年来考古学家对此进行了大面积发掘，揭露面积近2000平方米。在这里发现了当时的住房遗存、水沟，还有炉灶遗迹：当时的灶是用石块垒成圈后用泥加固而成的。在高温下，形成红烧土。堂内还残留黑色灰烬、炉箅残件和陶质炊具残片。灶边有大块木骨泥墙残块，说明灶边有房屋，或许灶坑就在屋内。这里出土一件磨制精细的石钺，正锋弧刃，表面经抛光，由于没有一点使用痕迹，我们推测它是一件用于某种仪式而不是直接用于生产活动的礼器。实用的生产工具有用于木作的石斧、石凿；用于掘土的石锛；用于狩猎打鱼的石矛、石箭镞、石网坠；用于切割的石刀；大量用水晶、白石英等制成的环、玦、璜、穿孔饰物等装饰品。这里出土的一件石锚，为椭圆形，周腰有一圈打凿的用于系绳的槽，锚长径24、短径18.7、厚14.4厘米，槽的宽2.4~4.5、深度约0.5厘米。这里还出土大量的陶器：罐、釜、壶、钵、器座、纺轮等和少量的骨器。根据这些文化遗物的分析和碳十四测定，这个遗址的年代大体为距今4170~3810年。石锚的年代也在此之间。

珠海的石锚出土有2件。其中一件是本文已经介绍的宝镜湾遗址出土的石锚。这件石锚是目前中国所见4000多年前最大的一件石锚，长径33、短径27、厚13厘米，重18.5千克，腰部凿凿出一周深深的用于系绳索的槽，它是用花岗岩制成的。香港涌浪出土的这件石锚与宝镜湾遗址出土石锚形制相同，也是椭圆形河卵石制成的；另一件是在珠海平沙棠下环遗址中出土的，与宝镜湾遗址所出石锚相比，形状与制法都大体相似，只是形体稍小而已。

我国长期以来都把石锚称之为碇，碇字也可写成“椗”或“矴”，是船停泊时沉落水中用于稳定船身的石块，因其作用等同于后来的锚，所以也把它称为石锚。现在都还有一些渔民习惯把起航称之为“起碇”，把停泊称之为“下碇”。唐代有一种税叫“下碇税”。宋代《宣和奉使高丽图经》中有关于碇的使用的记载，说“矴设在船头，穿以藤绳，用绞车升降。矴石两旁夹以木钩，近山抛泊，放矴钩住水底。碰到风涛紧急时，还要加两个附矴在大矴左右”。据此可知，南海近年来出土的石锚在实际使用中还可能有木钩作配件，只是木钩经不起千百年的风雨剥蚀，早已成为灰烬。

珠海和香港出土的古石锚，比在美国出土的中国石锚早一二千年，形制也更为原始，表现出早期石锚的特点。外形凿成椭圆形，表面加工粗糙，没有钻孔，只是腰部凿出一道用于系藤索的深槽。但是，它的发现，证明距今4000年前的南海先民已掌握和使用石锚这一泊船技术，这实在是一件了不起的事情。

（三）宝镜湾遗址住过稳定的居民

目前在环珠江口地区已经发现属于先秦时期的沙丘遗址近400处，其中经过正式考古发掘的遗址也有几十处。这一调查与发掘成果，说明在先秦时期这一带人类活动地点有相当的密度，而且其中的一些遗址已经成为先民的较稳定的居住点。

宝镜湾是高栏岛南迳湾之南的一个小湾，是一个天然避风港。海湾之中原有块大石头，其上刻有一圆圈，因其形似“宝镜”而得名。紧靠海湾，并与沙滩、乱石相连的是高栏岛风猛鹰山的山坡。造山运动与风雨的冲刷，大自然的鬼斧神工，使隆起的山坡出现一道道沟壑。沿着沟壑有一道山溪长流不枯。从沙滩到山坡都有人类的遗迹遗物出土。除坠形石器外，遗址中还出土数量众多的以加工淀粉类食物为主要用途的石磨盘和石球，还出土主要用于开启蚝壳和打凿穿孔的尖状石器及大量的石斧、石锛、石刀、石支脚、凹石器、砺石、石镞、石钺、石圭、石杵、石纺轮、玉石玦、石坠饰、石耳珰等石器。宝镜湾先民在此建屋、造船、制陶、制器，从事以捕捞为主的生活。同时，还进行祭祀、岩画凿刻等活动，使这一地区成为一个使用较长时间的先民的聚落所在地。

高栏岛的自然资源十分丰富，淡水充足，食物可来自岛上的采集、种植，也可来源于大海之中，这里可以养活相当多的人口。根据 20 世纪 80 年代初的人口调查资料，在方圆 35 平方千米的高栏岛上，居住着 2464 人，有耕地 2259 亩，有 5 个自然村：

村名	位置	人口	耕地（亩）
沙白石村	高栏岛东北麓	210	273
高栏村	南连铁炉村北接西坑村	902	876
西坑村	高栏岛西麓	96	108
飞沙村	高栏岛东麓	702	686
铁炉村	高栏岛南麓	554	316

岛上原居民，遵循“男渔女耕”的传统习惯，男劳力主要是下海打鱼，而妇女除了家务之外还要承担耕种、种菜任务，这与长江流域、黄河流域地区的“男耕女织”不同。

笔者早在 20 世纪 90 年代早中期，就提出在“南海地区的海湾沙丘遗址上有人类定居”的观点，认为这一带发现的古文化遗址并不全是季节性居址。但是，一个较长的时期以来仍有不少学者怀疑在海湾沙丘为主的海岛型遗址上有人类定居。现在宝镜湾遗址出土如此数量众多的坠形石器，并可以通过这些坠形石器推定当时的大型捕鱼网和打鱼用的海船，进而了解当时的生产规模和生活状况，从而恢复历史的原本。笔者以为，这些居住于海边的先民选择居地时，除了考虑食物来源、淡水、避风之外，还有一个直接的原因，这就是船的停泊方便与安全。对于渔民来说，船作为当时主要的生产工具，也可以说其是他们的命根子，其停泊的位置不应当超出他们的视线以外。因为我们既不可能想象当时的船能大到可以在其上居住很长的时间而不忧生活所需，也不能想象当时的船会小到可以抬到岸上很远的地方而不费工夫。将船停泊在风浪较小的海湾或推上沙滩，并在附近沙丘、山坡上建立居屋，当是先民的最佳选择。高栏岛四周大都是悬崖峭壁，只有部分具有沙滩的海湾可以停船靠岸，在沙丘上或附近的坡地居住，一方面方便下海打鱼，另一方面可以看护渔船不被海水冲走，也可防止不速之客将船盗走。

宝镜湾遗址大量石坠的出土，为沙丘遗址上有人类定居提供了一个有力的证据。

（四）石坠是宝镜湾先民财富的象征

宝镜湾遗址中发现两座史前墓葬[41]，其中一座属于早期墓（M2），一座属于晚期墓（M3）。两座墓中都随葬有石坠。

M2 随葬网坠 1 件（墓中共随葬陶釜 1 件、陶杯 1 件、水晶玦 2 件、石网坠 1 件，共计随葬 5 件物品）；

M3 随葬网坠 2 件、沉石 2 件（墓中共随葬陶釜 1 件、石英玦 2 件、沉石 2 件、石网坠 2 件、水晶石料 1 件、石英片岩 1 件，共计随葬 9 件物品）。

虽然在这两座墓中都未发现人骨，而且其墓圹小、墓口长度最大的也不超过 1 米（小的只有 0.64 米），是墓抑或是祭祀坑尚难以定论，但这些坠形石器与其他精美的石玦、水晶玦和陶器一道被恭敬地供在那里，不管这些物品是供给死者还是供奉给天神，都说明宝镜湾先民是将其作为财富、作为顶好的物品来供奉的。

长期以来，在世界文化学领域，中国的海洋文化都没有引起人们的重视，可以说，人们几乎是否认中国有海洋文化[42]。但是宝镜湾遗址考古发掘所反映的文化面貌，特别是宝镜湾遗址中大量石坠的出土及对石坠的研究，为中国海洋文化研究提供了新的资料和新的领域。中国海洋文化以海洋农业为特点[43]，正像一些学者所讲，海洋文明使人眼界开阔，思维敏捷，性格刚毅，心理开放——这些文化因子也曾经在我们华夏祖先的血液中发挥活性作用。

注释：

[1] 宝镜湾遗址位于珠海高栏岛的西南部，是一个沙滩连着山坡的海边遗址。高栏列岛位于珠海香洲区西南部，主岛高栏岛距香洲 48 千米，扼崖门、虎跳门、鸡啼门的入海口，东面隔海与万山列岛相望，北邻南水岛，西临台山，南为南海。总面积为 52.8 平方千米。由高栏、荷包、大襟、大芒、三角山等 5 个大岛和 29 个小岛组成。是珠江口以西的重要列岛。该列岛中高栏岛面积最大，故取名。整个岛屿面积 35 平方千米。（参见《珠海市地名志·高栏列岛》广东科技出版社，1989 年，第 111 页。）该岛是人类的良好栖息地，水源充沛，土地肥沃，食物丰富。

[2] 清人沈同芳著述的《渔业历史》和近人张振东、杨金森编著的《中国海洋渔业简史》（北京海洋出版社，1983 年版）等书中，对捕鱼网具都有所介绍。网坠有时被称为沉子，而系网坠的缆绳称为沉子纲。在沉子之间或网的两端，常配有沉石。沉子和沉石的区分，是它们的重量不同，沉石更大、更重，使用的数量相对绞少，而网坠（沉子）较小、较轻，使用的数量相对更多。沉子和沉石在重量上区分具有相对性，是就具体的渔网个体而言的。沉子和沉石到底该多重？并没有明确的规定。针对宝镜湾遗址出土坠形石器的具体情况，我们从重量上划出两条线，将其区分开来。小于 500 克的坠形石器归入网坠，把大于 3800 克的坠形石器归入石锚统计。

[3] 重器：是一种木质松土工具的部件，在尖头木棒上套上穿孔的石头，以便在松土时加大重量或便于踏脚加力；摔器：是一种狩猎工具，使用时手持绳索作圆弧运动，带动系在绳索上的石器在头顶上作高速旋转，发现猎物时伺机松手，石器通过离心力飞出，如击中目标有一定的杀伤力。

[4] 将穿孔石坠列为网坠的系列，莫稚早在《广东东兴新石器时代贝丘遗址》（《考古》1962 年第 2 期）中已经提到。

[5] 李子文：《淇澳岛后沙湾遗址发掘》，《珠海考古发现与研究》，广东人民出版社，1991 年，第 3~21 页。

[6] 古运泉等：《珠海平沙棠下环遗址发掘简报》（《文物》1998 年第 7 期）称该遗址出土网坠数以百计，未写明具体数量。2001 年 4 月，古先生到珠海考察宝镜湾出土文物标本整理工作，笔者问起此事，告知该遗址网坠数量可达 800 余件。

[7] 古运泉、李祥主编：《珠海平沙出土宋元文物》，广东人民出版社，1993 年，其中介绍了该遗址属于新石器时代晚期的网坠。

[8] 梁振兴等：《三灶岛草堂湾遗址发掘》，《珠海考古发现与研究》，广东人民出版社，1991 年，第 22~33 页。

[9] 赵善德：《前山镇南沙湾遗址发掘》，《珠海考古发现与研究》，广东人民出版社，1991 年，第 34~45 页。

[10] 李子文：《前山横坑遗址调查》，《珠海考古发现与研究》，广东人民出版社，1991 年，第 116 页。

[11] 陈振忠等：《香洲棱角咀、银坑遗址调查》，《珠海考古发现与研究》，广东人民出版社，1991年，第72页。

[12] 李岩等：《广东珠海市淇澳岛东澳湾遗址发掘简报》，《珠海考古发现与研究》，广东人民出版社，1991年，第331页。

[13] 唐振雄：《淇澳岛亚婆湾、南芒遗址调查》，《珠海考古发现与研究》，广东人民出版社，1991年，第61页。

[14] 赵善德：《三灶岛考古调查》，《珠海考古发现与研究》，广东人民出版社，1991年，第72页。

[15] 梁振兴：《东澳岛南沙湾遗址调查》，《珠海考古发现与研究》，广东人民出版社，1991年，第81页。

[16] 赵善德：《珠海水涌、猫地遗址调查》，《珠海考古发现与研究》，广东人民出版社，1991年，第125页。

[17] 梁振兴等：《高栏岛与南水镇考古调查》，《珠海考古发现与研究》，广东人民出版社，1991年，第85页。

[18] 杨耀林等：《珠海拱北新石器与青铜器遗址的调查与试掘》，《珠海考古发现与研究》，广东人民出版社，1991年，第335页。

[19] 中山市博物馆编：《中山历史文物图集》。

[20] 中山市博物馆编：《中山历史文物图集》。

[21] 中山市博物馆编：《中山历史文物图集》。

[22] 邹兴华等：《香港马湾东湾仔北史前遗址发掘简报》，《考古》1999年第6期。

[23] 招绍赞等：《香港涌浪新石器时代遗址发掘简报》，《考古》1997年第6期。在该文中没有对涌浪遗址的网坠进行全面统计，数量不明。所幸，2001年4月，香港孙德荣先生到珠海参观宝镜湾遗址，经其教示得知，涌浪遗址出土网坠之多可达800件。

[24] 区家发等：《香港元朗下白泥吴家园遗址的发掘》，《考古》1999年第6期。

[25] 区家发、邓聪：《香港大屿山东湾新石器时代沙丘遗址的发掘》，《纪念马坝人化石发现三十周年论文集》。文中未见网坠。2001年初，笔者承香港中文大学邓聪先生邀请，在该处标本室见到该遗址出土的穿孔沉石。

[26] 参观所见。

[27] 《深圳市大鹏咸头岭沙丘遗址发掘简报》（《文物》1990年第11期）中未见，而在商志䃺先生《环珠江口史前沙丘遗址的特点及有关问题》（《深圳考古发现与研究》，文物出版社，1994年第162页）中提到该遗址中出土椭圆亚腰形网坠。

[28] 杨耀林等：《深圳先秦遗址调查表》，《深圳考古发现与研究》，文物出版社，1994年。

[29] 冯孟钦等：《广东台山铜鼓湾沙丘遗址发掘》，《广东省文物考古研究所建所十周年文集》，岭南美术出版社，2001年。

[30] 《小珠山遗址》，《中国大百科全书·考古学》。

[31] 《昙石山文化》，《中国大百科全书·考古学》。

[32] 莫稚：《广东东兴新石器时代贝丘遗址》，《考古》，1962年第2期；《广西文物考古报告集（1950—1990）》，广西人民出版社，第208页。

[33] 招绍赞等：《香港涌浪新石器时代遗址发掘简报》，《考古》1997 年第 6 期。

[34] 原广东东兴的海滨地带发现一些贝丘遗址，在亚菩山遗址、林较山遗址、马兰咀遗址的调查中曾有此种网坠出土。

[35] 测量采用中国碳糖标准，其中碳的碳-14 放射性经比度为现代碳标准的 1.362±0.002 倍，计算年代采用的碳-14 半衰期为 5568；距今年代以 1950 年为起点，所给误差系多次测量平均值的标准偏差，年代数据未作树轮较正。

[36] 陶质网坠在昙石山文化中已有出土，但在环珠江口地区较多陶质网坠到汉代。

[37] 张振东：《中国海洋渔业简史》，海洋科学出版社；黄公勉、杨金森：《中国历史海洋经济地理》对史前时期海洋捕捞极少介绍，所提到的只是沿海地区的一些贝丘遗址，对更具海洋文化特点的南海沙丘遗址未有提及。

[38] 如果加上 17 件水晶器，石器总数为 2155 件。

[39] 见中国社会科学院考古研究所山西工作队：《山西垣曲小赵遗址 1996 年发掘简报》，《考古学报》，2001 年第 2 期，第 214 页。

[40] 陕西省考古研究所等：《陕西丹凤县巩家湾遗址发掘简报》，《考古与文物》2001 年第 6 期。

[41] 在宝镜湾遗址发掘资料的整理过程中，已经将其作为祭祀坑处理，其中 M2 改为 H21，M3 改为 H25。

[42] 黑格尔《历史哲学》中说，尽管中国靠海，并在古代可能有发达的航海业，但是中国“没有分享海所赋予的文明”，海洋“没有影响于他们的文化”。

[43] 西方的海洋文化以海洋商业为特点，中国海洋文化以海洋农业为特点，这是两种不同类型的海洋文化。

（原载《珠海宝镜湾——海岛型史前文化遗址发掘报告》，科学出版社，2004 年）

沙丘遗址出土的玦和环砥石

玦的出现可以追溯到距今8000年前，在中国内蒙古兴隆洼遗址出土过软玉玦饰。耳珰出现在距今7000多年前，在浙江余姚河姆渡遗址之中有出土。在珠江口地区的沙丘遗址之中，距今4000年前后大量出现石玦。玉石玦的研究早已引起学界的注意[1]，台湾学者黄士强先生分别于1971年和1975年，发表《台湾的石玦》[2]《玦的研究》[3]两文，对玦作系统论述；香港学者邓聪先生对于环珠江口地区出土的石玦有较多的研究，近年来发表一系列研究文章[4]。笔者由于参加宝镜湾遗址考古发掘与整理工作，接触到一些材料，对玦和环砥石也试作一二观察。

一、沙丘遗址出土的玦

目前，沙丘遗址中出土的玉、石质的玦为数不少。珠海宝镜湾[5]、锁匙湾[6]、棠下环[7]，香港涌浪[8]、白芒[9]，澳门黑沙[10]等地都有玉石器作坊发现，零星出土石玦及与玦有关的石环芯的出土地点在沙丘遗址之中更是普遍。宝镜湾遗址，经考古发掘出土了上百件与制玦有关的物品，有石料、半成品、成品、废品、副产品及制作工具，如环砥石、石刀、砺石等。从质地上看，这些玦全都不是现代矿物学上所指的玉——翡翠，而是一种玉的代用品[11]。珠海宝镜湾出土的玦，经矿物学专门人员鉴定，质地有石英石、石英脉、石英岩、玉髓、水晶、玛瑙灰岩等。这些岩石大都可以在珠海及附近找到。环珠江口地区沙丘遗址中出土的玉器、石器饰品，以玉、石、水晶质的玦为大宗，同时也出土一批玉、石质的环。玦和环都是圆玉（石），也就是圆形且中间有孔的玉，不同的是玦有一道缺口，从制作的工艺过程看，一般都是先加工成环状，再在环上开出缺口。所以，有的环可能是未完成的玦。

香港涌浪出土石玦数量众多，发掘者将其划分为七个不同的式别。从宝镜湾和涌浪遗址等地发表的材料看，这批石玦的外圈直径都不是很大，在 2.04~7.70 厘米之间，内径在 0.94~6.28 厘米，厚度 0.42~1.30 厘米，顶径（与缺口对应的玦实体的宽度）0.56~1.30 厘米之间，而缺口的宽度在 0.16~0.60 厘米之间。

从整体尺寸看，两个遗址出土的玦大体相同，但是细部也可以发现一点点的差异。根据从宝镜湾遗址和涌浪遗址两个地点出土的 20 件（其中宝镜湾 9 件，涌浪 11 件）较完整的玦的观察发现，宝镜湾出土石玦的缺口大都保持在 0.4~0.6 厘米之间，而涌浪出土玦的缺口宽度大都在 0.22~0.40 厘米之间，这个数据可以看出，宝镜湾遗址出土玦的缺口稍宽。玦在使用时，从玦的缺口处套入耳垂，再穿过耳垂的穿孔，将玦的缺口旋到向下的位置。缺口是玦穿入耳垂中的一个通道，其起码宽度应保证能够穿过耳垂，当然，缺口不能太宽，不然戴好的玦容易掉出来。1998 年在香港的一个展览中，有人复原了一个四千年前先民的半身像，其玦的使用方法则是玦的缺口卡在耳垂上（也就是缺口朝上），实际上这是很难挂稳当的，不符合古人的使用规律。

一般认为玦饰在距今四千多年前才在环珠江口地区流行。邓聪先生对香港地区出土的玦饰进行了初步分期 [12]，分为三段：第一段以涌浪上文化层为代表；第二段以大湾中层及东湾仔第二期文化遗存为代表；第三段以白芒第二期文化遗存及过路湾遗存为代表。笔者以为，宝镜湾遗址的一个早期单位的材料值得注意，可能为玦饰年代的提前提供证据。这是一座编号为 M2 的墓葬。其中出土了两件水晶玦，直径 5.1~5.5、内径 2.7~2.9 厘米，经过抛光，相当精美，与水晶玦共存的是一件刻划纹陶杯和一件刻划纹小口垂腹釜。从陶器特征看，具有珠江口中地区新石器时代中期风格。墓葬形制小，墓口长只有 1 米，宽只有 0.6 米，由于其中并没有发现人骨，在整理过程又将其改为灰坑，编号 H21。从这个单位的地层及其出土器物判断，这个遗迹单位与出土彩陶盘的灰坑（H22）年代相近，如果断代无误的话，玦饰在环珠江口地区最早使用年代当在距今 5000 年前后。

二、玦的制作

玦的制作首先是采集和鉴选原料。从珠海宝镜湾遗址的制玦情况看，原料来源有两种：一种是采集河卵石，遗址中也出土了相当数量的、只稍作加工的石英、水晶的河卵石块，当然也有脉石英、玉髓、水晶、灰岩质的卵石；二种是采矿，也就是在岩石上直接采取，遗址中出土了一些不是河卵石的石英石块。2000 年 5 月，在宝镜湾遗址进行第三次正式考古发掘期间，笔者在高栏岛的东南部牛龙咀发现了被当地村民称之为“白石”的矿石。由于基建，这里的山石被炸开，石英石、蛋白石等石料碎块遍地都是，再看一看四周，有多处直接暴露在外的石英石，有的地方还可以用石块砸下石英石块。这些石英石与宝镜湾遗址出土的石英石一样。牛龙咀距宝镜湾遗址很近，走路也只要 20 多分钟。毫无疑问，这里的石料可能被先民用来制作玉石玦。先民也是十分珍重制造玦、环的石料。在珠海宝

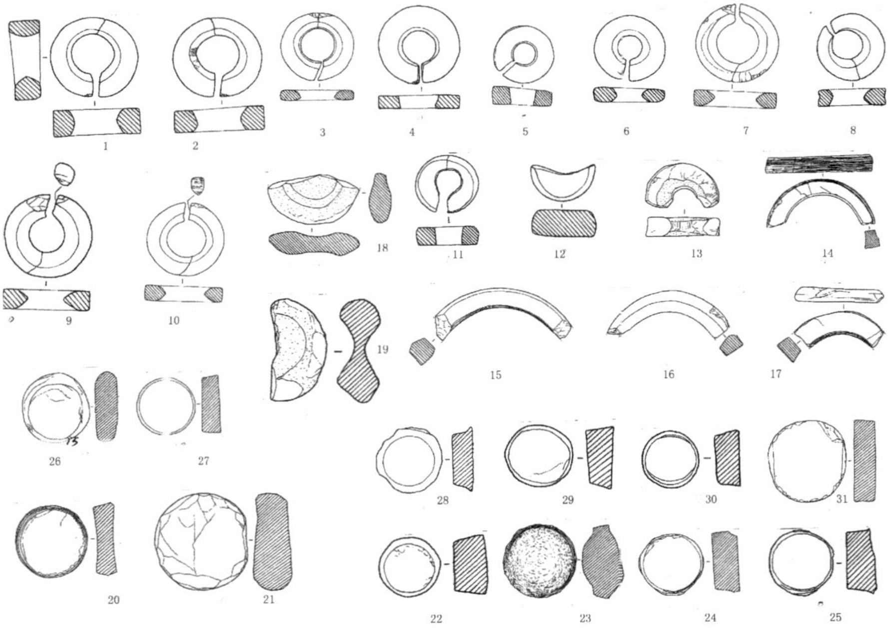

图 1：宝镜湾出土石玦

1~11 玦；12~13、18~19 半成品；14~17 残器；20~31 玦环芯

镜湾遗址之中就曾发现古墓葬（M3）中随葬石料的情况。该墓中除了随葬有陶釜、沉石、石网坠、石英玦之外，还随葬两块石料：一块为水晶石料，一块为石英片岩石料[13]。

第二步是将石料加工成坯。石坯的加工结果可生成两种类型半成品。一种是经琢磨而成扁平圆饼，石料经过周边琢磨近圆，再将两面尽可能磨平，厚度一般磨到0.4~1.3厘米之间，而以0.8厘米左右的居多；另一种是未经磨平形，仅仅是琢打修整加稍微地磨制，令其形状呈算珠形。

第三步是穿孔。其方法主要有三种：

管钻法　这是这一地区最为常见的一种方法，加工对象是第二步加工时经过琢磨而成扁平的圆饼。利用竹、骨等外廓圆中间空的管状物体，垂直于扁平的石坯上做旋转运动，带动石英砂、水等中介物质，对石坯进行摩擦，而达到穿孔的功效。管钻的方法又分为单面钻和双面对钻两种。从宝镜湾遗址出土相关材料的统计可知，采用单面钻的情况占绝大部分。一方面是因为石坯都不是很厚，单面钻可以直接解决问题，另一方面，因为对钻有一定的技术难度，两面对钻最难的是找到圆芯，要使对钻接口完全吻合不容易。从一面钻，钻到快穿透时，中间的石芯往往崩落，有时为了防止崩坏制品，在快穿透时从另一面，敲打一下，使石芯从管钻用力方向相反的方向（开始钻孔的一面）掉出。经观察，沙丘遗址出土的石环玦，目前还未能确定有同时对钻的实例，最多的情况是从一面钻到将穿而未完全穿透时，为了防止崩坏环玦的边沿，而从另一面对钻。这种情况从石芯上或是残石玦的对钻接口线上可以分析得知。观察发现：宝镜湾出土石玦、环半成品上的对钻接线有两个特点；a、对接线往往不在中间，而是偏一边；b、对接线不平直，而是斜线。这两个特点说明其不是同时对钻，而是钻好一面再钻另一面，因为同时从两面对钻，必然要求两面的作用力在同一线上，只是作应力的方向相反，且钻孔留下的同心圆磨痕也应与表面平行。管钻法穿孔广泛采用的原因不仅因为这样钻孔成功的概率较高，而且因为这样钻孔可以充分利用石料。较大的石坯，用管钻钻出的石芯，可以作为下一个较小的石环、玦的石坯，可以再用稍小的管状工具进行钻孔，所得到的石芯如果可能还可作为更小的石环、玦的材料。因而在同一石块上制出多个大小相套的石玦。

琢钻法 用尖状的石器在石坯上直接喙打，以形成穿孔。这种方法的加工对象是只经琢打而未经磨平的那部分石坯。在宝镜湾遗址之中发现两件采用此法穿孔的实例，两件都是废品，在中山龙穴也发现这种方法穿孔的残器，可见这种方法的成功率有限。在宝镜湾遗址，用这种方法穿孔的石料只发现水晶石。

石锯法 这种穿孔方法以往学者极少提到，笔者在宝镜湾遗址中观察到多件采用石锯法穿孔的实例。具体操作是：将石坯磨圆、磨平，从边沿处用石刀锯出缺口，缺口一直锯到石坯的中心，再从中心向周围磨大，形成穿孔。从实例上看，采用此法的器形都较小，直径不超过4厘米；这种方法穿孔的特点是穿孔不圆，周围的磨痕明显，宝镜湾遗址出土的一件完整的石玦（编号T6②:6）、二件残玦（T11③:110、T20①:1）就是这种方法制成。在香港深湾遗址也曾发现以此种方法穿孔的实例，其编号为C85/441的一个石英玦也应当是此种方法穿孔[14]。

第四步为整形、抛光。沙丘遗址出土的玦，剖面看有多种形制，以五边形、长方形、椭圆形的常见，也有外沿上磨出一凹槽的玦。表面看来都十分的考究，特别是水晶器，在出土的时候往往还晶莹透亮，可以想见当时先民在磨制和抛光方面已经下足了工夫。一般来说，玦都是在穿孔完成之后，再来修整抛光。笔者以为，在这一工序时，先民们已经使用了简单的机械，特别是能使环、玦半成品在加工过程中旋转机械。不然，就难以理解当时加工的物品能达到如此的精致。

第五步为开缺口。经过整修过程后，进入制玦的最后一道工序——开缺口（这是指一般情况而言，也有特别例子，前面已经介绍采用石锯法钻孔的这类玦饰就是在穿孔、抛光之前就已经开好缺口，由于开好缺口之后的玦饰强度减弱，容易在抛光过程中断裂，所以只有小件器物才采用先开好缺口的石锯法钻孔）。从玦饰缺口上的锯痕，我们可以看出，当时是用一种我们称之为“石锯”的石片进行的，用石片直接在环上来回上下拉动，由外沿往垂直向孔心进行切割。而作为石片石锯的硬切割，切痕为不规则的抛物状斜线。从宝镜湾遗址出土的石玦的缺口上观察，有相当数量玦的缺口上还保持粗糙面。在宝镜湾等遗址中出土过用于锯切割的小石片，有的两侧刃和一端刃都可以用来作锯切割，也许在开好缺口后，还会回过头来对玦饰进行二次抛光。

三、沙丘遗址中出土的环砥石

环砥石在环珠江口地区的古代遗址之中常有发现。环砥石是一种一端或两端有明显经过高速旋转磨出的同心磨痕，中心部位有旋磨留下的乳突（或称之为“螺蛳状”头[15]）的石器。在乳突周围有平整的磨面，器身整体形状各异，有橄榄状，有柱状，有三棱形，有半球形，有不规则形，有扁圆状，有方形。从加工的情况看，有的周身经过初步磨圆，有的器身基本没有加工，或只是局部特别是靠近乳突的地方经过初步磨圆或琢打。在珠海宝镜湾遗址、澳门黑沙遗址等制玉作坊中，环砥石与水晶石料、石英石料、石玦、石环、石玦石环半成品、石玦石环废品、附产品等一同出土，同时出土的还有砺石、石刀等工具。这一系列的物品出土，不仅展示一个玉石器作坊的文化面貌，而且也说明在环砥石是一种与制作玉（石）器有关系的工具。安徽省文物考古研究所于1998年11月在含山县凌家滩遗址发掘出土1件“环砥石”，称为“石钻”[16]。浙江省文物考古研究所于1979年11月至1980年1月在桐乡县罗家角遗址第1层和第2层各出土1件“环砥石”，发掘报告称其为“钻头”[17]，并认为“这类钻头，可能与石器钻孔技术有关”。邓聪先生将这一类物品称之为辘轳[18]。

（一）环砥石的发现

从目前掌握的材料看，环砥石发现最多的遗址是珠海宝镜湾遗址，共出土18件。在与宝镜湾遗址相望的荷包岛锁匙湾遗址也有出土。此外在珠海湾仔，澳门黑沙湾[19]，香港大屿山万角咀[20]、白芒[21]、沙螺湾[22]、春坎湾[23]、新界涌浪[24]、龙鼓滩遗址[25]、东湾[26]等地都有出土。环砥石的石质有石英岩、花岗岩、水晶、脉岩、泥质岩等多种，以石英岩最多，其次是花岗岩。

宝镜湾遗址出土的环砥石中，石英石质的有10件，花岗岩有3件，砂岩2件，泥岩、水晶、脉岩各1件。环砥石的长度在3.4~12.4厘米之间，环砥石乳凸的长度在0.5~3.3厘米之间，环砥石形状各异，或呈橄榄形，或为圆柱形、扁长条形、三棱长条形、近球形、扁圆形或不规则形，有的表面经过磨光磨平，有的则还完全是原始的粗糙面，但共同的特点是：在一端或两端各有一个乳凸，乳凸及周围有明显的高速旋转的同心圆磨痕。标本T29④A:42，石英质，整器似陀螺，两端都有乳凸，但是乳凸已经磨趋平缓，器身整体稍作加工，而乳凸及周围，由于使用时高速旋转的摩擦，石英表面已光滑放亮，并可见同心圆旋线；标本T1③B:101，石英质，整体呈橄榄状，上半部经过琢打修整，下半部则显现棱角，上半部一端伸出一乳凸，乳状凸及周围经过旋磨显得光滑放亮，其间可见同心弦纹；标本T15③B:88，砂岩质，为一块未经磨制的石头，稍经琢打，略呈半圆状，在顶部出乳凸，只有乳凸及乳凸的周围局部有旋磨痕迹；标本T18③B:44，砂岩质，原本为一砺石残片，其上还残留有磨面和磨槽，其后改做环砥石，在一端磨出乳凸。这是最大乳凸的一件环砥石，乳凸长达3.3、直径2.7厘米，周围虽然也有旋转弦纹，但是可以看出尚属刚使用不久；标本T21③B:24，石英质，石质坚硬，石块表面粗糙，只经简单打琢加工，两端各磨出一乳凸，一长一短，乳凸表面光滑，期间有几道高速旋转留下的弦纹；标本T13③A:24，花岗岩质，扁圆长条形砾石，砾石一端伸出一乳凸，乳凸及周围有明显的磨痕。标本T19③A:10-1，水晶质，在不规则的器身一端伸出一个乳凸，出土时乳凸已经残断，但周围磨痕十分明显。澳门黑沙遗址第一层出土的一件环砥石，系石英岩的椭圆形长身河砾石制作，表面光滑，有明显的石英节理层，长7.76厘米，最大直径5.47厘米，重307克。这是一件使用痕迹非常清晰的环砥石，其长轴两端均有砥磨痕迹，一端砥磨头较高，另一端砥磨头较低而秃。俯视较高的砥磨头，可观察到三圈与制作和砥磨有关的痕迹：最内一圈为乳突状，表面有琢击痕迹。

（二）环砥石出现的年代

环砥石的最早年代当在距今 6000 年前后。在浙江桐乡县罗家角遗址属于马家浜文化晚期的文化遗存中发现两件环砥石，“是迄今发现的年代最早的环砥石”[27]。安徽省含山县凌家滩遗址出土的环砥石，时代属新石器时代晚期，绝对年代约距今 4500 年。河南省安阳“殷墟”发现的环砥石，时代为商代后期，是迄今我国发现的地理位置最北且在内陆地区的环砥石。在环珠江口地区，较早的环砥石是在宝镜湾遗址之中，属于第 4A 层的地层堆积中有出土。珠海市高栏岛宝镜湾遗址中各个大的地层

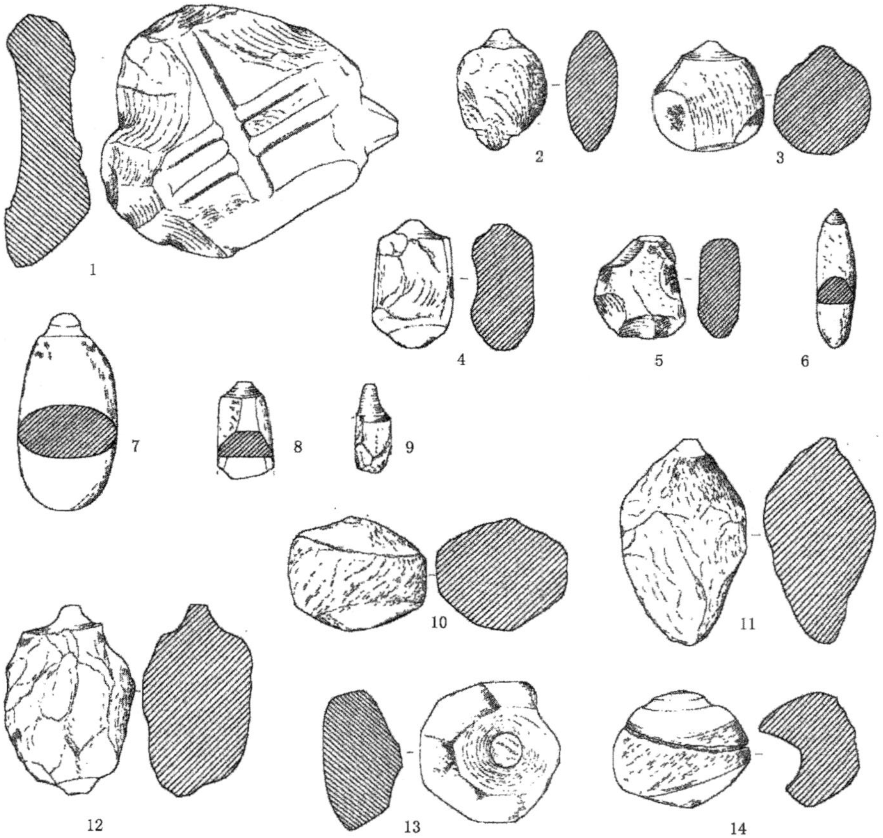

图 2：环砥石

6 为锁匙湾，其余为宝镜湾遗址出土

之中都有环砥石出土，经北京大学加速器实验室采用加速器质谱计数测年方法测定的第 2~4 层的四个数据看，距今年代在 4090~4360 年之间。1995 年 1 月在澳门黑沙遗址发掘出土 1 件环砥石，时代为新石器时代晚期，同层出土的木炭经碳十四年代测定为距今 4190±210 年（未经树轮校正）。

（三）环砥石的使用

环砥石是直接用于钻孔与加工物摩擦，还是作为传动工具——辘轳时与装在其上的转盘摩擦呢，目前还有两种不同的意见。

张之恒先生认为，环砥石是直接接触加工物品的工具[28]。他说，“有的研究者称‘环砥石’为‘内磨砥石’。环砥石之‘砥’是取其精磨或细磨之意，与一般砺石用于粗磨相区别。环砥石的形体一般为椭圆形，两端或一端有‘螺蛳状’的头，这是砥磨部分，即使用部分，且均保留有同心圆状的使用痕迹。由于环砥石是砥磨环状器物（玉石璧、琮、瑗、玦、环、镯）内切割面的工具，故常和砺石、玉石芯以及一些穿孔器物的半成品一起出土。”[29]张先生将玉石器的穿孔分为钻头钻孔和管钻孔两种。并介绍了磨盘墩遗址发掘者用该遗址出土的两件燧石石钻做的三种试验说明钻头钻使用上的可行性：

(1) 将石钻固定于金属钻床的钻杆上，用手拿着辽宁岫岩产的厚 3 毫米的玉石片（蛇纹石类，硬度约 5.5 度），对准慢旋转的石钻头（约 300/分），伴以流水冲屑，作两面交互钻 5 分钟即钻成一个孔。用同样的方法，在厚 5 毫米的玉石片上，10 分钟钻透一个孔。

(2) 将石钻固定在拉弓式的木工钻上，以每分钟约 200 转的速度伴水钻孔，在 3 毫米厚的玉石片上，10 分钟即可钻透一孔。

(3) 用石钻在玉石片上刻划，可刻划出十分清晰的线条。

经过上述试验，燧石钻的钻头基本上没有磨损，所钻孔洞都呈锥形，和新石器时代一些玉石制品上的小型穿孔的特征相似，说明新石器时代玉石器上的一些小型穿孔是由钻头钻孔而成。

邓聪认为，这些所谓的环砥石，应该就是辘轳。“在龙山文化阶段环珠江口地区是以旋转机器转动毛坯管钻穿孔。1998 年笔者与寺村光晴及富田富士先生在澳门博物馆参观，观察黑沙出土的文物。对于黑沙出土一件圆筒形两端各有乳首凸的石器，两位先生均认为是辘轳。在当时我们没有进一步详细探讨交流。在《澳门黑沙》中笔者曾将这些石器定名为环砥石，认为是研磨环状饰物内沿的砺石。今日笔者重新检讨如图版二的石器，一方面两端乳突部位无法与环的内沿接触摩擦，该石器 a、b 面两面有圆形光滑的平台，其上呈现由高速旋转后形成的一种光泽。在 a 面这种平台形光泽圈外围，可见琢制的痕迹，估计是先琢制出乳突，然后同心旋转运动形成平台的光释圈。”[30]邓先生还援用了日本学者小林行雄的研究成果“在日本弥生时代尚未见碧玉、石材以辘轳加工的痕迹。然而，中国地区以软玉为材料的特殊攻玉技术，在很早时期就使用了辘轳，到了秦汉之世辘轳制玉技术相当普遍”。邓先生认为：“现今环珠江口地区出土具有乳凸状的石器，很可能是辘轳。”关于具体的使用方法，邓先生也做出了推测：“按辘轳的乳首凸是插进旋转部件的凹位，而乳首凸的顶端是悬空不与其他部件摩擦。估计旋转构件可能是木制，因此无法保存。目前无法复原当时的旋转机器的结构。根据以上讨论，笔者估计在 4000 多年前的环珠江口地区，很可能是一种以辘轳为轴心的旋转机器，被用作环玦的管钻穿孔。辘轳上旋转盘同一方向转动，带动了在其上固定的玉石毛坯，而制作者以竹管状物套在毛坯上施压，由于转盘的转动，竹管在石英砂与水的帮助下，使钻孔顺利完成。”

上述两种关于环砥石使用方法，一种是将其作为直接钻孔砥磨玉石器——当钻头使用；另一种作为转盘上的一个部件——当辘轳使用。两者的使用方法相距甚远，但也有共同点：1. 都认可它是与玉石器加工有关的工具；2. 都认为使用时是高速旋转的，不管是加工具旋转还是加工对象旋转，在环砥石上近乳突侧面的磨面和同心旋痕都证明高速旋转的存在；3. 都认为其与玉石玦、环的穿孔（或穿孔的修整抛光）有关。

目前，环砥石使用上的这两种观点都有可取之处，同时也有需要进一步研究的地方。首先，作为钻头，张先生援用的实验钻孔的例子用的是燧石质的“钻头”，而珠海宝镜湾遗址出土的环砥石以石英岩质为最多，其次是花岗岩质的，作为环、玦的原料主要有脉石英、石英水晶、石英岩、玉髓、板岩、页岩、蛇纹石玉、高岭石、粉砂岩、玛瑙、泥灰岩、角岩、长石砂岩、凝灰岩、花岗岩、泥岩、片岩等，其中以石英岩最多见。因而，采用直接钻孔方法，环砥石的损耗必定很大，而且难以取得较好的效果，从环珠江口地区出土环砥石的实例看，相当多的环砥石的乳突顶端，没有明显的磨痕，并且有一部分环砥石乳突的顶端还保留未加工的原始面，而在乳突的侧面都有近乎同心圆的旋转磨痕，在乳突与器身的交接处往往形成一个光滑的肩状台磨面。这种情况说明环珠江口地区出土的大部分环砥石，乳突的顶端并不是直接受力，主要作用是来自乳突的侧面及乳突与器身的交接处，这可能说明起码在环珠江口地区，大部分环砥石并不直接钻孔。

其次，从宝镜湾出土的玉石环、玦及其制作过程中的副产品分析我们已经得知：沙丘先民制作玦饰钻孔时，主要是采用管钻的方法，只有少量采用琢打琢法和石锯法技术穿孔，用钻头直接钻孔的情况在玦的制造上较少见。

再来分析作为辘轳使用的环砥石：从环砥石乳突及附近的旋磨痕可以看出，这种石器的顶端确实是一般不受磨压力的。其作为辘轳使用，作为承担木质转盘轴心作用的可能，确实是对其功用一种合理解释。但是，如果说所有环砥石都是作为辘轳使用，则也还有一疑惑，因为，在宝镜湾遗址中出土的 18 件环砥石中，只有一两件像澳门黑沙遗址出土的环砥石一样身体剖面是近圆形的，其余的十多件均为呈不规则形，器身基本没有加工，或是局部经过磨或琢。比如 T7 出土的一件环砥石，我们称之为复合器（T7③B:3），在不规则的器身一端伸出一个乳状凸，在乳凸周围有明显的高速旋转的磨痕，明显表现出环砥石器的特点，而器身则作为砺石使用，一共有三个磨面：两个磨面为凹面或平面，可以砺磨面积稍大的物品，一个磨面呈出三条深深的凹槽，是磨砺较窄的物品留下的凹槽，也可能就是用于磨石环等物品的侧面。从器形上难以观察到磨砺和环砥功能的前后合用顺序，完全有可能一会儿作为环砥石用，一会儿作为砺石用，如果这种推论成立的话，这件石器并不方便安装在其他设备之中作为辘轳使用。另外，环砥石的器身不规则，也不便于安装作为辘轳使用，而且在器身上也未发现安装痕迹。

这样看来，如果说有的环砥石是作为辘轳使用的话，还有一部分并不适于作为辘轳使用，因而环砥石的具体使用方法，还需要作更进一步的研究。

四、玦的大量出现与原始宗教有关系

在史前时期，玦是一种耳饰，这在香港东湾仔北墓葬之中已经有了实证，玦在一些墓葬中正好在人头骨的耳部位置出土，给了人们一个比较明确的信息。但是，如果仅仅是从审美的角度来看待这些玉玦、石玦、水晶玦，则必失之偏颇。石玦的制作与使用是一种风俗，其与当时的意识形态有密切的关系。

在古人看来，耳是人神相通的媒介手段。从诸多的民族学材料可知，原始初民认为：世界万物的生长变化取决于神灵，通过巫祭可以通人神，祈福避灾。巫是会通人神的中介，上通神界，将人的愿望送达神灵，下降人界，把神灵的旨意传递民众。

听觉是人类的一种天性，耳是人类实现听的重要感官之一，声音不仅成为人类重要的生存手段，而且成为先民与神会通的重要方式。音乐悦耳，令人心旷神怡，因而古人以为音乐可以悦神，上古时期乐师均由巫担任，礼乐为一，乐成为巫祭仪式的主要内容，乐成为初民社会生活的秩序，乐成为巫传达的神圣的法则。古代诗歌是乐的重要内容之一，诗歌的内容口耳相传，因而耳受到了古人相当的重视，耳的装饰也就成为一部分早期人类文化的重要内容。玦在东南沿海地区广泛使用，应当就是神灵文化的一种反映。

由于声音在通神中的重要作用，人们以为耳大则可以听得更真、更清楚。《山海经》中有不少关于聂耳的记载。《海外西经》：“聂耳之国，在无肠国东，使两文虎，为人两手聂其耳。”郭璞注：“言耳长，行则以手摄持其也。”说耳大到只有两手托着才能行走。《淮南子·地形训》：“夸父耽耳在其北方。”注：“耽耳，耳垂在肩上。”《大荒北经》：“有儋耳之国，任姓。”注：“其人耳大，下垂在肩上，朱崖，儋耳，镂画其耳，亦以放大也。”儋，大的意思，儋耳也是就是大耳。《博物志》之中有“南方有落头民，头能飞，以耳为翼”的记载。这个耳更大，大到可以为翼，大到能飞的程度。

除了耳朵要大，最好还能有多个耳孔。《淮南子·修务训》：“禹耳有参漏，是为大通。”注：“参，在；漏，穴也。”《白虎通·圣人》：“禹耳三漏，是谓大通，兴利除害，决河疏江。”三星堆二号坑D型人头像的耳上沿耳廓至耳垂连续穿了三个圆孔，证实了古代典籍记载。普通人只有一个孔，禹有三孔，自然能听到常人不能听到的声音信息。

人耳朵的大小本是天生注定，但是，由于耳朵的大小关系到能否与神灵相通，这就使得一些本来耳朵不是很大的常人，要想方设法加大耳朵的尺寸；本来只有一个耳孔的常人要在耳上多钻出一个到几个孔来。以便能够与神灵相通。当然，原本耳朵较大的人，也不甘于天生的大小，想更大。于是，将耳朵拉大，在耳朵上钻孔就成了人们的一种追求和时尚。在耳上穿孔，疼痛是难免的。古代还没有现在常见的无痛穿耳技术，如激光穿耳、穿耳枪钢针穿耳等技术，不过，根据一些民族学材料可知，用两粒豆子或是小而圆的石子，在耳珥部位两侧长期揉动并施压，可使耳珥某一个部位变得越来越薄，最后穿透，形成穿孔。穿孔钻成之后则需在孔中插入一些物品，如玦、耳珰等，或在耳珰上加串珠。玦除了实实在在地装饰在耳上，还用来祭祀神灵，或作为随葬品入葬，或作为祭品埋入祭礼坑，在宝镜湾遗址之中还发现玦放在豆盘之中的情况，估计先民也是在进行祭祀活动。

只有理解到石玦的制作与使用是一种风俗，与当时的意识形态有密切的关系，才好理解在沙丘遗址之中众多的制玦作坊遗址的存在和数量众多的玦的存在。这种专业化专门化的玦饰生产，也显示着当时沙丘先民商品交换与商品流通的存在。

五、春秋战国以后玦的佩戴方式有了变化，还附加上其他意义

需要顺便提及的是，秦汉时期，玉石玦的佩戴方式有所改变，主要作为佩玉使用。《礼·内则》载：“右佩玦、捍、管……”玦作为一种礼器，与捍、管等佩挂在右面。而这时的耳饰则主要是用珰和坠珠组成的耳珰。珰又称之为瑱，为塞在耳垂上钻穿的孔中的一种装饰，不是像九巧塞中的耳塞那样塞在耳孔中。珰中间有一穿孔，可以穿线，下系珠子或坠子。事实上，耳珰的产生与玦一样也是相当早的。在珠海宝镜湾遗址之中也就曾出土过一件耳珰，这是一件高岭石质的耳珰。一面大，一面小，两面中间有一穿孔，腰部为一周似滑道的凹槽。整器磨光。局部磕损。两面直径分别为 3.1、2.4 厘米，腰部直径 2.2、厚 1.6 厘米。孔为双面钻，直径分别为 1 厘米和 0.8 厘米（标本 T1②:22），使用时，将珰的一面穿入耳珥，正好嵌在凹槽之中。到两汉时期，珰的发现就更多了，珠江三角洲的番禺，发现这一时期的古墓中有大量耳珰出土 [31]。

玦不仅作为佩玉，而且表示使人下决心，作决断的意思，这在史书上也有不少记载。

《左传·闵公二年》也有玦使用的记载：“卫懿公与石祁子玦、与宁庄子矢，使守。”注：“玦，玉玦，示以当决断，矢示以御难。”说当时狄人伐丘，情况紧急，卫懿公送玉玦给石祁子，要求他坚决果断地坚守卫国，丝毫不能动摇。

《史记·项羽本纪》、《汉书·高帝纪》中也都有关于玉玦的记载：说当时刘邦先于项羽攻下都城咸阳，项羽十分恼怒，这时又有刘邦手下司马曹无伤派人到项羽处告刘邦的黑状：说刘邦打算在关中称王，安排子婴为相，占尽了珍宝。项羽大怒，下令大劳将士，准备明天进攻刘邦，打掉这一心腹大患。刘邦当时的军力仅为项羽的四分之一，兵力悬殊。只好前往项羽军中说好话、赔不是。项羽一时心软，不仅未动杀机，反而宴请刘邦。项羽手下大臣范增心里着急，举起身上所佩玉玦，敦促项羽快下决心

早动手。结果，项羽默然不应。范增无法，只有招项庄舞剑，说是助兴，实则伺机刺杀刘邦。刘邦巧妙逃脱，并最终灭项羽。

示玦的情节还见于《后汉书·宗室四王二侯传》：刘秀与其长兄伯升，于春陵一同起义，大破王莽军，拥刘玄为天子，号更始。伯升战功显赫，更始君臣深感不安，想谋杀他。于是设计大会诸将。聚会之时，更始假意取出伯升所佩宝剑观赏，这时在旁边的绣衣御史申屠建认为时机成熟，宜早动手，逐递上玉玦，暗示更始刘玄果断行事。更始当时没有动手。伯升的舅父看出了其中的猫腻，事后，他对伯升说："前鸿门之时，范增举玦示意项羽杀刘邦，今天，申屠建献玉，难道没有恶意?"伯升笑而不语，没有在意，结果，不久伯升被更始借故杀害。古代男子把玦当作佩玉，以显示自己是真正的男子汉。《白虎通》："君子所决断，则佩玦。"

从范增举所佩玉玦到申屠建献玉（递上玉玦），大体可知在春秋战国至两汉时期玦已经是一种佩在身上、便于解下来的饰品。

距今5000年前后，玦在环珠江口地区沙丘先民中开始使用；距今4000年前后，玦的制作与使用在沙丘先民中达到鼎盛时期；距今3000年前后，随着先民们逐渐退出沙丘，玦在珠江口地区明显少见。秦汉时期，珠江三角洲地区作为耳饰的玦，已基本为珰和坠珠组成的耳珰所取代。

注释：

[1] 夏鼐、任式楠、牟永抗、陈星灿等先生都有文论及。

[2] 黄士强，台湾大学考古人类学系教授，该文发表于《中国民族通讯》12：12。

[3] 《考古人类学刊》第37\38期，第44–67页。

[4] 《东亚玦饰四题》，《文物》创刊50周年纪念专辑；《中国古代玉器研究方法论之一——玦饰的测量方法》，"中国玉文化、玉学学术研讨会"国际会议，1999年5月，香港中文大学；《环珠江口考古之崛起——玉石饰物作坊研究举隅》，《珠海文物集萃》（香港中文大学出版社，2000年）；《澳门黑沙》考古专刊（香港中文大学出版社，1995年）等。

[5] 肖一亭：《岭南史前玉石器的初步研究》，《南方文物》1998年第4期；李世源：《珠海、澳门近年出土水晶器、玉器试析》，《东南玉器》第一册，香港，中国考古艺术研究中心，1998年；陈振忠：《广东珠海市宝镜湾遗址试掘简报》，《东南文化》1999年第2期；广东省文物考古研究所、珠海市博物馆：《珠海宝镜湾遗址第一次发掘》，《广东省文物考古研究所建所

十周年文集》，岭南美术出版社，2001 年。

[6] 尚元正：《广东珠海荷包岛锁匙湾遗址调查》，《东南考古研究》第二辑，厦门大学出版社，1999 年。

[7] 古运泉、邓宏文等：《珠海平沙棠下环遗址发掘简报》，《文物》1998 年第 7 期。

[8] 香港古物古迹办事处等：《香港涌浪新石器时代遗址发掘简报》，《考古》1997 年第 6 期。

[9] 邓聪、商志醰、黄韵章：《香港大屿山白芒遗址发掘简报》，《考古》1997 年第 6 期。

[10] 邓聪、郑炜明：《澳门黑沙》，香港中文大学出版社，1996 年。

[11] 翡翠是在清中晚期才大量传入中国的，中国古代以“石之美者为玉”。

[12] 邓聪：《环状玦饰研究举隅》，《东亚玉器》，香港中文大学中国文化研究所考古艺术研究中心，1998 年。

[13] 由于未发现人骨，且坑口过小，在宝镜湾资料整理中，该 M3 被改为 H25，也就是当作灰坑（祭祀坑）来认识。

[14] 香港考古学会：《南丫岛深湾遗址报告》（英文），1978 年。邓聪在《环状玦饰研究举隅》也曾引用，见《东亚玉器》，香港中文大学中国文化研究所考古艺术研究中心，1998 年，第 88 页。

[15] 张之恒：《环砥石与穿孔技术》，《华夏考古》2001 年第 4 期。

[16] 张敬国等：《凌家滩遗址考古发掘重大成果》，《中国文物报》1998 年 12 月 9 日第 1 版；安徽省文物考古研究所：《安徽含山县凌家滩遗址第三次发掘简报》，《考古》1999 年第 11 期。

[17] 罗家角考古队：《桐乡县罗家角遗址发掘报告》，《浙江省文物考古学刊》1981 年印行，第 6 页。

[18] 邓聪：《环珠江口考古之崛起——玉石饰作坊研究举隅》，《珠海文物集萃》，香港中文大学中国考古研究中心出版，2000 年。

[19] 邓聪、郑炜明：《澳门黑沙》，香港中文大学出版社，1996 年。

[20] Davis,S.G.and Tregear,M,Man Kok Tsui -Archaeo -logcal Sete 30,Latau Lsland, Hong, (Hong,Kong:Hong Kong Universicsity Press,1961)

[21] 邓聪、商志醰、黄韵章：《香港大屿山白芒遗址发掘简报》，《考古》1997 年第 6 期。

[22] P.L. Drewett, Neolithic Sha Lo Wan, Antiquities and Monun\ments Officc Occasional Paper No.2,1995.

[23] S.M. Bard, Chung Hom Wam, *Journal of the Hong KongAechaeological Society*, Vol.Vl (1976) ,pp.9-25.

[24] W.W. Meacham, Middle ant Latr Neolithic at: Yung Long South《东南亚考古论文集》，香港大学美术博物馆，1995 年；招绍赞、邹兴华、李浪林：《香港涌浪新石器时代遗址发掘简报》，《文物》1997 年第 6 期。

[25] 邓聪：《龙骨滩考古收获》（油印本）1990 年。

[26] 邓聪等：《香港石壁东湾新石器时代遗址——1987、1988 年两次发掘综合报告》，《香

港考古学会会刊》1990年第12期。

[27] 张之恒：《环砥石与穿孔技术》，《华夏考古》2001年第4期。

[28] 张之恒：《环砥石与穿孔技术》，《华夏考古》2001年第4期。

[29] 张之恒：《环砥石与穿孔技术》，《华夏考古》2001年第4期。

[30] 邓聪：《环珠江口考古之崛起——玉石饰作坊研究举隅》，《珠海文物集萃》，香港中文大学出版社，2000年。

[31] 感谢番禺市博物馆卢本珊馆长、齐小光先生的大力支持，笔者曾在该馆文物标本库房看到番禺出土的部分汉代耳珰。

（原载《华南考古》第1辑，文物出版社，2004）

沙丘遗址中的烧灶和灶具

自从人类社会进步到脱离了茹毛饮血时代，火，特别是保存火、运用火的地点——灶，就与人的生活息息相关。灶，《说文解字》有解释："灶，炊穴也。"《白虎通·王祀》称："灶者，火之主，人所以自养也。"这里说的灶，是烧火煮食的土窟窿，地洞。北方地区新石器时代聚落遗址的考古实践中，大部分房子中央都发现有一个火塘。有的甚至在一间房内有两三个烧灶[1]。在环珠江口地区，先秦时期遗址中也有大量烧灶发现[2]，不过其形制特点稍有不同。

一、灶的发现

岭南先民用火的实例在旧石器时代晚期已经有发现，广西柳州白莲洞遗址中就发现两处呈椭圆形状的烧火堆。烧土处土质发红，有灰白色灰烬夹杂其间，并有烧过的小动物骨骸、炭屑和小的烧石块，局部含有较多的烧灰胶结。其中一处烧火堆的面积超过 0.66 平方米，烧土的厚度有 0.3 米。广西桂林甑皮岩遗址 1988 年发掘中，在第 2~5 层中都有面积不等的烧灰层，包括灰烬、烧土、烧骨等；第 5 层还出土陶片，碳十四年代测定为 15560±500（BA94137a）、15660±260（BA94137b），据称"是世界上最早的陶片之一"[3]。这些所谓的灶，只不过是一个烧火堆。真正称得上是灶的遗迹，在距今一万年左右的海南三亚落笔洞遗址中有发现，这是一种用三块砾石支搭的灶[4]。新石器时代晚期，岭南先民的烧灶有了一些进步，虽然还主要是在平面，采用三块或多块石块垒砌成灶，但在一些烧灶中开始出现制作较精细的支脚和炉箅。下面对环珠江口地区发现的烧灶，择其要者予以介绍。

1985~1986 年、1992~1993 年，香港古物古迹办事处对涌浪遗址进行了大面积考古发掘[5]。据发掘报告称："在上文化层（第 3 层）中发现多个红烧土加石块结构的炉灶，中间均为一圈石垒结构。圈外用泥加固，经高温形成红烧土。炉灶内填土一般较黑，应为灰烬的残留，有时有炉箅等遗物伴出……炉灶一般直径在 40~70 厘米之间。发掘单元 413 是一个较为完整的炉灶遗存，直径 0.35、残高 0.15 米。灶内填土灰黑色，灶底的土色为红褐色，应是受到高温影响所致。灶填土含较多木炭、红色烧土块，出有器座碎片和 1 件残石锛等遗物。"发掘者认为香港涌浪上层年代相当于龙山时代晚期。

1997 年底至 1998 年初，香港考古学会在香港元朗下白泥吴家园沙丘遗址发现一座这样的灶[6]。用三块大石块排成品字形，灶口向东南，石块上有烟熏和火烧痕迹，灶坑内有炭屑和红烧土。发掘者认为这就是"用圜底的罐、缶类器物煮食所用的灶址"。年代在新石器时代晚期。

1998 年，香港古物古迹办事处对香港元朗厦村乡陈家园沙丘遗址进行考古发掘，在这里发现 9 处烧灶[7]。发掘报告介绍："叠石成灶是此处灶址的共同特点。灶址多用三块粗砂岩石呈品字形排列，均发现于第 2 层中。在灶址周围多有陶炉箅条及陶片出土，按其分布特点可分为两组。

"第 1 组 4 座（Z1~Z4）发现于 T1GB 中，Z4 处于最北面，其南为 Z1，再南是 Z3，东面偏南是 Z2。每灶相距 1.86~2.14 米。叠石成灶的灶底,均有一层厚 4~5、直径 30~40 厘米的灶底烧土，烧土多与石块相粘连，石块被烧成红黑色，周围满布夹杂少量炭屑的灰色沙土，出土的陶炉箅残条有 22 条。

"第 2 组：5 座（Z5~Z9）。发现于 T1C 中，Z5 处于最东面，其西北为 Z6 和 Z7，Z9 和 Z8 在 Z5 西南面，每灶相距 0.7~0.85 米。叠石成灶的灶底不见有灶底烧土，而是一层比较坚实厚 8~10、直径 40~50 厘米的灶底灰土，石块被烧成红黑色，其周围满布夹杂少量炭屑的灰色土。出土的陶炉箅残条多达 42 条。"（图一）

1985 年，广东省博物馆文物队及北京大学考古实习队会同珠海市文化局对珠海淇澳岛东澳湾遗址进行了发掘。发现和清理了三处"可能与炊

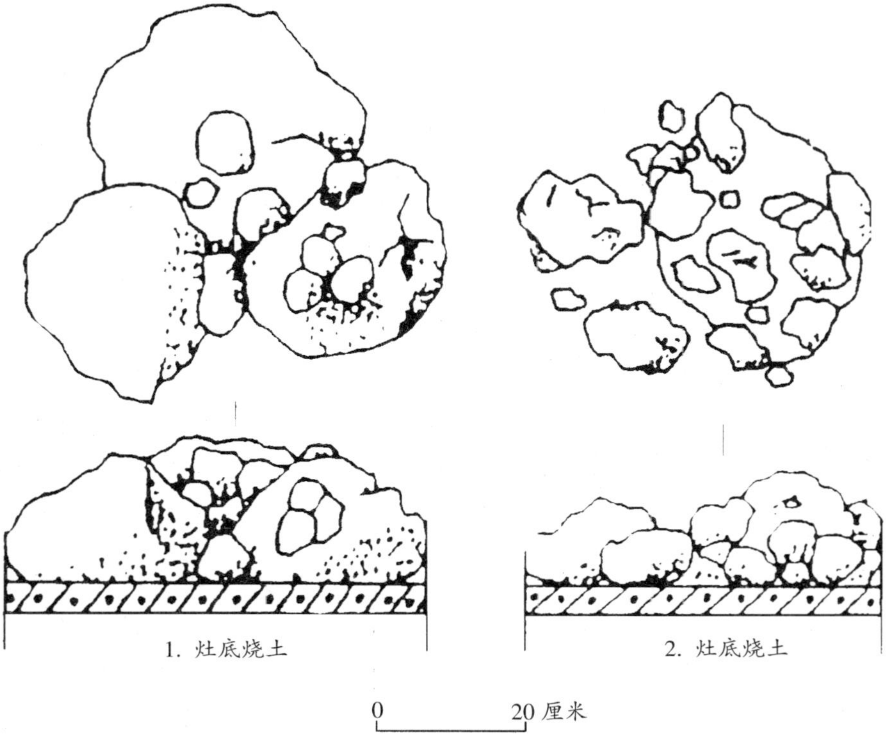

图一　陈家园灶址平、剖面图

1. Z2（T1GBL2）　2. Z3（T1GAL2）

煮有关”[8]的烧土及石块组成的遗迹：

遗迹 A：由石块及烧土组成，具有两个部分，北部为红烧土，由于焙烧，土色泛青，大部则呈红褐色，十分坚硬。形如圆状，中央一条沟槽，开口于西部，东部封闭。在东部发现三个圆台形陶支脚，周围散见一些陶釜的残片，烧土的厚度为 12~30 厘米不等。最大半径为 60 厘米；另一部分烧土的南部，为若干石块，分布于烧土南部，长 130、宽 95 厘米的范围内，石块大小不等，分布亦无明显规律。整个遗迹东部略高且平整，西部略低且不规则。

遗迹 B：其形状是石块垒砌近矩形（平面）的遗迹。东西两壁以板状石块竖砌，长 220 厘米；南北亦竖起板状石块，宽约 60 厘米左右；其底

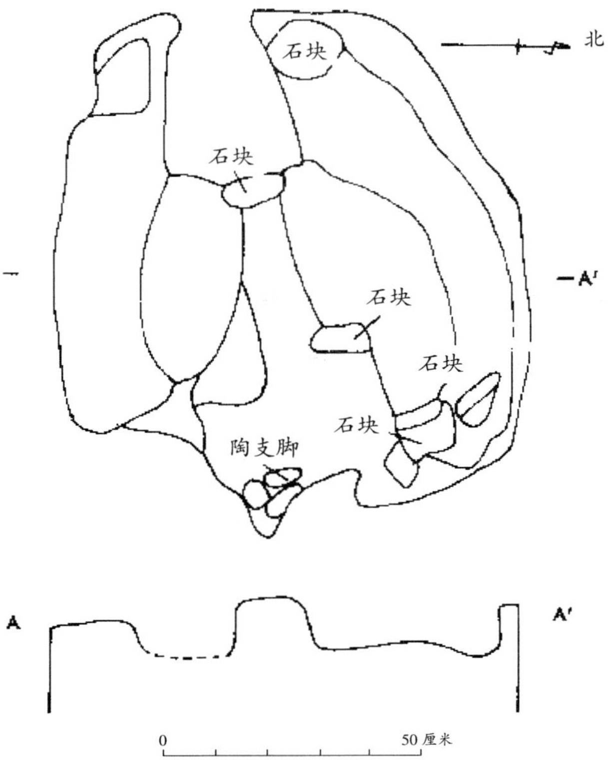

图二　东澳湾遗址遗迹C平、剖面图

部平铺若干扁平石块。没有发现盖、烧土或黏土涂抹痕迹。东部略高于西部。石块竖起的平均高度约25厘米。周围有少许陶片。

遗迹C：其由三部分组成。分别位于探方的西部、南部和北部。西部的烧土遗迹分布为偏北和偏南两处。偏北一处为主要部分，面积较大，其平面近似圆形，直径96厘米，四周烧土壁残存高度5~7厘米，厚约3~5厘米；西部有一通道，长近30厘米，宽14~27厘米。通道尾部放置一石块。石块后为一宽12~20厘米的残脊，残高8厘米，脊与壁之间有两条弧形通道，宽27厘米，至南端呈封闭状（图二）。偏南一处面积较小，烧土面呈不规则状，南面为烧土和石块。周围散布夹砂陶片和陶支脚。

南部烧土遗迹为石块与烧土组成，分布无规律，而且由于探方面积所限，未作全部清理，尚不知全貌。

东北部烧土遗迹亦为石块和红烧土块组成，分布散乱，其周围发现较多的夹砂釜等陶器残片。

笔者以为东澳湾的这三处烧土遗迹都可能与陶窑有关。遗迹A、C中有火道，遗迹 A、B 有一定倾斜度，遗迹 C 中还发现残存窑壁，都是陶窑的特征。当然，由于在遗迹中还发现陶支脚、石块和陶釜残片，在局部地方的某个时段，这里作为烧灶的可能性也是存在的。东澳湾遗址的年代相当于中原地区的夏商之际 [9]。

1999 年，广东省文物考古研究所与珠海市博物馆联合对珠海宝镜湾遗址进行发掘。该遗址里亦发现几处成片的红烧土，如 T19 的第 3 层下就发现直径 2 米多的，厚达 6~7 厘米的红烧土层。清理时曾怀疑是房子。但是，在清理过程中发现这一红烧土层不在一个水平面上，有一定的坡度，不可能是房子的居住面。在 T26 出土 3 件有明显火烧烟熏痕迹的石支脚，可惜没有发现明显的灶坑，在 T14 发现一件精心制作且有火烧痕迹的石支脚 [10]，宝镜湾遗址的主体年代在新石器时代晚期。

1988 年，深圳博物馆与中山大学人类学系对大黄沙沙丘遗址进行考古发掘。在各地层中都发现有烧土面。在 T202 第 2 层下部与第 3 层上部之间发现 4 处烧土面，面积小的为 0.21 平方米，大的为 0.6 平方米，厚约 0.2 米，烧土上面有焙烧留下来的土块，附近陶片分布比较密集。第 3 层发现 3 处烧土面。一处在 T101 深 1.2 米的地方，略呈椭圆形，烧面较平整，周边已残坏，颜色红中泛灰。长 0.4、宽 0.24 米，厚约 1.2~2 厘米，在烧土面的东侧竖有两块厚约 4 厘米的板岩，出土时已碎裂，间距 15 厘米，石块内侧有烟炱痕迹，发掘者推测为一处烧火灶。另两处位于 T201，面积分别为 0.3 平方米、0.5 平方米，厚 0.2~0.3 米，内含零星陶片。第 4 层在 T101 发现 3 处灰砂层、面积小的为 1.54 平方米，大的为 3.99 平方米。这些是居住面还是烧灶尚不十分清楚。

1995 年，香港中文大学与澳门大学对澳门路环岛黑沙遗址进行了考古发掘。发现了红烧土与砾石构筑遗迹。“红烧土与砾石构筑遗迹分布于 B4、C4、C5 间，自东北向西南长轴延续约 1.5 米、宽 14 厘米，厚约 20~30 厘米。几堆的红烧土中以 C4、C5 间呈亚腰形状红烧土分布的面积较广。红烧土均为沙堤以外搬入的黏土经火烧变硬形成。部分红烧土个体体积较大，约为 11.5×7 厘米，一面有抹平修整痕迹，另一面较粗糙，大型砂粒露头，出土之际红烧土粗糙面一方向上。土粒直径约 4~5 厘米，一些红烧土粒的一面有条状物压印痕。此外，与上述的腰状红烧土堆积共伴的是一组风化较严重的花岗岩，共五件呈东北向西南布置。估计该组花岗岩是人为摆设与红烧土堆共存的一种构筑遗迹。再者红烧土堆上散布着较多破碎夹砂粗陶片。以上红烧土堆、花岗岩与陶片出土状况推测，此处可能是一处生火炉相关的遗迹。”[11]

以上介绍的环珠江口地区的烧灶均为地面式的灶，向下挖掘灶膛的烧灶在香港见有报道，只是由于报道过于简单而难以确信。2001 年初，香港考古学会对香港沙头角新村遗址进行考古发掘，发现“灶坑 2 个（H1、H2）。在 T4L3 中文化层 A 层中部发现。向下掘深，打破 L5 中文化层的上部。灶坑呈圆形、直壁、平底，其内堆满红烧土”[12]。笔者以为，作为灶的灶坑内应主要堆积木炭灰，坑壁和坑底应为烧火或烟熏的红烧土，如果只是坑内堆满红烧土，则当灰坑处理似乎更妥。

珠江三角洲中段的三水银洲，先秦时期的烧灶也大都为石块地面垒砌成灶。1992 年至 1993 年广东省文物考古研究所与北京大学考古学系、三水市博物馆对银洲遗址进行了三次考古发掘[13]。在一座房子（F1）中发现烧灶：这是一座似为圆角方形的房子，众多的柱子洞和活动面上的草拌泥块，说明这是一栋由木骨泥墙构成的房子。房址活动面为一层较纯净的红褐色垫土，厚 3~8 厘米，表面平整、坚实；东部有一半圆形灶坑，为石块从地面垒砌而成，灶坑附近有一件陶釜、一件陶罐。从发表的线图上看，灶的直径在 0.5 米左右。

向下挖掘成火塘的灶在广东北部有所发现。1960 年，广东省文物管理委员会莫稚先生等在曲江鲶鱼转半地穴式房子中发现火塘（烧灶）[14]。鲶鱼转 1 号房基平面呈方形，方向 195 度，宽 3.2、进深 3 米。房基挖入生土中深 0.13~0.3 米，“房基东南有一火膛呈长方形，长 1.8、宽 1.32 米，其内堆积可分为两层：第 1 层火膛中央为黑色土，长宽约 0.8 米，周围为灰褐色土，最厚 0.2 米，质较松，夹杂着大量炭屑、红烧土和夹砂粗陶片等；第 2 层为紫红色土，最厚 0.15 米，夹杂有少量第一层所见遗物。在火膛内及角上还发现两个圆形小洞穴。内含较松的红褐色土。估计这些小洞穴，是放置圜底陶器用的。”在曲江鲶鱼转遗址东面约 10 千米处马蹄坪遗址也发现 2 个灶坑。一号灶坑平面呈长方形，直壁平底，口径 0.5~0.78、底径 0.44~0.7、深 0.5 米。坑中有用三块扁平的砾石砌成一个品字形的灶，上有烟熏痕迹，中间全为竹木炭屑和灰烬。可见当时的方形炎坑里也有石块承托炊器；2 号坑平面呈圆形，直壁平底，口径 0.8、底径 0.72、深 0.72 米。里面全为灰黑色土，并有大量竹木炭屑、红烧土和夹砂粗陶片。韶关走马岗遗址也发现房基和火膛。这是一座平面呈椭圆形的半地穴式房子（1 号房基），宽 3.6、进深 2.5 米。系在生土中挖成，较地面低 0.2~0.72 米。火膛在房基西侧，呈椭圆形。长径 1.04、短径 0.72、深 0.32 米。坑壁明显，里面全为疏松的灰黑色土，夹杂有竹木炭屑、红烧土和夹砂陶片。1 号房基东面也发现 2 处灶坑。1 号坑西北距 1 号房 1.3 米。口径 0.7、底径 0.6、深 0.3 米；2 号灶坑在 1 号房基东面 2 米处，口径 0.86、底径 0.84、深 0.4 米。里面全都是灰黑色土，含有大量竹木炭屑、红烧土和夹砂粗陶片等。

二、灶具的发现

目前岭南地区发现的灶具主要有炉箅、陶支脚、石支脚、陶条形器等种类型，与之相配套的炊器主要有陶釜及部分陶罐。

（一）炉箅

炉箅也称之为陶箅。环珠江口地区出土的陶箅，有长方形、圆形等种类。

A、圆形陶箅：有两种制法，一种是以泥条黏合而成，这种陶箅在珠海前山南沙湾遗址中有发现。共 3 件，均为夹砂红陶。“标本 ZNT1②:26，分档头、主箅条和细箅条三部分。档头作弧板形，外侧饰有篮纹，内侧尚存绳纹被抹去。估计在制作时用竹编物套住外侧，而从内侧用绳纹陶拍压实，残高 13、残宽 12、厚 1.5 厘米，主箅条为长方形，上部和两侧也有部分被抹去的绳纹，残长 21、宽 2、厚 3 厘米。细箅条素面，长 2 厘米，宽、厚各 1.5 厘米。根据标本和水涌遗址出土的同类器，知其完整器

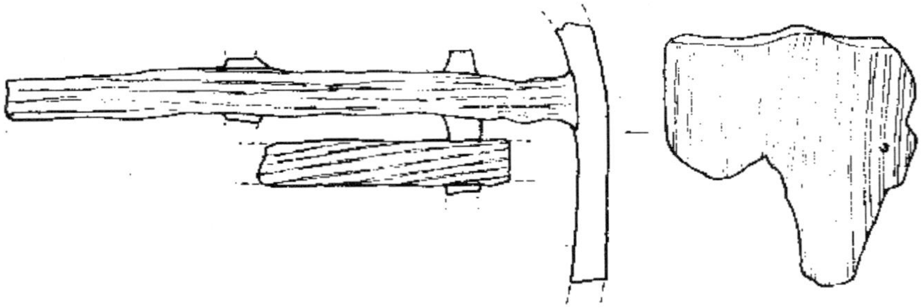

图三 南沙湾遗址出土箅形器

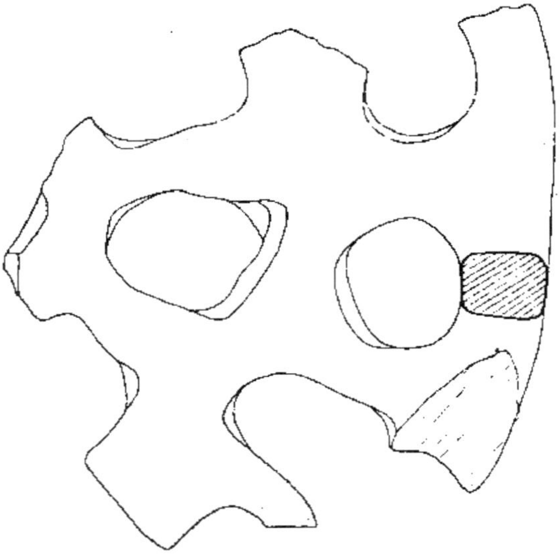

图四 水涌遗址采集箅形器

为：用抹泥将4根主箅条的两端分别粘接于两块档头的中部，每根间隔2厘米，又将细箅条粘接主箅条，约每隔8厘米1根。这样，整个器物正视为'H'形，高约30厘米，宽约32厘米，俯视作方格网状。"[15]（图三）类似的炉箅在珠海白沙遗址、烂塘遗址[16]、亚婆湾遗址、横琴红旗村遗址、南水挪家咀遗址有发现，白沙遗址采集到3件，均为残器，为夹砂陶，受火面被烤成黑色，单个箅条的剖面呈长方形或圆形[17]，亚婆湾遗址[18]、红旗村遗址[19]、挪家咀遗址[20]只发现一列箅条。

另一种为"圆弧平放式"，在珠海水涌遗址采集到[21]。属于夹砂陶，为在整块圆形泥饼上，抠除多个圆形箅眼而成，直径约26厘米，厚约1.6厘米（图四）。

三灶岛洲仔遗址也采集到残器 [22]。B、长方形陶箅：深圳赤湾沙丘遗址发现 9 件陶炉箅 [23]。灰黑色，采用围筑成长方形框架，再在框内铺设泥条捏成长孔形状，与现今的柴炉或煤炉的炉箅式样十分近似。制作时用竹、草席或竹片垫底，故底部均留有席纹或竹片痕迹。发掘者将其分为 4 式：

I 式 1 件。网状，深灰色粗砂陶，有六个三角形箅孔，长 24、宽 23.5、厚 3.2 厘米。

II 式 4 件。叶脉状，深灰色夹粗砂陶，内有六个椭圆形或近似菱形的箅孔。其中一件长 24、宽 23.5、厚 2.2 厘米。

III 式 2 件。平行条状，红褐色细砂陶，采用 5 条长约 34 厘米的泥条平行排列，间隔约 1.5 厘米，两端及中央再用泥条联结固定而成。长 34、宽 17、厚 2.6 厘米。

IV 式 2 件。梅花状，红褐色细砂陶，内有 8 个圆形箅孔，长 25、宽 15.5、厚 2.2 厘米。（图五）

珠海淇澳岛东澳湾遗址也有相似的长方形炉箅发现。珠海宝镜湾遗址出土两件陶箅残件，其中一件似为长方形。零星出土陶箅残条的地点还见于香港西贡咸田遗址、沙头角新村遗址等。

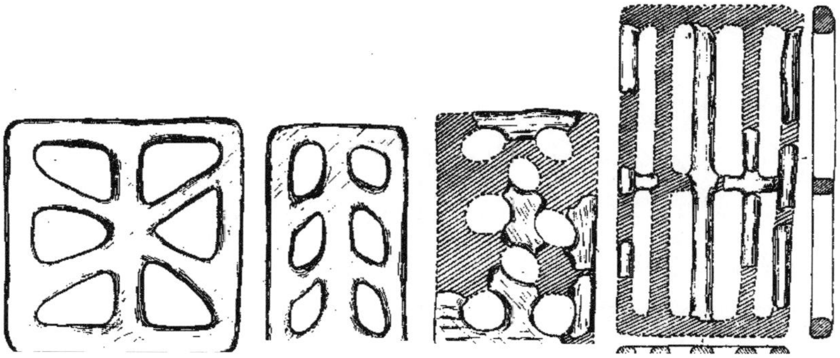

图五　深圳赤湾沙丘遗址出土陶箅（据杨耀林等《深圳先秦遗址调查与试掘》）

1. I 式　2. II 式　3. IV 式　4. III 式

（二）陶支脚

陶支脚是一种灶具，一般三个一组，用以支撑釜、锅等类炊器，使炊器的底部形成一定的空间，便于加柴烧火炊煮食物。著名考古学家北京大学严文明教授对陶支脚有系统研究。1982 年，他发表《中国古代的陶支脚》[24]，对陶支脚的类型与分布、起始与源流作了系统介绍，成为这一专题研究的奠基之作。近年来，在岭南地区又新出土了一批陶支脚。计有珠海宝镜湾遗址、后沙湾遗址、亚婆湾遗址、水涌遗址、东澳湾遗址等。形制主要有猪拱形、圆台形和方台形。

珠海宝镜湾遗址出土陶支脚共 20 件，为目前环珠江口地区出土陶支脚较多的遗址之一。这些陶支脚均为夹砂陶，陶色以灰黄色为主色调，或为灰白，或为灰黄、灰红等，由于受火程度不一而呈现差别，器物表面大都有烧熏痕迹。形状上看，这批陶支脚大都是底径稍大而顶部稍小的圆台形或方台形器物。《珠海宝镜湾——海岛型史前文化遗址发掘报告》从陶支脚的底部，或者陶支脚的横切面将这批陶支脚分为圆形、方形和圆角方形三种类型 [25]。

A 型　底部截面为圆形或椭圆形。

Aa 型　实心。标本 T9③B:45，器残，底部截面呈椭圆形。夹粗砂灰黄陶，红褐胎，表面粗大的石英砂粒清晰可见。底部长端直径 11.5 厘米，短端直径 9 厘米，残高 7 厘米（图六：1）。标本 T9③B:46，器残，底部完整，截面呈圆形。夹砂灰黄陶，黄褐胎。底径 10.5 厘米，残高 8 厘米（图六：2）。

Ab 型　有孔中空。标本 T27③B:158，器残，底部截面呈圆形。夹砂灰陶，粉红胎质，中心有一圆孔直通到底，底面圆孔边缘隆起，使在底部边缘与圆孔边缘之间形成一个圆形凹槽，且紧临圆孔凸缘外围有一周划纹。器身上施划纹。底径 8.8、孔径 2.1、残高 6.6 厘米（图六：3）。标本 T1③A:32，器残。夹砂米黄陶，灰白胎，中空，从残痕观察孔未通透底部。底径 10、残高 6.5 厘米（图六：6）。

B 型　底部截面为方形。依方体的形状分为两亚型：

图六　陶支脚

1~2. Aa 型（T9③B:45、46）　3、6. Ab 型（T27③B:158、T1③A:32）4、5. Ba 型（T15③A:20、15）　7~9. Bb 型（T24③A:13、T15③A:31、T9③B:125）

Ba 型　长方体（长方体，但腰部稍弯，直立时稍倾斜，便于支撑陶釜、陶罐等炊器——笔者注）。标本 T15③A:15，器完整。夹砂灰黄陶，表面有黑色烟炱痕，一侧有平行斜凹槽；顶端略窄于底端。高 15.5 厘米，顶长边宽 7 厘米，短边宽 6 厘米，底长边宽 8 厘米，短边宽 6.5~7 厘米（图六：5）。标本 T15③A:20，器完整。夹砂灰黄陶，表面有黑色烟炱痕，顶端略窄于底端，一侧有平行斜凹槽。高 16.6 厘米，顶长边宽 7 厘米，短边宽 6 厘米，底长边宽 7.5 厘米，短边宽 6 厘米（图六：4）。

Bb 型　方锥钵。标本 T24③A:13，器完整。夹砂灰黄陶，上窄下宽，中间有一孔横穿。高 15.6 厘米，顶长边宽 4.8 厘米，短边宽 4 厘米，底长边宽 7 厘米，短边宽 6.5 厘米（图六：7）。标本 T9③B:125，器残，底部完整。夹砂灰黄陶，橙黄胎。残高 11.7 厘米，底长边宽 9.3 厘米，短边宽 8 厘米，残端宽 6.5~8 厘米（图六：9）。标本 T15③A:31，器残，底部完整。夹砂灰黄陶，橙红胎质。残高 12.5 厘米。底长边宽 9 厘米，短边宽 8.3 厘米，残端长边宽 9 厘米，短边宽 6.5 厘米（图六：8）。

C 型　底部截面为圆角方形。

标本 T27③B:159，底部较完整。夹粗砂灰白陶，橙黄胎质，底往上渐窄，接近中间部位有一横贯的穿孔。残高 10.2 厘米，底长边宽 11 厘米，短边宽 9.5 厘米，孔残长 4 厘米，宽 2.5 厘米（图七：1）。标本 T15③A:13，夹粗砂橙红陶，底有黑色烟炱痕，底往上渐窄。残高 8.2 厘米，底长端宽 9.5 厘米，短端宽 8 厘米（图七：5）。标本 T17③A:56，底端相对完整。陶色不匀，一侧米黄色，另一侧橙黄色，橙红胎质。底部以上渐窄。残高 13 厘米，底长边宽 10 厘米，短边宽 8 厘米（图七：3）。标本 T18③A:01，夹砂灰黄陶，橙黄胎质，中心有孔穿透底部。残高 7.5 厘米，完整的底边宽 8 厘米，残底边宽 3~5 厘米，孔宽 3.5 厘米，孔残长 1 厘米（图7：2）。标本 T7②:28，底部相对完整。夹粗砂米黄陶，淡红胎质。残高 13 厘米，顶端完好的边宽 4.5 厘米，残边宽 2~3 厘米（图七：4）。

后沙湾遗址发现 4 个个体，一件为完整器，其余为残器。完整器呈实心圆柱状，底平宽，支撑面倾偏斜稍窄，整体形状呈猪拱形，素面，后采:7，高 16.5 厘米，底部直径 7.5 厘米（图八：1）。

亚婆湾遗址采集到 2 件支脚，为实心柱状，底较宽，支承面内倾略窄，素面。底径 7.8、高 18 厘米，为红色夹砂陶，整体形状呈猪拱形（图八：4）。

水涌遗址发现 2 件支脚，均为夹红陶，实心，手制素面。一件为猪拱形支脚，底部呈椭圆形，高约 13.8 厘米，另一件为圆锥形支脚，底部呈

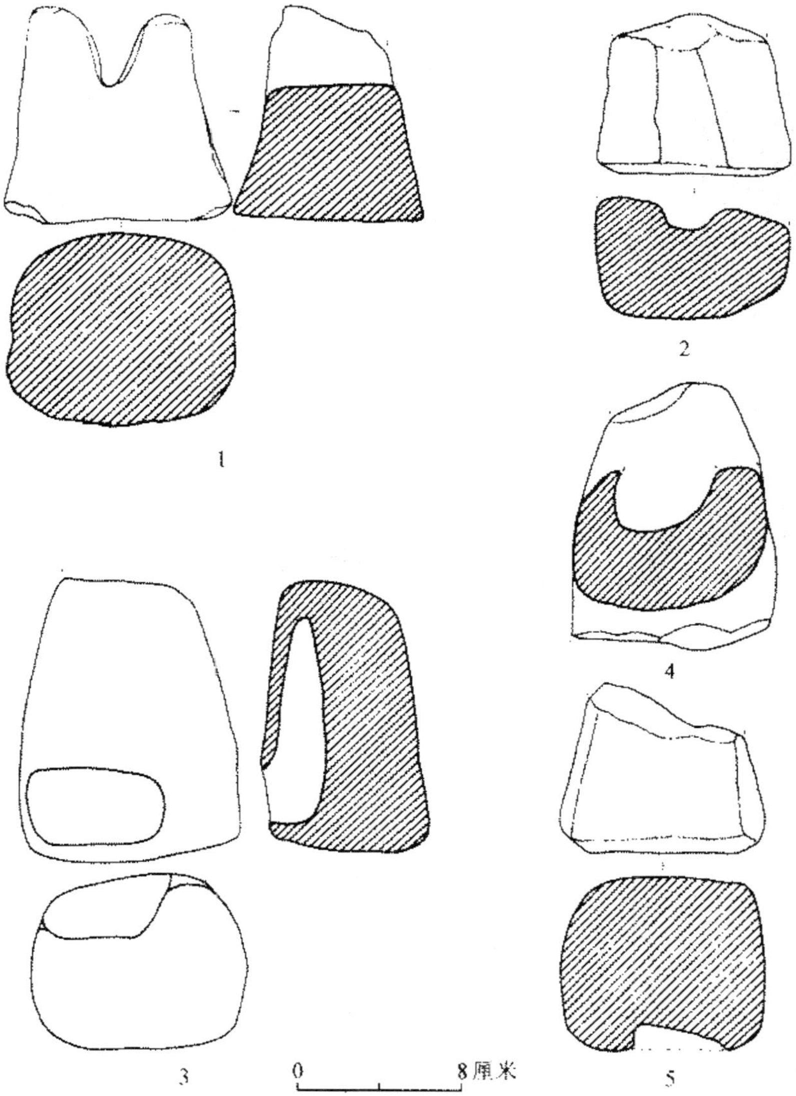

图七　C型陶支脚

1. T27③B:159　2. T18③A:01　3. T17③A:56　4. T7②:13

圆形，高约12厘米（图八：3、8）。

猪拱形支脚还见于深圳大黄沙遗址。与珠海发现支脚不同的是，这些猪拱形支脚剖面呈方形。T201④:21，高18.3厘米，倾斜略曲，近底有两

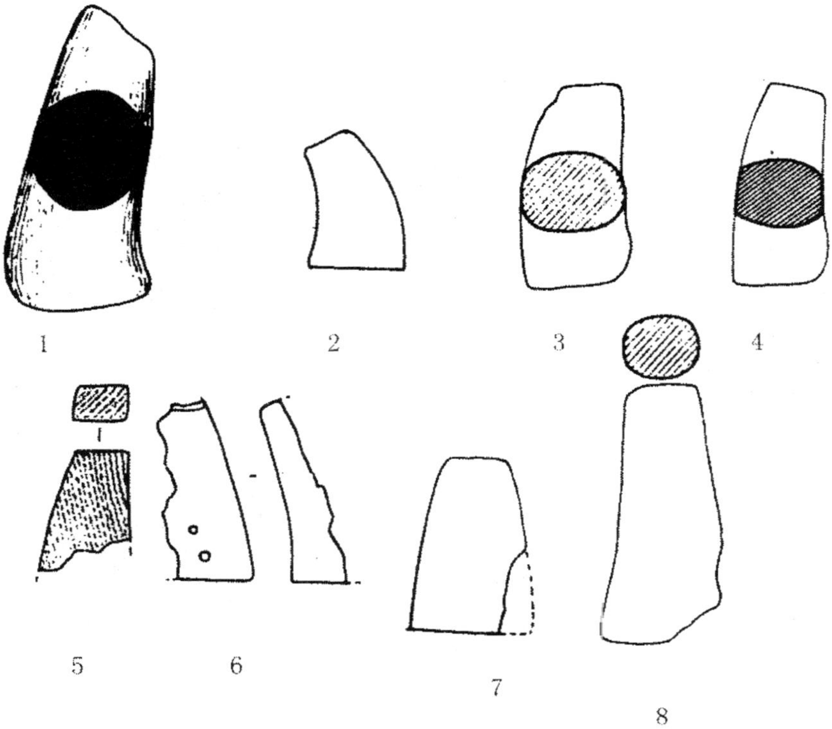

图八　陶支脚

1. 后沙湾遗址　2、7. 东澳湾遗址　3、8. 水涌遗址；
4. 亚婆湾遗址　5、6. 大黄沙遗址

个圆孔，顶面呈斜坡状，平底（图八：6）。

（三）石支脚

石支脚的出现年代较早，并延续了相当长的时间。珠海宝镜湾遗址中出土过 5 件石支脚，可惜没能复原当时的烧灶情形。这几件石支脚大都是花岗岩质，分别呈蘑菇头形、圆柱形、不规则形等各种形状；有的经过精心磨制，有的只是粗糙打凿，在石支脚的一侧，大都有火烧的烟炱，属于经过使用的实用器皿。发掘报告将其分为三种类型。A 型蘑菇头形。标本 H28:2，头呈椭圆形，较宽大，直径 10~15 厘米。蘑菇头下内收呈锥体状，剖面为椭圆形；另一端残断，略小，直径为 6~7 厘米。器身凿有一个等腰三角形，底边长 4、高 13、深 1 厘米，整个器形都经过打磨，支脚一侧，表面有长期火烤烧的红褐斑，从整体看，蘑菇头部的红褐斑更为集中，明显受火最多，可知其使用时是将尖头插入土中，以蘑菇头支撑陶釜。残长 17 厘米（图九：1）。B 型为圆柱体。标本 T29③A:39，花岗岩质，底呈椭圆形，上部一端砸崩一角，略呈尖状，表面粗糙，为初步打凿而成，在上部有明显的火熏烟炱。高 19 厘米（图九：2）。标本 T24③A:33，花岗岩质，锥状体，剖面呈三角形，表面粗糙，在器身中部有明显的火烧痕迹，可知其为支脚，从器形制作看，似为一块长条形原石打断一截而成器。高 19.5 厘米（图九：3）。C 型为不规则形。标本 T11③B:169，花岗岩质，角砾石块，底部近平，四边形，身体朝一侧倾斜，顶部折平，便于摆放炊器。在顶部有明显的火烧痕迹。高 16.3 厘米，底边长 17 厘米（图九：4）。

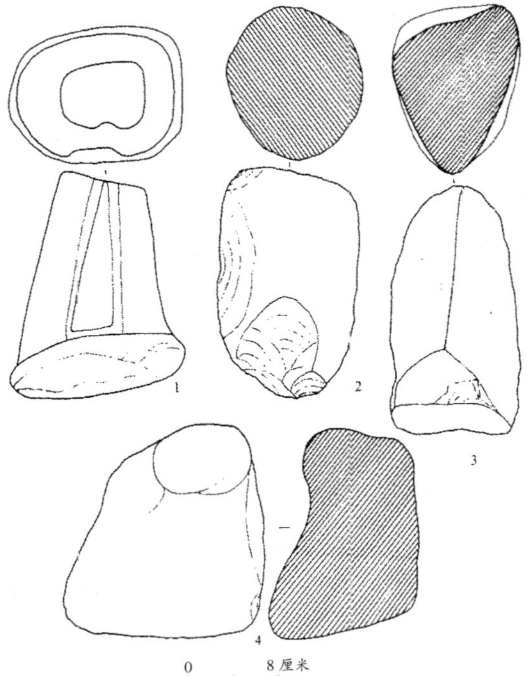

图九　宝镜湾出土石支脚

1. A 型支脚（H28:2）　2~3. B 型支脚（T29③A:39、T24③A:33）

4. C 型支脚（T11③B:169）

（四）陶条形器

珠海高栏岛宝镜湾遗址出土93件陶条形器。这是一种横切面略呈长方形、两端圆弧、整体形状为长条形的陶器。采用手制方法制作，部分器物表面甚至还可见到手指印痕，均为夹砂陶，并未经淘洗，石英砂粒粗细不均，器身上大都有明显的经反复受火烧烤的斑痕和烟炱痕，陶色或为红褐色或为灰色或为灰黄色，同一条形器不同部位其陶色亦有变化，器表素面无纹，部分陶条形器表面有制坯过程中形成的浅浅的凹槽，或为横向，或是纵向，是宽度0.4~0.8厘米宽的竹木条压印出的痕迹。《珠海宝镜湾》考古发掘报告根据表面凹槽的有无，和凹槽的纵、横向将其分成三种类型。素面为A型，器表有纵向凹槽为B型，有横向凹槽为C型（图十）。93件陶条形器中，只复原一件完整器。标本T2③A:16，为夹砂灰黄陶，局部呈浅橙黄色，通长39.5厘米，中间宽6.5厘米（两端稍窄），厚4~5厘米。其他陶条形器大都是残件。经过统计表明，陶条形器的横剖面长、宽尺寸以5~7厘米居多，最宽的也有8.2厘米。从部分陶条形器残长和宽度上推测，有些条形器的长度可能超过40厘米。

这些陶条形器单条成器，明显不是陶箅条的残件，但其功用还不是十分清楚。1997年陶条形器初次出土时，曾有学者推测它可能为“陶杵”，不过，很快有学者提出不同的意见：陶条形器虽然反复受火，有一定的硬度，但石杵要胜过其百倍，陶杵用于加工谷物，少不了吃砂子的份，先民们没有理由用此“陶杵”而弃用石杵。中山大学曾骐教授的推测有一定的道理：这样大数量的陶条形器在宝镜湾遗址出土，可能与加工鱼类食物有关。陶条层层相叠，构架出一定空间，其间摆放海鱼，或为晾晒，或在其下加火熏烧，使鱼香美又便于存放。不失为一种较好的解释。另一种可能是：陶条形器配合使用，并排置于炉灶中，发挥其与炉箅相似的作用。陶条形器目前只见于珠海宝镜湾遗址，其他地点还未见报道，这种现象值得注意。

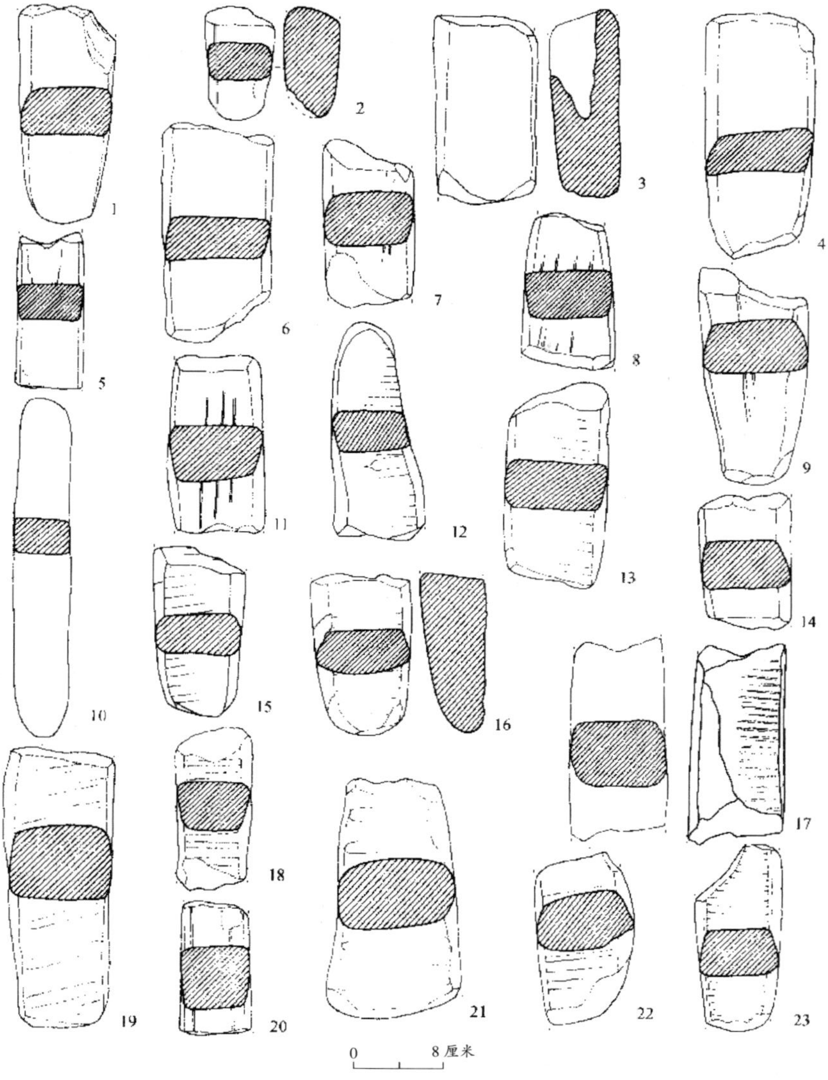

图十 条型支脚

1~7. A 型（T13②:21、T18③B:29、T9③B:128、T8②:56、T8②:55、T20④A:40、T6②:86）；8~11. B 型（T16③B:01、T9③B:126、T2③A:16、T19③B:21）；12~23. C 型（T9③B:36、T9③B:129、T4②:01、T5②:61、T27③B:161、T9③B:127、T7②:27、T8②:54、T17②:01、T8②:53、T14②:30、T9③B:130

三、从灶、灶具、炊具看先秦南海岛民的生活

几块石头，一堆篝火，先秦时期南海岛民烧烤着捕捞的海鱼、射杀的野兽，享受着美餐，其乐融融的场景可以想见。不过，当时的食物还不仅仅是采用烧烤一种加工方法，用容器炊煮食物，要占到相当的比例。在珠江三角洲地区，几乎所有的先秦文化遗址之中都发现陶釜（或陶釜的残片），有的地方甚至发现成套的陶器，如罐、豆、杯、盆、钵、盘、碗等，炊器、贮藏器、盛食器、水器一应俱全。一些遗址中，陶罐和陶杯也有用于炊煮的现象。陶釜为圜底的陶器，功用同于现在的锅，成语中有“破釜沉舟”，说的是打破煮食用的锅，弄沉渡江用的船，比喻背水一战的决心。釜是最早产生的陶器种类，见于报道的中国早期陶器，大都是釜的残器。在陶土中加砂，制成的陶器更加耐高温，不易开裂，而经过淘洗的陶土则可制造更加精制容器。一些先秦古遗址之中出土的陶片数以万计，陶釜的底部和部分陶罐的底部，还可以看到长期烧烤的烟炱。可知食用熟食已经成为先民们的主要生活方式。当时炊煮的食物，不仅是肉类，还有谷类农作物。由于石磨盘、石磨棒、石磨球等淀粉类加工工具的大量发现，可以得出上述结论。从珠海宝镜湾遗址出土的陶釜看，大的直径可达50厘米，煮熟一釜食物可供10余人吃饱，小的直径只有10余厘米，煮熟一釜仅可供一二人食用。中原地区常见的陶鼎、陶鬲、陶鬶在环珠江口地区较为少见，陶釜是海岛先民生活中的重头戏，从某种意义上看，南海岛民的文化是一种釜的文化。

北方天冷，气温低下，烧灶除了烧煮食物之外，常年需要烧火取暖；南方气温较高，特别是在环珠江口地区，气候炎热，几乎整年都不需要烧火取暖。在环珠江口地区，烧灶仅仅是作为烧烤炊煮食物之用。这应当是地理位置稍靠北的地区先秦时期烧灶大都有向下挖掘的火膛，而环珠江口地区大都是地面式的烧灶的主要原因之一。正所谓“一方水土养一方人”。不过，虽然南方天热，不需要向下挖掘灶坑，就能达到良好的热效能，但是，没有向下挖掘的火膛，火种如何保存倒是一个问题。南

方天气潮湿，岭南一带每年还有几个月的梅雨季节，平面的烧灶要保存火种十分困难。我们只能推测：先民们已经熟练地掌握了取火技术。可以短期内快速生火。

（本研究属于国家文物局文物保护科学与技术研究课题：《先秦时期南海渔业文化研究》。）

注释：

[1] 山东新石器时代早期文化遗址中有此现象，如河西遗址就是一例。

[2] 还有一种灶，为制造陶器的灶，或称为陶灶，也就是我们常说的陶窑。《说文解字》："窑，烧瓦灶也。"《通俗文》："陶窑曰灶。"陶灶暂不列入我们的研究范围，但是，由于在岭南地区先秦时期有些窑和灶，特别是有些窑、灶的部件难以区分，所以考察岭南地区这一时期的灶具时，可能也还会涉及。

[3] 朱乃诚：《中国陶器的起源》，《考古》2004 年第 6 期。

[4] 郝思德：《试谈三亚落笔洞遗址居民的经济生活》，《中石器文化及有关问题研讨会论文集》，广东人民出版社，1999 年。

[5] 在距今约 8000 年前的山东河西遗址中就有这种情况发现。招绍赞等：《香港涌浪新石器时代遗址发掘简报》，《考古》1997 年第 6 期。

[6] 区家发、莫稚等：《香港元朗下白泥吴家园沙丘遗址的发掘》，《考古》1999 年第 6 期。

[7] 区家发、莫稚等：《香港元朗厦村乡陈家园沙丘遗址的发掘》，《考古学报》2002 年第 3 期。

[8] 李岩、李子文等：《广东珠海市淇澳岛东澳湾遗址发掘简报》，《考古》1990 年第 9 期。

[9] 李岩、李子文：《广东珠海市淇澳岛东澳湾遗址发掘简报》，《珠海考古发现与研究》，广东人民出版社，1991 年。

[10] 邱立诚、肖一亭等：《珠海宝镜湾遗址——海岛型史前文化遗址发掘报告》，科学出版社，2004 年。

[11] 邓聪、郑炜明等：《澳门黑沙——田野考古报告专刊》，香港中文大学出版社，1996 年。

[12] 莫稚等：《香港沙头角新村遗址考古发掘》，《南粤文物考古集》，文物出版社，2003 年。

[13] 李子文：《广东三水市银洲贝丘遗址发掘简报》，《考古》2000 年第 6 期；邹兴华等：《香港马湾岛东湾仔北史前遗址发掘简报》，《考古》1999 年第 6 期。

[14] 莫稚等：《广东曲江鲶鱼转、马蹄坪和韶关走马蹄遗址》，《考古》1964 年第 7 期。

[15] 赵善德：《前山镇南沙湾遗址发掘》，《珠海考古发现与研究》，广东人民出版社，1991 年。

[16] 赵善德：《前山镇南沙湾遗址发掘》，《珠海考古发现与研究》，广东人民出版社，1991 年。

[17] 李子文：《金鼎镇白沙、染沟埔遗址调查》，《珠海考古发现与研究》，广东人民出版

社，1991 年。

[18] 唐振雄等：《淇澳岛亚婆湾、南芒湾遗址调查》，《珠海考古发现与研究》，广东人民出版社，1991 年。

[19] 梁振兴：《横琴岛考古调查》，《珠海考古发现与研究》，广东人民出版社，1991 年。

[20] 梁振兴：《高栏列岛与南水镇考古调查》，《珠海考古发现与研究》，广东人民出版社，1991 年。

[21] 赵善德：《前山镇水涌、猫地遗址调查》，《珠海考古发现与研究》，广东人民出版社，1991 年。

[22] 赵善德：《三灶岛考古调查》，《珠海考古发现与研究》，广东人民出版社，1991 年。

[23] 杨耀林等：《深圳先秦遗址调查与试掘》，《深圳考古发现与研究》，文物出版社，1994 年。

[24] 严文明：《中国古代的陶支脚》，《考古》1982 年第 6 期。

[25] 广东省文物考古研究所，珠海市博物馆编（邱立诚、肖一亭主编）：《珠海宝镜湾——海岛型史前文化遗址发掘报告》，科学出版社，2004 年 1 月。

（原载《岭南考古研究》第 4 辑，香港，2005 年）

岭南古牙璋研究述评

1990年冬，香港中文大学中国考古艺术研究中心与广州中山大学人类学系发掘香港南丫岛大湾遗址，在编号为M6的墓葬中发掘出土牙璋1件，同墓还出土有串饰管玉、玉珠、玉璧、三角形坠等共29件玉器，这是牙璋出土最靠南的地点之一，为南中国唯一一件经考古发掘出土的牙璋。对此，1991年，李果、李秀国在《文物天地》上发表一则简讯；邓聪在《香港考古之旅》中作专题评介。接着，中国著名历史学家李学勤教授在1992年第1期《南方文物》上发表《论香港大湾新出牙璋及有关问题》指出，这是一个相当重要的发现，对研究古代历史文化有深刻的意义。

1994年，由香港中文大学发起，聚集中国、日本、美国、越南及港台地区的一批学者召开了“南中国及邻近地区古文化研讨会”，重点研究牙璋问题。学者们对牙璋的定名、分布、演变、功用等领域进行广泛研究，把牙璋研究推到了高潮。但是，在许多具体问题上仍然存在着很大的分歧，还需要作深入的研究。

一、牙璋的定名

香港南丫岛大湾M6出土的这件“牙璋”为高岭岩质，灰白色，表面布满褐色土斑，器身作扁平长条形，首端斜刃内凹呈弧形，刃宽大于体宽，方直内，无穿孔，内与器身之间有一段两侧边饰有突状扉棱，一侧的突状扉棱特别突出，扉棱之间有两行平行的斜线纹。器身中断，断口两侧各钻有两个穿孔，用以缚接。牙璋长21.8厘米，刃宽4.8厘米，体宽3厘米，厚0.7厘米。为什么把这样一件物品称之为璋呢？史书记载，璋为传统礼器之一，它与圭、璧、琮、璜、琥同列，称之为六瑞。《周礼》中有“以玉作六器，以礼天地四方”的记载。但是何种器形为璋？则不太清楚。东汉许慎在《说文解字》中称“璋，半圭也”、“刻上为圭，半圭为璋。”郑玄也说：“圭锐象春物初生，半圭为璋。”说圭的一半就是璋。但璋实际形状，长期以来都是一个谜。宋朝有聂崇义作《三礼图·玉瑞图》，仅凭文献记载加以臆猜，曾绘出一个所谓璋的图像。结果，谁也没有见过聂氏所绘之璋。到晚清时期有吴大徵作《古玉图考》，他根据当时出土的实物资料，参照《周礼》把“首似刀，两旁无刃……独有旁出之牙”的物品称之为“牙璋”。这种看法影响很大，不少学者尊崇这种看法[1]。但是，夏鼐先生则认为：吴氏所说的牙璋不是《三礼》中的璋，而是一种“刀形端刃器”[2]，这种器物的特点是“形似扁平长条形的刀，但锋刃不在长边而在较宽广的尾端，是斜刃或平刃而稍内凹成弧形。柄部方形，常有一孔，柄与器身之间有一段两边有突出的阑或齿形扉棱，扉棱之间常有平行直线刻划纹”。国内也有学者将此种形状的玉器称之为“挂圭”。日本学者中有人称之为“骨铲形玉器”[3]。凌纯声先生认为是瑞圭之一的“琰圭”[4]。

杨伯达先生认为香港南丫岛大湾遗址出土牙璋的定名是正确的[5]。他认为汉代许慎、郑玄等人“刻上为圭，半圭为璋”的见解颇有出入，因为在《周礼·典瑞·考工记》里有关牙璋的文字，没有找到足以佐证汉人上述见解的任何根据；甲骨文和金文中有璋字的象形字[6]。杨先生认为《周礼》所记璋之器形，应与甲骨文“商”字接近。“夏鼐先生称之为‘刀形端刃器’者与出土的玉璋或牙璋的器形相吻合。”

笔者倾向杨伯达先生的观点，认为夏鼐先生所称的“刀形端刃器”其实就是古文献中所称之璋。

1. 璋作为先秦瑞玉之一是确实存在的。在中国几十年的考古发掘与研究中，各种瑞玉都呈现在我们面前。目前已出土物品中肯定有牙璋，只是需要我们确切地认识它。

2. 汉代学者对牙璋形状的描述“半圭为璋”把我们对先秦璋的认识引入歧途。而甲骨文、金文中璋字的破译，使人走出困境。甲骨文中牙璋的象形字与今之“刀形端刃器”相吻合。

3. 清末吴大徵《古玉图考》中关于牙璋的定名是可信的。

二、牙璋的分布

据王永波先生最近的统计，全国牙璋的出土数量有250件，其中已知有确切出土地点的这一类器物约计145件[7]。在山东、河南、山西、陕西、四川、湖北、湖南、福建、广东、香港等地都有出土。

（一）广东以外各地出土情况

山东省共4件。临沂大范庄1977年冬季出土2件，原称石钺，时代原定为大汶口或龙山文化晚期[8]；海阳司马台1979年12月发现1件，简报称玉钺，同时出土的有玉璇玑、领玉环和陶罐，原定年代为龙山文化时期[9]；五莲上万家沟北岭1986年发现一件，时代定为龙山时期[10]。陕西省共发现35件。扶风上康复1957年在西周墓（M2）中发现4件，同时出土的有铜簋、铜鼎和陶俑等，时代属西周时期[11]。神木石峁出土28件，其年代或定为殷商，或定在龙山时期[12]。

河南省共发现9件。闻洲二里岗杨村1958年出土1件，时代属二里冈下层文化时期[13]，偃师二里头发现4件，其中1975年采集1件，时代定为二里头四期[14]。1980年在二里头遗址发掘出土3件，年代均属二里头文化三期遗物[15]。淅川下王岗20世纪70年代初发掘出土1件残器，原称玉戈，年代属二里头文化三期[16]。安阳小屯1976年春发掘妇好墓，出土750余件玉石器，其中有一件璋（编号579）[17]。1986年，在许昌大路陈村，当地农民取土时发现一座有腰坑的商代墓，其中出土一件玉璋[18]；新郑望京楼在20世纪80年代采集一批铜器和玉器，其中1件为玉璋，时代被定为二里头时期[19]。

四川省发现约七八十件。1929年，广汉中兴乡月亮湾一农民在其宅地旁偶然发现一玉器坑，出土约三四百件玉器，大多散佚，见于著录的部分有几件玉璋。郑德坤先生介绍4件[20]；冯汉骥和童恩正公布了3件[21]。

林巳奈夫、邓淑苹先生都转载或公布过这一批玉璋的物品。大体上都将年代定在西周后期至春秋前期；1951 年，广汉中兴又发现 3 件，原定年代亦为西周时期 [22]；1976 年 9 月，广汉高骈也发现 1 件玉璋，原报告认为属商代遗物 [23]；在三星堆北的仓包包台，1994 年出土 1 件，原定为商代 [24]；三星堆遗址“祭祀堆”，1986 年发现并发掘出大批玉璋，其中一号祭祀坑出土 30 余件，二号坑出土 20 余件，发掘报告认为一号坑年代相当于殷墟晚期 [25]；三星堆遗址西墙外鸭子河边，1983 年出土 4 件，时代同于祭祀坑 [26]。

山西省出土有 4 件。侯马牛村 1965 年发现春秋盟誓坑中曾出土“戈形圭”“戈形器”“戈形端刃器”[27] 等。

湖北省出土有 6 件。黄陂盘龙城 1974 年发掘李家嘴 M2 发现 3 件。原称玉戈，其中 2 件端刃部呈现圭形，器阑为多齿形，另一件为斜直首，器阑为一肩一突，时代为二里岗期 [28]；江陵天星观 1978 年初发掘一座大墓，出土 2 件玉戈，首部作圭形，肩式阑，通体无刃，时代约为战国中期 [29]；黄陂钟分卫湾 20 世纪 80 年代前后文物调查发现 1 件，为墓葬出土，原称玉铲，肩式阑，伴出的有铜戈、玉戈、玉环等，时代定为商代 [30]。

湖南省发现 1 件。石门桅岗 1980 年发现一座残墓，出土 3 件玉钺，1 件玉璋，年代为早商 [31]。

福建省出土 1 件。漳浦眉力 1985 年文物调查时，在一座残墓中发现 1 件。原称石戈，定为商代遗物 [32]。

（二）广东及香港出土牙璋情况

1959 年，在增城红花林山岗曾采集到 1 件牙璋。V 型首、石质、宽台式阑。

香港：1938 年陈公哲在烂头岛东湾的地表以下 0.43 米的深度掘得 1 件牙璋，阔首凸弧刃，阶梯等制品，长 31.1 厘米，有灰浸赭斑。在该地点 2 米内的地层中还出土有陶、石、铜、水晶等制品 [33]；另一件，也就是我们在文章开头时谈到的 1990 年在南丫岛大湾由中山大学与香港中文大学联合发掘的，在 M6 中发现的这一件。

广东省博物馆收藏有1件，曾为明代理学家陈献章珍藏的玉牙璋，该玉牙璋藏于一长方形兽头纹木盒内，盖中间竖刻两行四句："儒者度珍，克垂厥后，什袭而藏，永昭世守。"玉璋形体较宽短，平首徽内凹，单面刃，柄部略呈方形，有穿，两侧各有一对称的凸牙，通长23厘米，柄5.5厘米，刃宽7.6厘米，厚0.6厘米，柄部留有粗糙面，年代定为商周时期[34]。

据杨式挺先生研究，广东地区还有一些类似中原或岭北夏商时期的圭璋和刀形端刃器。如有的石器首部是开叉的，有些器侧出牙或出扉棱，有的外形若圭，实则为戈等等，他认为"广东一些遗存的玉石器两侧出现扉棱，或某些饰物内孔缘突起，周边附加特殊装饰，既是制作工艺发展演变的结果，又有它的文化属性和出现的明确时代"[35]。

东莞虎门村头贝丘遗址，在1980年的发掘中出土多件穿孔带扉棱凿刃器，如一种叫"石戚"或可称之为带扉棱凿刃器。

1988年5月，乐昌县长来镇圆岭岗遗址，曾采集到20件大小穿孔的残石器，其中一残石器磨制精细，柄前端中央有一穿孔，两侧有扉棱，特征显著。20世纪80年代初，曲江县樟市拱桥山岗遗址采集到一件残石器，首刃已残，有穿，两侧有扉棱，柄端有斜边，类似的有阑或有棱或有穿的石器在曲江马坝狮子岩、南雄县大和岭土坑墓、和平庐屋嘴山岗遗址、平远寒顶山遗址、中山南修遗址，甚至浮滨类型文化的一些遗址中均有发现。

三、香港南丫岛M6出土牙璋的年代

年代问题是确定出土文物及传世文物价值和破译其蕴藏信息的关键。香港南丫岛M6出土牙璋的年代，目前仍存在几种不同的观点，可谓莫衷一是，不过，如细加分析研究，我们还是可以得出相对准确的结论。下面介绍几种主要观点。

战国到西汉说[36]。主要代表是香港考古学者邓聪、区家发、李秀国等。主要根据是认为出土牙璋的M6与夔纹陶为主要特征的第一层属同一

香港南丫岛 M6 牙璋出土情况

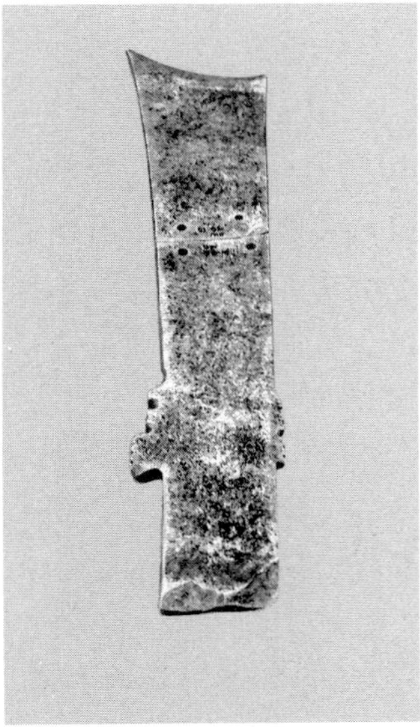

香港南丫岛 M6 出土牙璋

层位，而夔纹陶经香港中文大学中国文化研究所作热释光年代测定，测定的年代是 BP1900 年。

夏代说 [37]。杨伯达先生不同意第一种意见。他认为：“较晚的遗址不能动摇牙璋固有的悠久年代。”“经与石峁牙璋比较，不难发现共有三件牙璋与大湾牙璋近似。”“大湾牙璋器与石峁牙璋（9Y918）同出一祖型。琢磨工艺不能完全排除与石峁玉人的联系，但又接近二里头三期 VM3：4、5 二件玉璋，而更为简洁，故其实际琢磨年代要略早于二里头三期。”杨先生把大湾牙璋的年代“暂定为二里头一、二期，即夏代。”进而认为：“其产地也可能即在夏朝势力范围之内。”

早商至西周早期 [38]。李学勤先生认为：其年代下限不会晚于殷墟初年；李伯谦先生认为：其年代上限至多至早商，下限不得晚于商代时期。

两位教授均认为：发掘者误将大湾所出牙璋年代定在战国甚至秦汉，问题主要出在地层划分上。李伯谦教授进而讨论了夔纹陶问题及热释光测年数据问题；彭适凡先生认为：年代在商晚到西周早期。

(1) 关于 M6 的地层关系。发掘报告称："大湾遗址此次发掘共 10 座墓葬。大部分发现于 IV 区 2b 层……除 M6 (六号墓) 外，均未发现明显的墓坑。""M6 位于 IV 区 G15 探方，东西向南面被一近代扰乱坑打破。长方形，长 2.02 米，宽 0.9 米，墓残深 0.10 米，墓底距地表 0.68 米，随葬器物集中于西南部。器物相互叠压，出有高岭岩质牙璋一件，璧形饰 4 件，玉管 2 件，三角形管 2 件和管珠 10 颗。"发掘者在这里不管是说"M6 发现于 2b 层"也好，还是"遗物主要出土于 2b 层以及该层的墓葬"也好，我们认为把 M6 划入 2b 层是不妥的。李伯谦教授说得好，"依据地层学原理，任何一种考古学遗迹例如灰坑、墓葬等和文化层一样，都是一个独立的地层单位，而独立的地层单位之间是不能互为归属和相互包容的。"它们之间的关系只能是，要么 M6 打破 2b，要么 M6 被 2b 所叠压。李教授根据邓聪先生在《香港考古之旅》发表的 M6 发掘前与发掘后的照片认为："从这两幅照片揭示的探方发掘程序和探方平、剖面图可以看出：探方最上一层为表土层，表土层下为第一文化层，在探方一角树有树干的地方，第一文化层下压有一个灰坑，（灰坑的一半在探方内，一半在探方外)，该灰坑打破了 M6，M6 位于探方当中，没有伸出探方外，因而在探方壁上没有反映。如果我们对这两幅照片所提供的层位关系解读无误，那么其先后次序必然是，M6 最早，灰坑时代其次，第一层的时代再次，表土层最晚。M6 不仅早于第一文化层，而且早于被第一文化层叠压的灰坑。"

(2) 关于夔纹陶问题。李伯谦教授认为："正如发掘者明确指出的，第一文化层是以夔纹陶为主要特征的层位，根本不出米字纹陶。这已为许多地点的发掘所证实，无疑是正确的。""夔纹陶既不与米字纹陶共存，当然也不会同米字纹陶共属汉代的常与米字纹陶共出的汉代青釉陶共存了。在以夔纹陶为主要特征的第一文化层中出土汉代的青釉盒盖，青釉陶犬（或称羊）的现象，唯一可能做出的解释只能是，使用青釉陶的人们扰乱了夔纹陶为主要特征的地层。遇到这种情况，考古工作者应该在审慎分析的基础上，依据已往研究成果和经验将后代扰进来的因素予以排除，切忌把不同时代器物混在一起的扰乱层当作新的发现推翻已有之结论。夔纹陶既然不与米字纹陶共存，早于夔纹陶的 M6 出土的牙璋和其他玉器自然更不能与米字纹陶共存了。这样，以汉代的青釉陶器推定牙璋的年代也就失去了科学的依据。”值得提出的是，彭适凡先生认为：大湾遗址出土的部分印纹陶器、釉陶或原始瓷器的年代与石峡上层和深圳叠石山等遗址年代相当，“联系到遗存中还发现有夔纹的印纹陶硬陶，说明大湾遗址上层无疑还存在着两广地区盛行的以夔纹陶为代表的文化遗存，年代约当西周晚期到春秋早期。”

笔者认为：南丫岛的地层划分上确实存在着漏洞。正如李伯谦教授所言，把 M6 归属于 2b 层之中在理论上是不可能的，因为 M6 本身就是一个独立的地层单位。它只可能早于或晚于某个地层，打破或被某个地层单位打破，而不能被包含。但是，从发掘报告提供的数据看，M6 有被“第一文化层”（即 2b）所包围的可能。“2b 是海湾沙堤堆积，黄色细砂土，含土质极少，质地松散，厚 0.07~0.6，深 0.05~0.88 米，M6 墓底距地表 0.68 米，现残墓深 0.01 米[39]。从以上数据看，M6 深度正好在 2b 之间。这种情况引起我们的思考。我们唯一可以做出解释的是：2b 层实际上不只是一个地层，而是两个或两个以上地层的组合，由于在沙丘遗址这种特殊的古遗址中，地层的划分有相当的难度，而未被发掘者分开。笔者在这里无心将南丫岛遗迹作全面的排队，仅就 M6 的层位关系做出判断：本人认为，2b 层之中实可以分为 2bl 层和 2b2 层等诸层。M6 打破 2b2 层，为 2bl 所叠压，其发展顺序应是：2b2—M6—2bl—扰乱层。2b2 最早，M6 次之，2bl 为夔纹陶为主的堆积层，其上是扰乱层。另外，南丫岛发掘的 10 座墓中除 M9 偏晚外，其他各墓均未随葬夔纹陶，虽然这 9 座墓也肯定有时代早晚之差别，但大都要早于夔纹陶地层。我们可以认为：M6 的年代早于夔纹陶，其下限为西周以前。

彭适凡先生对原报告归于“2b 层”的墓葬中出土陶器进行比较研究认为：“一号墓出土的敞口折肩方格纹凹底罐与广东龙川坑仔里出土的

一件相同；高圈足深盘斜腹泥质豆，圈足内壁有数条凸棱，与石峡中层出土的也相似；再如七号墓出土的侈口折肩圜底罐肩腹部拍印重叠同心重圈纹，其造型作风不仅和香港东湾早年出土的相同，而且与石峡狮头洞出土侈口折肩凹底罐以及佛山河宕 19 号墓出土的同类罐一致；七号墓出土的 1 型侈口扁圜底夹砂釜，也与佛山河宕遗址出土的敞口扁圜底夹砂釜类同。说明大湾 2b 层诸墓葬出土的陶器当与石峡遗址中层和河宕遗址有密切关系，即均同属于岭南地区那种以曲折纹为代表的文化遗存。”

关于南丫岛 M6 出土牙璋的年代，除了使用地层法则确定年代之外，学者们进而从器物类型学原理进行排比，探明其发展规律。

李伯谦先生认为：中国发现最早的牙璋年代是属于山东龙山文化时期的，其一出土于临沂大范庄，另一件采集于海阳司马台，特征是身部（射）较宽短，首端刃部内弧，柄部无突出的对称侧牙；发展到二里头和二里冈（夏代至早商），整体形状似前者，而以柄部都有对称的侧牙为典型特征；晚商时期，与前期相比，柄部有对称的侧牙虽属一致，但身部窄长，柄上多无穿则明显有异，应是该时期牙璋最明显的特点；西周时期，以陕西扶风上康村二号墓出土 4 件，柄身不分，柄部无牙，其中一件柄部有穿孔，二件无，显示牙璋退化形制。春秋战国时期，发掘遗址近千处，墓葬上万座，牙璋却少发现，表明作为礼玉的牙璋已近乎绝迹。“牙璋从龙山起源到东周消失，大约延续了两千年左右，在两千年左右的时间内，牙璋的形制由简到繁，又由繁到简，不同时期有着不同的特点。”李先生根据这一规律，推定南丫岛 M6 之年代为晚商时期。

彭适凡先生将多年来出土的牙璋排比分类，将其分为六大型，又从各型牙璋出土的文化遗存和相关遗物深入分析，对诸型的年代进行深入考证，揭示出牙璋的发生、发展、兴盛和衰微规律。认为单从形制上看，大湾牙璋属于 C 型Ⅲ式，“年代定为商代中期不是没有道理的”，但是“6 号墓发现于 2b 层，而且 2b 层出土的印纹陶器和青釉器，大部分都属于广东地区以曲折纹为代表的文化遗存中的遗物，因此，6 号墓出土牙璋的年代也应和曲折纹为代表的文化遗存相当，即商晚到西周早期”。

王永波先生对牙璋（耜形端刃器）进行全面的分类与分期（见《考

古学报》1996 年第 1 期），他将耜形端刃器分为 ABCDE 五型，并将其中有图形的 147 件分成五个期：即形成期（距今 4600~4300 年）；发展期（距今 4300~4000 年）；繁荣期（距今 4000~商代早期）；持续期（商代晚期~西周时期）；衰变期（西周早期~春秋战国）；他把 M6 的牙璋定为 BaV 型，而该型的流行时间是持续期和衰变期。年代跨度年大，从商代晚期至春秋战国。笔者认为：王先生把 BaV 型牙璋的年代定成商代晚期至春秋战国无可厚非，但如果具体到 M6 出土年代牙璋之年代，则显然是过于笼统的。而且，类型排队必须符合地层分期原则。如前所述，M6 的年代早于夔纹陶，其下限为西周以前，因此，笔者认为其年代定在晚商时期是较为合理的。

四、牙璋的形制来源与功用

在古代文献中，有不少把牙璋与军旅相联系的记载。《周礼·典瑞》说："牙璋以起军旅，以治守兵。"《考工记》中也有类似记载。汉儒郑众注：牙璋"牙齿兵象，故以牙璋发兵，若今铜符发兵"。马融注："牙璋若今之铜虎符"（《周礼·马融注》，见《太平御览》卷八十），郑玄因之，注曰"牙璋亦王使之瑞节"。《白虎通义·文质篇》有"璋以发兵"。后世对牙璋的用途，大致因袭了这种说法。王克林先生进一步认为："古代中国用于'礼器'中的玉璋的来源，大致起源于史前社会新石器时代的渔猎或狩猎工具中的石矛和投枪，在发展中与历史时期一种短兵'干'有密切的关系。"他认为，"中国古代的玉璋有一个清晰发生发展的脉络，在形制上有从内不明显，没有内到有一个平齐带穿孔的内或柄；从没有凸到有似戈矛类的格和栏；其刃部，从平直刃到斜直式或内弧的双牙形刃"[40]。

商志䄅先生认为："以有牙齿之玉器作为兵符的依据，似乎与理不合，既然《周礼》将牙璋与军旅联系一起，从它的形状亦与武器相似，因此今人多将牙璋当作礼仪性武器，即属于礼器范畴。"[41] 商先生进而从大湾牙璋的断处，两边各钻两孔，以绳系连，说明已不是实用器物了，佐证玉璋已属于礼器。璋为礼器，古代文献中也有记载，《周礼·考工记·玉人》说：“大璋、中璋九寸，边璋七寸，射四寸，厚寸，天子巡狩，宗周以前马，大璋亦如之，诸侯以聘女。”郑注：“大山川用大璋，加纹饰焉，中山川则用中璋，其纹饰稍杀，小山川用边璋，平饰其边也。”一般认为，璋可以用于古代朝聘、祭祀、丧葬等，其形制可分为大璋、中璋、赤璋、牙璋等。

李学勤先生也明确表示：“牙璋乃纯粹的礼器。”他指出：“牙璋这种端刃器大多不能实际安柲，器上从无装柲痕迹，从出土情况（如二里头VM3）看也是不装柲的……事实上这样扁薄狭长的玉器，并没有真正作为锋刃器使用的可能，它只是一种形制特殊的礼器。”[42]

戴应新先生直接提出牙璋为祈年礼器。他不赞成吴大徵关于牙璋与戈锥兵器性质“略同”的看法，认为牙璋是没有杀伤效力的礼器，也不赞同牙璋与后世的虎符作用相类的说法，他举出著名“将领”妇好的墓中出有大量玉兵，却没有牙璋，而二里头 VM3 墓坑小，地位卑微，却出土 2 件典型的牙璋。他认为“牙璋盖来自农耕工具耒耜，也是古人重农思想的反映”[43]。

实际上，日本学者林巳奈夫早在 1969 年及 1982 年的两篇论文中都明确提出“牙璋器型源自农具中的‘骨铲’”[44]。他进一步说明“骨铲即中国古代所称的‘耜’或‘畝’，常以兽骨或木头制成，有的板状，有的双叉形，为耕田时起土的农具”。他认为如果把河姆渡等石器时代遗址中出土的骨耜和牙璋比较，就明白牙璋上端圆弧形的刃线多形成一高一低的歧峰，以及牙璋本体两侧略作不对称的内凹，是仿骨耜而来的。

从目前研究的情况看，牙璋的产生主要有上述二种意见：1. 是起源于古代防卫或进攻性的武器；2. 则认为牙璋起源于农具中的相。由于对其起源的不同看法，相对应着两种对牙璋功用的不同观点。不难理解：如果牙璋起源于武器，则作为与军旅有关的信节也就在情理之中了；如果起源于农具，则对于牙璋是一种祈年礼器的说法，也是一个很大的支持。

笔者认为：不管一般意义上牙璋具有多少种功能，起码，在香港大湾遗址 M6 中出土的这一件牙璋属随葬品。它的出现，应是墓主人身份、地位及其财富的标志，它也是墓主人生前生活的一个反映。牙璋作为一种礼器而不是实用器物也是十分明显的。牙璋起源于中原，盛行于商代，而这时地处南方边陲的香港大湾竟然出土与中原形制相似的牙璋，令人惊喜。说明环珠江口先民与中原文化的联系，尽管还不清楚这种联系的途径是直接的还是间接的。

牙璋的定名、起源、时代、地缘分布、形制发展，在礼制上的用途，甚至于它的传播、消失，都远没有达到一致的看法，而岭南牙璋的发现及对其年代研究上的突破，为这一课题研究提供了新的资料和证据，同时，又引出了新的课题，这都需要我们进一步探索、研究。

注释：

[1] 著名学者饶宗颐、李学勤、杨伯达、李伯谦、林巳奈夫、邓淑苹等著文时均采用此名。

[2] 夏鼐：《商代玉器的分类、定名和用途》，《考古》1983年第5期。

[3] 林巳奈夫:《中国古代の石庖丁形玉器と骨铲形玉器》，《东方学报》第五十四册，1982年。

[4] 凌纯声:《中国古代瑞玉的研究》，《中央研究院民族学研究所集刊》第二十期，1956年。

[5] 杨伯达：《香港南丫岛大湾遗址出土牙璋初探》，《南中国及邻近地区古文化研究》，香港中文大学，1994年。

[6] 涂白奎：《卜辞所见商代礼玉制度及相关问题》，北京大学考古学系硕士论文，1990年。

[7] 王永波称此为“耜形瑞刃器”。《耜形端刃器的分类与分期》，《考古学报》1996年第1期。

[8] 王永波：《牙璋新解》，《考古与文物》1988年第1期。

[9] 王洪明：《山东海阳史前遗址调查》，《考古》1985年第12期。

[10] 王永波：《关于刀形端刃器的几个问题》，《故宫文物月刊》台北，第一二卷三期，1994年。

[11] 陕西省文物管理委员会:《陕西扶风周墓清理记》，《考古》1960年第3期。

[12] 戴应新：《陕西神木龙山出土的铜器和玉器》，《文物》1977年第3期。

[13] 赵新来：《郑州二里岗发现的商代玉璋》，《文物》1966年第1期。

[14] 偃师文化馆:《二里头出土的铜器和玉器》,《考古》1978年第4期。

[15] 中国社会科学院考古研究所：《1980年秋河南偃师二里头遗址发掘简报》，《考古》1983年第3期。

[16] 河南省文物研究所：《淅川下王岗》，文物出版社，1989年。

[17] 中国社会科学院考古研究所:《殷墟妇好墓》，文物出版社，1950年。

[18] 河南省文物研究所:《许昌大路村发现的商代墓》，《华夏考古》1988年第1期。

[19] 赵炳焕等:《河南省新郑县新发现的商代铜器和玉器》,《中原文物》1992年第1期。

[20] 郑德坤:《四川古代文化史》,民国丛书第五编05039册-3第四章35页。

[21] 冯汉骥、童恩正:《记广汉出土的玉石器》,《文物》1979年第2期。

[22] 杨式挺:《浅说粤港“牙璋”及相关物——夏商周文化南传迹象探微》,《南中国及邻近地区古文化研究》,香港中文大学,1994年。

[23] 敖天友等:《四川广汉出土商代玉器》,《文物》1980年第9期。

[24] 陈德安:《试论三星堆玉璋的种类、渊源及其宗教意义》,《南中国及邻近地区古文化研究》,香港中文大学,1994年。

[25] 四川省文物管理委员会等:《广汉三星堆一号祭祀坑发掘简报》,《文物》1987年第10期;《广汉三星堆二号祭祀坑发掘简报》,《文物》1989年第5期。

[26] 陈德安:《试论三星堆玉璋的种类、渊源及其宗教意义》,《南中国及邻近地区古文化研究》,香港中文大学,1994年。

[27] 陶正刚:《侯马盟誓遗址出土玉币研究》,杨伯达:《香港南丫岛大湾遗址出土牙璋初探》,《南中国及邻近地区古文化研究》,香港中文大学,1994年。

[28] 湖北省博物馆等:《盘龙城一九七四年度田野考古纪要》,《文物》1976年第2期。

[29] 湖北省荆州地区博物馆:《江陵天星观一号楚墓》,《考古学报》1982年第1期。

[30] 熊卜发:《湖北孝感地区商周古文化调查》,《考古》1988年第4期。

[31] 王文建等:《石门县商周时期遗址调查——宝塔遗址与桅岗墓葬》,《湖南省考古辑刊》第四集,1987年。

[32] 曾凡:《关于福建和香港所出牙璋的探讨》,杨伯达:《香港南丫岛大湾遗址出土牙璋初探》,《南中国及邻近地区古文化研究》,香港中文大学,1994年。

[33] 陈公哲:《香港考古发掘》,《考古学报》1957年第4期。

[34] 杨式挺:《浅说粤港“牙璋”及相关器物》,杨伯达:《香港南丫岛大湾遗址出土牙璋初探》,《南中国及邻近地区古文化研究》,香港中文大学,1994年。

[35] 杨式挺:《浅说粤港“牙璋”及相关器物》,杨伯达:《香港南丫岛大湾遗址出土牙璋初探》,《南中国及邻近地区古文化研究》,香港中文大学,1994年。

[36] 邓聪:《香港考古之旅》香港区域市政局1991年;《大湾“牙璋”之年代及相关问题》;李秀国等:《南丫岛发掘散记》,《文物天地》1991年第4期。

[37] 杨伯达:《香港南丫岛大湾遗址出土牙璋初探》,《南中国及邻近地区古文化研究》,香港中文大学,1994年。

[38] 李学勤:《试论牙璋及其文化背景》;《论香港大湾新出牙璋及有关问题》,《南方文物》1992年第1期;李伯谦:《香港南丫岛出土的牙璋的时代和意义》;彭适凡:《礼器“牙璋”的类型学研究——兼论香港大湾新出牙璋的年代》,台北《故宫学术季刊》第十三卷第3期。

[39] 区家发等:《香港南丫岛大湾遗址发掘简报》,《南中国及邻近地区古文化研究》,香港中文大学,1994年。

[40] 王克林：《论玉璋的起源演变与功能》，《南中国及邻近地区古文化研究》，香港中文大学，1994 年。

[41] 商志䄅：《香港大湾的牙璋及其相关问题》，《南中国及邻近地区古文化研究》，香港中文大学，1994 年。

[42] 李学勤：《试论牙璋及其文化背景》；《论香港大湾新出牙璋及有关问题》，《南方文物》1992 年第 1 期；李伯谦：《香港南丫岛出土的牙璋的时代和意义》；彭适凡：《礼器“牙璋”的类型学研究——兼论香港大湾新出牙璋的年代》，台北《故宫学术季刊》第十三卷第 3 期。

[43] 戴应新：《石峁牙璋及其改作——石峁龙山文化玉器研究札记》，《南中国及邻近地区古文化研究》，香港中文大学，1994 年。王永波认为妇好墓中编号 579 玉器似璋。

[44] 林已奈夫：《中国古代の祭玉、瑞玉》，《东方学报》京都第四十册，1969 年，《中国古代の石庖丁形玉器と骨铲形玉器》，《东方学报》第五十四册，1982 年。

（原载《南方文物》1998 年第 3 期）

岭南玉石器的初步研究

《逸周书·克殷解》记载，周武王在商郊牧野召开誓师大会，大举伐纣，商纣王见大势已去，登上鹿台，以玉缠身，点火自焚。《逸周书·世浮解》进而解释说，商纣王此举烧掉千余件玉器；据考古发掘，在安阳殷墟的一座商代著名将领“妇好”墓中随葬的玉器达750件；汉王刘胜，硬是要等穿好了金缕玉衣才肯进棺材。这些例子都可说明玉器在中国传统文化中的重要性。在古人看来，玉不仅有保护灵魂和肉体的功能，还常常是等级、权力的象征物，同时玉还代表着美好的德行，《礼记》上说:“君子无故，玉不去身，君子比德于玉焉。”虽然严格的用玉等级制度到汉唐以后基本不复存在，但崇尚玉器的观念却延续了相当长的时间。《红楼梦》中贾宝玉的一块佩玉，还被贾母看作是宝玉的命根子。实际上，东南沿海地区使用玉器的时间相当早，爱玉、崇玉习俗也是在这些地区首先产生和流行，可以说这是东南沿海先民对中国文化的一大贡献，早在距今7000年左右，河姆渡文化和马家浜文化中出现玉玦、玉璜，发展到距今5000年前后的龙山时代，在长江下游的良渚文化中出土大量玉器，接着在辽西地区的红山文化之中发现了龙形玉器。岭南地区的玉器也在与之相近的时间开始出现。

一

岭南地区最重要的一批玉石器，是在石峡文化中出土的。大都是出在墓葬中[1]。有雕刻精细花纹的玉（石）琮、动物形状的玉坠和璜、瑗、臂环、玦、璧、笄、珠、管、圆石片等。伴着这些玉石器出土的还有石钺、石戈等“似带有权力和等级观念的物品”。古代先民以“石之美者为玉”，

石峡遗址出土玉钺、玉琮

石峡文化的玉石器实际上常常选用白色、牙白色的高岭石，或黑色褐色石纹的矽卡岩和大理石制作，也有采用水晶石、绿松石制作的，水晶石饰品晶莹透亮，而绿松石饰品表面则闪着蜡状光泽。

石峡遗址是1972年发现的，它位于广东北部的曲江县马坝墟狮子山之间的山岗，1973年以来多次发掘，到1993年揭露面积近4000平方米。根据该遗址发掘者杨式挺先生介绍，石峡遗址包含有几个不同时期的文化遗存。

这里最早的一批居民创造了早于石峡文化的遗存，被称之为“前石峡文化”遗存[2]，年代在距今五六千年以前。第二批居民，也就是创造“石峡文化”的先民。他们的遗存主要是可以分三期的100座墓葬，年代在距今四千至五千年间。此外，还有一些更晚的居民，他们当生活在青铜时代。

1960年7月，在韶关的走马冈试掘

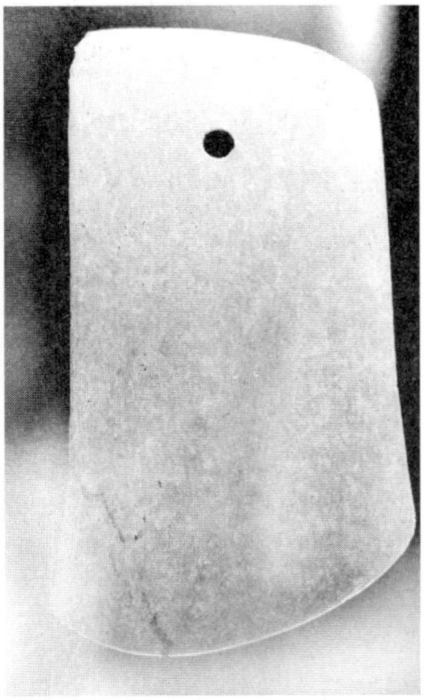

涌浪遗址出土石钺

中发 20 多件环和 2 件璧 [3]。

香港涌浪遗址，出土一批白色石英或水晶质的玦，也有用浅灰色页岩制成的 [4]。玦的外径在 3.2~6.4 厘米之间，内径在 1.1~3.7 厘米之间。其中水晶质和石英质的玦一般都较好地抛光，均为双面钻孔，玦的口部都是从外沿向内锯开，除玦之外还有石环、穿孔饰物及制作环、玦半成品或副产品如石芯等。

在香港除了涌浪遗址之外，在大屿山白芒遗址曾发现过上千件水晶玉石等与环、玦饰物有关的材料。早在 1935 年，芬戴礼氏在香港的南丫岛赤柱发现过环、玦的作坊遗迹。陈公哲在香港东湾、扫管笏、沙岗背及榕树湾等地发现过石环、玦资料 [5]，此外在龙鼓上滩、沙螺湾、虎地、东湾仔、扒头鼓、万角嘴、蟹地湾、沙岗背、洪圣斧、大湾、春坎湾也都有石玦、环的发现。

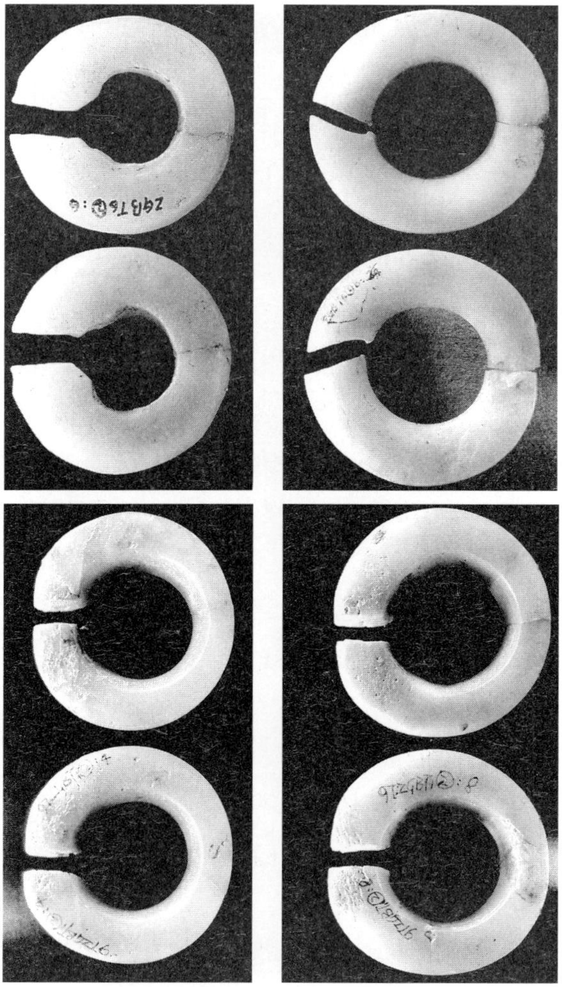

珠海宝镜湾出土玉玦

三水银洲新石器时代晚期墓葬中（M74）随葬青玉锛、青玉玦和透闪石玦、骨臂环各一件。较 M74 稍早的 M32，出土随葬的透闪石串珠 4

颗，式样与石峡文化 M54、M59 等出土的管珠相同[6]。

1997 年底至 1998 年初，珠海市博物馆与广东省文物考古研究所对珠海高栏岛宝镜湾遗址进行了抢救性发掘，揭露面积 135 平方米[7]。出土了一批精美的玉石器：有环、玦、璜、穿孔石饰等。其中水晶玦 2 件，完整的 1 件，外径 3.9、内径 1.3、厚 0.6 厘米，开有一个 0.3 厘米宽的缺口。水晶纯净透明，玦采用对钻技术打孔，通体打磨光亮，外壁和两面平直，呈 90 度角，内壁因对钻呈锐角。水晶制品还有 2 件璜（残），2 件环（残）；完整的玉石玦 4 件，2 件青玉，玉质较差，青中夹黄，外径 4.2、内径 2.2、厚 1 厘米，开有一个宽为 0.4 厘米的缺口，外壁与两面平直，内壁因对钻呈钝角，钻孔稍偏，近缺口处较宽；另两件为石英石质，其中一件玦壁剖面呈长方形，外径 2.9、内径 1.2、厚 0.9 厘米，内孔为不很规整的圆形；另一件玦壁剖面呈扁椭圆形，外径 4.8、内径 2.3、厚 0.6 厘米，玦开口 0.3 厘米，口侧锯痕明显，虽然外壁平直，但两面及内壁均呈圆弧，这里还出土了一批制作玉石器的工具，长 13.2、宽 11.6、厚 4 厘米，顶端尖圆，是用于钻孔的，正面平面微凹，用于磨光玉器的正面，背面有多道窄槽，明显是用于修整玉器的侧面。这种工具似为首次发现。

珠海出土玉石器较多的地点之一是平沙棠下环遗址，环、玦、璜、坠饰等大量出土。与香港涌浪遗址和珠海宝镜湾遗址不同的是，这里出有一种内圈突起的石环（有学者称之为“领玉环”），发掘者将这一批遗存的年代定为商时期[8]。此外，在珠海湾仔中学附近采集到制玉工具环砥石，花岗岩质，长 5.4、直径 2.6 厘米。东澳湾遗址出土残石环；鸡山、南屏烟墩环遗址、横琴红旗遗址曾采集到多件石芯、石环[9]。

在澳门黑沙遗址发现水晶、石英制品的环、玦和大量的半成品、原料，还发现大量的制玉工具；用于磨光表面的各种不同粗细的砺石，还有其他用途的环砥石，与制玉作坊有关的遗迹，在澳门路环村、竹湾、赤湾村遗址都发现环玦残器。

深圳西丽湖水库新石器时代遗址出土环 13 件[10]，石料有汉白玉、黄玉、灰色板岩等，其中 NXX:05 断面呈长方形，内径 6.4、外径 8.5、边宽

1.8 厘米；在深圳的早禾山、湾下岭、东瓜岭遗址都出过石环；在南山下遗址采集到石芯。

二

岭南地区出土的玉石器中有一部分属于礼器。种类有圭、璋、琮、璜、钺等。1997 年 12 月，珠海市博物馆在珠海高栏岛宝湾遗址试掘中，出土一件“长条形石器”，参加这次发掘的南京大学张之恒教授称之“长柄斧”，并指出：“这不是一件实用的生产工具，而是一件属于用于某种祭祀活动的礼器。”[11]笔者同意张先生的观点，不过在笔者看来，这件所谓长柄斧，实际上就是一件“平首圭”。

《周札·春官宗伯》上记载，先秦时期有专门掌管玉瑞玉器收藏使用的官员（机构）——典瑞。先人以玉作六器：圭、璋、璧、琮、琥、璜，用以礼天地四方。而且不同的名称与规格有不同的用途。圭为六瑞之首，有多个品种，从等级上看，有镇圭、恒圭、信圭、躬圭，分属于王、公、侯、伯，是一种等级的象征。《周礼》：“王晋大圭，执镇圭，以朝日，公执桓圭，侯执信圭，伯执躬圭……”从用途上也分为不同的圭，先秦有一种土圭，用于测知日影，量度土地。以此度定诸侯封地的范围；有珍圭，用于征召守国诸侯；谷圭，用于表示善意。天子用以调和各诸侯的结怨，或作为纳征之事，琬圭，用以结好或奖励善行善德；琰圭，用以剔除邪恶。清吴大澂作《古玉图考》，其上绘出圭的各种图形，其中镇圭、青圭等大都为平首圭。山东日照两城镇龙山文化遗址中出土过两件平首圭，圭上部刻阴线神面纹，学术界认为这是目前出土年代最早的圭[12]。珠海出土的平首圭没有纹饰，虽朴素简单但精心制作具有美感。有趣的是，珠海所出平首圭与日照两城镇出土的两件平首圭在中部偏刃部处断成两截，是偶然抑或是古人在举行某种祭祀时的特殊做法？值得重视。据牟永抗先生介绍，美国福格美术馆还有一件形体更接近钺的平首圭，其纹饰也不为阴刻纹，年代可能要早于日照圭。而台湾故宫和美国弗利尔美术馆各有一件与日照圭纹饰相似，但为阳纹的平首圭，年代应晚于日照圭。在考古发掘中，除了平首圭之外，还发现尖首圭和首呈圜形的圭。在山西侯马晋国盟誓遗址中，出土大量玉、石圭，而五千余件侯马盟书中，有百分之九十都是写在首部成等边三角形的长条形石圭上面。也出有7件首呈圜形、体短粗的玉圭。一般来说，平首圭的年代要早于尖首圭和圜首圭，而珠海出土的平首圭较日照圭和现藏于美国的平首圭更显得原始，或许为平首圭最初形状。圭虽然从斧、钺演化而来，但已没有了任何的装柄痕迹。圭上也有对钻的穿孔似已成为一种摆设。

石钺在岭南地区有较多的出土，1978年石峡遗址发掘简报中，发表了该地出土的32件石钺。这些石钺为硬度较低的透闪石制成，虽然器身较大，但厚度都很小，一般厚度都是在1厘米以下。原报告认为:“可能是用作砍劈的工具。”

涌浪遗址出土的石钺为长方亚腰形，平顶上部正中有一孔，为双面钻成。弧刃，磨制精致，表面经抛光，刃部锋利，无使用痕迹，长27、刃宽15.9、厚1.05厘米。

东莞村头遗址，出土多件石钺，笔者曾到东莞博物馆参观，见到展出的石钺标签上写明：“磨制石器，等级权力的象征，新石器时代晚期。”

1995年春，笔者专程赴三水博物馆参观。看到了三水银洲遗址出土的众多物品，其中M74出上之玉石器特别引人注目，三件玉石器出土于死者头部，二件为青玉质，温润的光泽着实迷人。其中一件被称之为“青玉锛”，无疑是一件礼器，而非生产工具，其作用当同于钺，另一件为玦，该墓还出土一件白玉石玦，断成两截，先民在断口两侧各钻一孔用以缚结。

钺从新石器时代的石斧发展而来，演变为一种等级和权力的象征物，到青铜时代又逐渐为青铜钺所取代。《尚书·牧誓》记载，周武王在伐纣的誓师大会上，“左杖黄钺，右秉白旄以麾”。这里所说的黄钺，实际上就是青铜钺。

玉琮，石峡文化墓葬中有六座墓出土玉琮，各出一件，共6件，短的5.6厘米，最高的13.8厘米，表面浮雕平行凸弦兽纹和简体面纹。形制、纹饰与良渚文化出土的玉琮明显具有相同的风格。在海丰田乾发现两件玉琮、两件玉镯，色泽湖绿，属软玉类的透闪石。玉质有透明感。一件玉琮通高 7.4 厘米，镂刻三组简化兽面纹，形制与封开禄美村墓玉琮相似；另一件玉琮通高 8.4 厘米，镂刻四组兽面纹，一、三组与上件的略同；二、四组为形象庄严、神秘的兽面纹，由两个瓜仁眼细刻云纹鼻子及鼻下横棱表示阔嘴所组成。刻式极细，云纹细如发丝，无法拓片，在封开也发现玉琮[13]；在曲江乌石区床板样也发现大石琮[14]。关于玉琮的起源和作用，有多种推测，在先秦的文献中“以苍璧礼天，以黄琮礼地”之说盛行，不过大多数学者均以为这只不过是西周时期的理想中的用礼制度。而较早的玉琮的起源与作用“历来有象征地母女阴、男性祖先，织机部件，以及起源于手镯、玉勒等多种说法。但大多数学者认为它是和某种神祇崇拜有关的礼器”[15]。

牙璋在岭南地区出土多件。最著名的是 1990 年在香港南丫岛大湾遗址 M6 中出土的一件牙璋。此牙璋为高岭石质，灰白色，表面布满褐色土斑，器身作扁平长条形，首端斜刃内凹呈弧形。方直内，无穿孔，内与身之间有一段两侧边饰突状扉棱，一侧的突状扉棱特别突出，扉棱之间有两行平行的斜线纹。学术界一般认为其年代在商代晚期至西周早期[16]。1959 年在增城红花林山岗曾采集到一件牙璋，V 型首，石质，宽台式栏。东莞虎门村头村贝丘遗址出土多件带扉棱的石器；此外在乐昌、曲江、南雄、中山等地均有类似牙璋的器物出土。

三

为什么岭南地区会有这么多的玉石器出现呢？这是值得人们思索的一个问题。当我们亲手从遗址中发掘出先民们有意抛弃或无意失落的玉石器时，我们在赞叹先民精湛的技艺的同时，似乎感受到了实实在在的历史。先民的遗物是历史文化的载体，蕴藏着丰富的信息，但它们只是静静地躺着，默不作声，仅仅亮出其外部形状，其谜底需要我们解读、破译，从零星的资料中揭示其背后的社会组织、生产力水平、生活状况、宗教信仰、审美观念等深层内容。虽然我们个人的学识十分有限，不可能揭露出全部信息，但有益的探索是十分必要的，笔者认为：

1. 岭南地区大量玉石器出现，当与这一地区盛行巫术有密切的关系，巫文化在岭南地区原始社会晚期及后来的一个相当长的时期中表现得十分活跃。我在以前的一些文章中谈到珠海出土的玉石器时，常常强调的是先民的爱美之心，事实上在南方这样大面积的地区内出现玉石器的原因比纯粹的审美要重要得多，这里边起作用的往往是原始的宗教观念。在中国，几万年以前就已经形成了灵魂观念。北京山顶洞人安葬死者，在尸体上撒些赤铁矿粉，便是出于宗教信仰的行为。广西桂林甑皮岩洞穴遗址的先民们就已经形成特殊的葬俗——蹲葬式。新石器时代中期在珠江三角洲发现一些墓葬中随葬生产工具，并出现仰身直肢葬和瓮棺葬等葬式，也都说明原始宗教的存在。马林诺夫斯基曾说："巫术永远没有起源，永远不是发明的编造的，一切巫术简单地说都是存在的，古已有之的存在。"[17] 虽然说巫术的起源具有普遍性，但是各地的具体做法都不一样。在东南沿海地区，距今六七千年以前就开始用玉石器作为沟通人神的礼品。郑德坤先生直接指出："玉是一种鬼神的粮食。"[18]

在甲骨文中巫字常常作"玉"，像两玉交错的形状。《说文解字》巫部："巫，祝也。女能事无形，以舞降神者也。象人两裒舞形，与工同意。古者巫咸初作巫。"《说文解字》玉部：灵，巫也，以玉事神。说明玉石器是巫事神的主要灵物和洁具。实际上当时沟通人神的使者也不单是女性，也有男性。巫在狭义上特指女者，广义上兼指男女而言。觋在狭义上特指男者。《说文解字》："觋，能斋事神明者也，在男曰觋在女曰巫。"在原始社会晚期这些掌握玉石器可以与神相通的巫或觋，完全有可能就是当时的部落酋长。与江浙一带良渚文化相比，岭南地区还没有发现反山、瑶山这样的大墓，也没有发现祭祀坛。但是珠海、澳门、香港等地众多的摩岩石刻画中，却生动地表现出这一地区原始宗教的情形。宝镜湾岩画是岭南地区最重要的早期岩画之一，该画面积大，图案繁缛，内容丰富，给我们了解这一地区早期人类活动打开了一扇窗口，也为我们认识岭南地区玉石器提供了重要佐证。宝镜湾位于珠海高栏岛的西南部，这是一个美丽的海湾，海水湛蓝，沙滩的沙粒纯净细腻。风猛鹰山坡紧靠海滩，在距海平面10、70米高度的山坡上，广泛分布着新石器时代晚期的人类活动遗址遗物。遗址周围，发现4处6幅岩画，其中最重要的是岩画为藏宝洞东壁岩画，该画高2.9米，长5米，画面以云集于海面的船为中心，整幅画以船为中心，左有崇拜的龟形人图腾，右有祭祀舞蹈的人物场面，从右上部至左下边，有四只船在海中排列，大小不一，花样不一，形状相似，船两头尖翘底部平直。有的还在船底刻出波浪，靠近船头处的波浪卷起呈云雷纹状。左下部有一条大船，船上站一人，似为巫师。岩画的右下部分房子前后有舞蹈和祭祀场面，房子为干栏式，屋顶为斜坡式，上有云纹装饰，墙面呈网格状，房屋以立柱支撑，屋前有一高大人物在舞蹈，舞姿为两腿分开作半蹲状，右手弯曲下摆，左手向上弯曲摆动过头，大舞人右边还有一小舞人，阴刻，分腿蹲立，两手向上举，左手有一弓形物。房屋之右为一头戴牛角面具之人，拖着尾巴，进行祭祀活动。徐恒彬等认为:“崇拜、祭祀的目的，多为祈求祖先和神灵保佑在海上航行平安、捕捞丰收、氏族兴旺。”[19] 也有学者直指宝镜湾摩崖石刻为“古越人平安航海祈祷图”[20]。关于宝镜湾岩画的年代，最初的发现与研究者认为“可能不晚于春秋时代”，但是不久，在徐恒彬主编的《南海丝绸之路文物图集》[21] 一书中，又把宝镜湾岩画与香港东龙岛石刻和大浪湾石刻均定在春秋—战国；在1992年珠海市博物馆的基本陈列中则把宝镜湾岩画年代笼统说成是青铜时代。笔者以为：该岩画的年代比现在所定要早，当在新石器时代晚期至相当于中原的夏商时期，遗址年代与岩画的年代是同时的。理由是在岩画的周围只有这一时期有人定居，而在当时的条件下凿出这样大幅的岩画需要相当长的时间，同时，在遗址中发现有印纹和刻纹陶片，其图形与岩画有相同的风格。宝镜湾遗址出土玉石文物与香港涌浪遗址所出同类物品如出一辙，陶器的一些特征则与后沙湾二期相近，属于同一时期的文化遗存。虽然在岩画中我们还没能明确看出玉石器是如何献给神灵的，但是在岩画所记载的祭祀活动中用玉是无疑的，而且，一些玉玦在相同的位置断成两截，石圭断成两截，都可能与祭祀有关。

2. 岭南地区大量出现玉石器，反映当时社会经济达到了较高的程度。玉石器的制作加工是一件技术性很强的工作，当时已经出现了硬性片状物的锯切割。在香港还出土过小型石锯；也有柔性弦状物的线切割。当时钻孔，多采用管状物进行两面钻，用旋转竹管等物带动石英砂进行钻孔。因而在制作玉环、玦的同时，大量出现副产品石环芯，而大的石英环芯又可能是制作更小的石环、玦的基本材料，一般的石环芯直径为3~4厘米，小的也有0.5厘米。钻孔都相当规整，表面都经过抛光处理。邓聪先生推定，澳门黑沙遗址的水晶制作的加工生产过程中使用了加热的办法。在作坊区发现红烧土火炉遗迹，而且在火炉遗迹旁边，发现若干水晶半成品。在现代天然宝石的人工优化方法中，常常采用一种热处理法，是通过宝石中过渡元素的价态改变或通过脱水反应，使宝石生色、增色或褪色。而这种技术早在新石器时代晚期在环珠江口地区就已经发明并普遍使用。从玉石的鉴别、采集、开料、琢器、加热、研磨、钻孔到抛光，一整套的玉石制作工艺，都要求相当的专业化。学术界把这种高工艺、多工序的密集型生产过程称之为“手工业专门化的产物”。这是有道理的。玉石器生产的难度，要求有明确的社会分工。而社会分工的前提是劳动生产率的提高，人们采集、狩猎、打鱼、种植所获得的食品不仅能满足自己的需要，而且还有剩余，使另一部分人能从事一些精神方面产品的生产。而处在这样一个时期，明显有了一些文明的因素。这在石峡文化中表现得较为明显，在环珠江口地区，先民们普遍以打鱼为主要生产活动，遗址中大量出土渔网的重要部件——网坠，例如在珠海宝镜湾遗址98T10中，就发现成堆的石网坠，该遗址发掘揭露的135平方米范围内，竟出土200余件网坠，其中一处集中堆放了39件。农业生产在这一地区也开展起来了，碾米用的石磨盘、石磨球有较多的发现，在一些大型遗址中均发现与定居有关的房屋遗迹。牟永抗先生曾著文认为：中国曾经历过一个玉器时代，时间在距今5000~4000年之间，他认为石峡文化已属于玉器时代[22]。尽管这一观点还没有得到学术界普遍的响应，但玉石器的作用则已引起人们的重视。

3. 环珠江口地区大量出现玉石器，除了社会原因之外，自然条件也提供了可能。据宋应星的《天工开物》记载，水晶的产地，在南方为福建漳浦铜山，在北方为宣府黄尖山，甚至在河南信阳和湖广兴国一带也有。目前，在我国东北、辽宁山东等地，也都产水晶。不过，珠海地质勘测院邵力军教授告诉笔者：珠江口地区广泛分布着花岗岩，在花岗岩分布区水晶石常见，无色透明的水晶和白色、牙白色的石英石等石料在珠海时有发现。而治玉过程中大量需要的解玉砂更是随处可见。邓聪先生认为："在环珠江口沙堤遗址之附近，石英解玉砂唾手可得，就地取材，藉以攻玉，永无耗折。估计在玉石制作中，必须利用大量的'解玉砂'，很可能由于这个重要的因素，使珠江三角洲沿海沙丘遗址出现较多的玉石作坊遗址"[23]。

四

学术界将岭南地区的新石器晚期文化分为几个类型[24]，代表粤北、粤西地区新石器晚期文化的石峡文化与代表珠江三角洲地区的河宕类型新石器晚期文化，是既有联系又有区别的两种考古学文化，这在玉石器上也有所反映。石峡文化与珠江三角洲区域文化先民均为爱玉一族。在这里均出土过与制玉有关的石芯，均有水晶制品。但石峡文化中的璧、琮、瑗在珠江三角洲地区目前还没有发现。在珠江口地区出土较多的是玉玦、玉环、玉玦，其种类相当丰富，《香港涌浪新石器时代遗址发掘简报》将玦分成七式，如果加上珠海宝镜湾遗址出土的，剖面呈长方形的那种玦，则有八种之多，这是石峡文化所不及的。一般认为玦是一种耳饰，耳饰最早在南方地区流行，汉儒刘熙《释名》说："穿耳施珠曰珰，此本出于蛮夷所为也，蛮夷妇女轻浮好走，故以珰锤之也，今中国人效之耳。"从这条史料看来，汉代的中原人士也认为耳饰是由东南民族传入中原的。环珠江口地区的玉石器基本上没有纹饰，仅在较晚的大湾遗址的牙璋中出现有两条弦纹，这里也没有发现良渚文化中常见的兽面纹。在珠海、澳门、香港等地的玉石作坊中也没有发现制作玉琮的迹象，可见岭南地区各地的玉石文化，在大体相同的前提下也有各自的特点，并不是完全一致的。一般认为：石峡文化中的琮、璧等玉器和石钺与江浙一带良渚文化出土的大同小异，而海丰田墘圩遗址发现的琮，从质地到纹饰与良渚文化相似，人们推测：上述物品或为受良渚文化影响而生产，或为在彼此交换中得来的[25]。不过，岭南地区众多的制玉工具、成品玉石器、半成品玉石器、水晶、石英石等材料及与制玉有关的火炉、房屋遗迹反映的玉石作坊的发现，显示出南越先民的玉石制作已形成自己的风格与系统。

注释：

[1] 广东省博物馆，曲江县文化局石峡发掘组:《广东曲江石峡墓葬发掘简报》，《文物》1978 年第 7 期。

[2] “前石峡文化”遗存的发掘简报还未正式发表，所见为研究者论文中所引用。

[3] 莫稚、李始文、黄宝权：《广东曲江鲶鱼转、马蹄坪和韶关走马冈遗址》，《考古》1964 年第 7 期。

[4] 招绍赞等：《香港涌浪新石器时代遗址发掘简报》，《考古》1997 年第 6 期。

[5] 邓聪、郑炜明:《澳门黑沙——田野考古报告》（专刊），香港中文大学，1996 年。

[6] 朱非素:《广东考古新发现的几点思考》，《东南亚考古论文集》，香港大学，1995 年。

[7] 宝镜湾遗址至 2000 年，已经揭露面积达 500 平方米，出土玉石器更为丰富。广东省文物考古研究所、珠海市博物馆编（邱立诚、肖一亭主编）:《珠海宝镜湾——海岛型史前遗址发掘报告》，科学出版社，2004。

[8] 古运泉等:《珠海平沙棠下环遗址发掘简报》，《文物》1998 年第 7 期。

[9] 珠海市博物馆等编：《珠海考古发现与研究》，广东人民出版社，1991 年。

[10] 杨耀林等:《深圳市先秦遗址调查与试掘》，《深圳考古发现与研究》，文物出版社，1994 年。

[11] 张之恒:《珠海高栏岛宝镜海遗址试掘简报》，《东南文化》1999 年第 2 期。

[12] 牟永抗、吴汝祚:《试论玉器时代——中国文明时代产生的一个重要标志》，《考古学文化论集》第四集，文物出版社，1997 年。

[13] 杨式挺:《石峡文化类型遗存的内涵分布及其与樊城堆文化的关系》，《纪念马坝人化石发现三十周年文集》，文物出版社，1988 年。

[14] 杨式挺:《广东新石器时代文化及相关问题探讨》，《史前研究》，1986 年 1–2 合刊。

[15] 牟永抗:《良渚文化玉器·前言》，《良渚文化玉器》，文物出版社，1990 年。

[16] 肖一亭:《岭南古牙璋研究述评》，《南方文物》1998 年第 3 期。

[17] 马林诺夫斯基:《巫术科学宗教与文化》，转引自陈来《古代宗徽与伦理——儒家思想的根源》，三联书店。

[18] 郑德坤:《古玉通论》，《文史杂志》第五卷 9、10 期合刊。

[19] 徐恒彬、梁振兴:《高栏岛宝镜湾石刻岩画与古文化遗址的发现与研究》，《珠海考古发现与研究》，广东人民出版社，1991 年。

[20] 姜永兴:《古越人平安航海祈祷图——珠海宝镜湾摩崖石刻探秘之一》，《海洋文化论

集》，广东人民出版社，1997 年。

[21] 广东省文物管理委员会、广东省博物馆等编：《南海丝绸之路文物图集》，广东科技出版社，1991 年。

[22] 牟永抗、吴汝祚:《试论玉器时代——中国文明时代产生的一个重要标志》，《考古学文化论集》第四集，文物出版社，1997 年。

[23] 邓聪等:《澳门黑沙——田野考古报告专刊》，香港中文大学，1996 年。

[24] 朱非素:《浅析石峡文化与河宕类型文化遗存的几个问题》，《纪念马坝人化石发现三十周年文集》，文物出版社，1988 年。

[25] 吴汝祚:《试论石峡文化与海岱、太湖史前文化区的关系》，《纪念马坝人化石发现三十周年文集》，文物出版社，1988 年。

（原载《南方文物》1998 年第 4 期）

珠海与中国早期海洋文化

一、中国早期海洋文化的探索

中国是一个大陆国家，也是一个海洋国家。有着1.8万多千米大陆海岸线，1.4万多千米岛岸线，海域面积约473万平方千米，海岛数千座。千百年来，我们的祖先就在海边生息，繁衍。他们依靠海洋、认识海洋、利用海洋，还在一定程度上征服和改造海洋，创造了有自身特点的灿烂绚丽的海洋文化。他是人类海洋文明的重要组成部分，但是已经尘封淹没多年。

改革开放使中国经济快速发展，也为社会科学研究注入了新的活力，海洋文化研究方兴未艾。广东炎黄文化研究会组织召开了多次海洋文化学术研讨会，各地学者纷纷参加海洋文化讨论。在建立和创造符合历史发展的海洋文化理论体系，排除海洋文化理论的误会及浅薄的附会等方面，已经有了长足的进展，发表了一系列学术成果。代表性著作如宋正海著《东方蓝色文化》[1]、广东炎黄文化研究会编写的《峤岭春秋——海洋文化论集》[2]、曲金良主编的《海洋文化概论》[3]、徐晓望著《妈祖的子民——闽台海洋文化研究》[4]，涌现出一批研究海洋文化的学者。珠海澳门位于南海边沿，这里的居民长期浸润在海洋文化之中，近年来，一些新的考古发现，正改写这一地区历史，也为全面揭示这里原本存在但尘封多年的早期海洋文明提供了可能。

二、海洋文化是珠海历史文化的特点

海洋文化具有明显的地域性、历史性、民族性特点。从一定的意义上说海洋文化，就是和海洋有关的文化；就是缘于海洋而生成的文化，也即人类对海洋本身的认识、利用和因海洋而创造出来的精神的、行为的、社会的和物质的文明内涵。海洋文化的本质，就是人类与海洋的互动关系及其产物[5]。长期以来，存在一种偏见，即认为中华古老文明基本是农耕经济的产物，与海洋文化无涉，进取、冒险的海洋文化成了西方的专利或西方文明的标志。黑格尔就曾经断言：对包括中国在内的东方各国而言，“海只是陆地的中断，陆地的无限；他们和海不发生积极的关系”[6]。在美国出版的一本《世界通史》中，也武断地认为“古代的中国人，不习于航海”。实事上，在环珠江口地区发现的沙丘遗址中丰富的文化遗迹遗物，对上述错误观点已经作了明确的回答：中华文明多元一体，不仅有灿烂的农耕文明，而且有着灿烂的海洋文明。珠海澳门等地发现的沙丘遗址中遗迹遗物反映出海洋文化的流动性、开放性、冒险性、商业性、多元性、包容性的特点。

南海北岸及近岸岛屿历来是海洋人类活动的重要地区。纵观珠海六千年历史长河，海洋文化始终是主线。

1. 在先秦时期，珠海澳门众多沙丘遗址反映的文化内涵，成为中国早期海洋文明的典型代表；

2. 在汉唐时期，珠海澳门是中国海上丝绸之路的重要通道。

3. 在宋末元初，珠海澳门见证了一个历史朝代的更替；海战、人口迁移和文化的传播，在历史上重彩浓墨；

4. 在明清时期，珠海和澳门是中国了解和走向世界的重要门户；

5. 在近现代史上，珠海产生了许多推动和影响中国历史的著名人物；

6. 当今，珠海作为中国最早的经济特区之一，为中国的改革开放积累了宝贵的经验。

从这一地区人类活动早期的文化特征，到各个历史时期，珠海都发出海洋文化的光芒。

（一）珠海早期海洋文化

海岸和海边是气候最为敏感的地区。很久以前，天气曾经十分寒冷，大量液态水被冻结成固态水，海平面比现在低100多米，包括现在珠海、澳门在内的广大沿海地区，当时都处于离海岸较远的丘陵地带。发展到距今一万多年前，第四纪冰期过去，大地回暖，大量冰水融化，海平面逐渐上升，大片丘陵被水淹没，至距今六七千年前，海水上涨势头稍见停止，海平面在今天所见的高度上下波动，保持相对稳定。这时的澳门珠海等地也已经从早先的丘陵地带成了今天所见的岛屿。

这也是大自然的造化。在海岛的周围造出大小不等的海湾，海湾之上往往容易形成沙丘、沙堤。考古学家在环珠江口地区经过大量考古调查与考古发掘，竟然在一些沙丘、沙堤上发现早期人类的住房、烧灶、陶窑、制玉作坊、制铜作坊、石器制造点、墓葬（有的地方还发现相关的大型墓地）、石刻岩画和大批的陶器、石器、玉器等生产工具、生活用品及装饰品。这就是一种十分有趣、有特点，长期不为人们所熟识，而又引人入胜的人类文化现象，这就是史前时期的沙丘遗址。

目前的资料表明，沙丘遗址分布最为集中的地区是环珠江口地区。在这一带已经发现类似的沙丘遗址几百处。仅在珠海目前就发现79处，澳门发现6处[7]。也许珠海澳门等地的人类活动历史很早，但是，由于海水的上涨，早先的人类活动遗迹大都已经淹没。同时，海边和海岛地区是气候变化最为敏感的地区，人类在这一地区的活动曾经受到严峻考验。以至于我们在近几十年才逐步了解，距今6000多年至距今3000年前后，在环珠江口地区有人类活动的客观现实，并将人类在这一地区活动的历史推前到距今6000多年前，填补了3000多年的历史空白。

南海海岛居民先秦时期在沙丘上所创造的文化，具有明显的海洋文化特点，与中原地区及长江流域先秦居民所创造的农业文明有所不同。距今6000多年前，人们选择海湾沙丘作为他们的栖身之地，充分利用海湾内丰富的鱼类资源，及海湾附近岛上的植物动物资源，很顽强地生存下来。

海岛先民在这一特殊的地理条件下，也有惊人发明和创造。

最早的沙丘居民就已经是捕鱼高手，他们有了可以在近海上活动的渔船，在距今 4000 年前后，沙丘居民已经掌握水上停船技术，宝镜湾遗址等地出土了当时的大型石锚，这可以说是一件了不起的大事，对后来的水上交通有着相当重要的影响。渔业在环珠江口地区最为兴盛，从目前出土的数千件渔网部件——沉石、网坠数量就可知当时的生产规模已为全国之最。沙丘先民有其精神追求，他们在其居住地附近凿刻出巨型岩画，这是一种与用颜料涂绘的岩画不尽相同的遗存，其上保存有相当丰富的文化积淀，成为我们走近古人的一座桥梁，了解古人的一扇窗户；石玦与石环是沙丘遗址中较为常见的物品，一些遗址中还发现专门的作坊，石玦与石环质地以石英为大宗，另有玉石、玛瑙、水晶及各种美石，这些具有装饰用途的石制品已经被沙丘先民用于祭祀活动，也可能作为商品参与交换。生活方面，除了具有与中原地区相同的以纺轮所代表的纺织布之外，在沙丘遗址早期还存在一种树皮布石拍所反映的无纺的树皮布。陶器是主要的生活用品，在早期阶段陶器就已经分为两组风格的器物，一组是以彩陶和白陶为代表的受外来文化影响的器物，而另一组则是以夹砂陶为主的本土文化器物，陶釜是海岛先民的主要炊器，中原地区最为常见的陶鼎，在这里极为鲜见，釜、盆、豆、罐、杯是陶器常见的器类和组合。这里发现相当数量的铸铜石范，被称为岭南地区较早的青铜文化物证。

（二）珠海海洋文化发展

1. 汉唐以后，这里作为中国海上丝绸之路的重要通道，在中国对外经济文化交流上的重要一站。中国，是世界上最早发展养蚕业的国家。在古代西方国家还不懂得养蚕和丝织之前，中国的丝织品被中亚、西亚和欧洲各国视为不可思议的珍贵物品，竞相追求，纷纷以本国的特产交易中国的丝绸。这条中西交通贸易和文化交流之路，世代相传，称之为“丝绸之路”。“丝绸之路”又称之为“陶瓷之路”，中国大量精美的陶瓷制品也是源源不断地通过这条通道与外交流。“丝绸之路”有陆路和海路两条。珠海、澳门是海上丝绸之路上重要的通道、补给站和避风港。

这一地区的考古发现了许多的文物可以证明。1986 年，在外伶仃石涌湾采集到一件汉代的陶罐残片，仅剩陶罐的口沿和肩部，是西汉时代的物品。肩部上纵刻“朱师所治”字样，字体大小在 1.5~2 厘米之间。朱师为陶工的名字，此器料为地方私营作坊所制造。这件陶器残片上的文字，是环珠江口迄今发现最早的汉字之一，这反映西汉期间汉文化的渗透力和当时居民的商品意识。汉代珠海一带的渔业经济有所发展，生产力水平有所提高，生产工具也有改进，渔网上的坠子，一改从前只是石制品，而是大都采用陶制，使坠的大小和重量更为均匀。

虽然丝绸的保存相对困难，但与丝绸一道销往西方的陶瓷则经得住时间的磨损。在中国东南沿海至西沙群岛，渔民在浅水作业间常捞到唐宋及以后的外销陶瓷器，证明中国海上陶瓷之路与东南亚及西方国家早期频繁的贸易关系。1969 年在金湾区南水镇蚊洲岛北面沙滩里曾出土 212 件青瓷碗碟；1977 年及 1984 年珠海渔民在外伶仃岛海域和荷包岛海域作业时曾捞获两批唐代陶瓷。大量打捞出水的青瓷碗碟、四系罐和青釉瓷碗，是海上交通的重要证据。

2. 在宋末元初，珠海澳门见证了一个历史朝代的更替；海战、人口迁移和文化的传播，在历史上重彩浓墨。香山原是一个海岛县。珠海原属香山县。春秋战国时期这里是百越之地。秦始皇三十三年（公元前 214 年）统一岭南，设置桂林、象、南海三郡，珠海属于南海郡。汉初赵佗占领桂林、象、南海三郡，自立为王，建立南越国，珠海属南越国。西汉武帝元鼎六年（公元前 111 年）复置南海郡，属番禺县地。晋以后为东官（莞）郡地，隋属宝安县地。唐至德二年（757 年），宝安县更名为东莞县，并开始在今香洲山场设置香山镇，珠海为东莞香山镇管辖。南宋绍兴二十二年（1152 年）将原属于东莞县的香山寨地方划出，又从南海、番禺、新会 3 县划出沿海地方，设立香山县。1925 年为纪念孙中山先生改为中山县。1952 年设立渔民县，1952 年正式命名珠海县，1979 年升格为珠海市。

《香山县志·同治光绪志》载：唐代以前就有人在这里聚居，围海煮盐，取名金斗湾盐场。《广州府志》载：“北宋末，距香山横石矶（今中山横门）偏南约百里之釜涌镜，海隅有银矿，庶民争赴开采，至有举家迁徙者，皆聚居于海边之渍地，村民晨昏轮番入矿，挖百镃甚多，皆船运至府西之彩虹坊，由官窑鼓铸成银……”这大概是历史上珠海银坑村得名之由来。在珠海海域，曾经发生过中国古代史上最大的海战，惊天地泣鬼神，波澜壮阔。南宋德祐二年（1276年），元军进入临安(今浙江杭州)。南宋谢太后率百官向元军投降。杨淑妃则带着益王赵昰、广王赵昺及部分大臣南下闽、粤继续抗战。景炎二年（1277年）10月，宋端宗赵昰和卫王赵昺在左丞相陈宜中、少傅兼枢密副使张世杰等将相簇拥下，率20多万宋军，1000多艘船从福建逃至珠江口，在香山岛与元军交战，失利退至九澳岛和横琴岛。1277年12月移舶大横琴岛深井澳，宋端宗舟破溺水惊吓成疾，后撤退至今湛江市的硇洲岛。景炎三年4月，宋端宗驾崩，张世杰、陆秀夫拥赵昰为帝，改元“祥兴”，折回崖门，建行宫、军屋，训练士卒，制造舰船、兵器，开辟集市方便交易。1279年正月，元将张弘范挟持文天祥到珠江口劝降张世杰，文天祥英勇不屈，写下了“人生自古谁无死，留取丹心照汗青”的千古名句。1279年2月6日，元兵大举进逼崖门，张世杰率宋军战舰千余艘抗御失败，陆秀夫负帝昺投海而死，南宋灭亡。张世杰失败后率余部突围西撤，准备重整旗鼓再战，不幸遇飓风，坠海死于海陵，尸体由其部属寻获火化后，骸骨葬于潮居里赤坎村(今斗门黄杨山麓)。

宋元海战给粤东沿海和珠江口各地留下大量历史遗迹，珠海金湾区平沙镇大虎水井口遗址出土瓷器、铁器及附近采集到的近千枚铜钱可能与宋元交战有关。

南门菉猗堂就是为纪念斗门赵姓四世祖赵梅南所建。菉猗之名源于《诗经·淇奥》：“瞻彼淇奥，菉竹猗猗”。赵梅南（1296~1365年），元朝诗人，宋魏王后代，为人有气节，不求做官，一生爱竹，隐居于潮居里(今斗门赤坎村)，著有《菉猗诗集》，建“菉猗书亭”。他带领子孙扎根于此，开辟在斗门地区的基业，为后代留下了丰富的物质财富和精神财富。明景泰五年（1454年），其曾孙赵隆在南门村建菉猗堂以示对祖先的纪念。该建筑三进三间，中轴对称，龙舟脊，蚝壳墙，整体结构严谨凝重，古朴典雅，体现了珠江三角洲古建筑的典型特色。现建筑保存完好。2008年菉猗堂及建筑群（包括赵氏祖祠、逸峰赵公祠、崑山赵公祠）公布为广东省文物保护单位。

3. 明清以后，珠海澳门成为中西文化的交汇点。澳门本是香山县南部的一个小岛，其后，因西江堆积的泥沙，在澳门与大陆之间冲积出一条沙堤，称之为莲花茎，使其成为可与大陆相通的半岛。长期以来，这里的历史文化与香山相同。直到大约16世纪50年代初葡萄牙人通过贿赂中国官员，同意进入澳门贸易。葡人于是在这里大兴土木，建造房屋，移植文化，使澳门成为一个中西合璧的城镇。明清以来，中国政府始终坚持对澳门的行政管理。西方的科学文化通过澳门传入中国，对中国的天文、历法、医学、建筑等产生重大影响，培养了一批有实学精神的思想家、科学家，而中国的儒学和生活时尚也通过澳门传入欧洲，形成汉学热。澳门的区位优势让珠海成为近代中国最早直接接触西方文明的地区。珠海出现了一大批在中国历史上产生重大影响的人物。如中国留学生之父容闳、中国留学英国第一人黄宽、洋务运动的先驱唐廷枢、近代民族工商业杰出代表徐润、民国第一任内阁总理唐绍仪、文坛奇才苏曼殊、中共早期重要领导人苏兆征、中华全国总工会第一任委员长林伟民、人民艺术家古元、第一个世界冠军容国团及著名革命家、教育家、语言文字改革家韦悫等十多位珠海名人被《辞海》所登录。还有清华学校第一任校长唐国安，华南地区最早的马克思主义传播者杨匏安等数以百计的珠海名人已经载入史册。这些敢为天下先的珠海名人在政治、经济、文化、体育等各个方面发挥作用，并成为中国民主共和进程的重要推动者。最近，珠海的苏兆征、容国团分别被中宣部、中组部、中央统战部、中央文献研究室等十一家中央机关推选为100位为新中国成立作出突出贡献的英雄模范人物之一和100位新中国成立以来感动中国人物之一。这些都是珠海澳门这块土地上，呼吸着海洋文化的营养而培养出来的民族精英。

三、珠海在中国海洋文化中的作用

所谓一方水土养一方人。一方水土孕育一方文化。人的性格的形成，人生观和世界观的形成，和他从小到大的生存的环境、所接受的文化教育有着密不可分的关系。不同的时代、不同的环境、不同的民族与文化背景，可以造就风格迥异的文化，而在更高的层次上看，中华大地上，不同的文化细流，又汇成了中华文化的主流。中华文明起源多元一统、多源一体的格局，已为考古发现提供的大量材料所证实。珠海早期先民的文化，既有中华文化共同性，同时，也有着自己的特点。

珠海在中国早期海洋文化形成中发挥了重要的作用。首先是以沙丘遗存文化为特征的早期文化，显示了先民惊人的创造力、意志力和聪明才智。

1. 宝镜湾遗址等沙丘遗址先民的文化，曾经一度代表岭南地区的先进文化。

2. 距今四千年前，珠海大规模的渔业生产，堪称中国之最。

3. 当时珠海先民不仅有先进的造船技术，还掌握了水上停船技术。

4. 中国玉石文化的传统中，有珠海先民的文化因子。

5. 中国南方面积最大，内容最丰富的四千年前后的宝镜湾藏宝洞岩刻，记录和诉说这段文明史。

6. 珠海商时期铸铜石范的使用，揭开广东早期青铜时代的序幕。早期珠澳先民在中国海洋文化中具有一定的地位。

在科学技术上，大型渔网的使用、海船的制造、水上停船技术难题的解决、快速生火、制造陶器、建筑房屋等方面，技术都十分娴熟。在文化与艺术上，宝镜湾大型石刻岩画，为南中国地区面积最大内容最为丰富的岩画。当然珠海澳门早期海洋文化及其对后世的影响不仅体现在技术上的发明与创造，同时还体现在思想与观念上。珠海先民开发这片土地，积累了丰富的、适应海洋生活的经验。海洋使先民养成了敢为天下先、兼容并包、讲求实效，从爱故土、爱家乡到以天下为己任的精神。此外，由于地缘与人缘契机，南海沿岸较早成为中西文化交融的地域。当今的珠海作为中国经济特区与珠江口西岸核心城市正在焕发着青春的活力。珠海人用胆略、用智慧、用勤劳创造了一个又一个奇迹，用勇气、用拼搏、用汗水创造了一次又一次辉煌！珠海经济持续快速发展，社会和谐稳定，生态环境优美，人民生活殷实，一步一个脚印地向前迈进，创造出令世人瞩目的骄人成绩，海洋文明正在珠海谱写新的篇章。

注释：

[1] 广东教育出版社，1995 年出版。

[2] 由广东人民出版社与海洋出版社出版，出版多集。

[3] 青岛海洋大学出版社，1999 年出版。

[4] 上海学林，1999 年出版。

[5] 曲金良：《海洋文化概论》，青岛海洋大学出版社，1999 年。

[6] 黑格尔：《历史哲学》，上海书店出版社，2001 年。

[7] 珠海沙丘遗址原发现 77 处，在第三次文物普查中又发现小沙澳湾遗址和二横琴遗址。2007 年，在澳门阿婆央、路环村前地等发现二处沙丘遗址。第三次全国文物普查中，珠海又发现二处；共 81 处。

（原载《第一届珠澳文化论坛论文集》，社会科学文献出版社，2010 年）

先秦时期的珠海地区

一、先秦时期的珠海地区

古来珠海属百越之地。秦始皇三十三年（公元前 214 年）统一岭南，设置桂林郡、象郡、南海郡，珠海属南海郡。炎方热土，连接万顷波涛。

距今 6000 多年前，珠海的土地上就已经有人类劳动、生息、繁衍。先民们认识海洋、利用海洋、依靠海洋，参与了中国早期海洋文化的创造。

（一）珠海地区的地质地貌

珠海位于广东省珠江口的西南部，因地处珠江注入南海处而得名。以今日地理环境，在东经 113°03′~114°19′、北纬 21°48′~22°27′，濒临南海，山青海碧，风景秀美，气候宜人。东与深圳、香港隔海相望，相距 36 海里；南与澳门陆地相连；西邻新会、台山；北接中山；距广州约 140 千米。至 2009 年，全市总面积 7836 平方千米，其中陆地面积 1701 平方千米，海域面积 6135 平方千米，从中部的万山群岛，往东到隘洲列岛、三门列岛、担杆列岛，南至佳蓬列岛，西至高栏列岛，北至淇澳岛、内伶仃岛，所辖大小岛屿 146 个 [1]，被誉为“百岛之市”。

1. 地质

本区域地质属华南地层区粤中地层小区。其出露地层除广泛发育于第四系的地层外，在东北部和中西部零星出露有古生代的寒武系、泥盆系和中生代的侏罗系地层。第四系 Q 分布面积为 704.62 平方千米，其成因类型可分残积层、冲洪积层、冲积海积层、海积层和人工填土等。

本区域地壳曾经历了长期复杂的构造变动，主要有加里东造山运动、印支运动、燕山运动和喜马拉雅运动 4 期，其中以燕山运动最为强烈、影响范围最广。

寒武纪时期，本区地壳处于下沉状态，沉积中心主要在南部，使区域内连续沉积了厚大于 837.71 米的浅海相类复里石碎屑建造，早奥陶世继承了寒武纪的古地理和古构造形势的特点，本区地壳局部继续下沉，在大襟岛一带成为浅海——半深海盆地，沉积 3 套浅海——半深海笔石页岩建造，总厚度 1247.29 米，强烈的加里东造山运动，使本地区地壳隆起，造成寒武纪和奥陶纪古生代地层沉积产生强烈变形，形成一系列紧密线形褶皱、柔皱、断裂和区域变质作用。此后，本区开始进入相对稳定的发展时期。中泥盆世早期开始，本区地壳下降，沉积了一套厚度大于 392.63 米的浅海——滨海相泥砂质碎屑岩。晚泥盆纪时期下沉，此后，地壳处于不断上升隆起，海水完全撤退。印支运动以褶皱断裂为主，伴有岩浆活动和变质作用，这时本区高差悬殊，地壳处于长期隆起剥蚀，晚侏罗世，本区地壳空前活跃，达到了高峰，强烈的断裂活动和酸性岩浆大举侵入，这就是燕山运动主幕。喜马拉雅地质构造发展阶段，使本区地壳全部抬升，并受到剥蚀和切割，尤其是从上新世开始的喜马拉雅（第二幕）对本区基底地貌的形成起了决定的作用。经过晚第三纪至第四纪晚更新世早期的长期剥蚀之后，于晚更世中期开始进入了三角洲形成发育演化历史。此时期，本地区地势总的面貌是：山区为上升剥蚀区，平原为沉降区，在古侵蚀面之上覆盖了厚度不等的第四纪松散沉积物。在沉积过程中地壳间歇性地升降频繁，引起了海面升降交替变化，出现了两次海侵海退，形成了陆相——海相——海陆交互相的两个沉积旋回。

2. 地貌

本区域的地貌类型有山地、丘陵、平原和海岛。陆地地势平缓，倚山傍海，自西北向东南倾斜。内陆由凤凰山、将军山两大山地、丘陵及沿海冲积平原构成。陆地上山地、丘陵、台地、平原为纵横交错的河网分割。滨海冲积平原由西江和北江冲积物沉积而成。珠江口外海滨滩槽交错，岛屿星罗棋布，水下滩地向岸外缓慢坡降。海岸地貌为海滩与沙岸或岩岸相间。海底地貌分浅水近滩、深槽和外海滨岸坡 3 种类型，沿海岛屿基岩半裸露，珠江每年平均总径流达 3412 亿立方米，注入南海的泥沙量年均 8800 万吨[2]，滩涂以年均 52.5 米的速度不断向外延伸，其中磨刀门滩涂年均外推 72.5 米，海滩发育大有连陆之势。

（二）珠海地区历史的发端

1. 珠江流域的早期人类

人类产生以来，在原始社会经历了漫长的旧石器时代、中石器时代和新石器时代等三个大的时代。旧石器时代是以使用打制石器为标志的人类物质文化发展阶段。地质时代属于上新世晚期更新世，从距今约 250 万年前开始，延续到距今一万年左右止。其时期划分一般采用三分法，即旧石器时代早期、中期和晚期，大体上分别相当于人类体质进化的能人和直立人阶段、早期智人阶段、晚期智人阶段；新石器时代是以使用磨制石器为标志的人类物质文化发展阶段。在地质年代上已进入全新世，继旧石器时代之后，或经过中石器时代的过渡而发展起来，属于石器时代的后期，一些地区发明了陶器并出现了农业和养畜业；中石器时代是旧石器时代和新石器时代之间的人类物质文化发展过渡性阶段。直接取之于自然的攫取性经济高涨、并孕育向生产性经济转化的时期。地质时代属于全新世。

在珠江流域内迄今为止年代最早的旧石器文化是百色的旧石器文化，其年代约在距今 80~70 万年前[3]。而在广东地区，马坝人和峒中岩人是目前所见最早的人类[4]，这已经不是脱离古猿不久的猿人（直立人），而是早期智人。马坝人头骨呈卵圆形，颧骨向前突出，鼻骨较宽，鼻梁侧面观稍呈凹形，颜面上部相当扁平，眼眶圆钝而稍高等等，表现出他们是黄色人种的原祖。马坝人距现今 12.9 万年。属于这一时期的旧石器时代遗址，在广州、深圳、佛山、河源等地还有发现 20~30 个地点，这里采集到刮削器、砍砸器、尖状器等打制工具。发展到距今 5~1 万年前，人类已经演进到晚期智人阶段。在广东的封开罗沙岩、曲江水洞和银岩、罗定下山洞、饭甑山洞等地区都发现人类化石，其中一部分遗存属于中石器时代的范围[5]。距今一万年前后，活动在岭南地区的人类相继进入新石器时代，这一时期人类开始大量使用经过磨制的生产工具、装饰品，陶器制作技术也为人们所掌握，一些地方还发明了农业和家畜饲养。英德市牛栏洞遗址、阳春独石仔遗址、封开黄岩洞遗址都是广东新石器时代早期遗址的重要代表。珠江三角洲地区新石器時代早期的文化遗存，目前还没有找到。新石器時代中期的彩陶文化遗址发现 20 多处[6]。以深圳咸头岭遗址为代表，被称之为“咸头岭文化”[7]，年代为距今 7000~5000 年间；晚期，环珠江口地区以香港涌浪遗址、珠海宝镜湾遗址为代表，珠三角的中部贝丘遗址以蚝岗遗址、村头遗址为代表，年代在距今 5000~3500 年。广东地区的新石器时代的农业按照耕作方式可划分为三个阶段。第一阶段为刀耕火种农业阶段；第二阶段为从刀耕火种农业转为锄耕农业的过渡阶段；第三阶段为锄耕农业阶段。第一阶段石器农具组合有：砍砸器、刮削器、穿孔石器、斧、锛等，实行的是砍倒烧光式的农业，遗址集中在粤北、粤西山区。这不仅因为这些地区野生植物丰富，还因为刀耕火种农业只适宜于在山区和丘陵地区进行。第二阶段实际上有两种石器农具组合。一种即为第一阶段的石器组合，另一种组合则为：砍斫器、斧、锛、铲、锄、除草具、石刀等。在这一阶段，刀耕火种农业正向锄耕农业过渡，两种石器农具组合并存，两种农业生产方式并存，锄耕农业已出现，但刀耕火种农业仍占有重要地位。第三阶段锄耕农业成为主要耕作方式。器物组合有：斧、锛、铲、锄、镬、石刀、除草具等。其中最大的特点是镬、锄、铲等翻土具的大量出现，它们的使用使得人们改造自然的能力加强，不但农业生产水平有了大幅度提高，农业也在更广泛的地理范围开展开来，此阶段的农业遍及粤北、粤西、粤东地区以及珠江三角洲的一些地区[8]。环珠江口地区岛民们在新石器时代晚期虽然有了一定的农业，但主要经济还是渔猎和采集。

2. 珠海地区早期文化遗存

珠海目前发现最早的人类活动遗迹可以达到距今 6000 多年前[9]，在属于新石器时代中期的沙丘遗址中，考古发现了当时人们使用的彩陶圈足盘、白陶豆和夹砂绳纹陶罐等生活用品。有代表性的文化遗物遗迹主要在淇澳岛后沙湾第一期遗存，平沙棠下环遗址第一期、三灶草堂湾等遗存中发现。这一时期广东的部分地区一些氏族、部落正经历母系氏族社会繁荣时期。当时妇女在生产、生活中处于主要地位，氏族、部落的首领主要由妇女担任，妇女处于受尊敬的地位。婚姻生活中，对偶婚和对偶家庭流行。

(1) 独特的沙丘遗址

距今 10000 年前后，最后一次冰期结束，海平面逐渐上升，海水浸没大片土地。到距今六七千年前，海平面在现今的高度上保持相对稳定，这时，珠海澳门等地也已经从早先的丘陵地带，形成了今天所见的岛屿。当时，在南海北岸及其岛屿上形成了众多的海湾。海湾的避风条件和海湾附近丰富的鱼类资源、植物资源，给人类提供足以维持生息、繁衍的食品，海湾沙丘附近平缓的浅海便于人们入海捕捞，一些海湾沙丘附近有足够的淡水资源能维持其生存的需要。这时，一些海湾沙丘或沙堤上，开始有人类活动，并形成具有特点的史前时期沙丘遗址。这类遗址主要分布于现今珠江三角洲前沿、海滨或海岛的海湾地带，珠海、澳门、香港、深圳、中山等地共有数以百计的沙丘遗址，在海南岛的陵水，广西的防城港和粤西的新会、粤东的海丰、南澳县等地沿海也有部分沙丘遗址发现。沙丘遗址主要有两种大的重要的类型，一种是沙堤—潟湖类型沙丘遗址，另一种是山前坡地型沙丘遗址。两种类型的沙丘遗址都是在海湾中形成，也统称为海湾沙丘遗址 [10]。

从距今 6000 多年前一直到距今 3000 年前的 3000 多年的时间当中，珠海的先民大都选择海湾沙丘作为他们的聚落地点，在海湾沙丘及其就近的坡地上生存、繁衍、劳动、生息，创造珠海的史前文化。迄今在珠海已找到这类遗址 79 处。

沙丘遗址反映的海洋文化是一种与中原农耕文化、北方地区游牧文化不同的古文化类型，有鲜明的特点。1980 年，考古工作者首次对珠海拱北西瓜铺、老虎沟遗址进行试掘，此后又对淇澳岛后沙湾遗址、东澳湾遗址、三灶岛草堂湾遗址、香洲棱角咀遗址、平沙棠下环遗址、高栏岛宝镜湾遗址、淇澳岛小沙澳湾遗址等进行了多次考古试掘或正式发掘，揭露出十分丰富的古人类活动的遗迹遗物。

环珠江口地区史前时期先民大都生存在海湾沙丘上，而这一时期处于珠江三角洲中段的居民也因为大量采集介壳类生物作为食物，而在居住地形成贝丘，由于在贝丘上保存有古人生活的遗迹遗物，而形成现在所见的贝丘遗址。其实，在珠海等地海湾沙丘上生活的先民们，也食用蚝、蚶、蚬等介壳类生物，只是较少将蚝整个带回驻地，多数是在海边就近取肉，壳被水部走，较少在住地留下蚝壳。

陶器在珠海早期居民的生活中具有重要意义，它是现存的主要文化遗物。陶器的发明与使用具有划时代的意义，它的出现，标志着一个新的时代已经开始，陶器与磨制石器的出现，常常作为人们划分新旧石器时代的一个重要标志。它是人类第一次利用自然物质，通过火作媒介，按照自己的意志创造出来的崭新的物质。陶器以黏土为胎，利用黏土的黏性、可塑性以及在高温情况下可烧结性的认识，经过黏土的选拣、手捏、轮制、模塑等方法加工成型后，在800~1000℃高温下焙烧而成，坯体不透明，有微孔，具有吸水性，叩之声音不清。陶器可区分为细陶和粗陶，白色或有色，无釉或有釉。品种有灰陶、红陶、白陶、彩陶等多种。陶器发明之后，广泛用于日常生活，并成为炊煮、储藏、盛食以及纺织、装饰的用品。

华南地区是中国陶器的起源地。广东英德的牛栏洞堆积分为三个大的时期，形成于距今12000~8000年间，在其距今10000~90000年的第三期早段发现了陶器遗存；南海北岸的广西南宁顶蛳山遗址堆积，距今近万年时期，发现陶器，器类仅见圜底罐或釜形器。制作和装饰手法均极原始。先秦时期，陶器一直是人们主要的生活用具。陶器的制作中积累了大量的装饰经验，使人类的审美得到极大的提高和升华。其中对坯体本身进行的装饰手法，是原始制陶过程中最具表现性和趣味性的一个重要环节，同时也是最古老的原始装饰技术。它几乎是与陶器同时出现的，是原始制陶不可或缺的重要工艺技术，是在实用的功能性与当时人们的审美情趣与经验，共同作用下产生和发展起来的。环珠江口地区属于新石器时代中期的陶器以夹砂陶为大宗，器表多饰绳纹，少数饰贝划纹和贝印纹泥质陶多饰彩绘，白陶多饰精美的压印纹，灰陶饰粗绳纹。陶器类主要有圈足盘、釜、罐、钵、豆、尊、壶等。许多学者认为，环珠江口地区新石器时代中期出现的彩陶，与湖南高庙文化、大溪文化汤家岗类型出现的彩陶有联系，反映出当时的文化传播与交流。

后沙湾遗址一期遗存

后沙湾遗址位于珠海市淇澳岛东北面海湾的沙丘中部。后沙湾是一个弯月形海湾，湾口朝东南，沙滩长约 400 米，沙丘遗址位于海湾的中北部，与海滩、山坡相连，呈山前坡地式堆积。分布面积达 2 万平方米，这里是珠海早期人类活动的一个重要地点。

后沙湾遗址 1984 年发现，1989 年广东省文物考古研究所、暨南大学历史系与珠海市博物馆对该遗址进行联合考古发掘，揭露面积 108 平方米。后沙湾古遗址的文化堆积层是相互叠压的地层，像一本古书，考古工作者对它一层层揭露、翻阅，打开了一扇了解珠海古代历史的大门。该遗址属于远古时代两个时期的遗存，第一期的时代属于新石器时代中期。有关专家研究认为绝对年代在距今 6400~6200 年间 [11]。第二期的年代为新石器时代晚期。这里出土了一批新石器时代的生产工具与生活用品。第一期遗存中发现的陶器种类主要有用于炊煮的陶釜，用于储藏的陶罐，用于盛食的陶钵、陶豆等等。陶器器形大都是带圈足的或者是圜底的，中原地区流行的陶鼎、陶鬲、陶鬶等三足形的陶器这里很少见到，说明这里文化面貌有自己的特点。当时先民们制造陶器的手法还是比较原始，以泥片贴筑法制成，全部为手工制作，轮制或轮修等先进技术还没有采用。陶器有泥质陶和夹砂陶两种。夹砂陶以灰褐色陶为主，红褐色所占比例较少。器表纹饰以绳纹为主，其中部分为细绳纹，还有少量编织纹。泥质陶胎体较薄，质地比较细腻，但胎土一般未经很好的淘洗，多夹有细砂。陶色以米黄色为主，红陶和白陶所占比例较少。陶器表面花纹以彩绘为主，施赭红彩，部分陶器表面还涂有白色陶衣。釜发现 25 个体，罐发现 12 个体，钵发现5个体，圈足盘发现59个体，豆发现2个体。典型器物为彩陶矮圈足盘，白陶高圈足盘、窄沿鼓腹釜、敞口圜底钵等。该遗址是研究早期人类活动的重要沙丘遗址。2009年，后沙湾遗址公布为广东省文物保护单位。

后沙湾遗址一期出土的白陶簋形器

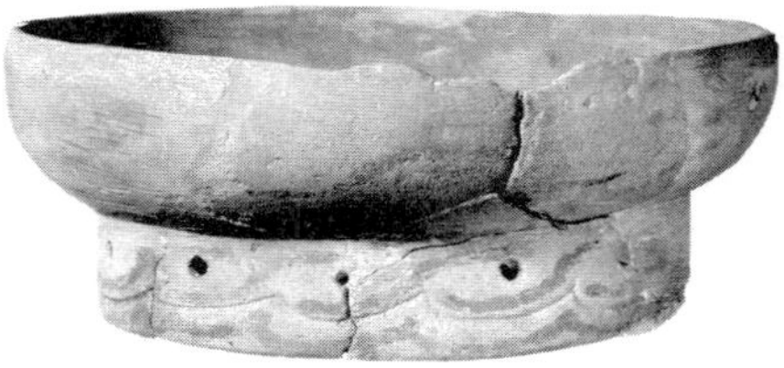

彩陶圈足盘

新石器时代中期的后沙湾遗址一期文化层中出土的一批彩陶、白陶很有特色。学界认为这种彩陶器和白陶，不是一般的生活用器，而是一种用于祭祀活动的器具。后沙湾遗址一期彩陶圈足盘高6.5厘米，口径16.8厘米。泥质红陶、钵形盘，圈足。器表彩绘红色波浪纹，圈足镂孔，并绘水波纹。

草堂湾遗址一期遗存

草堂湾遗址位于珠海市三灶岛东部草堂湾西岸沙丘（今吉林大学珠海学院校园内）。草堂湾为一南北走向弯月形海湾，湾口开阔，滩涂长达2千米左右，海湾南部有一条淡水潺潺流过。古人类活动遗址在沙堤中部发现。遗址的分布面积有一万多平方米。1985年发现，1989年发掘145平方米。文化层厚2.5~3.2米。文化内涵分为两个时期。发现的主要文化遗物是先民们使用的陶器和石器。第一期文化的陶器，烧制火候不高，都是手工制作，没有使用轮制或轮修。陶器有夹砂陶和泥质陶两种。夹砂陶居多占92%，泥质陶占有8%。发现陶釜38个体、陶器座5个、陶圈足盘9

个、陶罐 2 个等，纹饰有绳纹、细绳纹、麻点纹、条纹、编织纹、压印圈点纹、戳印纹和镂孔等。泥质陶最有特色有米黄色、红色、灰色诸种。胎土未经好好淘洗，主要器形是圈足盘。还发现有打制石器和砺石。草堂湾遗址年代稍晚于后沙湾遗址，这里尚未发现彩陶器，但是其白陶圈足盘的形状和特点，显示出其年代较早，也可归属新石器时代中期。第二期文化的陶器，夹砂陶占 87.5%，器类有釜、钵、豆、器座、箅形器等，纹饰多几何印纹，有长方格纹、方格纹、曲折纹等。石器有梯形锛、有肩锛、有段锛、球、拍、网坠等。属新石器时代晚期。1994 年遗址以东填海修筑了珠海机场路，2004 年附近建成吉林大学珠海校区。遗址有近 6000 平方米被保存下来。

本地区距今 6000~5000 年间的文化遗存，除了上述后沙湾遗址一期、草堂湾一期、宝镜湾遗址一期的部分文化遗物、平沙棠下环遗址早期遗存外，在横琴赤沙湾遗址，临近珠海的澳门黑沙遗址下层也有这一时期遗存发现。

（2）珠海早期历史的认识过程

珠海的历史到底有多长？在古代的文献中找不到答案，近年的书籍中又有不同的提法。

最早提珠海历史有五六千年的，是 1991 年广东人民出版社出版的《珠海考古发现与研究》。在这本文集中，发表了李子文执笔的《淇澳岛后沙湾遗址发掘》考古报告。李先生提出后沙湾遗址所作热释光年代测定数据偏晚了[12]。根据地层学、类型学的初步研究，他“暂将后沙湾第一期遗存的年代范围推定在距今 6000~5000 年之间”[13]。后来的许多考古发掘与研究已经表明，在当时的条件下得出这个结论，是十分恰当的，可惜一直未引起人们重视。提出珠海有四五千年历史的，是 1995 年出版的《珠海市文物志》（广东人民出版社）。在该书的概述中说：“据考古发现，珠海最早有人类活动的时间可上溯到四五千年前。”文中还重点提到了后沙湾、草堂湾两处新石器时代遗址和中国科学院广州地理研究所用热释光对后沙湾遗址出土的彩陶进行测试的年代数据等。2007 年珠海出版社出版的《珠海市文物志》（修订本），还是沿用上述提法，未作修改。

1999年，珠海一些学者的研究论文中采用珠海历史6000年的提法。在《澳门、珠海史前文化探索》[14]一文中，肖一亭提出："早在距今6000年前，在环珠江口地区的一部分海岛、海湾沙丘上已经有一些相对稳定的先民，他们依靠海洋、征服海洋、创造和积累了丰富的海洋生活的经验。""珠海、澳门目前发现最早的古文化遗址为距今6000左右，但这并不意味着此前这一地区就没有人类活动。"2004年，由珠海市文化广电新闻出版局（版权局）邀请省内知名专家编写《珠海历史文化资源评估报告》、2005年，珠海市博物馆《珠海历史文化大型图片展览——历史的足迹》中也都采用了珠海历史6000年的提法。当时主要依据是对考古资料的类型学地层学研究。同时，由于周边的香港、深圳、澳门等地都提当地历史6000年[15]，近年来，深圳咸头岭遗址的大面积的考古发掘与深入研究。深圳历史被推到距今7000年[16]。研究者以此为基础将对珠江三角洲地区相关遗址进行了系统分期和排出了明确的年代序列，在这个序列中，珠海后沙湾一期属于咸头岭第一期Ⅲ段和第二期Ⅳ段之间。年代在距今6400~6200年之间。这一排序得到学界的认可，珠海历史6000年也得到学界的普遍认同。

（三）新石器时代晚期社会

大约距今5000年以来，珠江流域的一些氏族部落进入到父系氏族社会。当时生产力水平提高了，男女在生产中所处的社会地位发生变化，男子成为生产的主要承担者。生产品有了剩余，私有观念逐渐发展，把财产留给自己的亲生子女，成为相当多男子的要求，于是对偶婚逐渐为一夫一妻制所替代，妻随夫居，世系按父方计算，男子成为家庭主人，形成父系家长制家庭，父系氏族部落或部落联盟。新石器时代晚期珠海地区的生产力水平达到了一个高峰。渔业生产呈现出前所未有的大规模、高水平，人口大幅增长，居民的定居地点星罗棋布。在精神方面：一批祭祀活动遗迹出现，石刻岩画，斜刃形石钺、平首圭、水晶玦等礼器为先民所制作与使用。但是，这一时期反映了前段的先进性与后段的滞后性不平衡特点。珠海地区的新石器时代要延续到距今3500年，这时中原地区已经进入夏代。

1. **聚落分布**

本地区发现大量属于这一时期的沙丘遗址。重要的如高栏岛宝镜湾遗址、淇澳岛东澳湾遗址、唐家大坞环遗址、香洲蛇洲岛遗址、拱北西瓜铺遗址一期、横琴赤沙湾遗址、三灶英表山遗址、洲仔遗址、南水大基湾、挪家咀遗址、香洲棱角咀遗址、前山南沙湾遗址、烂塘遗址、水涌遗址二期，南屏白沙坑遗址第2组、金鼎染面沟遗址、白沙遗址、荷包岛锁匙湾遗址、横琴红旗遗址、南环遗址、后沙湾二期、草堂湾二期、官田坑遗址。当时人类活动居住地点星罗棋布，人口大量增加，生产力提高、精神生活也更加丰富了，用于祭祀活动和装饰用品玉石玦大量生产，出现专业化的作坊、南中国地区目前发现面积最大内容最丰富的早期石刻岩画，在新石器时代晚期也制作出来，在环珠江口西岸，原始文化呈现出一片繁荣景象。珠海宝镜湾遗址的考古发掘与研究给我们了解当时的情形提供了可能。

（1）宝镜湾遗址

宝镜湾是高栏岛西南部的南迳湾中的一个小海湾，长约300米，沙滩长约100米，湾口朝西南。这是一个沙滩连坡地的古人类活动遗址。1989年，珠海考古工作者在这里发现了藏宝洞西壁岩画、藏宝洞东壁岩画、大坪石、宝镜石、天才石等4处6幅石刻岩画，在附近发现先秦时期的文化遗物。1997年至2000年，广东省文物考古研究所与珠海市博物馆联合考古队，对宝镜湾遗址进行了一次考古试掘和三次正式的考古发掘。在遗址中已经发现大量当时建房时凿

珠海宝镜湾

挖的柱子洞，发现祭祀坑，发现当时制作玉石器的作坊，发现大量的陶器、石器、玉石器和少量骨器等文化遗物。2006年该遗址与岩画列为国家重点文物保护单位。

宝镜湾遗址中发现先民的房屋建筑遗迹。四千多年的风雨剥蚀，宝镜湾早期居民的住房建筑，不可能完整保存至今，但是，建房的遗迹在这里却有所发现。从这些遗迹中我们了解到在宝镜湾遗址先民居住的主要是干栏式建筑[17]。这种房屋建筑有完全离地架空的和半搭式的两种形式。干栏式的建筑是一种在木（竹）柱底架上建筑的高出地面的房屋。这是南方地区特别是古越人活动范围内广泛使用的一种建筑形式。这个遗址在揭露的500余平方米的面积中，发现大量的与建房有关的柱子洞，几乎每一个发掘探方都有发现。这些柱子洞有的是在风化岩上凿洞，凿痕都十分清晰，柱洞内填土由于夹杂木柱腐烂后的遗留，与周围土色相比显得稍微深一些。部分柱洞填土中还发现加固柱子用的石块和陶片，有的在柱洞底部垫有石块。在一些柱洞的附近，还发现红烧土面，其中一部分可能是烧灶。在仔细观察这批先人建房时留下的柱子洞痕迹后，考古工作者复原多个房子的平面图形：平面形状大都是圆形或是椭圆形，直径在2.5~3.7米之间的居多，这是一种5~10平方米的小房子；也有直径达7米的大房子，如宝镜湾遗址遗迹5，由二十多个柱洞围绕形成一个平面为椭圆形的遗迹，东西直径7米，南北直径5.3米[18]，柱洞直径多为20~30厘米，这种房子面积可达28平方米。5~10平方的小房子反映了一夫一妻制的家庭组合的情形。而28平方米的大房子，则可能为较高威望和级别的人士居住，也可能为公共的场所。

宝镜湾遗址出土陶器

宝镜湾先民的生活用器主要是陶器。陶器以夹砂陶为多，泥质陶很少，器类有釜、罐、钵、盘、豆、杯、器座、支座、器盖、箅形器、陶条、支脚、纺轮等，其中以釜类最多。纹饰早期以刻划纹为主，极为丰富，多以水波、菱形、弧线、刺点等组成多种图案，后期印纹则有绳纹、网格纹、曲折纹、叶脉纹、编织纹、圈点纹、梯格纹、菱形凸格纹、云雷纹、附加堆纹等。

石器中数量最多的是与打鱼有关的网坠和沉石。另外还有石斧、石锛、石凿、石镞、石尖状器、凹石器、砺石、石砧、石钻孔器、石拍、石碇等。

这时的生产工具磨制更加精细，有明显双肩的石斧、石锛已经大量出现，在一些石锛上还有意制作“段”。

宝镜湾先民制作许多装饰用品，包括玉环、玉玦和玉璜等。其中最大量的是玉石玦。玦，是一种环形的器物，与“环”不同的是，玦在“环”上开出一个缺口。这个缺口使玦穿入耳垂成为可能。佩戴时先将缺口朝上套入耳垂，穿过耳垂上的事先开好的穿孔，再旋转玦，使玦的缺口朝下，这就佩戴好了。在香港东湾仔北遗址的考古发掘过程中，人们已经发现玦在人头骨的两侧近耳处出土，说明在先秦时期，玦，确实是一种实用的耳饰，先民的审美意识在耳朵上下了不少工夫。珠海本身不是一个出产玉石的地区。这里的玉石器，事实上都不是严格意义上的玉器，而只能是美石，从石质看，主要有脉石英、石英岩、板岩、页岩、玉髓、水晶、蛇纹石、高岭石、粉砂岩、玛瑙、泥灰岩、角岩、凝灰岩、花岗岩泥岩、片岩、透闪石等石材，这些石料在南海北岸较为常见。

在宝镜湾遗址中，还发现作为礼器使用的平首圭和石钺。圭，本来也是一种斧，原始社会晚期开始成为一种礼器，在周代是一种主要的礼器。《周礼·春官·大宗伯》中说：“以玉作六器，以礼天地四方……以青圭礼

宝镜湾遗址出土的礼器——石圭

宝镜湾遗址出土的礼器——石钺

东方……”“以玉作六瑞，王执镇圭，侯执信圭，伯执躬圭……”在珠海宝镜湾遗址中的出土一件圭，制作也是相当的光滑精美，为青灰色板岩制造，通体磨光，长条形，部面呈长方形，一端有穿孔，为单面钻，孔径一面大一面小。圭的通长 28 厘米，宽 4.3~4.7 厘米，厚 1 厘米，孔径 1~1.2 厘米，由于石质不硬，只能作为礼器用途。

石钺，在广东石峡文化中有较多发现，在珠海宝镜湾遗址、香港涌浪遗址中都有发现。石钺原本是一种大斧，从原始农具中演化而来。商周时期作为一种青铜兵器，并多用于仪仗、装饰和军权的象征。宝镜湾遗址中发现两件石钺，可以明显看出都是没有实际用途的礼仪用品。器形非常薄，最大厚度只有 0.35 厘米，其中一件（编号 T11③B）长 19 厘米，宽 7.4 厘米表面非常光滑，肯定经过抛光处理，三面锋刃，刃部锋利，为透闪石质，头上钻了一个穿孔，是单面钻而成，一面大一面小，孔径 0.85~0.65 厘米。穿孔应当是石钺用于装柄固定的。香港涌浪遗址出土的石钺与珠海宝镜湾遗址出土的石钺，形制作法都基本相似，只是尺寸上稍有大小。珠海宝镜湾遗址与香港涌浪遗址出土的石钺与粤北石峡文化中出土的石钺形制、作法与石质都有相同处。

（2）淇澳岛东澳湾遗址

淇澳岛位于珠海市东北约 10 千米，全岛面积约 17 平方千米。东澳湾在本岛东侧，东临伶仃洋，西北南面为低矮山峰环抱，海湾呈新月形，滩涂长 1000 米，宽 500 米。南部有一淡水小溪，由西北向东南横贯于海湾之上，海滩平均高度为 1.5 米左右。沙丘遗址位于海湾的中北部，与海滩、山坡相连，呈山前坡地式堆积。1984 年发现，遗址保存面积约 10000

东澳湾遗址出土石矛（枪）

平方米，1985年，广东省博物馆文物队及北京大学考古实习队、珠海市文化局联合发掘，揭露面积140平方米。东澳湾遗址文化堆积共分四层。大体上都属于一个时期的遗存。发现三处可能为窑、灶的烧土遗迹。遗址中发现丰富的陶器、石器和少量蚌器。陶器有釜、罐、钵、豆、三足器陶器座、支脚、纺轮等器型，石器有石锛、石斧、网坠、石环、石凿、石球、石矛、石镞等器形。陶器以夹砂陶为主，夹砂陶羼和料为粗大的石英砂，胎色多样有灰陶、灰黄陶（灰胎表面灰黄）、灰白陶（灰胎表面灰白），少量泥质陶，为橙黄陶器和灰陶。陶器器形为轮制，陶器纹饰较为简单，器表纹饰以绳纹为主，有少量云雷纹、曲折纹、方格纹。

遗址的时代属于新石器时代晚期，绝对年代可能还延续到了中原的夏商时期 [19]。该遗址是反映珠海早期人类活动的一处重要沙丘遗址。2009年公布为广东省文物保护单位。

2. **岩画反映的原始宗教与艺术**

岩画是一种跨越地区和民族的世界性语言，在没有文字记载的古代，岩画是人类记述自身历史和交流思想的主要方式。岩画造型趋于图案化，表现了神灵崇拜、天体崇拜、生殖崇拜等内容。这些岩画主要由越族先民所作。珠海先秦时期的岩画在金湾区南水镇高栏岛宝镜湾附近及平沙连湾有发现。

（1）宝镜湾岩画

珠海高栏岛宝镜湾先秦时期的岩画，一共5处7幅。1989年，珠海市博物馆的工作人员根据当地群众线索，在这里找到了4处6幅岩画，

珠海宝镜湾岩画的外部环境

1998年在宝镜湾遗址发掘期间，在风猛鹰山顶又发现一处。

宝镜湾是南迳湾的一个小湾，因湾中的一块石头上刻有圆形的“宝镜”而得名，海湾作弧形，长约800米，其中沙滩约400米。与宝镜湾相连的是风猛鹰山坡，岩画就分布在沙滩和山坡之上。发现者根据当地流传的习惯名称，分别称之为天才石、宝镜石、大坪石、藏宝洞岩画等。

天才石岩画

天才石岩画位于宝镜湾沙滩的南端，高出海面5米，岩石长7米，宽4~5米，高5米，岩石顶部

宝镜石岩画

大坪石岩画

宝镜湾藏宝洞东壁岩画

呈灰黑色，下部呈褐色，斜面凿出一个船形，两个人形和三个看不清的图形。有人认为，两个人形，像汉字中的“天才”二字，故有“天才石”之称。也有人认为：“石刻中的二个人形并非‘天才’二字，而是两个向前奔走的人，上面的人头较长向天仰视，下面的人头稍小向前注视，两人手臂平直，两腿向前大步奔走，后腿用力蹬。”[20] 两个人形的左上部有一个船的图形，船头细长尖翘，头顶装饰之类的物体，有人认为是船桅和帆，船尾呈方形，船下刻水波花纹。人形的高度在 25.5~26.5 厘米之间，船长 85 厘米。

宝镜石岩画

位于沙滩松林间，为露出地面的岩石一角，呈三角形，底长 2.7 米，右边最高 1.1 米，岩石中部刻一个圆形，似一古镜，故有“宝镜石”之称，圆形直径 40 厘米。在圆圈的西侧，刻有水和云形纹饰。

大坪石岩画

大坪石位于风猛鹰山半腰，在藏宝洞顶部南边，大石平斜向阳，东面 5 米，南北 3.3~4.3 米，经过长期日晒雨淋，风化比较严重，岩画大部分都已经模糊，只有部分依稀可见，徐恒彬先生认为：岩画的中心内容围绕着一条大船，船头有龙头似的装饰，船高 0.35 米，长 1.5 米，船前聚集 20 多个人物和少量动物，表现出船停岸边，人在岸边绕着船欢庆，“内容应该是大船出海归来。”

藏宝洞岩画

宝镜湾太阳石岩画

藏宝洞位于山腰，由一巨大的花岗岩石崩裂而成，裂隙之上覆盖三块大石，形成岩厦。北部有一个洞口进入，中间通天，洞长 8 米，宽 1.5~2.6 米，高约 4 米左右，洞口处的宽度仅为 0.85 米，洞底有少量堆积，南端有火烧土痕迹。洞中刻有东壁岩画、西壁岩画和东壁侧的一幅小型岩画。

东壁岩画最为重要，为珠江口地区目前发现岩画中保存最完好，内容最丰富的一幅早期岩画。画长 5、高 2.9 米，岩画中人物和船的形状最为突出，对水的表现很丰富。人物的刻画采用了两种手法：一种是没骨法，一种是刻出轮廓。如果从头这一岩画的右上角与左下角为对角线，将这一幅岩画分为两部分，则可以看出没骨法的人物主要集中于左边，而轮廓法的人物主要集中于右侧。用轮廓法刻出的人物，性别特征较为明显。从岩画的右上角到左下角，依次凿刻有三艘海船，船下和船侧凿有海波纹。

西壁岩画稍作仰状，风化严重，岩画多朦胧不清，难以显现和恢复石刻本来面目。从残存的部分线条观察，石刻残高 1.5 米，宽 4.5 米，雕刻有船、人物等图形，还有横、竖、弯、斜的线条。

太阳石岩画

在风猛鹰山顶，一组三叠石的岩石上，有一圆形的图案，直径 45~64 厘米。一说认为是表示“太阳”的意思。

(2) 连湾岩画葫芦石

连湾山葫芦石岩画，位于珠海市金湾区平沙镇连湾山北坡的葫芦坑，在一处高出土面约 25 米的岩石上刻有葫芦形图案而得名。岩石平斜向北，石面上凿刻有3组图案，分别为A组的长颈形葫芦图案，宽约0.9米、高0.65米；B组的连环形葫芦图案，宽1.6米、高0.75米；C组的连线形图案，宽1.2米、高0.8米。每组图案旁边均凿有一个洞。距离葫芦石岩画西边200米的地方，有一处沙丘遗址，这里采集到青铜时代的绳纹陶釜、云雷纹泥质陶罐残片。葫芦岩画是古代先民祭海时所创作的印记岩画，是先民向海洋进军、开辟海洋事业的历史见证[21]。

（3）珠海的岩画风格特点

制法上：珠海属于花岗岩的分布地区，先民以石器作为工具，用粗犷、古朴、自然的方法在花岗岩上凿刻而成。这与江苏连云港、福建华安仙字潭、香港岩东龙洲等地岩画具有相同的风格。而与广西左江花山、云南沦源等地的岩画有所不同。这些岩画大都绘制而成的，主要以红色涂绘，颜料是以赤铁矿粉调和牛血等而成的。

内容上：珠海早期岩画都是原始、古朴、神秘的石刻岩画，这些石刻岩画的风格特点和技法明显不同，大致能够分成三种[22]：第一种为直观写真的图角画，以大坪石岩画为代表。用原始的雕刻手法，直观地记录海边欢庆大船归来的场景；第二种为表意象形图画，以天才石和宝镜石岩画为代表。雕刻技法虽然古朴、简单，但已经有所进步，使用石锤、石凿、石斧、石锛敲凿刻划而成，粗细不均，掌握不准，弯直不当；第三种为神秘抽象的图案画，以藏宝洞东、西壁岩画为代表。而香港岩刻的特点就在于内容上都是一些抽象的图形[23]。有两种纹样：一种是几何形，包括圆圈、螺纹、正方螺纹等，一种是不定形的抽象花纹。大浪湾岩画刻的中央纹样，可能是一个动物图案，下面刻有螺形纹，而“脸部”的左边则是同心圆。在蒲台，剥落处左边的抽象花纹下端，有长菱形数个，而穿过剥落处，则有一连串的螺形纹。下石壁石刻点也差不多有同样的圆形和螺形纹样，在长洲也有类似的抽象图形，但最惹人注目的是所谓“眼”的蛇头形曲线，在石刻的中心部位的上端形成一对，约略与大浪湾的岩刻相似。

（4）宝镜湾岩画的年代

宝镜湾藏宝洞东、西壁岩画，是南中国地区面积最大、内容最丰富的早期石刻岩画。宝镜湾岩画凿刻在花岗岩石之上，它不是“到此一游”的匆匆过客的随意涂鸦，而是居住于此地的先民有意识的创造；它不是一种纯艺术行为，而是当时先民的宗教意识与社会风俗的反映。搞清楚宝镜湾遗址的年代，搞清楚遗址与岩画的关系，就可能找到解决宝镜湾岩画年代的锁匙。

宝镜湾岩画所在的高栏岛是一个面积35平方千米的海岛，它是高栏列岛的主岛。当距今6000年前，海平面达到今天的高度之时，这里就成为一群孤悬于海中的岛屿，岛的四面都是海水。从高栏岛到南水岛（另一大岛，现今已与大陆相连）最近处也有9千米。高栏岛经过十多年的文物调查与考古发掘，已经在岛上发现了三处史前古文化遗址。除宝镜湾遗址之外，在与其相邻的铁炉湾以及稍远的高栏岛东北部的飞沙村也都发现了大体同时代的古文化遗址。

在宝镜湾遗址中找到了可以用于凿刻岩画的尖状石器。可以证明宝镜湾藏宝洞东、西壁岩画是可以用尖状石器凿制；宝镜湾岩画的风格与宝镜湾遗址中出土的陶片上的刻划纹饰可以找到很多和相似处，而这些陶片大都出现在宝镜湾遗址的一期和二期，也就是宝镜湾遗址的早期和中期。其年代在距今四千多年前，而可以用于凿刻岩画的尖状石器和较多的石制品则较多地出现在宝镜湾的中期和晚期，研究者以较保守的看法是宝镜湾岩画的年代在宝镜湾遗址的二三期之间，宝镜湾岩画藏宝洞东、西壁岩画的年代在距今4000年前后[24]，天才石、宝镜石、大坪石等岩画年代也都在新石器时代晚期。

（四）新石器时代晚期经济

1. 发达的捕鱼业

用渔网在海边捕鱼，可以说是一个划时代的进步。捕鱼网在中原地区发现较早，在新石器时代早期已经发明，主要用于江河或小溪。在珠海等南海沿岸使用的时间当在距今五千年前，大量使用为距今4500年。当时珠海先民使用的渔网一般比内陆地区的要较大一些。渔网的主体用植物织成，网衣的上部有浮子纲，这是一种用于系浮子的绳，浮子用木头或竹子制成，下有沉子纲，即系网坠、沉石的绳子，其上系上石网坠，间隔着绑上一些较网坠更大的沉石。这样，渔网可以在水中形成一堵较长网墙。

经过几千年后，当时用植物编成的渔网难以保存下来，但是作为渔网的部件网坠则在这里大量发现。珠海发现的网坠普遍都个体较大些。形制也较多，先民们大都利用天然河砾石作为网坠的主要材料。亚腰形石网坠是最为常见的形制，利用扁平椭圆河卵石，打出对称的两个缺口，以便于系绳。由于河卵石不完全规整，为了系绳时找到平衡点，先民们还发明了一个缺口、三个缺口、四个缺口、磨一周凹槽等多种类型的网坠。在宝镜湾等一些遗址中，还发现利用石块（不只是河卵石）作整体加工而成的石网坠。网坠作为渔网的部件，它的发现说明当时渔网的存在，这是一种优良的捕鱼手段，虽然新石器时代中期的仰韶文化时期，在中原地区捕鱼网中就已经较为普遍，但是，南海沿岸渔网坠相对较大，数量较多。从珠海宝镜湾遗址出土石网坠的统计研究中我们知道：在1096件常规网坠中，重量在51~330克之间的中型网坠，数量达1022件，占总数的93.25%，在中型网坠中，又以重量70~250克之间的网坠居多，有861件，占中型网坠的84.25%。重量在25~50克之间的小型网坠有12件，占总数的1.09%，重量在331~500克之间的大型网坠有62件，占总数的5.6%。在考古发掘中，还发现24个网坠一堆，或38个网坠一堆的情况，可能反映当时一个渔网上的网坠数量。有24个的，也有38个的。

珠海宝镜湾遗址出土沉石重量统计表

重量（100克）	5–6	6–8	8–10	10–15	15–25	25–37
数量（件）	13	15	5	9	11	6

从网坠的长度观察，可以发现：长度在6~10厘米之间的网坠有897件，占82%，而长度小于6厘米的网坠只有39件，占3.5%；长度大于10厘米的网坠有160件，占总数的14.5%。以上数据可知，网坠的长度一般是在6~10厘米之间。这个长度与重量本身就要大于在江河中捕鱼的

网坠。

除了常规网坠之外，宝镜湾遗址出土59件重量大于500克的坠形石器，我们称之为沉石[25]。沉石也是渔网的部件，与常规形制的网坠的使用方法大体相同，并常与其配合使用，只是其数量相对较少，更不似网坠需要几十个配合使用（现在的捕鱼网所需的网坠数以百计）。有时，沉石也可以单独使用。沉石在选材上与网坠大体相同，只是重量更重。

宝镜湾先民除了渔业生产外，采集是相当重要的经济来源。海边的介壳类海生物，海边和附近山边的根茎类食物、可以捕捉到的飞禽走兽都可能用来补充生命所需营养。而住地附近的一些肥沃的土地，也开始作为农业的用地。先民们开始有意识种植一些农作物。这时生产工具中发现镬等一批较大型的翻土工具。同时大量的砺石、石锛、石斧也较多出土，特别是石锛，数量达147件，可用于加工淀粉类食物的工具石磨盘和石球也有使用。此外，石制品的种类还有凹石器、穿孔石器、尖状石器、石支脚、石刀、石镞、石杵、环砥石、石纺轮、石拍等工具，石耳珰、石钺、石圭等装饰品与礼器。当时先民已经熟练掌握磨制技术，可以制作相当精美的石器。

在新石器时代，南海沿岸先民有专门的石器制作场。曾骐先生指出：广东南海西樵山石器制造场就是一处跨越几千年，可算是规模大和相对稳定的石器制造场。这里因盛产可供开采又能制造石器的燧石、霏细岩，这个采石场经历了制造细石器、双肩石两个阶段，它不因产品的更换而衰落，特别是生产两肩石器的中晚期，规模越来越大，其产品跨越珠江三角洲，外运环珠江口甚至整个两广地区，形成一种外向型的生产中心[26]。在环珠江口的沙丘遗址中，也发现一批属石器制造场性质的遗迹。据曾先生统计，有香港的万角咀、春勘湾、深湾、龙鼓滩、白芒、涌浪、沙螺湾、芦须城、东湾，澳门的黑沙[27]，珠海的宝镜湾[28]、锁匙湾及近年来发现的珠海棠下环，香港的西贡蚝涌[29]、沙下等处。其中蚝涌石器制造场对研究石器工业的制作，工场的布局、规模、生产等程序、工艺特色提供了新的宝贵的资料。除了渔网外，当时最具特点的工具还有凹石器、蚌器、有肩有段石器等。

凹石器 珠海先民较多使用一种表面有凹窝的石器，我们将其称之为"凹石器"，它主要用于加工硬壳类食物。在凹窝上正好放置小型贝类食品，在用石锤砸击时可以稳定加工物，不会滑走。凹窝一般通过尖状石器锤啄而成，有的体形较大，表面啄有一个或多个凹窝，可以作为石砧使用；有的体形较小，一面或二面有凹窝，正好握在手上，作石锤使用。这是先民长期使用的一种特有的工具。有研究者指出，它是流行于东南沿海地区采集、渔猎经济中的一种加工工具。凹石的使用年代在距今 6500 年至 1000 年之间，时间跨度较长，它的浓厚的地区特点反映了南部中国闽台、粤地区密切的联系。是渔民早期工具的一个特点 [30]。

蚝蛎啄 蚝蛎啄是水边居民为开启蚝类水生物而发明的一种石质工具。珠海宝镜湾遗址，发现十多件各式尖状石啄。珠海是咸淡水习性蚝类繁殖的理想之地，蚝是先民主要的食物采集对象。蚝蛎啄在香港、深圳、东莞、珠海、澳门等沿海地区古遗址中最为常见。据黄启善先生统计，属于广西海滨贝丘的亚菩山遗址、马兰咀遗址、杯较山遗址等三个遗址之中，发现打制石器 366 件，具有采蚝用的蚝蛎啄 204 件。

有肩石器 在新石器时代中期开始出现有肩石器，到新石器时代晚期盛行于东南沿海地区。有肩石斧、有段石锛、有肩有段石锛，在这一地区大量出现。有肩石器与有段石器是越族先民具有特点的生产工具。

2. 手工业和技术

（1）布的制作

人类在其早期阶段为了御寒保暖，肯定都穿过树皮、树叶和动物皮毛。由此发展到编结、裁切、缝缀的技术。连接草叶要用绳子，缝缀兽皮起初先用锥子钻孔，再用细绳穿入，后来演化出针线缝合的技术。在北京周口店旧石器时代遗物中，发现了石锥。在山顶洞人遗物中存有公元前 1.6 万年前的骨针。发展到新石器时代中期，在环珠江口的居民已经有了新的创造，无纺的树皮布、纺织布都为先民所拥有。

树皮布 可以肯定，史前时期在环珠江口地区，先民们曾经历过一个穿着树皮布的时代。所谓树皮布（Bark Cloth，Bast Cloth，Tapa）是一种

水涌（左）、草堂湾（右）遗址出土的石拍

采用拍打技术对树皮进行加工而制成的布料。将树皮的纤维经过湿润后进行长时间拍打，使韧皮纤维交错在一起，成为片状的树皮布料，并且还可采用拍打的方法将不同的细小布料连接成较大的布料。树皮布与纺织布的经纬织造技术系统属于完全不同的两个系统。

目前国内出土树皮布拍的地方有福建、广东、广西、云南、海南、台湾等省。在环珠江口地区目前已经发现的可以用作树皮布拍的石器七十余件[31]。出土的主要遗址有香港大湾、万角咀、涌浪、虎地湾，深圳大梅沙、咸头岭，中山龙穴、白水井，珠海草堂湾、水涌、宝镜湾、拱北、下沙，普宁后山等。树皮布石拍的石质以砂质岩为主，砂质有粗有细，硬度和胶结程度也不一样，岩石的颜色有灰色和红色。

这一地区树皮布拍的平面形状有 1. 圆角长方形；2. 圆角正方形；3. 长条形；4. 圆形；5. 菱形；6. 半圆形等六种形制。从侧面看，则大体可分为长方形和亚腰形两种。

在珠海荷包岛锁匙湾遗址和中山龙穴等地遗址中出土的一种没有沟槽的圆饼形器，其表面布满凹点，中间凿有一个凹窝。

菱形石拍仅在珠海草堂湾遗址有发现，是一件采集品，十分完整，长 13.51、宽 5.03、厚 1.9 厘米，灰色砂岩质，其拍面上纵向 12 道凹槽，与珠海水涌出土的另外一件石拍不同的是其上的凹槽线条虽然也是一次排列，但其线条并没有那样直，似乎水涌出土石拍的凹槽是磨制出来的，而草堂湾遗址石拍的凹槽是刻出来的。

半圆形石拍主要出土在珠海宝镜湾遗址，这里一共出土 4 件石拍，均为半圆形，剖面为长方形，直径在 7~10.5 厘米之间。与其他石拍不同的是，这一类石拍大都较厚，厚度在 2.7~5 厘米之间，沿着半圆弧线在侧面磨出一道凹槽，凹槽宽度在 0.8~2.5 厘米，深度有 0.5~0.6 厘米，这种侧面的亚腰形凹槽可能是便于装柄。类似的有亚腰形凹槽的石拍，在中山龙穴遗址之中也有一件出土。

树皮布原料来源于桑科的植物（Moraceae）。中国海南岛、台湾、菲律宾、大洋洲以至美洲的树皮布的制作，主要原料都是桑科植物，其中以 Paper Mulberry（Broussontia Papyrifera）与 Breadfruit Genus（Artocarpus）最为普遍。《中国大百科全书·生物学》卷桑科植物有 60 属、1400 种，分布于全世界热、亚热带地区，少数属种分布于温带。有趣的是：世界上桑科植物分布的范围，与树皮布研究者所确定的范围大体相同。最近植物学家更指出在美洲、太平洋区岛屿上的桑科植物楮树并非原生植物，很大可能是从中国至中南半岛经东南亚传到大洋洲岛屿，最后扩散进入美洲。人类衣服历史中，以源于中国的纺织布和楮树皮的无纺织布，同样是具有世界性影响的重大发明。

纺轮

东澳湾遗址出土

纺轮

小沙澳湾遗址出土

纺织布

人类何时开始能够自己纺纱织布？现在当然还是一个谜。在距今约 7000 年的浙江余姚河姆渡遗址中，出土木刀、分绞棒、卷布棍等原始腰机零件，可以将纱线织成布。有研究者认为“现今岭南地区最早的纺轮，是出土于粤北的石峡文化和香港涌浪遗址，年代不早于距今 4500 年。中南半岛纺轮的出现，估计是在距今 4000 年以后”[32]。

纺纱是把纤维加工成纱线的工艺过程。“纺”含有将纤维组成条子并拉细加捻成纱。纺纱按天然纤维分为棉纺、麻纺、绢纺和毛纺。自古以来，人们都是用手工纺纱。到 18 世纪 30 年代后才逐渐发展为机器纺纱。纺纱的过程基本分为二个阶段：第一个阶段是从纤维原料的松解到成纤维条，简称之为成条或制条；第二阶段再将纤维进一步拉细并集合成纱或者纺纱。成条是先对纤维原料作加工前的准备，绢纺、麻纺需要经过脱胶，毛纺需要经过洗毛、炭化等，然后经过开松、混合、去杂、梳理或分梳，把纤维原料松解成单根纤维状态，制成纤维条。有的纤维条还需要梳去部分短纤维和疵点。成纱，根据纤维性状和产品要求，有不同的加工工艺。通常是纤维条经并合、牵伸，或在牵伸的同时利用针排进行分梳，使纤维条中的纤维进一步伸直平行，然后进一步拉细，先纺成粗纱，再纺成细纱。也可以把纤维条直接纺成细纱，或者把梳理后形成的纤维网分割成窄条，经搓捻后直接纺成细纱。把纤维条拉细并予以扭转、捻合而成纱的方法称加捻法。

在位于珠江口西岸的珠海市范围内，目前经过采集和发掘出土的纺轮有 10 余件。出土于后沙湾遗址 1 件、棱角咀遗址 3 件、白沙遗址 1 件、

宝镜湾遗址出土的部分陶器

烟墩环遗址 1 件，东澳湾遗址 3 件、宝镜湾遗址 4 件、小沙澳湾遗址 5 件，从质地上看有陶质和石质两种，均为圆形，有穿孔。形制扁平形、梯形、一面平一面突起的圆台形、一面平一面球状的半圆形、乳突形等。纺轮的直径在 2.8~4.5 厘米之间，厚度在 0.6~2.6 厘米之间，纺轮的中间都有的穿孔，陶质纺轮的穿孔比较好处理，只要在制好胚胎时，也就是在入窑之前，就可以用硬物轻而易举于在陶坯穿孔，而石纺轮则往往是采用搓动旋转钻芯带动石英砂的办法钻孔，因而孔壁都较直。从现在的民族学材料可知，纺轮在使用时还需在中间的穿孔中插入竹木条，做成抟。

在珠江口地区，目前还没有发现史前时期布的实物。但是从一些陶器底部的印痕看，当时已经有了纺织的布。缝衣服的骨针在涌浪沙丘遗址中有出土，1997 年的发掘简报中介绍了 5 件。都是利用半边肢骨制成的，分为两种形制，一种为平顶，下端磨尖，共有 4 件（92：408，直径 0.9、长 4.8 厘米）；一种为残器，器身钻有两个孔。在珠海宝镜湾遗址之中也出土了一件骨针，也是利用半边肢骨制成，一头磨尖，可惜残断，长度为 5.4 厘米，最宽处有 0.9 厘米。

（2）陶器的制作

新石器时代晚期，陶器的制作技术有所提高。宝镜湾遗址出土的陶器最为丰富。陶器器类依陶质有夹砂陶与泥质陶两种，其中夹砂陶的器类较多，有釜、杯、器盖、豆、盆、圈足盘、罐、钵、圈足碗、器座、鼎、炉箅、条形器和支脚等；泥质陶的器类较少，仅见豆、圈足盘、罐几种。

宝镜湾遗址第一期陶器的基本特征是圜底釜、平底杯、覆钵形器盖及各种圈足的盆、盘、豆、碗、罐等，以夹砂陶为主，泥质陶少。纹饰以刻纹、划纹为主，还有戳印纹，纹饰多呈带状，有勾连折角横“S”纹、凹三角锯齿纹、凹弦纹、波浪纹、弧线纹、平行短斜线纹以及篦点、网格、长方格等，有的划纹较深，具有浅浮雕的效果。此外，还有绳纹、篦点状印纹、平行长斜点状戳刺纹。器体施纹的外壁涂抹泥浆，细腻光滑，内壁则相对粗糙。制法为手制，泥片贴塑。有少量赭红彩陶器和彩绘白陶器。

宝镜湾遗址二期文化陶器制作有了进步，虽仍以手制为主，但已出现慢轮修整。釜的领部、豆的圈足内壁、圈足罐的口沿等部位均可见清晰的慢轮修整痕迹；泥质豆类有磨光黑皮；釜的口沿及折领部位一般施贝划纹和贝印纹，通常是先贴泥条后施纹，呈水波状或波浪状；釜的口沿内、外壁均发现规整的划纹符号；印纹大量出现于小口圈足罐上，除领部以外通体施纹，有叶脉纹、雷纹、曲折纹、长方格纹等。如H2出土的杯和圈足罐，杯的纹饰为划纹与印纹组合；圈足罐的印纹为长方格纹。

宝镜湾遗址三期文化的陶器中圈足罐的数量仍较多。器盖、圈足盘、圈足碗以及支脚的数量减少。纹饰已以印纹为主，这是本期文化的主流；刻纹少见，线条简单，仍为勾连横“S”纹。陶器制法仍为手制，但已普遍辅以轮修。

(3) 玦的制作

环珠江口地区沙丘遗址中出土的玉器、石器饰品，以玉、石、水晶质的玦为大宗，同时也出土一批玉、石质的环。玦和环都是圆玉（石），也就是圆形且中间有孔的玉，不同的是玦有一道缺口，从制作的工艺过程看，一般都是先加工成环状，再在环上开出缺口。所以，有的环可能是未完成的玦。

从宝镜湾和涌浪遗址等地发表的材料看，这批石玦的外圈直径都不是很大，在2.04~7.70厘米之间，内径在0.94~6.28厘米，厚度0.42~1.30厘

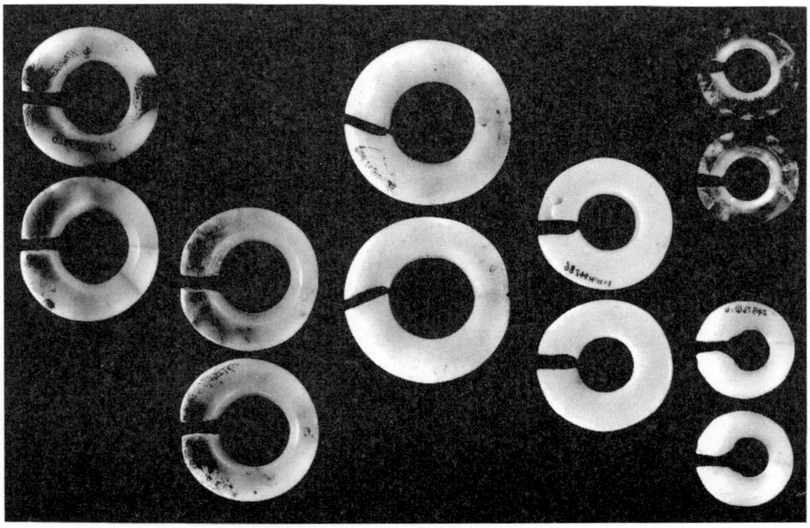

宝镜湾遗址出土的玉、石、水晶质玦

米，顶径（与缺口对应的玦实体的宽度）0.56~1.30 厘米之间，而缺口的宽度在 0.16~0.60 厘米之间。

从整体尺寸看，两个遗址出土的玦大体相同，但是细部也可以发现一点点的差异。根据对从宝镜湾遗址和涌浪遗址两个地点出土的 20 件（其中宝镜湾 9 件，涌浪 11 件）较完整的玦的观察发现，宝镜湾出土石玦的缺口大都保持在 0.4~0.6 厘米之间，而涌浪出土玦的缺口宽度大都在 0.22~0.40 厘米之间，这个数据可以看出，宝镜湾遗址出土玦的缺口稍宽。玦在使用时，从玦的缺口处套入耳垂，再穿过耳垂的穿孔，将玦的缺口旋到向下的位置。缺口是玦穿入耳垂中的一个通道，其起码宽度应保证能够穿过耳垂，当然，缺口不能大宽，不然戴好的玦容易掉出来。玦饰在环珠江口地区最早使用年代当在距今 5000 年前后。

玦的制作首先是采集和鉴选原料。从珠海宝镜湾遗址的制玦情况看，原料来源有两种：一种是采集河卵石，遗址中也出土了相当数量的、只稍做加工的石英、水晶的河卵石块，当然也有石英脉、玉髓、水晶、灰岩质的卵石；二种是采矿，也就是在岩石上直接采取，遗址中出土了一些不是河卵石的石英石块。2000 年 5 月，在宝镜湾遗址进行第三次正式考古发掘期间，在高栏岛的东南部牛龙咀发现了被当地村民称之为“白石”的矿石。由于基建，这里的山石被炸开，石英石、蛋白石等石料碎块遍地都是，再看一看四周，有多处直接暴露在外的石英石，有的地方还可以用石块砸下石英石块。这些石英石与宝镜湾遗址出土的石英石一样。牛龙咀距宝镜湾遗址很近，走路也只要 20 多分钟。毫无疑问，这里的石料可能被先民用来制作玉石玦。先民也是十分珍重制造玦、环的石料。在珠海宝镜湾遗址之中就曾发现古墓葬（M3）中随葬石料的情况。该墓中除了随葬有陶釜、沉石、石网坠、石英玦之外，还随葬两块石料：一块为水晶石料，一块为石英片岩石料 [33]。

第二步是将石料加工成坯。石坯的加工结果可生成两种类型半成品。一种是经琢磨而成扁平圆饼，石料经过周边琢磨近圆，再将两面尽可能磨平，厚度一般磨到 1.3~0.4 厘米之间，而以 0.8 厘米左右的居多；另一种是未经磨平者形，仅仅是琢打修整加稍微磨制，令其形状呈算珠形。

第三步是穿孔。其方法主要有三种：

管钻法　这是这一地区最为常见的一种方法，加工对象是第二步加工时经过琢磨而成扁平的圆饼。利用竹、骨等外廓圆中间空的管状物体，垂直于扁平的石坯上做旋转运动，带动石英砂、水等中介物质，对石坯进行摩擦，而达到穿孔的功效。

琢钻法　用尖状的石器在石坯上直接琢打，以形成穿孔。这种方法的加工对象是只经琢打而未经磨平的那部分石坯。在宝镜湾遗址之中发现两件采用此法穿孔的实例，两件都是废品。在中山龙穴也发现这种方法穿孔的残器，可见这种方法的成功率有限。在宝镜湾遗址，用这种方法穿孔的石料只发现水晶石。

石锯法　将石坯磨圆、磨平，从边沿处用石刀锯出缺口，缺口一直锯到石坯的中心，再从中心向周围磨大，形成穿孔。

第四步为整形、抛光。沙丘遗址出土的玦，剖面看有多种形制，以五边形、长方形、椭圆形的常见，也有外沿上磨出一凹槽的玦。表面看来都十分的考究，特别是水晶器，在出土的时候往往还晶莹透亮，可以想见当时先民在磨制和抛光方面已经下足了工夫。一般来说，玦都是在穿孔完成之后，再来修整抛光。

第五步为开缺口。用一种称之为“石锯”的石片进行，用石片直接在环上来回上下拉动，由外沿往垂直向孔心进行切割。

珠海宝镜湾遗址发现大量可以制作玉石玦的原始材料，如石英石、水晶石、蛋白石等；稍作加工的圆形坯料、大体成形的半成品、精美的玦饰成品、加工过程中出现的废品，石芯等圆形副产品以及制作玉石玦的工具，如环砥石、砺石等。其中环砥石在澳门黑沙遗址也有发现，被学者解读为是一种盘形旋转机械的中轴器，简称为辘轳[34]。可以说明珠海宝镜湾曾经有过一个制作玦饰的手工业作坊。

玦的大量制作与使用与当时的风俗习惯和宗教信仰相关。其使用上，除了穿在耳上作为装饰品外，还有部分用于祭祀活动。如有意识地埋入地下的祭祀坑中，或放置在陶豆中。

玦的出现可以追溯到距今 8000 多年前，在内蒙古地区的兴隆洼遗址出土过软玉玦饰，6000~7000 多年前出现在长江流域，5000 年前后出现在珠江流域。越南北部出现在 4000 年前，在越南南部出现在距今 3000 多年前。

（4）石锚反映的水上停船技术

在新石器时代，居于海边的渔民已经会制造和使用渔船，这一点已经为河姆渡等遗址的考古发掘资料所证实。在宝镜湾遗址范围内大幅石刻岩画上的海船图案，遗址中大量用于海上捕捞的渔网坠的出土，也足以说明这一点。古文献上说的“刳木为舟，剡木为楫。舟楫之利以济不通，致远以利天下”的情况 [35]，已经在这里出现。更令人惊讶的是，珠海人在 4000 多年前，已经解决了海上停船的技术难题。宝镜湾遗址中出土一件重达 18.5 千克的石锚。该石锚由花岗岩质的椭圆形砾石加工而成。长径 33、短径 27、厚 13 厘米，沿着短轴外部凿出一周深深的用于系绳的凹槽，这是迄今为止所发现的南海地区先秦时期最大的一件石锚。在珠海平沙棠下环遗址中也出土一件石锚，与宝镜湾遗址所出石锚相比，形状与制法都大体相似，只是形体稍小而已，年代稍晚些。

20 世纪 70 年代末，美国圣地亚哥大学考古学家詹姆斯·莫里亚蒂博士给我国著名考古学家贾兰坡寄来一封信。信中说：“由于一系列的新发现，开始提供了在哥伦布之前，中国人横渡太平洋航海的证据。”莫里亚蒂博士指的证据，就是中国的石锚。

据莫里亚蒂博士介绍：中国石锚在美洲新发现共有 3 件。是分两起发现的。一起是两件，分别为“圆柱形”和“正三角形”的人工制品。是在加利福尼亚拉斯维德半岛的浅海里发现的。另一起只一件，为“中间有孔的大圆石头”，石头上积聚了一层薄薄的锰矿外衣。它是在加利福尼亚的麦得西诺小岬附近，由美国地质局“先锋号”调查船打捞出来的。莫里亚蒂博士根据锰积聚率为 1000 年 1 毫米的原理推定，这些石锚年代约有二三千年的历史。由于在北美太平洋从未发现过这类人工制品，而在亚洲却有此类石制品作船锚的考古记载，莫里亚蒂博士说：“毫无疑问，这是一个来自亚洲的早期船锚。”中国学者房仲甫先生根据这一发现写成《中国人最早到美洲的新物证》一文，他进一步推定“圆柱形石锚”的年代“可能是五世纪前后的船碇”。

中国在历史上曾是一个航海非常发达的国家。使用石锚是中国早期航海的一大特色，史书不乏记载。但石锚最初发明于何时，则没有明确的答案。人们在谈论中国早期航海的时候，经常举的例子是1955年在广州先烈路出土的一件陶船。该船的船尾设舵，船头吊着一件石锚。秦汉时期在广州已经能够造载重五六十吨的大船。而且文献记载在公元前2世纪的西汉，中国船队已远航印度洋。要说这么大，能航行这么远的船没有锚，那是不可思议的。可以肯定地说这些船上有锚。但需要说明的是，秦汉时期的锚也不是最早的。因为在近年来的考古发掘和研究中，我们已经在香港、珠海等地找到了距今4000年前的史前时期大石锚。

我国长期以来都把石锚称之为碇，碇字也可写成“椗”或“矴”，是船停泊时沉落水中用于稳定船身的石块，因其作用等同于后来的锚，所以也把它称为石锚。现在都还有一些渔民习惯把起航称之为“起碇”，把停泊称之为“下碇”。唐代有一种税叫“下碇税”。宋代《宣和奉使高丽图经》中有关于碇的使用的记载，说“矴设在船头，穿以藤绳，用绞车升降。矴石两旁夹以木钩，近山抛泊，放矴钩住水底。碰到风涛紧急时，还要加两个附矴在大矴左右”。据此可知，南海近年来出土的石锚在实际使用中还可能有木钩作配件，只是木钩经不起千百年的风雨剥蚀，早已成为灰烬。

珠海和香港出土的古石锚，比在美国出土的中国石锚早一二千年，形制也更为原始，表现出早期石锚的特点。外形凿成椭圆形，表面加工粗糙，没有钻孔，只是腰部凿出一道用于系藤索的深槽。但是，它的发现，证明距今4000年前的南海先民已掌握和使用石锚这一泊船技术，这实在是一件了不起的事情。

石锚

（五）青铜时代的社会经济

大约从中原商王朝末年到秦统一岭南之前，为广东的青铜时代[36]，中华大地上的青铜文化发展水平是不平衡的。当中原地区经历夏商王朝奴隶制社会，特别是商朝创造出灿烂的青铜文化时，岭南地区尚处在原始社会的末期向文明时代过渡的阶段。商王朝的统治势力虽然没有越过南岭。但商文化或多或少对岭南产生了影响。两周时期，中原的先进文化对岭南地区的影响不断扩大，特别是秦始皇统一岭南，加速了这一地区的汉化进程[37]。有学者将这一段历史分为三个时期，第一期为萌发期，相当于中原商朝至西周初期，第二期为发展期，相当于中原西周至春秋战国时期，第三期为鼎盛时期，相当于中原战国中晚期[38]。也有学者认为广东青铜时代经历了未见青铜制品的时期、舶来的青铜制品时期和土著青铜制品时期三个阶段。其中土著时期大体相当于西周中期至春秋晚期，舶来时期和前青铜时期大约经历了相当于中原地区早商时期至晚商时期的发展过程[39]。

珠海在广东青铜时代的早期具有重要的地位，这里发现相当多的商时期的古文化遗址，其中一些遗址被学界称之为“当时诸海岛之间的中心聚

石枪

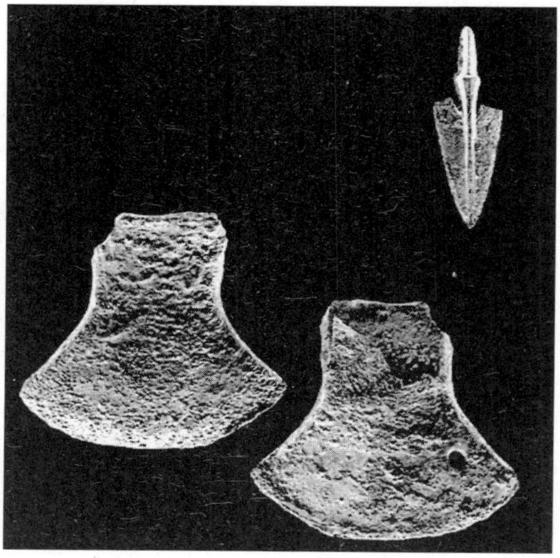

铜箭镞（上）铜钺（下）

落"[40]。这里出土和采集到一批反映广东早期青铜器铸造的工具。珠海地区商时期大量古文化遗址发现反映当时人口的繁荣景象，但是，此后这一地区人口逐渐减少，考古资料发现这里西周至春秋战国时期的古文化遗址与遗物在逐渐减少。这种情况，一些学者认为与当时的气候条件有关。随着气候的变化，海边的生态一度恶化，先民们慢慢退出他们熟悉的海湾沙丘，另谋生路。

1. **聚落分布**

青铜时代早期的珠海地区经济社会与文化都有较大的发展，考古发现属于这一时期的古文化遗址发现有平沙棠下环遗址、斗门湾口缯船埔遗址、马山遗址、淇澳岛亚婆湾遗址二期、南芒湾遗址、小沙澳湾遗址、金鼎外沙遗址、唐家鸡山遗址、香洲华子石遗址、前山婆石围遗址、横坑仔遗址、猫地遗址、南屏烟墩环遗址、蟹地脚遗址、沙煲地遗址、桂山十五湾遗址等多处。还在淇澳双尾草埔、淇澳金星门、香洲神前、拱北中学山岗、南屏梅花山、北山、南山林、鸡爪地、湾仔中学山岗、三灶榄坑、荷包大树挖平沙下连湾等地点发现这一时期的文化遗物。

这是一个古越族文化特点突出的时代，印纹陶十分流行，在西周晚期至战国早期流行一种表面压印有夔纹的陶器，战国至汉流行一表面压印米字纹的陶器。石器中有段和有肩的石锛、石斧流行。有先民使用石范铸造青铜器。这里的先民大都属于百越先民的一支，或称之为南越先民。

除青铜器外，当时的武器还保存有的石质枪与箭。

平沙棠下环遗址

平沙棠下环遗址位于珠海平沙南郊分场马头山东北翼—马尾的东南坡。遗址位于古海滩上，其北、西、东三面被低矮山峰所包围，南部面临

棠下环遗址考古发掘现场

大海。其中马头山海拔136.2 米，它与东面海拔 144 米的烟墩山互为犄角，马尾则伸入两山之北的海湾之中，东南不远处有一条淡水河，遗址附近还有山溪，为古人提供足够的食用淡水，这是当时海岛居民的一个大聚落，文化遗址面积达 12000 平方米。近年围海造田遗址辟为甘蔗地。1994~1996 年，广东省文物考古研究所与珠海平沙文化科组织考古队对此进行了考古发掘。发掘面积达 1500 平方米。遗址表土层下依次是唐宋文化层；没有文化遗物的间歇层；早期青铜文化层；新石器时代晚期的地层堆积。新石器时代晚期地层中出土石网坠、石锛、石饼等石器，夹砂陶釜，以素面为主还有绳纹、戳印、刻划等纹饰，还发现泥质彩陶圈足盘等陶器。早期青铜文化地层是该遗址的主要文化堆积。这里发现当时煮食的烧灶、制造成与加工石器的作坊、石砌活动面等遗迹。这里的先民使用的生活用具还主要是陶器，种类十分丰富，有用于炊煮的陶釜，用于储藏的陶罐，用于盛食的陶豆、陶盘、陶钵，用于支撑的陶支脚、陶器座等。在陶器上盛行装饰各式用印模压印上的陶纹。生产工具主要还是石器，有了大量的用于海洋捕捞的渔网和可能于农业的石䦆，可用于木作的石斧、石锛、石刀、可用为加工平台的石砧，用于制作工具的砺石等，用作狩猎工具和武器的石戈、石镞、石矛。还有大量玉、水晶质的环、坠饰、玦等装饰品，其中数百件形式多样的石环，“T”字形石环的成品、残件和坯件。很明显，这种“T 字形石环是本地制作的，棠下环遗址“是广东迄今出土这类型石环最多的一处”[41]。这里还出土有铸铜石范。

东澳岛南沙湾遗址

东澳岛是万山群岛中的一个岛屿。岛的西南面有一个海湾叫南沙湾，人类的活动遗址就在海湾的沙丘上发现。海湾呈弯月形，东西长 100 米，南北宽 40 米，高出海面约 5 米，东北和山岗相连。这里有发达的沙滩和沙丘，西南面有小溪流入南沙湾。经过考古调查，这里发现渔网的部件——石网坠，是那种用扁平河卵石经过打制成的亚腰表状网坠；还发现制作铜斧的模子——铸铜石范，是一种用红砂岩磨制而成的铸斧石范；发现有肩的石锛等石器；还有陶釜、罐等器物的残片，主要为夹砂灰黑陶、灰陶和泥质灰陶等。这是一个先秦时期的古文化遗址。

东澳岛南沙湾

小沙澳湾出土地有段石锛

淇澳岛小沙澳湾遗址

小沙澳湾位于淇澳岛东北部，是一个小型的海湾，遗址就分布在海湾沙丘与山前坡地间。2009年3月初开始进行考古试掘，发现这是一处商时期的早期人类活动遗址。2010年初进行了第一次考古发掘。出土文化遗物较为丰富。生活用器主要发现陶器，种类有陶釜、陶罐、陶盘、器盖、豆、支脚等器，陶器纹饰以绳纹为大宗，还有方格纹、曲折纹、刻纹、弦纹，还发现多件用于纺织的陶纺轮，也发现穿孔石饰件等装饰用品；生产工具主要是石器，发现小石斧、小石锛、网坠、砺石等。目前发掘尚未完成，材料尚未完全整理。

2. 经济与文化

青铜时代早期，这里的先民们仍然居住在海湾沙丘上或附近的坡地上。主要生活来源都还是渔业生产，同时采集海生、陆生可食生物。由于同时期的周边地区的古遗址中发现有种植农业[42]，这里的某个时期也可能有少量农业作为经济的补充。在青铜时代早期及至稍前时期，珠江三角洲地区不少地区如增城、佛山、高要、东莞等地遗址，已经发现家养猪、

淇澳岛亚婆湾遗址出土的铸铜石范

南屏白沙坑遗址出土的铸铜石范

水牛、狗等家畜，到春秋战国时期，许多地方还发现牛、狗、鹿、鸡、穿山甲等泥塑。其中牛有水牛、黄牛，有的牛鼻还有穿孔。整个青铜时代，珠海地区先民的生产工具仍然是以石器为主，磨制的石器虽然精细，但打制的石器也都继续使用。

青铜器铸造

广东早期青铜文化的资料发现很早[43]，但是早期的青铜器可确认的数量却不多，目前还没有可确认的属于商时期的青铜器。这里发现了一批铸造铜器的模具——铸铜石范。在粤港地区已经有近 20 个地点发现铸铜石范。其中香港 9 处，珠海 6 处，中山 1 处，惠阳 1 处，揭西 1 处。珠海在平沙棠下环遗址发现 1 件制斧 1 件制斤石范、斗门乾务缯船埔遗址发现一件制斧（一说是凿）石范，淇澳岛亚婆湾遗址采集到 3 件制斧石范 1 件制钺石范；淇澳岛南芒湾、南屏白沙坑等两地各发现 1 件制钺石范；东澳岛南沙湾遗址发 1 件制斧石范。这些石范均为石质，多为砂岩，有的因石质不好，经铜液灼烧，而后又长时间埋在土中，有一定程度风化。都是磨制而成，背面呈弧形，范面平整，内为铸器的形状。器形种类除珠海发现的斧、钺、铲凿三种石范外，在其他地方还发现钩、铃、镞等的石范。

平沙棠下环遗址最引人注目的发现是这件制作青铜长身斧的石模子，它由粉红色砂岩制成，通长 14.5 厘米，最宽 5.6 厘米，厚 2.3 厘米。其中一面磨制平整，另一面呈弧形，两端磨平。顶端有浇注口，为双合范的一半。制出的斧长 11.2 厘米，刃宽 3.7 厘米。石范有明显经过浇注使用的呈灰黑色烧痕。另一件制斤石范与前者大体相同，磨制精细，正面近铲形，

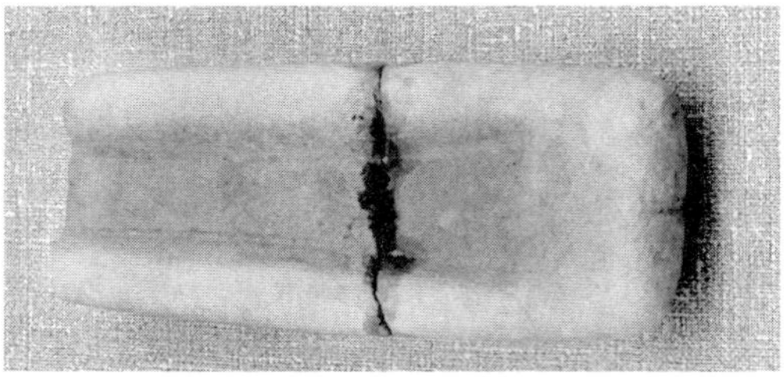

平沙遗址出土的铸铜石范

南屏遗址发现的战国时期的铜短剑（匕首）

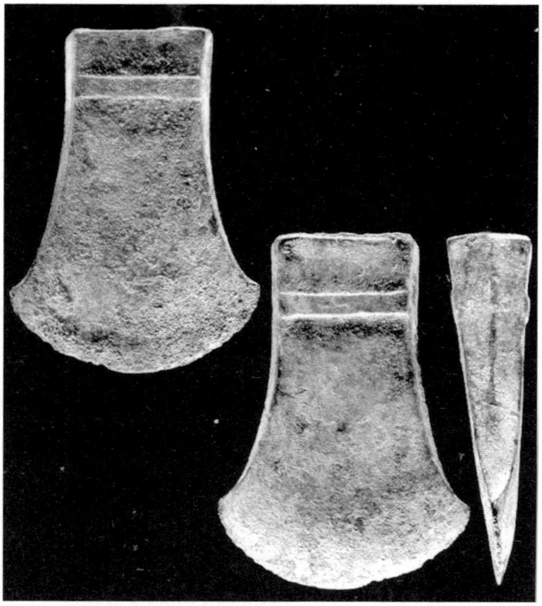

拱北西瓜铺遗址采集的战国铜斧

刃口处有凸棱背面有内凹，可惜已残，残长 4.3、宽 6.2 厘米。由于该物出土于商时期地层，被认为是广东最早使用青铜器的直接证据[44]。淇澳岛亚婆湾发现的 3 件制斧石范为红砂岩制成，均为半范，另一半缺失。器顶有浇注口，荡内有黑色浇铸痕迹。从其中较完整的一件可以看出，铸出来的铜斧銎部微凹，器身微束，刃口呈弧形。石范长度 14.5、宽 9.6、厚 4.2 厘米。另一件器形稍小，斧部为直銎，可惜只是残件。

珠海发现一批西周到春秋战国时期青铜器制品。其中金鼎外沙发现铜镞、铜钺，鸡山发现铜环、南屏发现铜短剑（匕首），拱北关闸发现铜斧。

南屏发现铜短剑被称之为一字格剑，这种剑广泛分面于云南广西及越南，尤其以云南、越南最集中，广东地区较罕见，为环珠江口地区仅见的一字剑，柄身合铸，剑身有脊，圆首扁茎，与云南同类剑相近，属于战国时代，反映珠江三角洲与西南及中南半岛的关系[45]。

拱北西瓜铺发现的这件铜斧，长方銎，近銎口处一周宽带，正锋，圆刃，刃口两端微上翘，属于战国时期[46]。

金鼎外沙发现的铜钺，刃作扇形，为战国时期；这里发现的镞，为双翼，长 6.2 厘米，器体虽小，仍属宽体型。

由于青铜时代的珠海甚至广东都有没有发现采铜炼铜遗址，这里发现的铜器铜料的来源均应来自外地。

陶器的制作

这一时期出现了器形规整、烧成温度相当高的陶器，部分先民们已经会采用轮制或快轮修整技术制作陶器。少量陶器还有釉。陶罐、陶尊、陶豆、陶盂、陶簋等器物常见。纹饰中方格纹、云雷纹、夔纹、篦点纹、绳纹、米字纹较多出现。从考古学文化角度看，这一时期的珠海与珠江三角洲地区的文化内涵有相当多的共同点应属于同一文化区系。从整个珠江三角洲看，其与粤北地区、粤东地区同时期文化也有直接的文化联系。侈口、圜底、圆腹或垂腹夔纹陶罐、折腹陶豆，铜匕首等器物最具时代特色，夔纹陶在广东境内各地均见，且多与青铜器共存，战国时期装饰有米字纹压印纹的陶器大量出现。

唐家鸡山村沙丘遗址采集的夔纹陶罐

3. 居民部族大略

先秦时期在珠海地区居住活动的人，大都属于百越族的先民。百越（越族）是我国东南部地区古代民族的名称。从文献资料看，原始社会晚期的尧、舜、禹等传说时代，其先民同其他族群被划分为蛮苗系统。文献记载中的蛮、三苗同后来的百越有着密切的关系，他们应该包括越族或其中的部分先民。大约在商代早期，越族已经从“蛮苗”中分离出来，而被称之为“沤深”“瓯”和“越沤”等。西周时期，越族中又出现“七闽”“于越”及“扬越”诸名称，其中“扬越”指的就是越族或者其中的某一部分。到了春秋战国时代，越族发展到一个新的阶段。现在江苏和浙江绍兴一带的越人建立的吴国和越国，已经非常强盛了。其他各支系越人也很活跃。战国晚期至西汉初年，文献中出现“闽越”“东瓯”“南越”“西瓯”“驼越”等越人的国名和族名[47]。珠海一带属于南越。

“断发文身”是古代越人的特有习俗，这是与中原地区商周时期的人们不同的。所谓断发，即“剪发使短，冒首低冠，而不束发加冠之一意”。古代中原一带人一般是不剪头发的，头发长了，束起来，插上笄子，戴上帽子。就像孔子说的：身体发肤，受之父母，不敢毁伤。越人不同，总是把头发剪得短短的，还在身上文出像龙蛇一样的纹饰。古文献中有记载，《左传》哀公七年：“越，方外之地，剪发文身之民也。”《淮南子·齐俗训》说：“中国冠笄，越人赞发。”据有关文献记载，稍晚一些的时候，在一些地区越人也有椎髻之俗[48]。《史记·陆贾传》南越王赵佗行“椎髻之俗”。《论衡·率性》上说：“南越王赵佗，本汉贤人也，化南夷之俗，背叛王制，椎髻箕坐，好之若性。”古代中原人称东南民族为“钺”，有人认为，这是因为这里较早就较多地使用石钺的原因。

秦始皇三十三年（公元前214年）统一岭南，设置南海、桂林、象三郡。当时南海郡设番禺、龙川、博罗、揭阳、四会五个县，珠海地方属于南海郡番禺县。秦统一后推行徙民实边政策，中原军民迁徙岭南的同时，带来了先进的文化和生产技术，促进了岭南的发展，为汉民族的形成也打下了基础。

（六）珠海与中国早期海洋文化

中国是一个大陆国家，也是一个海洋国家。有着1.8万多千米大陆海岸线，1.4 万多千米岛岸线，海域面积约 473 万平方千米，海岛数千座。千百年来，我们的祖先就在海边生息，繁衍。他们依靠海洋、认识海洋、利用海洋，还在一定程度上征服和改造海洋，创造了有自身特点的灿烂绚丽的海洋文化，是人类海洋文明的重要组成部分。

海洋文化具有明显的地域性、历史性、民族性特点。从一定的意义上说海洋文化，就是和海洋有关的文化；就是缘于海洋而生成的文化，也即人类对海洋本身的认识、利用和因海洋而创造出来的精神的、行为的、社会的和物质的文明内涵。海洋文化的本质，就是人类与海洋的互动关系及其产物[49]。长期以来，存在一种偏见，即认为中华古老文明基本是农耕经济的产物，与海洋文化无涉，进取、冒险的海洋文化成了西方的专利或西方文明的标志。黑格尔就曾经断言：对包括中国在内的东方各国而言，“海只是陆地的中断，陆地的无限；他们和海不发生积极的关系”[50]。在美国出版的一本《世界通史》中，也武断地认为“古代的中国人，不习于航海”。实事上，在环珠江口地区发现的沙丘遗址中丰富的文化遗迹遗物，对上述错误观点已经作了明确的回答：中华文明多元一体，不仅有灿烂的农耕文明，而且有着灿烂的海洋文明。珠海澳门等地发现的沙丘遗址中遗迹遗物反映出海洋文化的流动性、开放性、冒险性、商业性、多元性、包容性的特点。

南海海岛居民先秦时期在沙丘上所创造的文化，具有明显的海洋文化特点，与中原地区及长江流域先秦居民所创造的农业文明有所不同。距今 6000 多年前，人们选择海湾沙丘作为他们的栖身之地，充分利用海湾内丰富的鱼类资源，及海湾附近岛上的植物动物资源，很顽强地生存下来。海岛先民在这一特殊的地理条件下，也有惊人发明和创造。

这些沙丘居民就是捕鱼高手，较早时他们有了可以在近海上活动的渔船，在距今 4000 年前后，沙丘居民已经掌握水上停船技术，宝镜湾遗址等地出土了当时的大型石锚，这可以说是一件了不起的大事，对后来的水上交通有着相当的影响。渔业在环珠江口地区最为兴盛，从目前出土的数千件渔网部件——沉石、网坠数量就可知当时的生产规模已为全国之最。沙丘先民有其精神追求，他们在其居住地附近凿刻出巨型岩画，这是一种与用颜料涂绘的岩画不尽相同的遗存，其上保存有相当丰富的文化积淀，成为我们走近古人的一座桥梁，了解古人的一扇窗户；石玦与石环是沙丘遗址中较为常见的物品，一些遗址中还发现专门的作坊，石玦与石环质地以石英为大宗，另有玉石、玛瑙、水晶及各种美石，这些具有装饰用途的石制品已经被沙丘先民用于祭祀活动，也可能作为商品参与交换。生活方面，除了具有与中原地区相同的以纺轮所代表的纺织布之外，在沙丘遗址早期还存在一种树皮布石拍所反映的无纺的树皮布。陶器是主要的生活用品，在早期阶段陶器就已经分为两组风格的器物，一组是以彩陶和白陶为代表的受外来文化影响的器物，而另一组则是以夹砂陶为主的本土文化器物，陶釜是海岛先民的主要炊器，中原地区最为常见的陶鼎，在这里极为鲜见，釜、盆、豆、罐、杯是陶器常见的器类和组合。这里发现相当数量的铸铜石范，被称为岭南地区较早的青铜文化物证，珠海地区先民揭开广东早期青铜时代的序幕。

注释：

[1]《中国国情丛书——百县市经济社会调查·珠海卷》，中国大百科全书出版社，1998 年，第 5 页；《珠海市志》，珠海出版社，2001 年，第 381 页；《2009 年珠海概况》：http://www.zhuhai.gov.cn/yjzh/mlzh/qhrk/xzqh/201010/t20101015_163301.html。

[2] 《中国国情丛书——百县市经济社会调查·珠海卷》，中国大百科全书出版社，1998 年，第 3 页。另据沈鸿金、王永勇（珠江水利委员会水文局）《珠江泥沙主要来源及时空变化初步分析》（《人民珠江》2009 年第 2 期）称：“每年平均约有 7700 万吨泥沙从西江、北江、东江输入珠江三角洲，其中西江占 88.3%，北江和东江仅占 11.7%。”

[3] 黄启善主编：《百色旧石器》，文物出版社，2002 年，第二章第 83~86 页，第三章第 87~94 页。

[4] 方志钦、蒋祖缘编：《广东通史》，广东高等教育出版社，1996 年，第 43 页，第一章《广东地区的原始社会》。

[5] 张镇洪：《南蛮不蛮》，中国评论学术出版社，2010 年。

[6] 邓聪、黄韵章：《大湾文化试论》，《南中国及邻近地区古文化研究》，香港中文大学，1994 年。

[7] 李伯谦：《咸头岭一类遗存浅识》，《东南文化》1992 年 3~4 期合刊本；李松生：《试论咸头岭文化》，《深圳考古发现与研究》，文物出版社，1994 年。有学者认为应命名为“大湾文化”。

[8] 王宏、金国林：《广东英德史老墩遗址的石器分类与农业生产——兼论广东地区新石器时代的农业发展》，《农业考古》2003 年第 1 期。

[9] 朱非素：《从考古发现看先秦时期的珠海社会概况》，《珠海文化遗产图集》，珠海出版社，第3页。

[10] 某些连岛沙堤上也曾发现先民活动的遗迹遗物。

[11] 李海荣：《深圳咸头岭新石器时代遗址与珠江三角洲地区相关遗址的分期和年代》，转引自朱非素：《从考古发现看先秦时期珠海的社会概况》，《珠海文化遗产图集》，珠海出版社，2008年，第3页。

[12] 后沙湾遗址第6层陶片标本热释光年代测定数据为：距今4828±483年。由广州地理研究所中心实验室测定，编号为89040。受标本采集与设备技术的影响，热释光测年数据误差较大，单一测年数据更只能提供参考。考古学上往往根据地层学与器物类型学所得出的相对年代与多个测年数据的绝对年代进行综合考量，得出遗址的参考年代结论。

[13] 李子文：《淇澳岛后沙湾遗址发掘》，《珠海考古发现与研究》，广东人民出版社，1991年。

[14] 肖一亭：《澳门、珠海史前文化探索》，《文物》1999年第11期。

[15] 1995年，香港古物咨询委员会、古物古迹办事处编印的宣传小册都有同一口号："香港文物六千年，齐心保护迈向前"。在香港博物馆等地的历史文物展览中也这样写："香港历史悠久，可远溯至六千年前，而不同的历史时期，亦先后留下不少文物及古迹，成为本港的历史见证。"

[16] 深圳市博物馆出版：《深圳7000千年——深圳出土文物图录》，文物出版社，2006年。

[17] 考古发现，岭南地区早期居民以洞穴为住址，这与长江流域和北方地区早期居民差别不明显，新石器时代中期以后，环珠江口地区的先民居住在坡地和沙丘上，房屋主要有干栏式与地面建筑两种类型。

[18] 广东省文物考古研究所、珠海市博物馆编著，邱立诚、肖一亭主编：《珠海宝镜湾——海岛型史前文化遗址发掘报告》，科学出版社，2004年。

[19] 也有学者将东澳湾遗址定为广东早期青铜时代的一个地方类型。

[20] 徐恒彬、梁振兴等：《高栏岛宝镜湾石刻岩画与古遗址的发现与研究》，《珠海考古发现与研究》，广东人民出版社，1991年。

[21] 政协珠海市委员会编：《珠海文化遗产图集》，珠海出版社，2008年。

[22] 徐恒彬、梁振兴等：《高栏岛宝镜湾石刻岩画与古遗址的发现与研究》，《珠海考古发现与研究》，广东人民出版社，1991年。

[23] 陈兆复：《中国岩画发现史》，上海人民出版社，1991年版。

[24] 广东省文物考古研究所、珠海市博物馆编著：《宝镜湾遗址——海岛型史前文化遗址发掘报告》，科学出版社，2004年版；肖一亭著：《先秦时期的南海岛民——海湾沙丘遗址研究》，文物出版社，2004年版。还有意见认为：岩画的年代为3500~3000年，是商时期古越族先民所作。

[25] 清人沈同芳著述的《渔业历史》和近人张振东、杨金森编著的《中国海洋渔业简史》（北京海洋出版社，1983年）等书中，对捕鱼网具都有所介绍。网坠有时被称为沉子，而系网坠的缆绳称为沉子纲。在沉子之间或网的两端，常配有沉石。沉子和沉石的区分，是它们的重量不同，沉石更大、更重，使用的数量相对较少，而网坠（沉子）较小、较轻，使用的数量相对更

多。沉子和沉石在重量上区分具有相对性，是就具体的渔网个体而言的。沉子和沉石到底该多重？并没有明确的规定。针对宝镜湾遗址出土坠形石器的具体情况，我们从重量上划出两条线，将其区分开来。小于500克的坠形石器归入网坠，把大于3800克的坠形石器归入石锚统计。

[26] 曾骐：《论史前时期石器制造场》，中山大学岭南考古研究中心编：《岭南考古研究》第3辑。

[27] 邓聪、郑炜明：《澳门黑沙》，田野考古报告专刊（一），中文大学出版社，1996年。

[28] 广东省文物考古研究所等：《珠海宝镜湾——海岛型史前遗址发掘报告》，科学出版社，2004年。

[29] 邹兴华：《香港西贡蚝涌抢救性发掘收获丰富》，《中国文物报》1999年7月25日第58期。

[30] 曾骐：《广东南澳县东坑仔古遗址》，《东南文化》1991年第2期。

[31] 邓聪在《史前蒙古人种海洋扩散研究——岭南树皮布文化发现及其意义》一文（见《东南文化》2000年第11期）中有"环珠江口树皮布石拍属性表"，对这一地区石拍作过统计，2000年7月，笔者在珠海宝镜湾遗址的发掘与复查中又在遗址地层中发现2件石拍并采集到一件石拍，3件石拍大都呈半圆形，侧面都有凹槽，正面无刻槽，与前次在该遗址出土的一件形制有相似处，但细部不尽相同。

[32] 邓聪：《史前蒙古人种海洋扩散研究》，《东南文化》2000年第11期，第18页。

[33] 由于未发现人骨，且坑口过小，在宝镜湾资料整理中，该M3被改为H25，也就是当作灰坑（祭祀坑）来认识。

[34] 邓聪、郑炜明：《澳门黑沙》，香港中文大学出版社，1996年。

[35] 《易·系辞下》。

[36] 方志钦、蒋祖缘主编：《广东通史·古代上册》，广东高等教育出版社，1996年，第102页。

[37] 杨耀林：《深圳历史7000年——深圳出土文物图录·概述》，文物出版社，2006年，第4页。

[38] 邱立诚：《广东青铜文化的土著特色》，《考古与文物》1999年第2期。

[39] 卜工：《广东青铜时代初论》，《华南考古》第1辑，文物出版社，2004年，第56页。

[40] 朱非素：《从考古发现看先秦时期珠海的社会概况》，《珠海文化遗产图集》，珠海出版社，2008年，第4页。

[41] 杨式挺：《广东考古五十年》，《广东省社会科学院历史与孙中山研究所建所五十年纪念文集》，银河出版社，2008年，第80页。

[42] 香港沙下遗址发现人工栽培的稻谷。

[43] 早在20世纪三四十年代，在香港与粤东地区都曾发现铸铜石范。

[44] 李岩：《广东青铜时代早期遗存诸问题浅析——从珠海棠下环出土石范谈起》，《东南亚考古论文集》，香港大学美术博物馆，1995年。

[45] 李世源、邓聪主编：《珠海文物集萃》，香港中文大学，2000年，第151页。

[46] 邱立诚：《珠海青铜文化初识》，《珠海考古发现与研究》，广东人民出版社，1991年，第278页。

[47] 见吴绵吉：《百越的名称和分布》，《百越民族文化》第一章，中国社会科学出版社，1988年；《中国东南民族考古文选》，香港中文大学中国考古艺术研究中心，2007年，第9页。

[48] 对于越人既行断发又行椎髻的习俗，有学者认为是地域性差别和族别不同，如蒙文通先生的《越史丛考》（人民出版社，1983年）。不过，厦门大学吴绵吉先生考证认为："断发是自古以来的传统习俗，而椎髻是春秋才开始的，战国到汉代比较流行。甚至后者还可能不是产生于越人本身，而是受外族影响的结果。春秋战国以来，越人同其他邻族来往渐多，受邻族的影响也渐大。《战国策·赵策》（二）载：'黑齿雕题。鳀冠秫缝，大吴之国'，这种冠带之俗，大概来自于中原周俗。"见《百越民族文化》第十章《百越的生活习俗》，中国社会科学出版社，1988年。

[49] 曲金良：《海洋文化概论》，青岛海洋大学出版社，1999年。

[50] 黑格尔：《历史哲学》。

（原载《珠海简史》，社会科学文献出版社，2011年）

考古学文化区系类型问题的学习和探索

一

考古学文化区系类型问题，作为当今考古学研究的一个重大课题，是由苏秉琦先生首先提出来的。苏先生这一课题的提出及开创性的探讨，把中国考古学研究推到了一个新的高度，其意义之深远是不言而喻的。为了完成这一重大课题，许多考古学工作者执著而勤奋地努力，取得了可喜的成绩。随着这一问题的深化，考古学文化的区系类型问题其“内涵”和“外延”都得到了丰富和发展，它不仅仅作为一个考古学研究的课题，而且已经成了考古科学中一项较高层次的理论和方法，即从不同的层次和角度在整体上把握诸考古学文化之间和考古学文化内部诸要素之间时空关系、渊源关系或影响关系的理论和方法。我们研究苏先生考古学文化区系类型思想的形成过程，掌握他的精神实质，了解他的研究进展，对中国考古学的发展是大有裨益的。任何一个人在事业上的成功都必须具备主客观两个方面的条件，一方面是客观情况的发展，给人们提出了这样和那样需要，这样和那样的可能，时势造就英雄；另一方面具体谁能担起这一重任则必须具备一定的素养。苏秉琦先生考古学文化区系类型课题的提出，正是适合学科发展的要求，因而显示出强大的生命力，并已产生相当大的影响，成为我国考古学发展史上的一个里程碑，而这一课题之所以由苏秉琦先生提出，“是他几十年来运用类型学方法研究各种考古学遗存后的必然结果。”“早在《瓦鬲的研究》中，他已经从当时得到的材料出发，寻找陶鬲发展谱系，并由这个角度来对商文化，周文化，西北青铜文化的发展系列及其渊源开始进行探索。五十年代以后，随着各地大量增加的新材料，又以分析黄河中游至渭河流域的仰韶文化开始，并接着对东南沿海地区的新石器文化，南方地区的印纹陶文化，长江中游的原始文化，长城地带的新石器至青铜文化等等遗存，分别考察其发展系列，区域差别及相互关系，最后归结到一个研究中国考古学文化区系类型问题的总题目”[1]。

苏先生关于考古学文化区系类型的思想，比较集中地体现在《苏秉琦考古学论述选集》一书中，而俞伟超、张忠培二位先生的《编后记》则为我们学习和掌握苏先生的基本思想，打下了良好的基础。

二

1981 年苏秉琦《关于考古学文化的区系类型问题》一文的发表，奠定了我国考古学文化谱系研究的基础。这一课题的正式提出是 1979 年 4 月在西安召开的全国考古学规划会议上，在此以前，他同北京大学、吉林大学考古专业的同学就这个课题作过专题讲授，在 1978 年庐山召开的“江南地区印纹陶问题学术讨论会”上，他撰写的《关于几何印纹陶》论文中，也曾指出：“中国文化的起源，古文化区系类型，从原始社会到阶级社会的过渡，统一多民族国家的形成与发展，以及民族文化关系等，都是我国考古学上的主要课题。”[2]考古学文化区系类型思想的萌芽，即在局部地区进行这方面的研究就更早了，甚至在苏先生之前就已经开始。如梁思永先生对龙山文化的研究之中就曾采用分区分型研究的方法，他在 1954 年发表的《龙山文化——中国文明的史前期之一》一文中，就注意到当时已调查和发掘的七十余处龙山文化遗址中所收集的遗物，尤其是陶片，“显示出不可忽视的确定的地域差异。”于是他将其暂时分为三个区域进行研究，分别为：山东沿海区，豫北区，杭州湾区，并逐区总结他们的特点，各成体系。从现在看来，这样分区仍是有意义的，只是后来随着材料的增多，区分得更多、更细了。苏秉琦先生对局部地区进行区系类型的研究，是在 1965 年《关于仰韶文化的若干问题》一文开始的。当时仰韶文化经过调查和发掘的遗址增多，资料更丰富，分布面更广，情况更复杂，怎样看待已经呈现出来的差异，是摆在大家面前的尖锐问题。有的同志主要着眼于仰韶文化的分期问题，有的同志则注意到了分区问题。这时，苏秉琦先生提出："仰韶文化在其长期发展过程中必然会形成的阶段性和差异性，是两类不同性质的问题，我们对仰韶文化的文化类型和年代分期两问题的研究应该加以区分，而不应该把它们混为一谈。"在这篇文章中，苏先生对仰韶文化进行了年代和分期的研究。并提出了研究的步骤是："我们认为首先是对若干重要遗址的自身分期，其次是同类遗存的相对年代关系，最后是对整个仰韶文化遗存的统一分期。"在分期的基础上，进一步对各遗址的渊源关系和影响关系进行研究，划分出若干区域类型；即关中至晋南豫西和陇东、洛阳、豫北、河套等区域类型，其中以关中为纽带，东连晋南豫西，西连陇东这一区域是中心，在此中心范围内，陕县（今三门峡市）以西和以东又有区域性变化，西安以东地区同西安以西地区又有所不同。除了整个仰韶文化分为二大期外，在洛阳等地的区城类型中还在期中分段。并根据文化内涵的早晚差别，提出："似乎不能认为仰韶文化的面貌是属于可以不加区别的一个社会发展阶段，看来，它的前期还在原始社会氏族制的盛期——上升阶段，而它的后期则已经越过了这个发展阶段。"苏先生对仰韶文化的研究，给我们考察各种考古学文化探索出了一条正确的途径：首先是分期，以分期为基础，根据文化内涵的差异和共同点划分区域类型；进一步分析社会面貌的变化。

值得提出的是，在这一点上我们同俞伟超先生和张忠培先生对于苏先生这篇文章的理解有些不同。《编后记》中有这样一段话："这就是讲，对于这样一大片范围的仰韶文化，应该划出不同的文化类型，再分别寻找每个类型的年代分期。"而另一处又说："……这篇文章的重要意义，远远超出了对仰韶文化的类型作的具体划分，而在于寻找到了一条考察各种考古学文化的正确途径：划分区域类型，按类型寻找来龙去脉。依期别分析社会面貌的变化。"这里不管是"划分出不同的文化类型，再分别寻找每个类型的年代分期"也好，还是"划分区域类型，按类型寻找来龙去脉"，都是以分区为起点进行分期。这不符合苏先生的原意，苏先生的这篇文章中始终是以分期为基础来划分区域类型和分析社会面貌。不错，苏先生在这篇文章的第二部分讲"什么是半坡类型和什么是庙底沟类型"，

第六部分才谈“年代和分期”，从文章的小题目看似乎是先类型后分期，但文章的内容告诉我们，苏先生谈类型的基础和前提就是分期。我们不能把实际研究的程序同文章内容出现的先后次序等同起来。写文章为了说明问题方便，常将研究程序打乱。不做一定的分期工作，不搞清遗存的相对或绝对年代，是难以区分的。当然，我们这里说的分期在前，分区在后，是指事物发展的逻辑过程，实际工作中，分好区将帮助我们进一步分好期的例事也是不少的，但这只能理解为是反作用。

此后，苏先生发表《略谈我国东南沿海地区的新石器时代考古》、《关于“几何印纹陶”》、《石峡文化初论》、《从楚文化探索中提出的问题》及《在朝阳地区考古工作座谈会上的讲话》等文章，对长城内外，长江中游，从山东半岛到长江三角洲，从洞庭湖、鄱阳湖周围到岭南海边，做了大量具体材料的比较研究工作，同时，考古学界的许多同志对各地区的文化发展序列和相邻区的文化面貌比较都取得了很大的进展，为全国性的区系类型的综合研究打下了基础。

三

1981 年，苏先生发表了著名的《关于考古学文化的区系类型问题》一文，全面系统地阐述了考古学文化区系类型的基本思想和内容：

1. 我国考古学文化区系类型的划分是客观形势的要求。

这时的客观条件已具备一定可能性，如考古发现无论从上下所跨的时代还是涉及的问题的广度来说，都是空前的。很多空白已被填补；不少遗址经过正式发掘，已被命名的考古学文化有数十种之多，其中有些文化的内涵、分期和年代都了解得比较清楚；碳十四测定年代等自然科学方法的运用，使我们能获得较可靠的史前编年。

客观情况提出了划分区系类型的必要性。我国辽阔的国土上迄今发现的新石器时代遗址六千处之多，他们的时代多数是距今七千年至四千年间的遗存，就其文化面貌来说也存在诸多差异，要求考古工作者对其文化渊源和相互关系及其影响有一个较系统的了解。

2. 研究的步骤和方法:

选择若干处典型遗址进行科学的发掘，以获得可资研究的典型材料，然后，在准确划分文化类型的基础上，在较大的区域内以其文化内涵的异同归纳为若干文化系统。

3. 区系类型三者的关系；区是块块，系是条条，类型是分支。

4. 文化共同体同遗留的物质文化遗存有密切的关系。当时人们以血缘为纽带，强固地维系在氏族部落之中，这样，不同的人们共同体所遗留的物质文化遗存有其特征也是必然的。另外，不同的自然条件，遗物遗迹可能呈现差异。

5. 划分区系类型的目的：通过文化类型的划分和文化内涵的深入了解，以及对它们之间相互关系的探索，达到恢复历史原貌的目的。

6. 苏先生对于考古学文化区系类型进行初步划分的依据和标准："以公布的材料为依据，以典型的发掘材料为骨干，借助调查试掘的材料……依各地区文化内涵的差异和特点，它们的发展道路（阶段性和规律性）及其源流等方面……"

7. 已分出的六大区系：

（1）陕豫晋邻近地区

（2）山东及邻省一部分地区

（3）湖北和邻近地区

（4）长江下游地区

（5）以鄱阳湖—珠江三角洲为中轴的南方地区

（6）以长城地带为重心的北方地区

各区之下又可以分为若干个区域类型；各区之上又可以概括为面向内陆和面向海洋两部分。

8. 尽可能列出各区域的文化序列。

四

学术界对苏先生的区系类型问题的理解是不尽相同的，他们从不同的角度去解释，丰富和发展他的思想，也有许多学者接受了区系类型的研究方法，指导自己的研究。张忠培、俞伟超先生比较强调谱系的研究，认为“区系类型的研究实际上是谱系的研究”。张先生在同北大考古系青年教师和研究生座谈会上说：“苏先生的区绝不是一个文化的分布区，他是讲有关系的几个文化分布的一定地区，苏先生讲的系，是以文化的源流来说的，苏先生讲的类型是从一个文化的空间关系来说的，所以苏先生说的区系关系的研究是块块和条条……”他又说，“我在另外一篇文章里提出这样一个概念，即‘亲族文化区’和‘历史文化区’这个概念，我想是苏先生最早提出来的，七十年代前半期，到我们编写《编后记》时提出谱系，我们的理解深入了一点，后来我又提出‘亲族文化区’和‘历史文化区’，比以前的理解又深了一步。”张先生对谱系进行了解释，即“关于谱系的研究，可以从民族学的角度来理解，也可以从生物学角度来理解，我们所谓的谱系，实际上是指考古学文化的关系，而考古学文化的关系是从两个方面来考察的，一个是它的源流，我们称为‘血亲’，另外是不同性质的考古学文化相互关系，我概括为‘姻亲’，我们是从民族学来考虑的，谱系实际上是从生物学引进的。‘血亲’着重从时间上来考虑，即源和流，‘姻亲’关系则着重从空间上来考虑”。张先生以“亲族文化区”表示那些同一起源的相互有关系的文化，以“历史文化区”表示那些起源不同的相互之间存在交往的这样一个文化区，他认为：“就整个中国来说，它都是一个历史文化区，它中间可以分为许多亲族文化区。”

严文明先生强调从不同的层次上把握考古学文化的面貌。他说：“近年来对考古学文化的研究日益深化，已有可能将其划分为不同层次，假如我们把文化作为第一层次，文化下面可以分期，每期文化又可以分若干地方类型，这可以算第二层次……实际上文化类型本身也可以分期，每一期又可以分为几个小区，这可以算做第三个层次……再进一步分析，就会发现每一个小区的文化特征也不完全相同，循此以往，在某些地方，也许还能划分出第四个层次，从而把考古遗存中所能观察到的共同体缩小到与部落联盟大体相当的规模……不仅考古学文化本身可以划分多级层次，而且在考古学文化之上也还有不同层次。例如仰韶文化、红山文化、马家窑文化、大溪文化和大汶口文化，不但大体同时代，而且分布区域邻近，相互间有很密切的关系，许多因素相似甚至相同，它们构成一个文化群，不但区别于同时代的细石器文化群，而且区别于其他地方的彩陶文化群……如果把眼光放得更大一些，还可以概括出更高为层次，终至把全世界分为几个大文化区。这样，我们就会对全世界的原始文化有一个系统的认识，对每一地区的远古居民对于人类文化所作的贡献，也就可以有较为确定的了解。”[3]严先生关于层次的理论，已形成一套相对独立的较完整的理论体系，并不限于对区系类型的解释，但他客观上起到了发展区系类型理论的作用。在具体的考古学研究中，不少学者并没有拘泥于一个模式，或缩小一定比例，从区域类型开始研究，如张学政同志《论黄河流域仰韶文化区系类型》[4] 把黄河流域分成六个大区进行区系类型的研究；或就新石器时代某一个时期进行区系类型研究，如严文明先生的《龙山文化和龙山时代》等 [5]。即使同样是划分中国新石器时代考古学文化的谱系，因角度不同，其结果也不完全一样。我们不妨比较一下，严文明先生的《中国新石器文化的谱系》（见《中国史前文化的统一性与多样性》《文物》1987 年第 3 期）；佟柱臣的《中国新石器时代诸文化系统编年比较表》（见《中国新石器时代文化的多中心发展论和发展不平衡论》《文物》1988 年第 2 期）和安志敏的《黄河长江流域新石器文化年代简表》（见《考古》1984 年第 3 期）等，他们对新石器时代考古学文化的谱系认识，并不是一样的。但是，每一说法都有其当然的道理，这是因为事物和现象本身就是丰富多彩的，每一种不同角度的认识，都能使我们对中国新石器时代考古学文化面貌的认识增加立体感，这也像我们绘图，只绘一个正视图不行，还要有侧视图、俯视图和剖面图，比较复杂的东西要绘很多很多图才能说明。苏秉琦先生关于区系类型探讨的意义，不在于他的具体结论，而在于为中国考古学研究开辟了一个新的领域，把考古学研究推到了一个新的高度。作为一个重大课题，以全国所有考古学文化为研究对象，通过类型的划分和文化内涵的深入了解，以及对它们之间相互关系的探索，掌握他们的发展谱系，展示各时期的文化面貌，达到恢复历史原貌的目的。作为一种理论和方法，它是一种分层次的研究，即从不同的层次和角度，在整体上把握诸考古学文化之间和考古学文化内部诸要素之间时空关系、渊源影响的理论与方法，其特点是从宏观着眼、从微观入手、时间与空间相结合、层次与谱系相结合的综合研究。

注释：

[1] 引自《苏秉琦考古学论述选集·编后记》，文物出版社，1984年。

[2] 《文物集刊》第三辑，文物出版社，1981年3月。

[3] 严文明：《新石器时代考古研究的两个问题》，《文物》1984年第8期。

[4] 张学政：《论仰韶文化》，《中原文物》1986年特刊。

[5] 严文明：《龙山文化和龙山时代》，《文物》1981年第6期。

（原载《江西文物》1989年第1期）

江西古代文明的起源

一、江西人类历史的开端

在江西这块富饶的土地上，从何时开始有人类活动？当时的人类体格如何？使用怎样的生产工具？社会组织结构如何？以及当时的环境、气候如何？千百年来都是一个谜。这也是科学家和考古工作者甚为关注的一大课题。

1962年，中国科学院古脊椎动物与古人类研究所黄万波等同志在江西乐平涌山岩洞首先找到了人工打制的石器[1]。这些石器经古人类学家贾兰坡先生确认：打击点、台面、破裂面等打制石器的基本特征都很清晰，尤其是台面两侧有二次打击痕迹，说明是人工打击的，而不是自然力作用的产物。这一发现拉开了寻找江西原始人类及其文化遗物的序幕，并为此提供了珍贵的线索。可惜此后二十年间都没有取得突破性的进展。

1982年在萍乡市宣风镇竹园山洞穴，当地农民在洞口的土层中发现化石，立即向江西省博物馆、萍乡市博物馆做了报告。同年，省、市博物馆对该洞作了考察。1983年，萍乡市博物馆肖一亭等同志再次前往考察，并获得了一批动物化石标本。经初步鉴定，有东方剑齿象、大熊猫、鹿、犀、野猪、豪猪、竹鼠、鬣狗、貘等类，年代定为中更新世。同年10月，中国科学院派文本亨同志前来考察，他进一步将标本分成十二种类型，但认为年代应为晚更新世。1985年11月和1986年5月，中国科学院派陈万勇研究员、李超荣先生到萍乡竹园山洞穴考察，并带回部分化石标本。专家们认为：年代较早，不会晚于中更新世，并鉴定出代表十五个以上动物的化石[2]。1988年11月，中国科学院邱中郎等专家同江西省文物考古研究所、萍乡市博物馆等单位联合对该洞进行为期一个月的试掘，又出土一件经人工打制的石器[3]。至此，人们可以确定，至迟在距今十几万年以前就有人类在江西的西部、北部地区劳动、生息、繁衍。江西这块土地上的人类活动历史至少已有十几万年。

在对萍乡竹园山洞穴考察的同时，1988 年，江西安义县发现一件似经人工打制的石块，引起中国科学院古脊椎动物与古人类研究所同志的重视。1989 年 5 月，联合调查组在安义潦河流域发现章灵岗、凤凰山、下徐村北三处旧石器地点，获得石制品 37 件，有石核、石片、尖状器、砍砸器、刮削器等，石料为石英岩、砂岩，石器多为自然卵石打击而成[4]。1989 年底又在新余市袁河北岸罗坊镇打鼓岭、水西镇龚家山两地发现旧石器地点[5]，共获得 11 件有人工打制痕迹的石制品。安义和新余发现的 5 处旧石器时代地点，年代均为晚更新世，属于旧石器时代晚期。这些材料使人们了解到：从十几万到几万年以前，生活在江西这块土地上的人类祖先仍然过着原始的生活，他们大多居于天然洞穴之中，以采集和狩猎为主要经济来源，除采集野果子外，还猎捕野生动物为食。他们使用自己打制而成的石器和木棒，与自然搏斗，艰难地开发和创造。

二、江西古代文明的起源

（一）新石器时代早期

1962 年，江西省文管会在江西东北部的万年县仙人洞发现古人类文化遗址，接着对此进行了二次试掘[6]。这个遗址的文化堆积厚达 2.2 米，可见这里作为人类居地有很长的时间。遗址堆积分上下两个文化层，从文化遗物和碳十四测定数据看，这些居民在距今 8000 年以前就开始居于此地。他们在生产工具中大量使用骨、角、蚌器，制作精制，很具特色，器形有鱼镖（叉）、锥、针、镞、凿、笄、牙刀等，锥形器占 63%；石器分打制和磨制二种，打制石器占 52%，有砍砸器、刮削器、盘状器、石核等；磨制石器占 48%，有锥形器、穿孔石器、石凿等。大量磨制石器的出现，说明当时已进入新石器时代。

先民们已经发明了陶器。这些陶器都是用手工制成的，没有使用别的机械。陶器的烧成温度在840度，绝大部分属夹砂红陶，胎较厚，纹饰以饰粗绳纹的居多，有的在外壁或口沿戳印一行或二行圆窝纹，有的器物的内外壁都饰绳纹。

万年仙人洞文化的人们仍然以狩猎和采集经济为主，他们捕猎鹿、獐、野猪、羊、猕猴、猪、獾、中国小灵猫、果子狸、猫、兔、雕、鸡等动物为食。不仅食其肉，而且吸其髓。在遗址中发现大量这些被敲碎的动物的骨骸。但是，对当时是否已经出现农业的问题，尚有不同的意见，李恒贤同志在《试谈仙人洞洞穴遗址的农业问题》[7] 一文中首先提出万年仙人洞遗址有农业生产工具，但很快就有学者提出不同意见，如李家和同志发表《江西万年仙人洞遗址农具质疑》[8]，黄崇岳同志在《试论“磁山·裴李岗”文化的时代与社会——兼论我国新石器时代早期文化》[9] 一文中，提出了万年仙人洞遗址的农业问题。他认为该遗址中出土的穿孔蚌器是农业生产工具。双孔蚌器是用于翻土的，单孔蚌器则当为收割工具，此外，穿孔石器中亦有些是作翻土用的踏脚（或称“重器”），应为农业生产工具。笔者认为，万年仙人洞出土的那些蚌器作翻土工具的可能性是极小的，这类又小又薄的蚌器是无法作翻土用的，穿孔石器的孔径也不大，插入小枝条倒可以，安装木棒柄就难了，因而也不可能作为农业生产工具。至于蚌器作收割工具是可能的，但不一定是收割农作物的，收割野生植物或做他用也未可知。另外，陶器件出土也不能断定农业的产生。笔者认为，陶器的产生并不一定在农业产生之后，而应当在农业产生之前；不一定是在以农业经济为主的先进部落，而很可能是早在以采集和狩猎经济为主的原始部落。因为人们食用谷物、野菜、果子并不是产生了农业以后才开始的，恰恰相反，许多野生植物很可能在人类产生的同时或稍后就被当成食物了。在以采集和狩猎为主要经济的时候，人们对常常食用的某几种谷物、野菜、果子的生长规律有了一定的认识，为了保证收成，人们从有意地保护这些野生植物，发展到有意地培植它，从而产生了农业。陶器的产生并不是适应于农业的产生，而是适应于谷物食用。当然，这并不是说农业的产生对陶器没有影响，而是影响很大，但这种影响不是对陶器的产生，而是对陶器的发展，它使陶器日益精美，数量增多，它对陶器的生产提出了更迫切的要求，为它的发展提供了良好的条件。

（二）新石器时代晚期

万年仙人洞文化以后，经过几千年，生活在新余拾年山的人们接着开始对赣江流域的开发。1986~1987 年，江西省文物考古研究所、厦门大学古人类学系对这处遗址进行了大面积发掘[10]。在这里发现了距今 6000~4000 年间的聚落遗址，有房屋、水井、墓葬、灰坑等遗迹及大量石器、陶器等遗物。当时的人类往往将居址选择在靠近河流便于耕作而又干燥的土墩（土台）之上。房子平面呈圆形，居住面的边沿树立一圈木柱支撑着屋顶。居住面往往经整平，或夯实，或加垫红烧土层。立柱之前先挖柱洞，或在洞中充填坚实的红烧土，或将洞壁烤烧干燥。墙体采用木骨泥墙，房的中间一般都有烧灶。房屋周围有排水设施。住房附近有井，拾年山先人的水井口近长方形，一端平齐，一端椭圆，深度仅一米多，椭圆的一端作台阶，分三级。整个井壁都很平滑，人为加工和水浸痕迹明显。

人们已经摆脱旧石器时代那种以采集和狩猎为主的攫取经济，代之以农业耕种为主的生产经济。人们使用的石质工具磨制精细，品种繁多，有石斧、石锛、石镢、石凿、石铲、石刀、磨棒、石矛、石球、石网坠等。石器制作流行钻孔，对钻准确、普遍使用抛光技术，石锛、石锄、石铲主要用于整土，石斧、石凿用于木作；石矛、石铲、石球用于狩猎和自卫，石刀则用于切割。

生活用品中大量使用陶器，这些陶器的种类很多；陶色有红、灰、黄褐色等，陶质有夹砂陶，主要用于炊器和大件器物；也有泥质陶，主要用于盛食器。器表经磨光，或拍印出各种纹饰。

先民们已经学会了纺纱织布，能穿上自己缝制的衣服，他们具有爱美之心，不仅陶器制作精美，而且制作了一些专门用于装饰的青石坠、环、管、璜、琮等物品，其中琮、璜可能还是礼器。

先民们有着自己的氏族墓地。当时流行二次葬，墓葬排列有序，多数为东西向。坑口的形状有长方形、梯形、束腰形和不规则形。坑壁向内稍斜，形成口大底小的斗状。坑口都经烤烧过，干燥而坚固。墓中一般有随葬品，随葬纺轮、陶鼎、豆、壶、罐、盂、杯等陶器；也有一些无坑穴的二次葬和悬棺葬。

新余拾年山遗址的文化堆积可以分为三期。发展到第二期、第三期时，其分支几乎遍布江西全省。经正式发掘的有清江樊城堆遗址[11]、清江筑卫城遗址[12]、永丰尹家坪遗址[13]、九江神墩遗址[14]、修水山背遗址[15]、靖安郑家坳墓地[16]等，萍乡赤山太宝山遗址[17]，也经过试掘。学术界将这些新石器时代晚期的文化遗存分为两个类型：一、山背类型文化；二、樊城堆类型文化。对于这两个类型的相互关系尚存在不同的意见。有一种意见认为，这二种类型当分属不同的文化，他们不是同一文化共同体所创造的，各自的渊源不同[18]。笔者认为，这两种类型文化当属于同一文化系统，是同一文化共同体人们所创造的[19]。几乎绝大部分山背遗址的陶器形制都可以在赣中地区的新石器时代遗址中找到相似或相近的器形，石器也是如此。山背遗址 F1 出土的陶器与拾年山 M12 的出土物有明显的渊源关系。山背遗址所经历的时间至多不过几十年，它是江西新石器晚期文化在赣西北的一个分支。

整个江西的新石器时代晚期文化面貌上呈现出许多一致性，这是由社会生产力水平、社会生产关系和历史文化传统所决定的；同时，自然环境和所处位置也有很大的影响。

江西的东、南、西三面环山，北面为长江天堑，东面有武夷山延绵于闽赣二省之间；南有岭南山地，九连山、大庾岭等屏障立于粤赣二省之间，西南有罗霄山脉与湖南相阻；西北有幕阜山与湖北相隔。而赣江及其支流布满全省，是古代良好的运输和文化传播渠道；在这样的环境中出现众多一致性是完全可以理解的。

但是，一个地区不可能完全封闭，一种文化不可能孤立发展，它必然要与其他文化发生联系，进行传播或相互吸收，或产生催化、反抗作用。

特别是江西地处南方地区的中心点，是闽、浙、皖、鄂、湘、粤等省相互交往的必经之地，像南部的小梅关、西部的老关、东部的铁牛关，很早就是重要的交通要道，北部的居民则可以泛舟渡江，相互交往。在江西的新石器时代晚期遗存中，我们可以找到许多周围文化的因素。但是，我们又不能简单地将江西的这批新石器时代文化遗存归入任何一种别的文化，它具有自己的特点；各种文化因素的交错与共存，也是江西新石时代文化面貌的一个特点。如果我们把创造万年仙人洞文化的人们称为江西新石器时代最早的祖先，那么，经过几千年以后，生活在新余拾年山的人们接着开始对赣江流域的开发，在这里创造了一期文化的人们还与地处西北（今湘、鄂地区）创造了大溪文化的人们有了交往，并吸收了部分文化因素；以后，其后代在继承部分文化传统的同时，又有新发展，形成了拾年山第二期文化，这时他们的分支发展到了赣西北的修水山背一带，还与西北的屈家岭文化和东北的薛家岗文化有了频繁的交往。后来，他们的子孙又继承和发展了，形成拾年山第三期文化，这时的文化分支给我们留下了许多遗存，几乎遍及江西全省。这时的人们有了更加广泛的交流，东北吸收良渚文化，西北吸收青龙泉三期文化，南部与石峡文化交流，形成了江西新石器时代晚期文化的多样性和文化因素的复杂性。

在新余拾年山遗址第三期以后，江西的原始文化该是筑卫城中层和下陈遗址文化，其文化面貌有明显的过渡性。当时已经能生产少量火候较高的印纹硬陶、釉陶和白陶，玉琮、玉璧等礼器开始流行，预示着江西古代文明即将到来。

三、江西早期文明

1973年以来，通过对江西清江吴城遗址[20]的多次发掘，人们惊奇地发现：江西在古代并不是荒芜之地，而有着灿烂的古代文明。至迟在商代，这里就已进入阶级社会存在着一个强大的政权。

在吴城遗址发现了当时的房基、窖穴、回廊、窑址、墓葬，在吴城文化分布的范围内还发现了我国目前最早的采铜矿冶遗址——瑞昌铜岭商代采矿遗址；发现可以与中原商王墓媲美的新干商代大墓，以及水井、居住区的排水设施等；还出土大量青铜礼器、兵器、乐器、生产工具、生活用具，以及玉器、陶器、文字符号等。

虽然目前暂时还没有发现大型宫殿建筑，但在清江发现当时的回廊建筑基址，有的长度在 38 米以上，在修筑讲究的路面二侧树立柱子，盖起回廊，这些回廊是否与重要大型建筑相接？尚有待进一步发掘研究。小型的住房已发现多座，分地面建筑和半地穴式建筑两种。半地穴式房屋平面有同形和圆角方形两种，一般都有门道和灶坑，地面和墙壁都经过焙烧，显青灰色硬板。房基墙壁上残留有圆形柱洞，当时应属木骨泥墙，在房子的周围有一周 15 厘米宽的排水沟。地面建筑在德安石灰山遗址发现过，居住面就建在表面平整的石灰岩之上，平面呈圆角长方形，用石片垒成墙体，垒石之中立柱，地表涂有 1~3 厘米厚的黄夹白黏土层，大概是为了防潮。

居住区有水井，九江龙王岭商代水井为上下一般大的圆柱状，德安山遗址的水井口大底小，口呈圆形。

吴城文化陶窑分两种形制，一种是平焰式龙窑，这种窑在吴城第六次发掘时发现 4 座，窑室平面呈长方形，窑的两侧有许多投柴孔，窑的尾端有排烟口，窑头至窑尾高差不明显，这种窑容量大，适且于大批量生产；另一种是升焰式窑，窑室平面呈圆角三角形或圆角方形。

冶铸遗址在吴城遗址中也有发现。在 T4 和 T13 探方中发现径约 2 米、深约 0.6 米的小圆坑，坑壁和坑底有一层铜渣，底部还有木炭和石范块。以石范铸造青铜器是江西等南方地区青铜文化的一大特点，这里出土大量铸造青铜工具和武器的石范，也有少量斝等容器范。这些石范的石质疏松，易于挖凿雕刻器形和范纹。陶范也被使用，只是遗留下来的较少。

江西青铜文明对中国和世界文明都曾作出过巨大的贡献。1988 年在江西瑞昌发现商周时期的采铜遗址 [21]。这里开来铜矿的年代早到了商代二里冈上层时期，在铜岭采铜遗址的 J11 竖井中出土一件敛口陶斝，一件翻沿方唇鬲，都与二里冈商代同类器相似，说明开采年代在商代中期。在此之前，国内所知最早的采矿遗址是湖北大冶铜绿山矿址，但其开采年代始自西周晚期。

当时采铜分掘井开采和露天开采两种，矿井不管是竖井还是平巷都是用圆木支护。这里发现当时的选矿槽；用于提升的木质辘轳，用于砍凿的青铜斧，以及木制的锹、铲、水槽、盘、钩；竹制的管、签、盘、筐等工具；陶质的斝、鬲、罐、瓮、豆、杯等生活用品。

铜岭采矿遗址的范围很大，东西长 1 千米，南北宽 0.5 千米。矿区附近堆积有大量炼铜炉渣，且有炼炉遗迹发现，说明这里采矿、冶炼是同时并举的。

1989 年在距吴城遗址二十来千米的新干县发现大型商代墓葬[22]。出土精美的青铜 480 余件，玉器 100 余件，陶器 300 余件。其规模之大、随葬品之多可与中原商代王墓相比。青铜器中有礼器、乐器、兵器、农具、手工工具及生活用具等。其中不乏重器，也有一些精致的小器物。其中，部分铜器具有中原商文化风格，这说明新干商时期铜器所代表的吴城文化与中原商文化有过密切的交往，并曾受到商文化的强烈影响，但大多数铜器的形制和花纹都具有地方特色。不少是只见于江南或是首次出土的商代铜器。此外，青铜器上的特殊花纹，如“燕尾”形索纹、带状鱼纹为中原所不见。礼器中缺少爵、觚等饮酒器，罕见簋等盛食器，用多种多样的农具、生产工具等，都显示出吴城文化的地方特色。大墓出土精美的玉琮、玉璧、玉玦、玉环、玉簪和绿松石饰件，陶器 300 余件，风格与吴城遗址二期相同，也有一些陶文，说明这座商代大墓的下葬年代当在吴城文化二期，即殷墟时期。

文字是文明的重要标志，在吴城文化中发现大量的刻划文字和符号，大都是刻划在几何印纹陶器、釉陶器和原始瓷器的底部、肩部或口沿部内外；也有刻在石范、陶范、陶刀、纺轮之上。目前尚未发现中原的那种甲骨文。吴城文字的字形结构，有的和郑州、蒿城、安阳等地出土的商代陶文、甲骨文写法相同，说明他们同属于象形文字，有一定的联系。文字中有大量是数字，也有一些表现抽象的事物，属会意字。从文字或符号的组合看，有单字的，有四个字、七个字、十二个字分别刻于一件器物上的。

目前，这些文字或符号能辨识的还不多，多数在中原商代的甲骨文、陶文中未曾见过。有些字虽然字形相同或相近，字义是否一样也未可知，尚有待进一步研究。陶瓷器在吴城文化内大量发现，器类繁多，其中部分器物有明显的演变规律。这些陶器上盛行几何形印纹装饰，这种装饰自新石器时代晚期诸如山背遗址、筑卫城遗址下层产生之后，经过筑卫城中层阶段得到初步发展，到商代以后达到了兴盛阶段，云雷纹、圆圈纹、曲折纹、蚕纹、回字纹、水波纹等，纹饰繁缛，种类多达几十种。印纹硬陶、釉陶、原始瓷的比例从早到晚大量增加。生产工具中石器还在继续使用，广大南方地区所特有的有肩石斧、有段石锛仍具特色。

目前，学术界有人将江西的商代文化分为两种类型，一种是万年类型，分布在以赣东北为中心的广大地区，另一种是吴城文化类型，主要分布在赣江中游、下游和鄱阳湖西北岸一带，对于两种类型的相互关系和文化性质尚存在争议。有一种意见认为“吴城类型文化遗存，是长江中下游地区重要的一支商文化……”而只有万年类型文化才“主要是江西地区的一支土著文化”[23]。另一种意见则认为吴城文化不是商文化。它是商代时期受中原商文化影响，但很具地方特色的一支青铜文化。笔者认为，从现有的考古材料看，第二种意见理由更充分，更具有说服力。

首先，吴城文化是在江西新石器时代晚期文化的基础上发展起来的一支青铜文化，它继承了新石器时代晚期石器制作的传统。如有段石锛、有肩石斧、凹刃石斧等，同时又创造出马鞍形石刀、石范等具有地方特色的器物。在陶器的形制和纹饰上，继承了新石器时代晚期创造的几何形印纹陶风格，并大力创新，以致纹样精美繁缛，进入几何形印纹陶的鼎盛时期。在传统文化的熏陶下，先民们创造了小口折肩罐、折腹罐、圜底罐、提梁罐、折肩瓮、甗形器、高柄豆、带把盂、钵、鸟喙形捉手器盖、靴形支垫、马鞍形陶刀等具有地方特色的陶器形制。

其次，吴城文化在其形成和发展过程中创造了一批具有特色的青铜器群。从纹饰看，那种“燕尾”形索纹、带状的鱼纹等；从器形看，立耳上饰圆雕老虎的扉足鼎，巨形甗、虎尊、假腹豆、云纹上翘的铙、刮刀、两翼一长一短的镞、犁铧等；从组合看，礼器中缺少中原常见的爵、觚等饮酒器。

再次，吴城文化中明显受中原商文化影响，有些器物的形制风格与二里冈、殷墟商文化的铜器相似，但从整个文化面貌看，中原因素始终居于次要位置。因而，只能说明二者交往比较密切，而不能说明吴城文化是商文化。

因此，我们认为吴城文化和万年类型文化，不是商文化和土著文化的关系，而都是在江西这块土地上生长起来的青铜文化，他们的许多因素都是共同的、交错的，所不同的是，吴城文化反映出一种都市文化，这种文化受到较多的中原文化影响，代表江西商代青铜文化的发展水平，它是江西先民们聪明才智的结晶；而万年类型文化则反映一种农村文化，是大众的、朴素的江西商代文化的表现，从整体上讲，这种类型的文化水平要低于吴城类型文化。

从十几万年以前人类祖先开始在江西这块土地上劳动、生息，至新石器时代早期的万年仙人洞人们的创造，再至新余拾年山、清江樊城堆，全省各地众多的先民的辛勤耕耘，为江西文化的发展打下了良好的基础，至迟在中原商代中期，在江西中部已经建立起与中原商王朝并行发展的政权，先民们制造了富有特色的、高度发达的青铜文化，采矿、铸铜、文字、建筑艺术、制陶制瓷技术都达到了一个新的水平，从而跨入文明的时代。

注释：

* 本文发表后，江西万年仙人洞遗址又有重大研究进展。1993 年、1995 年和 1999 年由北京大学考古学系、江西省文物考古研究所和美国安德沃考古基金会（AFAR）组成的联合考古队先后进行了五次发掘，出土了大量陶器、石器、骨器、蚌器等人工制品和动物骨骼等。其中早期陶器的出现引起了学术界的高度关注。

[1] 黄万波、计宏祥：《江西乐平“大熊猫—剑齿象”化石及其洞穴堆积》，《古脊椎动物与古人类》1963 年第 6 期。

[2] 肖一亭、彭云秋：《萍乡宣风竹园山洞穴考察纪要》，《江西历史文物》1987 年第 1 期。

[3] 邱中郎先生正在整理简报。（补注：邱中郎等:《江西萍乡竹山园洞的哺乳类化石和石制品》，《人类学学报》1992 年第 1 期）

[4] 李超荣、候远志、王强：《江西新余发现的旧石器》，《人类学学报》1994 年第 3 期。

[5] 徐长青：《江西发现旧石封器时代遗存》，《江西文物》1989 年第 1 期。

[6] 《江西万年大源仙人洞洞穴遗址试掘》，《考古学报》1963年第1期；《江西万年大源仙人洞洞穴遗址第二次发掘报告》，《文物》1976年第12期。

[7] 《江西历史文物》1981年第3期。

[8] 《农业考古》1982年第2期。

[9] 《论仰韶文化》，《中原文物》1980年特刊。

[10] 刘诗中，李家和：《江西新余拾年山遗址》，《考古学报》1991年第3期。

[11] 刘诗中，李家和：《樊城堆遗址发掘简报》，《江西历史文物》1985年第2期。

[12] 李仰松、余家栋：《清江筑卫城遗址发掘简报》，《考古》1976年第6期；李家和、吴绵吉等：《清江筑卫城遗址第二次发掘简报》，《考古》1986年第2期。

[13] 刘林、李家和：《永丰县尹家坪遗址试掘简报》，《江西历史文物》1986年第2期。

[14] 李家和、刘诗中、曹柯泽：《九江神敦遗址发掘简报》，《江西历史文物》1987年第2期。

[15] 秦光杰、刘玲、彭适凡：《江西修水山背地区考古调查与试掘》，《考古》1976年第6期。

[16] 李家和：《靖安发现新石器时代墓地》，《江西历史文物》1980年第3期。

[17] 刘敏华：《萍乡赤山太宝山遗址调查记》，《江西历史文物》1980年第4期。

[18] 白坚、林中根：《江西先秦考古几个问题的探讨》，《江西历史文物》1986年第2期。

[19] 肖一亭：《关于江西新石器时代晚期文化的探索》，《江西文物》1991年2期。

[20] 彭适凡、李家和：《江西清江吴城商代遗址发掘简报》，《文物》1975年第7期；许智范、李家和：《吴城商代遗址第四次发掘的主要收获》，《文物资料丛刊》第2辑；周广明、吴诗池、李家和：《清江吴城遗址第六次发掘的主要收获》，《江西历史文物》1987年第2期。

[21] 贡同：《江西瑞昌发现商周时期采铜遗址》，《江西文物》1989年第1期。

[22] 《江西新干发现大型商墓》，《中国文物报》1990年11月15日（本报讯）。

[23] 李家和：《江西青铜文化类型综述》，《江西考古学会成立大会暨学术讨论会论文集》。

（原载《南方文物》1993年第3期）

江西新石器时代晚期文化探索

一、研究现状

赣江—鄱阳湖流域新石器时代晚期的遗存，被学术界提出命名的有“山背类型文化”[1] 和“筑卫城下层类型文化”，即樊城堆类型文化 [2]。

山背类型文化因修水山背遗址得名 [3]。该遗址位于江西省的北部，1961 年发现并进行了试掘。当时，主要发掘了跑马岭、杨家坪两个地点，跑马岭的材料较丰富，属于这一时期的遗址在以山背为中心的 20 平方千米内发现 20 余处，在江西的其他地方亦大量发现。经正式发掘的有清江筑卫城遗址 [4]、樊城堆遗址 [5]、营盘里遗址 [6] 等。1978 年在“江南地区印纹陶问题学术讨论会”上，江西的同志曾提出：以山背下层和筑卫城下层为代表的文化遗存可称为“山背文化”[7]。1979 年，安志敏先生进一步把以山背遗址为代表的文化和石峡文化、昙石山文化并列为东南地区三种有代表性的文化 [8]。1982 年，彭适凡同志著文，对其文化特征、分布区域与周围文化的关系等问题进行了全面的阐述。但是，近年来在江西又发掘了永丰尹家坪遗址 [9]、靖安郑家坳墓地 [10]、九江神墩遗址等 [11]，文化面貌与筑卫城下层相近，而与山背遗址差别较大，于是，李家和等同志提出“江西赣江—鄱阳湖水系新石器时代晚期主体文化之设想可以成立，它应该是樊城堆文化之各遗址，即樊城堆文化，而不是修水山背类型文化所能包含和代替得了的”，并指出：“像修水山背类型文化的新石器时代晚期文化应该与江汉地区原始文化有密切的关系，屈家岭文化它向东只达到赣西北一隅”[12]。要把山背类型文化归到屈家岭文化中去，1986 年，江西省第一次考古学年会上，彭适凡同志再次重申他的观点，他把山背文化分为两个类型，并认为：“还是暂且把筑卫城下层类型归属于山背文化系统为好，不宜急于分得过细，待将来筑卫城文化一类典型遗址发掘多了，文化面貌更清楚了，再进行区分也不迟[13]。两种意见争论激烈，相持不下，给学术界提出了一系列急待解决的课题：（1）江西境内的这两种文化类型是否属于同一文化系统？（2）他们与屈家岭文化和石峡文化的关系如何？是否是各自独立的文化？（3）这两个类型是地域上的差别，还是时间上的差别？是同时并存？还是有先有后？是否可能有一定的承袭关系？限于水平和篇幅，我们这里不可能对所有的问题进行考察研究，只是抛砖引玉对其中的部分课题进行初步探索。

二、山背类型文化的特征

石器磨制精细，体大身长，浑体粗壮，种类有镞、斧、锛、铲、石球、凿、网坠、砺石，以大型厚重的长条形有段石锛居多，占全部出土的34.3%，除一种常形石锛外，其余的都是所谓高级形石锛，器形都是长条，一般下段比上段长。

陶器以夹砂红陶居多，器形多三足和圈足器，也有少数圜底器和小凹底器。三足器中以罐形鼎为主，鼎足以侧扁式为多。鬶为细长颈，稍捏扁流，无腹；圈足器中以侈口瘦腰高圈足杯形豆、浅盘矮圈足豆以及矮圈足簋为最普遍，杯形豆别具一格；圜底器多为侈口圆腹圜底罐、敞口矮颈深腹圜底罐等。陶器手制，少数轮修口沿或局部，表面一般较粗糙，只有少数饰有一层红色陶衣或通体磨光，但器身上饰一二道凹凸弦纹的较为普遍，几乎占全部出土陶器的90%以上，且多数饰于唇外或腹的中下部，有的鼎足外侧刻划有长短条纹，这是山背文化红砂陶器的一个重要特色。

跑马岭发现一座比较完整的地面房屋基址（跑F1），房子呈圆角长方形，南北6.5米，东西4.5米，用红砂土羼入碎稻草和谷壳筑砌墙基，墙内有柱洞并垫放暗石础，门朝南，进门处西南角围筑矩形小隔墙，构成一个套间；屋内北部有灶坑，屋外顺着西墙附近还有一段北高南低的小水沟，当为排水设施。这座房基的范围内，出土生产工具、陶器共一百八十余件。集中地反映了以农业为主的经济状况和日常概貌。杨家坪的一座房屋残迹是近圆形的地面建筑，屋门朝南，室内西南有一灶穴，居住面上有四个柱洞。

山背遗址的碳十四数据为：B.C 2810±145（半衰期 5730 年）。

三、樊城堆类型文化的特征

关于这种类型的文化特征，李家和、刘诗中等同志在《樊城堆文化初论》和《江西先秦文化类型综述》[14] 等几篇文章中作了详细的概括和论述："它的分布几乎遍及全省，经过发掘的有：赣北九江县神墩遗址、靖安郑家坳墓地、赣中清江筑卫城遗址、新余拾年山遗址、永丰县尹家坪遗址、赣东北广丰县蛇山头遗址等。"

居住遗址：从房子平面来看，为圆形或椭圆形，外围有一周径约 20 厘米的柱洞，柱洞等距离排列，柱洞内垫大块红烧土，立柱后再以烧土、陶片等干燥坚硬实物填塞之，柱洞间用较少的圆棍密集环列，以编织物把立柱和小排棍连接然后用稻草秆、谷壳和泥土抹壁，形成木骨泥墙墙体，屋内有小柱洞支撑顶端，而后再盖上两面斜坡式或圆形草顶，居住面垫有烧土层，烧堆位于屋内中央部位。埋葬习俗：1. 土坑竖穴一次葬墓，见于郑家坳墓地和神墩下层（江西的北部地区）；2. 土坑竖穴二次葬墓，见于拾年山墓地；3. 无圹穴二次葬墓（2、3 类主要在赣中地区）；4. 瓮棺葬，在拾年山和樊城堆下层均有发现。

石器：种类有斧、锛、镞、铲、刀、矛、钺、钻、凿等。以弓背长身锛、有段锛、梯形刀、镞、钺、矛为代表。

陶器：陶质分为夹砂和泥质二种，夹砂或泥质的红陶，橙黄陶占大部分，灰陶次之，黑皮磨光陶占一定的比例，也有极少量的白陶。器类有鼎、豆、壶、鬶、罐、盆、钵、器盖、觚、陶纺轮等。鼎以浅盘鼎为主，另有罐形鼎、釜形鼎、钵形鼎，鼎足的式样多达二十余种。豆出土数量仅次于鼎，镂孔装饰盛行，形制多样，如：浅盘豆、折腹豆、杯形豆、假腹豆，柄分喇叭形，带棱、棱、镂孔形等。陶的表面以素面无纹的较多，盛行表面磨光，装饰手法以刻划、镂孔为主。

四、两种类型文化的差别和这种差别的性质

将山背类型和筑卫城下层类型进行比较的工作已经有不少学者做过了，彭适凡同志比较的结果是它们的共性为主，因而暂归为同一文化；李家和同志的结论完全相反，认为共性很少，不可能是同一文化系统，当分属不同的文化。这里，我们也来进行比较。

在进行比较之前，我们必须了解比较的基础，这样才有可能了解比较结果的准确程度。

山背遗址仅发掘过一次，其中跑马岭挖了四个方，合计 100 平方米，杨家坪挖了三个方，计 75 平方米，总计发掘面积 175 平方米。而筑卫城下层类型仅筑卫城遗址和樊城堆遗址就发掘了一千多平方米（表一），相比之下山背遗址反映的文化面貌就可能很不全面，而樊城堆遗址、筑卫城遗址所反映的文化面貌就要全面得多。再者，山背跑马岭发现的仅仅一座

表一：江西新石器时代晚期遗址类型

遗址名称	类型	总面积	揭露面积	发掘报告
樊城堆遗址	土墩形	12，600 平方米	825 平方米	《清江樊城堆遗址发掘简报》《江西历史文物》1985 年第 2 期
筑卫城遗址	岗地形	东西 410 米 南北 360 米 120，000 平方米	445 平方米	《考古》1976 年第 7 期《考古》1982 年第 2 期
尹家坪遗址	土墩形	5，000 平方米	100 平方米	《永丰县尹家坪遗址试掘简报》《江西历史文物》1986 年第 2 期
神墩遗址	土墩形	25，000 平方米	900 平方米	《九江神墩遗址发掘简报》，《江西历史文物》1987 年第 2 期
山背遗址	岗地形		175 平方米	《江本修水山背地区考古调查与试掘》《考古》1962 年第 7 期
拾年山遗址	土墩形	2，345 平方米	750 平方米	《江西新余拾年山遗址》，《考古学报》1991 年第 3 期
郑家坳墓地	墓地	不明	70 平方米	《靖安县发现新石器时代墓葬》《江西历史文物》1983 年第 3 期

房基及房中的窖穴、火塘、生产工具和生活用品，虽然这些材料较丰富，作为一个单位很完整。但是，作为这座房子的使用时间及房子里器物的使用时间，都不可能很长，或几年十几年，至多不过几十年。而筑卫城遗址、樊城堆遗址则可能延续了几百年。因而，我们能了解到山背遗址所反映的文化面貌实际上是局部的、片断的，用这样小的范围和短时间存在的遗存去进行比较，求二者完全相同，固不可得，有部分因素相同就很难得了。

江西境内各新石器时代晚期遗址出土的石器种类差不多，石器组合：斧、锛、凿、刀、镞、铲、网坠等都是常见之物，只是山背遗址多半月形石刀，筑卫城类型多方形、长方形石刀。

陶器的陶质绝大部分遗址都是以夹砂和泥质红陶为主，灰陶次之，黑陶、黑皮陶再次之，一般在各遗址中晚期灰陶、黑陶的数量都略有增加(表二)。

表二：江西新石器时代晚期遗址陶质内色

遗址名称		夹砂红陶%	泥质红陶%	夹砂灰陶%	泥质灰陶%	黑皮陶%	其他
樊城堆		50 呈橙黄色		40		6~7	少量白陶
筑卫城	下层	42.5		23	34		
	中层	21		37		40	
神墩		76.85	30	12	3	少量	少量彩陶
郑家坳		部分 夹砂红陶		较多		为主	
拾年山		47	24				
		始终为主	18	黑衣 2.8			
			23	黑衣 5.4			

陶器的器类即器物组合都相同，鼎、罐、壶、盆、钵、鬶、器盖几乎在江西每一个新石器时代晚期遗址中都差不多（表三)。

陶器的器形：圆腹圜底罐形鼎，喇叭柄浅盘豆，高圈足镂孔豆，喇叭口鼓腹圈足壶、长颈瘦足鬶，侧扁式、圆锥式、扁平式鼎足等，在山背遗

表三：江西新石器时代晚期遗址陶器种类

遗址	陶器种类									
山背	鼎	豆	罐	壶	钵	簋	器盖	鬶	纺轮	
樊城堆	+	+	+	+	+		+	+	+	缸瓮猪头饰
拾年山	+	+	+	+	+	盆	+	+	+	杯盂陶垫陶拍
筑卫城	+	+	+	+	+	簋	+	+	+	碗钵缸
尹家坪	+	+	+	+	+	盆	+	+	+	
神墩	+	+	+	+	+	+	+	+	+	觚缸支座鸡首形陶饰陶网坠
郑家坳	+	+	+	+	+	+	+			尊觚

址、筑卫城遗址等地都是常见器形，几乎绝大部分山背遗址的陶器形制，都可以在赣中的新石器遗址中找到相似的或相近的器形，石器也是如此。

只是筑卫城等遗址中的丁字形足、浅盘鼎、带棱豆座、釜形鼎等不见于山背遗址。如果这里以圆底罐形鼎、细长颈瘦足鬶、镂孔豆等陶器的有无和数量为划分文化系统的标准，那么山背遗存与筑卫城等遗存当然就是一个系统了。

如果我们以丁字形鼎足、浅盘鼎、带棱座豆、高喇叭圈足豆的有无和数量为标准划分文化，那就完全不同了，这里就牵涉到一个标准问题。但是否仅仅是划分文化的标准问题呢？一些新的资料的公布使我们产生了新的思考。

在赣中地区："清江的古文化遗址根据 1982 年全县文物普查资料，共调查发现 121 处，其中新石器时代遗址，发掘报告定为新石器时代的有樊城堆、筑卫城、营盘里等 7 处，根据采集的标本暂定为新石器时代的杨家恼、观下山、老虎岗等三处外，还有新调查发现的盘子岭遗址，全县新石器时代遗址共 11 处。除樊城堆、筑卫城和尚未发掘的大城遗址出土有丁字形鼎足外，其他遗址尚未发现……"[15] 在清江县 11 处新石器时代遗址中含有丁字形足的只有三处，而在赣北地区的九江神墩、靖安郑家坳却又发现了有丁字形足和带棱豆座的古文化遗物，这种情况表明那种带丁字形和带棱豆座的文化遗存同不带这些器物的文化遗存的分布地点是交错的，重叠的，这种交错分布的情况又给我们提出了三种可能性：

1. 如果使用丁字形鼎足和带棱豆座的人们和不使用这些器物（确切地说是我们没有发现使用这些器物）的人们是同时代的，这种情况下，二者当属于同一文化系统。我们知道：考古学文化与民族共同体的关系是十分密切的，有时甚至是吻合的，一种考古学文化恰好代表一个民族共同体的文化，如果二者不是同一文化系统，要在这样大的范围之中，距离很近地交错分布是很难以想象的，这个结论可能导致山背类型和筑卫城类型属于一个大的文化系统。

2. 如果使用丁字形鼎足和带棱豆座的人们和不使用这些器物的人们不是同时的，在这种情况下，二者既可能是同一文化渊源的继承和发展的关系，也可能是二种不同的文化系统的相互取代；说它们不同时，这就与传统的、一般的看法提出了挑战：因为一般认为山背遗址与筑卫城遗址是同时的，筑卫城遗址尚未进行测定，但是，从文化面貌上看，筑卫城类型似乎更先进，而山背类型则表现一些原始性，似乎山背类型稍早。当然，这还需要作进一步的研究、测定，但有一点比较明白，筑卫城下层和中下层不可能早于山背遗存，因为筑卫城二期过渡到吴城文化的脉络还是比较清楚的。

1989 年 3 月，笔者承刘诗中、李家和二位老师厚爱，看到了新余拾年山遗址出土的部分陶器和石器，他们还将尚未发表的发掘报告给我看，使我对这个遗址的文化面貌有了比较全面的了解。

新余拾年山遗址的材料极为丰富，是一处较好的新石器时代晚期的聚落遗址，在这里发现了居住遗址和氏族墓地，出土大量石器和陶器，这个遗址原定为樊城堆类型文化，也是位于赣中地区。

房屋基址发现 6 座，均为圆形，有的居住面经烧土垫层，有的没有这种垫层，但都有柱洞，有的还发现火塘，可惜居室中的器物出土较少，很零星。

墓葬发掘 80 座，分有圹穴墓（二次葬，坑壁和底经火烧呈红褐色）；无圹穴墓（平地掩埋，但也是二次葬）和瓮棺葬，分属几个层位。随葬陶器丰富，引人注目。其中有一批开口于3B层下、打破第4层墓葬的随葬陶器与山背跑马岭Fl中出土的陶器有较多的一致性，特别是其中随葬陶器最多、组合最全的一座古墓M12，似乎可以看出二者的渊源关系。

我们知道，考古研究中最珍贵的材料是在房址、灰坑、墓葬、沟等单位中出土的器物，它能给我们提供较完整和可靠的信息，反映出同一段时间，甚至同一天内人们使用生产工具和生活用品的真正组合。

用一个遗址中的一个或几个基本单位中出土的全部器物与另外一个有关的遗址中的基本单位进行比较，其结果当然也是最为有说服力的。拾年山M12器物组合：鼎、壶、豆、罐、簋、器盖。山背跑马岭F1：鼎、壶、豆、罐、簋、器盖、鬶、纺轮等；其中以鼎、豆、罐居多。陶器组合除山背跑马岭多鬶外，其他陶器种类几乎完全一样。

陶质陶色：拾年山M12，夹砂红陶（I型鼎），夹砂黄褐色（F型鼎），泥质黑衣灰陶（簋、罐），泥质红陶（豆二件），红陶、灰陶的数量相等；山背跑马岭下Fl：陶器以夹砂红陶、泥质红陶、夹砂灰陶、泥质灰陶、黑陶等五系，以砖红色和淡红色的夹砂红陶为主。

器形：壶：拾年山M12：1与跑马岭F1都有长颈鼓腹壶，口微敞，带圈足（山背发掘报告，图版捌，10号壶）。

豆：M12：3，M12：4与Fl，都是杯形豆，直壁，深腹，带凸棱，但拾年山M12的柄部呈竹节状。

鼎：拾年山M12出罐形鼎、钵形鼎二种（据鼎足确定）；山背跑马岭Fl，只出罐形鼎。

器盖：拾年山M12：5，与跑马岭Fl的另一种豆风格相近，如果把这个器盖反过来放，则浅盘相同，而且子口饰也一样，只是圈足（器盖纽）稍矮。

罐：拾年山M12：7平底内凹，跑马岭Fl，有泥质的罐也是平底或凹底，但夹砂陶罐.为圆底。

簋：拾年山M12：2尖唇折腹高圈足，跑马岭则是折沿矮圈足。拾年山M12及整个这个层位的土圹墓均未发现陶鬶，而在比其稍晚的堆积中才出现。以上情况说明：二者之间有许多共同的因素，也存在一些差别。

关于差别的程度，我们先从拾年山各墓葬间随葬品的比较开始谈起。通过比较，我们发现即使是同一类墓，随葬陶器都可能有较大差别，如M67是该墓地中随葬陶器较丰富的一座，其随葬陶器11件，均为泥质黑衣红陶器，器物组合：鼎、豆、壶、簋、器盖等。罐形鼎，带盖，圆唇折沿鼓腹圈足；器盖，带子口，圈足形纽。这些鼎和簋都与M12出土的形制不同，却反而更接近跑马岭Fl出土的。

拾年山M12和拾年山M67，是同一遗址、同一墓地、同一层位的同一类墓葬（都是土圹式二次葬墓），其墓主当是同一氏族的成员，两墓的陶器，当应表现同一种文化的面貌，也就是说，它们是同一种文化中的两个个体；但是，陶器形制上又存在一定的差别，这种事实告诉我们：一个考古学文化遗址中的各个单位的文化面貌，往往不能完全一样，存在这样或那样的差别，但是它们却反映了同一文化的各个方面的内容，正是由于这许许多多的个性，最终表现出一个文化的总体特征。

根据这样的思路来考察江西的新石器晚期文化，我们试图把修水山背类型遗址和清江樊城堆、筑卫城，新余的拾年山，九江神墩，永丰尹家坪等遗存，统统归为同一个考古学文化，这个文化叫什么名字？叫作“山背文化”或是“樊城堆文化”，这并不重要，重要的是从宏观的角度提出这个文化的总体特征，并进一步研究它在整个中华远古文化中的地位和重要性，用联系和发展的眼光，研究这种文化所起的作用。

江西境内新石器时代晚期文化遗存出现的许多一致性，除了当时的生产力水平、社会关系和历史文化传统的原因外，自然环境也给予了很大的影响。江西的东、南、西三面环山，北面为长江天堑；东面有武夷山延绵于闽赣两省之间，长达500千米，一般海拔1000~1500米；南有岭南山地，九连山、大庚岭等屏障立于粤赣两省之间；西南有罗霄山脉与湖南相阻；西北有幕阜山与湖北相隔，而赣江及支流布满全省，是古代良好的运输和文化传播渠道，在这样的环境中文化面貌出现许多一致性是完全可以理解的。但是，一个地区不可能完全封闭，一种文化不可能孤立发展，它必然要与其他文化发生联系，特别是江西地处南方地区的中心点，是闽、浙、皖、鄂、湘、粤等省相互交往的必经之地，像南部的小梅关，西部的老关，东部的铁牛关，很早就是很重要的交通要道；北部的居民则可以泛舟渡江，相互交往。在江西的新石器时代晚期文化遗存中，我们可以找到一些周围文化的文化因素。如安徽的薛家岗文化、湖南车轱山遗址的文化因素，以及西北地区的大溪文化、屈家岭文化和青龙泉三期文化的因素。但是，又不能简单地将江西的这批文化遗存归入任何一种文化系统，而具有自己的特色，各种文化因素的交错与共存，也是江西新石器时代文化面貌的一个特点，当然，文化间的影响程度是不同的，而且随着时间的发展变化和地域的不同，都不完全一样。前面，我们把江西地区的新石器时代晚期归入了同一个文化系统。但是，又如何解释山背跑马岭遗址与樊城堆遗址，以及其他一些遗址相互间的文化差别呢？我们认为既有时间方面的原因，也有地域的原因：时间上有的遗址延续的时间很长，如新余拾年山遗址、清江樊城堆、筑卫城遗址等；有的遗址延续的时间则很短，如修水山背遗址。如果我们把创造万年仙人洞文化的人们称为江西新石器时代最早的祖先，那么经过几千年以后，生活在新余拾年山的人们接着开始了对赣江流域的开发，在这里创造了第一期文化的人们还与地处西北部（今湘、鄂地区）创造大溪文化的人们有了交往，并吸收了部分文化。一段时间以后，他们的子孙一方面继承了部分文化传统，同时又有新的发展，形成了拾年山第二期文化，这时他们的文化分支发展到了赣东北的修水山背一带，他们与西北的屈家岭文化和东北的薛家岗文化有了频繁的交往。后来，他们的子孙又继承和发展了，形成了拾年山第三期文化，这时的分支给我们留下了许多遗存：清江樊城堆下层、筑卫城下层，永丰的尹家坪，赣西北的靖安郑家坳，赣北的九江神墩等。江西发现大量这一时期的文化遗址，年代大约为龙山时代。这时的人们有了更广泛的交流，东北吸收良渚文化，西北吸收青龙泉三期文化，南部吸收石峡文化，形成了江西新石器时代晚期文化的多样性和文化因素的复杂性，另外，与东部昙石山文化也有过接触，但不如其他几种文化那样密切。总之，目前赣江—鄱阳湖流域所发现的新石器时代的晚期文化遗存，基本上都是属于同一文化系统。这个系统，由于生产力水平、社会生产关系和历史文化传统等原因，特别是自然环境和所处的地理位置给予的影响，其文化面貌呈现出多样性复杂性，形成多种文化因素共存的状况。本地区各文化遗址之间，虽然存在着这样或那样的差别，这主要是时间上、地域上的原因，他们文化面貌的一致性仍然是主要的，正是这些不同遗址呈现出的丰富多彩的个性，才体现了整个地区文化面貌的总特征。

本文承彭适凡、李家和、刘诗中等老师提供大量材料，这里表示衷心感谢。

注释：

[1] 彭适凡：《试论山背文化》，《考古》1982 年第 1 期。

[2] 李家和、刘诗中等：《樊城堆文化初论》，《江西历史文物》1986 年第 1 期。

[3] 秦光杰等：《江西修水山背地区考古调查与试掘》，《考古》1976 年第 6 期。

[4] 李仰松、余家栋：《清江筑卫城遗址发掘简报》，《考古》1976 年第 6 期。《清江筑卫城遗址第二次发掘简报》，《考古》1982 年第 2 期。

[5] 李家和、刘诗中：《樊城堆遗址发掘简报》，《江西历史文物》1985 年第 2 期。

[6] 杨后礼等：《清江营盘里遗址发掘报告》，《考古》1962 年第 4 期。

[7] 《文物集刊》第 3 辑，文物出版社，1981 年。

[8] 安志敏：《略论三十年来我国的新石器时代考古》，《考古》1879 年第 5 期。

[9] 李家和等：《永砂县尹家坪遗址试掘简报》，《江西历史文物》1986 年第 2 期。

[10] 李家和：《靖安县发现新石器时代墓地》，《江西历史文物》1980 年第 3 期。

[11] 李家和、刘诗中、曹柯平：《九江神墩遗址发掘简报》，《江西历史文物》1987 年第 2 期。

[12] 白坚、林中根：《江西先秦考古几个问题的探讨》，《江西历史文物》1986 年第 2 期。

[13] 彭适凡：《江西先秦考古研究概述》，《江西省考古学会成立大会暨学术讲座会论文集》，江西省考古学会编，1986 年。

[14] 见《江西省考古学会成立大会暨学术讲座会论文集》，江西省考古学会编，1986 年。

[15] 李玉林、李昆：《江西清江县新石器时代遗址的调查与分析》，《考古》1988 年第 4 期。

（原载《江西文物》1991 年第 2 期）

萍乡杨岐寺唐碑校勘记

杨岐寺位于萍乡市城北杨岐山之寿桃峰下。这里层林映染，水木清华，古塔棋布，殿阁峥嵘，烟云缭绕，古柏撑天，为我国著名的佛教胜地之一。

杨岐寺原名“广利寺”，创建于盛唐时期，迄今已有一千二百余年的历史，为杨岐佛教开山祖乘广禅师建造。乘广禅师圆寂后，甄叔禅师继为主持，他为乘广立塔于寺右，其门人还源到朗州请刘禹锡为乘广撰书碑文立于塔前。

宋朝时高僧方会主持杨岐山，举唱一家宗乘，形成禅宗下临济宗一大支派——杨岐宗。历宋、元、明、清，杨岐法流繁衍，遍于南北。

杨岐寺原占地面积达七千余平方米，它庄严肃穆，金碧辉煌，富有我国南方古刹的独特风格。这里至今仍保存有许多文物古迹。其中，最珍贵的莫过于两块唐代碑刻，其一为我国古代著名文学家、唐代诗人刘禹锡撰书的《唐故袁州萍乡县杨岐山禅师广公碑文》，由刘申锡篆额；其二是唐代僧人至闲撰，元幽书，琅琊王周古篆额的《大唐袁州萍乡县杨岐山甄叔大

杨岐寺

师塔铭并序》（这两块唐碑，原立于寺右的乘广禅师塔和甄叔大师塔前，后人将其移至寺内，镶于墙内）。对于这两块碑刻，不少古书曾收录，但因千余年来辗转传抄，各种版本都有许多遗漏差错，今笔者根据原碑予以校勘考证，意使恢复其本来面目。

一、《唐故袁州萍乡县杨岐山禅师广公碑文》

该碑今保存在杨岐寺，镶嵌于前殿正门右壁，下有大石龟为碑座，碑额呈圆形，镌有螭龙图案，中间两行篆字：“唐故广禅师碑”，雄伟壮丽，饶具古风，为刘申锡所篆。碑文为我国著名文学家刘禹锡撰并书。碑高 2.8 米，宽 0.9 米，碑文 25 行，每行 54 字。千百年来，虽经风雨剥蚀，多次摹拓，有些字迹已经模糊，但绝大部分点画清晰，行款整齐，笔势飞动，反映了唐代的文采风格，书法规范。

甄叔禅师塔

那么，为什么刘禹锡会给乘广禅师撰书碑文呢？考乘广禅师，生

乘广禅师塔

于唐玄宗中元丁已年（公元717年），死于唐德宗后元戊寅年（公元798年），而立碑是元和二年（公元807年）立碑时间较乘广死时相差九年，撰文当然不可能是乘广本人所请。在碑文中有这样一段文字可以说明："后九年，其门人还源以为崇塔以存神与建铭以垂休，皆凭象寄怀，不可以缺一。谬谓余为习于文者，故茧足千里，以诚相攻。大惧其先师之德、音与时寝远，且曰：白月中黑，东川无还，扬于金石，传信亿劫。彼堕泪之感，岂儒家者流专之？敬酬斯言，铭示真俗。"可见，刘禹锡是受乘广的弟子还源的请求，并为其不辞千里辛劳和伤心落泪的忠诚恳求所动，而写下这一著名的碑文。

其实，当年还源之专程向刘禹锡求铭，并非无故。唐贞元二十一年（公元805年），即乘广死后七年时，顺宗李诵即位，任命王叔文为翰林学士，并与王伾、刘禹锡、柳宗元等人组成革新集团，实行革新。但这次革新仅一百四十六天便告失败，革新者均遭贬斥。当时刘禹锡贬为朗州司马，而其弟刘豫也被贬至袁州（萍乡当时属袁州），在《刘梦得文集》中有《送从弟刘豫贬袁州》五古一首可证。而甄叔禅师塔铭中有"宜城化缘"一语，可以想见，当时杨岐寺住持僧甄叔大师及弟子还源，当是以在袁州任职的刘禹锡的从弟刘豫为介，请其为乘广禅师撰书碑文的。

刘禹锡所撰书的这篇碑文，在《刘梦得文集》《文苑英华》《刘禹锡集》及历届《萍乡县志·艺文志》等书中都已收录。但细心研读，却发现异文漏字颇多，就以《刘禹锡集》（1975年上海人民出版社）中文为例，就比原碑少103字，错14字。而《文苑英华》（中华书局1986年版）中所错更多。今依次校勘如下，并附赘笔者管见。

1. [碑]（即杨岐寺原石刻碑文，下同）

第一行："唐故袁州萍乡县杨岐山禅师广公碑文"。

[文]（即《文苑英华》下同）

[集]（即《刘禹锡集》下同）

[文集]（即《刘梦得文集》上海涵芬楼景印董氏景宋本原版，民国十八年影印，下同）

[文]、[集]"袁州萍乡县杨岐山故广禅师碑"。

[文集]：“袁州萍乡县故广禅师碑”。

按：[文]、[集]、[文集] 中混合碑额与碑文名称，均省去“唐”“故”“公”“文”四字，[文集] 进而省去“杨岐山”三字，然皆不宜省。

2. [碑]：“至有乘天工之隙以补其化。” [集]、[文集] 同 [碑]。

[文] “至有乘天上之隟以补其化。”天工，指大自然之造化。隙，裂隙，古通“隟”。而“上”字误。

3. [碑]：“素王立中区之教，懋建大中，慈氏起西方之教，习登正觉。”

[文]、[文集] 同 [碑]。

[集]：“素王立中枢之教，懋建大中，慈氏起西方之教，习登正觉。”

按：“素王”即孔子，“中区”即中国。碑文以孔子在中国所立儒教和慈氏在西方所立佛教相提并论。“枢”字误。

4. [碑]：“至哉！乾坤定位，而圣人之道参行乎其中。”

[文]、[文集] 同 [碑]。

[集]：“至哉！乾坤定位，有圣人之道参乎其中。”

按：圣人之首与天地并列为参，故用“而”连接。“有”字误。

5. [碑]：“亦犹水火异气，其成味也同德，轮辕异象，其致远也同功。”

[文]、[集]、[文集]：“亦犹水火异气，成味也同德，轮辕异象，致远也同功。”

按：用“其”复指，音节和谐，文意鲜明郑重，不宜省略。

6. [碑]：“然则儒以中道御群生，罕言性命，故世衰而寖息。” [集]、[文集] 同 [碑]。

[文]：“然则儒以中道御群生，罕言性命，世衰而寖息。”

按：故，因此，所以。承上启下表连接，不宜省。

7. [碑]：“自白马东来而人知象教。”

[集]、[文集] 同 [碑]。

[文]：“目北东来而人知象教。”

按：永平十年，汉朝派使臣蔡愔到大月氏，邀请天竺“沙门”摄摩腾和竺法兰二人，以白马驮佛经及释迦像来洛阳，并为建白马寺。白马东来，指西方佛教传入中国。“目北”讹误。

8. [碑]：“宏以权实，示其摄修。”

[集]、[文集] 同 [碑]。

[文]：“宏以确实，示其摄修。”

按：[文] 以“确”代“权”误。

9. [碑]：“洪钟蕴声，扣至斯应。”

[文集] 同 [碑]。

[集]：“洪钟藴声，扣之斯应。”

[文]：“洪钟蕴声，和至斯应。”

按：扣，敲打。苏轼《日喻》：“扣槃而得其声。”谓洪钟里蕴藏着声音，一敲打就可以听到。和，付和，先有声而付和之。“和”字误；至，到达与之通。

10. [碑]：“分二宗者，众生存顿渐之见。”

[集]、[文集] 同 [碑]。

[文]：“分三宗者，众生存顿渐之见。”

按：佛教在唐代分为南北二派（宗），南宗主顿悟，北宗主渐悟。“三”字讹误。

11. [碑] 第 11 行：“逮周月而滞缚者渐悟。”

[文]、[集]、[文集]：“而带缚者渐悟。”

按：滞，凝而不流，缚，束而不动。此处代指为尘俗所扰困者。“带”字误。

12. [碑]：“瘖聋洞开，荒憬渐革。”

[文]、[文集]：“瘖朦恫开，荒憬渐革。”

[集]：“瘖朦洞开，荒憬渐革。”

按：瘖，己音不达于外；聋，外音不传于己。洞，通也。恫、朦字误。

13. [碑]：“邑中长者臮十方善众。”

[文]、[集]、[文集]：“邑国长者臮干方普众。”

按：臮，古暨字，表连接。国、干字误。

14. [碑] 第 12 行：“法堂四阿，服弘僧舍。”

[文]：“法堂四阿，复引僧舍。”

[集]：“法堂四阿，服引僧舍。

[文集]：“法堂四阿，股引僧舍。”

按：服，事也。弘，大也，指当时扩建禅寺。复、股、引误。

15. [碑] 第 12 行：“随其去来，皆得利益。”

[文]、[文集]：同 [碑]。

[集]：“堕其去来，皆得利益。”

按：随，有“伴随”、“跟随”之意。“堕”字误。

16. [碑]：“此地缘尽，翛然化俱。”

[集]、[文集] 同 [碑]。

[文]：“此地缘尽，倏然化俱。”

按：翛，无拘无束，自由自在之貌。《庄子·大宗师》：“翛然而往，翛然而来。”倏字误。

17. [碑] 第 13 行：“自趺坐而灭至于荼毗，三百有六旬矣。”

[文]、[集]、[文集]：“自趺坐而灭至于茶毗，三百有六旬矣”。

按：僧人死后，尸体火化为荼毗”，“茶”字误。

18. [碑]：“呜呼！消圆方之形，故寂灭以示尽，入菩提之位，故殊相以现灵。”

[集]：“呜呼！肖圆方之形，故寂灭以示尽，入菩提之位，故殊相以现灵。”

[文]：“于戏！肖圆方之形，故寂灭以示尽，入菩提之位，示殊相以现灵。”

[文集]：“于戏！肖圆方之形，故寂灭以示尽，入菩提之位，故殊相以现虚。”

按：消形，寂灭，指僧人圆寂、火化。“灵”，灵应。[文]、[文集] 改“呜呼”为“于戏”，虽可同但还是原字为好。“肖”、“示”、“虚”皆误。

19. [碑] 第 14~15 行：“于是服勤闻法之上首日甄叔……” [文] 同 [碑]。

[集]、[文集]：“于是服勤闻法之上首曰甄升……”

按：甄叔为唐代名僧。《景德传灯录》中有传。至今杨岐寺左方仍保存有唐朝大和六年所建“甄叔禅师塔”，寺内有石刻：《大唐袁州萍乡县杨岐山故甄叔大师塔铭并序》。“升”字讹误。

20. [碑] 第 15 行：“乃率其徒道进、圆寂、道弘、如亮、如海等，相与拉泪具役。”

[文]、 [集]、 [文集]：“乃率其徒圆寂、道弘、如亮、如海等，相与拉泪具役。”

按： [文]、 [集]、 [文集] 中均漏“道进”二字。

21. [碑]：“以为崇塔以存神与建铭以垂休，皆凭像寄怀，不可以阙一。”

[集]、 [文集] 同 [碑]。

[文]：“以为崇塔以好神与建铭以垂休，皆凭像寄怀，不可以阙一。”

按：存，存在，保存。“好”字误。

22. [碑] 第 18 行：“大惧其先师之德音与时寝远。”

[文]、 [集]、 [文集]：“大惧其先师德音与时寝远。”

按： [文]、 [集]、 [文集] 中均漏“之”字。

23. [碑]：“杨于金石，传信亿劫。”

[文]、 [集]、 [文集]：“扬击金石，传信百劫。”

按： [文]、 [集]、 [文集] 中改“亿”为“百”。

24. [碑]：“彼堕泪之感，岂儒家者流专之?”

[集]、 [文集] 同 [碑]。

[文]：“彼堕泪之感岂儒者流专之?”

按： [文] 中漏“家”字。

25. [碑] 第 18~20 行：“敬酬斯言，铭示真俗。时宜春得良守齐君，理行第一，雅有护持之功，化被于邑之庶寮及里之右族。咸能具回向如邦君之志。故偕具爵里名氏，列于其阴。文曰：……”

[文]、 [集]：“敬酬斯言，铭示真俗。文曰：……”

[文集]：“敬酬斯言，铭示真俗。曰：……”

按：此碑有碑阴，共约七百九十二字。

[文]、 [集]、 [文集] 中所漏五十字，乃是碑阴之楔子。

26. [碑]：“七叶无嗣，四魔潜扇。”

[集]、[文集] 同 [碑]。

[文]：“七叶无词，四魔潜扇。”

按：嗣，继承，接续。“词”字谬。

27. [碑]：“一室寥寥，高山之隅。”

[集]、[文集]：“一室寥然，高山之隅。”

[文]：“一室寥复，高山之隅。”

按：寥寥，空阔。韩愈《感春》：“青天高寥寥。”[集]、[文集] 中以“寥”为“然”；[文] 以“寥”为“复”，均误。

28. [碑]：“为法来者，百千人俱。”

[文]、[文集] 同 [碑]。

[集]：“为法来者，千百人俱。”

按：“百千”言其多，且有累增之意。

《刘禹锡集》之《牛头山第一祖融大师新塔记》中有“学徒百千，如水归海”之句。

29. [碑] 第22行：“裔民蚩蚩，户有犀渠。”

[集]、[文集]：“裔民嗤嗤，户有犀渠。”

[文]：“裔民嗤嗤，户有犀庄。”

按：“蚩蚩”，不文明貌。《刘禹锡集》：《佛衣铭》有“既还狼荒，憬俗蚩蚩”之句。“犀渠”，盾的一种。《国语·吴语》“奉文犀之渠”；左思《吴都赋》：“户有犀渠”。“嗤嗤”、“庄”皆误。

30. [碑]：“摄以方便，家藏佛书。”

[集]、[文集] 同 [碑]。

[文]：“摄行方便，家藏佛书。”

按：[文] 中以“以”为“行”，误。

31. [碑]：“即动求静，故能常定。”

[集]、[文集] 同 [碑]。

[文]：“即动求静，故能常足。”

按：“定”，安定，为动中求静所得。“足”字误。

32. [碑]："生非我乐，死非我病，现灭者身，常圆者性。"

[集]、[文集] 同 [碑]

[文]："死即我休，生非我病。常藏者身，常圆者性。"

按：谓佛家四大皆空，唯有性存。

33. [碑]："元和二年五月二十七日建。"

[文]、[集]、[文集] 中缺。按：碑石之年、月、日不可略忽。

《唐故袁州萍乡县杨岐山禅师广公碑文》的碑阴，长期不见其他史籍抄录。近年来，萍乡市文物普查工作队在杨岐山考查此碑文时，发现碑中有"……故偕具爵里名氏列于碑阴"的文字，于是按图索骥，拨开粉壁，洗刷干净，发现碑阴二十行文字，共计 793 字，其中，可识者 724 字，漫灭难识者 69 字。全文内容分为两个部分：一、列举创建杨岐寺庵的"邑之庶寮"，"里之右族""十方长者"以及募化僧，检校僧名氏；二、叙述檀越中特出之施舍数目及经过。其中，首列袁州刺史皇甫囗（疑为"齐"字）等 12 人，以护持之功；次列檀越主 105 人（男 87 人、女 18 人），助化僧海潮等 10 人，检校僧如山等 8 人。

檀越主闻法之虔诚，施舍数目之巨大，确实使人吃惊。例如：

1. 黎建高、兄建球、弟建文、建松及合家人等，舍杨岐全部山地；

2. 许灞舍上部东冲山地 40 亩；

3. 比尼大智舍芭蕉囗口分田 60 亩；

4. 女弟子黎九娘舍楼冲田 20 亩。她在临死前写下遗书，将家人阿小施与杨岐作功德，以后，他的弟弟良弼将米 100 硕买此家人，以米施于寺庵。

这一碑阴的发现，对研究唐代的政治、经济、文化都提供了珍贵的资料。

附：碑刻全文：

"唐故广禅师碑"（额）

"唐故袁州萍乡县杨岐山禅师广公碑文"

朗州司马员外郎　正员刘禹锡撰并书，中山刘申锡篆额」

天生人而不能使情欲有节，君牧人而不释去威势以理。至有乘天工之隙以补其化，释王者之位以迁其人。则素王立中区之教，懋建大中；」慈氏起西方之教，习登正觉。至哉！乾坤定位而圣人之道参行乎其中。亦犹水火异气，其成味也同德；轮辕异象，其致远也同功。然则儒以中」道御群生，罕言性命；故世衰而寖息，佛以大悲救诸苦，广启因业，故劫浊而益尊。自白马东来而人知象教，佛衣始传而人知心法。宏以权实，」示其摄修。味真实者，即清净以观空；存相好者，怖威神而迁善。厚于求者，植因以觊福。罹于苦者，证业以消冤。革盗心于冥昧之间，泯爱缘于」死生之际。阴助教化，总持人天。所谓生成之外，别有陶冶。刑政不及，曲为调柔。其方可言，其旨不可得而言也。惟四海之大，群伦之富，必有得」其门而会其宗者，为世导师焉。

禅师讳乘广，其生容州，姓张氏，七岁尚儒，以俎豆为戏，十三慕道：尊坏削之仪。至衡阳，依天柱想公，以启初地，至洛阳，依荷泽会公，以契真乘。洪钟蕴声，扣至斯应。阳燧含焰，晞之乃明。始由见性，终得自在。常谓机有浅深，法无高下。分二宗者，众生存顿」渐之见；说三乘者，如来开方便之门。名自外得，故生分别，道由内证，则无异同。遂以摄化为心，经行不倦，愍彼南裔，不闻佛经。由是结庐此山，」心与境寂。应念以起教，随方而立因。居涉旬而善根者知归，逮周月而滞缚者渐悟。以月倍日，以年倍时。瘖聋洞开，荒憬潜革。邑中长者皋十」方善众威发信愿，大其藩垣。法堂四阿，服弘僧舍，身心恒寂，象马交驰，随其去来，皆得利益。踰岭之北，涉湘而南。仰兹高山，知道有所在。此地」缘尽，倏然化俱。神归佛境，悲结人世。自趺坐而灭至于荼毗，三百有六旬矣。爪发加长，容泽差衰。真子号呼，围绕薪火，得舍利如珠玑数十百」焉。呜呼！消圆方之形，故寂灭以示尽，入菩提之位，故殊相以现灵。亦犹凤毛成字，鳞角生肉，必有以异，不知其然。于是服勤闻法之上首曰」甄叔，乃率其徒道进、圆寂、道宏、如亮、如海等相与抆泪俱役，建塔于禅室之右端，从众也。

初广公始生之辰，岁在丁巳，当」玄宗之中元。生三十而受具，更腊五十二而终，终之夕，岁值戊寅，当」德宗之后元三月既望之又十日也。

后九年，其门人还原以为崇塔以存神与建铭以垂休，皆凭像以寄怀，不可以缺一，谬谓余为习于文者，故茧足千望以诚相攻。大惧其先师德音与时寝远，且曰：白月中黑，东川无还，扬于金石，传信亿劫。彼堕泪之感，岂儒家者流专之？敬酬斯言，」铭示真俗。

时宜春得良守齐君，理行第一，雅有护持之功。化被于邑之庶寮及里之右族，咸能廻向如邦君之志。故偕具爵里名氏」于其阴。

文曰：」

如来说法，遍满大千。得胜义者，强名为禅。至道不二，至言无辩。心法东行，群迷丕变。七叶无嗣，四魔潜扇。佛衣生尘，佛法如线。吾师觉者，冥极道枢。承受密印，端如贯珠。一室寥寥，高山之隅。为法来者，百千人俱。裔民蚩蚩，户有犀渠。摄以方便，家藏佛书，愿力既普，度门斯盛。合为一乘，散为万行。即动求静，故能常定。绝缘离觉，乃得究竟。生非我乐，」死非我病。现灭者身，常圆者性。本无言说，付嘱其谁。等空无碍，后觉得之。像閟灵塔，迹留仁祠。十方四辈，瞻礼于斯。」元和二年五月二十七日建。"」

二、《大唐袁州萍乡县杨岐山故甄叔大师塔铭并序》

该碑今保存在萍乡市杨岐寺，镶嵌在前殿正门左壁。碑座为大石龟，其形状同于刘禹锡为乘广禅师撰书碑文的碑座，在碑额上，同样镌有螭龙图案，中间二行篆字，"甄叔大师塔铭"，为琅琊周古所篆。碑文为僧至闲撰、元幽书。碑高 1.92 米，宽 0.8 米。分十九行，每行三十三字，共计五百三十二字，字体清秀工整，颇见功底。该碑写成于唐大和六年（公元832 年），迄今已有一千一百五十余年的历史。历届《萍乡县志·艺文志》都有收录，但有不少错漏处，今将碑文抄录整理如下。

"大唐袁州萍乡县杨岐山故甄叔大师塔铭并序沙门至闲撰琅琊王周古撰额」

杨岐大师，法号甄叔，幼而聪敏，倜傥不群，心目贞明，具大人相；观死生轮上，见三聚群」迷，犹如蟭蚓处，在蚊睫聚，胜妙欲乐，似嚼蜡无味，遂投簪削顶，具佛坛式，求正觉了义」，叩大寂禅门，一造玄机，万虑都寂，乃曰」群灵本源，假名为佛，体竭形消而不灭，金流」扑散而长常存。性海无风，金波自涌。心灵绝兆，万象齐照，体斯理者，不行而遍历沙界，不」用而功盖玄化，如何背觉，反合尘劳，于阴界中，妄自囚絷，于是形同水月，浪迹人天，见」杨岐山群峰四合，乃曰：坤元作镇，造我法城，絻发一言，千岩响答。松开月殿，星布云廊」。青岚色中，化出金界一所。宴坐四十余年，满室金光，昼夜常照。宜城化缘已毕，机感难」留，元和庚子岁正月十二日，忽弃尘区，还归大定。门弟子如父母逝，痛胜于心，泣悲震」海，哀声动山，如月隐天衢，群星失曜。大集众木，积为香楼，用建荼毗，获舍利千百粒。于」东峰下建窣堵波，岩拖锦障列其前，涧朴银河落其后。永光法嗣，用镇山门。上足僧有」任运者，饱饮法乳，逝报探恩，涉万重山，经三千里，来投于我，请述斯文，将副其心，或旌」不朽。铭曰:」

吾师内外皆明彻，如净琉璃合宝月；

常将定水洒群灵，大注禅河未曾渴;」

独步杨岐山顶上，建出花宫胜仙阙；

楼台壮势射虚空，魔界轮幢尽摧折;」

阎浮月隐须弥角，一念收光归寂灭；

长留舍利镇山河，光透支提照岩穴;」

犹如薝蔔花飞上，枝上余香常不歇；

无限门人嗅此香，口口口口口口口。」①

口史口　县令阙　书碑人僧元幽」

唐大和六年岁次壬子四月癸亥朔卅日壬辰」”

注①道光《萍乡县志·艺文志》载为“还向枝头香更发。”

“唐故广禅师碑”之碑阴抄录

“刺史皇甫口 长史柳公演　录事口口司户成公岳」县令李公昉 主簿张公谋　尉杨公暄　前令斑公羲甫　邑客任翘　顾少徽　试临安县尉晏岘　试左口口参军口口口漠口 县尉黄良口」口口孙致果口　尉口卫亲府　卫尉剑太和」 助化僧法山　海朝　长文 东华　口命普腾舍大智　常进　宝

琳　普照」捨山地　檀越主黎建高　兄建球　弟建文　弟建松　共成　檀越荣口荣光　柳珠光 蓝祖蓝恽　女弟子黎五娘　黎九娘」五口口　施主龙时文　黎宝　许清　苏利猷　柳新 黎定　黎宁　何夏　黎百惑　荣泰柳详　何卿　何瑟　刘济　萧岑 陶海　苏国猷 黎荫　周昂　王琳」口众口口宁口 易昌　口斡　彭仲 湛锷 姚招　苏南光　姚晓　刘乾和 谭霜口叔口　许鉴　文洗　易谦 黄政　黎弘黎口　欧阳矜沈文　藩口口述」口口口口口招　　黎景　子鹳　甄承相 汤口口口口彩口口口高口　王恒口刘既口」 常施弟子彭开业　李新 许如端 许岫 许口口　黄甦　谢口口口口口口 潘湍　柳萦　舍田百伍」黎谨　黎舆　许荣 柳极　许樵宜弟樵湛共舍田参亩永充供食口口口初澄 虞伦 苏伦　李忠默　妻费三娘」女弟子黎十二娘　萧二娘　邓四娘　毛四娘　黎九娘 黎十娘　黎五娘许二娘　张七娘 蓝大娘子 龙口娘　许八娘　柳三娘　李十四娘」往生弟子宜赵 柳调　柳芳　黎连」

如山　海纳　道济　道宗　道倩　日严 恒送」 检校僧丘丘志源」大历九年六月十日弟子黎建高合家兄弟男女等同稽首舍山地一所土名杨岐四至彭人业为界右伴山地先鱼地贵光如买为祖业当钱廿干文今请广禅和上开朔主持」永充供养　弟子许灞舍荒山地一段肆拾亩土名上部东冲并右坡四器右伴山地 及塘合家同施捨杨岐台常住任僧众开之作田永充供养弟子朱」清先于口利聪处典得田亩」 钱伍阡文今迴施杨岐永充供养　弟子荣泰为亡叔婆黎九娘有遗书令弟口良弼将家人阿小作功德去贞元十六年弟弼景愿将米壹百硕买此家人泰将米口柳晃所赠山梁祖业」口口今以舍入杨岐永为常住其田并无粮税伏乞览圣证知永充供养口口弟子吴国丰舍百丈丘田拾叁亩永为杨岐常住供养女弟子黎九婚将楼中西冲田贰亩捨入杨岐两壹永」充供养 比丘尼大智舍口分田陆拾亩土名芭蕉等入杨岐常住舍田同人荣泰林等永充供养 苏湍书　僧利常施典田钱壹拾贰阡钟南翥拾伍阡文」弟子傅口舍田拾伍亩捌亩土名口口田柒亩土名榄度永充供养。」”

（原载《江西历史文物》1986年第1期）

曼德拉山岩画的特点与文化价值

从南海之滨的珠海，来到祖国北方广袤的蒙古草原阿拉善右旗，带着神秘的宝镜湾岩画中渔猎先民海上捕捞生活的气息，走近“世界第二，亚洲第一”的岩画王国——曼德拉山，探寻古老的游猎、游牧民族的远古文化与海边民族的早期文化特点与文化的异同，并就教于与会的方家，共同切磋，寻找解读岩画的真谛。

曼德拉山位于阿拉善右旗孟根布拉格苏木克德呼都格嘎查境内，山峦四周为草原牧场，远远望去颇有威严壮观之势，山中沟边黑色玄武岩石群上是先民创作岩画的用武之地。曼德拉山岩画主要分布在东西 3 千米、南北 5 千米山地的黑色玄武岩上。岩画极为密集，达几千幅。岩画群密集地分布在地势比较高峻的山体上，一般在海拔 1500 米至 1750 米左右。自从 1987 年岩画被文物工作者确认以来，盖山林、范荣南[1]等很多学者已对曼德拉山岩画群进行了不同角度的研究，都有精彩的论述。这批岩画的发现，凝聚了岩画发现保护与研究者们的辛勤劳动，更反映这一地区曾经有过的灿烂而珍贵历史，保存了一批珍贵的文化遗产。这里，我们试将曼德拉山岩画与珠江口地区属于海洋文化类型的岩画做一个比较研究。

一、曼德拉山岩画的特点

与位于南海沿岸的珠江口早期岩画相比，曼德拉山岩画有许多重要特点：

1. 保存数量众多。曼德拉山岩画分布十分密集，数量相当的多。已发现岩画 6000 余幅，已经登记在册的岩画已经有 4234 幅[2]，这样数量众多的岩画在其他地区极为少见。环珠江口地区，在香港的大屿山的下石壁石刻、上石壁石刻；蒲台岛石刻；窖西洲石刻、长洲石刻；东龙石刻；黄竹坑石刻；大浪湾石刻等地点，每一地点 1~6 幅岩画，共计 20 余幅岩画。珠海市在高栏岛宝镜湾发现 5 处 7 幅岩画，在平沙边湾发现 1 处 3 幅岩画，共 10 幅岩画，在澳门发现阶 1~2 幅岩画。总就是几十幅岩画。由于曼德拉山地表大都是较碎小的玄武岩石，而环珠江口地区大都是大型花岗岩石的地质特点，反映在岩画上，曼德拉岩画分布密、数量多，画幅小的特点，而环珠江口地区岩画则相反数量少，作画幅大，最大的如宝镜湾藏宝洞东西壁岩画一幅画达 5 米长，3 米高，著名岩画研究专家陈兆复教授提出“广东珠海岩画虽然发现得最晚，但从规模的宏大，内容的丰富和艺术的完整性上来说，不仅是东南沿海岩画之最，在全国岩画中也是非常突出的”[3]。

2. 延续时间长。曼德拉山岩画延续时间特别长，从原始社会一直到清朝都有作品。著名岩画专家盖山林教授在《中国岩画学》一书中认为曼德拉山岩画是多层次的，“约可分为五个时期：第一期，新石器时代；第二期，青铜时代；第三期，北朝至唐代；第四期，西夏；第五期，元明清时期。”岩画的作者主要是羌、月支、匈奴、鲜卑、回鹘、突厥、党项、蒙古等民族的人。曼德拉山岩画的创作年代较长，前后可达几千年至上万年。可喜的是，考古工作者在岩画附近找到的一批古人类居住活动的遗址。在漫长的历史岁月中，先民们在这块土地上留下了丰富多彩的文化，同时也在很大程度上揭示了各个时期的经济生活和人与自然和谐相处的生活场景。环珠江口地区的珠海、香港、澳门等地的岩画主要是在新石器时代晚期至先秦时期，大都不会迟过战国时期。时代比较集中。

3. 制法上凿、磨、刻并用。曼德拉山岩画大都有是凿刻而成的岩画。磨刻、雕刻和线条刻并用。有的制作手法比较细腻，有些较为粗犷，多幅岩画比较写实，部分较为抽象。从几十幅大型的岩画看，大多为磨刻而成。内蒙古地区的岩画制作方法，最常见到的是敲凿法，这种技法起于新石器时代，并一直延续下来。其方法是：用尖利的石器或金属器在岩画上敲凿成坑点相连的线条，线条较宽且边缘呈锯齿状“一般早期岩画，敲凿的点小，均匀，晚期岩画的凿刻点大，不匀”[4]。研究者已经发现，曼德拉山岩画根据时间的早晚，在制作上采用了不同的工具，早期岩画主要为以石凿刻，晚期的也有用金属锐器刻划的。这一点与环珠江口地区岩画的制作有相同处。珠江口的岩画主要是利用当地质地较坚硬的尖状石器凿制而成。根据试验，尖状石器与岩画面成垂直状喙制，可制成古老岩画的相似风格线条。石满山岩石面上留下的精湛生动的艺术图案，反映的就是这些民族部落的历史。

4. 题材内容丰富多彩。曼德拉山岩画反映出高原地区的动物情况、先民从事狩猎生活场景和从事游牧生活的场景，许多画面表现出蒙古先民的活力与阳刚之气 [5]。可以分成多种类型：

（1）是各种动物形象：马、驴、骡、野牛、家牛、牦牛、北山羊、盘羊、岩羊、羚羊、黄羊、绵羊、黄羊、藏羚羊、双峰骆驼、单峰骆驼、猎犬、虎、豹、大角鹿、狍子、野猪、猫、燕子、狼、狐狸、蜘蛛、龟、鹰等，这是最基本的和数量最多的图案；

（2）是那些展示狩猎、大型围猎、列骑、征战、搏斗、出行、放牧、村落等记事的岩画；

（3）是男女交媾反映对早期先民对本身繁衍的重视与企求；

（4）是宗教活动和图腾崇拜等；

（5）是后来的西夏文字。

与曼德拉山岩画中的各种丰富的内容，特别是十分精彩的动物描绘相比，环珠江口地区岩画以抽象的图案画为主，岩画中有反映早期海洋文化的内容。香港大体上有两种纹样：一种是几何形，包括圆圈、螺纹、正方螺纹等；一种是不定形的抽象花纹。大浪湾岩画刻的中央纹样，可能是一个动物图案，下面刻有螺形纹，而“脸部”的左边则是同心圆。在蒲台，剥落处左边的抽象花纹下端，有长菱形数个，而穿过剥落处，则有一连串的螺形纹。下石壁石刻点也差不多有同样的圆形和螺形纹样，在长洲也有类似的抽象图形，但最惹人注目的是所谓“眼”的蛇头形曲线，在石刻的中心部位的上端形成一对，约略与大浪湾的岩刻相似。东龙的岩刻，虽然与其他地方有些不同，但那螺纹和上端紧密交织着曲线以及其他细节，都指出香港岩刻彼此之间的确存在密切的关系 [6]。珠海这批岩画都是原始、古朴、神秘的石刻岩画，从风格特点和技法上大致能够分成三种[7]：第一种为直观写真的图角画，以大坪石岩画为代表。用原始的雕刻手法，直观地记录海边欢庆大船归来的场景；第二种为表意象形图画，以天才石和宝镜石岩画为代表。雕刻技法虽然古朴、简单，但已经有所进步，使用石锤、石凿、石斧、石锛敲凿刻划而成，粗细不均，掌握不准，弯直不当；第三种为神秘抽象的图案画，以藏宝洞东、西壁岩画为代表。

如果说，环珠江口地区岩画以海洋题材为特色，银川贺兰山岩画以人面像为特色，而阴山岩画是以狩猎游牧岩画为特色，而曼德拉山岩画中的狩猎、骑射、放牧、征战图则又是最具代表性的意义，又由于曼德拉山岩画中的动物以马、羊居多，也有人称其岩画为反映的是“马羊文化”。属于早期的岩画中著名的围猎图、猎红羊图、猎鸵鸟图、猎盘羊图、猎狼图、追猎图、猎人与红羊图等，还有相当多的骑者、放牧人、驯鹿图、驯兽者图等，反映了这一地区原始狩猎者们的狩猎生活、自身的生存状况和原始宗教信仰的情况，以及由狩猎到游牧文明的历史过渡。这是草原文明的反映。

曼德拉山地区是典型的大陆性气候，干旱少雨，气候极度干燥，冬寒夏热，昼暖夜凉，风大沙多，日照充足，蒸发强烈，其自然条件较恶劣，但岩画很多，这种情况在世界许多地区也普遍存在。当今荒凉的沙漠在作画时代却是文明的繁盛地区，当时气候温和、雨量充沛、草木繁茂，是水草丰美的绿洲。考古调查表明：新石器至青铜时代早期，巴丹吉林沙漠尚未形成，人们的生存环境非常优越，约在距今三千多年的时候，气候

图 1：曼德拉山岩画放牧人

变的寒冷和干旱才逐渐变成今天的沙漠景观[8]。

二、曼德拉山岩画的文化价值

1. 曼德拉山岩画是环境艺术实践的精品。“虽然从岩画的内容上来看，曼德拉山一带的自然景观曾经有过改变。但是，总体而言，陡峻的山势、瑰丽的风光在人类来此创造岩画期间，伴随着创作的始终。岩画与山体的结合可谓彼此映衬、相得益彰。群山因岩画而灵秀，岩画藉群山而雄奇。来到这里的人，都会对当地壮美而又苍凉的自然风光留下深刻印象。即使我们难以揣摩岩画创作者的心理感受，但是可以想象，先民们必然对于这里的自然环境有着极为感性的认知。周边环境诱发、催生了先民的创作灵感和想象。[9]”不仅是曼德拉岩画，北方岩画也都具有这种共性。正像班澜先生所言：“北方草原岩画是大地的艺术，是天籁之美，它

图 2：曼德拉山岩画围猎

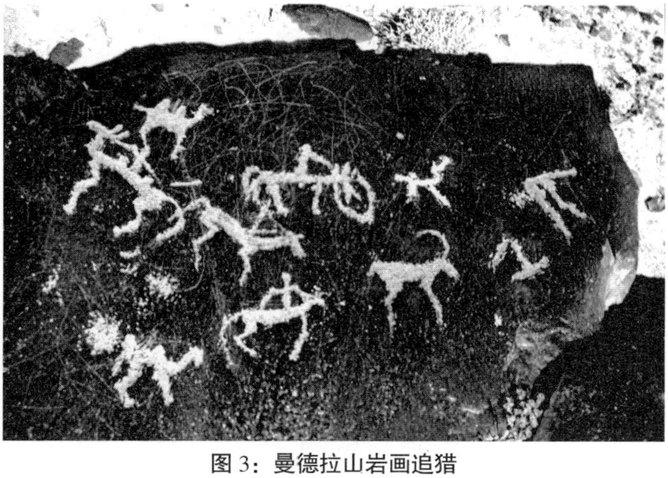

图 3：曼德拉山岩画追猎

自然与塞外粗犷浑朴的山水一脉相承”。[10]

2. 曼德拉岩画是记录历史的珍贵资料。岩画是人类最古老的艺术之一，早在旧石器时代就已经出现在蒙古高原上。在没有文字的古代，岩画往往是人类记述自身历史和交流思想的主要方式，曼德拉山地区乃至蒙古更广泛的地区，在文字出现之后，岩画创作也一直没有停止。“蒙古岩画以形象和符号的形式记录了人类生存活动的连续篇章。”“从用石头武装起来的原始人，至使用弓箭的狩猎人，到以畜养牲畜为业的游牧人，以至金属的使用者，一直到内蒙古草原出现文字之后，生活在这里的人们，一直在这里作画。”岩画中蕴含着更为丰富的内涵，使岩画研究承担更多的历史责任。著名学者陈兆复先生指出：“在文字产生之前，岩画是记录人类想象和艺术创作的最早证据。它组成人类遗产中最有普遍意义的部分。岩画体现了人类抽象、综合和想象的才能，描绘出人类经济的和社会的活动，以及人类的观念、信仰和实践。岩画对于深刻认识人类的精神生活和文化样式的作用，是其他任何东西都难以替代的。”[11] 曼德拉岩画反映了这一地区先民的生产生活的基本状况及精神文化的基本内涵。

盖山林先生研究确认出分布于曼德拉山岩画中的吐蕃岩画。“吐蕃岩画在题材上的突出特点是骑马者居多。单骑较少，以群骑、列骑居多，经常是三五或七八成群。有不少马背上有障泥和马鞍。马蹬一般单独制作。马鞍的前、后桥，早期垂直，晚期向外倾斜。马颈下，有一个十分明显的标志，是常留一束或数束驼毛，上细下粗，就像驼铃似的”。“在北朝至唐代，吐蕃人还居住在圆锥形的帐篷之中，在曼德拉山发现有许多吐蕃人的帐篷岩画，其形状与大兴安岭中鄂伦春、鄂温克族的“撮罗子”（斜仁柱）一样。更令人感兴趣的是，发现有由十八个圆锥状帐篷组成的村落岩画，村中央以显赫位置绘制一座大帐篷，主次分明，当为部落‘大人’居住的地方。”[12] 曼德拉山岩画，以其独特的方式，以其众多的数量，长时间地记录了人类在这一地区，在这样的自然条件下，人类走过的历程，它是一种从朦胧时代向文明进程的记录。

3. 曼德拉岩画是各时期先民们精神世界的反映。宗教是人类认知能力发展到一定阶段产生的异化现象，而万物有灵观念则是形成原始宗教的思想基础。大自然是原始宗教最早的崇拜对象。大地、高山、河流、日月星辰、风雨雷电、石头、水火等。在初期，先民所崇拜的自然物像是孤立无序的，每一种崇拜物都是人们求助于神灵力量（自然力）的意愿的象征物，是直接与生存目的相对应的。而岩画中大都能找到其反映。盖山林先生指出："尽管有些资料如彩陶和石器，能够说明当时居民的审美观念、原始思维、原始宗教和世界观方面的问题，但总是有限的，只有崖画（或称岩画）才能更充分地说明远古居民的精神世界。从这个角度说，崖画的发现和研究，扩大了考古学的研究领域，使考古学有足够能力去探析存在于远古世界的精神生活。崖画在文学产生之前，起着图画文字的作用，它以历史的深度和全球的广度，内容之丰富涉及古代世界一切领域。"[13] 部分岩画是巫术的产物。图腾观念是人类最早的宗教观念，图腾文化是人类最古老的文化之一。其产生的社会基础是以狩猎为主、采集为辅的社会生产。图腾文化发生于旧石器中期，旧石器晚期和中石器时代，新石器时代是逐渐衰落和演变时期。由于各地方民族的历史发展情况有所不同，进入阶级社会之后，图腾文化在一些地区还以残延形式延续下来。据我国古代文献记载，鹿、狼、虎、鹰、野猪、熊等动物，曾先后被东胡、匈奴、鲜卑、突厥、契丹、蒙古等古代北方民族所崇拜，有的还被奉为图腾。另据《辽史》所记，古代契丹人在父母死后便要祷告："冬月向阳食，夏月向阴食，若我射猎时，使我多得猪、鹿。"但是，关于少数民族的历史文献记载历来是比较匮乏的，相当多的时候我们只能从这些岩画中寻找先民的历史痕迹。感受他们的真实存在。岩画是展现原始思维的历史画卷，它具有综合性、直观性、神秘性、稳定性的特点。这种前逻辑的思维方式，不遵循逻辑规律，不是以概念去反映岩画是古代先民在岩石上绘制或凿刻下的图画。它形象地记录了作画时代的经济形态、文化艺术和思想意识的状况，以及那时人们赖以生存的自然环境，反映了人类从野蛮到文明的各个发展阶段的社会面貌。因此，可以说，岩画是人类文明历程的图解。

曼德拉山岩画是游牧民族生活、精神的写照，为羌、月氏、匈奴、鲜卑、回纥、党项、蒙古等北方少数民族制作。它以强烈的独特性、艺术性、真实性、学术性和国际性，形成突出的普遍价值，它是珍贵的、历史的、艺术的和文化的遗产，它是阿拉善右旗的、内蒙古的、中国的、世界的和人类的珍贵文化宝藏。

注释：

[1] 盖山林：《巴丹吉林沙漠岩画》，北京：北京图书馆出版社，1997年；王雅生主编、范荣南撰稿：《曼德拉山岩画集》，甘肃人民出版社，2003年。

[2] 盛丽：《曼德拉山岩画和它的守护者》，《内蒙文化》2007年第6期。

[3] 陈兆复：《古代岩画》，文物出版社，2002年版，第159页。

[4] 王大方：《草原文明的神奇画卷——内蒙古岩画》，《内蒙古社会科学》1995年第5期。

[5] 班澜：《北方岩画与草原文化心理》，《内蒙古大学艺术学院学报》2010年第7期。

[6] 陈兆复：《中国岩画发现史》，上海人民出版社，1991年。

[7] 徐恒彬、梁振兴等：《高栏岛宝镜湾石刻岩画与古遗址的发现与研究》，《珠海考古发现与研究》，广东人民出版社，1991年。

[8] 陈子玉、许民：《巴丹吉林岩画的地域性探讨》，《赤峰学院学报》2006年第8期。

[9] 袁永春、宁国强：《古代北方民族岩画创作艺术管见———以阿拉善右旗曼德拉山岩画为例》，《内蒙古文物考古》2009年第2期。

[10] 班澜：《北方岩画与草原艺术精神》，《内蒙古大学艺术学院学报》2009年第6期。

[11] 陈兆复：《古代岩画》，文物出版社，2002年。

[12] 盖山林：《多彩的内蒙古岩画》，《内蒙古社会科学》1993年第4期。

[13] 盖山林：《广西左江流域崖壁画学术价值试论》，《广西民族研究》1986年第3期。

（本文是作者参加“中国首届曼德拉山岩画国际研讨会”文章）

先秦时期的南海岛民·引言

一

人类社会的进步得益于知识的积累。这是一个继承与创新的过程。知识的积累与创新是人类与其他动物区分的重要标志，也是人类之所以能发展到现代文明的根本原因之一。

作为广义历史学范围内的考古学，其学科的生存与发展也在于继承与创新。这里的继承是指我们的工作是在前人的研究基础上进行的，不可能凭空而来，我们不能，也无法完全抛开前人的研究成果。尽管有些以往的具体结论将被我们所推翻，但是我们也从中得到过启发。而创新则是考古科学繁荣与发展的原动力，也是我们每一位考古从业人员刻意追求的学术目标。考古科学的进步可以得益于新的考古发现，一些新材料的面世，往往可以令人耳目一新，精神振奋，有时甚至可以直接得到新的认识，发人所未发，言人所未言，轻而易举地解决一些学术悬案，推进学科的发展；而考古科学的进步更应注重理论的创新，方法的创新，技术的创新，并运用这些新理论、新方法、新技术使有限的资料释读出更为丰富的人类文化信息，因而产生新的观点，新的认识。这不仅是对前人的结论拾遗补阙，勘误纠谬，更能综合以前零散的残缺的成果，使之系统和全面，达到学科的全面提升。

继承与创新是人类社会进步的两个轮子，是相辅相成的。创新代表着希望与未来，但并不是所有具体的新的东西都具有强大的生命力。创新过程往往会给传统带来阵痛，因而也可能会遭到旧事物的扼杀，新旧思维之间始终在角力。对传统的继承也有一定的选择性，哪些东西需要继承，哪些东西应当摒弃？都需要一个比较与鉴别的过程。大千世界的这种客观实际，要求包括考古学在内的学术见解、学术观点的多样性，而达到学术研究领域的“百花齐放，百家争鸣”，呈现出枝繁叶茂、硕果累累的局面，一花独放不是春，万紫千红才是春。

文明的多样性，是人类社会的基本特征，也是人类文明进步的动力。从国家和民族这样一个大的宏观的层面来看是如此，从具体学科和一些小的微观层面来看，也是如此。多样性为比较与选择提供了空间，为竞争与碰撞创造了机会，只有碰撞才能产生思想的火花，只有竞争才能激活心智与创造力。客观事物的复杂性，必然要求学术研究要从不同的层面、不同的角度入手，以期得到一个更加全面的认识。这就是考古学研究中观点多样性的客观基础。

二

南海海岛居民先秦时期的文化面貌具有明显的海洋文化特点，与中原地区及长江流域先秦居民所创造的农业文明有所不同。从目前在环珠江口地区发现的近400处沙丘遗址可知，距今6000多年前，人们选择海湾沙丘作为他们的栖身之地，充分利用海湾内丰富的鱼类资源，及海湾附近岛上的植物动物资源，很顽强地生存下来，直到距今3000年前后，才逐步离开他们所熟悉的沙丘，另谋生路。

南海海岛居民在历史上也有相当的闪光点，是他们开发了环珠江口地区，并曾一度代表岭南地区的先进文化。最早的沙丘居民就已经是捕鱼高手，他们有了可以在近海上活动的渔船，在距今4000年前后，沙丘居民已经掌握水上停船技术，宝镜湾遗址等地出土了当时的大型石锚，这可以说是一件了不起的大事，对后来的水上交通有着相当的影响。打鱼业在环珠江口地区最为兴盛，从目前出土的数千件渔网部件——沉石、网坠数量就可知当时的生产规模已为全国之最。沙丘先民有其精神追求，他们在其居住地附近凿刻出巨型岩画，这是一种与用颜料涂绘的岩画不尽相同的遗存，其上保存有相当丰富的文化积淀，成为我们走近古人的一座桥梁，了解古人的一扇窗户；石玦与石环是沙丘遗址中较为常见的物品，一些遗址中还发现专门的作坊，石玦与石环质地以石英为大宗，另有玉石、玛瑙、水晶及各种美石，这些具有装饰用途的石制品已经被沙丘先民用于祭祀活动，也可能作为商品参与交换。生活方面，除了具有与中原地区相同的以纺轮所代表的纺织布之外，在沙丘遗址早期还存在一种树皮布拍所反映的无纺的树皮布。陶器是主要的生活用品，在早期阶段陶器就已经分为两组风格的器物，一组是以彩陶和白陶为代表的受外来文化影响的器物，而另一组则是以夹砂陶为主的本土文化器物，陶釜是海岛先民的主要炊器，中原地区最为常见的陶鼎，在这里极为鲜见，釜、盘、豆、罐、杯是陶器常见的器类和组合。这里发现相当数量的铸铜石范，被称为岭南地区较早的青铜文化物证。

沙丘遗址的发现时间较早，几乎与中原地区同时，可以早到 20 世纪 20 年代，但是，其研究的进程则十分缓慢，从考古发掘的方法到分析运用资料的理论，与中原地区都存在很大的差距。直到 20 世纪 80 年代中期，著名学者严文明教授到珠海等地考察，带来一阵春风，使环珠江口地区这种具有特点的先秦文化遗址得到中国考古学术中心的关注。此后的一些考古发现更是层出不穷，人们开始不满足于这种文化的固有认识，或是提出新的课题，或是反思以往的结论。思想的碰撞，不同学术观点的争论，如同在平静的水面投入石子，溅起朵朵水花，引起一圈圈相互推逐的涟漪，显现出盎然的生机。

1999 年，香港东湾仔北遗址列为当年中国十大考古发现之一；2001 年，深圳屋背岭墓地再一次被列为当年的中国十大考古发现之一。这两处遗址，一处为沙丘遗址，一处为与沙丘遗址有关的墓地。2000 年底，笔者主持的《南海沙丘遗址文化与生态研究》课题，被国家文物局列为“全国文物、博物馆系统人文社会科学重点研究课题”。所有这些反映了国家对这一文化现象的高度重视。

南海海岛居民创造的沙丘文化，是中国早期的海洋文化。它反映了海岛居民认识海洋、征服海洋、利用海洋的客观实在。是中华文化花园中的一簇鲜艳的花朵，发掘揭露研究认识这一独特的文化之花是时代和民族的需要，也是我们的追求。

（原载《先秦时期的南海岛民》，文物出版社，2004 年）

南海北岸史前渔业文化·引言

海洋是生命的摇篮，它为生命的诞生与繁衍提供了必要的条件；海洋是风雨的故乡，它在控制和调节全球气候方面起着重要作用；海洋是资源的宝库，它给人类提供了极为丰富的食物和巨大储量的各种资源；海洋是交通的要道，它为人类从事海上交通提供了最为经济、便利的运输途径；海洋是现代高科技研究与开发的基地，它是人类探索自然奥秘、发展高科技产业的重要场所。

海洋的边沿和近海的岛屿，历来是人类的重要活动场所。海洋中丰富的食物资源，为人类提供了充足的营养，它孕育着人类，人类也在不断地认识海洋、适应海洋、征服海洋和利用海洋的过程之中，创造出海洋文化。海洋文化又具有明显的地域性、历史性、民族性特点。早期住在海边和海岛上的人，大都是渔民，渔业是他们的主要生计。这种以打鱼为生的生活方式，相应地产生出不同于农业族群的生活习惯和文化传统，我们称之为渔业文化。

南海，又称南中国海。中国大陆东南方濒临五大海区：渤海、黄海、东海、南海，及台湾以东太平洋海域。南海因其位于我国大陆的南方，故名。

史前时期的南海，是一个神秘、令人遐想和充满好奇的课题。纳入我们研究计划的是南海北岸史前时期的渔业文化。我们将目光集中在岭南的沿海陆地与近海岛屿史前时期的文化遗存。通过这一缩小的范围，我们更能够看清南海渔业先民的生态环境、人种人群、生产生活、社会发展程度，进而走近古人的精神世界。

所谓一方水土养一方人。一方水土孕育一方文化。人的性格的形成，人生观和世界观的形成，和他从小到大的生存环境、所接受的文化教育有着密不可分的关系。不同的时代、不同的环境、不同的民族与文化背景，可以造就风格迥异的文化，而在更高的层次上看，中华大地上，不同的文化细流，又汇成了中华文化的主流。中华文明起源多元一统、多源一体的格局，已为考古发现提供的大量材料所证实。南海渔业先民的文化，既有中华文化共同性，同时，也有着自己的特点。从考古学角度观察南海沿岸及岛屿史前文化，在不同的时期看到多个既有联系又有区别的考古学文化面貌。在不同的层次上和角度上，可以把握不同的特点。这里发现的居住遗址主要有洞穴遗址、台地遗址、贝丘遗址、沙丘遗址等类型。早期居民以洞穴为主要栖息地。旧石器时代早期这里就有人类生存活动，旧石器时代中晚期，这里是世界早期人类活动的重要地区，发现相当多的人类化石。更新世末至全新世初期的文化遗存更是普遍发现，并有着广泛的同质性。这种同质性具体表现是：与大熊猫—剑齿象动物群化石及稍晚的现代哺乳动物群标本伴生的打制砾石石器、局部磨制石器、穿孔石器，以及一定数量的骨角器，广泛出现的螺壳堆积亦是这类文化的特征之一。在人类经济活动刺激下，华南全新世初期的石器加工工业也朝着适应渔猎的方向发展，穿孔石器、磨制刃部的石器和燧石小石器的出现反映出这种变化[1]。在许多遗址之中发现软体类、鱼类、两栖类、龟鳖类及哺乳动物。距今一万年左右的三亚落笔洞遗址是南海早期人类活动的一个重要遗址，在洞穴遗存的堆积物中，发现了大量的水生软体动物遗骸，堆积十分密集。水生动物计有 7 目 24 种，其中螺壳约有 7 万个之多，有些经火烧过。说明当时人们重视对水生动物的利用，捕捞经济比较兴旺发达，当时人类有广泛的取食范围，人们对水有较好的适应、了解和利用。新石器时代居住于海边河旁的先民，大量食用贝类生物，在住地及附近留下大量的堆积成丘的贝壳，其中残留着大量人类活动的痕迹和人类有意抛弃或无意失落的物品，因而形成我们现在所说的贝丘遗址，这是南海沿岸地区及近海岛屿最为常见的一种古文化遗址类型。海滨贝丘、河岸贝丘、河海交汇地点咸淡水类型的贝丘成为三种主要的贝丘遗址类型；沙丘遗址主要分布于南海岸边及岛屿的海湾上，大自然的造化，在海岸或海岛边沿形成许多的海湾，不少海湾上有沙堤或有沙滩，有淡水从山旁流出，优越的自然环境，使大量鱼类、贝类海生物聚集在这里，成为一个天然的人类粮仓。沙堤—潟湖类型沙丘遗址、沙滩连坡地型沙丘遗址为两种主要的沙丘遗址类型。沙丘、贝丘遗址为主的史前考古遗存广泛分布于南海北岸及其岛屿，重要的遗址如广西的邕宁顶蛳山遗址、西津遗址、秋江遗址、豹子头遗址、江西岸遗址；广东的高要蚬壳洲遗址、佛山河宕遗址、高明古耶遗址、西樵山镇头遗址、三水银洲遗址、东莞村头遗址、蚝岗遗址，深圳咸头岭遗址、大黄沙遗址、小梅沙遗址，珠海宝镜湾遗址、后沙湾遗址；香港的东湾遗址、大湾遗址、深湾遗址、涌浪遗址；澳门的黑沙遗址等等。这里是百越先民的发源地之一，这里的原始文化与中原地区的原始文化有着密切的联系，这里还是南岛语族的重要发生地。

渔网用于海洋捕捞，是一个具有划时代意义的进步，新石器时代中期，网鱼还只是小打小闹，在距今 4000 多年前，网鱼技术已经完全成熟，并形成规模生产。珠海宝镜湾先民大规模使用渔网捕鱼，该遗址中出土 1000 余件渔网的网坠和几十件比普通网坠更大的沉石，网坠成堆出土，或 39 件或 24 件一堆，显示出当时渔网编织时一个完整网具中包含网坠的可能数量。大量出土网坠的地点还见于香港涌浪遗址、珠海平沙棠下环遗址等地点，另外，在珠海宝镜湾遗址、珠海荷包岛锁匙湾遗址、香港涌浪遗址、香港东湾遗址等地都出土多件可能用于船锚的大型石器。这些情况足以说明这一地区，这一时期的先民，有发达的渔业经济。宝镜湾岩画中刻下的海船，高明古耶发现的船桨，是史前时期人类征服海洋的重要工具的见证。石刻岩画是环珠江口地区的重要史前遗存，珠海、香港、澳门等地发现多处石刻岩画，在广西境内发现较多图绘的岩画。其中珠海宝镜湾岩画，是南中国目前发现面积最大、内容最为丰富的早期石刻岩画。史前岩画是渔业先民的艺术杰作，它记录了先民们的兴趣爱好与精神追求。陶釜是史前时期渔业先民主要的炊器，中原地区大量使用的鼎、鬲在这里较少出现。这里是印纹陶技术发明与广泛使用的地区之一，丰富的陶器装饰纹使这里的陶器装饰十分有特色；有肩石器、有段石器、凹石器、蚝蛎啄、穿孔石器以及蚌壳制成的网坠、刀、鱼钩等工具较多地被先民使用，成为南海先民生产工具的特色；粤东地区是有段石器的主要分布区；珠江三角洲、桂南、粤西与海南岛地区是有肩石器的主要分布区，西樵山遗址是有肩石器的主要制作场[2]。史前时期珠江三角洲地区先民大量使用玉石制成的玦，常用的材料有水晶、石英石、石英脉、玉髓、玛瑙、灰岩等等。玦，最初是一种挂在耳上的装饰，由于制作精美，后来也较多用于祭祀活动。这里出土用于祭祀的礼器还有石钺、石圭、玉琮和玉（石）璋等；在广西泛北部湾地区，顶蛳山文化之后，新石器时代晚期出现一种大石铲的遗存，较具特色。这种形体硕大、造型美观、形制独特、结构合理、制作精致的大石铲，起源于前期的有肩石斧，是当地的骆越先民为适应原始农业发展的需要而发明制作的一种生产工具，随着社会的发展和祭祀仪式的需要，有一部分巨型石铲演变成专用于祭祀的礼器[3]。南海渔业先民的文化，从人物性格上看，它不同于北方草原上游牧民族的文化，没有那么粗犷、豪放，也不同于长江、黄河流域的冲积平原上农耕先民的文化，没有那么痴迷地眷恋着故土，它是一种以海岸与岛屿为依托、以渔猎为生计的面向海洋的文化。史前时期南海渔业文化具有海洋文化的一般特性，这就是开放性、冒险性、交流迁移性、兼容性、商业性，同时，还有一种求真务实的精神文明。

南海北岸史前渔业文化的研究，涉及面广，内容极为丰富，本研究仅是抛砖引玉的尝试。

注释：

[1] 乔晓勤：《华南海洋文化的形成与发展》，见《岭南考古研究》第4辑，中山大学岭南考古研究中心编，2004年，香港。

[2] 曾骐：《珠江文明的灯塔——南海西樵山古遗址》，中山大学出版社，1995年。

[3] 覃义生、覃彩銮：《大石铲遗存的发现与研究》，《广西民族研究》2001年。

（原载《南海北岸史前渔业文化》，中国学术评论出版社，2009年）

文物与保护研究

珠海历史文化的传承与弘扬

一、珠海城市的记忆、符号

珠海这块土地上，到底什么时候开始有人类活动？千百年来，我们的先民有什么样的历史？珠海历史有什么样的亮点可以为后人所称道？这些个问题清楚了，珠海城市的记忆、符号就有较好的把握。

（一）生我养我的土地

一方水土，养育一方人。海岸和海边是气候最为敏感的地区。一万五千多年前，地球经历了一次盛冰期。当时天气曾经十分寒冷，大量液态水结冰成固态水，海平面比现在低 100 多米，那时广东海岸线要往南推进约 200 千米，珠江可能要流到现在的东沙群岛附近出海。包括现在珠海、澳门在内的广大沿海地区，当时都处于离海岸较远的丘陵地带。距今一万年前后，冰期逐渐过去，大地回暖，大量冰水融化，海平面逐渐上升，大片丘陵被水淹没，至距今六七千年前，海水上涨势头稍见停止，海平面在今天所见的高度上下波动，保持相对稳定。这时的澳门珠海等地也已经从早先的丘陵地带成了今天所见的岛屿。只是当时的陆地面积较现在小得多。

（二）6000 年前开始有人类在珠海土地上劳动、生息、繁衍

目前考古资料显示，距今六千多年前，珠海这块土地上就已经有人类活动。这也是大自然的造化。在海岛的周围往往造出大小不等的海湾，海湾之上往往容易形成沙丘、沙堤。考古学家在环珠江口地区经过大量考古调查与考古发掘，竟然在一些沙丘、沙堤上发现早期人类的住房、烧灶、

陶窑、制玉作坊、制铜作坊、石器制造点、墓葬（有的地方还发现相关的大型墓地）、石刻岩画和大批的陶器、石器、玉器等生产工具、生活用品及装饰品。这就是一种十分有趣，有特点，长期不为人们所熟识，而又引人入胜的人类文化现象，这就是史前时期的沙丘遗址。

目前的资料表明，沙丘遗址分布最为集中的地区是环珠江口地区。在这一带已经发现类似的沙丘遗址几百处。仅在珠海目前就发现 81 处，澳门发现 6 处 [1]。也许珠海澳门等地的人类活动历史很早，但是，由于海水的上涨，早先的人类活动遗迹大都已经淹没。同时，海边和海岛地区是气候变化最为敏感的地区，人类在这一地区的活动曾经受到严峻考验。以至于我们在近几十年才逐步了解，距今 6000 多年至距今 2800 年前后，在环珠江口地区有人类活动的客观现实，并将人类在这一地区活动的历史推前到距今 6000 多年前，填补了 3000 多年的历史空白。

南海海岛居民先秦时期在沙丘上所创造的文化是一种渔业文化，具有明显的海洋文化特点，与中原地区及长江流域先秦居民所创造的农业文明有所不同。距今 6000 多年前，人们选择海湾沙丘作为他们的栖身之地，充分利用海湾内丰富的鱼类资源，及海湾附近岛上的植物动物资源，很顽强地生存下来。海岛先民在这一特殊的地理条件下，也有惊人发明和创造。

（三）距今 4000 年前后，珠海曾有发达的渔业经济

最早的沙丘居民就已经是捕鱼高手。

1. 他们有了可以在近海上活动的渔船；

2. 在距今 4000 年前后，沙丘居民已经掌握水上停船技术，宝镜湾遗址等地出土了当时的大型石锚，这可以说是一件了不起的大事，对后来的水上交通有着相当重要的影响。

3. 渔业在环珠江口地区最为兴盛，从目前出土的数千件渔网部件——沉石、网坠数量就可知当时的生产规模已为全国之最。

4. 沙丘先民有其精神追求。石玦与石环是沙丘遗址中较为常见的物品，一些遗址中还发现专门的作坊，石玦与石环质地以石英为大宗，另有玉石、玛瑙、水晶及各种美石，这些具有装饰用途的石制品已经被沙丘先

民用于祭祀活动，也可能作为商品参与交换。

5. 先民们在其居住地附近凿刻出巨型岩画，这是一种与用颜料涂绘的岩画不尽相同的遗存，其上保存有相当丰富的文化积淀，成为我们走近古人的一座桥梁，了解古人的一扇窗户。宝镜湾岩画是中国南方地区面积最大、内容最丰富的石刻岩画。

6. 渔民穿着自己制作的无纺的树皮布。除了具有与中原地区相同的以纺轮所代表的纺织布之外，在沙丘遗址早期还存在一种树皮布石拍所反映的无纺的树皮布。陶器是主要的生活用品，在早期阶段陶器就已经分为两组风格的器物，一组是以彩陶和白陶为代表的受外来文化影响的器物，而另一组则是以夹砂陶为主的本土文化器物，陶釜是海岛先民的主要炊器，中原地区最为常见的陶鼎，在这里极为鲜见，釜、盘、豆、罐、杯是陶器常见的器类和组合。

7. 珠海发现相当数量的铸铜石范，被称为岭南地区较早的青铜文化物证。

先秦时期，珠海的发达的渔业经济，水平高规模大，与之相伴产生的渔业文化，成为中国早期海洋渔业文化的典型代表[2]。

（四）汉唐以后，这里作为中国海上丝绸之路的重要通道

中国，是世界上最早发展养蚕业的国家。在古代西方国家还不懂得养蚕和丝织之前，中国的丝织品被中亚、西亚和欧洲各国视为不可思议的珍贵物品，竞相追求，纷纷以本国的特产交易中国的丝绸。这条中西交通贸易和文化交流之路，世代相传，称之为“丝绸之路”。“丝绸之路”又称之为“陶瓷之路”，中国大量精美的陶瓷制品也是源源不断地通过这条通道与外交流。“丝绸之路”有陆路和海路两条。珠海、澳门是海上丝绸之路上重要的通道、补给站和避风港。

这一地区的考古发现了许多的文物可以证明。1986 年，在外伶仃石涌湾采集到一件汉代的陶罐残片，仅剩陶罐的口沿和肩部，是西汉时代的物品。肩部上纵刻“朱师所治”字样，字体大小在 1.5~2 厘米之间。朱师为陶工的名字，此器料为地方私营作坊所制造。这件陶器残片上的文字，

是环珠江口迄今发现最早的汉字之一，这反映西汉期间汉文化的渗透力和当时居民的商品意识。汉代珠海一带的渔业经济有所发展，生产力水平有所提高，生产工具也有改进，渔网上的坠子，一改从前只是石制品，而是大都采用陶制，使坠的大小和重量更为均匀。

虽然丝绸的保存相对困难，但与丝绸一道销往西方的陶瓷则经得住时间的磨损。在中国东南沿海至西沙群岛，渔民在浅水作业期间常捞到唐宋及以后的外销陶瓷器，证明中国海上陶瓷之路与东南亚及西方国家早期频繁的贸易关系。1969 年在金湾区南水镇蚊洲岛北面沙滩里曾出土 212 件青瓷碗碟；1977 年及 1984 年珠海渔民在外伶仃岛海域和荷包岛海域作业时曾捞获两批唐代陶瓷。大量打捞出水的青瓷碗碟、四系罐和青釉瓷碗，是海上交通的重要证据。

（五）香山镇香山场，历史上香山县最早的政治中心和经济中心

1. 香山镇香山县设立

远古时期珠海陆地面积不过 300 平方千米，随着山洪冲泻，岸滨积附，香山岛岸不断向外延伸，逐渐出现浅湾变海滩、海滩变沙田，沙田变陆地的现象。唐朝初年，今山场村一带，出现大片陆地。《香山县志》载：唐代以前就有人在这里聚居，围海煮盐，取名金斗湾盐场。唐至德二年（757 年），宝安县更名为东莞县，并开始在今香洲山场设置香山镇[3]，在这里驻扎军队。当时镇只是军事单位，长官级别较高。北宋时期，朝廷一度有将香山镇改县之议，虽未获准，但同意改设香山寨[4]；南宋绍兴二十二年（1152 年）将原属于东莞县的香山寨地方划出，又从南海、番禺、新会三县划出沿海地方，设立香山县[5]。珠海是香山早期的经济中心，政治中心。

2. 在珠海海域，曾经发生过中国古代史上最大的海战，惊天地泣鬼神，波澜壮阔。南宋德祐二年（1276 年），元军进入临安（今浙江杭州）。南宋谢太后率百官向元军投降。杨淑妃则带着益王赵昰、广王赵昺及部分大臣南下闽、粤继续抗战。景炎二年（1277 年）10 月，宋端宗赵昰和卫

王赵昺在左丞相陈宜中、少傅兼枢密副使张世杰等将相簇拥下，率 20 多万宋军，1000 多艘船从福建逃至珠江口，在香山岛与元军交战，失利退至九澳岛和横琴岛。1277 年 12 月移舶大横琴岛深井澳，宋端宗舟破溺水惊吓成疾，后撤退至今湛江市的硇洲岛。景炎三年 4 月，宋端宗驾崩，张世杰、陆秀夫拥赵昰为帝，改元“祥兴”，折回崖门，建行宫、军屋，训练士卒，制造舰船、兵器，开辟集市方便交易。1279 年正月，元将张弘范挟持文天祥到珠江口劝降张世杰，文天祥英勇不屈，写下了“人生自古谁无死，留取丹心照汗青”的千古名句。1279 年 2 月 6 日，元兵大举进逼崖门，张世杰率宋军战舰千余艘抗御失败，陆秀夫负帝昺投海而死，南宋灭亡。张世杰失败后率余部突围西撤，准备重整旗鼓再战，不幸遇飓风，坠海死于海陵，尸体由其部属寻获火化后，骸骨葬于潮居里赤坎村（今斗门黄杨山麓）。

宋元海战给粤东沿海和珠江口各地留下大量历史遗迹，珠海金湾区平沙镇大虎水井口遗址出土瓷器、铁器及附近采集到的近千枚铜钱可能与宋元交战有关。

南门菉猗堂就是为纪念斗门赵姓四世祖赵梅南所建。菉猗之名源于《诗经·淇奥》：“瞻彼淇奥，菉竹猗猗”。赵梅南（1296~1365 年），元朝诗人，宋魏王后代，为人有气节，不求做官，一生爱竹，隐居于潮居里（今斗门赤坎村），著有《菉猗诗集》，建“菉猗书亭”。他带领子孙扎根于此，开辟在斗门地区的基业，为后代留下了丰富的物质财富和精神财富。明景泰五年（1454 年），其曾孙赵隆在南门村建菉猗堂以示对祖先的纪念。该建筑三进三间，中轴对称，龙舟脊，蚝壳墙，整体结构严谨凝重，古朴典雅，体现了珠江三角洲古建筑的典型特色。现建筑保存完好。2008 年菉猗堂及建筑群（包括赵氏祖祠、逸峰赵公祠、崑山赵公祠）公布为广东省文物保护单位。

（六）明清以后，珠海澳门成为中西文化的走廊

1. 珠海与澳门两地，原本是同城，有着不可分割的历史和文化渊源。南宋绍兴二十二年（1152 年），朝廷设立香山县，珠海和澳门同属于其管

辖范围。明洪武三年（1370 年），明政府在广州设立市舶司，与外国进行贡舶贸易，划定香山南部的浪白澳（今南水）为外商船停泊和贸易的港口。嘉靖三十二年（1553 年），葡萄牙人以“舟触风涛缝裂，水湿贡物，愿借地晒物”为由进入澳门，逐渐建立了居留地。葡人于是在这里大兴土木，建造房屋，移植文化，使澳门成为一个中西合璧的城镇。明清以来，中国政府始终坚持对澳门的行政管理。西方的科学文化通过澳门传入中国，对中国的天文、历法、医学、建筑等产生重大影响，培养了一批有实学精神的思想家、科学家，而中国的儒学和生活时尚也通过澳门传入欧洲，形成汉学热。澳门的区位优势让珠海成为近代中国最早直接接触西方文明的地区。

2. 珠海、澳门是中国近代思想启蒙和社会革新的重要发源地。近现代珠海出现了一大批在中国历史上产生重大影响的人物。如中国留学生之父容闳、中国留学英国第一人黄宽、洋务运动的先驱唐廷枢、近代民族工商业杰出代表徐润、民国第一任内阁总理唐绍仪、文坛奇才苏曼殊、中共早期重要领导人苏兆征、中华全国总工会第一任委员长林伟民、人民艺术家古元、第一个世界冠军容国团及著名革命家、教育家、语言文字改革家韦悫等十多位珠海名人被《辞海》所登录。还有清华学校第一任校长唐国安，华南地区最早的马克思主义传播者杨匏安等数以百计的珠海名人已经载入史册。这些敢为天下先的珠海名人在政治、经济、文化、体育等各个方面发挥作用，并成为中国民主共和进程的重要推动者。最近，珠海的苏兆征、容国团分别被中宣部、中组部、中央统战部、中央文献研究室等十一家中央机关推选为 100 位为新中国成立作出突出贡献的英雄模范人物之一，和 100 位新中国成立以来感动中国人物之一。这些都是珠海澳门这块土地上，呼吸着海洋文化的营养而培养出来的民族精英。

（七）珠海保存有丰富的文化遗产

这里保存有宝镜湾遗址、陈芳家宅、三灶岛侵华日军罪行遗迹等 3 处国家级重点文物保护单位；石溪摩崖石刻群、甄贤学校、苏兆征故居、苏曼殊故居、唐绍仪故居、后沙湾沙丘遗址、东澳湾遗址、草堂湾遗址、杨氏大宗祠、唐家三庙、南门菉猗堂、淇澳岛抗英遗址、东澳岛铳城、大王宫工丈摩崖石刻、蚊尾洲灯塔、香洲烈士陵园等23处省级文物保护单位；前山寨城墙等数十处市区级文物保护单位。唐家湾古镇、斗门镇入选中国历史文化名镇，斗门古街公布为中国历史文化名街，珠海北山村公布为历史文化名村。

珠海发现不可移动文物450处。各类古遗址、古墓葬、古建筑，石刻及近现代重要史迹都很丰富。这里保存了直接反映海上丝绸之路文物遗存。珠海还保存有相当数量的非物质文化遗产。珠海也是中国非物质文化遗产保存的富矿。目前已经有斗门水上婚嫁、装泥鱼、三灶鹤舞、一指禅推拿等项目列入国家级非物质文化遗产代表性名录。沙田民歌、斗门乾务飘色、前山凤鸡舞、横山鸭扎包，七月三十装路香等列入省级非遗名录。

二、近代史上珠海城市文化的开拓与创新

珠海城市文化具有什么样的传统，什么样的特点？珠海人有什么样的文化特质？这个问题的解决，有助于回答珠海城市文化传承与创新这一提问。

珠海因海而生，向海而兴。为百岛之市，这里有146个海岛，有700多千米的海岸线岛岸线。有着特殊的自然地理优势和区域优势、有着源远流长的海洋文化历史积淀。

千百年来，我们的先民就开始在这里劳动、生息、繁衍。海洋用丰富的资源哺育着，用飓风恶浪历练我们祖先。先民们在认识海洋、依靠海洋、利用海洋的过程中创造着自己的生活，形成了开放进取、兼容并包、勤劳笃实，敢于冒险的海洋文化特质。海洋文化是珠海历史文化的总特点。香山乡贤郑道实[6]《香山诗略·跋》中说香山“有波涛汹涌之观，擅土地饶沃之美，民情笃厚，赋性冒险……无门户主奴之见，有特立独行之风”，从一定程度上反映了珠海人的海洋文化特点。

但在不同的时期，从不同的角度，海洋文化又有不同的表现形式。早

期，海洋文化以渔业文化为特点；唐宋以后，表现为香山文化；从引领潮流的特点看，近现代以来，海洋文化表现为买办文化、华侨文化、商业文化、留学文化、红色文化、特区文化。

（一）以开放超前的视野创办经济特区

在珠海这块土地上，曾经三次尝试建立经济特区。

第一次经济特区建设是1909年至1912年的“香洲开埠”。香洲开埠是珠海地区的华侨和商绅实践“实业救国”的一次尝试。当时的珠海地区，正受澳门葡萄牙当局新的领土扩张侵扰，中葡澳门勘界谈判在紧张进行之中。清廷试行“新政”，鼓励华侨和港澳实业界人士回国投资。爱国侨商伍于政与香山商人王诜等商议，拟定在邻近澳门的沙滩环（今香洲香埠路一带）兴建商埠，以吸引澳商，对抗葡人在澳门的势力扩展。香洲开埠以轰轰烈烈开头，以一场大火而基本告终，虽然前后只经历两三年时间，但其影响却很是深远。

香洲开埠经过充分准备，作了周密安排。1909年元月，在珠海人王诜、宁阳人伍于政等人组织下，成立了开辟香洲的机构，制订了香洲开埠的详细章程。其绘图、章程、合约等呈广东省劝业道核办，并转呈督署和北京商部注册备案，并转饬按计划建“六十年无税商埠”。对商埠的名字，劝业道陈望曾以选址在香山场与九洲环之间，各取一字，定名“香洲商埠”。广东劝业道陈望曾在宣统元年（1909年）二月二十六日（农历），予以注册立案并予以公布。同年三月三日（农历）香洲商埠举办了隆重的开埠典礼。包括两广总督张人俊、广东水师提督李准、广东劝业道陈望曾等重要官员及穗港澳和香山县绅商学各界人士前来参加庆典。香洲商埠借鉴上海商铺的格式兴建商业街。初时，建得二层楼6间铺位的20栋，3间铺位的8栋；三层楼的2栋。楼间相隔4米，南北对向，整齐美观，有十多条街道，每至夜晚灯光如昼，热闹非常，被誉为“中环街市”。由此吸引港澳、四邑等地商贾纷纷前来经商，南海各地渔民相继迁来定居。清宣统二年（1910年），共建有商铺1600余间，修筑20多米宽的马路一条及码头两座，开辟穗港澳航线。其中，较大型的商铺有“中兴纺织公司”，较出名的商号有“协昌”“康正”“永利隆”等。海内外记者争相报道香洲商埠的繁荣景象。至宣统三年（1911 年），扩建米铺、油粮、杂货、当铺等近 200 间。清政府宣布香洲为自由港，开放香洲为无税区。

在半殖民地半封建的历史背景下，“香洲开埠”这样的新生事物，有相当的阻力，清廷内部有反对声音，当时国家的海关和税务大都被洋人所控制，拱北关洋人税务司也出来干涉，“自由港”，“无税区”实际上只是一纸空文，1911 年底的大火后，投资者纷纷转移资金，香洲开埠夭折。

香洲开埠虽然没有成功，中国却在外交、军事上成功地向澳葡政府施加了压力，遏制了澳门葡萄牙当局再次扩张的意图。同时，也给珠海留下了许多有形和无形的资产。香洲的名字沿用于今，香洲成为珠海经济特区的主城区，香埠路上保存的百年前的建筑，更具有象征意义。香洲开埠中体现的爱国主义思想、现代企业管理理念、建立文明富裕新城区的理念、“敢为天下先”的创新精神都是宝贵的精神财富，也为今天珠海经济特区建设提供了借鉴与动力。

第二次经济特区建设是 1929 年至 1934 年的中山模范县建设。1929 年 2 月 8 日国民政府第十九次国务会议确定中山县为全国模范县，直属国民政府管辖。同年 4 月 9 日，作为实施训政建设模范县的计划指导监督机关——中山县训政实施委员会在中山县成立。唐绍仪出任中山县训政实施委员会主席。1930 年，唐绍仪通过县长黄居素的活动，将县政府从石岐镇迁到唐家。1931 年，唐绍仪兼任中山模范县县长，开始实施以唐家为中心建设中山模范县的计划。广揽人才、招商引资，计划包括基本建设、发展实业、加强农渔和乡村建设，大力发展教育等等。最大的亮点就是在唐家湾开辟一个可停靠 5000~2 万吨轮船的南方巨大良港——“中山港”，实施中山港无税口岸规划、筹建中山港区及其配套设施。

唐绍仪与孙中山同籍广东香山县，共事多年，私交甚笃。1925 年，广东国民政府在唐绍仪的提议下，将香山县改名中山县，以志对已故总理孙中山先生之永久纪念。他还建议改良县制，将中山县定为模范县，作为改良县政制度的试验重点。孙中山在《建国方略》中主张实业救国，计划将唐家湾附近水域疏通，行驶万吨巨轮。护法战争时期，孙中山派海军司令程璧光到唐家湾，准备在此筹建军港，当时由唐绍仪陪同考察。1920年，唐绍仪又与孙中山商议在唐家湾建设商港问题。唐绍仪就任中山县训委会主席伊始，重提唐家湾建港之议。从1929年2月起，他连续向南京国民政府报告，以孙中山曾与程璧光商讨在此建设军港等五个理由，阐述了中山建港的重要性。他设想在唐家湾前后环沿海地区开辟一个可以停靠5000~2万吨级轮船的南方巨大良港，并将该港辟为无税口岸，以取代香港和广州港的部分对外贸易地位。为此，中山县训委会于1930年1月专门设立了建港筹备委员会，加紧开港的申请工作。同年2月，唐绍仪向南京国民政府呈递了《请辟唐家港并设海关分关的报告》。接着，又提请将唐家环商港定名为中山港，将无税口岸从香洲转移到唐家，唐家环为无税口岸，开辟中山港是唐绍仪的夙愿，也是孙中山的遗志和未竟事业。在唐绍仪的频频请求下，南京国民政府于1930年5月中旬明令公布，“指定广东省中山县唐家环开辟为无税口岸，以六十年为期，定名为中山港，由中山县训政实施委员会负责经营办理”。

在当时的历史背景下，中山模范县及中山港建设难以成功，但珠海人的开放与探索精神却矢志不渝。

第三次经济特区建设是1980年开始，目前正在进行，并已经取得成功的珠海经济特区建设。事实证明：只有共产党领导下才能取得成功。

（二）以兼容并包的胸怀建构中国留学教育的发祥地

珠海历来重视中华传统文化教育，早在明清时期，翠微的凤池书院、前山的凤山书院、下栅的金山书院、斗门的和风书院、三灶的三山书院等五大书院远近闻名。珠海历史上共出现过26位进士。珠海斗门荔山村人黄鎰是香山县首位进士，在明代成化十一年（1475年）考取进士。广西巡抚、广西大学创始人黄槐森，著名书画家鲍俊就是其中代表。珠海为近代中国留学运动的发祥地。中国第一个留美学生容闳、第一个留英学生黄宽、第一个留日学生唐宝锷，均为珠海人。中国近代史上的两次官派留学运动，均由珠海人所倡导：容闳促成了120名幼童留美出洋，产生了中国铁路之父詹天佑、民国首任总理唐绍仪等中国近代史上的著名人物，首批

120 名留美幼童中，广东籍 83 人，约占总数的 69%；香山籍 39 人，约占全省的近一半，约占全国的 1/3，其中，23 人是珠海籍；珠海人唐国安曾先后选送一百多名庚子赔款退款留美学生出国留学，并由此产生了梅贻琦、竺可桢、胡适等中国现代史上的著名人物。容闳被后人称作“中国留学生之父”、唐国安被尊为“清华大学创始人”，珠海也因此被学者称为“中国全球化的起点站”。

（三）以勤劳笃实的秉性打造中国近代工商文明的前沿

珠海有许多中国近代著名商人。夏威夷华人首富陈芳，清末洋务新政的重要推动者、中国近代工商业先驱、上海招商局及唐山开平煤矿的创办人唐廷枢和徐润，近代中国百货业的开创者蔡昌兄弟，近代中国最大的买办家族、先后连任香港英商太古洋行总办长达 61 年的莫仕扬祖孙三代等，都是珠海人。

（四）以开放进取的精神形成思想启蒙和社会革新的策源地

1833 年，珠海淇澳岛村民自发反抗英国鸦片商人的侵扰，成为在三元里抗英之前，民众自发抗击侵略的先声。珠海是中国内地与澳门陆路出入的唯一通道。林则徐作为清廷钦差，经珠海到澳门宣示主权，成为“中国睁眼看世界之第一人”；珠海容闳作为近代化运动的先驱曾向清政府和太平天国提出多项改革方案；郑观应作为中国近代资产阶级改良派的重要思想家，经珠海隐匿澳门，写出清末维新名作《盛世危言》；孙中山作为中国民主革命的先行者，更曾无数次经珠海往返澳门，策划广州起义，推动辛亥革命。而现代中国工人运动的早期领导人、省港大罢工的领导者苏兆征、林伟民，以及马克思主义在华南的早期传播者、“八七会议”之后的中共中央政治局常委杨匏安，都是珠海人，他们都在粤港澳三地留下了不朽的战斗足迹。

“开放进取、兼容并包、勤劳笃实，敢于冒险”的海洋文化特质已经融入珠海人的血液，成为珠海人身体内的文化因子，这是我们的宝贵财富。

三、传统文化的尊重和发扬

人文是城市的灵魂，城市是文化的载体。在开放而多元的社会，我们需要传承和创新我们的优秀的传统文化，在城市设计和建设中，需要挖掘人文精神，传承和创新城市的人文景观。传统文化是城市发展的原动力。

1. 对优秀传统文化的尊重，来自于对传统文化的了解和对传统文化的认同

城市历史的形成和文化的提升对城市的发展有着深刻的影响。只有强化对城市历史的尊重和城市文化的提升，才能切实保证新型城镇化建设健康、有序、持续地发展。“千城一面”揭示了当下中国城镇化进程中出现的同质化问题。城镇发展同质化，会使城市文化得不到较好的保护、功能多样性遭到破坏、市民归属与认同难以形成。

2. 对优秀传统文化的尊重，要落实到对文化遗产的保护上

珠海有 3 处国家级重点文物保护单位，有 23 处省级文物保护单位，有数十处市级文物保护单位。保存在地上地下的文物十分丰富；这里还有三处国家级的历史文化名镇名街，有一批有一定规模，保存有一群传统建筑的古村落，古街区。有许多与海上丝绸之路有关的文物古迹。城市建设中都需要妥善保护。

3. 不仅要保护文物本身，还特别要注意保护这些文化遗产的周边环境与生态

保护，需要文化境界与审美意识，不能让古建筑、古遗址等成为“闹市中的孤魂”“喧嚣中的野鬼”。保护需要珍惜、敬重传统文化中各种形式的载体，需要使珍贵的传统遗留与城市建设和谐交融。城市建设要发掘、保护和塑造城市特质，规避中国城镇发展过程中出现的同质化问题。建设人文城市，应当是以人为本、文化为魂、城乡联姻、绿色健康，从而强化城市建设中的人文精神存在和文化支撑力。

4. 实现城市建筑与文化的融合发展

城镇化在本质上是人的城镇化和城镇的人本化的统一。推进城镇化不仅仅是为了推动经济社会的发展，更重要的是打造适宜人们居住的人文城市。避免在城镇化进程中只看重规模和速度，只看重经济效益，对城镇化的文化关注不够，以至造成了“建设性破坏”和“文化硬伤”。要以文化之道引领城市建设，增强城市的文化涵养。

珠海还保存有会同村、接霞庄等十多个传统村落，这些村落也在一定程度上承载着城市历史风貌和时代记忆，原有的以划定规划范围，限制建筑高度、体量及建筑风格、形式为主的规划对策在历史文化保护工作发挥过重要作用，同时，还要注重保护历史文化传统，维护并发扬村落格局特色、街巷空间和场所精神，以一种积极、动态的方式探索村落的发展之路，使之成为城市个性中重要的片段。

珠海曾经多次评为最具幸福感城市、全国卫生城市、旅游城市、生态城市、全国文明城市。随着横琴新区的开发，港珠澳大桥的建设以及广珠城际铁路的通车，高栏港建设的推进，珠海作为中国经济特区与珠江口西岸核心城市，正在焕发着青春的活力。珠海航空航天博览会、珠海马戏节、珠海国际汽车赛、北山爵士音乐节成功举办，珠海长隆海洋公园、珠海海泉湾海洋温泉度假村成功建设，珠海的旅游与会展达到一个新的高度，珠海的文化创意产业开始发力。然而，古今中外的历史无一不昭示后人，青春活力与历史传承相连才能蓬勃旺盛，生机与底蕴结合才能持续永久。

注释：

[1] 珠海沙丘遗址原发现 77 处，在第三次文物普查中又发现小沙澳湾遗址和二横琴遗址，其后又发现金鼎大陂头、南水蟹钳湾。2007 年，在澳门阿婆央、路环村前地等发现二处沙丘遗址。

[2] 中国文明起源有三个重要来源，一是中原地区的农耕文化，二是北方草原地区的游牧文化，三是沿海地区及海岛上的渔业文化，其中一、二为大陆文化，三为海洋文化。

[3] 《广州府志》载：“北宋末，距香山横石矶（今中山横门）偏南约百里之釜涌镜，海隅有银矿，庶民争赴开采，至有举家迁徙者，皆聚居于海边之渍地，村民晨昏轮番入矿，挖百镪甚多，皆船运至府西之彩虹坊，由官窑鼓铸成银……”这应是历史上珠海银坑村得名之由来。

[4] 宋元丰五年（1082 年），广南东路转运判官徐九思采纳进士梁杞建议，向朝廷上奏“乞

建一县，因香山为名”。见宋李焘：《续资治通鉴长编》卷三二一，元丰五年十一月癸未。

[5] 珠海原为香山县。春秋战国时期这里是百越之地。秦始皇三十三年（公元前 214 年）统一岭南，设置桂林、象、南海三郡，珠海属于南海郡。汉初赵佗占领桂林、象、南海三郡，自立为王，建立南越国，珠海属南越国。西汉武帝元鼎六年（公元前111 年）复置南海郡，属番禺县地。晋以后为东官（莞）郡地，隋属宝安县地。

[6] 郑道实（1887~1957 年），香山沙溪庞头村人，八岁时入读家塾，1903 年到广州，为报馆写稿维持生计，后就读于两广方言学校英语科，1908 年参加了同盟会。与郑彼岸等人创办《香山旬报》，这是广东最早的县级报纸。1926 年至 1927 年任中山县县长，1938 年脱离政坛迁居香港。1947 年被聘为中山县文史委员会副主任，同年 11 月任中山县参议会议长。1954 年被聘为广东省文史研究馆馆员。1957 年病逝于广州。

（原载《珠江论丛》，吉林大学珠海学院主编，社会科学文献出版社，2015 年第 3 辑）

珠海文化遗产保护新进展

近年来，珠海在文化遗产保护与开发利用方面做了一些工作，取得了新的进展。最突出的，有两件大喜事：第一件事是2006年珠海宝镜湾遗址、陈芳家宅被国务院公布为全国重点文物保护单位（以下简称国保单位），使珠海的国保单位，实现了零的突破；第二件事是2007年，唐家湾镇被国家建设部和国家文物局公布为全国历史文化名镇（第三批），使珠海历史街区保护有了新的模式。此外，文物保护的日常工作也有喜色：政府出资对唐绍仪故居、苏曼殊旧居等文物保护单位进行了修缮；准备修缮甄贤学校，并在这里建立容闳纪念馆、中国留学生博物馆；民间出资对杨氏大宗祠进行了修缮；陈芳家宅也主要是民间出资，进行了修缮与开发；积极申报省级文物保护单位，公布市、区级文物保护单位等等；再就是珠海市非物质文化遗产得到有效保护。

一、珠海的两处国保单位

作为国保单位的宝镜湾遗址：位于珠海市高栏岛宝镜湾及其风猛鹰山山坡，是距今约4000多年的海岛型史前文化遗址，占地面积30余万平方米。1989年发现宝镜湾岩画，1997年至2000年间，省、市考古部门4次对岩画附近的遗址进行抢救性的试掘和发掘工作。发现红烧土面、柱子洞、泥墙等居住遗迹和大量陶器、石器、玉器、水晶器。发现上千件石网坠和大型石锚，反映史前海岛渔捞生活。在宝镜湾的宝镜石、天才石、大坪石、太阳石和藏宝洞，发现5处共7幅石刻岩画。宝镜湾岩画于1989年公布为珠海市文物保护单位，2002年升格为广东省文物保护单位，2006年宝镜湾遗址（含宝镜湾岩画）升格为全国重点文物保护单位。珠海宝镜湾遗址申报全国重点文物保护单位，经历了较长的历程，可谓漫漫十年长路。早在 20 世纪 90 年代初，就已经开始申报，当时宝镜湾遗址只是市级文物保护单位，还不是省级文物保护单位。最初是以宝镜湾岩画作为主题申报，据珠海从北京请来的岩画保护专家透露，宝镜湾岩画当时已经过了好几关，但最后还是被刷下来了。这样一拖就是十多年。

另一处国保单位陈芳家宅：位于珠海市前山镇梅溪村。由祠堂、大屋、洋楼、花厅、牌坊、墓园所组成，占地面积达 4.5 万平方米。陈芳（1825~1906 年），字国芬，珠海梅溪村人。1849 年随伯父到夏威夷，后与同乡程植开办"芳植记"公司，专营中国货物，后转向糖业，成为当地华侨首富，被誉为"商界王子"。曾任夏威夷王国国会议员、中国第一任夏威夷商董，中国驻檀香山总领事。1890 年回国，在澳门经营酒店、船运并养殖奶牛，并于 1891~1896 年在故乡梅溪村建设家宅。陈芳及其家人乐善好施，热心公益，深受乡邻称赞，并受光绪皇帝赐建石牌坊褒奖。梅溪石牌坊原有四座，现存三座，分别建于光绪十二年（1886 年）和光绪十七年（1891 年）。梅溪石牌坊于 1987 年公布为珠海市文物保护单位，1989 年升格为广东省文物保护单位，2006 年陈芳家宅（含梅溪石牌坊）晋升为全国重点文物保护单位。

梅溪石牌坊

宝镜湾遗址与陈芳家宅能够晋升为全国重点文物保护单位，首先是有幸遇到一个好的时代，现在从中央到地方对文物保护工作都较以往更为重视，2005 年，国务院下发了“加强历史文化遗产保护的通知”，确定每年 6 月第二个星期六为“文化遗产日”，不仅物质文化遗产要保护，而且非物质文化遗产也都纳入保护范围。这是一个好的大环境；再就是珠海对两处文物的研究与保护工作有了新的进展。

宝镜湾遗址在经过几次考古发掘之后，研究工作跟上去了，出版了一批学术论文和研究专著，如广东省文物考古研究所、珠海市博物馆博物馆编著，邱立诚、肖一亭先生主编，科学出版社出版的《珠海宝镜湾——海岛型史前文化遗址发掘报告》；李世源先生著，文物出版社出版的《宝镜湾岩画判读》；肖一亭先生著，文物出版社出版的《先秦时期的南海岛民——海湾沙丘遗址研究》等；宝镜湾遗址发现大量遗迹遗物，显示出这里的先民有了较为稳定的生活，有了较大规模的渔业生产，有了渔船并解决了水上停船技术难题，生产并使用大量的玉器，并有钺、圭等礼器，先民们已经有了自己的精神世界。这些研究揭示了宝镜湾遗址和岩画珍贵的文化内涵，使人们认识到宝镜湾遗址是中国早期海洋文明的一个典型代表。再就是申报的思路上、策略上有了改良。从岩画的申报到遗址的申报，从岩画的保护到遗址的保护，看起来只是面积的增加，实质上是产生了质的飞跃：从单一文物的保护，到反映早期海洋文化遗址的保护，内容增加了、特点突出了、层次提高了。

梅溪牌坊一直是梅溪村的标志，现存三座牌坊，中间一座建于 1886 年，即光绪十二年，这一年珠海发生特大水灾，很多村民流离失所、无家可归。远在异国他乡的陈芳接此消息，自己捐赠白银三千两寄回国内，请朝廷救济灾民。光绪皇帝赐建石牌坊一座，并赐封陈芳二品顶戴加二级花翎，以示褒奖。牌坊高 12 米、宽 12.2 米，深 4.6 米。左边一座牌坊建于 1891 年，是陈芳长孙陈永安请准朝廷赐建给其父陈龙的，牌坊高 10.1 米，宽 9 米，深 4.6 米，单庑，4 柱 3 间 3 牌楼，陈龙及夫人被赐封为奉政大夫和五品太宜夫人。右边一座在“文化大革命”中被红卫兵用耕牛和拖拉机拉倒，已无法考证受赐人，红卫兵要拉倒另外两座牌坊时，梅溪村民都坐在牌坊下，红卫兵才罢手。现存三座牌坊都用花岗石建造，榫卯结构，庑殿顶，石斗拱，石阑额，石柱下置角柱石、须弥座，脊上立鸱吻、鳌鱼和火焰宝珠，雕刻花卉、瓜果、人物、瑞兽、暗八仙等。石牌坊中西合璧的艺术造型，恰到好处的力学结构和精美的雕刻装饰，是石建筑中的艺术珍品。但是，如果在省内看石牌坊，很好，但在全国看，则也不是很突出。现在我们换一个角度，从华侨文化的角度看，又不同了。珠海也是一个华侨较多的地方，这里外出的人多而且时代很早，影响很大。陈芳是著名的侨领，陈芳家宅的建筑风格中西合璧，是近代中西文化交流的重要实物标本，以陈芳家宅为题申报全国重点文物保护单位，除了保护几座牌坊之外，还将以前忽视了的祠堂、大屋、洋楼、花厅、墓园包括进来，大大扩展了其华侨文化的内涵，也突出了陈芳家宅的文化特色。

二、历史文化名镇——唐家湾镇

接下来谈谈历史文化名镇——唐家湾镇。唐家湾镇申报全国历史文化名镇正式启动是 2004 年，经过三年时间终成正果。珠海市委、市政府都十分重视，香洲区委书记亲自抓申报。唐家湾镇很有特点：一是比较集中地体现了中国近代历史文化发展形态，一大批名人故居群落连同他们的风云史迹，彰显出唐家湾镇人文历史资源在近代史中的独特价值；二是唐家湾的文化既具有以华夏儒家民族文化为根基的岭南文化特色，又具有向海洋向世界和开放包容的人文精神。唐家湾镇历史文化贯穿着一种开放和自由的心态，这与今天的改革开放有着一脉相承的必然性。

唐家湾古镇核心保护区历史建筑面积 3.4 万平方米，以山房路、大同路贯穿成片，保存较好，其中重要的历史建筑包括：民国第一任内阁总理唐绍仪故居、唐家共乐园、望慈山房等，古镇内的传统岭南民居建筑群也是古镇重要的建筑遗产。

唐家湾镇物华天宝、人杰地灵，乃一方钟灵毓秀之土，以历史悠久、人文资源丰富、文化源远流长而名扬海内外。该镇兴起于四百年前，鼎盛于清末民国时期。中国华民国第一任内阁总理唐绍仪、清华学校第一任校长唐国安、洋务运动先驱唐廷枢、中国共产党早期领导人、工人运动领袖苏兆征等“风云人物”都出自这方水土。可谓“山不在高，有仙则名，水不在深，有龙则灵”。历经百年的沧桑变故，江山更迭，但唐家湾镇的历史古迹和建筑群落依然保存完好，有着深厚的历史沉淀和文化底蕴。

作为历史文化名镇可以说是实至名归。但是，如何利用历史文化名镇丰富的资源，如何唱响历史文化名镇这个金字品牌，让唐家湾历史文化名镇焕发青春呢？珠海上自政府，下至民间都在思考这个问题。珠海政府有关部门组织编制了《唐家湾历史文化名镇保护规划》和《唐家湾镇历史文化资源保护和利用概念规划》；社会热心人士也认为：唐家湾镇有深厚的历史文化资源和潜在的发展优势，要加强文化旅游区域的布局规划，发展特色旅游项目。呼吁有关部门应尽快协调开发唐家湾一日游。

珠海有识人士还提出要重点打造好唐家湾古镇和会同村文博城，借鉴成都开发“洛带古镇”和“街子古镇”的经验模式，按照统筹城乡、科学发展的战略部署，按照政府引导、市场运作、多元筹资的思路，通过修缮、复建、改造等方式，进行修旧如旧的整治，再现晚清岭南民居的富庶和繁华。改造完成后，通过吸引一批具有原创能力的艺术家和具有原创能力的企业入驻，打造一个集“文化创意产业园”“民间博物馆群”“艺术收藏品展示交易中心”“原创艺术基地”“影视城与影视制作基地”为一体的占地 500 亩的大型“会同文博城”。同时，构建艺博交易中心平台及酒店、餐饮、休闲等配套设施，将艺术品创作、收藏、展示与交易结合起来，吸引国内外的相关会展和拍卖交易活动移师珠海，打造成华南地区的艺术博览交易中心，成为珠海文化创意产业的航母基地。

他们建议制定并实施《珠海市历史人文资源保护总体规划》，明确珠海历史人文资源保护、开发和利用的长期、中期和远期目标，划出紫线图，做好全市历史人文资源的原生态保护，防止为片面追求眼前利益而进行的破坏性开发；要制定并实施《珠海市古镇古村保护规划》等专项规划，把最能展示珠海清晰历史文化脉络的白石村、唐家村、淇澳村、会同村、南屏村、北山村、翠微村、荔山村、南山村、南门村、网山村、接霞庄、斗门古街等纳入法定保护范围；要结合第三次全国文物普查，做好项目开发规划，做到“成熟一个、开发一个”，确保历史人文资源保护、开发和利用工作有序推进。

三、珠海非物质文化遗产的保护

珠海在保护非物质文化遗产方面做了一些工作，取得了良好的成效：

1. 政府公布了一批非物质文化保护名单。珠海市人民政府于 2007 年 3 月 29 日发布了《关于批准并公布珠海市第一批市级非物质文化遗产代表作名录的通知》（珠府〔2007〕35 号）政府公布了一批非物质文化遗产保护项目。

这个通知指出，根据《国务院关于加强文化遗产保护的通知》（国发〔2005〕42 号）和《国务院办公厅关于加强我国非物质文化遗产保护工作的意见》（国办发〔2005〕18 号）有关规定，经珠海市非物质文化遗产保护工作联席会议评定并向社会公示，将沙田民歌等 9 个专案列入珠海市第一批市级非物质文化遗产代表作名录，并予公布。

珠海市拥有丰富的非物质文化遗产，保护和利用好非物质文化遗产，对落实科学发展观，建设文化珠海，实现经济社会的全面、协调、可持续发展具有重要意义。通知要求各区、各有关部门要进一步提高对做好非物质文化遗产保护工作重要性和紧迫性的认识，认真贯彻“保护为主、抢救第一、合理利用、传承发展”的工作指导方针，科学规划，妥善处理非物质文化遗产保护与发展经济、改善人民生活条件之间的关系，深入做好我市非物质文化遗产保护工作。

这次公布的非物质文化遗产，属于民间音乐的有：（1）沙田民歌、（2）鸡山牛歌、（3）三灶八堡歌、（4）斗门锣鼓柜等四项；属于民间舞蹈的有三灶鹤舞鹤歌；属于人生礼俗的有斗门水上婚嫁；属于岁时节令的有：（1）斗门乾务飘色、（2）斗门莲洲地色、（3）斗门莲洲舞龙等。

2. 由珠海市委宣传部，珠海市文学界艺术界联合会、珠海市文化广电新闻出版（版权）局组织主办的“迎新春·闹元宵”珠海市民间艺术大巡游，每年都隆重举行，展示民间艺术，推动非物质文化遗产的开发与传承。

3. 政府拨出专门经费：确定传人，组织培训，确保后继有人。市委、市政府再次提出加大非物质文化遗产保护力度，每年安排 100 万元非物质文化遗产保护资金，比 2007 年增加了 4 倍；同时，今年启动了第二次大规模非物质文化遗产普查。在珠海市即将出台的《珠海历史人文资源保护实施意见》中，还将对非物质文化遗产提出具体保护措施。

目前，珠海已经公布的 9 项市级非物质文化遗产中，有 4 项已经公布为省级非物质文化遗产，有 1 项公布为国家级非物质文化遗产。三灶鹤舞鹤歌、斗门水上婚嫁、斗门乾务飘色三个项目继沙田民歌之后，成功申报第二批省级非物质文化遗产代表作名录，斗门水上婚嫁更被广东省推荐成为全国非物质文化遗产。

据称，国家级非物质文化遗产评选竞争非常激烈，全国各地共申报了 2540 个项目，经过审查之后，510 个项目最终入选，仅占五分之一，分为民间文学、民间音乐、民间舞蹈、传统戏剧、曲艺、杂技与竞技、民间美术、传统手工技艺、传统医药和民俗等十大类。斗门水上婚嫁入选民俗类“汉族传统婚俗”项目，与山西孝义贾家庄婚俗、浙江宁海十里红妆婚俗一起，成为全国三大汉族传统婚俗代表。

4. 为加强珠海市非物质文化遗产保护工作，2007 年，市政府相继出台了相关政策、法规，专门成立了“珠海市非物质文化遗产保护工作领导小组”“珠海市非物质文化遗产保护工作专家组”，建立了市非物质文化遗产保护工作联席会议制度及专家咨询机制。

四、珠海历史文化遗产保护还有许多提升的空间

珠海历史文化遗产保护取得的新进展还体现在市、区、镇（乡）各级政府都较以前更为关注，有更多的参与。以前关于文物保护维修，区一级政府基本持旁观态度，而现在开始出人、出资、出力了。各区的文物普查工作行动起来了，组织了专门队伍，筹集了专门经费，制订了专项计划方案。在维修辖区内的市级文物保护单位苏曼殊故居时，在省、市政府拨出

专门经费的同时，香洲区政府也主动出资，使苏曼殊故居维修保护工作能够顺利进行。但是，珠海的历史文化遗产保护也面临许多问题，文化遗产保护还有许多提升的空间：

1. 从政策运用的层面看，文物保护法等相关法律提出的文物保护要“五纳入”，也就是文物保护要纳入当地社会发展计划、纳入城乡建设规划、纳入财政预算、纳入体制改革、纳入领导责任，珠海还需要进一步落实。历史人文资源的保护政府投入还是太少，与周边城市相比差距很大，保护经费太少。珠海早在1996年就拥有地方立法权，然而直到今天，我市没有为历史人文资源的保护开发与利用出台地方性法规，提供法制保障。

2. 从人员和经费看：珠海市区以下政府均没有设立文物保护专职机构、配备专职人员，使《文物法》有关“属地管理”的规定和责任，一直得不到落实。市级的人员也少，文化局文物科只有4名工作人员，既要承担全市人文资源的日常保护与监管工作，还要对文物保护点等人文资源进行保护开发与利用。文物保护经费虽然近年增加较快，但由于基数少，所以也少，2007年只有150万，2008年有200万。

3. 从保护与利用看：目前面临许多难题。如沙丘遗址保护、岩画保护、古街古村落的保护都面临许多需要解决的难题。

总之，近年来珠海历史文化遗产的保护、研究与开发利用取得了相当的成果，同时还有很大的发展和提升的空间；澳门在文化遗产保护、研究与利用方面，有许多经验值得我们学习和借鉴。珠澳两地加强交流合作，为进一步提升文化遗产保护与利用的水平，共同携手前行。

（原载《岭南考古研究》第11辑，中国评论学术出版社，2011年）

补记：目前，珠海的国家重点文物保护单位和省级文物保护单位又有增加：

1. 2013年国务院公布“三灶岛日军侵华罪行遗迹”为国家级文物保护单位。三灶岛侵华日军罪行遗迹，位于广东省珠海市金湾区三灶镇。整个遗迹含万人坟、千人坟、日军慰安所、日军“慰灵”石刻、碉堡、机场遗址等。侵华日军罪行遗迹是日军侵华的重要罪证，其中日军慰安所在文物保护单位中鲜见，对研究历史，特别是研究华南地区日军侵华及华南人民抗日活动，以及对教育后人有重要的价值和意义。1983 年列为广东省文物保护单位，2013 年 5 月入选国家重点文保单位名单的文物。

2. 2012 年，广东省人民政府公布第七批广东省文物保护单位，其中珠海的草堂湾遗址、大王宫工丈摩崖石刻、古元故居等 3 处名列其中。2015 年 12 月，广东省人民政府公布第八批广东省文物保护单位，其中珠海的赤沙湾遗址、拉塔石炮台、徐诚斋墓、荔山村黄氏宗祠建筑群等 4 处名列其中。目前珠海已经公布国家重点文物保护单位 3 处，省级文物保护单位 23 处。

3. 2013 年，斗门镇斗门古街被评为第 5 届“中国历史文化名街”。

珠海的非物质文化遗产保护也大有进展：目前已经列入国家非物质文化遗产名录的有：斗门水上婚嫁、装泥鱼、三灶鹤舞、一指禅推拿等 4 个项目，还有一大批项目列入省级非物质文化遗产名录。

建设具有特色充满活力的珠海特区博物馆

珠海博物馆作为连接珠海过去、现在和未来的桥梁，了解和认识珠海经济文化发展的状况的窗口，中国文博工作对外宣传的阵地，其地位和作用正逐步被人们所认识。一方面是珠海文博工作者十多年来的辛勤工作，在文物征集、人才引进和培养、文物研究及陈列展览、宣传教育方面都取得一定成绩。同时也因为世界博物馆事业发展，许多国家和城市的博物馆在精神文明与物质文明建设中发挥巨大作用的实例使人们增长了见识。尽管如此，珠海博物馆目前的人才、文物、资料及馆舍等各项要素，与这个城市的现状特别是与其发展规模相比，已显得不相称。形势发展要求珠海博物馆必须在珠海的经济、文化建设中及中国博物馆事业中发挥更大的作用。

那么，我们要建设一个怎么样的特区博物馆呢？笔者认为总体上应该既要有特色，又要有活力。在确立珠海文博事业发展战略的时候，应该立足珠海又不局限于珠海，也就是要按市委、市政府“跳出珠海看珠海，跳出珠海建设珠海”的思想。这不仅是作为一个特区博物馆应有的风范，而且有其历史渊源。考古研究发现，从距今6000年前人类在珠海这块土地上活动、生息、繁衍以来，这里的居民与珠江三角洲其他地方的居民大体都属同一个部族，他们形成并遗留了相同或相近的考古学文化。进入历史时期以后，珠海在秦朝属南海郡，汉代属番禺县，晋至陈属东官郡，隋属宝安县，唐属东莞，到宋朝（1152年）设立香山县，直到1953年珠海才升为县一级机构。6000年历史延绵不断，珠海与珠江三角洲血肉相连，成为珠海历史研究中不可忽视的基点。同时，珠海海域广阔，水路与港澳相连，并为海上丝绸之路的重要通道。所属岛屿对香港、澳门形成包围状。对珠海及所属岛屿的研究，在环珠江口地区有代表性意义。珠海丰富的地下文物与水下文物为整个珠江三角洲古文化及生态环境研究打下了良好的基础，只要我们舍得花力气，下工夫，就有可能成为这一地区古文化研究与陈列展览中心，形成珠海博物馆的特色。从而提高城市文化的档次，带来良好的社会效益与经济效益。

笔者认为要建设有特色充满活力的博物馆应该从以下几个方面着手：

一、充实内容，改革陈列展览形式，让观众在优雅的环境中受到艺术熏陶，增长知识

珠海博物馆开馆以来，基本陈列已从《出土文物陈列》过渡到《历史文物陈列》，虽有进步，但这两种类型的展览都主要是对单个文物的说明，还停留在“让文物自己说话”的阶段。今天的展览应该要反映出最新的研究成果，要把对出土文物通过用各种科学方法、各种手段破译的信息用浅显而通俗的方法介绍给观众，而不仅是把出土文物往柜子里一放，让观众自己去看。如果这样，将有很多观众看不懂，不知其价值所在，也就失去了兴趣，失去或减少教育效果。通过科学方法发掘的古物，往往成一定组合，摆放位置也有一定的规律，聚落考古研究已在一定程度揭示了这一带原始先民的生态环境、房屋结构及生产、生活的基本情况，如果能在展览中复原这种原始居民的生产和生活情形，其展出效果就大不一样了。笔者认为，珠海 6000 年人类活动历史中有许多具有特色的东西是从距今 6000 年到 3000 年，珠海先民都居住在沙丘上，创造了一种沙丘文化。在高栏岛还有这些先民创作的神奇的岩刻。两汉以后，珠海海域作为海上丝绸之路的重要通道，对中外文化交流有着积极贡献。南宋末年宋元大军在珠海所属海面进行生死存亡的大海战，波澜壮阔，斑斑史迹，大海可证。在近现代，珠海作为中国的南大门，在抵御外来侵略争取民族独立与解放事业中，这里涌现出许多可歌可泣的动人故事。珠海还孕育了唐绍仪、蔡廷干等一批政坛巨子；苏兆征、林伟民等一批工运领袖；唐廷枢、徐润等一批金融界大亨；容闳、唐国安等一批教育家；鲍俊、苏曼殊、容国团等文体奇才；卢慕贞、徐宗汉等巾帼英雄。改革开放以后的珠海，更是发生了翻

天覆地的变化，一座花园新城的崛起，科技文化领域都有一批独领风骚的人物和举世瞩目的成果。作为一个城市博物馆的基本陈列，应该展示这个地区的历史发展的清晰脉络和经济、文化、生态、资源的大体轮廓。也就是说，要让观众通过参观博物馆，能认识到这个城市的历史与现状。与基本陈列相配合，还要举办许多高层次的专题陈列，经常更换内容以保持博物馆的活力。有了一个好的陈列大纲，还只是办好展览的第一步，环境的布局及形式的设计，对展览成功至关重要。现在珠海博物馆陈列厅还采用电风扇、水泥地、自然采光为主，老式的通柜。进入博物馆不要说豪华富丽的星级宾馆感觉，就是起码的舒适感都没有。这种环境与价值连城的文物形成明显的对比，怎不使人发出“披葛怀玉”的感叹。在展厅安装空调，将地板根据陈列要求改造成瓷砖、地毯及拼木，以便在参观人数较多时也不至于汗流浃背，满是尘土。采用人工采光为主，虽多用一点电，但这是表现展览主题引导参观的一个重要手段，是现代展览的通用方法。陈列设计必须创造美、表现美，达到和谐、比例、均衡、节奏和重点。陈列中可以采用声、光、电、味等手段表现主题，如表现宋元珠海十字门海战时，不仅复原当时海战场景，而且配上海战时海风呼啸和兵将的拼杀声，则很自然就把人带入几百年前的战场氛围中。展厅的过道中摆放一些沙发，供观众小憩，在这里设置电视，放映与展览有关的纪录片、资料片、短剧。也可以专门开辟小厅放映有关电影。笔者在香港博物馆参观时，发现气味在陈列中使用也有高妙之处，比如该馆复原的一个古药铺里就能闻到浓郁的药味。试想，其他各种馨香气味不也可以为我们陈列所用吗？在舒适的环境中，参观内容丰富，深入浅出格调高雅，生动活泼，具有美感的陈列展览，无意中就增长了见识，使精神得到陶冶，情感得到升华，心灵得到净化，创造力得到新的激发，因而取得我们所期待的提高民族素质、建设精神文明的效果。

二、加紧征收文物、抢救史料，培养提高业务队伍，为博物馆发展打下良好基础

藏品是博物馆陈列展览和科学研究的基础。藏品有积累的过程，很难一蹴而就，要制定较长远的规划，确定征收方向与原则。珠海博物馆既然要力争成为珠江三角洲历史文化的研究和展览中心，就要努力保存能够体现这一地区文化传统，即文化历史的全部进程的文物群。不能盲目地、片面地、随其自然地搜集文物，而必须根据文化发展的全过程，以及文化的结构和层次，分门别类和有系统地搜集不同时代的各类文物，包括考古学、民族民俗学、历代艺术及地面流散文物的征集。在征集工作中既要注意征集历史文物，又要注意征收自然标本；既要注意征收古代历史文物，也要注意征收现代文物，特别是近百年的革命文物，和改革开放中重要的资料。珠海博物馆由于起步晚，特别是用于征集文物的资金有限，除近年接收国家文物局调拨二百件文物投入 15 万元外，其他年度的征收费用均未超过 5 万元。虽然公安、工商、边防部门缴获一批批走私文物，转交博物馆，但文物藏品的数量仍徘徊在几千件，不要说形成自己的特藏系列，就连达到起码的文物藏品结构都相距甚远，而邻近的深圳博物馆，主动出击，与全国各大小博物馆及文博单位联系调节，购买并主动发掘，文物藏品由原来与珠海相近，而猛增到超过珠海几倍。据悉，最近深圳市委出面，河南省调拨支援珍贵的青铜器等文物五百件，由深圳市政府给河南资金一千万元。这批文物的价值大大高于这一千万元。不仅深圳就连南海市博物馆在广州集雅斋购买康有为等人书画也一次近万元。文物是保值和升值的物品，征收文物不像购买一般商品，要下工夫，要能抓住机遇，要有长远眼光，如果现在还不积极行动起来，将影响到珠海博物馆的发展。因此，我们必须予以足够的重视。请求市财政加大文物征集款数额分清轻重缓急，在经费不足的情况下，将经费用于重点的急需抢救的文物收购上。加强与国内外博物馆界交流，取得兄弟单位的支持，在条件成熟的情况时，用我馆重复的物品与兄弟馆交换，互通有无，以完善藏品体系。资料

的征集较之文物征集来讲，更多的不是资金而是工作热情、责任感和工作能力。要确定专题，安排专人从事这项基础工作。珠海文博事业要大发展，最为关键的是需要聚集并造就一大批学识渊博、勤于钻研、努力工作的文博人才。文物的鉴定研究，珠江三角洲古文化研究，珠海水下考古研究，以及在此基础上搞好博物馆的陈列展览，所有这些都需要专业人才去实施。近年来，珠海博物馆引进和培养了一批专业人员，使全馆百分之七十以上具有大专以上学历，并拥有 1 名高级、4 名中级、6 名助理、2 名管理员职称的专业人员。较之建馆初期仅有 1 名助理馆员，可以说力量大增。但是，作为一个市级博物馆，特别是作为中国经济特区的一个博物馆，与其城市结构地理位置及应当承当的责任和发挥的作用相比，其力量还很弱。从技术结构看，起码要拥有 5 名以上高级职称，15 名以上中级职称及相应的助理职称的专业人员。为此，我们应当继续采取以下措施引进人才。条件成熟时应从外地调入经验丰富、有较大影响力、年富力强的文物考古专家及急需的技术人员。加强学术交流，培养和造就人才，为确保珠江三角洲古文化研究的顺利进行，专业人员应积极参加全国乃至东南亚考古方面的学术研讨会，为掌握最新考古动态和深入地了解整个珠江三角洲范围内考古学文化的内涵，我们除自己要积极创造条件在本市进行考古发掘外，同时，要派人参与珠江三角洲地区的考古发掘与整理工作。为筹备水下考古基地，我们可以采取接收退伍潜水员进行考古培训的办法，也可以派出年轻而熟悉水性的考古人员到有关单位接受潜水训练。除此之外，文物鉴定、文物管理、社会教育及陈列美术设计人员都要提高水平。在博物馆内部，要形成浓厚的学术氛围创造成才的条件。要创办《珠海文博》杂志，让专业人员充分阐述自己的学术观点，不定期地推出珠海文博研究的新成果，并以此为园地，鼓励年轻人思考问题。使全馆研究、鉴定、陈列、藏品保护与管理、安全保卫等各方面工作都能提高水平。

三、注入活力，转换机制，科学管理，实现特区博物馆的大发展

如果说博物馆馆舍是博物馆事业发展基础，那么作为博物馆软件的文博工作者，还应该致力于为博物馆安装“造血功能”，给它注入活力，使其能正常运转，并达到良性循环。

不管是博物馆的陈列改造，文物征集保护和其他一切学术活动，宣传教育活动都离不开经费，而国家、政府一时又拿不出这么多钱的情况下，埋怨、叹息、等待、观望都是不可取的，要用我们自己的知识、技术、智慧和辛勤劳动广开筹资渠道，开辟社会企业、事业单位集资、民间集资、吸引外资和侨资以及博物馆开办第三产业等渠道，动脑筋，想办法，筹集更多的资金，用于博物馆事业，稳定博物馆队伍。博物馆应采用科学的管理方法，合理设置组织机构，提高干部职工的业务素质，职业道德，工作态度，进而提高工作质量和工作效率。文物资料的管理要尽快实现科学化、信息化。世界博物馆事业迅速向前发展，它对人类文明的保存与继承发挥了巨大的作用，作为经济特区的珠海博物馆要乘上时代的列车，创造良好的博物馆环境，举办反映珠江三角洲人类发展进程及珠海经济文化状况的大型展览及众多的给人以知识、美感和能启迪人们心灵、催人奋进的各式专题展览，征集保护更多珍贵文物资料，培养和造就更多的勤于工作的文博专家学者，并联系一批热心、理解和支持文博工作的企业家、收藏家，珠海博物馆就一定能够上台阶，在经济特区的“两个文明”建设中发挥其更大的作用。

（原载《中国博物馆》（中国博物馆协会）1996 年第 4 期）

广东文化遗产(石刻卷)·概述

石刻是广东不可移动文物宝库中的一朵奇葩。广东省第三次全国文物普查登录属于石窟寺与石刻类的不可移动文物共 769 处[1]。其中国家重点文物保护单位 11 处，省级文物保护单位 71 处。这批石刻，是广东历史文化的重要载体，是记载广东历史的重要档案，是内容丰富的石刻图书。本书选取 242 处予以介绍，希望能在一定程度上反映广东石刻保存基本状况。

石刻中包含摩崖石刻、碑刻、石雕、岩画和其他石刻等几大类别。

一、摩崖石刻

摩崖石刻是中国古代的一种石刻艺术，指在山崖石壁上所刻的书法、造像或者岩画。摩崖石刻起源于远古时代的一种记事方式，盛行于北朝时期，直至隋唐以及宋元以后连绵不断。摩崖石刻随山体就地刻石纪事，省伐山采石之劳，诸如诗文题名、德政神道之类，莫不被刻之崖壁。摩崖石刻有着丰富的历史内涵和史料价值。在第三次全国文物普查登录规范中，摩崖石刻单指在天然石崖之上刻写的文字，而石雕造像、岩画等单列登记。

“广东是全国最多摩崖石刻的省份之一”。“无论是风光旖旎、怪石嶙峋的沿海地区，或是山川秀丽、洞穴深邃、悬崖峭壁、危峰兀立的风景区，或是有名的寺观庙堂洞辟上都留下不少唐、宋到明、清乃至近现代的摩崖石刻”[2]。登录的 370 处摩崖石刻，有 10 处已经公布为国家重点文物保护单位，有 63 处公布为广东省级文物保护单位。摩崖石刻分布于省内 20 个地级以上市（含副省级市），共 88 个县级以上行政区（含东莞 4 个、中山 4 个镇、街）。分布范围相当广泛。内容多为题诗、题名、题字、铭记、地界、官衙文告、洪水标志、革命标语等。

广州市摩崖石刻在白云区、黄埔区、番禺区、花都区、南沙区、萝岗区、增城市、从化市等地有发现。其中增城市、从化市、白云区较多。增城市在飞泉洞、玻璃潭、白水山、百花林摩崖石刻等处保存有宋代的摩崖石刻，白云区保存有清光绪二十四年（1898 年）的刘永福虎字摩崖石刻等。

韶关市摩崖石刻在武江区、曲江区、仁化县、翁源县、乐昌县、南雄市等地有发现。其中乐昌县、仁化县、曲江区较为集中。石刻的年代，从唐代到民国时期都有。其中，仁化的通天峡摩崖石刻群、别传寺摩崖石刻群、梦觉关摩崖石刻、锦石岩摩崖石刻群、南雄的钟鼓岩摩崖石刻都已经列为广东省文物保护单位。2013 年，丹霞山摩崖石刻公布为全国重点文物保护单位。

深圳市的宝安区存有属于明代的凤舞摩崖石刻。

珠海市摩崖石刻分布在香洲区、斗门区、金湾区，其中以香洲区最为集中。以清朝石刻居多，有部分民国时期的石刻。轿顶山侵华日军摩崖石刻，是国家重点文物单位“三灶岛侵华日军罪行遗迹”的重要部分。珠海还拥有石溪摩崖石刻、大王宫工丈摩崖石刻等一批省级文物保护单位，竹仙洞摩崖石刻群、乌岩山第一石门摩崖石刻、连湾山摩崖石刻等一批重要摩崖石刻。

汕头市的摩崖石刻分布在金平区、濠江区、潮阳区、潮南区、澄海区、南澳县。年代从唐代到民国。拥有莲花峰摩崖石刻、尖山摩崖石刻、叠石摩崖石刻、潮南大南山石刻革命标语等一批摩崖石刻。

佛山市的摩崖石刻分布在南海区、顺德区。以明朝石刻最具特色，少量民国石刻。保存有大科峰摩崖石刻、翠岩摩崖石刻、白云洞摩崖石刻、九龙岩摩崖石刻、宝峰胜处摩崖石刻、玉廪峰等摩崖石刻。

江门市的摩崖石刻分布在蓬江区、江海区、新会区、台山市、鹤山市、恩平市等地。保存有明代紫花岗摩崖石刻等一批摩崖石刻。

茂名市的摩崖石刻分布在电白县、信宜县等地。保存热水村摩崖石刻等，明清至民国时期的摩崖石刻。

肇庆市的摩崖石刻分布在端州区、鼎湖区、怀集县、封开县、德庆县、高要市等地。保存有从唐代到民国时期的摩崖石刻。肇庆市是广东摩崖石刻最为重要的地区之一。拥有阆风岩摩崖石刻、玉屏岩摩崖石刻、石室岩摩崖石刻、天柱岩摩崖石刻、阿坡岩摩崖石刻、石峒摩崖石刻等国家重点文物保护单位；鼎湖山云溪路摩崖石刻、鼎湖山飞水潭路摩崖石刻、鼎湖山庆云寺路摩崖石刻、三洲岩摩崖石刻、华表石摩崖石刻等省级文物保护单位。

惠州市的摩崖石刻分布在博罗县、惠东县等地。拥有黄龙观摩崖石刻、酥醪观摩崖石刻、合掌岩摩崖石刻、九天观摩崖石刻、宝积寺摩崖石刻、朱明洞摩崖石刻、蝴蝶洞摩崖石刻、五龙潭摩崖石刻、白鹤观摩崖石刻、朝元洞摩崖石刻等多处省级文物保护单位. 摩崖石刻的年代从宋代、明代到民国时期。

梅州市的摩崖石刻分布在梅江区、梅县、大埔县、丰顺县、平远县、五华县、蕉岭县、兴宁市等地。保存大东岩、小有洞天等一批摩崖石刻，摩崖石刻的年代从宋代、明代到民国时期。

汕尾市的摩崖石刻分布在城区、海丰县、陆河县、陆丰市等地，以陆丰市居多。保存石岗等一批摩崖石刻。以明清时期石刻为多，也有少量宋代摩崖石刻。

河源市的摩崖石刻分布在源城区、紫金县、龙川县、连平县、东源县等地。保存有逍遥岩、水西等一批摩崖石刻。

阳江市的摩崖石刻分布在江城区、阳东县、阳春县等地。以阳春市居多，拥有春城崆峒岩、通真岩等摩崖石刻。

清远市的摩崖石刻分布在清城区，佛岗县、阳山县、连山县、连南县、英德市、连州市等地。以英德市、阳山县、连州市居多。拥有贤令山摩崖石刻、观音岩摩崖石刻、南山摩崖石刻、碧落洞摩崖石刻、大云洞摩崖石刻、巾峰山摩崖石刻等一批省级文物保护单位。

东莞市的摩崖石刻分布在厚街镇、石排镇、大岭山镇、谢岗镇等地。拥有省级文物保护单位燕岭摩崖石刻等一批摩崖石刻。

中山市的摩崖石刻分布在东区街、南朗镇、三乡镇、黄圃镇等地。以东区街居多。保存天人来石刻等一批摩崖石刻。

潮州市的摩崖石刻分布在湘桥区、潮安县、饶平县等地。这里是广东省登录摩崖石刻最多的地市之一。拥有葫芦山雷台石摩崖石刻、葫芦山玄武洞摩崖石刻、葫芦山寿安岩、葫芦山青牛洞摩崖石刻、葫芦山栖霞亭摩崖石刻、葫芦山活人洞摩崖石刻、葫芦山艺苑摩崖石刻、葫芦山普同塔摩崖石刻、葫芦山芙蓉池摩崖石刻、葫芦山四望楼摩崖石刻、葫芦山文山亭摩崖石刻、葫芦山芙蓉池西面山麓摩崖石刻、葫芦山新苏亭摩崖石刻、葫芦山垂钓亭摩崖石刻、葫芦山地震办摩崖石刻、葫芦山雁塔摩崖石刻、葫芦山辟云洞摩崖石刻、葫芦山南岩南侧摩崖石刻、葫芦山高隐泉摩崖石刻、葫芦山龙舌坡摩崖石刻等一批摩崖石刻类的省级文物保护单位。

揭阳市的摩崖石刻分布于榕城区、普宁市、揭东县、揭西县、惠来县等地。拥有玉井摩崖石刻等一批摩崖石刻。

云浮市的摩崖石刻分布于云城区、郁南县、云安县、罗定市等地，拥有龙龛岩摩崖石刻等一批珍贵摩崖石刻。

肇庆市的端州区七星岩摩崖石刻是广东摩崖石刻的重要代表之一，也是中国少有的庞大摩崖石刻群之一。七星岩位于广东省肇庆市城北七星岩风景区内，在面积不足 1.5 平方千米范围内，镌刻着从唐朝至现代的石刻题勒 500 余题。分布密集、保存完整、文体齐全、字体纷繁。其中石室岩摩崖石刻，共有唐至现代石刻 337 题，其中唐 4 题，宋 79 题，元 12 题，明 117 题，清 85 题，民国 6 题，现代 13 题，不详 21 题。主要分布于石室洞内外的石壁上。文体有诗、词、歌赋、散文、点题等；字体囊括篆、隶、楷、行、草；语言有汉文、外文。洞口保存有著名文学家兼书法家李邕留下的《端州石室记》，为七星岩最早的石刻，刻于唐开元十五年（727年），高 1.07 米，宽 0.79 米，楷书，正书 7 行，381 字。石室岩摩崖石刻艺术价值较高、内涵深厚，历史久远，是七星岩摩崖石刻的重要部分。

罗定市龙龛岩的《龙龛道场铭并序》，是广东现存年代较早的摩崖石刻，也是岭南最早的有绝对年代的石刻。共镌 41 行，每行 29~30 字不等，共 1213 字。作者陈集原，在武则天时曾任冠军大将军、行左豹韬卫将军，泷州（今罗定）开阳人。其曾祖父陈法念、祖父陈佛智、父陈龙树都是地方大官，且崇奉佛教。《龙龛道场铭并序》书法近欧体，带北碑风格又糅合南方行楷帖体韵味，它还是广东绝无仅有的一处唐武周年间刻石。2013 年公布为全国重点文物保护单位。

潮州市湘桥区葫芦山保存一大批珍贵的摩崖石刻。如雷台石摩崖石刻、玄武洞摩崖石刻、青牛洞摩崖石刻、寿安岩犟崖石刻、栖霞亭摩崖石刻、活人洞摩崖石刻、艺苑摩崖石刻、普同塔摩崖石刻、芙蓉摩崖石刻等都十分珍贵。这些石刻，或拔地而起，或峥嵘突兀，或悬崖峭壁，或傍水临波。唐宋以来，历朝名宦鸿儒留题甚多，现存 138 处。石刻内容有赞美潮州河山，优越的人文环境，有记游、写景、诗文、历史记述、祷告、醒世文、府衙文告与社坛禁示、科举名录等。字体则正、草、隶、篆、行俱全。还有梵文、象形文字等。

惠州博罗罗浮山是我国道教十大名山之一。这里及附近地区是一个摩崖石刻众多的地方。这里保存有西华道院摩崖石刻、酥醪观摩崖石刻、合掌岩摩崖石刻、九天观摩崖石刻、宝积寺摩崖石刻、朱明洞摩崖石刻、蝴蝶洞摩崖石刻、五龙潭摩崖石刻、白鹤观摩崖石刻、朝元洞摩崖石刻等一批从宋代到清代的珍贵石刻。多为诗刻及题字。五龙潭摩崖石刻为宋代石刻。占地面积 25 平方米。以“罗浮”“长寿涧”“振衣千仞冈，濯足万里流”等 3 通摩崖石刻组成。字体有篆、行书。“罗浮”为南宋石刻。阴刻篆体，字大 150×120 厘米。右边刻有“淳熙已亥良月望日”八字，左边刻有“郡守睢阳吴裒男有书”；“长寿涧”“圣宋皇祐二年润十月二十七日，提点诸州刑狱太常博士范阳祖无择题”，篆体，字大 15×20 厘米。为北宋石刻。祖无择，字择之，范阳人，进士出身，曾任提点广东刑狱，常游罗浮山。

西华道院摩崖石刻在罗浮山石刻中面积最大，史料价值较高的摩崖石刻。石刻题为“逃暗记”，落款为：“万历丁丑冬石洞居士叶春及撰，南海朱完书。”共 118 个字，字为隶书，竖（13）排，字大 17×15 厘米。万历丁丑为公元 1577 年。内容为“叶子迁宾州守，倦游至竟，上书乞骸骨归。广西巡抚郭应聘，劾守春及逃，两广提督殷正茂，劾如郭，奉诏削为士伍。臣春及顿首。世之尘垢欲逃久矣，天地囿我。臣安逃哉？逃于罗浮之间，无所往矣。四百三十二君，闻之邀于石洞，辟逃暗以居，遂不复出”。讲述叶春及升擢为广西宾州守，有人隐藏檄令，使其不能赴任而获违旨之罪，于是逃难至罗浮山隐居。

朱明洞摩崖石刻，属明~清代石刻。占地面积30平方米。以“朱明洞”“丹以祈寿世”“飞来”“云游”“坡仙旧址”“桃园洞天”“蓬莱径”“两仪洞”“别有一天”等9通摩崖石刻组成。字体有行、楷、草书。在朱明洞口刻有“朱明洞”三字，为行书，字大50×40厘米。落款为“甘泉”。甘泉，即湛若水，增城人，官授南京礼、吏、兵三部尚书。

珠海市香洲区的石溪摩崖石刻群，分布面积约2000平方米。为清朝书画家鲍俊仿效王羲之“兰亭雅集”之举，筑亦兰亭，邀集文朋诗侣，吟诗作对，挥毫泼墨，将题字、题诗镌刻在石溪及周围的嶙峋怪石上，留下32题珍贵摩崖石刻。以行书为主，也见楷书和隶书，阴刻，具有较高的艺术价值。如一笔“鹅”“石溪”“莲岛”等石刻大字。年代在1831年至1879年之间。

汕头市潮阳区海门镇莲花峰摩崖石刻群，包括莲花峰摩崖石刻、尖山摩崖石刻、叠石摩崖石刻三处石刻群。保存一批从宋朝到清朝时期的摩崖石刻。莲花峰摩崖石刻位于汕头市潮阳区海门镇莲花峰公园内，是粤东名胜古迹，这里有清道光二十年以前的摩崖石刻53题，较为著名的有“终南”“古莲花峰”“鲁庵书舍”“宁海将军石”“镇海将军石”等；尖山摩崖石刻，现有完整的摩崖石刻9题，大多为清代石刻，内容分别为“无远弗届”“高灯远照”“魁”“仰圣尖指”“指南一臂”等；叠石摩崖石刻；由两块巨石垒叠而成，总高约5米，上面大石刻有“�山福地”，落款为“鲁山道人”。

二、碑刻

碑刻是石刻的一种类型。一般称刻在石碑上的文字或图案。碑的结构有三部分：即碑首、碑身和碑座[3]。早期的碑，碑首和碑身是连为一体的，后来碑首的装饰性越来越强、工艺也越来越精致，于是单独制作，完成后安装在碑身上头。碑身的前面叫碑阳，后面叫碑阴。碑阳镌刻碑文，碑阴所刻内容属于“附录”性质，碑阳和碑阴镌刻文字的地方叫碑版。碑刻的边框有的空白，有的刻雕花纹图案。碑座有正方体、长方体，有须弥座。碑下往往有巨大的石龟，名叫赑屃。传说龙所生的九子中，赑屃的力气最大，擅长负重，让它驮碑，有流芳百世、长久保存的意思。方座为方趺，龟座为龟趺。也有的碑无座，直接插入土中。

碑刻的价值不可低估，它的真实性和可信度很高。当然，墓碑上撰写的碑文一般为请人执笔，多有溢美之词，不可能完全如实地评价墓主。因此，对于墓碑不可不信，也决不可全信。

碑文内容涉及范围十分宽广。诸如行政地理沿革、自然地理变迁、重大历史事件。重要历史文献，还有方志民俗，物产、物价、文体文风、宗教信仰，民族关系、官职演变、家族兴衰、世袭源流、工程建筑、边境治安等，都有补充和订正历史文本的作用和价值。所涉及的学科囊括了历史学。地理学、文艺学、文字学、社会学、民族学、经济学、医药学和宗教学等等。

广东现存大量碑刻，相当多的藏于各地博物馆或民间，属于可移动文物。第三次全国文物普查中各地登录的碑刻，仅限于不可移动的部分。共登录 253 处。从碑刻的内容上看，有界碑、庙碑、路碑、纪念碑、记事碑、指令碑、禁止碑、合约碑、审结碑、墓表碑、墓道碑、药方碑、告示、赞碑、颂碑、下马碑、规碑、诰封碑等等多种。年代以清朝和民国居多，有部分宋朝、明朝的碑刻[4]。

广州市、江门市、湛江市等发现的碑刻较多。其次是揭阳、梅州和潮州。韶关、深圳、珠海、汕头、佛山、肇庆、惠州、汕尾、阳江、清远、东莞、中山、潮州、揭阳、云浮都有发现。

广东省有一批较有影响的珍贵碑刻。如却金亭碑、中山纪念碑等 2 处国家重点文物保护单位，中英街界碑、荣睿纪念碑、天宁寺石刻、伏波祠碑刻、雷祖古庙碑刻、四序堂石刻、夏江天后宫石刻、天妃庙碑刻等多处省级文物保护单位。

却金亭碑位于广东省东莞市莞城，建立于明嘉靖二十一年（1541年）。坐北向南，碑为青石刻制，红砂岩方形底座，占地面积约 6 平方米。

碑首呈弧形，雕刻着细腻的云海涌日纹，花纹间是古篆体的“却金亭碑记”碑额。碑文记载了明嘉靖年间番禺县尹李恺与暹罗（今泰国）商人文明交往，不受酬金的史实。它对研究明代中泰贸易通商和当时贸易管理体制具有重要的历史价值。2006 年公布为全国重点文物保护单位。

中山纪念碑位于广东省广州市越秀区，民国十五年（1926 年）国民党第二次全国代表大会决定兴建。民国十八年（1929 年）1 月正式动工，民国十九年（1930 年）1 月竣工。纪念碑前堂后碑，坐北朝南，由花岗岩石砌成，高 37 米，占地面积为 228 平方米。碑呈方锥形，正南面镌刻《总理遗嘱》；碑座刻有建造时间和建造者姓名。2001 年，国务院公布为全国重点文物保护单位。

中英街界碑，位于深圳市盐田区沙头角街道中英街内，碑石为花岗岩石材质，石质较粗，外观上小下大，纵面呈梯形，碑底部断面边长为 0.4 米，碑顶断面边长为 0.3 米，碑露出地面高度 0.3~0.71 米。界碑既是十九世纪末英殖民主义瓜分中国领土的历史见证，又是香港回归祖国的历史见证，具有特殊的历史、科学和文化价值。1989 年 6 月公布为广东省文物保护单位。

荣睿纪念碑位于广东省肇庆市鼎湖区。1963 年为纪念日本入唐留学僧荣睿大师圆寂端州而立。碑的座向为东偏北 37°，正对荣睿故乡日本美浓。碑高 1.6 米，宽 0.95 米。正面刻有“日本入唐留学僧荣睿大师纪念碑”，后面刻《荣睿大师赞》四言诗，均为中国佛教协会会长赵朴初所题书。荣睿纪念碑于 1979 年被公布为广东省文物保护单位。

三、石雕

石雕属于造型艺术的一种。是一门十分古老的艺术门类，可以追溯到旧石器时代。石雕一般采用浮雕、圆雕、沉雕、影雕、镂雕、透雕等造法。

第三次全国文物普查，广东省登录石雕 56 处。年代最早的有茂名市的石顶村石柱等，属南北朝时期，最晚的属 1982 年的香炉湾珠海渔女石雕像。种类有动物：如石羊、石狗、石狮、石兽、石马、石辟邪等；人像：如土地公、渔女、石人、石将军等；建筑物：如石柱等；石画像：如榅玉岩石刻画像、后坪石犁徽章石刻等；还有石桅杆、莲花座等。

广州市的五羊石像；韶关市的观音堂山观音阁石雕；深圳的燕川村石狗公；珠海香炉湾珠海渔女石雕像，汕头市后坪石犁徽章石刻；佛山市的药王庙云龙柱、水南石狮；江门市的沙富石狮；湛江市的后洋村三面石狗、仕尾岭八棱石槽；茂名市的石雕最多，有石顶村石柱、鹿田坡村石柱多处；肇庆市的龙湾阿弥陀佛像；梅州市的吴六奇墓前石雕；阳江市的洲尾石兽、长巷石狗等；清远市的黄坳村石狮；中山市的西江里村将军造像；潮州市的荆山石辟邪；揭阳市的榅玉岩石刻；云浮市的先经围村莲花石刻等都有特色。

先经围村莲花石刻位于广东省云浮市罗定市先经围村。唐代。利用露出地面岩石雕成覆盘莲花状，外形近似于当地使用的铜鼓帽，应为佛教传入的产物。当地人称铜鼓石。

广州市的五羊石像是广州城市的标志，被视为广州市的形象象征。1960 年雕成。由 130 多块花岗岩石雕刻组砌而成，高 11 米、体积 53 立方米。五羊石像坐北向南，中有一只大山羊居中，昂首远眺，羊髯微拂，口衔“一茎六出”谷穗，雄浑有力的羊角回首，其余四羊或吃草或嬉戏，形态可爱，栩栩如生。

珠海渔女石雕像是珠海城市的标志。位于珠海市香洲区香炉湾畔。1982 年落成，由珠海渔女雕像、曲桥、小广场和标志牌组成，占地面积约 700 平方米。雕像坐北向南，高 8.7 米，重量达 10 吨，由八块花岗岩组合而成。珠海渔女石雕像身捎渔网，裤脚轻挽，手擎明珠，带着喜悦而又含羞的神情。

四、岩画

岩画 (Rock art) 是一种跨越地区和民族的世界性的文化和语言，在没有文字的古代，岩画往往是人类记述自身历史和交流思想的主要方式。

岩画是一种石刻文化。据联合国教科文组织的公布：现存的原始艺术作品中 99%是岩画。岩画是重建古代历史的重要线索。

南海先民也创作了大量石刻岩画，在珠海、澳门、香港、广西及福建、台湾等地都发现不少史前岩画。岩画造型趋于图案化，表现了神灵崇拜、天体崇拜、生殖崇拜等内容。这些岩画主要由越族先民所作。岩画是刻于石崖壁上的没有文字的历史画卷。第三次全国文物普查，广东省登录岩画 6 处。珠海的宝镜湾岩画、连湾山岩画，云浮市罗定市的横桥岩画、分会坑口岩画，广东省韶关市仁化县的锦江岩画，广东省阳江市阳春市的通真岩岩画。年代从新石器时代晚期到清代的都有。最为著名的是珠海市宝镜湾岩画。

宝镜湾岩画位于珠海市高栏岛宝镜湾，这里是距今约 4000 年前后的海岛型史前文化遗址。这里发现 5 处共 7 幅石刻岩画，分别在宝镜石、天才石、大坪石、太阳石和藏宝洞等处。其中藏宝洞中有 3 幅，以东壁岩最为著名，该岩画长 5 米，画高 2.9 米，内容十分丰富。岩画中人物和船的形状最为突出，对水的表现很丰富。2006 年宝镜湾遗址（含宝镜湾岩画）公布为全国重点文物保护单位。

坑口岩画位于广东省云浮市罗定市泗纶镇分会村委会坑口村。刻画年代不详，原石生于小溪边，两巨石底部相连，约三米见方，俗称公婆石，在石面及两侧刻凿的文字、图案未能解读，其中有羽人为古越遗风。

横桥岩画位于广东省云浮市罗定市罗镜镇横桥村委会东二队村后山。图像十分原始，由一些圆形、方形和弧线组成，岩画长 4.8 米，高 2.4 米。崖画内容、年代和族属等尚未确定。

2012 年元月，在广东省潮州市潮安县金石镇塔下村石尾山半山腰，发现元代摩崖石刻佛像。11 尊佛像、1 座阿育王塔刻在宽 9 米、高 6 米的崖石自然岩面上，右侧还有标明年代和制作者的落款。此处虽未登录第三次全国文物普查，但资料较为重要，本书附录其后。

五、其他石刻

广东省第三次全国文物普查中登录无法归到摩崖石刻、碑刻、石雕、岩画等类中的石刻——其他石刻63处。广州市的十八罗汉石；韶关市的下石村石旗杆；珠海市的蛇洲岛海界石；汕头市的莲花古寺石刻；佛山市的梧村桅杆夹；江门市的石笋村航海标志；湛江市的仕尾岭石踏跺；茂名市的坡美村石柱；肇庆市的范氏宗祠桅杆夹。梅州市的茶园下石桅杆；汕尾市海丰县城的安东村佛法僧宝石雕；河源市的中流砥柱石刻；阳江市阳东县的金鸡古迹石刻；中山市的裕安村惠济义仓田界石刻；潮州市的赵清卿题拙窝石刻；揭阳市的龙首桥石刻；云浮市罗定市的六峰岩碑刻等一批石刻都较具特色。

广东石刻中较为突出的是摩崖石刻。这里风光秀丽，历代游者甚众，摩崖石刻数量多，分布广，不少名人题刻。广东近代以来一直为革命势力发展地区，保存的纪念碑刻和革命石刻较多，也是广东石刻的一个特点。

这里，我们对付出辛勤劳动的各地文物普查工作者表示衷心的感谢。限于篇幅，编者未能将所有在广东省第三次全国文物普查中登录的石刻类文物全部收入，敬请各位读者谅解。

注释：

[1] 包括新发现382处。见广东省第三次全国文物普查办公室编：《广东省第三次全国文物普查工作报告》，2011年10月，第64页。

[2] 曹腾騑、黄道钦主编：《广东摩崖石刻》，广东人民出版社，1998年，第1页。

[3] 墓碑起源于古代用作牵引棺停下葬用的“丰碑”。最初是木质，没有文字，后来人们为缅怀逝者生前的业绩，利用现成的木牌，在上面书写逝者的生平事迹以及歌功颂德之辞。碑首中间仍凿有圆孔，叫“穿”，这样，墓碑便正式形成了。早期的石碑没有任何雕饰，后来碑刻形制日趋华贵。

[4] 广东省云浮市罗定市太平镇西良村委会傍城岗村的“傍城岗碑刻”据称为唐代，1994年已公布为罗定市文物保护单位。

（原载《广东文化遗产（石刻）》，科学出版社，2013年）

历史名人与考古人物

清末民初珠海人的民主共和追求

清末民初，中国历史经历了一次重大变革。以孙中山为代表的资产阶级革命派推翻了清王朝帝制，结束了中国两千多年的封建君主专制制度，建立了资产阶级民主共和国。一百多年前的这场革命中，珠海人可以说无愧时代，有所作为。从买办到民族工商业者，从实业救国到社会改良，从西学东渐，维新变法，到民主共和思想的浸润与播种，从暴力革命到民主共和的建立与捍卫，处处都留下了珠海人的身影。在这一历史的巨变中，珠海人不仅是旁观者，更是参与者、实践者。他们中的有识之士由起初从技术层面师法西方进而逐渐接受西方的科学文化，再由关注政治的变革到最终转变为民主革命的参加者，其中一些人已成为民主革命的中坚力量。

一、珠海曾是民族资本家的摇篮

珠海原是香山县的一部分，与中山、澳门同处在江海交汇处的伶仃洋之滨，同为香山县。这里地处海上交通便利的位置，自澳门开埠以来，中西文化在这里交融并向外辐射，成为中外交流的一个关键地带，并形成岭南文化中较具特色的香山文化。

珠海人较早睁眼看世界，较早与外国人接触做生意，成就了一批推进中国近代对外贸易和工商业发展，功绩卓越的人物，使珠海成为买办之乡，商业之乡。近代著名商人、买办莫仕扬（1820~1879 年），今珠海会同村人。名维俊，字彦臣，他及其家族，控制太古洋行达 61 年，对香港航运、制糖、保险、房地产和油漆化工等行业贡献卓越。第一个参加世博会并获奖的中国人徐荣村（1822~1873 年），是珠海北岭村人。徐荣村，名瑞珩，字德琼，曾任英国宝顺洋行买办。1851 年，徐荣村精选 12 包蚕丝“荣记湖丝”送往伦敦参加第一届世界博览会，一举夺得金、银大奖。英国维多利亚女王亲自为其颁发奖牌、奖状。陈芳（1825~1906 年），字国芬，今珠海市前山镇梅溪村人。早年离家到香港、澳门等地学习经商，1849 年，24 岁的陈芳随叔父到檀香山经商，从商店学徒开始，后自立门户，经营甘蔗种植和制糖业，而成为华侨第一位百万富翁，被誉为“商界王子”。1857 年，娶夏威夷国王之妹为妻，被选举担任夏威夷国会议员，1881 年，被清廷光绪皇帝钦命为中国驻檀香山领事馆领事。他与孙中山的兄长孙眉为好友。1890 年变卖 60 万美元家产归国，在澳门兴办酒店，养殖荷兰牛。近代著名买办、实业家唐廷枢（1832~1892 年），珠海唐家村人，号景星。唐廷枢 1863 年任英国怡和洋行买办，1873 年任中国近代最大的民营企业轮船招商局总办，成为洋务运动的重要官员。李鸿章曾有“中国可无李鸿章，但不可无唐廷枢”的评价。唐廷枢曾创下中国近代史上多个第一：第一部英汉辞书《英语集全》、第一次公开发行股票、第一家民族资本的保险公司仁和与济和保险公司、第一家大型机器采矿企业开平煤矿、第一条自主经营的铁路唐胥铁路、第一部国产火车头龙号机车、第一家中国自营的水泥厂唐山细棉土厂。唐廷枢的胞兄唐廷植、族兄唐瑞芝、唐国泰（翘卿）都是当时闻名的买办人物，其后人侄儿唐杰臣、侄孙唐纪常也都继承事业。近代民族工商业的杰出代表徐润（1838~1911 年），珠海北岭村人，字润立，号雨之，别号愚斋，是叱咤一时的“近代中国茶王”“地产大亨”，曾任轮船招商局会办，与唐廷枢一道致力于洋务运动，其创办的同文书局为中国近代第一家民营印刷厂。在商业方面，珠海金鼎外沙村人蔡兴从澳洲回国，与马应彪合伙，创办先施百货公司，其胞弟蔡昌（1877~1953 年），字均泰，成为大新公司创始人，曾在香港、广州、上海大办商业，其创办的上海大新公司成为当时国办最大的零售企业。1909 年，珠海香洲开埠，乡人在这里尝试建立无税商港。珠海外出做买办、做生意、办企业的人数相当多，许多人成为有影响的资本家。也增强了辛亥革命爆发的阶级基础。

二、珠海人以西方学术灌输中国

珠海人较早接触西方文化。这里的人很早开始在由外国人主办的澳门教会学校读书。容闳（1828~1912 年），今珠海南屏人，1835 年，开始在澳门读西学。容闳所读的学校叫马礼逊学堂，属于第一批招收的有 6 名男生，除容闳之外，还有黄胜、李刚、周文、唐杰、黄宽等人。在该校学习英文及科技知识。1847 年，容闳与黄胜、黄宽等一道赴美留学。容闳学成回国，成为中国第一位毕业于美国大学并获得学士学位和荣誉法学博士学位者。容闳致力于他的宏大抱负：“以西方之学术，灌输于中国，使中国日趋于文明富强之境。”[1]积极推动中国留美教育，并成正果，被誉为“中国留学生之父”。西学东渐是近代中国（也是亚洲）一股强劲的潮流，而容闳的名字与西学东渐紧密地联系在一起[2]。他带领出国的 120 名幼童，回国后成为民主共和思想的重要传播者与民主共和运动实践者。虽然幼童被提前召回国，当时已经有 50 多人进入美国大学学习，其中 22 人进入耶鲁大学，8 人进入麻省理工学院，一人进入哈佛大学，6 人进入哥伦比亚大学。容闳带出的 120 名留美幼童中，香山人有 39 名，其中有 24 人来自今天的珠海[3]，此后，珠海人唐绍仪、梁如浩、蔡绍基等三人为北洋大学的留学教育发挥重要作用，1903~1910 年间，先后任该校校长，而唐绍仪、唐国安成为庚款留美成功实施的关键人物。1907 年 5 月，美国国会通过决议，将退还部分庚款给中国。清政府具体

1936 年留美幼童聚于上海

派唐绍仪为“赴美致谢专使”，试图以庚款用于开发东北，用于东三省实业借款计划，唐绍仪最终接受美国庚款兴学政策，促成清政府颁布《遣派游美学生办法大纲》，正式启动庚款留美计划。而珠海唐国安任游美学务处会办、清华学堂副监督、监督，清华学校（清华大学前身）第一任校长，成为民国初年中国留美教育发展的奠基人。大量出国留学人员，在国外耳濡目染，了解了欧美等国的社会制度与文化，从美欧学成回国后，带回西方政治、科技与文化，在这些人的影响下，人们对逐渐民主共和有所认同，有所向往，最终成为推动民主共和的一支生力军。

三、珠海人参与了民主共和革命的实践

文化的发展是渐进的，只有从量变的积累才能发展到质变的飞跃。“病来如山倒，病去如抽丝”，革除几千年封建帝制，不是一朝一夕就能成就的，只有经过较长时间的民主思想浸润，经过对中国传统文化的扬弃、融合、发展。西方近代政治制度较中国封建帝制更为先进，这是事实，但是全盘西化在当时的中国更是一个不可能完成的命题。经过“中学为体，西学为用”为特征的洋务运动，国人从技术层面逐渐接受了西方的科学文化，而洋务运动的失败，又使一些有识之士开始关注政治层面的变革，于是以君主立宪为目标的维新活动开展起来了，虽然百日维新又一次失败了，但“君主立宪运动一直延续为摧垮清政府的一股力量”[4]。而这时，建立共和，推行三民主义的辛亥革命异军突起。珠海人在这一连串的历史变革中，不仅是旁观者，更是参与者、实践者。

容闳是晚清维新变法的中坚力量之一，19 世纪 70 年代后，维新思潮已经逐渐兴起，容闳在 1874~1875 年间上海所创办的《汇报》鼓吹改良社会，兴办企业。容闳作为崇信美国共和革命精神的人物，应该说本能地存在选择共和革命道路的趋向。1900 年 9 月，容闳同孙中山一道乘船赴日本，在日本长崎上岸后又在旅馆进行了长时间的叙谈 [5]，孙中山还曾表示容闳可“作为众望所归的领袖”，当时容闳被推举为上海组织的中国国会会长。1902 年 5 月，容闳前往美国，1908 年，容闳与康有为的保皇派

决裂。他认为孙中山革命派才是中国革命的希望。他着手筹备支持孙中山的具体方案，首先是在广东举事的“中国红龙计划”。他将同情中国革命的美国军事学家荷马李和银行家布思介绍给孙中山，积极帮助孙中山筹款和训练武装力量。武昌起义爆发后，1911 年 12 月 19 日容闳致革命党人的一封信中说：“中国人民正处在自己主权的最高峰，他们一直呼吁成立一个共和国，而你们，他们的领导者，也一向支持这个呼声，民声即天声，听从这种声音，他们就对了。”[6] 临时大总统孙中山写信给老朋友容闳，恳请容闳回国，同建共和新国家。容闳因年事已高，未能回国，他派两个儿子觐彤、觐槐回祖国服务。

“华侨是中国革命之母”，特别是留学回国的知识分子，他们对辛亥革命贡献最为显著。珠海梅溪村人陈芳，曾是夏威夷巨富，他的儿子陈席儒、陈赓虞资助孙中山 100 万元港币创办由陈少白主持的革命机关报《中国日报》。陈席儒（1859~1937 年），陈芳次子，珠海市前山镇梅溪村人。生于檀香山。与孙中山是校友，一同在檀香山奥兰尼学校读书。后毕业于美国耶鲁大学。1890 年随父返国，代理其父在香港、澳门的业务。任香港中日银行董事局主席、道格拉斯·拉泼力克斯公司总经理、粤汉铁路及岐关公路股东。

1911 年，清王朝颁发“上谕”，实行所谓“铁路国有”政策，宣布各省原已准交商办的铁路干线，一律“收归国有”，准备以“国有”为名，出卖全国铁路主权。任命满族贵族端方为“督办粤汉、川汉铁路大臣”，强行接收湖南、湖北、广东、四川四省的商办铁路公司。邮传部大臣盛宣怀同英、美、德、法四国银行团签订 600 万英镑的《湖北湖南两省境内粤汉铁路、湖北境内川汉铁路借款合同》，把湖北、湖南、广东三省人民在 1905 年收回路权运动中从美国侵略者手中赎回的粤汉铁路和川汉铁路的修筑权，又重新出卖给帝国主义。它不仅侵害了广大人民、特别是民族资产阶级的利益，而且威胁着中华民族的生存。激起了各阶层人民的愤慨。陈席儒的家族是粤汉铁路的大股东，他领导了广东保路风潮。当时，粤汉、川汉两干线相关的湖南、湖北、广东、四川等省声势浩大、规模壮阔的保路运动，沉重地打击了清王朝的统治，极大地鼓舞了资产阶级革命党人的斗志，直接导致了辛亥革命的总爆发。

唐雄（1865~1958 年），今珠海唐家村人。1876 年随父母赴檀香山，后与孙中山成为至交。孙中山于 1894 年于檀香山成立兴中会时给予大力支持，冯自由称其为“总理早期革命战友和同志”。1895 年，孙中山在广州发起武装起义失败，由广州逃往唐家。唐雄将其乔装为新娘，送至澳门，脱离险境。1916 年，唐雄于檀香山开办首家华人银行“华美银行”。“二次革命”失败后，唐氏动用大量资金，甚至返乡变卖田产，支持孙中山革命。

容星桥（1865~1933 年），名开，又名达景，学名耀垣，今珠海南屏村人。为第三批留美幼童，1881 年考入耶鲁大学，回国后曾任职于顺丰茶行，来往于汉口、上海、香港之间。1895 年香港兴中会成立，容星桥作为孙中山在汉口的代表展开活动。1900 年被清政府通缉，潜赴日本，在神户丸号上介绍孙中山结识容闳。1905 年加入同盟会，协助孙中山创办《中国日报》，为革命做筹款工作，被孙中山委任为中华民国临时政府总统府高等顾问。

苏曼殊（1884~1918 年），珠海前山沥溪人，1903 年留学日本，曾在东京早稻田大学预科、成城学校等处就读。在日期间曾加盟中国留学生的爱国组织，具有革命性质的青年会、拒俄义勇队，倾向民主革命。回国后，参与《国民日月报》《民报》《天义报》《太平洋报》工作，发表许多作品，与孙中山为首的革命派保持密切联系，多次参与武装起义策划。雨果的《悲惨世界》，经苏曼殊翻译为《惨社会》，陈独秀再修改、加工为《惨世界》。借由“批判清朝统治，号召武装革命”，从改变下层人民的地位出发，提出革命议题。

陈耀垣（1887~1949 年），今珠海斗门人。1906 年赴美国经商，结识孙中山并结成挚友。1910 年加入中国同盟会。1911 年，筹集军饷五十万，并出卖德和商店，变卖全部家产，将所得之款悉数支持孙中山在美国开展反清革命活动。1912 年任中华民国临时总统府秘书长、国民党中央委员。

苏维翰，字默斋，珠海前山沥溪村人，苏曼殊堂兄。早年留学日本，同盟会员，参与策动前山新军起义。

刘希明，生卒年不详，珠海前山镇人。早年留学日本，参加同盟会。辛亥革命前夕返回前山，参与发动前山新军起义。后任恭都学堂（前山中学前身）校长。民国元年（1912 年）孙中山途经前山时，刘希明与同乡刘伴樵等率领学生与村民欢迎孙中山，并发动村民兴建中山纪念亭。

曹善业，生卒年不详，号子基，出生于珠海上冲，为澳门富商。曹善业与其父曹有与孙中山都有较好的关系。由于支持孙中山办中西药局，被冯自由列为兴中会初期孙总理好友与同志。曹家为澳门镜湖医院的创办人，1892 年秋，孙中山应聘到澳门镜湖医院，为了提倡西医，救济贫困，计划在澳门实施药局赠药。向镜湖医院借款一千四百四十两，用于开办药局，得到医院董事们的支持[7]。

陈自觉，生卒年不详，珠海南屏人。同盟会员。1909 年介绍郑妙卿加入同盟会。1911 年参与策划前山新军起义，曾任香港实践女校校长。

陈永安（1885~1937 年），珠海前山梅溪人，早年留学日本，加入同盟会。辛亥革命前夕回到家乡策划反清起义，以居屋为革命党人联络点，辛亥革命爆发后，他购买军火，筹措经费策动前山新军起义。民国建立后，出任香山县首任知事兼警察局局长。

梁镜清，流动渔民。在澳门与湾仔一带很有影响，被誉为“疍家之王”。在同盟会影响下，倾向革命。初以渔船协助运送军火，后将自己的三条渔船变卖，资助革命。参与策动前山新军起义，并成功争取香山绿林梁义参加前山起义。

苏兆征（1885~1929 年），珠海淇澳岛人，1908 年加入同盟会，积极参加推翻清朝统治的各种活动，成为辛亥革命的积极分子。

林伟民（1887~1927 年），珠海三灶人。在孙中山的影响下积极投入了推翻清朝统治的革命活动，冒着生命危险，为革命党人秘密传递情报，筹集经费，掩护革命党人并为其运送军火物资，策应武装起义。

韦悫（1896~1976 年），原名乃坤，笔名普天，珠海前山翠微村人。同盟会会员。1911 年参与刺杀广州将军凤山，遭到两广总督张鸣岐通缉追捕。1913 年，愤于袁世凯窃国，参加讨袁之役。1914 年起在英国留学，翌年转赴美国俄亥俄州奥柏林学院学习。1918 年毕业，获文学士学位。

继入芝加哥大学研究院，1920年获哲学博士学位。1921年5月，孙中山就任中华民国非常大总统，韦氏为外交部秘书，兼孙中山秘书。

这一时期，珠海妇女中追求民主共和也大有人在。卢慕贞（1867~1952年），珠海外沙人，孙中山原配。育子孙科，女孙娫、孙婉。支持孙中山投身民主革命，独自承担家庭责任。

徐宗汉（1876~1944年），珠海北岭村人，原名佩萱，著名革命家黄兴的夫人，也是近代著名女权运动倡导者。1907年加入同盟会，1911年参加广州黄花岗起义，协助黄兴领导革命。

徐慕兰（？~1922年），拱北北岭人，徐宗汉之胞姐，动员举家革命，广东光复，她担任广东女子北伐队队长，率队参加对张勋作战。

赵连城（1892~1962年），又名璧如，别名冰雪。珠海大赤坎村人。1911年初加入同盟会，同年夏，奉派到香港实践女校工作，负责港澳交通。1912年，与丈夫冯秋雪创办佩文学校。1914年参加孙中山讨袁工作。

梁定慧（1892~1983年），珠海唐家村人。1909年加入同盟会，后动员其夫唐铁魂加入。1910年，与徐宗汉等一起参加新军起义的后勤与通讯工作。在广州黄花岗起义中，协助徐宗汉运送军火及联络工作。参加惠州起义、广东女子北伐队。

卓国华（1890~1980年），珠海金鼎人。1909年由兄长卓振声介绍，与妹卓国兴一起加入同盟会。1910年，参与广州起义的筹备工作。1911年4月，她乔装新娘，坐上花轿，将军火藏在花轿和有夹层装置的嫁妆箱中，大吹大擂运入城内，被同志称为“革命新娘”。

辛亥革命期间，在珠海前山驻防的新军参加了香山起义，这是辛亥革命期间一次较有影响的起义行动。珠海人苏默斋、刘希明、陈自觉等留学生回国后，以前山恭都学堂作基地，进行革命活动，他们并与驻前山的新军有较好的联系，发展了许多同盟会员。当时驻守前山的新军约有2000余人，其中一些人参加过1910年的广州起义，军官中很多人有革命思想，其中营长任鹤年尤为激进。1911年11月2日，香山起义在小榄爆发。苏默斋、刘希明、陈自觉与前山军官任鹤年等在陈永安家召开紧急会议，筹备起义，并于11月5日，前山的新军宣布起义，第二天，起义军向石岐开拔，配合小榄义军光复了香山县城，9 日，香山义军编成“香军”，由任鹤年为司令，何振为副司令，莫纪彭为参谋长，在郑彼岸、林君复带领下向广州进发，有力地推动了辛亥革命在广东的发展。

辛亥革命期间，香山还办有《香山旬报》等进步刊物。1906 年 9 月 16 日《香山旬报》创刊，1911 年 1 月 21 日第 84 期改为周刊，易名《香山循报》，同年 11 月 7 日终刊，共出版 123 期。1912 年改为《香山纯报》。创始人郑彼岸、李怜庵，郑任主编兼发行人，自 47 期起由李怜庵代编辑兼发行事务。《香山纯报》由黄冷观编辑兼发行人。该刊以“监督地方行政、改良社会风俗，提倡实业，网罗文献”为宗旨。载文抨击当时的腐败政治，宣传革命事件、报道武昌起义及其他地方革命情况，讴歌为革命事业献身的仁人志士，倡导民主政治，鼓吹实业救国。

四、珠海人对民主共和的呵护

1911 年辛亥革命爆发，清王朝岌岌可危，清廷不得已再次起用袁世凯。袁世凯一方面挟持北洋军武力向革命军施压，另一方面又想借用革命军的力量以达到自己的政治野心。革命军得知袁世凯被任命为内阁总理大臣，即联名写信鼓动其倒戈，于是有了著名的“南北议和”。

唐绍仪（1862~1938 年），又名绍怡，字少川，珠海唐家人。第三批留美幼童。唐绍仪作为南北议和北方总代表于 1911 年 12 月 11 日到达汉口，17 日转到上海与南方总代表伍廷芳展开谈判。南下途中，唐绍仪指出“清廷不足保全，而民主应当推进”。他顺应历史潮流，积极推进民主共和。1912 年元旦，孙中山就任中华民国临时大总统，宣告中华民国成立，3 月 23 日，唐绍仪出任中华民国内阁总理。孙中山与唐绍仪都是香山县人，都接受过西方教育，都在不畏艰辛地探求救国救民的真理，有着相当多的共同语言。他挑选宋教仁、蔡元培、陈其美等同盟会骨干入阁，使同盟会在政府中占据多数。他坚持《中华民国临时约法》与袁世凯产生分歧，并最终看出其野心，1912 年 6 月 16 日，愤而辞去内阁总理职务，与孙中山站在了护国、护法的同一战线。1912 年加入国民党。后来袁世凯再次请唐绍仪返京复任总理，为唐所拒绝。袁世凯复辟帝制，唐绍仪联名致电反对，并发《忠告袁世凯退位电》支持护国军讨袁。1917 年 8 月，唐绍仪南下参加护法运动，被孙中山任命为护法军政府财政总长。1919 年唐绍仪在孙中山、胡汉民支持下出任“军政府南北议和全权总代表”，在上海与北洋政府代表朱启钤进行和谈。1920 年 6 月，他与孙中山等在上海通电反对桂系军阀，正式脱离军政府，并坚持斗争。同年 11 月，桂系军阀势力被驱逐出广东，唐绍仪与孙中山回到广州，重建军政府。1929 年，唐绍仪担任中山训政实施委员会主席，1931 年起兼任中山模范县县长，计划用 25 年时间，将中山县建设成为全国各县的模范。

珠海上栅村人蔡廷干（1861~1935 年），字耀堂。第二批赴美留学幼童，辛亥革命期间为袁世凯奔走，参与南北议和部分活动。曾亲自剪掉袁世凯的长辫子。

唐宝锷，珠海唐家村人，首批留日学生。1911 年南北议和时，任唐绍仪的参赞。孙中山于 1917 年在广州召开护法国会时，任众议院议员。

陈景华（？~1913 年），珠海南屏人，同盟会会员。于暹罗创办《美南日报》，鼓吹革命，后更亲自创立同盟会曼谷分会，任书记。广东光复后，胡汉民委任其为民政部长和警察厅厅长。

郑仲，南屏人，兴中会首批会员，曾与孙中山义结金兰。与孙眉合作经营牧场，后来为支持孙氏革命将牧场变卖，并将所得款项悉数交由孙中山支配。

苏从山，斗门人，孙中山医护。惠州一战，试爆时不幸殉难。

韦德，翠微人。陈炯明叛变后，洪兆麟率兵围攻总统府，孙中山逃亡永丰舰。韦氏闻讯后异常愤怒，“誓必除之以泄吾恨”。1925 年，洪氏乘船由港赴沪，韦氏将其击毙，后即饮弹自尽。

辛亥革命开创了完全意义上的近代民族民主革命，为中国革命的进步打开了闸门，使反动统治秩序再也无法稳定下来。这一时期，珠海这块热土上培育、输送了一批英才，他们苦苦追求民主共和，并最终走上共产主义道路，为民族的生存与社会进步贡献了自己的力量。

注释：

[1] 容闳：《西学东渐记》，湖南人民出版社，1981 年。

[2] 章开源：《容闳与中国近代化·序》，珠海出版社，1999 年。

[3] 黄晓东：《珠海人与晚清留美教育》，《珠海、澳门与近代中西文化交流》，社会科学文献出版社，2010 年。

[4] 段云章：《容闳谋求中国近代化的三次重要抉择》，《容闳与中国近代化》，珠海出版社，1999 年，第 368 页。

[5] 陈锡祺：《孙中山年谱长篇》，中华书局，1991 年，第 237~239 页。

[6] 广东文史资料《孙中山与辛亥革命史料专辑》，广东人民出版社，1981 年，第 325 页。

[7] 张建军：《清末澳门华商曹善业及其家族的初步研究》，《孙中山与中国社会博士论坛论文选集》，中山大学出版社，2009 年。

（原载《留学人员与辛亥革命》，华文出版社，2012 年 12 月，该文收入《珠海经济社会发展报告》[2012–2013]，社会科学文献出版社，2014 年）

容闳的维新中国活动

1854 年，容闳从美国耶鲁大学毕业，毅然放弃了在美国进一步学习的打算和在美国寻求发展的良好机会，踏上了归国的征途，开始了他“以西方之学术，灌输于中国，使中国日趋于文明富强之境”[1]的艰难历程。

一

1828 年 11 月 17 日，容闳出生于珠海南屏乡（原香山县）。这里距澳门很近，只有一水之隔。当时他家境贫寒，一家六口，全靠父亲的劳作为生。7 岁时父亲带他到澳门，进了英国传教士办的教会小学念书，不久辍学回家。1840 年，父亲病故，他只得做起提篮小卖，以微补家用。1841 年通过霍白生医生，他又进入澳门马礼逊学校读书。当时主持该校校务的

容闳

青年容闳

是美国传教士勃朗。容闳聪慧伶俐，学习用功，成绩进步很快。1846 年勃朗因身体原因准备回美国，他同意带容闳与黄宽、黄胜几位学生赴美学习。

1847 年 4 月，容闳一行到达美国。这里给容闳展现了一个与大清帝国完全不同的新世界。他们先入马萨诸塞的孟松中学学习，生活费用和学费全靠教会津贴和勤工俭学。1850 年，容闳和黄宽在孟松中学毕业，黄宽去美国爱丁堡大学学医。容闳向往著名的耶鲁大学，他的恩师勃朗先生就是耶鲁大学毕业生，1832 年在该校获得博士学位。他希望留在美国继续读书，但苦于经费尚无着落，因为原马礼逊学校所能提供的经费是在美国学习两年。事实上当时容闳已经了解到孟松中学愿意为他提供经费资助，但有附加条件，即毕业后回中国作传教士。当时，如果容闳答应这个条件，则经费上有保障，可以很顺利地完成大学学业。但是，这时的容闳，已经有了自己的奋斗目标。他认为“他日竟学，无论何业，将择其最有益于中国者为之。纵政府不录用，不必遂大有为，要亦不难造一新时势，以竟吾素志。若限于一业，有用之身，必致无用”[2]。他拒绝了在回国当传道士的志愿书上签字。果然天无绝人之路，由于勃朗的积极活动，乔治亚省萨伐那妇女会会员同意资助容闳上大学。1850 年夏，容闳如愿以偿考上著名的耶鲁大学。容闳入世知事之时，正是清朝腐败，外强入侵中国之时。国家民族处于被资本主义列强侵略和压迫的屈辱地位，经济和科学文化远远落后于西方。经过长期和系统的西方教育，对西方的自然科学和社会科学都有较深的了解，而亲身接触西方资本主义社会，目睹了西方物质文明的发展的容闳，明显意识到祖国的落后与危机，并为之忧虑：“当时中国国民，身受无限痛苦，无限压制”，“每一念及，辄为之怏怏不乐”[3]。而强烈的爱国心，使他决心“日夕图维，以冀平生所学，得以见诸实用”[4]。

他当时就意识到，只有自己一个人受到西方教育，了解西方文明是无济于事的，要造就许许多多懂得资本主义社会政治学说，掌握资本主义科学技术的中国同胞来改造中国，使祖国成为文明富强之邦。这时，在他的脑子里已形成了维新中国的具体计划：“愿遣多数青年子弟游学美国”，他决心劝说清政府，大量派遣留学生。

容闳与友人

1854年，容闳作为第一位毕业于美国名牌大学的中国学者，取得美国耶鲁大学颁发的文学士学位羊皮纸文凭，这在当时，确属“稀贵之荣誉，为常人所难得”。当时他已经加入美国国籍，并入基督教，完全可以继续在美国深造，或谋求一个体面的工作，但他深知古老而落后的中国需要他去唤醒和维新，随即乘“欧里加”号行13000海里，经154天回到祖国。

二

容闳满怀着维新祖国的热忱和希望踏上故土，迎接他的却没有鲜花和笑语。19世纪50年代的中国，仍然闭关自守，风气未开。

林则徐早在广州主持禁烟时，曾组织人员翻译西方报刊、书籍，编纂《四洲志》介绍西方国家的历史地理和社会风情，提出学习西方国家的先进的科学技术，以使中国也能“器良技熟，胆壮心齐”。林则徐被称之为“睁眼看世界的第一人”。当时，魏源著《海国图志》提出“师夷之长技以制夷”。主张学习西方资本主义国家的科学技术，自办船厂、炮厂，改造军队，加强海防，创办民族工业等；还主张改革弊政，都相当有影响。但是，《南京条约》签订以后，统治者偷安一时，地主顽固派重新抬头，重弹昔日闭关自守陈词滥调，把西方的先进的科学技术称之为“奇技淫巧”，甚至提出禁用洋货[5]。在一个极端顽固腐朽的封建专制的政治环境中，容闳“建造中华”的抱负困难重重，可以说他是既无门路又无靠山。在回国后的几年中他只得“谋食亦谋道”，一边工作一边寻找机会施展抱负。1855 年，他在广州找到美驻华公使伯驾，企图通过他结识中国上层官僚，派留学生赴美，结果失败；1856 年，他到上海海关，想通过洋人和清朝权贵拉上关系；1857 年他在上海一面译书，一面通过一些社会名流结交清朝要员，这些均告失败。

1860 年，容闳与曾兰生及两位美国教士一道访问太平天国首都天京，他与干王洪仁玕多次商谈，向其提出七条建议：1. 依正当之军事制度，组建一支良好军队；2. 设立武备学校，以培养多有学识的军官；3. 建设海军学校；4. 建设善良政府，聘用富有经验之人才，为各部行政顾问；5. 创立银行制度，及厘订度量衡标准；6. 颁定各级学校教育制度，以耶稣教圣经为主课；7. 设立各种实业学校[6]。这七项建议，包括军事、政治、经济、文化教育等各个方面，是近代中国上提出全面发展资本主义的改革措施。在这七条建议中有四条是关于教育的，他提到了军事教育：建议太平天国依照西方创办军事学校的做法，培养一批素质高的军官，建立一支强大的海军和陆军；他还提到实业教育、民众教育、年级教育，并要求颁行各级学校的教育制度，全面提倡西方近代教育，从根本上动摇中国实行了 1000 多年的科举制度；两条是关于经济的，要求设立银行和制定度量衡，便于发展资本主义，与西方国际社会接轨；一条是关于政治的，建议组织一更为民主的政府。

但是，容闳依靠太平天国来实行维新中国的计划未能成功。他的建议连同洪仁玕的《资政新篇》还未来得及实施，太平天国就被清军打得节节败退。

三

经过多次失败，容闳仍然矢志不渝，他称“余既志在维新中国，自宜大处落墨”[7]。1863 年，经当时杰出科学家李善兰、华蘅芳、徐寿等好友的推荐，容闳的才能被曾国藩器重，走上了通过洋务运动维新中国的道路。

曾国藩早在湖南举办团练训练湘军之时，就曾私自购买了不少洋枪洋炮。1854 年，仅湘军水师就拥有洋炮 600 余尊，在湘潭、岳阳水战中，发挥了重大的威力。1863 年，曾国藩拟设立一规模较大的“西式机械厂”。容闳积极进言，提出了一个系统的机械化方案：“中国今日欲建设机器厂，必以先立普通基础为主，不宜专以供特别之应用。所谓立普通基础者无他，即由此厂可造出种种分厂，更由分厂以专造各种特别之机械。简言之，即此厂当有制造机器之机器，以立一切制造厂之基础也。”[8] 容闳高瞻远瞩，提出了建立机器母厂的计划。

容闳的这个计划与曾国藩建立近代兵工厂的想法基本吻合。于是容闳被授命全权赴美购办机器。经过近两年的奔波，1865 年，他所订购的 100 多种机器运到上海，成为江南制造局的主要设备。由于此事劳苦功高，容闳被清政府授予五品候补同知，在江苏行政署任译员。在此期间，他又翻译介绍了哥尔顿的《地文学》和派森的《契约论》。

1867 年曾国藩升任两江总督，赴任前巡视江南制造局，容闳引导其参观美国购回的机器，并乘机提出了设立兵工学校的设想，得到曾国藩的

中年容闳

容闳的妻子

赞许，这个兵工学校的设立培养出大量的中国机械工程师。

1868年，容闳向清政府提出以派遣青少年出洋留学为主要内容的四项建议：组织一合资汽船公司，公司须为纯粹之华股，不许外人为股东；政府宜选派颖秀青年，送之出洋留学，以为国家储蓄人才，派遣之法，初次可先定120名学额以试行之，此120人中，又分为四批，每年派送30人。留学期限为15年……视第一、第二批学生出洋留学卓有成效，则以后永定为例，每年派出此数；政府宜设法开采矿产以尽地利；禁止教会干涉人民词讼，以防外力之侵入。

容闳的这四项充满着爱国主义的建议，强烈要求中国自主图强。当他得到曾国藩等四大臣将联衔入奏，请政府采纳他的"教育计划"时，容闳高兴得夜不能寐，"竟夜开眼如夜鹰，觉此身飘飘然如凌云步虚，忘其为僵卧床笫间。"容闳为"教育计划"而奋斗，成为中国留学教育的奠基人。经容闳的紧张筹备，1872年第一批学生30人渡太平洋赴美国留学，接着连续4年，每年派出30名青少年赴美留学，共120名。为了使清政府把这项事情成为定制，容闳说服清廷在美国哈特福德克林街设立坚固壮丽的中国留学生事务所。这项留学活动在国际上的影响也很大，日本明治时期的著名思想家福泽渝吉在他的名著《文明论概略》中都提到："连守旧的中国人，近来也派遣了西洋留学生，其忧国之情由此可见。"在为幼童留美事奔走的同时，容闳也在家乡南屏乡宣传办学，并于1873年正式建成

容闳（右坐者）与美国友人合照，包括参议员约瑟郝利（中坐者），19世纪70年代

"容氏甄贤学校"。幼童留学时间原定以15年为期，但不久清政府中的顽固势力以担心青少年生活方式西方化，无益国家为借口，决定全部撤回官派留学生。此次留学运动被顽固派势力所扼杀，但这批留学生后来大都成为近代中国政治、经济、科技、文化教育的栋梁，涌现出像詹天佑、邝荣光等一批科学家；唐绍仪、梁敦彦、梁如浩、蔡廷干等政治家、外交家；蔡绍基、唐国安等一批教育家；钟文耀等金融家；吴应科、徐振鹏等军事家。为西方科学技术和思想文化输入中国，为国内新式学校和新式教育的发展打下了良好的基础。

1881年，清政府撤回留学生，这对容闳的教育救国计划是一个沉重打击，使他认识到依靠洋务派来维新中华，终难成事，必须从根本上实行改革。从此，他与洋务派分道扬镳。

四

不久，他的美国妻子又忽然病逝，使他雪上加霜。但是，强烈的爱国心和坚定的信念，使他继续为维新中国而奔波。1896年，他游说政府设立国家银行，并将美国关于中央银行的法律译成中文以供政府参阅。他提出："先设总银行于京都，续设分银行于各省城及通商口岸。总银行资本以一千万元为额，统由户部筹拨，钦派大臣督办，并派大员总办，分银行即由督办、总办陆续招商集股，择地开设。"并就印发券票、扩充分行、兼管铸造等问题做了说明：列总行章程十二条，分行章程二十四条[9]，又列《续拟银行章程》[10]等，陈述薪水、房屋、事权等问题。此事本来进展顺利，不想盛宣怀贿赂官员，阻碍其事，将银行资金抽作他用。接着，容闳又提议建筑津镇铁路，"拟借美国商人之财才，而权我自操。"他拟定章程，确定范围，并拟附设铁路学堂。"专选聪颖弟子，教以筑路行车，并熔炼钢铁之法，日后人才辈出，即可自行管理"[11]。

1895年，清政府在中日甲午战争中失败，与日本签订《马关条约》。全国人民群情激愤，掀起反对割地求和、拒签《马关条约》的浪潮。康有为、梁启超联合各省在京会试的举人1300余人签名上书，提出"变法"

主张。接着，康有为、文廷式在北京编发《中国纪闻》《强学报》，刊载中外政治新闻，鼓吹变法图强；梁启超在上海创办《时务报》，以变法图存为宗旨，宣传资产阶级改良思想；严复在天津创办《国闻报》宣传维新变法，刊载严复译述的《天演论》等，介绍西方自然科学和政治学说。一时间改良思想形成一种维新的政治运动。而容闳正是这一维新思潮的先声和维新思想的先驱者。在维新运动中，容闳是一个积极的支持者和参与者。1896年，容闳结识康有为与梁启超，并相互支持。

晚年容闳

当时梁启超主笔的《时务报》刊载了容闳关于银行铁路的几乎全部章程和条陈，大力宣传，并加上编者按：容闳“所定银行章程，妥密精当，最无流弊。至办铁路，但借西人之资，即以铁路余利为息，并按年除本，建二十年后，即可本利还清，尤为权自我操”[12]。

1898年4月，康有为发起保国会，第一天容闳也到场。“百日维新”期间，他在北京的寓所成为维新派议事的中心，“一时几变为维新领袖之会议场。”容闳较康有为年长30岁，较梁启超大45岁。作为他们的师长，受到尊重。戊戌变法中康、梁等人也拟将一些重大问题交由容闳办理，推荐容闳赴美借巨款作为修筑全国铁路，练百万精兵，购铁舰百艘，并于各地广设新式学校和开银行等统筹大局的费用[13]。都可见容闳在戊戌变法维新运动中具有重要的地位，发挥过重要作用。

容闳相当推崇光绪皇帝，认为他“聪明睿智，洞悉治理，实为中国自古迄今未有之贤主也”。“光绪当亲政后，颇思革新庶政，其一种励精图治之决心，足使京内外人士注意，如北斗之于天空，人人咸为引领。”他认为光绪是中国革新的先导，中国的伟人。

以救国图存、富国强兵为宗旨的维新运动不久被慈禧太后为首的顽固派所扼杀。当顽固派策动政变时，容闳积极参与营救同志的谋划。政变发生后，他曾致函李提摩太，请求营救梁启超。由于支持维新变法，他自己也被迫逃至上海租界避难。在上海，他继续进行维新中国活动，慨然团结同志，组织“中国强学会”以讨论关于维新及一切重要问题为宗旨，并被选为第一任会长。1900年唐才常在上海成立自立会（亦称中国国会）。7月1日召开“中国国会”，与会者有各地维新派代表人物80余人，公推容闳为第一任会长，严复为副会长，唐才常为总干事。容闳在会上“宣讲宗旨，声如洪钟，在会人意气风发，鼓掌雷动”[14]。其后唐才常组织自立军起义失败，容闳也只好到香港避难。以后，容闳又积极支持孙中山的资产阶级民主革命，从一个改良主义者成为资产阶级民主革命的同路人。

五

容闳的一生，几乎与中国近代史相始终，他自小接受西方教育，在美国生活多年，亲自感受到西方先进的科学技术和管理体制。作为一个中国人，他继承了中华民族优秀的文化传统，具有强烈的爱国主义精神，自觉地负起了改变中国落后的经济文化、使中国日趋文明富强的责任，并为之而不懈奋斗。

容闳是较早全面系统提出维新中国的先进的思想家之一。早在19世纪60年代初就提出了要建立民政政府（即君主立宪制政府）的主张。“教育救国计划”是容闳维新中国的重点和核心，他身体力行的留学生涯和经他呕心沥血十多年奔波呼吁而成的中国政府首批官派留学生赴美留学，为中国留学教育起到了重要的奠基作用。容闳提倡的近代学校教育对否定中国传统的科举制度、学习西方科学文化知识，产生了重要的影响。他提倡发展资本主义的民族工业和交通运输业。他很早就提出过设立银行、创办机器母厂、组织轮船公司、开采矿产、兴建铁路的主张，他要求清政府允许民间“自设公司，假以权事，用专责成”[15]。他亲自赴美购办机器，客观上为中国近代民族工业的确立打下了基础。

容闳晚年寓所

容闳在这里完成《我在中国和美国的生活》即《西学东渐记》写作

容闳的维新主张在当时并没有得到全面采纳和实行，有的维新方案在实行之后又被中途废除，这是由于当时中国的文明开化程度低和社会风气趋于保守所决定的。日本明治时期的学者也都认为“中国与西洋各国相比，不能不说中国是半开化”[16]，可悲的是，当时中国的民众和上层官僚还不以为然。“人人沉睡而我独醒”，只有像容闳这样的少数先知者，才看到了中华民族已经到了最危难的时刻，他忧国忧民，奋力抗争。他深知个人的力量是有限的，必须要造就更多的人材为国家所用，于是形成了他的“教育救国”计划为核心的维新方案。从戊戌变法运动的表面看，容闳的作用比不上康有为、梁启超，但是，他长期的维新中国活动，已经造成了一种时势，积蓄了力量，为变法运动的兴起做好了铺垫，其作用不可低估。更难能可贵的是，随着历史

容闳墓地

容闳像挂在耶鲁大学

的发展，容闳本人的思想也不断进步，从改良主义者逐步走上资产阶级民主革命的道路。

注释：

[1] 容闳：《西学东渐记》，第23、19~20、22、28、68、75页，湖南人民出版社。

[2] 容闳：《西学东渐记》，第23、19~20、22、28、68、75页，湖南人民出版社。

[3] 容闳：《西学东渐记》，第23、19~20、22、28、68、75页，湖南人民出版社。

[4] 容闳：《西学东渐记》，第23、19~20、22、28、68、75页，湖南人民出版社。

[5] 管同：《因寄轩文集》，《禁用洋货议》："洋人作奇技淫巧以坏我心……"。

[6] 容闳：《西学东渐记》第56~57页；第四条：善良政府，袁鸿林认为当为"民政政府"，《容闳述论》，《历史教学》1983年第3期。

[7] 容闳：《西学东渐记》，第23、19~20、22、28、68、75页，湖南人民出版社。

[8] 容闳：《西学东渐记》，第23、19~20、22、28、68、75页，湖南人民出版社。

[9] 容闳：《请创办银行章程》，《时务报》第九册，光绪二十二年九月二十一日。

[10] 《时务报》，第十册，光绪二十二年十月初一日。

[11] 《铁路条陈》，《时务报》第十册、光绪二十二年十月初一日。

[12] 《时务报》，第十册，光绪二十二年十月初一日。

[13] 《康南海自编年谱》："……荐容纯甫熟悉美事，忠信可任借款"。

[14] 孙宝宣：《日益斋日记》，光绪二十六年七月一日稿本，上海图书馆藏。转引自汤志钧《戊戌变法人物传稿》，中华书局，1982年。

[15] 中国近代史资料丛刊《戊戌变法》。

[16] 福泽渝吉：《文明论概略》，明治八年，商务印书馆1954年译本。第10页。

（原载《东南文化》1999年第2期）

唐绍仪研究述论

唐绍仪（1862~1938 年），又名绍怡，字少川，珠海唐家人，中华民国第一任内阁总理。作为中国近代的著名人物，唐绍仪正处在清末民初这样一个变革和动荡的历史时期。中国传统文化的熏陶和美国所受教育所形成的知识结构，增强了他的民族责任感和使命感。时代给过他展示才华的机会，历史又让他卷入暴风的漩涡，他为国家和民族贡献良多，而自己的人生道路又坎坷跌宕，死于非命。一方面，对唐绍仪的评价及“被刺”背后的深层而复杂原因的研究仍需进行，另一方面，对唐绍仪研究成果的普及也还有大量工作要做。

一、民国政府对唐绍仪的评价

唐绍仪 1874 年作为清政府第三批幼童官费留学美国，由中学升入哥伦比亚大学文科。1881 年回国后，经过几十年的奋斗，从清王朝九品小吏逐渐递升到朝廷一品大臣。历任天津海关道、外务部侍郎、邮传部尚书、铁路总公司督办、奉天巡抚、赴美专使等职。辛亥革命爆发后，代表袁世凯参加南北议和，顺应历史潮流，积极推进民主共和，

1936 年留美幼童聚于上海

南北议和

唐绍仪与伍廷芳、李德利

被推选为中华民国第一任内阁总理，并加入同盟会。1919 年第二次南北议和时，任南方护法军政府总代表。曾以内阁总理高位，屈居中山模范县县长，致力开辟中山港，加强市政建设，发展文化教育事业等。

唐绍仪在晚清民国时期活动的记录与报道，相当多存于当时的电文与《申报》《大公报》《民国日报》《民立报》等新闻报道中，特别是关于辛亥革命南北议和的记载，在民国初年出版的许多书中都有涉及。如 1912 年上海商务印书馆印行《大革命写真画》（共十集）[1]，1912 年 6 月，渤海寿臣编《辛亥革命始末记》[2]，1914 年由泰东图书局刊行，谷钟秀编写《中华民国开国史》，郭孝成编《中国革命记事本末》；观度庐编《共和关键录》；胡石庵编《湖北革命实见记》等等，这些主要以报章资料和文献汇编而成的书籍中，大都有涉及唐绍仪的内容，体现了唐绍仪积极主张民主共和思想和推动民主共和形成中的作用。

美国女记者韦尔（Elsic Fweil）和埃玛森（Gererucle Emerson）在《纽约时报》1916 年 5 月 21 日发表的《前民国总理唐绍仪公开抨击袁世凯》[3]，能在一定程度上反映唐绍仪的捍卫共和思想。这二位美国记者到上海靶子路唐绍仪住所进行了专题采访。在她们眼里，唐绍仪的中式打扮比任何西服更能衬出他的相貌不凡了，“唐绍仪是中华民国前总理，袁世凯拿破仑式梦想的坚决反对者，也是中国新思想的代表人物。”唐绍仪说，“我发了一封很长的电报，督促他接受已无法改变的现实，尽快辞职。”“我告诉他：他违背了自己就任总统时的誓词，再也无法获得人民的信任了。”“即使我们发动一百场革命，也必须保留共和制度。”“共和制对中国而言是最好的制度。”这次谈话中，唐绍仪既说明其与袁世凯曾有的情谊，更列举了袁世凯任总统以来的种种劣行。“袁世凯总统任期内一事无成，盐税涨了，税银并没有流入私人的口袋，而是任由政府挥霍。中国的穷人更穷了。”“优秀的人才无法与袁世凯共事，袁不相信任何人，只相信他视力所及的人，去执行他的命令。袁的

晚年唐绍仪

唐绍仪与徐世昌、段祺瑞

策略就是让一个政党反对另一个政党，形成制衡。”“袁的私生活是国家道德的耻辱……袁世凯有五位夫人，共为他生育了二十八个孩子。他另外还有数个小妾和舞姬。一旦他去世，他的孩子将会争得你死我活，恨不得掐断对方的脖子。”“中国家庭的缺陷是一夫多妻制，妻妾成群是家族的悲哀，我们必须明白，纳妾是一种罪行。”“我们国家的另一个缺点是过分重视死亡，而袁世凯助长了这一风气，他花费巨额钱财来为自己修建陵墓……这种观念是不对的，而且乱费钱财。我当然希望我们的人民尊重死者，但并不是要对死者的过分尊重与畏惧，甚至超过生者，这种观念是不对的。”这篇文章虽然是专访，但对了解研究唐绍仪的共和思想很有史料价值。

20 世纪 30 年代，国内也出现专门介绍唐绍仪的文章，如筱园的《我来谈谈唐绍仪先生》[4]，桴客《谈谈唐少川先生》[5]，冯自由的《唐少川之生平》[6]。其中民国元老冯自由撰写的《唐少川之生平》，虽然只是人物介绍，但是可作为民国时期唐绍仪评价与研究的有代表性和总结性的成果。当时唐绍仪还在世，该文给予了唐绍仪很高的评价与充分的肯定。文章开宗明义称：“唐少川（绍仪）为手定辛亥和议开国四大元勋之一。”将其与孙中山、黄兴、伍廷芳四人并列。“考先生生平，素以骨鲠风节闻，自清季作吏以迄于今，不慕虚荣，不畏强御，数十年如一日。人有以非礼或不义干之者，辄遭白眼，时人莫不敬之惮之。或有以少川为高傲峭

唐绍仪与孙科

唐绍仪（后排中）与同僚

直，不合时宜者，余以为此适足以表示其人格之纯洁及伟大，诚非世俗朝秦暮楚争权夺利之流所可同日语也。”[7]“唐少川生平事业有益于国利民福世道人心者，指不胜屈。”文中列举了唐绍仪的主要贡献：1. 保全康梁祖墓[8]；2. 完成辛亥和议[9]；3. 维护约法内阁[10]；4. 首倡反对帝制[11]；5. 拒就段阁外长；6. 反对政系毁法；7. 拒收不义捐款；8. 领导全国统一。并总结说：“就上述八端言之，足衬少川崇尚法治，守土不阿，固属难能可贵，而审时度势，高瞻远瞩尤非常人所能企及。”

《唐少川之生平》一文中，特别提到日本人企图拉拢唐绍仪，而遭到他斩钉截铁回绝的事实。“自八一三抗战以还，少川以高年多疾，淹留沪上，足不下楼者七八月。日军阀以此老身负中外众望，极欲以资号召，因贿使少川日往还素密老之友好及世侄某某等，多方游说，饵以伪组织大总统一席。少川既不为动，且语其世侄岑某曰：‘汝等本身亏欠公款之官事尚未取消，一有拘票，即当重入囹圄，还谈什么政治？’又语老友温陈二人曰：‘国民政府之外不容有第二政府，毋再饶舌。’”文中愤愤不平地提到：有一些不明真相的人，以讹传讹，竟然传出唐绍仪将参加伪组织的流言蜚语，恶语伤人，别有用心。文中还用了两个典故“是何异谓成王听政，周公犹有不利之图；曾子居家，参母未释杀人之惑乎？”并指出，“以余所知，自民国二十六年七月七日卢沟桥事变之后，少川实为主张抗日最力之一人。”他还列举事例：1936年，法俄二国曾邀请我国参加同盟，唐绍仪到庐山力劝当局毅然加入，后因其他原因未果。一些有识之士认为，如果建议得以实现，成立中俄法三国同盟，则西安事变、卢沟桥事变、上海战争亦不致爆发。

这篇文章发表5个月后，唐绍仪在上海遇害。作者在将该文收入《革命逸史》一书时，加了一个编者按，并发出“惜哉！”的感叹[12]。

1938年9月30日上午，唐绍仪在上海寓所被刺客用利斧劈杀，造成轰动当时的大案。《唐绍仪被刺殒命》《唐绍仪在沪被刺死》《刺唐案》等等报道在上海、香港等在各大城市大报上以醒目标题刊出，引起国内外舆论密切关注。一时间，唐绍仪是为日人所杀还是为军统所杀，让人一头雾水。1938年10月2日，蒋介石给唐绍仪家属发来悼唁电报。10月5日，国民政府明令褒扬唐绍仪，肯定唐绍仪历史功绩。民国二十七年十月六日《译报》登载了对唐绍仪的褒奖令：（重庆五日电）国府五日令：国民政府委员唐绍仪，器识弘深，才猷练达。早岁折冲樽俎，蜚声坛玷。辛亥革命，躬与和议，倾心主义，力赞共和。民国成立，受命组阁，以所持政见未克施行。而帝制祸发，洁未被污，大节凛然，允咨矜式。近年养疴沪滨，于国事多所贡献，方冀力疾西上，同济艰难，不幸猝遭惨变，遽失老成，眷怀勋旧，震悼良深。着拨给治丧费五千元，并将生平事迹，宣付

唐绍仪（三排左二）与蒋介石

国府史，用彰政府笃念勋耆之至意。此令。主席林森、行政院院长孔祥熙、财政部部长孔祥熙[13]。国史馆撰写的《唐绍仪传》，称唐晚年被日本人拉拢，要其充当傀儡，“终不肯出”。

总之，在民国时期，民国政府和史学家对唐绍仪都有较多的记载和较高的评价，民国政府对唐绍仪评价可以说是“盖棺论定”，但是这一时期对唐绍仪并没有系统的研究，而且坊间和媒体对唐绍仪的死因尚存疑。

二、20 世纪五六十年代对唐绍仪的认识

1949 年以后，一些留在大陆的原国民党军统特务在交代材料中提到“刺唐”事件，有的甚至以“锄奸”表功。一时间，使坊间对唐绍仪的了解显得扑朔迷离，学界对唐绍仪的评价变得复杂化。

1957 年 1 月 18 日，毛泽东在省市自治区党委书记会议上的讲话中提到过唐绍仪：“旧社会的一个内阁总理可以去当县长，为什么我们的部长倒不能去当县长？我看，那些闹级别，升得降不得的人，在这一点上，还不如这个旧官僚。”[14]毛泽东对唐绍仪的这种能上能下的精神给予了赞扬。

60 年代对于唐绍仪的介绍与研究，主要见于《广东文史资料》。1962 年出版的《广东文史资料》第 7 辑，发表了郑厉石的《唐绍仪生平二三事》，介绍唐绍仪生平事迹，但行文错漏过多，或是时间错乱，或是张冠李戴，甚至说 1908 年唐绍仪赴美致谢，“是因为当时总统胡佛是唐绍仪在美国留学时的同学”。与事实有较大出入[15]。接着《广东文史资料》第 8 辑，发表陆丹林、黎照寰、孟和等的《〈唐绍仪生平二三事〉的补正》（三则），给予部分订正，这三则补正文章，本着摆事实讲道理，对唐绍仪历史的认识有所裨益，但是也有不尽人意处。

1963 年出版的《广东文史资料》第 13 辑，发表了杨绍权的《唐绍仪在朝鲜的前前后后》，对陆丹林关于唐绍仪在朝鲜史事的补正作再补正。同期还发表了罗翼群的《唐绍仪生平概述》，文章从四个时期对唐绍仪生平进行介绍：一、留学美国与出仕清廷；二从袁世凯内阁到参加护法之役；三、西南政府时期中山县的种种；四、遇刺后所闻种种。其中谈及唐

绍仪被刺原因，作者称“以我所知唐曾劝蒋退位，大中其忌。唐有劝人退位之习惯，以为政治家无身临绝境之理，退可复进。故劝清帝退位，劝袁退位，劝段退位，又劝孙中山退位，劝蒋退位，而不知除清室被逼外，余皆不听其言。蒋尤误会，以及于祸”。

唐绍仪（右）与梁如浩

《广东文史资料》第17辑，发表高承元《唐绍仪被刺原因之商榷》；称“遇刺一节，原作略谓：蒋促唐与日方秘密进行和谈，唐嘱其婿诸昌年与日人磋商条件，日人要蒋下野而由唐出任国府主席，唐不敢答允，诸背唐私允之，唐尚不知，事闻于蒋，蒋即派特务加害。以余所闻其事，与此有异”。他认为是“唐与英美法谋组中立政府事中蒋忌，故使军统特务刺之”。

孙中山与唐绍仪

作为对《唐绍仪生平概述》一文的进一步响应，黎照寰在《广东文史资料》第19辑发表了《关于唐绍仪的生平及与孙中山袁世凯容闳的关系》，该文篇幅较长，从幼年时期的唐绍仪，练习时期的唐绍仪，官僚时期的唐绍仪，辛亥以后的唐绍仪，唐绍仪的私生活，一直讲到唐绍仪与容闳，唐绍仪与袁世凯，唐绍仪与孙中山。点点滴滴颇为生动。但口气和评价则明显带有时代的印记，难以完全客观公允。

《广东文史资料》第21辑发表潘敬的《对〈唐绍仪生平概述〉一文质疑》。主要对文中谈到的梁士诒对袁世凯帝制的态度与史实有出入，特提质疑。没有涉及更多的唐绍仪的历史。

总之，这一时期对唐绍仪的介绍与研究文章不多，认识不够深入。

三、20世纪80年代后对唐绍仪的研究

改革开放以后，历史研究回到正轨，本着对历史负责、对历史人物负责的科学态度，唐绍仪出生地的珠海市民，希望学界对其人生评价作一个实事求是的总结。

（一）两次唐绍仪研讨会

1986年，珠海市政协与暨南大学召开了第一次“唐绍仪史料研讨会”。中共中央党史研究室副主任李新教授，全国政协委员、文史专员沈醉，南开大学来新夏教授，及南京、复旦、中山、华中师范等大学，中国社科院近代史研究所，中国第一、二历史档案馆，上海档案馆、上海图书馆、中华书局、广东社科院、上海与广东人民出版社、广东侨联，上海、广东、广州、中山等省市政协文史会等单位的学者、专家、教授与编辑人员，共计四十余人应邀到会。研讨会收到学术论文十余篇及档案数据一批。会上对于唐绍仪这位生长于珠海唐家湾的中国早期留美学生，民国第一任内阁总理，从清朝末年到民国时期著名政治活动家的生平史料，进行研讨，其中对于众说纷纭的1938年刺唐事件，也着重进行评析。与会者检阅了近半个世纪以来国内外的文字数据，也听取了历史见证人的口碑资料，均可说明唐绍仪是被国民党军统分子谋害的。过去军统方面把“刺唐”作为“锄奸”而表“功”，是没有根据、草菅人命的行为。沈醉在会上陈述了自己从1981年以来，改变了刺唐是“锄奸”的看法，并引用他

中英谈判

唐绍仪在印度谈判

的学生在台北出版的论著《戴笠传》作旁证。他还写了《关于唐绍仪先生之死》的文章[16]。

1989年由珠海市政协、广东省历史学会、暨南大学历史系再一次主办“唐绍仪学术研讨会”，“从而使唐绍仪研究达到前所未有的水平。此后，唐绍仪研究受到学术界的重视”[17]。可以说这次会议是唐绍仪研究的一个重要里程碑。与会学者70多人，对唐绍仪进行了深入的研究。就唐绍仪在晚清外交中的地位和作用、唐绍仪在辛亥革命后民主政治的评价、晚节和死因问题进行了深入的学术研讨，在许多问题上达成共识[18]。

林有能、黄锡钦先生对会议作了一个精彩和比较全面的概括，以《唐绍仪学术研讨会综述》题名，发表在《近代史研究》1989年第4期上。林、黄两位先生将会议论文按唐绍仪在晚清时期、辛亥革命后、晚年三个时期，进行归类划分：既叙述共识，又介绍其中的认识差异，客观真实反映研究者的意见。“从1882年到辛亥革命期间，唐绍仪大部分时间从事重大外交活动，对晚清外交影响至大。虽然他无力改变清政府外交积弱的局面，但能竭尽全力，坚持民族主义和爱国主义立场，维护民族权益。具体表现于：1. 在出使朝鲜期间，唐坚决执行维持清朝宗属关系，抵制列强渗透朝鲜的外交政策；2. 力保中外相安而又不致使国家权益遭受损失，1904 年的中英西藏问题交涉就是典型的例子；3. 参与导演中美德联盟，欲通过联美以制日，改变中国在国际交涉中的被动局面；4. 运用法理去对付列强的强权外交，其外交水平实居李鸿章等旧官僚之上。”这一时期的评价基本趋同。

唐绍仪与卢慕贞

对唐绍仪辛亥革命后的评价，虽然有不同角度，但作为一个民主

唐绍仪接见梅兰芳等

主义者、爱国者及在这一时期所作的贡献认识还是共同的。余炎光先生的《略论唐绍仪的政治生涯》、焦静宜的《关于唐绍仪的评价问题》、朱英的《唐绍仪与辛亥南北议和》，文中的观点得到诸多与会学者首肯。“辛亥革命后，唐绍仪成为顺应民主潮流的开国功臣、谋求共和统一的爱国人士。在南北议和中，他能跟上时代步伐，转向共和阵营，促成了中华民国的诞生。在内阁总理任内，他力图摆脱袁世凯的干扰，按照共和政体的要求去实施总理职能，并以辞职来捍卫“约法”的尊严和内阁的权威行为，这对于中华民国有着深远影响，功不可没。”

唐绍仪与四个儿子

唐绍仪兄弟和家人合影

研讨会对唐绍仪的晚年评价更是集中[19]，夏茂粹的《唐绍仪死因及晚节问题再探》、张晓辉的《抗战初期的形势与唐绍仪》、郑则民的《关于唐绍仪在民国时期的几个问题》都讨论这个问题，与会者运用大量的档案材料，基本肯定了唐绍仪保持了晚节、不是汉奸的观点。“晚节未失，惨遭错杀”是对唐绍仪晚年的情况的概括[20]。这是一种对历史负责、对历史人物负责的科学态度。

（二）三部唐绍仪研究专著

1987 年、1994 年，珠海市人民政府先后将唐家共乐园和唐绍仪故居公布为珠海市文物保护单位，2004 年，珠海市文化局集中力量对唐绍仪故居进行彻底修缮，这也是珠海市第一个按基建程序进行的政府古建维修项目。2008 年，唐绍仪故居（含共乐园、望慈山房等）升格为广东省文物保护单位。由珠海市文化局主办，珠海市博物馆承办，肖一亭执笔，大型图片展《中华民国第一任内阁总理——唐绍仪》，在唐家共乐园、珠海市博物馆展出。展览分为五个部分：1. 以维护民族利益的清朝大吏；2. 顺应民主潮流谋求共和统一的民国功臣；3. 热心桑梓，高朋远至；4. 风雨晚年；5. 唐绍仪与家人。系统介绍唐绍仪一生的重大贡献和家庭生活。展览得到各界的好评，取得良好的宣传效果[21]。此外，在珠海市委宣传部、珠海市文化局主办、珠海市博物馆承办（肖一亭、门晓琴等执笔）的《珠海历史的足迹》《珠海历史名人五人联展》《中国近代化运动先驱——容闳》等诸多大型图片展览中也都留有篇幅，重点介绍唐绍仪事迹。这些展览还到珠海市各区、镇、学校、军营、海岛进行巡展，影响很

唐绍仪家人亲属在共乐园休息

广。近年来，珠海市文物部门还在积极努力，维修故居（共乐园）、整合资源、准备材料，一方面在唐家湾历史文化名镇的框架内发挥核心作用，另一方面争取申报国家重点文物保护单位。

1988年赵荣芳编著的《唐绍仪的一生》、1998年张焕宗著的《唐绍仪与清末民国政府》[22]、2004年政协珠海市委员会编，张晓辉、苏苑著的《唐绍仪传》，是三部全面系统研究介绍唐绍仪的重要著作，标志着学界对唐绍仪的研究更加全面深入。其中，《唐绍仪传》由珠海出版社正式出版，书中指出："中华民国第一任内阁总理唐绍仪是中国近代史上的名人，他在维护中国对西藏主权，收回国家海关大权，支持孙中山革命等方面，都有突出贡献。他做官能上能下，曾受毛泽东称赞。"该书获学界好评。中山大学李吉奎先生有一篇书评[23]：称该书"时经事纬，结构严谨，条理清楚，繁简适宜。史料充实，文笔生动，具有可读性。对唐绍仪的评价比较实事求是，不回避问题，描绘出一个真实的唐绍仪图像。""考察唐绍仪一生，可以用爱国、共和、反战六个字来概括他。唐氏爱国是很具体的。就是爱他为之服务的祖国——中国，大清国与中华民国。在所有对外活动中，凡涉及主权之事，他都坚决维护。他同样爱乡，积极建设香山的唐家，尽力把中山县建设成为模范县，担任县训政委员会主席与县长，还致力于华南大港中山港的建设。以一位曾任国务总理的官员，居然能放下身段去主持一个县的现代化建设，在中国近代史上，除唐绍仪外，别无二人。"

1998年，由政协珠海市委员会编的《唐绍仪》图册问世[24]。2007年，珠海出版社《珠海历史人物图志》（共七本）出版，其中有一本《唐绍仪》[25]。图文并茂，介绍唐绍仪一生，属普及性读物。

（三）多篇唐绍仪研究文章

近26年来，有关唐绍仪的研究和介绍文章数量众多，涉及的论题相当广泛，主要集中在对其晚清时期在外交领域的功业研究、辛亥革命前后对民主共和推进的研究、与袁世凯和孙中山等人物关系研究、中山县时期的研究、死因的研究，还有大量一般性介绍、猎奇、解密等的文章。

1. 关于唐绍仪在外交方面的研究

（1）唐绍仪出使朝鲜时期的研究：由东北师范大学历史文化学院权赫秀教授的《唐绍仪在近代朝鲜十六年活动考述》[26]将唐绍仪在朝鲜的十六年进行分为朝鲜海关时期、协助袁世凯时期、第二次派驻时期等三个时期进行系统研究。该文系统全面地考述了唐绍仪这一时期历史，纠正以往研究与表述中的错误、恢复历史原貌、客观评介历史功绩。“1882 年 12 月至 1898 年 10 月唐绍仪二次出使朝鲜，是清朝政府在朝鲜任职最长时间的官员。”“官衔从低级的候选从九品一直晋升到堪称高级的二品衔候补道员，其政治外交能力与水平得到极大的提高。”“对于后来成为清末民初政治外交领域重要人物，是具有决定性意义的重要基础。”该文是唐绍仪早期研究的重要著述之一。

（2）较系统地梳理和评介唐绍仪外交活动的地位与贡献。如苏苑的《中国近代新型外交家唐绍仪》[27]。石建国的《民国外交人系列唐绍仪：从外交舞台走向开国总理》[28]，焦静宜的《清末年轻的外交家唐绍仪》[29]。

（3）关于西藏问题研究与介绍。肖一亭的《唐绍仪与中英西藏问题谈判——记中国外交史上的一件重要文物“钦差议约全权大臣银牌”》[30]，苏苑的《唐绍仪与中英西藏谈判述评》[31]，张国红的《唐绍仪与中英关于西藏问题的谈判》[32] 等学者的文章中对唐绍仪在 1904~1906 年中英关于西藏问题的谈判中，维护中国主权所作的贡献给予充分肯定。在整个谈判过程中，清政府坚持了挽回主权的立场，唐绍仪等中国代表也表现出了外交才能，既能坚持原则问题，又能折冲樽俎，表现了灵活的外交技巧。为中国挽回了一部分主权。学者指出，唐绍仪的这一形象，是清末民初政府中新型知识分子的一个代表。

（4）代表清政府外出考查的档案资料。中国第一历史档案馆（选编者李国荣）《唐绍仪出使日欧八国考察财政史料》[33]。

（5）唐绍仪与海关。詹庆华《唐绍仪与清季海关》[34]。

2. 关于辛亥革命前后唐绍仪内阁、军政府的研究

朱英在其《唐绍仪与辛亥南北议和》[35] 一文中，充分肯定了唐绍仪在辛亥南北议和整个过程中发挥的重要作用和对促使清帝退位、建立共和所作的贡献。吴晓迪《辛亥革命前后的唐绍仪》[36]一文，以清廷显宦北洋重臣；拥护共和调和南北；坚持内阁副署权，捍卫《临时约法》三个部分，全面介绍唐绍仪功绩与思想转变，“从封建官僚的营垒里走出来，步入民主阵营。这个变化充分体现了辛亥革命给社会、人心带来的强烈震撼，给人们的思想观念以极大的刷新。唐绍仪从一个封建官僚转变为中国资产阶级中的一员。他比较典型地代表了中国资产阶级中与封建势力联系比较密切的那部分人的思想。他们不满清廷的腐朽统治，但只有在革命形势最高涨时，才敢明确表示自己的态度。他们对袁世凯抱有幻想，可一旦认清了他专制独裁的真面目，也能奋起抗争。”与袁世凯决裂，“他不恋地位财产，不徇人情私谊，不怕专制淫威，在北洋军阀权势盛极一世的时刻做出这样选择，是难能可贵的。”周棉、魏善玲在《在清末民初社会转型中的唐绍仪》[37]一文中，从清末维护民族外交权益的新型外交家；民初推动民主共和政治发展的新型政治家；推动新型教育发展的实施者等几个方面，阐述清末民初中国由传统封建专制社会向民主共和社会发生巨变的过渡转型时期的唐绍仪。

苏苑《论唐绍仪在创建民国中的作用》[38]一文，以拥袁共和促成民国；经营内阁步履维艰；与袁决裂共和夭折三个部分介绍“唐绍仪在辛亥革命民主潮流的荡涤转变为民主共和的追随者和支持者、并与袁世凯决裂

议和总代表大印

的过程，肯定了他在辛亥南北和谈、促成共和、创建民国中的积极作用，也指出了他拥袁的调和立场给辛亥革命造成的消极影响”。

陈正卿《两次“南北和议”中的唐绍仪》[39]、姚琦《唐绍仪内阁述评》[40]、黎虹《从革命派与北洋派的纷争看唐绍仪内阁的成败》[41]等文章对唐绍仪内阁进行了述评；陈建军、姜伟等在《唐绍仪与中国的民主共和》一文中对唐绍仪在中国的民主共和与现代化进程中的作用给予较高的评价[42]。谭群玉《唐绍仪、益友社与戊午军政府改组》[43]。

抒原在《民初唐绍仪内阁中的同盟会阁员人数订正》[44]，李书源在《民初唐绍仪内阁的同盟会阁员人数》[45]中提出唐绍仪内阁中的同盟会阁员有 6 人而不是 5 人，即除原知的国务总理唐绍仪、教育总长蔡元培、农林总长宋教仁、司法总长王宠惠、工商总长陈其美（后由王正廷署理），还要加上内务总长赵秉钧。

还有学者对唐绍仪内阁倒台原因进行了研究，如姜秀峰《试析唐绍仪内阁倒台原因》[46]；杨晓娟、申和平《论唐绍仪内阁倒台新闻舆论诱因》[47]；毕红绢《黄远生对唐绍仪内阁的观察与思考》[48]；高路《论唐绍仪内阁执政短暂的成因》[49]。

3. 关于与孙中山和袁世凯关系

张晓辉的《唐绍仪与孙中山的交往》[50]；戴萌《民国初年唐绍仪与袁世凯的恩恩怨怨》[51]；张华腾《袁世凯与唐绍仪关系述论》[52]等文章从人物关系中认识唐绍仪。

4. 唐绍仪在中山模范县时期的研究

唐有淦、唐观挺《唐绍仪主政中山县期间的几件事》[53]，连心豪《唐绍仪与中山港无税口岸》[54]，张鸣《冷寂的共乐园和热心的唐绍仪》[55]，郭存孝《唐绍仪及其“共乐园”》[56]。

5. 关于唐绍仪的生平研究与一般介绍

张晓辉《唐绍仪出生年月考》[57]，余炎光、周孝中《清末大臣·民初总理·中山县长——唐绍仪多变的一生》，姜伟《唐绍仪与中国现代化——以首任内阁总理期间为例》[58]，曾申、何志毅《唐绍仪轶事》[59]，孙赫《半世浮华半世闲——总理县长唐绍仪》[60]，汪烈九《从天到地唐绍仪》[61]，黄文铮《民国第一任内阁总理唐绍仪及其故居》[62]，夏明亮《民国首届总理唐绍仪》[63]，许实铭《唐绍仪首倡兴建的天津广东会馆》[64]。

四、唐绍仪晚年的研究进展

由于唐绍仪被刺有许多疑点，有相当多的文章涉及。这其中有历史档案资料披露、有较高水平的有理有据的历史论文，有一般性的历史介绍，也有少量不负责任的所谓解谜之类的“真相”。他的死因与其历史评价关系密切。焦静宜《关于唐绍仪的评价问题》[65]，邢建榕《唐绍仪被刺之谜》[66]，夏茂粹、蔡鸿源《唐绍仪死因及晚节问题辨析》[67]，学通《五十年未解之谜——关于唐绍仪之死》[68]，夏茂粹《再论唐绍仪晚节问题》[69]，郑会欣《唐绍仪被日蒋争夺及被刺经过》[70]，壮之《唐绍仪被刺杀的缘由》[71]，乃斌《军统特务暗杀唐绍仪》[72]，中国第二历史档案馆（编选者冯敏、胡及亚）《胡鄂公密报日本策划“唐绍仪工作”致孔令侃等电一组》[73]，邢建榕《民国元老唐绍仪之死》[74]，宋路霞《“民国总理”唐绍仪横尸旧楼》[75]，汪烈九《大节不亏唐绍仪》[76]，刘向上《首任民国总理唐绍仪被杀之谜》[77]，王光远的《蒋介石、戴笠诱杀唐绍仪真相》[78]，文渊《唐绍仪“未济”》[79]，刘向上《唐绍仪斧毙上海滩之密》[80]，胤凌《为掠古董仆从设计杀主人日伪蒋互猜疑争褒“有功臣”——民国第一任总理唐绍仪之死》[81]，等都以唐晚年作为主题。

夏茂粹是中国第二档案馆工作人员，他与蔡鸿源的《唐绍仪死因及晚节问题辨析》及他稍后发表的《再论唐绍仪晚节问题》，利用了大量馆藏档案得出文章结论：“事实说明唐绍仪没有当‘汉奸’，因此构成其‘晚节不终’的根据是不足为训的。”

表面看来，唐绍仪的死因已经研究清楚，但是2003年中国档案报竟然发表一篇署名文章《暗杀大汉奸唐绍仪》[82]，标题上直接称唐绍仪为汉奸，内容讲述国民党军统设计刺杀唐绍仪过程。2004年《中华读书报》

刊登《唐绍仪之死》[83]一文，翻出他人多年前的旧文，称唐绍仪与英、美、法等国图谋建立中立政府，“事中蒋忌，故使军统特务刺之”。一些文章或乱戴帽子或无中生有，使我们认识到唐绍仪研究与唐绍仪研究成果的普及还有很多工作需要做。

1998年，中国第二历史档案馆公布的一组民国档案：《胡鄂公密报日本策划“唐绍仪工作”，致孔令侃等电一组》[84]（编选者冯敏胡及亚），为唐绍仪晚年的清白提供了更多的证据。此次公布的密电共29封，时间从1938年2月5日起，至同年10月6日止。有2月发8封，3月发8封，4月发4封，5月发1封，7月发4封，10月发4封。胡鄂公（号南湖），时为孔祥熙私人政治、经济顾问，长期驻沪，代孔搜集情报，并负责向唐绍仪转达孔祥熙意旨。孔令侃是孔祥熙的儿子，当时他在香港架电台接收相关情报转发给其父[85]。

这些电报档案表明，日本政府这段时间以来，想在南京组织成立一个伪中央政府。由于唐绍仪、吴佩孚的资历和影响，尽管他们深知唐、吴坚决不干，还是想利用各种手段逼其二人出山，任大、副总统。最初由张英华、陈中孚来做工作，以唐绍仪、吴佩孚坚决不答应而告失败，后来温宗尧来做工作，唐不仅自己不干，而且劝温也不要干。“唐：‘如此我是不干的，而且我劝你也不必干’。温曰：‘为甚不干？’唐曰：‘我老了，不想干。’”后来，温与陈锦涛再次去见唐绍仪，唐更是劝告温、陈二人：“‘我辈出处，应极端慎重，当此空前巨变之际，若稍有苟且，则一经投足，即无术自拔’。因此，温宗尧、陈锦涛亦顿抱消极之念”[86]。日本方面也动用各种力量、派出多人加紧策动。当时国民政府力图阻止日本在华成立伪政府，他们深知唐绍仪不会答应这一职位，但希望借助唐绍仪的影响拖延这一计划的进程；另一方面，希望通过唐绍仪的私人身份与日本人接触，了解日本方面相关情况，特别是关于“光荣和平的观点与条件”。

唐绍仪遇害，胡鄂公也感到不满，因为这差点使其计划“付之流水”。在10月6日的电文中，胡表示：“……初弟以唐、吴为中心、而从事于中日双方之和平运动也，其所持原则有三，即：一、为此以争取敌伪及中国在野名流政治动向之情报；二、标榜和平运动，为增加敌方内部矛盾，与稳定中国在野动摇分子，使之不供敌人利用；三、使此运动日趋具体化，俾在日本方面成一和平潮流，中国在野活动分子为希望个人政治前途愈益倾向中央，藉此中日两方活动分子对此运动可作进一步的继续努力。故此运动自开始以至现在，唐、吴以及类似唐吴一派在野分子，自今未为日本利用者以此，而日本一派主张和平分子始终努力于和平运动者亦以此。”

事实上在1938年7月5日，中华国民政府行政院长（总理）孔祥熙给唐绍仪写了一封英文信[87]，这封信通过唐绍仪的长女唐宝珠从汉口带到上海租界唐绍仪住所。此前唐绍仪于6月27日，由唐宝珠给带去了一封信。此信是回信。孔祥熙在信中说：“关于你所提出为争取光荣和平而开展谈判的建议我很赞同。”“要解决这个问题，我认为似乎有两个办法可行：第一，通过你的努力，你可以非正式地摸清一下日本方面对光荣和平的观点和条件。很明显，我们必须首先清楚日本当局打算在条件中清除一切敌意使我们可以获得光荣的和平。另一个办法就是由一批中日双方的杰出人士，最好是在野人士，同时出面，呼吁各自的政府与对方谈判。就我们所知，这一建议已向日方提出。目前的情况是，中日双方政府也许愿意进行和平谈判，但据说任何一方面都不能公开表态。此外，日本已经两次声明，绝不接受任何第三者的干涉与调停。所以上述两条方案也许可以为解决目前僵局打开出路，并可能及早清除敌意。”这些情况使我们了解到，唐绍仪晚年还想为民族做一点有益的事情。

可喜的是唐绍仪的女儿唐宝瑢也开始撰文《我的父亲唐绍仪》[88]，从她所了解的情况和角度，分析唐绍仪被刺的原因。认为国民政府高层以密信方式致唐绍仪，希望他以私人身份与日方接触了解光荣和平的条件，而当时某些特务机关并不知情，以为有当汉奸嫌疑而遭杀害。分析有一定道理。

近年来，涉及唐绍仪中的文章中，有许多科学的、有理有据的历史论文、历史档案、历史资料、科普文章、人物介绍，学者们以科学态度，严谨的学风，讲道理、摆事实，令人信服，反映唐绍仪研究主流的精进。同时，也不得不承认：由于目前社会上还流传一些不负责任的所谓解谜之类的“真相”，说明对唐绍仪研究深入的同时，还要注重新的研究成果的科普转化，正确引导关于唐绍仪历史的文学创作，不要离事实太远。唐绍仪研究不管是史料发掘与历史评价上都已经取得很大的进展，但还有很大的空间，需要继续努力。

参考文献：

[1] 该书以照片汇集的形式反映辛亥革命发生发展的过程，在第八集中有专门反映唐绍仪与伍廷芳等在上海进行南北议和的照片。

[2] 《辛亥革命始末记》以剪报辑录的形式汇编而成，收录了1911年10月11日至1912年2月12日间，各报章事关革命的报道。

[3] 转引自郑曦原《共和国十年》政治篇，当代中国出版社，2011年。该书系《纽约时报》1911年10月至1921年12月间对华报道的选编。入选的《纽约时报》200多篇报道，从政治、经济、文化、社会、民生等各个角度，对中国这十年进行了全面报道。

[4] 《国闻周报》第13卷第40、42、44期。

[5] 《大风旬刊》第10期，1938年6月5日。

[6] 该文于1938年，在民国二十七年六月五日出版的香港《大风旬刊》上刊登，1948年，收入到冯自由编写出版的《革命逸史》第二辑中。冯自由为民国时期史学名家。少年时代即参加兴中会，民国初年曾任稽勋局局长，用主要精力从事辛亥革命历史资料的搜集和著述，以一批辛亥革命参加者提供的数据为基础，编撰了《中华民国开国前革命史》《革命逸史》《华侨革命开国史》《中国革命运动二十六年组织史》等，其中《革命逸史》根据有关资料撰成革命史实220余条，举凡兴中会、同盟会会员事迹、历次武装起义经过等，均较为详细。该书兼采传闻异说，参以典故和嘉言懿行，不少为他书所未载。

[7] 冯自由：《革命逸史》，中华书局，1981年，第298页。

[8] 1899~1900年间，唐绍仪曾为李鸿章幕僚，一日，李鸿章接到清廷上谕，令其毁掉康有为、梁启超的祖墓。李问计于众人皆无语，只有唐绍仪冒死进言：“罪人不孥，古有明训。若株及于党人祖坟，似太残忍，尤碍各国观瞻。还请傅相三思。”终保住了康、梁祖坟。

[9] 辛亥革命爆发后，袁世凯密使清廷推荐唐绍仪为全权总代表，与南方革命军进行议和，“少川既左袒革命军，名为清廷代表，实则事事为革命军设计。双方代表初议决召集国民会议以解决国体之方法，亦为和缓清军攻势之一种策略。……少川既完成清帝退位之大功。遂赴南京谒大总统，陈述一切经过，总统奖誉备至，且邀少川加入同盟会，少川欣然从之。”

[10] “中华民国约法规定政府为责任内阁制。少川既任国务总理，事事咸恪遵约法。袁世凯以每有设施，辄为国务总理依据约法拒绝副署，致不能为所欲为，深滋不悦。……会王芝祥督直问题被阻，少川争之不得，而辞职亦为世凯所不许，遂于翌日断然出京，留呈辞职。”

[11] 袁世凯任民国总统后，解散国民党及国会，欲复辟帝制，“少川乃约蔡元培及兆铭二人联名、率先向世凯严厉警告，使即取消帝制野心，并辞职以谢天下。电文首称世凯为‘慰廷先生’，曾载国内各报。袁得电读之，气呃不语者多时。……自此电发出后，全国各省反对帝制者纷纷响应，而洪宪伪朝遂以告终。”

[12] 唐绍仪逝世后，冯自由曾送挽联："公孙未平，来岑身死不瞑目；民族解放，林肯功成岂惜生。"以示惋惜并颂其功。

[13] 《民国政府公报》渝字第九十号，1938 年 10 月 8 日。《国民政府令》二十七年十月五日与此《译报》所登内容基本一致，唯"民国成立"写为"追民国成立"；"以所持政见未克施行"。后加"率先勇退"；"而帝制祸发，洁未被污，"写为"而帝制祸发，迭被胁诱，誓不受污"；"于国事多所贡献"写为"于国事多所献替"；"宣付国府史"写成"存备宣付国史"。有所不同。

[14] 《毛泽东选集》第 5 卷，人民出版社，1977 年，第 330 页。

[15] 1901~1909 年的美国总统是西奥多·罗斯福。胡佛任美国总统的时间是 1929 年 3 月 4 日到 1933 年 3 月 3 日。该文搞混了，且胡与唐也不是同学。

[16] 周孝中：《唐绍仪史料研讨会年前举行》，《暨南学报（哲学社会科学版）》1987 年第 2 期。

[17] 李吉奎：《晚清民国史研究的新成果——〈唐绍仪传〉》，《广东社会科学》2005 年第 6 期。

[18] 珠海市政协、暨南大学历史系编：《唐绍仪研究论文集》，广东人民出版社，1989 年；林有能、黄锡钦：《唐绍仪学术研讨会综述》，《近代史研究》1989 年第 4 期；林有能：《珠海市"唐绍仪学术研讨会"侧记》，《学术研究》1989 年第 3 期。

[19] 珠海市政协、暨南大学历史系编：《唐绍仪研究论文集》，广东人民出版社，1989 年。

[20] 林有能：《唐绍仪学术研讨会侧记》，《学术研究》1989 年第 3 期。"关于唐绍仪的晚节，以往的研究基本是两种意见：一是认为唐晚节不终，充当了汉奸，一是认为唐保持了晚节。这次会上，与会者运用大量的档案材料，结合严谨的逻辑分析，基本肯定了唐保持晚节，不是汉奸的观点。主要依据有：第一，唐绍仪自始至终拒绝了日方的拉拢劝降，因而没有充当汉奸的事实。从日本方面看，认定"唐氏在中国有数十年之声望经验，又有国际地位，一旦出山，必可影响国际，获得民众之拥护"而极尽拉拢之能事，先是推出"南唐北吴"政策，建立"新的中央政府"，继则在华中成立伪维新政府，要唐出山，最后则特务头子土肥原亲自出马与唐密谈。在唐绍仪方面，他虽然有泛亚主义倾向而与日本方面有共同之处，也有与日人交往的事实，但重要的是，他始终未与日方合作，在伪维新政府成立之前，就对日本要建立一个纯粹的傀儡政权有所警惕，拒绝出山，到后来还谢绝与日方一切来往，所谓唐与土肥原签订《和平救国宣言》并未公开发表过，也没有人能提供其中内容和原件，仅凭某些回忆录是难以服人的。总之，唐未与日方达成过公开的协定。第二，军统特务虽以锄奸为名杀唐，但连他们自己也拿不出唐充当汉奸的证据，所以，他们在杀唐后，只好建议"院座于唐逝世后，如能专电慰问唐氏家族，或由中央明令褒恤，此亦怀柔反侧安慰唐氏家属之至意"。第三，国民党政府从未说过唐是汉奸，反却在唐被刺后，蒋介石、孔祥熙等军政要人相继电唁唐氏遗族，抚慰有加，政府还明令褒扬唐氏，"拨给治丧费五千元，将其生平事迹存备宣付国史，用彰政府笃念勋耆之至意。"第四，共产党人也未认为唐是汉奸。所以，说唐晚节不终，充当了汉奸是缺乏事实根据的，我们应肯定他保持了晚节，这才合乎情理和实际。"

[21] 2007 年，《中华民国第一任内阁总理——唐绍仪》展览内容收入《珠海历史人物图志》（丛书），以《唐绍仪》为名，在珠海出版社出版。

[22] 河北人民出版社，1998 年。

[23] 李吉奎：《晚清民国史研究的新成果——〈唐绍仪传〉》，《广东社会科学》2005 年第 6 期。

[24] 司徒标主编，未正式出版。

[25] 共七本，其中《唐绍仪》、《容闳》、《古元》由肖一亭执笔。

[26] 复旦大学韩国研究中心编：《韩国研究论丛》（第二十一辑），知识出版社，2009 年。

[27] 《贵州社会科学》2005 年第 1 期。

[28] 《世界知识》2007 年第 22 期。

[29] 《文史精华》1996 年第 1 期

[30] 《中国西藏（中文版）》2001 年第 2 期。

[31] 《西藏研究》2001 年第 1 期。

[32] 《文史精华》2003 年第 11 期。

[33] 《历史档案》1990 年第 2 期。

[34] 《历史教学》1992 年第 8 期。

[35] 《广东社会科学》1989 年第 2 期。

[36] 《上海大学学报（社会科学版）》1991 年第 5 期。

[37] 第二届珠澳文化论坛，2010 年。

[38] 《暨南学报（哲学社会科学版）》1992 年第 1 期。

[39] 《文史资料选辑》第 39 卷 113 辑，中国文史出版社。

[40] 《贵州大学学报（社会科学版）》1995 年第 1 期。

[41] 《成都师范高等专科学校学报》2000 年第 3 期。

[42] 《文史春秋》2006 年第 8 期。

[43] 《广东社会科学》2004 年第 6 期。

[44] 《史学集刊》1989 年第 3 期。

[45] 《社会科学战线》1989 年第 3 期。

[46] 《内江师范学院学报》2010 年第 5 期。

[47] 《现代商贸工业》2010 年第 1 期。

[48] 《九江学院学报》2008 年第 5 期。

[49] 《湖北大学学报（哲学社会科学版）》2011 年第 3 期。

[50] 《五邑大学学报（社会科学版）》2009 年第 4 期

[51] 《岭南文史》1997 年第 1 期。

[52] 《历史档案》1998 年第 2 期。

[53] 《文史资料选辑》第 39 卷 113 辑，中国文史出版社。

[54] 《历史教学》1994 年第 6 期。

[55] 《时代教育（先锋国家历史）》2008 年第 6 期。

[56] 《民国春秋》1998 年第 3 期。

[57] 《近代史研究》1988 年第 3 期。

[58] 《中北大学学报（社会科学版）》2005 年第 5 期。

[59] 《开放时代》1986 年第 3 期。

[60] 《百科知识》2007年第6期。

[61] 《大众文艺（快活林）》2004年第9期。

[62] 《兰台世界》2007年第3期。

[63] 《文史天地》2008年第11期。

[64] 《岭南文史》1993年第1期。

[65] 《学术月刊》1989年第11期。

[66] 《上海档案》1988年第2期。

[67] 《学术月刊》1988年第7期。

[68] 《历史教学》1989年第6期。

[69] 《民国档案》1990年第1期。

[70] 《文史资料选辑》第39卷113辑，中国文史出版社。

[71] 《文史春秋》1995年第3期。

[72] 《文史春秋》1995年第3期。

[73] 《民国档案》1998年第1期。

[74] 《检察风云》2001年第7期。

[75] 《湖北档案》2004年第9期。

[76] 《半月选读》2008年第15期；《大节不亏的民国总理唐绍仪》，《文史春秋》2008年第4期。

[77] 《江淮法治》2009年第10期。

[78] 《报刊荟萃》2009年第6期。

[79] 《大经贸》2010年第6期。

[80] 《湖北档案》2010年第1~2期。

[81] 《文史月刊》2010年第3期。

[82] 《中国档案报》2003年12月19日T00版，作者柯云、育欣。

[83] 袁钟仁：《唐绍仪之死》，《中华读书报》2004年6月18日。

[84] 《档案研究》1998年第1期。

[85] 孔令侃（1916~1992）是孔祥熙和宋霭龄的长子。1933年，孔令侃就读于上海圣约翰大学。1936年大学毕业后，任财政部特务秘书，随后进入新成立的中央信托局。1937年日军占领上海后，中央信托局撤往香港，孔令侃任常务理事，主持业务。

[86] 《档案研究》1998年第1期，1938年2月25日电。

[87] 珠海市档案馆现存两封孔祥熙写给唐绍仪的信，其中一封是打印体的英文信函。两封信均由唐绍仪第11女唐宝瑢（已故）保存，由她的妹妹唐绍仪第13女唐宝珊，于2002年参加珠海首届旅外乡亲恳亲大会时捐赠。

[88] 《炎黄世界》2010年第1期（写作于1989年）。

（原载《文化杂志》，澳门，总第89期，2014年，与肖婧合作）

岭南考古的先行者——杨式挺

首先，我要祝福杨式挺老师：福如东海，寿比南山。杖朝步履春秋永，钩渭丝纶日月长。学术研究也永发青春光芒。

广东开风气之先，人才辈出，硕果累累。在文物博物馆界有一批精英十分活跃，杨式挺先生就是我们十分尊敬的前辈。我原来在江西工作。1992 年邓小平南方讲话发表后，政策上为专业技术人员的流动提供了更好的可能。1993 年初，珠海计划建设新的博物馆，我从江西萍乡调到珠海市博物馆工作。

我与杨式挺先生是校友，他是我的师长。我 1987 年在北京大学研究生院学习新石器与商周考古学，严文明先生和李伯谦先生是我的导师。杨式挺与严先生是同班同学，朱非素与李先生也是同班同学。所以我总爱称杨式挺先生为杨老师，朱非素先生为朱老师。每次见到老师我都感到很亲切。

一

杨式挺先生从事岭南文物考古工作五十余年，他孜孜以求，锲而不舍，结出丰硕的成果。1998 年就出版了《岭南文物考古论集》[1]。文集收集了杨老师撰写的 29 篇学术论文，是从他长期的学术研究中，近 80 篇文章约一百万字中精选出来的。内容集中在史前考古。主要文章有：栽培稻的起源、演变及传播；广东早期铁器；岭南青铜器；南海早期交通贸易；西樵山文化；石峡文化；广东新石器文化与邻区原始文化的关系；粤闽台先秦考古学文化关系；港澳考古发现与祖国大陆的历史关系等，还有一些广东的重要遗址的发现与发掘。我们从杨老师多年来撰写的时代和课题比较集中的文章中，可以看出，他初步建立起了广东新石器时代考古的基本框架，为岭南考古学同行所称道。该论文集中有多篇文章获奖，或被译为英、日、葡文。如《栽稻的起源、演变及传播》一文，被译为日文，收入陈文华、渡部武编的《中国稻作的起源》；《试论西樵山文化》《广东新石器时代文化及其相关》等论文获广东省社会科学优秀论文奖。论文集中有多篇文章是在港澳召开的学术研讨会上宣读的论文，同时也被收到该会的论文集。著名考古学家苏秉琦先生为该书作序，称“岭南考古是个大课题，可以越做越大”。苏先生的序文中，对什么是岭南文化特色，或者说什么是岭南早期文化特色，作了概括性总结。国际知名汉学家饶宗颐先生在为该书作序后还意犹未尽，特作“夜飞鹊”一首。词中称“无数新知收获，足锄经订史，苴缀陈编。……愿从君问故，花间量屐，酒后摊笺”。饶先生称，该书有三个特色，1. 每涉一专题必作综合性的全面考察；2. 必征引文字史料故所论皆信而有征；3. 必原始要终，细加辨析，以求其是。并誉该书“信足为来学典范”。时任广东省社会科学院院长张磊研究员以“勤于实践，勇于探索”为题，为该论文集作序。他指出：“文集具有鲜明的优长和特色，体现了作者颇为深厚的理论素养和业务根底。”突出的优长和特色之一即为科学理论、方法的指导；其次，把考古学——特别是史前考古学的最终目的确认为恢复没有文字的史前史亦是这部文集的优长和特色；再次，积极地为现实服务构成了这部文集的又一优长和特色。张先生强调指出，作为资深考古学家，他为各类地方史志的编撰服务中，为精神文明服务，为振兴中华统一祖国大业服务。论文集中收集了《从考古材料看香港与内地的历史关系》《大湾文化初议》《香港古文化的根在大陆》《略论澳门黑沙史前文化与珠江三角洲史前文化的关系》等诸篇论文，这些研究都密切地配合了祖国统一进程的重要步骤。正如张先生所言，学术不应从属政治，但也不可能脱离政治。社会科学为现实服务乃是它崇高的职责。我们认为，对于《岭南文物考古论集》来说，这些论述都是中肯和切合实际的，也是值得我们文物考古工作者学习和思索的。该书1999年获广东省第六届优秀社科研究成果三等奖。

二

作为已经办理退休手续的文物考古专家，杨式挺老师没有给自己放假，还在辛勤耕耘，2011 年，又结出硕果。杨式挺先生又出版了《岭南文物考古论集续集》[2]。收集考古论文 17 篇，地方史志文章 4 篇，书中附有大量考古图录、文物照片和各种数据统计表格，内容丰富，图文并茂。《续集》由著名汉学家香港大学九十高龄的饶宗颐教授题写的书名。广东省社会科学院原院长张磊研究员以“锲而不舍　奋进不已”为题为该书作序。赞扬他“深厚的理论素养和扎实的业务根底，及一贯严谨的学风和文风，勇于和善于探索、开拓和创新”。《续集》是《论集》的承续、深化和拓展。内容大致可分为三个部分：第一部分仍以史前时期和先秦考古为主；第二部分以秦汉考古与海上丝绸之路为重点对象，旁及水下考古、海洋考古；第三部分则大都关乎他参与编纂《文物志》的经验体会。“《续集》更凸显作者的深厚功力和优良学风、文风；言之有据，立论中肯，视野广阔。”广东省博物馆馆长肖洽龙研究员以“五十载考古春秋　半世纪心血结晶”为题作序。称杨老师为“广东文物考古事业的开拓者和见证者之一”。“《岭南文物考古论集续集》也必将与《岭南文物考古论集》一样，成为广东文物考古工作者不可或缺的案头参考书。”

中山大学原副校长、历史学家张荣芳教授在《岭南文史》2012 年第 1 期发表题为《如椽大笔撰写岭南考古春秋——评介杨式挺先生〈岭南文物考古论集续集〉》的书评，称“续集是首集的深化、继续和拓展”，“凸显杨先生的治学风格和深厚功力。”他总结了杨式挺先生治学的三个特点：考古理论与田野实践的结合；运用考古数据与历史文献记载紧密结合研究；视野开阔，把岭南地区的历史研究放在全国范围乃至全人类范围内加以考察。张教授高度赞扬杨式挺先生“老骥伏枥，锲而不舍的治学精神，令人敬佩”。

三

杨老师的研究领域很广，而且考古调查与发掘运气很好。五十多年来，广东重要的考古发现，大都有杨老师的身影。1961 年在广州增城金兰寺遗址与莫稚首先发现“三叠层”：上层为含米字纹的战国文化层；中层为含几何印纹陶和有段石锛的新石器末期文化层；下层为含夹砂陶、泥质陶、彩陶和少量有肩石锛的新石器时代中期文化层。成为考古地层学理论在广东的成功运用的早期典范，为广东先秦古遗址考古，特别是考古遗存的年代序列建立树立了一杆标尺，具有重要的考古实践意义，得到夏鼐所长的赞同。而且首先在广东发现彩陶。1964 年，杨老师与莫稚合写珠江三角洲贝丘遗址；1985 年，杨老师发表《试论西樵山文化》[3]；1986 年发表《广东新石器时代文化及相关问题的探讨》[4]；1982 年试掘大梅沙遗址，杨老师肯定沙丘遗址有文化层，下层有彩陶，这都得到印证。此后，杨老师又调查了小梅沙遗址，并扩展到珠海、中山一带，包括淇澳岛东澳湾、平沙棠下环、高栏岛宝镜湾，中山龙穴、白水井等地，对环珠江口地区的彩陶、白陶进行系统研究，发表论文。

杨老师曾经提出石峡文化、河宕文化、西樵山文化等三个考古学文化的命名，并得到考古学界的认可，这可能在全国考古从业人员中都不多见。1973~1978 年间，杨老师参加在马坝石峡遗址进行考古发掘。这个遗址发现包涵从六千年至两千多年前四个不同时期的文化遗存。特别是这里考古发现一百多座富有地方特色的新石器时代晚期墓葬。1977 年 6 月 15 日，杨老师执笔《曲江马坝发现石峡文化遗址》在《人民日报》发表，提出“石峡文化”命名，得到苏秉琦等考古学家的认可与支持。在前石峡文化层中还发现木骨泥墙长屋遗迹及距今六千年前的人工栽稻。1988 年又发表《石峡文化类型遗存的内涵分布及其与樊城堆文化的关系》[5]对石峡文化进行比较研究。

1977~1978 年间，杨老师在佛山市郊河宕贝丘遗址进行考古发掘，揭露面积 776 平方米。发现新石器时代末期（距今 4300~3500 年）遗址和

77 座墓葬。出土大批各类文化遗物，其中石器 400 多件，骨器、象牙、玉器 60 多件，陶纺轮 113 年，陶片四万片，可复原陶器 20 多件，有刻划符号陶器（片）70 件，46 种，人骨大部分保存较好，还有 3500 件动物遗骸。杨老师主编完成《佛山河宕遗址——1977 冬至 1978 夏发掘报告》，于 2006 年在广东人民出版社出版。

三亚落笔洞遗址是南海北岸早期渔业文化研究的一个重要遗存，落笔洞发现的打制石器和骨、角器基本承袭了华南石器时代的技术传统，同属于岭南洞穴文化遗存，处于旧石器晚期向新石器时代早期演变的一个发展阶段，具有明显的过渡文化性质，它丰富了我们对这一类型文化分布的认识，对探讨海南新石器文化的来源有十分重要的意义。2001 年被国务院公布为全国重点文物保护单位。1983 年初夏，第二次全国文物普查工作期间，广东省博物馆杨式挺先生在海南行政区文化局麦穗、崖县文化馆黄怀兴等先生的协助下，考察了落笔洞洞穴遗存，发现了含贝壳和脊椎动物化石的灰色胶结层堆积。1992 年 3 月，海南省文博专业证书班的学员在中山大学人类学系教师李始文的带领下，又复查了落笔洞遗址，在灰色胶结层堆积中采集到五枚人牙化石及包括水鹿、赤麂、松鼠、鸟类在内的脊椎动物化石。1992 年 12 月，由海南省文物保护管理委员会办公室负责，以海南省博物馆、三亚市博物馆、中国科学院古脊椎动物与古人类研究所的有关业务人员组成了考古发掘队，对遗址进行了考察发掘。为了进一步了解亚洲象的埋藏条件及搞清洞穴堆积层位的变化关系，1993 年 10 月，又进行了第二期发掘工作，并主要选在发现亚洲象的 C、D 两排的部分探方，较靠近洞穴的西壁；后因发掘工作的需要，又向洞口方向延伸了几个探方，结果发现了丰富的人类文化遗存。

1994 年，杨老师发表《从中山龙穴及白水井发现的彩陶谈起》[6]，利用其亲自参与的龙穴及白水井考古新发现资料，讨论彩陶与白陶的文化现象的源流与文化关系。1997 年进而发表《“大湾文化”初议——珠江三角洲考古学文化命名探讨》[7]，对珠江三角洲新石器时代中期文化进行系统论述。期间，杨老师还发表相当多综述性的文章如《广东考古五十年》《广东新石器时代文化类型探讨》等系统介绍广东考古工作成果。

考古学的研究对象是埋藏于地下的静态的遗物，其首要任务之一便是断定遗物的时间和空间位置，即建立古代遗存的时空序列，这是考古学最基础性的研究。考古学与狭义的历史学既有共同性，又各有其特点；既相互联系，又相互区别。它们是各自独立的学科。在中国，考古学科长期隶属于历史学科，2009 年，国务院学位委员会、教育部将考古学与中国史、世界史一同，列为历史门类下的一级学科。考古学延伸了人们的历史时空观，并以自己独特的方式影响和改变了整个世界的知识体系。它关于人类体质进化和文化多样性的基本观点已积淀为人类知识宝库中的最一般常识。在广东地区，杨式挺老师是将考古学与历史学紧密结合，用考古学成果来诉说广东历史的一位成功人士。他参与广东省社会科学院历史研究所主编的《简明广东史》《广东通史》[8]（古代上册）等的撰稿。主笔的《广东通史》第一章：《广东地区的原始社会》、第二章《不发达的奴隶制和岭南古越族》，得到业界好评。正如著名考古学家苏秉琦先生所言：岭南“有自己的青铜时代，有自己的夏商周”[9]。杨老师充分利用岭南现有的考古研究成果，并将其系统与深化，勾勒出岭南史前时期与青铜时期的历史轮廓，这是一部有自身特点，而且能与中原大体对应的历史。根据广东考古发现和历史发展不平衡的客观实际，在《广东通史》第一章《广东地区的原始社会》中，杨老师将这一地区父系氏族社会分为新石器晚期和新石器末期二个阶段；而将广东青铜时代的时间推定为“大约从中原商王朝末年到秦统一岭南之前”。将一批年代相当于中原夏商之际，而实际生产力水平还处在新石器时代末期的古文化遗存，归纳在史前时期来叙述，成功地化解了岭南地区新石器时代与商周考古中的年代与描述上的混乱。本人在编写《珠海简史·先秦》[10]时，也参考了杨老师的成果，受益良多。

四

杨老师对后辈多有提携。1993 年初，珠海市博物馆组织骨干到省博物馆参观学习，是杨式挺老师接待的。他给我们讲解省馆的基本陈列，并将他主持和执笔编写的陈列大纲打印稿送给我们做参考。杨老师 1958 年北京大学毕业后就开始在广东进行考古研究工作。发表了大量的学术论文，提出许多独到的见解；编写了大量文物考古著作，为我们了解广东文物考古工作提供可能；他亲自参与发现和发掘了许多重要遗址墓葬，为广东文物考古工作贡献卓越。我们从他编写的相关论文著作中受益良多。

1995 年 3 月，受香港大学邀请，我有幸与杨老师一道参加在香港大学召开的“东南亚考古研讨会”。会上，我宣读的论文是《沙丘遗址不应只是季节性居址》，这一发言引起了与会学者们的热烈讨论。沙丘遗址是环珠江口地区很有特点的一种文化现象。但是，自沙丘遗址发现以来，学界都认为沙丘遗址只是季节性临时性的遗址。在学术论文里，在粤港澳等地博物馆的陈列展览的说明牌上，一般都是这么写的，很少人对这一司空见惯的文化现象提出质疑。1992 年，我的导师李伯谦先生在《深圳咸头岭一类遗存浅识》[11]一文中开始思考这一文化现象的聚落属性，首先提出沙丘先民有着相对稳定的生活：“咸头岭、大黄沙等遗址均发现房基、柱洞、红烧土面、烧灶、灰坑等遗迹，均出土大量陶器、石器等日常生活用具，大黄沙还发现了炭化的粮食。表明遗址堆积不会是短期内形成，当时的居民在这里曾经建屋而居，炊煮而食，捕捞种植，过着稳定的生活。经常有海潮和台风固然对他们的生活造成严重的危害，但他们在这里居住，从事生产、生活等活动的事实，则从另一方面反映他们对海潮和台风的规律有了一定的认识，已经能够在一定程度上适应这种环境。”在学习与考察环珠江口地区先秦考古遗址资料的过程中，我也开始怀疑沙丘遗址全是季节性、临时性遗址的结论。沿着李伯谦老师的提示，我们从沙丘上的居址、沙丘遗址上的制陶业、沙丘上的石器制作和加工、沙丘上的纺织业、沙丘上的铸铜业、沙丘上的装饰品、沙丘先民的经济活动等七个方面进行论证，提出“沙丘遗址不应只是季节性的居址”的学术观点，并在会上发表。限于当时的认识水平和较短的发言时间，我们难以解释许多的相关问题，对学者的提问，也只作了粗浅的回答，而杨式挺老师和香港的秦维廉先生在会上帮我解围。杨老师在会上大声肯定：“‘沙丘遗址不只是季节性居址’的观点可以成立。”

尽管当时相当多的学者还未接受这个观点，但杨老师的表态，增加了我对沙丘遗址的研究信心。此后，本人在沙丘遗址方面作了进一步的研究，申报并完成“全国文物博物馆系统人文社会科学重点研究课题——南海沙丘遗址文化与生态研究”；申报并完成国家文物局“文物保护科学和技术研究课题——先秦时期南海渔业文化研究”，合作完成《海岛型史前文化遗址发掘报告——珠海宝镜湾》。对沙丘遗址的形成，沙丘遗址的类型、沙丘遗址的间歇层问题、渔场、鱼的洄游对沙丘先民的影响、沙丘先民的生产生活，特别是从渔业文化的角度对包括沙丘遗址在内的南海北岸史前时期的文化现象的认识得到提高，现在珠海宝镜湾遗址[12]、香港吴家园遗址[13]等众多的考古发现，证明环珠江口的海岛与海湾上确实已经有先民相对稳定的聚落，有自己特点的文化面貌，甚至一度也拥有过相当高的文化。当我们的视野从环珠江口地区扩展到周边的福建、台湾、上海、海南等地，在这里可以看到的壳丘头遗址、炽坪垄遗址、马桥遗址等一批既是在海湾沙丘（堤）上又包含有大量贝壳和文化遗存的聚落时，我们对此更是深信不疑。现在，对沙丘遗址的研究更深入，更全面，更科学了。这在很大程度上得益于严文明先生、李伯谦老师和杨式挺老师等前辈学者和同仁们的支持。1998 年，参加香港中文大学主办的《东亚玉器研讨会》时，杨式挺老师又对我提起此事：“我也早就感觉到沙丘遗址并不只是季节性的遗址，但一直没有正式提出来，还是你们年轻人思想敏锐，眼光独到，敢想敢说敢写，难能可贵”。杨老师还说了一些鼓励的话，给我们以鞭策。

杨老师对栽培稻的起源探索，对百越文化源流的探讨，对“海上丝绸之路”的探讨，对广东青铜文化的探讨，对我国古代拔牙习俗的探讨，对古陶器符号的探讨，对玉石器的探讨及对港、澳先秦文化的探讨都卓有见地。提出并初步解决了一批广东考古与早期历史的课题，初步建立起广东新石器时代考古的基本框架，为岭南考古学、历史学同行所称道。杨老师八十岁高龄仍笔耕不辍，成为广东文物考古界一位锲而不舍的探索者，受人景仰的先行者。

注释：

[1] 广州：广东省地图出版社，1998 年，纳入广东省博物馆丛书。

[2] 广州：岭南美术出版社，2011 年，纳入广东省博物馆离退休专家著作丛书。

[3] 《考古学报》1985 年第 1 期。

[4] 《史前研究》1986 年第 1~2 期合刊。

[5] 《纪念马坝人化石发现三十周年文集》，文物出版社，1988 年。

[6] 《南中国及其邻近地区古文化研究》，香港中文大学出版社，1994 年。

[7] 《南方文物》1997 年第 2 期。

[8] 广州：广东教育出版社，1996 年。

[9] 《岭南考古开题——杨式挺〈岭南文物考古论集〉序》，广州：广东省地图出版社，1998 年。

[10] 北京：社会科学文献出版社，2011 年。

[11] 《东南文化》1992 年第 3~4 合期。

[12] 广东省文物考古研究所、珠海市博物馆编，邱立诚、肖一亭主编：《海岛型史前文化遗址发掘报告——珠海宝镜湾》，科学出版社，2004 年。

[13] 区家发、莫稚：《香港元朗下白泥吴家园沙丘遗址的发掘》，《考古》1999 年第 6 期。

（原载《岭南考古研究》第 12 辑，2013 年）

一位执著的考古学家
——张镇洪

一、初识张镇洪教授

听说张镇洪教授的名字是三十多年前，那时我还在江西工作。1983年，我带队在萍乡市宣风考察一个叫竹园山洞穴的遗址，在洞穴中发现大量动物化石[1]。粗看应属于大熊猫—东方剑齿象动物群化石。由于不是这个专业，许多动物骨骼化石认不出来，我们当即向江西省文物工作队和中国古脊椎动物与古人类研究所报告，同时，我们自己也开始查找资料，按图索骥，当时见过张镇洪老师编写的调查报告，受益匪浅。

与张镇洪教授谋面，是来广东工作以后。1992年，邓小平同志南方谈话发表后，为专业人员的流动提供了更宽松的环境，1993年本人调入珠海市博物馆工作，于是有机会与张教授见面。张教授为人友善、热情、精力充沛、记忆力好，初次接触，就给我留下深刻的印象。1996年，珠海市博物馆应香港中文大学邀请，在香港扫管笏进行考古调查，正好中山大学在香港也有考古项目。工作之余，我向曾骐教授、张镇洪教授讨教一些关于考古和古生物方面的问题，收获颇丰，对我的帮助很大。

真正认识张教授是在参加中山大学岭南考古研究中心之后。2000年，有一次见到中山大学人类学系曾骐教授。他告诉我一个信息："中山大学成立了一个岭南考古研究中心，聚集了考古学、人类学、环境学、地理学、博物馆学、文物鉴定和古生物学等等多方面的专家，由张镇洪教授牵头，研究与考古相关问题，已经开了一次会议。"曾教授邀请我加入岭南考古研究中心。多年来，我就对曾教授的学识和人品极为景仰。珠海地方小，考古人员少，消息较闭塞。我当时正承担全国文物博物馆系统人文社会科学重点研究课题《中国南海沙丘遗址文化与生态研究》，特别需要得到与有关岭南环境与生态方面的资讯，最好与这类专家直接交流。有机会到中山大学去，当面向相关专家学者讨教，交流研究心得，是一件难得的好事。曾教授的建议我想都没多想，就一口答应下来。

2001 年，得到中山大学岭南考古研究中心的邀请，参加了中心的年会。在广州开会期间，我向在广州工作的一些师友打电话，告诉他们我在中大岭南考古中心开会的消息。但能明显感觉到一些师友语气上的变化，这让我一头雾水。也使我感到岭南考古研究中心创业艰难，需要很大的勇气与胆识。

会议期间，我拿到了由张镇洪教授主编的《岭南考古论文集》第一集。初看目录，文集中收录的 20 篇文章中，有多篇关于岭南气候、生态、环境、地理的研究论文。再详读文集内容，感觉这正是我所需要了解的相关资讯。其中张宏达的《海南植物区系的多样性》、金建华等的《岭南亚热带地区自然环境及植被特征》、廖建波的《历史时期记载的岭南资源植物》、谭惠忠的《岭南田野考古的地理环境研究》、郑卓等的《岭南沿海地区近几千年生态环境的人为干扰》、梁致荣等的《利用地气探测隐伏古人类洞穴研究》、蔡保全的《气候变化与中国社会文化》等文章都像春风拂面，令人清新解渴。文集中不仅有司徒尚纪教授、曾骐教授、陈淳教授、邓炳权研究员、邱立诚研究员关于考古学、建筑学、文化学的论文，还有莫鹏先生关于文物修复的论文。张镇洪教授发表的论文是《岭南文化之源珠江来》，从人类起源与分布于非洲或者起源于南亚的大视野中，探讨西江流域早期人类文化。文集中有较大的信息量。中山大学岭南考古研究中心开展这种多学科的综合性研究，应该是考古学研究的一个方向。在众人尚不理解并在置疑中，张教授坚持这种做法，我感受到了张镇洪教授内心的强大及其对考古事业的执著。

二、执著的考古学家

张镇洪教授 1939 年出生于广东东莞。1958 年考入广州中山大学生物系就读动物学专业。1963 年毕业后被分配到北京中国科学院古脊椎动物与古人类研究所从事研究工作。1968 年至 1971 年参加和负责周口店北京猿人博物馆的新馆筹建工作。1973 年他调往辽宁省博物馆考古队工作，一直工作到 1984 年底。在此期间，他主要从事史前考古、古人类和古生物的调查、发现和研究工作，并承担东北地区地层断代总结新生代组业务组长的工作，主笔编写了《庙后山——辽宁省本溪市旧石器时代文化遗址》和主笔编写《东北地区古生物图册（二）新生代分册》,建立起东北地区新生代第四纪的标准剖面系列和史前考古从旧石器时代早期至晚期的文化系列，对解决东北地区新生代地层断代、地质填图和史前考古的系列研究作出重大贡献和填补了空白。1985 年回到中山大学人类学系工作，从事旧石器时代考古学、古人类学、第四纪古生物学、生态人类学、博物馆学的教学和科学研究。他发现了 14.8 万年前的人类牙齿化石及其文化，填补了岭南地区从 10 万~2 万年之间的空白，建立起岭南地区旧石器时代中晚期至中石器时代的文化序列。同时参加筹备 1988 年《纪念马坝人化石发现 30 周年国际学术研讨会》和 1991 年《纪念黄岩洞遗址发现 30 周年学术研讨会》，组织编写了三个国际学术研讨会的五部论文集。1996 年出版了专著《新生代哺乳动物学概论》，1998 年他与邱立诚合作，由广西人民出版社出版《人类历史转折点——论中国中石器时代》专著，这是中国第一部关于中石器时代文化方面的专门论著。1997 年被评为师德建设先进个人并于当年获蔡冠深奖金奖。2002 年 12 月 2 日荣获中国科学院首届裴文中科学贡献奖。是享受国务院特殊津贴专家。

2002 年，张教授办理退休手续后，仍然坚持在考古的第一线，开始事业的又一个黄金期，他对事业的执著追求的精神，令人钦佩。

1. 他推动香港黄地峒旧石器时代遗址的发掘与研究，在香港找到距今近 4 万年的旧石器文化遗址。2003 年，张教授的学生时任香港考古学会主席的吴伟鸿先生在香港黄地峒海边发现一些像是经过人工打制的石块、石片，当时无法确定这些是否是石器，于是回母校找张镇洪教授鉴定，张教授认真观察后，喜出望外，指出：“这是香港乃至珠江三角洲从来没发现过的原始打击石器，从加工技术上来看，旧石器晚期到新石器早期都有可能。”张教授建议香港考古学会向香港特区政府申请立项，展开挖掘，深入研究。得到有关部门批准后，香港考古学会和中山大学岭南考古研究中心联合组成考古队对黄地峒遗址进行发掘，我国著名的旧石器考古学家张森水研究员亲自参加并指导了这次发掘工作，确认这是一个距今3.5 万年至 3.9 万年的旧石器时代晚期的石器制造场。张镇洪指出：“在目前华南地区发现人类化石数量太少的情况下，这个旧石器时代加工场的石器密度之高、种类之丰富及加工技术之全面实属罕见。由此推断：岭南地区可能不仅是人们认为的一个桥梁地带和中转站，可能是现代华人的发源地。”

2. 张镇洪先后 3 次主持了英德牛栏洞遗址的发掘。发掘出土文化遗物共计 1000 多件 41 种，其中绝大多数是经人类打制加工的石制品，还有人的下颌骨、臼齿、腓骨、上臂骨等重要材料及部分骨、牙、角、蚌制品和陶器。此外，这个遗址更有重大的突破：

A. 在洞中第二、三期文化堆积层发现了水稻植硅石，是迄今为止所发现的岭南地区最早的水稻遗存，这一重大发现，首次将岭南地区稻作遗存的年代前推至距今约 1.2 万年，对本地区水稻起源的研究以及推动相关的农业经济发展的探索，具有极其重要的意义。

B. 在洞中发现的陶片，说明广东的陶器制作始于八九千年前。

C. 发现了一些喜冷动物的骨骼，如大熊猫、水獭、云豹等，还有喜冷植物的孢粉。而这些动植物，不少在广东现已灭绝。这说明，8000 多年前，广东气温偏低，为岭南地区史前气候变化提供了充实的证据。

3. 出版学术专著《岭南文化从珠江来》。该书于 2006 年由中国评论学术出版社出版。张镇洪教授围绕秀丽的珠江这条母亲河，从岭南文化起源及有关问题研究、我国中石器文化及相关问题研究、现代中国人类起源的考古学研究、生态环境和文化关系的研究等，分四个大的篇章揭示和介绍珠江流域先民光辉灿烂的历史文化。

4. 出版《中国南海古人类文化考》。该书于 2013 年由广东经济出版社出版。张镇洪教授与邱立诚合著，该书共分七章，从中国南海地区人类的来源、史前文化的演变、史前文化对世界文化的影响、史前文化与珠江文化的关系以及生态环境的变化对人类进化和文化形成的影响等方面，通过大量考古证据证明珠江流域史前文化是中国南海周边地区及各岛屿史前文化的源泉，中国南海周边地区及各岛屿不仅属于同一个地理单元，而且也属于同一个文化单元，都是中国海洋文化。张镇洪教授还发表了大量学术论文：《从考古发现看岭南文化与西江的关系》《浅谈岭南史前考古的主攻方向》《我对中石器文化内涵界定的看法》《西江流域中石器文化的发现和研究》《从黄岩洞石器工具论中国之中石器时代的若干问题》《中石器文化与农业起源的关系》《中石器文化与家畜起源的关系》《中石器文化与社会形态变迁的关系》《中国中石器文化与周边地区同期文化的关系》《岭南史前考古在中国考古学中的地位》《广东封开罗沙岩遗址的重大发现及其意义》《岭南文化之源珠江来》《广东罗定饭甑山岩、下山洞洞穴遗址发掘报告》（合作）等等论文数百篇，对我国考古特别是岭南考古作出卓越的贡献。

三、推动岭南考古研究

中山大学岭南考古研究中心（后更名为广东省珠江文化研究会岭南考古研究专业委员会）成立 14 年来，每年出版了一本《岭南考古研究》论文集，目前已经出了 13 集。另外还出版了《香港黄地峒》《英德牛栏洞》等多部考古专著，这在国内的考古研究机构中并不多见，特别是作为一个民营的学术团体，没有国家财政经费的补贴全靠本身承担一些调查或咨询项目，将所得的经费用于深入研究，更是难得。研究中心建设之初，张镇洪教授将其定位为：立足岭南，面向华南地区，联系中印半岛和南亚地区。以跨学科、跨部门、跨地区，进行多学科参与，互相渗透，从不同的角度对共同课题进行综合研究，把基础研究与应用研究结合起来。他的这些理念创新、体制创新、经营管理方式创新的做法，事实证明是行之有效的。

研究中心有较高的起点：中山大学本身有一大批较高水平的学者，加上广东省内以及香港、澳门、北京、上海、广西、湖南、云南、贵州、江苏、浙江、福建等地来自不同研究领域的志同道合者，组成力超强的研究团队，同时聘请了刘东生、吴新智、杨遵义、邱占祥院士，张森水、容观琼、李传夔、梁致荣、黄新美等著名学者担任顾问，可谓是考古界的群英荟萃。

十三期的《岭南考古研究》论文集，每集都有相当分量的学术论文，保持了整体学术水平和丰富的一手材料。《岭南考古研究》对论文的科学性、规范性有要求，但包容观点的多样性，保持百花齐放、百家争鸣的学术氛围，尊重权威的同时也鼓励创新。这些特点的形成，与主编张镇洪教授的办刊理念有直接的关系，真正促进了学术发展。

研究中心的学科涵盖了文物考古学、历史地理学、民族学、第四纪地质学、地貌学、生态环境学、体质人类学、博物馆学、农业考古学、环境考古学、城乡规划学等科学研究领域以及考古学技术、文物鉴定、保护与修复、古生物化石鉴定与修复、古建筑评价保护与修复、古家具鉴定保护与修复、年代测定、孢粉分析、粒度分析、博物馆陈列设计等专业技术方面。

研究中心成立以来，先后完成了《现代中国人起源问题的考古学研究》和《海上丝绸之路与陆上丝绸之路对接通道的研究》等重大课题的科研工作；承担了香港西贡蚝涌新石器加工场遗址的发掘与研究、香港西贡黄地峒旧石器晚期遗址的发掘与研究、香港屯门龙鼓滩遗址的发掘与研究、澳门路环阿婆央新石器文化遗址的发掘与研究、澳门路环天后宫前地新石器早期遗址的发掘与研究等田野挖掘和考古研究方面项目；承接了安徽省自然博物馆古生物化石鉴定、广西壮族自治区柳州市博物馆自然馆古生物化石鉴定与修复并提出布展方案、广东省佛山市顺德区博物馆古生物馆古生物化石初步鉴定、广东省东莞市唯美陶瓷博物馆论证与布展方案、广东省云浮市博物馆布展方案、广东省东莞市《之南翰墨瓷林》论证等专业技术项目；承办了“龙霸天下”2008广州恐龙展策划与布展；完成了澳门历史文化名城论证、澳门路环岛历史文化旅游资源调查、广西桂林文化旅游资源调查、贵州六盘水夜郎文化论证、广东南江文化调查、陆上丝绸之路与海上丝绸之路对接通道之一的潇贺古道调查、广东英德地下河旅游资源开发策划、广东四会地下森林勘查、广东龙虎水道水下沉船调查等项目；成功为香港考古学会的学员举办了“中国历史与文物进修证书班”、为广西柳州博物馆培训了一批古生物化石修复与保护的专业技术人员。同时，还参加了广西百色地区旧石器遗址发掘、云南保山塘子沟旧石器遗址发掘、云南富源大河旧石器遗址发掘、云南保山老虎洞旧石器遗址调查等项目。成果丰硕，有力地推动了岭南地区的考古工作。在这些工作中，张镇洪教授都是功不可没的。

向您致敬，一位执著的考古学家——张镇洪教授！

注释：

[1] 《萍乡竹园山洞穴考察纪要》，《江西历史文物》1987年第1期。中国科学院先后派出文本亨老师、陈万勇、李超荣等先生来考察，后进行了考古发掘。该洞穴遗址为江西当时发现年代最早的旧石器时代遗址。

（原载《岭南考古研究》第14辑，中国评论学术出版社，2015年，与谭惠忠合作）

IV

附录·专访

海洋考古的嚆矢

■严文明

中国有960万平方千米的陆地面积，一般认为是一个大陆国家。其实中国也是一个海洋国家，有长达18000千米的海岸线，有包括台湾和海南两个省级大岛在内的几千个岛屿和几百万平方千米的海疆，海洋资源非常丰富。远在几千年以前乃至更早一些的年代，我们的祖先就有不少人陆续走向海洋，开发海洋资源。有的移居岛上建设新的生活，有的开辟海上航线，进行贸易和文化交流，从而创造了丰富的海洋文化。

我国开发海洋的先驱，首推东方沿海的东夷民族和东南沿海的百越民族及其史前的祖先，古代文献中多有关于他们的活动的记载，只是比较零散，难以了解历史的全貌，只有通过海洋考古工作才能逐步地恢复起来。我国的考古学者曾经先后在辽宁的长山列岛、山东的庙岛群岛、浙江的舟山群岛、福建的平潭岛和金门岛，台湾、澎湖以及南海沿岸包括广东、广西和海南的许多岛屿和近岸遗址都做过不少考古调查和发掘工作，取得了不少成绩。我自己也曾经多年在山东半岛沿海和长岛县的大小岛屿主持考古调查和发掘工作，在黑山岛上甚至全面地揭露了一个相当大的村落遗址。不过以往的考古工作虽然在海岸和岛屿上进行，方法却和在陆上没有多少区别，缺乏海洋考古的思路和研究方法。近年来开展的水下考古除了对近岸一系列沉船进行探测外，也曾经远到西沙群岛和南沙群岛等处调查，但年代多限于宋元以后的海上交通与贸易，对于史前和先秦时期的遗存还未遑涉及。在这种情况下，以工作做得最多也最深入的珠江三角洲及附近岛屿的先秦遗迹为基础，从海洋考古的视角来进行综合性研究，就是非常必要的了。肖一亭的《先秦时期的南海岛民》正是适应这一需要，以海岸沙丘遗址为核心而撰写的第一本称得上是海洋考古的探索性和综合性著作。

本书分析了海岸和近海岛屿上沙丘遗址产生的自然环境和历史背景。

认为沙丘的形成与地形、海水动力和风力都有关系，所以沙丘多出现于海湾，有些还与近旁的小河小溪有关。而沙丘遗址则还必须具备经常性的淡水来源，否则先民难以在那里居住。作者还注意到历史上气候环境的变迁对于沙丘遗址的影响，着重分析了沙丘遗址中间歇层形成的原因。认为沙丘遗址并非都是季节性聚落的遗留，间歇层也不能作为季节性聚落的充分证据。在一些沙丘遗址中发现有房址、墓葬，有的甚至还有制造石器或陶器的遗存，倒是可以作为曾经有过常年居址的有力证据。不但如此，作者还进一步从文化内容的分析中发现珠江三角洲在新石器时代有一个自成系统的文化区。

这种文化区的形成固然与当地特殊的自然生态环境有密切关系，同时也应该与当地早年的文化传统有关。我们可以设想，在更新世晚期的盛冰期，海平面比现在低一百几十米，现在的珠江口乃至更远的大陆架都是陆地，气候温和，天然食物资源丰富，肯定是人类生活的好地方。到全新世海水逐渐上涨，人们会不自觉地向高处迁移。有的迁到现在的海岛上，有的迁到现在的海岸边甚至更远的地方。在这段时间里，文化影响的主导方向应该是自南而北，而不是自北而南。环珠江口的先秦文化的古老传统应该从当地或更南一些的海底而不是（或主要不是）到北面的山地去追寻。记得 1991 年 12 月初在中山市翠亨村召开的“珠江三角洲古文化学术讨论会”上，我以“华南考古的几个问题”为题作大会发言时特别强调地谈到了这个思想，很高兴肖一亭在本书中也特别清楚地阐发了这一思想。

海洋考古自然应该从近岸地带做起，但不能止于近岸地带。海洋民族的特点既是相对定居的，又有很大的流动性。大家知道 1492 年哥伦布发现美洲是一件了不起的大事，在那前后一段时期的所谓地理大发现差不多改变了世界历史的发展方向。可是很多人却并不知道在比哥伦布早得多的年代，许多沿海地区的居民驾着小船或木筏，竟然把浩瀚的太平洋上成千上万的小岛一批一批地发现和开发出来，那是多么值得大书特书的辉煌成就！语言学家们早就指出以东南亚和太平洋三大群岛为主体，东到复活节岛，西抵非洲东岸的马达加斯加，存在着一个讲南岛语系的巨大族群，并且推测原始的南岛语系的民族可能是生活在东南亚乃至中国东南沿海的古代居民。民族学家和考古学家也得出类似的结论。澳大利亚大学的贝尔伍德多年从事东南亚和太平洋地区的史前考古研究。他认为南岛语系的人民最早是生活在中国东南包括台湾一带，距今5000~4000年到达菲律宾和印度尼西亚，4000~3000年到达美拉尼西亚，3000~2000年到达密克罗尼西亚，2000~1000年到达波利尼西亚，800年前到复活节岛。他画了一张地图，十分清楚地标明中国东南沿海包括台湾的远古居民是如何一波一波地开发东南亚和太平洋的。凌纯声、凌曼立父女和香港中文大学的邓聪根据树皮布打棒的年代和分布情况也得出相似的结论。人们还可以根据有段石锛或拔牙习俗的年代和分布情况得出相似的结论。不过这些研究都必须以考古学为基础，再结合语言学、民族学和海洋科学等各方面的研究才能有更强的说服力。由此可见在我国东南沿海开展海洋考古研究的极端重要的意义。本书对先秦时期南海岛民的研究很有力度，应该有基础更进一步向更远的海外拓展，为发展海洋考古学，为更加清楚地阐明人类历史上最光辉的篇章之一做出自己的贡献。

编者注：严文明，我国著名考古学家，北京大学考古文博学院博士生导师。主要从事中国新石器时代考古、中国文明起源研究。为中国考古学理论、方法与实践作出了卓越的贡献。本文是作者为肖一亭著《先秦时期的南海岛民》（文物出版社，2004）一书作的序言。

（原载《中国文物报》2004年10月13日4版）

海洋文化研究新视角

■李伯谦

中国是一个大陆国家，也是一个海洋国家。海岸线全长 3.2 万多千米，从北往南濒临渤河、黄海、东海、南海和北部湾，海域面积约 473 万平方千米，又有台湾、海南岛等大小岛屿数千座。前中国考古学会理事长苏秉琦先生研究中国新石器时代考古学文化，在划分为六大区系的基础上，又将其区分为面向内陆和面向海洋两大块，是完全正确的。但从考古工作来看，发展并不平衡，严重存在着重大陆、轻海洋的倾向。导致这一局面的出现，原因是多方面的，既有客观条件的制约，也有主观上努力不够的问题。改革开放三十年来，我国经济实力不断提升，科学技术手段日益精进，走向海洋已成为考古工作者向往的目标，中国水下考古中心的成立及以“南海一号”沉船成功打捞为标志的沉船考古领域的一系列业绩，已成为国人的骄傲。不过从总体来看，以面向海洋为中心开展考古工作，还相当薄弱。在此情况下，肖一亭继《先秦时期的南海岛民》一书之后，又推出了《南海北岸史前渔业文化》专著，实属难能可贵。

该书涉及地域、海域十分辽阔，时间从旧石器时代直至秦汉，在很好把握南海北岸居民文化的共性和区别，又考虑到了不同时期发生的变化的前提下，分九章二十七节详述了南海北岸发现的早期人类、南海丰富的生物资源以及考古发现的居民的渔猎工具、水上工具、制盐业和居民的精神生活，归纳了南海渔业文化的特点及其交流与影响，是一部在掌握分析考古材料基础上，参考有关文献记载和民族志材料，经过综合分析，全方位介绍南海北岸居民渔业文化面貌的著作，资料丰富，视角独特，分析合理，读后对南海北岸居民的生活会有一个较比清晰、完整的认识。

2003 年至 2005 年我曾有幸在粤东揭阳做过一些考古工作，但总的来说对南海北岸的了解仍属一知半解，这次乘肖一亭邀我写序的机会，认真读了一遍，算是补了一课，增长了不少见识。其中，第一章第三节对贝丘遗址和沙丘遗址异同及形成原因的分析，第五节、第六节对南海先民人种和文献记载的早期南海族群的介绍；第二章第一节和第二节生物学家了解的南海海洋生物与考古出土的海洋生物的比较；第三章第一节关于宝镜湾遗址出土石网坠、沉石、石锚的分别，第四节关于穿孔石器用途的分析；第四章第四节关于出土及岩画上渔船资料的介绍；第五章关于古代捕鱼方法及工具演进历史的梳理；第六章第三节从考古发现的灶、灶具及炊具对先秦南海岛民生活的推断；第七章关于南海制盐业起源的线索；第八章关于渔民精神生活诸方面的介绍；第九章从考古学角度做出的对南海渔业文化特点的概括以及其与周边的交流和影响，都开阔了我的视野，对我因长期在内陆做考古工作而形成的重中原轻周边、重大陆轻海洋的思维模式以极大的冲击。使我意识到，研究滨海地区和岛屿考古，就必须站在当地向外看，而不能仍站在大陆、中原的角度去考虑问题。正像该书所展现出来的那样，南海北岸的广东、广西以及海南岛等地，也有自己悠久的历史文化，缘于当地的自然地理环境，当地的居民也有自己独立的生产和生活方式，在积极吸收周边文化精华的同时，也不断对外交流发生影响。站在大陆看海洋是一番风景，站在海洋看大陆又是一番风景。如果飞上天空，既看大陆又看大海，感受会全然不同，那时看到的风景，也许会更接近于现实世界的真实。这个境界，我难以企及，一亭也还有距离。依该书为例，重点虽然是南海北岸史前渔业文化，但对海外的涉及也过于少了。南海北岸居民与太平洋诸岛居民在人种、族属和文化上的联系十分密切，本可以有更多一些描写，考古上也还会找到更多的证据，但只在第九章第三节用了三千多字作了交代，未免美中不足。这点缺憾，我想将来一定是会补上的。

我和作者肖一亭相识已近三十年，1987 年他考入北京大学研究生院以后接触就更多了。他原在江西省萍乡市博物馆工作，1993 年调入珠海市博物馆即致力南海考古。二十多年来，他兢兢业业，孜孜以求，从未放弃过在考古学上的追求，出版了多部专著，发表了数十篇论文，从自己特有的视角对南海北岸考古作出了应有的贡献。这种精神值得赞扬，值得学习。

是为序。

2008 年 11 月于侯马

编者注：著名考古学家李伯谦，原北京大学考古学系主任兼北京大学赛克勒考古与艺术博物馆馆长，教授、博士生导师，国家科技攻关重大课题“夏商周断代工程”项目首席科学家、专家组副组长。国家“十五”科技攻关重大项目《中国文明探源工程预研究》课题主持。

（原载《南海北岸史前渔业文化》，中国评论学术出版社，2009 年）

细说史前渔业文化
探寻珠海海洋文明

在南海北岸及近岸岛屿上，曾经生活着一批批、一群群以捕鱼为生的史前先民，在沙丘上、贝丘里、洞穴中甚至在岩石上，他们都留下了活动的痕迹、居住的遗迹和动人的故事。他们是如何捕鱼的？他们有什么样的生活习俗？他们的宗教和精神生活又是怎样的？几千年甚至几万年后的今天，随着考古学的发展，这些不再仅是我们的想象……

继《先秦时期的南海岛民》一书之后，珠海知名考古学家、市博物馆研究室主任肖一亭近日又推出重要专著《南海北岸史前渔业文化》，该书以翔实的史料，全方位介绍了以珠海为代表的南海北岸史前居民的渔业文化面貌，填补了中国在史前渔业文化研究上的空白。

描绘史前渔业文化的面貌

《先秦时期南海渔业文化研究》是国家文物局 2003 年立项的文物保护科学与技术研究课题，也是珠海继《先秦时期的南海岛民》之后的又一项国家考古研究课题，同样由肖一亭担任课题负责人。经过 5 年的研究，肖一亭在去年年底顺利完成了这项重要课题，对南海北岸发现的早期人类、南海丰富的生物资源以及考古发现的居民的渔猎工具、水上工具、制盐业和居民的精神生活等作了系统的梳理，并归纳了南海渔业文化的特点及其交流与影响。今年 3 月，该课题通过了国家文物局科研课题管理办公室组织的结项验收专家评审，作为研究成果的《南海北岸史前渔业文化》一书也在今年 8 月由中国评论学术出版社出版，成为珠海史前考古研究的重要收获。

该课题的完成和该书的出版，得到了中国考古界的关注和好评。著名考古学家、国家科技攻关重大课题“夏商周断代工程”首席科学家、原北京大学考古学系主任李伯谦表示，目前，中国以面向海洋为中心开展的考古工作还相当薄弱，该课题成果是在掌握分析考古材料基础上，参考有关文献记载和民族志材料，经过综合分析，全方位介绍南海北岸居民渔业文化面貌的著作，资料丰富，视觉独特，分析合理，读后将对南海北岸居民的生活有一个比较清晰、完整的认识。

南海先民有发达的渔业经济

说到渔猎工具，很多人首先会想到鱼钩。据肖一亭介绍，广东开始使用铜鱼钩是进入青铜时代之后，而早期的鱼钩大都是骨制的。南海北岸最早的鱼钩发现于广西南宁邕宁顶蛳山遗址，属于距今七八千年前的顶蛳山文化时期。史前南海沿岸居民所用的大多是直钩钓，它是一种用兽骨磨制而成的鱼卡，呈棒形，两端尖利，中间钻孔穿线，放在水中，鱼一旦吞吃就会被卡住。

“其实在鱼钩发明之前，还有一个无钩钓鱼的阶段：用绳系上鱼饵，放入水中，待鱼咬上饵时迅速抽绳，将鱼摔向岸上。”肖一亭说，史上讲述的姜太公钓鱼，就是无钩钓鱼。民族学调查发现，现在的一些少数民族还保留着无钩钓鱼的习俗。

而渔网用于海洋捕捞，是一个具有划时代意义的进步。新石器时代中期，网鱼还只是小打小闹，在距今 4000 多年前，南海北岸地区网鱼技术已经完全成熟，并形成规模生产。那时候的渔网大多以植物制成，最普遍的是各种刺网，并使用石制网坠。珠海宝镜湾遗址就出土了 1000 多件网坠和几十件比普通网坠更大的沉石，网坠成堆出土，或 39 件或 24 件一堆，显示出当时渔网编织时一个完整网具中包含网坠的可能数量。

“大量出土网坠的地点还见于香港涌浪遗址、珠海平沙棠下环遗址等地点，这些情况足以说明这一地区、这一时期的先民，有发达的渔业经济。”肖一亭说。

有趣的拔牙习俗

《南海北岸史前渔业文化》书中所展现的渔民生活也非常吸引人。要了解先民的生活，不能不了解与他们生活息息相关的灶与炊具。先秦时期，在环珠江口地区都是用石块垒砌成品字形的地面式的灶，与北方地区的灶有向下挖掘的火塘不同。此外，中原地区常见的鼎、鬲在环珠江口地区也较为少见，功用与我们今天的锅相同的陶釜，是这里的史前时期渔业先民主要的炊器。这里是印纹陶技术发明与广泛使用的地区之一，丰富的陶器装饰纹使这里的陶器装饰十分有特色。

船是南海北岸先民重要的水上工具。肖一亭说，独木舟是人类文化史上出现的第一艘渔船，考古已经发现距今 8000~7000 年前的独木舟。不过，虽然文献中记载的南海渔船比较多，但时代都较晚。珠海宝镜湾岩画中刻下的海船图案，高明古耶发现的船桨，就是史前时期人类征服海洋的重要工具的见证。此外，在宝镜湾遗址、珠海荷包岛锁匙湾遗址、香港涌浪遗址、香港东湾遗址等地，都出土多件可能用于船锚的大型石器。

在先民的生活中，最有趣的还是拔牙习俗。这一习俗在史前的南海北岸一带非常流行，特别是今天的广东、广西、台湾都发现较多反映先民拔牙风俗的材料。拔牙的表现形式虽然有差异，但相似性非常突出，大都是在未成年时期拔去上颌的门齿、侧齿或者犬齿，而且不存在性别之间的明显差异，男女都有较高的拔牙率，往往超过 60%。有关拔牙习俗的成因，学界有多种说法，如成年标志、结婚前的准备、除病防病以及爱美等等。

玉器是先民精神生活中的主角

在那种蛮荒时代，南海先民的精神生活同样丰富多彩，肖一亭从玉制礼器、葬俗、岩画等方面入手，为我们展现了神奇的历史见证。

玉器作为中国传统文化的瑰宝，也是南海先民精神生活中的主角之一。在南海北岸地区发现的玉石器年代大约在距今 5500~4000 年之间，在珠海高栏岛宝镜湾、平沙棠下环遗址等地还发现了专门的玉石器制作场。是南海北岸玉石器的主要种类，形状是环形而有缺口，是一种实用的耳饰。在珠海宝镜湾遗址的考古发掘中，还发现玉石作为祭祀活动的一个场景。“可能由于当地人们普遍认为是一种美丽的饰物，在对神灵的祭祀中这种器物也派上用场，作为向神灵进贡的粮食。”肖一亭说。

若问最能反映南海先民宗教意识的是什么，那当然是奇特葬俗。据介绍，史前南海地区的葬式主要有两种：屈葬与仰身直肢葬。前者在广西的史前遗址中最为常见，后者则在广东沿海遗址中多有发现。对屈葬，专家也有4种看法：希图在墓内节省地方；合乎休息或睡眠的自然姿态；阻止死者灵魂走出，向生人作祟；像胎儿在胎包内的样子，象征着人死后回到他们所生的地胎里去。

更令人炫目的是，南海北岸的史前先民们创作了大量石刻岩画，记录他们的兴趣爱好与精神追求。其中珠海宝镜湾岩画，是南中国目前发现面积最大、内容最为丰富的早期石刻岩画，成为环珠江口地区的重要史前遗存和宝贵的艺术杰作。

访谈肖一亭：珠海是史前南海北岸先进文化的代表

沙丘遗址研究为渔业文化研究奠定基础

文化周刊：南海北岸所指的范围具体是从哪里到哪里？

肖一亭：南海北岸东西一条线，东到福建西南、台湾南部，西到广西沿海、海南岛。海岸线是有变化的，不同时期所涵盖的地区可能不同。

文化周刊：和你的上一本专著《先秦时期的南海岛民》相比，《南海北岸史前渔业文化》有什么不同？

肖一亭：《先秦时期的南海岛民》一书是“中国南海沙丘遗址文化与生态研究”的成果，而南海北岸史前渔业文化研究则涵盖更广，研究对象除了沙丘遗址，还有洞穴遗址、台地遗址、贝丘遗址等类型。它是一个综合研究，以三亚落笔洞、珠海宝镜湾、台湾鹅銮鼻等遗址为标本，探知史前南海居民的渔猎工具，探讨渔业经济条件下的精神生活，绘出一个较为清晰的南海北岸史前渔业文化面貌轮廓。沙丘先民的文化是先秦南海渔业文化的重要组成部分，沙丘遗址研究的进展，为渔业文化研究奠定了一定的基础。

文化周刊：你对南海北岸史前渔业文化的研究是如何进行的？

肖一亭：史前时期的南海，是一个神秘、令人遐想和充满好奇的课题。我将目光集中在岭南的沿海陆地与近海岛屿史前时期的文化遗存，通过这一缩小的范围，更能够看清南海渔业先民的生态环境、人种人群、生产生活、社会发展程度，进而走近古人的精神世界。我的研究主要通过自己的考古发掘和实地调查，并参考了同行的发现；除了考古学方法，还采取了民族学、历史学的方法，从不同的视角展开，做到微观上扎扎实实，宏观上整体把握。

珠海是史前南海北岸先进文化代表

文化周刊：南海北岸史前渔业文化研究的意义是什么？

肖一亭：中国海洋考古研究大都集中在海上丝绸之路等方面，对史前渔业文化的研究几乎还是一个空白。史前渔业文化研究十分重要，因为其揭示的文化内涵，不同于我们常见的农业文化、畜牧文化，是一种新的，前人很少关注的文化形态。了解这一地区、这一时期、这一群体的人们，在这一特殊的自然环境中的生存方式，了解他们的生产、生活及其精神世界和这一文化在中华文化形成与发展中的地位、作用，是十分必要的。它是中国海洋文明研究的重要组成部分。

文化周刊：在你的南海北岸史前渔业文化研究中，珠海处于怎样的位置？

肖一亭：这个研究就是以珠海为出发点和落脚点，基本涵盖了珠海全部的史前文化。珠海是海洋文化最前沿、最有特点的一个地方，在4000年前，她可以说是南海北岸先进文化的代表。如今的珠海高栏岛宝镜湾遗址、平沙棠下环遗址、东澳岛南沙湾遗址等，都是考古学的富矿。当然，我的研究并不限于珠海。

史前南海渔业文化的务实精神影响后世

文化周刊：南海北岸史前渔业文化有什么特点？

肖一亭：南海渔业先民的文化，既有中华文化共同性，同时，也有着自己的特点。从人物性格上看，它不同于北方草原上游牧民族的文化，没有那么粗犷、豪放，也不同于长江、黄河流域的冲积平原上农耕先民的文化，没有那么痴迷地眷恋着故土，它是一种以海岸与岛屿为依托，以渔猎为生计的面向海洋的文化。它具有海洋文化的一般特性，就是开放性、冒险性、交流迁移性、兼容性、商业性。同时，这种文化还有一种求真务实的精神文明。

文化周刊：这种文化对后世有什么影响?

肖一亭：它的影响不仅体现在技术上的发明与创造，同时还体现在思想与观念。海南先民开发这片土地，积累了丰富的、适应海洋生活的经验。海洋使先民养成了敢为天下先、兼容并包、讲求实效、从爱故土爱家乡到以天下为己任的精神。此外，由于地缘与人缘契机，南海沿岸较早成为中西文化交融的地域。

文化周刊：它对周边地区是否也有影响?

肖一亭：南海渔业文化是南海北岸及其岛屿特殊的地理与生态条件下，受到长江流域等诸文化的影响中逐渐形成的，同时它也给周边文化以积极影响。曾经有台湾的同行来珠海考察，他参观了从宝镜湾等遗址发掘的标本后，感慨地说，如果将这些陶片放在台湾史前遗址出土的标本中，将很难分辨出是珠海的还是台湾的。与其他很多地方也是这样，我们的史前文化在很多方面都有联系，为周边地区的考古提供了不少参考。

（原载《珠海特区报·文化周刊》2009年8月16日，采写：本报记者张元章）

容闳新解

1847 年远渡重洋赴美留学，容闳带出了一个影响深远的留学之梦。作为“近代中国留学第一人”，容闳被誉为“中国留学生之父”。容闳对带动中国留学生赴美留学所起的“先驱”作用，从来就为人所称道。珠海有一位研究员更提出“容闳是中国较早全面系统提出维新中国的先进的思想家之一”，这一新观点，不仅引人关注，也为世人揭示出这位近代史上的杰出人物的一些故事。

一、与马克·吐温是密友

1828 年 11 月，容闳出生于广东省香山县南屏乡（今珠海市南屏镇）的一个农民家庭。那里离澳门不远，是最早受到西方传教士影响的地区之一。1840 年，父亲病故的容闳因家贫辍学，次年经人帮助进入澳门马礼逊学校学习，当时全校已经有五个中国孩子，容闳是第六个学生，也是年纪最小的一个，由于容闳聪慧伶俐，学习刻苦，成绩优良。于是 1847 年布朗先生因身体原因回国时，同意带上容闳等人赴美读书。容闳就读于美国麻省的孟松中学，1850 年，考入美国耶鲁大学，并加入美国国籍。四年后，容闳取得了该校文学学士学位。这在当时是“为常人所难得”的“希贵之荣誉”。

容闳有好几个美国密友，其中一个就是大名鼎鼎的马克·吐温。马克·吐温对中国的了解以及他对中国人民的感情，想必跟容闳的影响不无关系。

1854 年 11 月，26 岁的容闳谢绝了美国友人的挽留，在写下“大人者不失赤子之心”的格言后，容闳乘船经过 5 个多月的颠簸，回到阔别七年的祖国。

二、新定位 思想家

著名学者章开沅先生曾经概括：“容闳平生事业有四大端：协助江南机械制造局此其一；倡导率领幼童赴美留学其二；参与维新变法此其三；促进革命运动此其四。

现在以容闳的定位一般都要是“中国第一位在外国高等学府毕业的学士、博士（指1876年耶鲁大学授予容闳名誉博士学位），我国近代著名华侨、教育家、外交家”。

1998年11月下旬，“容闳与中国近代化学术研讨会”在容闳的故乡珠海召开，珠海市博物馆研究室主任、中山大学岭南考古研究中心研究员肖一亭在题为《容闳的维新中国活动》的论文中，提出的观点引起了与会专家的讨论。肖一亭说：“容闳不仅是杰出的爱国者、教育家、中国近代化运动的先驱，同时也是较早提出维新中国的先进思想家之一。”

容闳在耶鲁大学临近毕业之际，即已经立下“以西方之学术，灌输于中国，使中国日趋于文明富强之境”的宏大志愿，并且称：“预计将来应行之事规划大略于胸中矣。”“我认为，这是因为容闳在海外接受了较为系统的西方教育，实际上已经形成适用于西方近代文明的世界观，他的目标和规划都要是比较全面的。”“容闳在美国所接受的多年文化熏陶，特别是耶鲁大学的系统教育，使他早具备了民主、自由与共和思想。独立完整的思想体系，身体力行的长年实践、与时俱进地适应精神——这些便是一个合格的思想家所必备的构成要件。”

三、从改良主义走出

“容闳的思想随着他实践活动不断地发展变化。我将其分为四个阶段。即激进变革阶段、投身洋务阶段、参与维新阶段和民主革命阶段。容闳独立完整的思想体系、身体力行的长年实践、与时俱进地适应精神，无不在期间淋漓尽显。”肖一亭说。

1860 年，回国不久的容闳与两名美国传教士一道访问太平天国，在其首都天京受到干王洪仁玕的热情欢迎。在二者的会谈中，容闳提出了七条建议：“这七项建议涉及军事、政治、经济、文化、教育等各个方面，带有向西方先进国家资本主义制度学习，使中国走向近代的内容特征，是近代中国较早提出的全面发展资本主义的改革措施。”

但是，太平天国领导人晚期的腐化蜕变和军事上的节节败退破灭了容闳的激进变革梦想。1863 年容闳通过当时杰出的科学家李善兰、徐寿等好友引荐，在安庆会见了时任清政府两江总督的曾国藩，并进入曾的幕府，开始了洋务生涯。这段落时间容闳通过自己的条陈建议陆续提出了一系列主张。包括引进外国的机器设备、开办铁路、官派留学生赴美学习等，得到曾国藩的赏识。1895 年，甲午战败，维新浪潮席卷全国，作为倡导维新思想的先驱者，容闳积极支持和参与维新运动。“百日维新”期间，身为康、梁师长的容闳寓所几乎成了维新派议事的中心。“从戊戌变法运动的表面看，容闳的作用比不上康有为、梁启超，但是，容闳长期的维新活动，已经造成了一种时势，积蓄了力量，为变法运动的兴起做好了铺垫，其作用不可低估。”肖一亭说。

维新变法百日期之后终致夭折，逃至上海的容闳在维新人士举办的自立会上当选为会长。但自立军起义失败后，容闳丢掉了与康、梁合作的想法，开始赞成民主共和主张。1911 年武昌起义后，容闳讴歌这场推翻清朝专制统治的革命是“一场了不起的革命”。

“随着历史的发展，容闳的思想从改良主义逐步向资产阶级民主革命转变。”

四、至死不忘祖国

1912 年 2 月 2 日，容闳致信已当选为中华民国大总统的孙中山，表示祝贺。孙中山在其后的复函中邀请容闳归国。84 岁的容闳收到孙中山的信函，却因病不能成行。在叮嘱他已大学毕业的两个儿子回国服务后，容闳逝世于哈特福德的寓所。

肖一亭指出："容闳的一生几乎与中国近代历史相始终，他的活动与思想言论，体现了近代中国学者为救国救民，推动祖国近代化车轮向前进而苦苦追求的足迹与心路。容闳勤于学习，更勤于思考，他没有固守陈规，也没有机械地照搬西方的模式，而是能够与时俱进，开拓创新，在各个不同的时期提出相应的富国强民的方案、措施，并身体力行地付诸实践，从而在一定程度上影响中国近代化进程，这些都是思想家光芒的显现，也使他成为一个有思想又有运动的具有明显特点的思想家。在一定层面上将容闳定位为思想家，对于单纯的'爱国者''教育家'的定位，能起到较好的补充和提升的作用，便于全面地认识容闳这样一个中国近代的杰出人物，同时，也开拓了容闳研究的新层面新领域。"

五、选唐绍仪赴美留学

"教育救国计划"是容闳维新中国的重点和核心，经过他呕心沥血十多年来奔波呼吁，清政府终于同意容闳的幼童留学生计划，1871 年，容闳任"幼童出洋肄业局"副委员，负责挑选出洋幼童，在第一批人选的 30 名幼童中，广东占三分之一。这些幼童之中，不少人成了近代中国历史上的佼佼者，如著名铁路工程师詹天佑，矿冶工程师吴仰曾，民国第一任内阁总理唐绍仪，清华学校（清华大学前身）的第一任校长唐国安等。

六、故乡倡办甄贤社学

南屏一直没有学校，只有一间神社"甄贤社"。容闳回乡挑选留美幼童期间，倡议在此基础上办一间"甄贤社学"，并资助白银 500 两，后又从美国寄回 300 两银，终于促成社学于 1872 年开办。

1906 年，"甄贤社学"更名为"甄贤学校"，分初、高级两等，是我国废除科举制度前后，最早举办的民间义学之一，培养了著名乒乓球运动员容国团等大批优秀人才。

（原载《南方都市报》2003 年 4 月 2 日，D82 珠海杂志采写：本报记者过国亮）

珠海找到海洋文明的传承

蒙蒙细雨中，他在远处朝我们挥了挥手，没有打伞。

跟随他穿过一段古色古香的走廊，园林般的格局让我们看清这是一座黄瓦青墙的仿古宫殿式建筑。又走了几格水泥台阶，来到一间小小的办公室。

环顾四周，一张小小的桌子，一个沙发，旁边是一个堆满各种书籍的柜子，空调略显陈旧。“这里比较简陋，”他笑了笑说。

这是上证报“一带一路”调研报道团此行在广东省的最后一站。在珠海市博物馆，我们遇见研究员肖一亭。

他招呼我们喝茶，一边抱来一个笔记本电脑，里面藏着的是几十张资料图，一时间，我们的记忆开始在历史与当下穿行。

海洋文明的珠海传承

“珠海人有一句话，叫作因海而生，向海而兴”，与肖一亭的谈话，从海洋开始。

细看地图，珠海为百余个海岛所环绕，海岸线、岛岸线绵延700多千米，“这让珠海拥有独特的自然地理和区域优势，以及源远流长的海洋文化历史积淀。”1956年出生的肖一亭，已近花甲之年，但说起珠海，依旧带有激情。

翻看他笔记本电脑中的文件，我们看到各种从海洋中打捞上来的文物。“这是石锚，有18.5千克重。”“这是一幅宝镜湾岩画，5米长，2.9米高，它是先人在一个花岗岩上用石头凿出来的，当时还没有铁器。”

在这幅岩画上，我们看到了船舶、海水和起舞的人们。这为我们展现了一个不一样的珠海。这里的建市时间虽然只有 30 年光景，但神秘的宝镜湾岩画和诸多新石器时代晚期以来的沙丘遗址，却在体现数千年来传承的海洋文明。

自古以来，海洋便孕育着人类，它开放而又包容。大航海时代，西方人从文明的角落变为世界的主宰。他们穿行在大小水上通衢，进行商贸活动，这也塑造了海上丝绸之路的文明。

但在肖一亭看来，当国外将海洋文化更多地解读为商业文明时，中国的海洋文明也体现在与鱼为伴的渔业文化上：早在先秦时期，珠海一带就拥有了极为发达的渔业经济。考古资料显示，距今 6000 多年前，珠海这块土地上就已经有人类活动，并且已经出现捕鱼高手，拥有可以在近海上活动的渔船、掌握水上停船技术。

香山故镇濠潭遗址、淇澳岛牛婆澳遗址、平沙棠下环遗址等便是反映着海洋文化的最好佐证。在珠海的海岛沙湾处发现的许多汉代陶器残片，尤其是在外伶仃岛石涌湾发现的一件肩部竖刻隶书“朱师所治”四字的陶罐，表明当时珠海社会经济和文化有了很大的进步。

肖一亭说，这是一种十分有趣、有特点、长期不为人们所熟识，而又引人入胜的人类文化现象。这也是大自然的造化，体现了先民择地而居的生存智慧和创造力。千百年来，我们的先民就开始在这里劳动、生息、繁衍。海洋用丰富的资源哺育着、用飓风恶浪历练着我们的祖先。先民们在认识海洋、依靠海洋、利用海洋的过程中创造着自己的生活，形成了开放进取、兼容并包、勤劳笃实、敢于冒险的海洋文化特质。

回望人类历史的漫漫长河，在不同的时期，从不同的角度，海洋文化又有不同的表现形式。早期，海洋文化以渔业文化为特点；唐宋以后，表现为香山文化。而南宋绍兴年间珠海的山场地区恰恰是香山县的政治中心，因为盐业的经济发达盛极一时。

2008 年春天，珠海提出“以港立市”，这是珠海经济特区建立二十几年来，首次把发展港口经济提到了前所未有的高度，也使珠海所沿袭的海上丝绸之路精神有了新的传承框架。

打造葡语地区贸易平台

沿着一段长有青苔的石质台阶，肖一亭带着我们来到博物馆二楼的一个展馆，这里正在展出海上丝绸之路精品文物历史物证。

我们看到了最早的英文书籍《英语集全》以及容闳的《西学东渐记》。肖一亭介绍称，近代以来由于毗邻港澳的地方优势，珠海涌现出一批著名的风云人物：历史上共出现过26位进士，而中国第一个留美学生容闳、第一个留英学生黄宽、第一个留日学生唐宝锷，均为珠海人。

这和珠海毗邻香港及澳门的地理位置息息相关。唐宋时期，我国对外贸易和文化交流较往昔更加频繁，尤其是唐代广州市舶使的设置，使中国对外贸易的中心由北方的河西走廊逐渐转移到南方和东南沿海。

而珠海地处海上交通要冲，秦汉以降，一直是对外贸易的重要走廊。汉唐以后，珠海成为广州与中东、非洲、欧洲国家海上丝绸之路贸易的必由之路。

珠海与澳门两地，原本是同城，有着不可分割的历史和文化渊源。南宋绍兴二十二年（1152年），朝廷设立香山县，珠海和澳门同属于其管辖范围。明洪武三年（1370年），明政府在广州设立市舶司，与外国进行贡舶贸易，划定香山南部的浪白澳（今南水）为外商船停泊和贸易的港口。

到了嘉靖三十二年（1553年），葡萄牙人以“舟触风涛缝裂，水湿贡物，愿借地晒物”为由进入澳门，逐渐建立了居留地。葡人于是在这里大兴土木，建造房屋，移植文化，使澳门成为一个中西合璧的城镇。

珠海和澳门由此成为中国近代思想启蒙和社会革新的重要发源地。

我们在横琴新区为这种融合的文化找到进一步的佐证。从横琴片区眺望，可以看到莲花大桥将澳门和珠海连接在了一起。两岸的高楼鳞次栉比。这里的工作人员向我们介绍说，这里的楼盘已经有不少澳门人入住。“我们横琴这里的口岸24小时通关，多方便！”

依托中国（广东）自由贸易试验区的挂牌，横琴片区作为其中深化与澳门合作的最重要平台，正在积极融入国家“一带一路”战略。

珠海市横琴新区区委副书记叶真向我们描绘横琴的未来：要与澳门合力打造葡语国家贸易平台。这一计划依托的是三大路线：第一，通过巴西发展跟南美拉美地区的经贸关系；第二，通过葡萄牙发展与欧洲的经贸关系；第三，通过安哥拉发展与非洲的经贸关系。

如今，两岸的经贸合作比比皆是：粤澳合作中医药科技产业园已有110个意向项目，24家已正式入驻商业孵化中心。澳门电子金融产业贸易促进会、澳门国际银行相继进驻横琴。投资百亿的澳门银河娱乐体育休闲度假项目已正式落地。而长隆国际海洋度假区开业以来已累计接待游客近千万人次，二期工程企鹅酒店等顺利开业。

扬弃与超越间抒写未来

肖一亭并非珠海本地人，而来自江西萍乡，年轻时在北京大学研读考古，目前则致力于南中国海早期海洋文化研究。在他身上，巧合地拥有了某种澳门早期移民开放而又友好的特质。

他介绍称，在珠海这块土地上，曾经三次尝试建立经济特区。第一次经济特区建设是1909年至1912的“香洲开埠”。当时的珠海地区，正受澳门葡萄牙当局新的领土扩张侵扰，中葡澳门勘界谈判在紧张进行之中。清廷试行“新政”，鼓励华侨和港澳实业界人士回国投资。

香洲开埠以轰轰烈烈开头，以一场大火而基本告终，虽然前后只经历两三年时间，但其影响却很是深远：香洲的名字沿用于今，香洲成为珠海经济特区的主城区，香埠路上保存的百年前的建筑，更具有象征意义。

第二次经济特区建设是1929年至1934年的中山模范县建设。1929年2月8日国民政府第十九次国务会议确定中山县为全国模范县，直属国民政府管辖。最大的亮点就是在唐家湾开辟一个可停靠5000~2万吨轮船的南方巨大良港——“中山港”，实施中山港无税口岸规划、筹建中山港区及其配套设施。

第三次经济特区建设是1980年开始，目前正在进行，并已经取得巨大进展、显示出辉煌前景。

在三次变革中，港口开放和金融配套始终是重要组成部分。

珠海市交通运输局、珠海市港口管理局信息物流科科长周伟波告诉我们，目前，珠海市已和巴基斯坦的瓜达尔市，确立了两地友好城市和友好港口的关系。珠海港力争在此前合作的基础上，与瓜达尔港结成姊妹港，共同推进两港全方位合作，成为广东连接南亚和中亚的重要桥梁。

而珠海港控股集团参与开发巴基斯坦瓜达尔港的合作项目已上报，正待国家发改委批复。接下来，珠海港还拟在瓜达尔港自贸区建设“珠海—瓜达尔跨境经济合作区”，并逐步导入产业。珠海港未来将充分挖掘贵州黔南于“一带一路”中的地缘优势，打造黔南国际陆港，并延伸珠海港物流腹地。

中国人民银行珠海市中心支行行长谭志洪则介绍称，自从横琴新区成立以来，着力推出了多项金融创新，其中包括银联多币卡、跨境人民币业务、个人本外币的兑换等。根据最近新颁布的广东自贸区总体方案的内容来看，横琴自贸区的金融创新将包括推动跨境人民币业务创新发展、推动粤港澳服务贸易自由化的金融创新、推动投资贸易的便利化以及建立健全自贸区金融风险的防控体系。

从古老渔村传说到现代都市圈同城化热闻，其间的嬗变、扬弃与超越，既有令人欣喜的物质传承，也难免会有叫人扼腕的历史遗忘。

公元 1279 年，一场震烁古今的庞大海战，在珠海、澳门之间的海面十字门打响。云水翻腾，山河变色。战争的结果，是丞相陆秀夫背负幼帝，蹈海赴死，南宋覆灭，江山易主。

不过，朝代的更替并不意味着血脉的断绝。无论是在澳门还是珠海，鼎分三派、各立字序的赵氏都顽强地在这块热土上繁衍生息，且尽皆成为当地望族。

那一年，船过外伶仃洋，“宋末三杰”之一的文天祥问押解他的元兵要来纸笔，写下“人生自古谁无死，留取丹心照汗青”这首荡气回肠的七律。

今天的珠海，已经不见当年的战觞，车厢上印着国际马拉松大会、WTA 超级精英赛的广告，澳门大学坐落在横琴新区，充满活力，海上丝绸之路的繁荣贸易之景也似乎重现。

而当我们带着历史的记忆走出博物馆，在一张概念图上，看到了一座离岛。“那是野狸岛”，即将建成的是珠海大剧院，如今它的大贝壳钢结构已经顺利封顶，带着“珠生于贝，贝生于海”的意境，它将在 2016 年元旦迎来首场演出。

肖一亭告诉我们，珠海博物馆也即将搬走，新馆已经建成。此刻，绵绵细雨已经告别珠海的天空。他在厚厚的云层下挥手和我们告别，我们站在博物馆外的汉白玉桥上再一次回望这座建筑，低矮的房屋好像一直能够延伸到海天一色的边际，那里船来船往，依旧繁忙。

（原载《中国证券网》2015-05-11，采写：《上海证券报》“一带一路”调研报道团）